D1706169

Dirk Endisch

Das Bahnbetriebswerk Wernigerode Westerntor

Dirk Endisch

Das Bahnbetriebswerk Wernigerode Westerntor

Verlag
Dirk Endisch

Titelbild
Am Nachmittag des 23. Juli 2020 standen 199 874-9 und 99 7232-4 (ex 99 232) vor der Lokleitung der Est Wernigerode. Im Lokschuppen sind 199 872-3 und 99 5906-6 (ex 99 5906) zu sehen. Im dritten Geschoss des Gebäudes befindet sich das am 25. April 2000 in Betrieb genommene elektronische Stellwerk. Foto: Dirk Endisch

Frontispiz
Im April 1974 gelang diese stimmungsvolle Aufnahme aus dem (alten) Lokschuppen der Est Wernigerode. Auf dem Kanalgleis (Gleis 17) wartete 99 7245-6 (ex 99 245) auf ihren nächsten Einsatz. Der Fachwerklokschuppen wurde am 4. Februar 1982 gesperrt und 1986 abgerissen. Foto: Gert Schütze

Rücktitel
99 7235-7 (ex 99 235) pausierte am 19. Februar 1991 in der Est Nordhausen Nord. Im Lokschuppen standen das »Harzkamel« 199 871-5 und die als »Indonesienlok« bezeichnete 199 301-3. Die Est Nordhausen Nord war nach der Est Gernrode (Harz) die wichtigste Außenstelle des Bw Wernigerode. Foto: Günter Kuschy, Slg. Guus Ferrée

Mit Fotos unterstützten uns:
Tibor Burghardt, Guus Ferrée, Jens-Peter Fried, Gernot Gattermann, Rolf Greinke, Rudolf Heym, Friedhelm Köhler, Jürgen Krebs, Steffen Matto, Uwe Oswald, Ricardo Post, Dieter Riehemann, Oliver Rimasch, Gert Schütze, Dominik Stroner, Burkhard Techel, Joachim Volkhardt, Ralf Wiedemann und Wolfgang Zeunert (†).

Dirk Endisch
Das Bahnbetriebswerk Wernigerode Westerntor

ISBN 978-3-947691-31-9

2., ergänzte und erweiterte Auflage 2024

Copyright 2024 by
Verlag Dirk Endisch
Yorckstraße 12a
39576 Stendal
E-Mail: Dirk.Endisch@t-online.de
www.verlag-endisch.de

Lektorat
Manuela Lieske

Litho
MEDIEN PROFIS, 04103 Leipzig

Druck
Salzland Druck GmbH & Co. KG
39418 Staßfurt
Printed in Germany

Vorwort

Das Bahnbetriebswerk (Bw) Wernigerode Westerntor nahm als letztes Schmalspur-Bw der Deutschen Reichsbahn eine Sonderstellung ein. Heute gehört das Bw Wernigerode – der Zusatz »Westerntor« entfiel offiziell zum 1. Februar 1971 – zu den wenigen ehemaligen Reichsbahn-Dienststellen, die erhalten geblieben sind. Die Harzer Schmalspurbahnen GmbH (HSB) übernahm das Bahnbetriebswerk und die ihm unterstellten Einsatzstellen am 1. Februar 1993. Das Bw Wernigerode ist – wie zu Reichsbahn-Zeiten – für den Einsatz und die Instandhaltung der auf der Harzquer-, Brocken- und Selketalbahn eingesetzten Dampflokomotiven, Diesellokomotiven und Triebwagen verantwortlich.

Die Ursprünge der Dienststelle reichen zurück bis in das Jahr 1887, als die Gernrode-Harzgeroder Eisenbahn-Gesellschaft (GHE) den Betrieb auf der Teilstrecke Gernrode (Harz)–Mägdesprung aufnahm. 1888 folgte der Abschnitt Mägdesprung–Harzgerode. Später wurde die GHE durch die Strecken Alexisbad–Hasselfelde (1890–1892) und Stiege–Eisfelder Talmühle (1905) erweitert. Die GHE unterhielt in Gernrode eine Betriebswerkstatt. Außerdem besaß die GHE Lokschuppen in Alexisbad, Eisfelder Talmühle, Güntersberge und Hasselfelde.

Einige Jahre später, am 25. Juni 1896, wurde die Nordhausen-Wernigeroder Eisenbahn-Gesellschaft (NWE) gegründet. Diese konnte am 12. Juli 1897 auf dem Teilstück Nordhausen (NWE)–Ilfeld den Personenverkehr aufnehmen. Erst am 27. März 1899 nahm die NWE den durchgehenden Personen- und Güterverkehr auf der Harzquer- und Brockenbahn auf. Betrieblicher Mittelpunkt der NWE war zunächst Nordhausen. Hier hatte die Betriebsleitung ihren Sitz. Neben den Lokbahnhöfen in Nordhausen und Benneckenstein gab es in Wernigerode Westerntor eine Hauptwerkstatt. Am 1. April 1916 verlegte die NWE die Betriebsleitung nach Wernigerode. Die hier vorhandene Betriebswerkstatt genügte Anfang der 1920er-Jahre kaum noch den betrieblichen Belangen. Die NWE ließ daher in Wernigerode Westerntor einen Neubau errichten, der am 20. Dezember 1926 feierlich eingeweiht wurde. Neben allen notwendigen Werkstätten und Büros gab es hier eine Lackiererei, eine Tischlerei, eine Elektrowerkstatt und eine Schmiede. In der großzügig eingerichteten Hauptwerkstatt konnte die NWE auch die vorgeschriebenen Zwischen- und Hauptuntersuchungen in eigener Regie ausführen.

Nach dem Zweiten Weltkrieg wurden die GHE und die NWE unter Zwangsverwaltung gestellt und später enteignet. Mit Wirkung zum 1. April 1949 übernahm die Deutsche Reichsbahn (DR) die Harzquer-, Brocken- und Selketalbahn. Aus der Hauptwerkstatt der NWE entstand am 1. Januar 1950 das Bw Wernigerode Westerntor. Der Dienststelle waren die Lokbahnhöfe (Lokbf) Benneckenstein, Gernrode (Harz), Hasselfelde und Nordhausen Nord unterstellt. Mit rund 200 Beschäftigten war das Bw Wernigerode Westerntor eines der kleinsten Bahnbetriebswerke der DR. Dem Bw Wernigerode Westerntor oblag in erster Linie die Zugförderung auf der Harzquer-, Brocken- und Selketalbahn. Erst in den 1960er-Jahren führte die Dienststelle auch einige Regelspur-Maschinen in ihren Unterlagen. Anfang der 1950er-Jahre befand sich der Fahrzeugpark des Bw Wernigerode in einem desolaten Zustand. Dies änderte sich erst mit der Indienststellung der Neubau-Dampflokomotiven der Baureihe 99^{23-24} in den Jahren 1955 bis 1957. Bis heute bilden die imposanten 1´E1´h2t-Maschinen das Rückgrat in der Zugförderung.

In den 1970er-Jahren entwickelten sich die Dampfloks des Bw Wernigerode zu einem wahren Touristen-Magnet. Auch Eisenbahnfreunde aus aller Welt reisten in den Harz, um hier die imposanten Tenderloks der Baureihen 99^{22} und 99^{23-24} oder die Mallet-Maschinen der Baureihe 99^{59} im Einsatz zu erleben. Ende der 1980er-Jahre plante die DR, die Dampftraktion auf den Schmalspurbahnen im Harz zu beenden. Bis 1992 sollten 30 auf Meterspur umgebaute Diesellokomotiven der Baureihe 199^{8} nahezu den gesamten Verkehr übernehmen.

Aber die politische Wende in der DDR und die deutsche Wiedervereinigung vereitelten dieses Vorhaben. Das Bw Wernigerode, das aufgrund seines speziellen Aufgabengebiets stets seine Selbstständigkeit bewahren konnte, blieb zur Freude der Touristen und Eisenbahnfreunde ein Dampflok-Bw. Am 1. Februar 1993 übernahm die HSB das Bw Wernigerode und seine Einsatzstellen. In den folgenden Jahren investierte die HSB erhebliche Mittel in ihre Fahrzeuge und die Infrastruktur. Dazu gehörte auch der Neubau einer Dampflok-Werkstatt, die am 17. Juni 2022 in Betrieb genommen wurde.

Diese ungewöhnliche Historie des Bw Wernigerode sowie der Fahrzeugeinsatz werden auf den folgenden Seiten detailreich dokumentiert. Die völlig überarbeitete und erweiterte Neuauflage baut auf dem im Sommer 2009 publizierten und längst vergriffenen Buch auf. In den letzten Jahren konnten neue Dokumente und Akten ausgewertet und so einige Lücken geschlossen sowie Widersprüche aufgelöst werden. Mehr als 300 Abbildungen illustrieren das Werk.

Das Buch wäre ohne die tatkräftige Unterstützung zahlreicher Eisenbahner und Eisenbahnfreunde nicht möglich gewesen. Ihnen allen sei an dieser Stelle herzlich gedankt. Mein besonderer Dank gilt Jörg Bauer, Gernot Gattermann und Martin Ristau, die mir mit ihrer fachlichen Expertise zur Seite standen. Dank sagen möchte ich auch Tibor Burghardt, Guus Ferrée, Jens-Peter Fried, Rolf Greinke, Rudolf Heym, Friedhelm Köhler, Steffen Matto, Uwe Oswald, Dieter Riehemann, Oliver Rimasch, Gert Schütze, Burkhard Techel, Joachim Volkhardt, Ralf Wiedemann und Wolfgang Zeunert (†), die die Bilder für dieses Werk zur Verfügung stellten, sowie Dominik Stroner, der die Gleispläne zeichnete. Manuela Lieske gab dem Text den letzten Schliff, wofür ich mich herzlich bedanke.

Viel Spaß bei der Lektüre wünscht Ihnen

Dirk Endisch
Stendal, im Juli 2024

Mehr als 30 Jahre bildeten die Mallet-Maschinen der Baureihe 99⁵⁹ das Rückgrat in der Zugförderung der Est Gernrode (Harz). Am 8. Mai 1978 hatte 99 5901-6 (ex 99 5901) mit dem Gmp 69714 nach Straßberg (Harz) den Bf Alexisbad erreicht.   Foto: Th. Rieger, Archiv D. Endisch

Am 24. Juni 1989 kreuzten im Bf Ilfeld der P 14401 Wernigerode–Nordhausen Nord, bespannt mit 199 863-2, und der N 67092 Nordhausen Nord–Silberhütte (Anhalt), für den der Lokleiter 99 7234-0 (ex 99 234) als Zuglok und 99 7233-2 (ex 99 233) als Vorspannlok eingeteilt hatte.   Foto: R. Heym

Inhalt

1. Wernigerode – die bunte Stadt am Harz

Am Nordrand des Harzes, in den Tälern der Holtemme und des Zillierbaches liegt Wernigerode. Die Wahrzeichen der Stadt sind das Rathaus und das Schloss auf dem Agnesberg. Südlich von Wernigerode beginnen die Wälder des Harzes. Im Westen erhebt sich die Harzhochfläche mit dem sagenumwobenen 1.141 m über NN hohen Brocken.

Vor mehr als 1.000 Jahren reichten die dichten Wälder noch weit in das Harzvorland hinein. Nach der Niederwerfung der Sachsen durch Karl den Großen wurde der Harz zum Reichsbannforst erklärt. Karl der Große sowie die deutschen Könige und Kaiser setzten Grafen als Verwalter für den Bannforst ein. Diese residierten in der Nähe von Naumburg und fungierten gleichzeitig als Pfalzgrafen von Sachsen. Zwischen Pfalzgraf Friedrich und Kaiser Heinrich V. kam es Anfang des 12. Jahrhunderts zum Streit. Heinrich V. nahm den Pfalzgrafen gefangen. Nur durch die Zahlung eines Lösegeldes in Höhe von 500 Mark, was in etwa 250 kg Silber entsprach, konnte sich der Pfalzgraf freikaufen. Um diese Summe aufbringen zu können, musste Graf Friedrich seine Besitzungen im nördlichen Harzvorland verkaufen. Einen Teil erwarb das Bistum Halberstadt, den anderen Teil Graf Adalbert von Haimar. Dieser nannte sich ab 1121 »Graf von Wernigerode«. Zu diesem Zeitpunkt war Wernigerode ein kleiner Marktflecken, der wahrscheinlich während der großen Rodungen im frühen Mittelalter entstanden war. Graf Adalbert ließ auf dem Biegenberg eine Burg und im Tal einen Herrenhof anlegen. Nördlich des Hofes entstand eine Bauernsiedlung. Der alte Marktflecken ging alsbald in der Grafensiedlung auf. Um Handel und Wandel in der neuen Siedlung zu fördern, ließ der Graf die einzige Heerstraße über den Harz, den so genannten Volkeweg, nach Wernigerode umleiten. Dort kreuzten sich der Volkeweg, der von Nordhausen über den Harz nach Braunschweig und zur Nordsee führte, sowie eine Handelsstraße, die Halberstadt und Goslar miteinander verband. Wernigerode erlebte nun einen wirtschaftlichen Aufschwung. Bereits im Jahr 1229 verliehen die Grafen dem Ort das Goslarer Stadtrecht.

Dank der neuen Rechte und Privilegien konnten die Handwerker und Kaufleute in Wernigerode ihren Besitz schnell vermehren. Auch die Grafen profitierten durch Steuern und Zölle vom wirtschaftlichen Aufschwung. Ausdruck des neuen Wohlstands waren u.a. das 1265 von den Grafen gegründete Benediktiner-Chorherrenstift St. Silvestri und die neue Stadtkirche. Die Stadt Wernigerode erwarb 1279 von den Grafen für 70 Mark die Befestigungsanlagen sowie das Recht, an den drei Toren der Stadt Zölle zu erheben. Gleichzeitig musste sich die Stadt aber verpflichten, die Wälle und Mauern zu verstärken. In dieser Zeit wurden beispielsweise die bis heute erhalten gebliebenen halbrunden, zur Stadtseite hin offenen Schalentürme und das bekannte Westerntor, das Jahrhunderte später dem Bahnbetriebswerk seinen Namen gab, gebaut. Parallel dazu entstand vor der östlichen Stadtmauer die Neustadt. Hier siedelten sich meist Bauern aus dem Harzvorland an, die ihre Dörfer aufgrund der ständigen Fehden zwischen den Adligen in der Region verlassen hatten. Die Neustadt war ein eigenständiges Gemeinwesen mit Bürgermeister, Markt, Rathaus und der 1279 geweihten Johanniskirche, in der nicht das Stadtrecht, sondern das gräfliche Landrecht galt. Erst 1529 verschmolzen Alt- und Neustadt zu einer Gemeinde. Das Fehdeunwesen schädigte den Handel. Daher schloss sich Wernigerode dem niedersächsischen Städtebund und 1328 der Goslarer Münzordnung an. Dennoch konnte sich die Stadt nicht aus der Abhängigkeit der Grafen befreien. Diese bauten Anfang des 14. Jahr-

Auf der Südseite des Marktplatzes in Wernigerode befindet sich das imposante Rathaus (Aufnahme Ende der 1920er-Jahre). Über dem Eingangsportal steht der Spruch: »Einer acht´s, der andere betracht´s, der dritte verlacht´s, was macht´s.« Der neogotische Marktbrunnen wurde 1848 in der Ilsenburger Eisenhütte gegossen.   Foto: Archiv D. Endisch

Das weithin sichtbare Schloss auf dem Agnesberg (395 m über NN) ist neben dem Rathaus eines der Wahrzeichen der Stadt Wernigerode. Graf Otto zu Stolberg-Wernigerode ließ die einstige Burg zwischen 1858 und 1883 zu einem repräsentativen Schloss im Stil der Neogotik umbauen. Foto: Archiv D. Endisch

hunderts ihre Macht im Harz weiter aus. Gemeinsam mit dem Bistum Halberstadt zwangen sie 1343 den Grafen Albrecht II. von Regenstein, auf seine hoheitlichen Rechte und einen Teil seines Besitzes zu verzichten. Die Grafschaft Wernigerode besaß nun ihre größte Ausdehnung. Gleichwohl mussten die Grafen 1381 den Erzbischof von Magdeburg als ihren Oberlehnsherrn anerkennen. 1449 übernahm der Kurfürst von Brandenburg die Lehnshoheit.

Nach dem Landfrieden von Braunschweig im Jahr 1384 hatten die Fehden endlich ein Ende. Graf Heinrich vermachte 1427 sein altes »Ting- und Spelhaus« (1277 erstmals erwähnt) der Stadt. Diese baute es zu einem repräsentativen »Spelhaus« um. Der untere Teil des Gebäudes entstand zwischen 1430 und 1450. Der Fachwerkteil mit dem Festsaal wurde von 1492 bis 1498 errichtet. Die beiden Erker mit den spitzen Türmen entstanden 1498 und vollendeten das Bauwerk. Erst 1538 wurde das »Spelhaus« zum Rathaus umfunktioniert, nachdem der alte Bau beim Stadtbrand von 1528 zerstört worden war. Der Wohlstand der Bürger schlug sich auch in den reich verzierten Fachwerkhäusern nieder.

Zu diesem Zeitpunkt war das Geschlecht derer von Wernigerode bereits seit über einem Jahrhundert erloschen. Graf Heinrich verstarb 1429 ohne Erben. Seine Besitzungen und Titel fielen aufgrund eines Vertrages an die Grafen von Stolberg, die sich fortan »von Stolberg-Wernigerode« nannten und 100 Jahre später ihre Residenz nach Wernigerode verlegten. Im ausgehenden Mittelalter mehrten die Grafen ihren Reichtum beträchtlich. Maßgeblichen Anteil daran hatte der Mitte des 16. Jahrhunderts aufblühende Bergbau im Drängetal, wo Kupfer, Kobalt und Silber gefördert wurden. Am Büchenberg wurden Eisenerze gewonnen, die in den gräflichen Hütten in Ilsenburg und Schierke verarbeitet wurden.

Der Dreißigjährige Krieg (1618–1648) brachte Not und Elend in die Stadt und die Grafschaft Wernigerode. 1627 besetzten kaiserliche Truppen die Stadt, in der eine Pestepidemie ausbrach. Vier Jahre später zogen die Schweden in Wernigerode ein. Als Kaiser Ferdinand II. (09.07.1578–15.02.1637) und Kurfürst Johann Georg I. von Sachsen (05.03.1585–

08.10.1656) am 30. Mai 1635 den Prager Frieden unterzeichneten, gelang es ihnen nicht, die Kämpfe im Heiligen Römischen Reich deutscher Nation zu beenden. Die Grafen von Stolberg-Wernigerode traten mit Rücksicht auf ihre Besitzungen im Südharz zur katholischen Liga über. Für die von Johan Banér (03.07.1596–20.04.1641) befehligten schwedischen Truppen war Wernigerode nun Feindesland, das ausgeplündert wurde. Stadt und Grafschaft verarmten. Handel und Handwerk lagen am Boden. Die Dörfer rings um Wernigerode waren verödet, die Bevölkerung dezimiert. Wernigerode war nach der Unterzeichnung des Westfälischen Friedens am 24. Oktober 1648 nur noch eine unbedeutende Ackerbürgerstadt, die noch bis 1650 besetzt war. Auch die gräfliche Wirtschaft musste neu aufgebaut werden. Ende des 17. Jahrhunderts erlebte der Bergbau im Drängetal und am Büchenberg eine neue Blüte. Die Forstwirtschaft und die gräflichen Domänen wurden umgestaltet. Die Grafen fassten ihre Wirtschaftszweige zu einem Komplex zusammen, der nach wenigen Jahren enorme Gewinne abwarf. 1714 musste Graf Christian Ernst zu Stolberg Wernigerode (02.04.1691–25.10.1771) in einem so genannten Rezess zahlreiche landesherrschaftliche Privilegien aufgeben und die Oberhoheit des Königreichs Preußen anerkennen.

Nach der Niederlage des preußischen Heeres in der Schlacht von Jena und Auerstedt am 14. Oktober 1806 besetzten französische Truppen die Grafschaft. Entsprechend den Bestimmungen des Friedens von Tilsit (09.07.1807) wurde Wernigerode dem per Dekret von Kaiser Napoleon I. (15.08.1769–05.05.1821) am 18. August 1807 geschaffenen Königreich Westfalen zugeschlagen und gehörte nun zum Distrikt Blankenburg im Saaledepartement. Durch die Aufhebung der Zollschranken erlebte die Wirtschaft in Wernigerode einen deutlichen Aufschwung. Davon profitierten besonders die zahlreichen Schnapsbrennereien.

Nach der Niederlage Napoleons und dem Wiener Kongress gehörte Wernigerode ab 1. Juli 1816 zum neu gegründeten Landkreis Osterwieck. Sehr zum Missfallen der Grafen von Stolberg-Wenigerode, denen es schließlich gelang, mit Wirkung zum 1. Januar 1825 ihr Territorium aus

Die Harzquer- und Brockenbahn gehören heute zu den größten Touristenattraktionen im Harz. Mitte der 1920er-Jahre verließ die Lok 15ᴵᴵ (DR: 99 5905) den 58 m langen Tunnel unter dem Kleinen Thumkuhlenkopf (386 m über NN). Der Tunnel liegt in Fahrtrichtung Drei Annen Hohne in einem Rechtsbogen (Radius 70 m).　　　*Foto: Archiv D. Endisch*

dem Landkreis herauszulösen und die alten im Rezess von 1714 verbrieften hoheitlichen Rechte wiederzuerlangen. Gleichwohl blieb die Grafschaft Wernigerode Bestandteil der Provinz Sachsen des Königreichs Preußen und besaß verwaltungsrechtlich den Status eines Kreises. Allerdings endete durch die Wiederherstellung der alten Ordnung der wirtschaftliche Aufschwung. 1845 zählte Wernigerode lediglich rund 5.200 Einwohner. Erst in der zweiten Hälfte des 19. Jahrhunderts entstanden in Wernigerode neue Erwerbszweige. Neben der Holz-, Farben- und Lederindustrie entwickelten sich Likör-, Schnaps- und Schokoladenfabriken, Ziegeleien und eine Zigarrenfabrik. Später kamen noch eine Eisengießerei und ein Leichtmetallgusswerk hinzu. Bis 1876 stieg die Zahl der Einwohner auf rund 8.000 Männer und Frauen an. Zeitgleich wurde die Grafschaft Stolberg-Wernigerode aufgelöst und Dr. Johann Friedrich Rudolph Elvers (06.09.1825–30.05.1891) am 2. Oktober 1876 zum ersten Landrat des Kreis Wernigerode (ab 1900: Kreis Grafschaft Wernigerode) ernannt.

Nach der Eröffnung der Strecke Heudeber-Danstedt–Wernigerode am 11. Mai 1872 und deren Verlängerung nach Ilsenburg (20.05.1884) und Bad Harzburg (01.10.1894) gewann der Fremdenverkehr in Wernigerode und Umgebung immer mehr an Bedeutung. Ende des 19. Jahrhunderts wandelte sich das Bild der »Bunten Stadt am Harz«, wie der Schriftsteller Hermann Löns (29.08.1866–26.09.1914) Wernigerode nannte. Zwischen 1858 und 1883 ließ Graf Otto zu Stolberg-Wernigerode (30.10.1837–19.11.1896) die Burg zu einem repräsentativen, neogotischen Schloss umbauen. Neue Straßen und Siedlungen entstanden. Durch die Eingemeindung von Hasserode am 1. April 1907 stieg die Zahl der Einwohner auf fast 20.000 an.

In den 1920er- und 1930er-Jahren besaß Wernigerode neben den traditionellen Unternehmen einen florierenden Fremdenverkehr. Während des Zweiten Weltkriegs entstand in Wernigerode ein Betriebsteil der Rautal-Werke GmbH, in dem Zylinder- und Motorengehäuse für die Junkers Flugzeug- und Motorenwerke AG in Dessau und das Volkswagen-Werk gefertigt wurden. Obwohl Wernigerode nur eine geringe militärische Bedeutung besaß, wurde die Stadt am 22. Februar 1944 von Bombern der US-Luftwaffe angegriffen. Dabei wurden über 100 Häuser zerstört und rund 200 Menschen getötet. Mit dem Einmarsch der US-Armee am 11. April 1945 endete in Wernigerode der Zweite Weltkrieg. Ab 1. Juli 1945 gehörten Stadt und Kreis zur sowjetischen Besatzungszone. Durch Flüchtlinge aus den ehemaligen deutschen Ostgebieten stieg die Einwohnerzahl in Wernigerode bis 1946 auf über 34.000 an.

In den 1950er-Jahren wandelte sich das wirtschaftliche Profil der Stadt grundlegend. Der VEB Elektromotorenwerk und der VEB Getriebewerk wurden zu Großbetrieben ausgebaut. Daneben gab es Betriebe der Arzneimittel-, Bekleidungs-, Holz-, und Möbelindustrie. Weit über den Harz hinaus bekannt waren die im Jahr 1946 gegründete Walter Heise KG (ab 01.01.1953: VEB Füllhalterfabrik Wernigerode), die die nahezu jedem DDR-Schüler bekannten »Heiko«-Füllfederhalter herstellte, und die Hasseröder Brauerei. Unter der Regie des Feriendienstes des Freien Deutschen Gewerkschaftsbundes (FDGB) entwickelte sich Wernigerode ab den 1950er-Jahren zu einem Zentrum des Harztourismus. Mitte der 1980er-Jahre wurden jährlich rund 100.000 Feriengäste und mehr als 1,5 Millionen Tagesbesucher gezählt.

Mit der politischen Wende in der DDR im Herbst 1989 und der deutschen Wiedervereinigung am 3. Oktober 1990 brachen auch in Wernigerode große Teile der Industrie zusammen. Doch mit der Ansiedlung neuer Unternehmen und massiver Förderung entwickelte sich Wernigerode deutlich besser als die anderen Städte im Nordharz. Maßgeblichen Anteil daran haben auch die Harzquer- und Brockenbahn, deren Lokomotiven im ehemaligen Bahnbetriebswerk Wernigerode Westerntor beheimatet sind.

2. Die Schmalspurbahnen im Ostharz

Der Harz ragt steil aus der norddeutschen Tiefebene heraus. Das rund 2.030 km² große Mittelgebirge reicht von der Saale bis zur Leine. Der Gebirgszug ist zwischen Hettstedt im Osten und Seesen im Westen etwa 90 km lang. An der breitesten Stelle misst der Harz von Blankenburg im Norden bis Walkenried im Süden etwa 33 km. Zu den größten Touristenattraktionen des nördlichsten deutschen Mittelgebirges gehört zweifelsohne das 140,4 km lange Streckennetz der Harzer Schmalspurbahnen GmbH. Die Geschichte des heute größten zusammenhängenden Schmalspurbahnnetzes mit täglichem Dampflokeinsatz in Europa begann vor über 140 Jahren mit der Gernrode-Harzgeroder Eisenbahn-Gesellschaft.

2.1 Die Älteste: Die Gernrode-Harzgeroder Eisenbahn-Gesellschaft

Der Harz glich auch nach der Proklamation des Deutschen Kaiserreiches am 18. Januar 1871 noch immer einem politischen Flickenteppich. Das Königreich Preußen sowie die Herzogtümer Anhalt und Braunschweig teilten sich die Region. Der Landstrich zwischen Hoym, Gernrode, Güntersberge, Neudorf (Harz) und Harzgerode gehörte zum anhaltischen Kreis Ballenstedt. Die Wälder rund um das etwa 30 km² große Rambergmassiv waren im Mittelalter das Jagdrevier der deutschen Könige und Kaiser. Um 1300 begann hier die Förderung und Verhüttung von Blei-, Eisen-, Silber- und Zinkerzen. Im 16. Jahrhundert erlebte der Bergbau im Unterharz seine Blüte. Während des Dreißigjährigen Krieges (1618–1648) wurde die Region regelrecht verwüstet. Der Wiederaufbau dauerte

Jahrzehnte. Erst im 18. Jahrhundert war die Montanindustrie wieder ein einträgliches Geschäft. Doch die Silbervorkommen im Unterharz gingen zur Neige. In den wenigen verbliebenen Gruben wurde nur noch Eisenerz oder Flussspat abgebaut. Die Forstwirtschaft und die holzverarbeitende Industrie gewannen immer mehr an Bedeutung. Außerdem entwickelte sich Anfang des 19. Jahrhunderts langsam der Fremdenverkehr. Doch die schlechte verkehrstechnische Erschließung des Unterharzes behinderte die weitere wirtschaftliche Entwicklung der Region zusehends. Ochsenkarren und Pferdefuhrwerke waren noch immer die wichtigsten Transportmittel auf den oftmals ungenügend ausgebauten Chausseen. Gleichwohl begann Mitte des 19. Jahrhunderts das Eisenbahnzeitalter im nördlichen Harzvorland. Die Magdeburg-Halberstädter Eisenbahn-Gesellschaft (MHE) nahm am 15. Juli 1843 auf ihrer Stammstrecke den Betrieb auf. Nur wenige Monate später forderten die Städte und Gemeinden im Kreis Ballenstedt einen Eisenbahnanschluss. Dr. Wilhelm Hellrung plädierte 1847 in einer Denkschrift für den Bau einer Strecke von Köthen über Güsten, Aschersleben und durch den Unterharz nach Göttingen. Die Strecke sollte von Meisdorf aus durch das Selketal über Mägdesprung und Ilfeld nach Nordhausen verlaufen. Der Aufwand war enorm: Allein für den rund 20 km langen Abschnitt Meisdorf–Straßberg waren 32 Brücken und drei Tunnel notwendig. Die Baukosten wurden auf rund 1,4 Millionen Taler veranschlagt. Angesichts dieser enormen Summe ließ sich das ehrgeizige Vorhaben nicht verwirklichen.

Auch in den folgenden Jahren wurden immer wieder Projekte zur eisenbahntechnischen Erschließung des Unterharzes erörtert. Entweder scheiterten diese Vorhaben an den notwendigen Investitionen, den

Die Selketalbahn ist die älteste meterspurige Schmalspurbahn des Harzes. Am Morgen des 8. Mai 1978 wartete 99 5901-6 (ex 99 5901) mit dem Gmp 69714 nach Straßberg (Harz) im Schmalspurteil des Bf Gernrode (Harz) auf das Abfahrsignal.
Foto: Th. Rieger, Archiv D. Endisch

Wünschen der Landesregierungen oder den Einsprüchen einflussreicher Grundbesitzer. Im Sommer 1880 ergriffen die Regierung des Herzogtums Anhalt sowie die Gemeinden im Unterharz die Initiative. Am 18. September 1880 konstituierte sich unter dem Vorsitz des Quedlinburger Bürgermeisters Dr. Heinrich Gustav Brecht (24.06.1830–07.02.1905) ein Eisenbahn-Komitee, das den Bau einer meterspurigen Nebenbahn von Quedlinburg über Gernrode, Mägdesprung, Harzgerode, Rottleberode und Neustadt (Harz) nach Nordhausen vorschlug. Außerdem waren Stichstrecken nach Straßberg und Stolberg vorgesehen. Die dazu notwendigen Vorarbeiten übernahm der Großherzoglich-Sächsische Baurat Wilhelm Hostmann (siehe Kasten unten), der im Mai 1881 die gewünschten Unterlagen präsentierte. Während die Regierung des Herzogtums Anhalt dem Vorhaben bereits am 10. Juni 1881 zustimmte, lehnte das preußische Ministerium der öffentlichen Arbeiten (MdöA) das Vorhaben

ab. Zum einen befürchtete das MdöA eine Konkurrenz für die im Harz von der Preußischen Staatsbahn betriebenen Strecken, zum anderen machte das Ministerium militärstrategische Einwände geltend. Gleichwohl räumte das MdöA ein, dass die Region unbedingt einen Bahnanschluss benötigte. Daraufhin wurde die bereits am 7. Januar 1868 eröffnete Stichbahn Frose–Ballenstedt Schloss* über Gernrode und Suderode nach Quedlinburg verlängert. Nach der Aufnahme des Personenverkehrs am 1. Juli 1885 auf dem 11,4 km langen Abschnitt verkehrten ab 1. Oktober 1885 auch Güterzüge auf der Verbindung zwischen Ballenstedt Schloss und Quedlinburg.

Zu diesem Zeitpunkt gründete sich in Ballenstedt ein Eisenbahn-Komitee, das für den Bau einer regelspurigen Nebenbahn von Ballenstedt über

* ab 1922: Ballenstedt West

Hostmann & Co., Vering & Waechter und die DEBG

Wilhelm Hostmann, geboren am 15. Januar 1841 in Celle, gilt als einer der Pioniere beim Bau und Betrieb von Schmalspurbahnen in Deutschland. Seine berufliche Laufbahn begann der Ingenieur nach der bestandenen Baumeister-Prüfung bei der Thüringischen Eisenbahn-Gesellschaft (ThEG), wo er zuletzt als Betriebsinspektor in Weißenfels tätig war. Gemeinsam mit dem Regierungsrat Dr. jur. Carl Schambach (21.07.1836–08.04.1920), der als Referent im Staatsministerium des Großherzogtums Sachsen-Weimar-Eisenach arbeitete, erstellte Hostmann 1877 das Projekt für die als »Feldabahn« bekannt gewordenen Strecken Salzungen–Vacha und Dorndorf–Kaltennordheim. Die in den Jahren 1879/80 in Betrieb genommene Feldabahn war die erste meterspurige Schmalspurbahn in Deutschland. Hostmann kündigte bei der ThEG und übernahm im Auftrag der Firma Krauss & Co. aus München die Bauleitung für die Feldabahn, deren erster Betriebsleiter er wurde. Für seine Verdienste um die Feldabahn wurde Wilhelm Hostmann der Titel »Großherzoglich Sächsischer Baurat« verliehen.

Mit den bei der Feldabahn gesammelten Erfahrungen wagte Wilhelm Hostmann den Schritt in die Selbstständigkeit. Er gründete 1885 in Hannover die *Lokalbahn-Bau- und Betriebsgesellschaft Hostmann & Co.* Schwerpunkt der geschäftlichen Aktivitäten der Firma Hostmann & Co. war der Bau und Betrieb meterspuriger Nebenbahnen. Aber auch regelspurige Strecken und 750 mm-Schmalspurbahnen wurden projektiert. Das Unternehmen engagierte sich im gesamten Deutschen Reich. Neben der Strecke Gernrode (Harz)–Alexisbad–Harzgerode/Güntersberge zeichnete die Firma Hostmann & Co. u.a. für die meterspurigen Nebenbahnen Hildburghausen–Lindenau-Friedrichshall (29,3 km) und Eisfeld–Unterneubrunn (17,8 km) in Thüringen sowie die ersten Strecken der Mansfelder Bergwerksbahn (750 mm Spurweite) verantwortlich. Wilhelm Hostmann übernahm nicht nur Aufträge privater Investoren, sondern arbeitete auch mit Regierungen kleinerer Länder zusammen. Beispielsweise wurden die Strecken Hildburghausen–Lindenau-Friedrichshall und Eisfeld–Schönbrunn durch das Herzogtum Sachsen-Meiningen finanziert und später von der Preußischen Staatsbahn übernommen. Darüber hinaus betätigte sich Wilhelm Hostmann publizistisch. Ab 1881 gab er die *»Zeitschrift für das gesamte Localbahn- und Straßenbahn-Wesen«* heraus, in der er ausführlich über seine eigenen Vorhaben berichtete. Außerdem verfasste Hostmann mehrere Fachbücher über Schmalspurbahnen im In- und Ausland. Dazu gehörten beispielsweise die Titel »Bau und Betrieb von Schmalspurbahnen und deren volkswirtschaftliche Bedeutung für das Deutsche Reich« (1881) oder »Die Lokalbahnen in den Niederlanden« (1882).

Trotz seines großen persönlichen Engagements blieb das von Wilhelm Hostmann geführte Unternehmen in Deutschland eine der kleinsten privaten Eisenbau- und Betriebsgesellschaften, die im Wettbewerb mit den großen der Branche immer weiter ins Hintertreffen geriet. Aus diesem Grund veräußerten Wilhelm Hostmann und sein Geschäfts-

partner Carl Leonhard Waechter (14.08.1840–22.05.1913) zum 1. Januar 1891 das Unternehmen an die Firma Vering & Waechter, Eisenbahnbau- und Betriebsgesellschaft mbH & Co. in Berlin. Wilhelm Hostmann zog sich anschließend schrittweise aus dem aktiven Geschäftsbetrieb zurück. Er verstarb am 13. September 1923 in Blankenese.

Der Königlich Preußische Baurat Carl Leonhard Waechter und der Kommerzienrat Carl Hubert Vering (18.11.1834–09.02.1897) hatten ihr Unternehmen am 3. November 1885 gegründet. Geschäftszweck der Firma Vering & Waechter war der Bau und Betrieb von Neben- und Kleinbahnen. Außerdem beteiligte sich das Unternehmen an mehreren Eisenbahngesellschaften. Ende der 1890er-Jahre bestand die Notwendigkeit, die inzwischen zu einem ansehnlichen Konzern gewachsene Firma Vering & Waechter neu zu strukturieren. Dabei sollte vor allem die Betriebsführung für die einzelnen Strecken in einem eigenen Unternehmen zusammengefasst werden. Zu diesem Zweck gründeten Vering & Waechter gemeinsam mit dem Bankier Baron Moritz von Cohn (19.09.1812–29.04.1900) aus Dessau und der Mitteldeutschen Kreditbank am 15. November 1898 die Deutsche Eisenbahn-Betriebs-Gesellschaft (DEBG), deren Stammkapital auf drei Millionen Mark festgesetzt wurde. Der Eintrag in das Handelsregister erfolgte am 19. Dezember 1898. Die DEBG hatte ihren Sitz in Berlin (Augsburger Straße) und war bis zum 31. März 1905 auch für die Betriebsführung auf der Anhaltischen Harzbahn verantwortlich.

Die DEBG und Vering & Waechter erlebten in den folgenden Jahren eine wechselhafte Entwicklung. Nach dem Zweiten Weltkrieg setzten beide Unternehmen in der Bundesrepublik bzw. West-Berlin ihre Tätigkeit fort. Die DEBG, die ab 1. September 1951 ihren Sitz in Hameln hatte, trennte sich bis 1963 von den meisten ihrer Nebenbahnen. Nach einer Herabsetzung des Grundkapitals auf 1,5 Millionen D-Mark betrieb die DEBG nur noch die Kleinbahn Voldagsen-Duingen-Dellingsen und die Vorwohle-Emmerthaler Eisenbahn in Niedersachsen. Doch beiden Strecken schlugen mit immer höheren Verlusten zu Buche. Dies führte dazu, dass die DEBG beide Strecken veräußerte. Die Aktionäre der DEBG beschlossen schließlich am 29. September 1967 die Auflösung des Unternehmens, dessen Liquidation bis 1970 dauerte.

Die Firma Vering & Waechter bestand zu diesem Zeitpunkt noch. Das Unternehmen hatte nach der Gründung der DEBG die Betriebsführung auf nahezu allen Strecken abgegeben. Lediglich bei der Neukölln-Mittenwalder Eisenbahn AG und der Königs Wusterhausen-Mittenwalde-Töpchiner Kleinbahn AG zeichnete die Firma Vering & Waechter weiterhin als Betriebsführer verantwortlich. Nach dem Zweiten Weltkrieg verblieb der Firma Vering & Waechter nur noch die NME, die aber ab 1. Januar 1980 die Betriebsführung selbst abwickelte. Die Firma Vering & Waechter hatte in der Zwischenzeit neue Geschäftsfelder erschlossen. Aus dem Eisenbahn-Unternehmen war eine Bau- und Immobilienfirma geworden, die bis heute als Vering & Waechter Verwaltungs-GmbH besteht.

Die GHE nahm am 7. August 1887 den Personenverkehr auf dem 10,2 km langen Abschnitt Gernrode (Harz)–Mägdesprung auf. Vor dem Güterschuppen des Bf Mägdesprung (Aufnahme um 1905) ist ein zweiachsiger gedeckter Güterwagen zu sehen. Um den Namen der kleinen Talsiedlung, die ein Ortsteil von Harzgerode ist, ranken sich zahlreiche Legenden. Einer Sage aus dem 17. Jahrhundert nach rettete sich eine Frau vor ihrem Verfolger durch einen beherzten Sprung vom Zirlberg über das Tal hinweg. Tatsächlich geht der Name des Ortes aber auf eine Quelle am Fuße des Zierlberges zurück, die einst als »Maide-Sprung« bezeichnet wurde. Herzog Alexius Friedrich Christian von Anhalt-Bernburg (12.06.1767–24.03.1834) gab der Quelle 1828 zu Ehren seiner zweiten Gemahlin Ernestine von Hoym den Namen »Erna-Brunnen«. Foto: Archiv D. Endisch

Mägdesprung und Alexisbad nach Harzgerode warb. Parallel dazu präsentierte die Lokalbahn-Bau- und Betriebsgesellschaft Hostmann & Co. das Projekt für eine meterspurige Schmalspurbahn von Gernrode nach Nordhausen. Da es im Südharz aber Zweifel an der Wirtschaftlichkeit dieses Vorhabens gab und sich hier auch keine Unterstützer für diese Idee fanden, fiel am 11. April 1885 die Entscheidung, lediglich eine meterspurige Nebenbahn von Gernrode nach Harzgerode sowie eine Stichstrecke Alexisbad–Lindenberg zu bauen. Der Kostenvoranschlag für die Strecke Gernrode (Harz)–Harzgerode belief sich auf 900.000 Mark. Der Landtag in Dessau beschäftigte sich im Frühjahr 1886 mit beiden Vorschlägen. Aus Kostengründen stimmten die Abgeordneten am 19. März 1886 dem Bau der Schmalspurbahn zu, an der sich das Herzogtum finanziell beteiligen wollte. Nur wenige Wochen später, am 10. Mai 1886, konstituierte sich im Amtsgericht in Harzgerode mit einem Stammkapital von 900.000 Mark die Gernrode-Harzgeroder Eisenbahn-Gesellschaft (GHE). Das Herzogtum Anhalt und die Firma Hostmann & Co. übernahmen jeweils 300.000 Mark. Den ersten Vorstand der GHE bildeten der Ballenstedter Kreisdirektor Carl Ulbricht (15.08.1842–24.07.1913), der Quedlinburger Bürgermeister Dr. Heinrich Gustav Brecht und der Harzgeroder Bürgermeister Tronnier.

Anschließend verhandelten die Firma Hostmann & Co. und die GHE über die Verträge zum Bau und zur Betriebsführung auf der Strecke Gernrode (Harz)–Harzgerode. Nach langwierigen Diskussionen wurde am 4. Februar 1887 der Bauvertrag unterzeichnet. Der Betriebsführungsvertrag, der zunächst für zwölf Jahre galt, wurde am 25. Juni 1887 unterschrieben.

In der Zwischenzeit hatte die Firma Hostmann & Co. die Vorarbeiten abgeschlossen und am 27. September 1886 mit den Bauarbeiten begonnen. Als am 14. März 1887 die Konzessionsurkunde ausgestellt wurde, war das Planum für den Abschnitt Gernrode (Harz)–Mägdesprung bereits fertiggestellt. Nach nur zehn Monaten Bauzeit nahm die GHE am 7. August 1887 den Personenverkehr auf dem 10,2 km langen Teilstück auf. Nach der Fertigstellung der Ladegleise im Bahnhof (Bf) Mägdesprung verkehrte am 5. Januar 1888 der erste Güterzug.

Die Bauarbeiten für den Abschnitt Mägdesprung–Harzgerode verzögerten sich jedoch aufgrund der aufwändigen Trassenführung im Selketal und der hier notwendigen Felsdurchbrüche. Am 1. Juli 1888 konnte die GHE schließlich das 7,3 km lange Streckenstück nach Harzgerode seiner Bestimmung übergeben. Das Verkehrsaufkommen auf der GHE entwickelte sich ganz im Sinne ihrer Gesellschafter. Bereits im Geschäftsjahr 1888/89 beförderte die Schmalspurbahn 33.314 Reisende und 7.684 t Güter. Den

Der Bf Alexisbad war und ist bis heute die wichtigste Zwischenstation der Selketalbahn. Das schmucke Empfangsgebäude (Aufnahme um 1925) besaß neben Dienst- und Wohnräumen außerdem einen Güterschuppen mit Seitenrampe sowie eine Bahnhofswirtschaft. Diese war viele Jahre an die Familie Meyer verpachtet, deren Restaurant, Café und Konditorei einen ausgezeichneten Ruf bei ihren Gäste besaß. In den 1970er- und 1980er-Jahren überbrückten zahllose Eisenbahnfreunde aus aller Welt die Zeit zwischen den Zügen in der Gaststätte, die Mitte der 1990er-Jahre geschlossen wurde. Seit der Einführung des Vereinfachten Nebenbahndienstes auf der Strecke Gernrode (Harz)–Harzgerode/Straßberg (Harz) am 1. Oktober 1959 war der Bf Alexisbad Sitz des Zugleiters, der den Betrieb überwachte und regelte. Mit der Aufnahme des Güterverkehrs auf dem Abschnitt Straßberg (Harz)–Stiege am 12. Februar 1984 wurde der Zuständigkeitsbereich des Zugleiters bis zum Bf Stiege (ausschließlich) ausgedehnt. Seit dem 1. November 2004 überwacht der Zugleiter in Nordhausen Nord den Betrieb auf der Selketalbahn. Foto: Archiv D. Endisch

Im Bf Harzgerode endete die Stammstrecke der GHE. Um 1900 erreichte eine der sechs Cn2t-Maschinen den Bahnhof der Kleinstadt. Im Hintergrund ist das Schloss zu sehen. Die Geschichte der kastellartigen Anlage reicht zurück bis in das 13. Jahrhundert, als die Fürsten von Anhalt als Schutzvögte des Klosters Hagenrode (bei Alexisbad) eine erste Befestigungsanlage errichten ließen. Diese Burg wurde erstmals 1326 in einer Urkunde Fürst Bernhards III. von Anhalt-Bernburg als »Slot tho hazekerode« erwähnt. Fürst Otto III. von Anhalt-Bernburg verpfändete die Burg 1398 an den Grafen Günther von Mansfeld. Ab 1413 war die Burg ein Pfand der Wettiner und später der Grafen von Stolberg. Erst 1536 konnten die Fürsten von Anhalt die Burg sowie die Städte Harzgerode und Güntersberge nach Zahlung von 19.850 Gulden wieder auslösen. Die Burg Harzgerode war Bestandteil der Stadtbefestigung. Die Mauern der heute etwa 40 x 45 m große Anlage sind bis 2,5 m stark und besitzen einen Wehrgang. In der Nordwestecke steht ein Rundturm, der ehemalige Bergfried (rechts hinter dem Empfangsgebäude).

Foto: Archiv D. Endisch

Ausgaben in Höhe von 38.252,00 Mark standen Einnahmen in Höhe von 42.735,51 Mark gegenüber.

Doch mit der Strecke nach Harzgerode wollte sich die GHE nicht begnügen. Bereits 1885 hatte ein Eisenbahn-Komitee aus Hasselfelde die Verlängerung der Schmalspurbahn bis in die Kleinstadt vorgeschlagen. Die Gesellschafter stimmten dem Vorhaben zwar am 2. Dezember 1887 zu, doch dessen Umsetzung nahm viel Zeit in Anspruch. Hasselfelde gehörte zum Herzogtum Braunschweig. Die Regierung in Dessau war daher nicht gewillt, die Baukosten für den Abschnitt Güntersberge–Hasselfelde allein zu tragen. Da sich die Verhandlungen mit der braunschweigischen Regierung immer wieder verzögerten, beschränkte sich die GHE zunächst auf den Abschnitt Alexisbad–Güntersberge, der schrittweise in Betrieb genommen wurde. Ab 13. Juli 1889 verkehrten Güterzüge zwischen Alexisbad und Silberhütte (Anhalt). Dank der »Anhaltischen Blei- und Silberwerke«, die die Silbergruben bei Neudorf (Harz) und das Hüttenwerk in Silberhütte betrieben, nahm das Frachtaufkommen bei der GHE spürbar zu. Der Bf Lindenberg (Harz) wurde ab 18. November 1889 im Güterverkehr bedient. Am 1. Juni 1890 nahm die GHE schließlich den Personen- und Güterverkehr zwischen Alexisbad und Güntersberge auf.

In der Zwischenzeit war auch Bewegung in die festgefahrenen Verhandlungen für den Bau der Strecke Güntersberge–Stiege–Hasselfelde gekommen. Das Herzogliche Eisenbahn-Kommissariat stimmte dem Vorhaben am 24. Juni 1891 zu und bewilligte der GHE einen Zuschuss in Höhe von 230.000 Mark. Nachdem die Regierung des Herzogtums Braunschweig die Unterlagen am 25. Februar 1891 abgenommen hatte, konnte im Mai 1891 der notwendige Staatsvertrag zwischen beiden Herzogtümern unterzeichnet werden. Anschließend begannen die Bauarbeiten. Allerdings verzögerte sich die Fertigstellung der Strecke Güntersberge–Hasselfelde aufgrund der Witterung um einige Monate. Zuerst weihte die GHE am 1. Dezember 1891 das Teilstück Güntersberge–Stiege ein, bevor am 1. Mai 1892 der Abschnitt Stiege–Hasselfelde seiner Bestimmung übergeben wurde.

Die Einwohner und Gewerbetreibenden in Hasselfelde verbanden mit dem Anschluss an die im Volksmund als »Anhaltische Harzbahn« bezeichnete GHE große Hoffnungen, die sich aber kaum erfüllten. Das wirtschaftliche Leben der Kleinstadt war in erster Linie nach Nordhausen ausgerichtet. Daher schlug der Bürgermeister von Hasselfelde Max Hagedorn bereits im Sommer 1898 den Bau einer Verbindungsstrecke

Ab 1. Juni 1890 besaß auch die Kleinstadt Güntersberge einen Eisenbahnanschluss. Das Stationsgebäude (Aufnahme um 1925) war weitgehend mit dem des Bf Straßberg (Harz) identisch. Der eingeschossige Anbau (rechts) beherbergt eine Bahnhofsgaststätte. Zunächst war die Station mit einem Fahrdienstleiter besetzt. Die GHE löste diesen Dienstposten aber Mitte der 1920er-Jahre aus Kostengründen auf. Fortan verkauften der Bahnhofswirt oder der Zugführer die Fahrkarten.

Foto: Archiv D. Endisch

zwischen der GHE sowie der Nordhausen-Wernigeroder Eisenbahn-Gesellschaft und der Südharz-Eisenbahn AG vor. Doch die NWE lehnte dieses Ansinnen ab und plädierte stattdessen für den Bau einer Strecke von Hasselfelde in Richtung Ilfeld/Benneckenstein. Die GHE erarbeitete daraufhin zwei Projekte – eine Verbindung zwischen Hasselfelde und dem Bf Rübeland der Halberstadt-Blankenburger Eisenbahn-Gesell-schaft (HBE) sowie eine Strecke von Stiege zum Bf Tiefenbachmühle der NWE. Beide Vorhaben mussten jedoch aus Kostengründen verworfen werden. Stattdessen ließ die GHE eine Stichbahn von Stiege durch das Behretal zum Bf Eisfelder Talmühle der NWE projektieren. Da die rund 9 km lange Schmalspurbahn anhaltisches, braunschweigisches und preußisches Gebiet überquerte, bedurfte es eines dreiseitigen Staatsver-

trages, der am 16. Juni 1904 ratifiziert wurde. Bereits im April 1904 hatte die Firma A. Röder mit den Bauarbeiten begonnen, die sich jedoch auf-grund des langen und harten Winters 1904/05 erheblich verzögerten. Nach der landespolizeilichen und der eisenbahntechnischen Abnahme der Strecke am 9. Juli 1905 nahm die GHE am 15. Juli 1905 den Personen- und Güterverkehr zwischen Stiege und Eisfelder Talmühle auf. Damit hatte das Streckennetz der GHE mit einer Gesamtlänge 52,1 km seine größte Ausdehnung erreicht.

Dank der Anhaltischen Harzbahn verzeichneten die Städte und Gemein-den im Selketal einen spürbaren wirtschaftlichen Aufschwung. Dies galt vor allem für den Fremdenverkehr. Von dieser Entwicklung profitierte auch die GHE, deren Geschäftsberichte steigende Beförderungsleistungen

Die meterspurigen Schmalspurbahnen im Harz

Gernrode-Harzgeroder Eisenbahn-Gesellschaft

Streckenabschnitt	Eröffnung	Bemerkungen
Gernrode (Harz)–Mägdesprung	07.08.1887	nur Personenverkehr; Güterverkehr ab 05.01.1888; ab 06.04.1946 als Reparationsleistung demontiert; Wiedereröffnung am 08.03.1949; Personenverkehr ab 16.05.1949; Einstellung des Güterverkehrs am 02.04.1990
Mägdesprung–Alexisbad	01.07.1888	ab 06.04.1946 als Reparationsleistung demontiert; Wiedereröffnung am 08.03.1949; Per-sonenverkehr ab 16.05.1949; Einstellung des Güterverkehrs am 02.04.1990
Alexisbad–Harzgerode	01.07.1888	ab 06.04.1946 als Reparationsleistung demontiert; Personenverkehr ab 02.10.1949; Ein-stellung des Güterverkehrs am 22.05.1993
Alexisbad–Lindenberg (Harz)[1]	01.06.1890	ab 13.07.1889 Güterverkehr Alexisbad–Silberhütte (Anhalt); ab 18.11.1889 Güterverkehr Silberhütte (Anhalt)–Lindenberg (Harz); ab 06.04.1946 als Reparationsleistung demontiert; Wiedereröffnung am 08.03.1949; Personenverkehr ab 16.05.1949; Einstellung des Gü-terverkehrs am 22.05.1993
Lindenberg (Harz)[1]–Güntersberge	01.06.1890	ab 06.04.1946 als Reparationsleistung demontiert; Wiedereröffnung am 30.11.1983; plan-mäßiger Güterverkehr ab 12.02.1984; planmäßiger Personenverkehr ab 03.06.1984; Ein-stellung des Güterverkehrs am 22.05.1993
Güntersberge–Stiege	01.12.1891	ab 06.04.1946 als Reparationsleistung demontiert; Wiedereröffnung am 30.11.1983; plan-mäßiger Güterverkehr ab 12.02.1984; planmäßiger Personenverkehr ab 03.06.1984; Ein-stellung des Güterverkehrs am 22.05.1993
Stiege–Hasselfelde	01.05.1892	Güterverkehr ruht
Stiege–Eisfelder Talmühle	15.07.1905	Güterverkehr ruht

Nordhausen-Wernigeroder Eisenbahn-Gesellschaft

Streckenabschnitt	Eröffnung	Bemerkungen
Nordhausen Nord–Ilfeld	12.07.1897	nur Personenverkehr; planmäßiger Güterverkehr ab 07.02.1898; Güterverkehr ruht
Ilfeld–Netzkater	01.05.1898	nur Personenverkehr; planmäßiger Güterverkehr ab 07.02.1898; Güterverkehr ruht
Netzkater–Benneckenstein	15.09.1898	Güterverkehr ruht
Benneckenstein–Drei Annen Hohne	27.03.1899	Güterverkehr ruht
Wernigerode–Drei Annen Hohne–Schierke	20.06.1898	Güterverkehr ruht
Schierke–Brocken	27.03.1899	Der erste Zug traf bereits am 04.10.1898 auf dem Brocken ein. Die offizielle Betriebsauf-nahme erfolgte erst am 27.03.1899; Einstellung des Personenverkehrs am 14.08.1961; Ein-stellung des Güterverkehrs am 31.12.1988; Wiedereröffnung der Strecke am 15.09.1991; plan-mäßiger Personenverkehr ab 01.07.1992.

Südharz-Eisenbahn AG

Streckenabschnitt	Eröffnung	Bemerkungen
Walkenried–Braunlage	15.08.1899	nur Personenverkehr; planmäßiger Güterverkehr ab 01.11.1899; Einstellung des Perso-nenverkehrs am 30.09.1962; Einstellung des Güterverkehrs am 03.08.1963
Braunlage–Wurmberg	01.11.1899	nur Güterverkehr; Einstellung des Güterverkehrs 1958
Brunnenbachsmühle–Sorge	24.08.1899	Einstellung des Personen- und Güterverkehrs am 11.04.1945
Sorge–Tanne	24.08.1899	Einstellung des Personenverkehrs am 11.04.1945; Einstellung des Güterverkehrs 1958

Harzer Schmalspurbahnen GmbH

Streckenabschnitt	Eröffnung	Bemerkungen
Strecke Gernrode (Harz)–Quedlinburg	04.03.2006	planmäßiger Personenverkehr ab 26.06.2006

Anmerkung:
1 ab 17.05.1953: Straßberg (Harz)

Abbildung: Archiv D. Endisch

Auf seiner Fahrt nach Gernrode (Harz) erklomm ein Gmp um das Jahr 1910 bei Mägdesprung die Steigung am Fuße der Heinrichsburg. Die Ruine gehörte einst derer von Morungen, die im Mittelalter als Raubritter galten. Im Jahr 1344 zerstörten Bürger aus Nordhausen mit Unterstützung der Grafen von Hohenstein die Burg. Foto: Archiv D. Endisch

und stabile Gewinne auswiesen (siehe Tabelle unten). Das Unternehmen, das ab 1. April 1905 den Betrieb in eigener Regie abwickelte, investierte einen erheblichen Teil der Erträge in die Modernisierung des Fahrzeugparks und der Infrastruktur. Doch die Früchte dieser umsichtigen Ge-

schäftspolitik konnte die GHE nicht mehr ernten. Mit dem Beginn des Ersten Weltkrieges am 1. August 1914 endete die positive Entwicklung der Anhaltischen Harzbahn. Die Heeresfeldbahnen beschlagnahmten im Sommer 1914 neben drei Dampflokomotiven auch mehrere Wa-

Die Betriebsergebnisse der Gernrode-Harzgeroder Eisenbahn-Gesellschaft

Geschäfts-jahr	beförderte Personen	beförderte Güter	Einnahmen (in Mark)[1]	Ausgaben (in Mark)[1]	Geschäfts-jahr	beförderte Personen	beförderte Güter	Einnahmen (in Mark)[1]	Ausgaben (in Mark)[1]
1887/88[2]	45.063	4.292	34.123,12	33.462,00	1915/16	?	?	?	?
1888/89[3]	33.314	7.684	42.735,51	38.252,00	1916/17	256.046	100.087	413.618,06	335.681,84
1889/90[4]	63.217	17.652	90.905,07	61.293,00	1917/18	284.519	170.256	478.752,68	383.599,50
1890/91	80.680	23.147	117.680,49	78.342,00	1918/19	254.696	91.048	606.769,99	493.513,35
1891/92	85.748	29.451	140.046,39	97.538,80	1919/20	224.782	84.216	1.122.613,27	1.089.359,87
1892/93	102.933	30.618	141.342,49	109.061,22	1920/21	168.783	99.013	2.978.817,88	2.780.785,05
1893/94	113.656	38.912	182.718,54	106.667,41	1921/22	185.684	88.518	5.865.247,64	4.642.773,31
1894/95	109.314	28.936	145.893,59	106.144,93	1922/23	201.523	103.953	?	?
1895/96	120.802	45.160	180.841,59	108.682,54	1923/24	129.891	65.396	?	?
1896/97	115.111	61.860	208.824,03	115.722,96	1924[5]	118.860	51.535	447.150,26	415.568,32
1897/98	134.298	67.383	239.124,74	126.960,34	1925	181.848	82.196	646.304,12	581.639,03
1898/99	155.619	63.428	239.992,90	130.675,26	1926	165.000	78.000	?	?
1899/00	154.965	64.473	239.150,17	139.555.43	1927	167.335	86.461	621.748,00	?
1900/01	154.284	53.181	219.657,04	139.185,61	1928	185.893	95.000	610.000,00	480.000,00
1901/02	148.649	56.875	229.330,27	141.769,27	1929	194.740	89.193	635.000,00	515.000,00
1902/03	142.683	70.401	255.657,52	168.846,36	1930	163.059	86.430	700.000,00	625.000,00
1903/04	154.337	70.365	259.747,62	175.195,43	1931	128.928	64.926	450.000,00	430.000,00
1904/05	149.725	76.354	272.738,86	192.459,54	1932	102.922	50.806	325.000,00	375.000,00
1905/06	196.677	96.488	345.152,46	231.686,87	1933	101.194	53.981	335.333,05	351.086,29
1906/07	225.601	105.859	365.889,86	243.116,99	1934	130.462	69.520	379.187,30	408.498,76
1907/08	219.331	110.574	374.681,60	250.364,74	1935	159.269	72.269	410.786,74	445.922,63
1908/09	224.994	109.218	353.364,50	?	1936	203.232	76.084	459.542,40	457.069,64
1909/10	219.642	91.137	333.327,53	?	1937	226.118	85.170	500.200,25	491.451,50
1910/11	235.585	104.798	364.287,85	?	1938	247.714	89.071	540.604,39	504.921,57
1911/12	236.699	89.643	376.391,36	?	1939	290.818	85.365	545.139,61	546.094,21
1912/13	238.107	92.033	390.044,09	?	1940	?	?	662.166,89	579.592,50
1913/14	238.000	?	?	?	1941	?	?	755.832,44	629.851,24
1914/15	257.840	?	?	?	1942	?	?	867.225,93	678.680,75

Anmerkungen:
1 ab 30.08.1924: Reichsmark (RM)
2 Das Geschäftsjahr ging vom 07.08.1887 bis zum 31.07.1888.
3 Das Geschäftsjahr ging vom 01.08.1888 bis zum 31.03.1889.

4 Die folgenden Geschäftsjahre gingen jeweils vom 01.04. bis zum 31.03. des Folgejahres.
5 Das Geschäftsjahr ging vom 01.04.1924 bis zum 31.12.1924.

Zwischen den Haltepunkten Osterteich und Sternhaus Haferfeld befindet sich im Ostergrund der Heilige Teich. Fürst Viktor II. Friedrich von Anhalt-Bernburg ließ den Teich in den Jahren 1746/47 für den Antrieb einer Wasserkunstanlage für die Erzgruben im Ostergrund errichten. Allerdings erwies sich diese als unwirtschaftlich, so dass die Wasserkunst bereits 1749 stillgelegt wurde. Später diente der Kunstteich zeitweilig für die Trinkwasserversorgung von Gernrode. Seinen Namen erhielt der Teich von einem alten Weiher, dessen Wasser im Mittelalter als Heilmittel galt. Der Legende nach soll hier die Äbtissin Hathui, eine Schwiegertochter des Markgrafen Gero, Kranke gepflegt haben. Die Sage erzählt, dass sich beim Tod Hathuis am 4. Juli 1014 das Wasser des Teiches zuerst blutrot und dann grün verfärbt habe.
Foto: Archiv D. Endisch

gen (siehe S. 208). Außerdem wurden zahlreiche Eisenbahner zum Militär einberufen. Die GHE war gezwungen, das Angebot im Personen- und Güterverkehr deutlich einzuschränken. Auch die Instandhaltung der Fahrzeuge und der baulichen Anlagen musste das Unternehmen während des Krieges immer weiter reduzieren. Dennoch stiegen die Ausgaben deutlich an. Zwar verzeichnete der Vorstand ab dem Geschäftsjahr 1915/16 wieder höhere Transportleistungen, doch die Überschüsse schrumpften aufgrund der stetig wachsenden Betriebsausgaben und Steuern. Außerdem kam es immer wieder zu Engpässen bei der Brennstoffversorgung, so dass die GHE 1918 ihren Betrieb zeitweise einstellen musste.

Nach dem Ende des Ersten Weltkrieges verschlechterte sich die finanzielle Lage des Unternehmens aufgrund der einsetzenden Inflation und schrumpfender Beförderungsleistungen dramatisch. Die Regierung des Freistaates Anhalt sah dieser Entwicklung aber nicht tatenlos zu. Sie schuf am 22. November 1920 die Anhaltische Landes-Eisenbahngemeinschaft (ALE; siehe Kasten S. 22), zu der die GHE fortan gehörte und die die Betriebsführung auf der Anhaltischen Harzbahn übernahm. Mangels Verkehrsaufkommens stellte die ALE im Herbst 1923 den Betrieb auf dem Abschnitt Stiege–Eisfelder Talmühle ein. Erst ab Dezember 1924, nachdem sich die wirtschaftliche Lage gebessert hatte, verkehrten wieder Züge nach Eisfelder Talmühle. Mit dem Aufbau eines bahneigenen Busbetriebes, der am 25. Februar 1925 den Linienverkehr aufnahm, konnte das Angebot im Einzugsbereich der Anhaltischen Harzbahn verbessert werden.

Doch dieser positive Trend währte nur kurz: Mit der im Herbst 1929 einsetzenden Weltwirtschaftskrise brachen die Beförderungsleistungen auf der Anhaltischen Harzbahn förmlich zusammen. Besonders dramatisch war die Lage auf den Abschnitten Alexisbad–Stiege–Hasselfelde und Stiege–Eisfelder Talmühle. Von 1929 bis 1932 schrumpften die Einnahmen aus dem Bahnverkehr von etwa 635.000 auf rund 325.000 Reichsmark (RM). Um die Betriebskosten zu senken und den Personenverkehr attraktiver zu gestalten, setzte die GHE ab 14. Mai 1934 planmäßig den zweiachsigen Dieseltriebwagen T 1 (DR: VT 133 522) ein (siehe S. 213 ff.). Erst im Geschäftsbericht für das Jahr 1935 konnte der Vorstand der GHE von einer »erfreuliche(n) Aufwärtsbewegung des Verkehrs auf der Bahn« berichten. Während des Zweiten Weltkrieges erreichte das Verkehrsaufkommen auf den Strecken der GHE bis dahin noch nicht gekannte Ausmaße. Der Geschäftsbericht für das Jahr 1942 wies Einnahmen aus dem Bahnbetrieb in Höhe von mehr als 867.000 RM aus.

Nach dem Ende der Kämpfe im Unterharz am 19. April 1945 verzeichnete die Betriebsleitung der GHE keine nennenswerten Zerstörungen an der

Die Vorstände der Gernrode-Harzgeroder Eisenbahn-Gesellschaft (1906–1945)

- ab 31.03.1906
Vorsitzender Geheimer Oberregierungsrat Carl Ulbricht
Bürgermeister Friedrich Könnemann
Eisenbahn-Direktor Cuno von Biela

- ab 31.03.1911
Vorsitzender Geheimer Oberregierungsrat Carl Ulbricht
Eisenbahn-Direktor Volpertus Koch
Eisenbahn-Direktor Gustav Uflacker

- ab 31.03.1913
Vorsitzender Herzoglicher Kreisdirektor Dr. Willy Knorr
Eisenbahn-Direktor Volpertus Koch
Eisenbahn-Direktor Gustav Uflacker

- ab 31.03.1915
Vorsitzender Herzoglicher Kreisdirektor Dr. Willy Knorr
Stellvertreter Bürgermeister a.D. Fr. Könnemann
Eisenbahn-Direktor Volpertus Koch
Eisenbahn-Direktor Gustav Uflacker

- ab 31.03.1918
Herzoglicher Kreisdirektor Geheimer Regierungsrat Johannes Pietscher
Eisenbahn-Direktor Volpertus Koch
Eisenbahn-Direktor Gustav Uflacker

- ab 31.03.1923
Eisenbahn-Direktor Volpertus Koch
Eisenbahn-Direktor Gustav Uflacker

- ab 01.08.1932
Eisenbahn-Direktor Gustav Uflacker

- ab 17.06.1939
Eisenbahn-Direktor Ernst Buchmann (ehrenamtlich)
Eisenbahn-Direktor Gustav Uflacker

Infrastruktur und den Fahrzeugen. Daher konnten bereits ab 4. Mai 1945 wieder Züge auf der Anhaltischen Harzbahn verkehren. Doch mit dem Einmarsch der Roten Armee in den Kreis Ballenstedt am 1. Juli 1945 waren die Tage der GHE gezählt. Bereits im Herbst 1945 gab es erste Gerüchte, die Schmalspurbahn solle im Rahmen der von der sowjetischen Besatzungszone (SBZ) zu erbringenden Reparationsleistungen demontiert werden. Doch die Eisenbahner der GHE konnten dies nicht glauben, da die meisten Fahrzeuge überaltert und die Schienen meist abgefahren waren. Die Beschäftigten berieten auf einer Betriebsversammlung am 20. März 1946, wie der drohende Abbau verhindert werden könnte. Doch ohne Erfolg – entsprechend einem Befehl der Sowjetischen Militäradministration in Deutschland (SMAD) begann am 6. April 1946 von Stiege aus die Demontage der Anhaltischen Harzbahn. Lediglich dem Hassel-

felder Bürgermeister gelang es, den 13,5 km langen Abschnitt Eisfelder Talmühle–Hasselfelde zu erhalten.

Innerhalb weniger Wochen waren die Gleise abgebaut sowie nahezu alle Fahrzeuge, Werkzeugmaschinen und Ersatzteile verladen. Lediglich die Lok GERNRODE (DR: 99 5811), der im Lokschuppen des Bf Eisfelder Talmühle abgestellte Triebwagen T 1, einige Güterwagen sowie das etwa 2,5 km lange Streckenstück Lindenberg (Harz)–km 22,92–Herzog-Schacht blieben erhalten. Die SMAD hatte die Flussspatgrube beschlagnahmt und in eine Sowjetische Aktiengesellschaft (SAG) umgewandelt. Entsprechend einer Verfügung der Provinz Sachsen-Anhalt oblag der NWE ab 15. April 1946 die Betriebsführung auf dem Abschnitt Eisfelder Talmühle–Hasselfelde. Zeitgleich übernahm die NWE auch alle Beschäftigten der GHE, die formal am 30. Juni 1946 enteignet wurde. Die einstige

---

Die Anhaltische Landes-Eisenbahngemeinschaft

Die Regierung des Herzogtums Anhalt stand dem Verkehrsmittel Eisenbahn bereits in der ersten Hälfte des 19. Jahrhunderts aufgeschlossen gegenüber. Im Interesse der wirtschaftlichen Entwicklung des Landes förderte die herzogliche Regierung den Bau neuer Eisenbahnstrecken. Nach der Fertigstellung der wichtigsten Hauptstrecken bemühte sich die Staatsregierung um die verkehrstechnische Erschließung der Landstriche abseits der Magistralen. Erfolg versprechende Projekte unterstützte das Herzogtum u.a. durch die Übernahme eines Teils der Baukosten, die kostenfreie Überlassung von Bauland oder die Zeichnung von Aktien, wie dies beispielsweise bei der Gernrode-Harzgeroder Eisenbahn-Gesellschaft (GHE) oder der Dessau-Wörlitzer Eisenbahn AG (DWE) der Fall war. Bei beiden Unternehmen war das Herzogtum der größte Gesellschafter.

Bereits während des Ersten Weltkrieges gerieten sowohl die GHE als auch die DWE in ernste finanzielle Schwierigkeiten, die sich nach Kriegsende erheblich verschärften. Da die Bahnen unverzichtbarer Bestandteil der Infrastruktur des am 12. November 1918 ausgerufenen Freistaates Anhalt waren und für die einheimische Wirtschaft eine große Rolle spielten, suchte die Regierung nach Möglichkeiten, die Betriebsführung zu rationalisieren, um damit die Kosten zu reduzieren. Um dies zu erreichen, wurde am 22. November 1920 in Dessau die Anhaltische Landes-Eisenbahngemeinschaft (ALE) gegründet, die »als Körperschaft des öffentlichen Rechts eine Interessen-, Verwaltungs- und Betriebsgemeinschaft (war), die unter voller Wahrung der rechtlichen Struktur der in ihr vereinigten Privatbahnen (...) keinerlei eigenen Geldgewinn anstrebte(e).« Zu den Gründungsunternehmen gehörte neben DWE und GHE die Staßfurter Licht- und Kraftwerke AG, deren Überlandstraßenbahnen nach Hecklingen und Löderburg in Preußen zeitweilig als Kleinbahnen konzessioniert waren. Die ALE übernahm auf diesen Bahnen rückwirkend zum 1. Januar 1920 die Betriebsführung. Am 15. Oktober 1920 trat die Zschornewitzer Eisenbahn AG (ZKB) der ALE bei. Darüber hinaus bemühte sich die anhaltische Regierung um den Beitritt der Dessau-Radegast-Köthener Eisenbahn AG (DRKB), die ab 1923 von der Allgemeinen Deutschen Eisenbahn-Betriebsgesellschaft (ADEG) betreut wurde. Doch die ADEG und der wichtigste Gesellschafter der DRKB, die Vereinigte Kleinbahnen AG, erteilten den Anfragen aus Dessau eine Absage. Die ALE finanzierte sich aus den Beiträgen der einzelnen Bahnen. Diese entsandten Vertreter in den Verwaltungsrat, der die Arbeit der Direktion

kontrollierte. Bei der Gründung der ALE bestand die Direktion, die ihren Sitz am Kaiserplatz 24 in Dessau hatte, aus dem Eisenbahnkommissar Oberbaurat Bruno Heck (Vorsitzender), dem Kreisdirektor Geheimer Regierungsrat Dr. Ernst Sachsenberg (Stellvertreter), Eisenbahndirektor Volpertus Koch und Regierungsbaumeister a. D. Gustav Uflacker. Die beiden letztgenannten bildeten den Vorstand der GHE (siehe Tabelle S. 19). Zu den Aufgaben der ALE gehörten in erster Linie:

- die Übernahme der Vorstandsgeschäfte der einzelnen Bahnen unter Berücksichtigung der gesetzlichen Vorschriften und der Statuten des betreffenden Unternehmens,
- die Leitung der Betriebskrankenkasse und der Kleiderkasse,
- die Leitung und Überwachung des Stations-, Lokomotiv-, Werkstatt-, Zug- und Wagendienstes, die Aufstellung der Fahr- und Dienstpläne,
- das Aufstellen des Wirtschaftsplanes,
- die Leitung und Überwachung des Verkehrsdienstes, die Tarif- und Wagenabrechnung mit anderen Bahngesellschaften, die Übernahme des Kontrolldienstes sowie aller Abrechnungen aus dem Bahnbetrieb,
- die Kontrolle der Gleisanlagen, die Ausarbeitung neuer Projekte sowie die Bauausführung und -überwachung,
- die zentrale Beschaffung aller Betriebsstoffe, Uniformen, Vorschriften und Verbrauchsmaterialen sowie der Kauf neuer Fahrzeuge, Werkzeuge und Werkzeugmaschinen.

Die ALE berief für jedes Mitgliedsunternehmen einen Bahnverwalter, der die Anordnungen der ALE umsetzte. Dabei wurde er von den ihm unterstellten Bahnhofs- und Werkstättenvorstehern sowie Bahnmeistern unterstützt, die für die Ausführung des örtlichen Betriebs-, Verkehrs-, Werkstatt- und Bahnunterhaltungsdienstes verantwortlich waren.

Dank der ALE konnten vor allem die DWE und die GHE ihre Wirtschaftlichkeit verbessern. Bei der Zschornewitzer Eisenbahn AG und der Staßfurter Licht- und Kraftwerke AG erfüllten sich die Erwartungen offensichtlich nicht. Beide Unternehmen traten bereits 1928 aus der ALE aus, die auch in den folgenden Jahren keine neuen Mitglieder gewinnen konnte.

Das Verwaltungsgebäude der ALE wurde am 8. März 1945 bei dem schweren Luftangriff auf Dessau völlig zerstört. Mit der Enteignung der DWE und der GHE 1946 und der Übernahme der Betriebsführung durch die »Sächsische Provinzbahnen GmbH« hatte die ALE ihre Existenzberechtigung verloren und wurde am 31. Dezember 1946 liquidiert.

Die Mitgliedsbahnen der ALE (Stand 31.12.1925)

Unternehmen	Spurweite	Länge
Dessau-Wörlitzer Eisenbahn AG	1.435 mm	24,00 km
Gernrode-Harzgeroder Eisenbahn-Gesellschaft	1.000 mm	52,10 km
Staßfurter Licht- und Kraftwerke AG	1.000 mm	6,70 km
Zschornewitzer Eisenbahn AG	1.435 mm	16,80 km

GHE unterstand ab 1. Januar 1947 der Sächsischen Provinzbahnen GmbH, die am 16. August 1948 in der Vereinigung Volkseigener Betriebe (VVB) des Verkehrswesen Sachsen-Anhalt aufging.

Die Demontage der Strecke Gernrode (Harz)–Alexisbad–Harzgerode/Lindenberg (Harz) war für die Anliegergemeinden und die hier ansässige Industrie ein schwerer Rückschlag. Der Landrat des Kreises Ballenstedt und die Gemeindevertreter bemühten sich daher um einen Wiederaufbau der Schmalspurbahn. Auch die Besatzungsmacht hatte inzwischen die Bedeutung der Anhaltischen Harzbahn erkannt und befahl daher am 21. September 1946 deren Wiederaufbau. Nur mit viel Mühe gelang es, Schienen, Weichen und Fahrzeuge für den Wiederaufbau zu beschaffen. Erst am 8. März 1949 trafen sich in der Nähe des Haltepunktes (Hp) Drahtzug die Baukolonnen. Am 16. Mai 1949 wurde der Personenverkehr auf der Strecke Gernrode (Harz)–Alexisbad–Lindenberg (Harz) wieder aufgenommen. Bereits einige Wochen zuvor, am 1. April 1949, hatte die Deutsche Reichsbahn (DR) die Betriebsführung auf der ehemaligen GHE übernommen.

2.2 Die Größte: Die Nordhausen-Wernigeroder Eisenbahn-Gesellschaft

Die Harzquer- und Brockenbahn gehörte einst der Nordhausen-Wernigeroder Eisenbahn-Gesellschaft. Noch vor der Eröffnung der Hauptbahn Halberstadt–Heudeber-Danstedt–Vienenburg (am 01.08.1868) und der Stichstrecke Heudeber-Danstedt–Wernigerode (am 11.05.1872) durch die MHE entwickelte Graf* Otto zu Stolberg-Wernigerode (30.10.1837–

* ab 10. Oktober 1890: Fürst Otto zu Stolberg-Wernigerode

19.11.1896) ehrgeizige Pläne für die weitere eisenbahntechnische Erschließung des Harzes. Sein Engagement hatte handfeste wirtschaftliche Gründe. Rund 21.000 ha Wald, darunter auch der Brocken, gehörten in und um Wernigerode der gräflichen Familie. Doch die Idee einer »Zentralharzbahn«, die die Hauptbahnen Halle (Saale)–Nordhausen–Kassel und Halle (Saale)–Halberstadt–Vienenburg miteinander verbinden sollte, fand keine Befürworter und wurde am 12. November 1866 vom preußischen Ministerium für Handel, Gewerbe und öffentliche Arbeiten abgelehnt.

Aber nicht nur in Wernigerode gab es Bemühungen für eine eisenbahntechnische Erschließung des Harzes. Honoratioren aus Wernigerode, Benneckenstein, Tanne, der Stadt und dem Amt Elbingerode sowie dem Amt Hohenstein gründeten am 8. Dezember 1866 in Benneckenstein ein Eisenbahn-Komitee, das für den Bau einer Strecke von Wernigerode über Elbingerode, Tanne, Benneckenstein und Ilfeld nach Nordhausen plädierte. Doch das Vorhaben konnte aus finanziellen Gründen nicht umgesetzt werden, so dass sich das Komitee am 16. April 1870 auflöste. Mehr als zehn Jahre vergingen, bevor abermals der Bau einer Eisenbahn von Wernigerode aus in den Harz diskutiert wurde. Der Ingenieur B. Wackernagel aus Aschersleben schlug Anfang 1884 den Bau einer Pferdebahn von Wernigerode zum »Silbernen Mann«, einer beliebten Ausflugsgaststätte in der Nähe des heutigen Bf Steinerne Renne, vor. Doch Wackernagels Idee fand keine Unterstützer in Wernigerode.

Kurze Zeit später, am 30. Oktober 1884, legte der Königliche Landbaumeisters a.D. Wilhelm Friedrich Costenoble aus Magdeburg den Plan für eine meterspurige Dampfstraßenbahn von Wernigerode zum Gasthaus »Zum Hohenstein« vor. Dort sollte eine meterspurige Zahnradbahn hinauf zum Brocken beginnen. Das Projekt fand zwar viele Befürworter, doch das notwenige finanzielle Engagement blieb aus. Costenoble

Durch den Kleinen Thumkuhlenkopf zwischen Steinerne Renne und Drei Annen Hohne wurde 1897/98 ein Tunnel getrieben, zu dessen Länge sich in der älteren Literatur verschiedene Angaben finden. In den Unterlagen der Rbd Magdeburg wurden 60 m genannt. Eine Neuvermessung in den 1990er-Jahren ergab eine Länge von 58 m. Foto: Archiv D. Endisch

Eine der drei von den Eisenbahnern als »Tonis« bezeichneten Bn2t-Maschinen (siehe S. 95) war während der Bauarbeiten zwischen Drei Annen Hohne und Benneckenstein bei Sorge mit einem vierachsigen Personenwagen als Dienstzug unterwegs. Die Deutsche Reichsbahn übernahm am 1. April 1949 noch zwei der kleinen Dreikuppler, die als 99 5803 und 99 5804 in den Bestand eingereiht wurden. Foto: Archiv D. Endisch

teilte daher dem Wernigeröder Magistrat am 1. April 1889 mit: »Wohldemselben halte ich es für meine Schuldigkeit, die (...) Mitteilung zu machen, daß es mir (...) bis jetzt leider nicht gelungen ist, ein Finanzconsortium (...) zusammenzubringen.« Damit war die Idee für eine Zahnradbahn zum Brocken gescheitert.

Nun ergriff Kurt Schusteruhs (25.03.1856–27.02.1913), der Erste Bürgermeister der Stadt Nordhausen, die Initiative. Unter seiner Leitung konstituierte sich am 3. Juli 1895 ein Eisenbahn-Komitee, das sich für den Bau einer meterspurigen Nebenbahn von Nordhausen nach Wernigerode einsetzte. Das MdöA stand diesem Vorhaben aufgeschlossen gegenüber und erteilte dem Komitee am 27. Mai 1896 die Konzession für die Strecken Nordhausen–Benneckenstein–Wernigerode und Signalfichte*–Schierke–Brocken. Da die Harzquerbahn zwischen Benneckenstein und Elend braunschweigisches Territorium passierte, mussten das Königreich Preußen und das Herzogtum Braunschweig einen Staatsvertrag abschließen, der von den Landtagen in Berlin (am 11.03.1896) und Braunschweig (am 04.04.1896) ratifiziert wurde. Anschließend stellte die herzogliche Regierung am 15. November 1896 die endgültige Konzessionsurkunde aus.

* später: Dreiannen; ab 1920: Drei Annen Hohne

Nachdem nun alle juristischen Hürden überwunden waren, konstituierte sich am 25. Juni 1896 mit einem Stammkapital von 5,5 Millionen Mark in Berlin die Nordhausen-Wernigeroder Eisenbahn-Gesellschaft (NWE). Diese gab 3.500 Stammaktien A und 2.000 Stammaktien B aus. Jede Aktie hatte einen Nennwert von 1.000 Mark. Die Inhaber der Stammaktien A erhielten eine Vorzugsdividende in Höhe von 4,5 %. Den Inhabern der Stammaktien B wurde für die ersten 20 Jahre eine Dividende in Höhe von 3,5 % garantiert. Diese Zahlungen übernahmen die Städte Ilfeld, Nordhausen und Wernigerode, die Gemeinden Hasserode, Nöschenrode und Wiegersdorf sowie die Stolberg-Wernigerödische Kammer.

Bereits am 20. Juni 1896 hatte das Eisenbahn-Komitee mit der Vereinigten Eisenbahn-Bau- und Betriebsgesellschaft AG (siehe Kasten S. 23) einen Vertrag über den Bau der Harzquer- und Brockenbahn abgeschlossen. Der Betriebsführungsvertrag wurde am 11. Februar 1897 unterzeichnet. Der Vereinigten Eisenbahn-Bau- und Betriebsgesellschaft AG, von den Eisenbahnern meist nur als »Vereinigte« bezeichnet, standen 60 % der Bruttoeinnahmen zu. Die anderen 40 % erhielt die NWE. Die »Vereinigte« war verpflichtet, aus ihrem Anteil eine Verzinsung in Höhe von 4,5 % für die Stammaktien A zu begleichen. Der Vertrag lief bis zum 31. März 1909. Erster Betriebsleiter war Cuno von Biela, dessen Aufgaben am 1. April

Die alte (End-) Station der NWE in Wernigerode (Aufnahme um 1925) befand sich vis-á-vis des Empfangsgebäudes der Staatsbahn und wurde nach der Eröffnung des neuen Bahnhofs (am 15.12.1939) abgerissen. Heute befinden sich an dieser Stelle Grünanlagen. Die beiden markanten Gebäude im Hintergrund, links ist das Amtsgericht zu sehen, sind bis heute erhalten geblieben. Foto: Archiv D. Endisch

Der 1936 aufgelassene Hp Westerntor (Aufnahme um 1905) befand sich in unmittelbarer Nähe der heutigen Gaststätte »Zum Eselskrug«. Besondere Beachtung verdient das Stationsschild. Der Name wurde noch »WESTERNTHOR« geschrieben. Im Hintergrund ist das ehemalige Hotel »Monopol« zu sehen, das einst zu den ersten Häusern in Wernigerode zählt.
Foto: Archiv D. Endisch

1902 Wilhelm Reineke übernahm. Ab 1. April 1904 bekleidete Regierungsbaumeister a.D. Gustav Uflacker das Amt des Betriebsdirektors. Bereits im Frühjahr 1896 hatten die Bauarbeiten in Nordhausen und Wernigerode begonnen. Im Südharz gingen die Arbeiten aufgrund der vergleichsweise einfachen topografischen Gegebenheiten zügig voran. Die NWE konnte daher schon am 12. Juli 1897 den Personenverkehr auf dem Abschnitt Nordhausen–Ilfeld aufnehmen. Das Teilstück Ilfeld–Netzkater folgte am 1. Mai 1898. Seit dem 7. Februar 1898 verkehrten bereits Güterzüge zwischen Nordhausen und Netzkater.

In Wernigerode verzögerten sich hingegen die Arbeiten. Grund dafür waren Beschwerden von 32 Grundstückseigentümern in Hasserode. Die bereits in der Kirchstraße verlegten Gleise mussten abgebaut werden. Erst im Sommer 1897 kam Bewegung in die verfahrene Situation, nachdem die NWE die Baupläne geändert und ein Gericht den Streit am 23. September 1897 zugunsten des Unternehmens entschieden hatte. Die Arbeiten konnten daraufhin wieder aufgenommen werden. Mit Hochdruck wurde nun an der Trasse gearbeitet. Am 21. November 1897 erhielt die NWE eine neue Baugenehmigung. Am 20. Juni 1898 verkehrte

Die Vereinigte Eisenbahn-Bau- und Betriebs-Gesellschaft AG

Die Vereinigte Eisenbahn-Bau- und Betriebs-Gesellschaft AG gehört heute zu den weniger bekannten deutschen Eisenbahngesellschaften. Das meist als »Vereinigte« bezeichnete Unternehmen wurde am 8. Oktober 1895 mit einem Stammkapital von 5 Millionen Mark in Berlin gegründet. Geschäftszweck der Aktiengesellschaft war der Bau und Betrieb von Neben- und Kleinbahnen. In Deutschland errichtete die »Vereinigte« neben der Harzquer- und Brockenbahn u.a. die Strecken der Kleinbahn-AG Aschersleben-Schneidlingen-Nienhagen, der Brandenburgischen Städtebahn AG, der Hanauer Kleinbahn AG und der Hildesheim-Peiner Kreis-Eisenbahn AG. Außerdem baute das Unternehmen mehrere Strecken in Österreich-Ungarn. Dafür hatte die »Vereinigte« die Galizische Industrie- und Baugesellschaft GmbH mit Sitz in Lemberg gegründet. Über dieses Tochterunternehmen war die »Vereinigte« außerdem an mehreren Ziegeleien, Torfwerken und Bauunternehmen beteiligt. Doch bereits vor dem Ersten Weltkrieg geriet der Konzern in wirtschaftliche Schwierigkeiten. Die Bilanz für das Geschäftsjahr 1913 wies einen Verlust von mehr als 1,849 Millionen Mark aus. Mit dem Beginn des Ersten Weltkrieges verschärfte sich die finanzielle Situation der »Vereinigten« deutlich. Für das Geschäftsjahr 1919 rechnete der Vorstand im operativen Geschäft einen Verlust von mehr als 4,2 Millionen Mark ab. Erschwerend kam hinzu, dass das Unternehmen nahezu alle Strecken und Firmenbeteiligungen im einstigen Österreich-Ungarn nach dem Zerfall des Kaiserreiches als Totalverlust abschreiben musste, da die neuen Regierungen Entschädigungszahlungen ablehnten. Die Strecken in der am 28. Oktober 1918 proklamierten Tschechoslowakischen Republik (ČSR) blieben zwar Eigentum der »Vereinigten«, doch die hier erwirtschafteten Gewinne durften aufgrund einer so genannten Sperrverordnung der Regierung nicht an den Mutterkonzern in Deutschland abgeführt werden. Nach langwierigen Verhandlungen gelang es schließlich der »Vereinigten«, die Strecken in der ČSR zum 31. Dezember 1922

für rund 2,5 Millionen Kronen an die Tschechoslowakischen Staatsbahnen (ČSD) zu verkaufen.

In der Zwischenzeit suchte der Vorstand nach neuen, lukrativeren Geschäftsfeldern. Ab 1921 engagierte sich das Unternehmen verstärkt in der Bau-Branche. Außerdem betrieb die »Vereinigte« in den 1920er-Jahren noch Abraum-Bahnen im Rheinischen Braunkohlenrevier und baute Industrie- und Anschlussbahnen. Der Kaufmann Georg Futter aus Berlin, er handelte u.a. mit Oberbau-Material, war ab 1924 Mehrheitsaktionär des Unternehmens. Mit der im Herbst 1924 vorgelegten Goldmarkeröffnungsbilanz wurde das Kapital der »Vereinigten« auf eine Million Mark verringert. Dazu wurden jeweils 500.000 Vorzugs- und Stammaktien ausgegeben. Nur wenige Monate später, am 15. September 1925, verkaufte die »Georg Futter AG für Eisenbahnmaterial« ihr Aktienpaket an eine Investorengruppe aus München, die aber kein Glück mit ihrer Neuerwerbung hatte. Angesichts der bestehenden Überkapazitäten im Baugewerbe musste die »Vereinigte« ihre Tiefbauabteilung im Frühjahr 1928 auflösen. Die Geschäftstätigkeit beschränkte sich fortan in erster Linie auf die Verwaltung der noch vorhandenen Firmenbeteiligungen, die aber mit der im Herbst 1929 einsetzenden Weltwirtschaftskrise schnell an Wert einbüßten. Für das Geschäftsjahr 1929 wies die Bilanz einen Verlust von 27.501 Reichsmark (RM) aus. Die finanziellen Probleme der »Vereinigten« verschärften sich in der Folgezeit, so dass sich der Gesamtverlust bis 1933 auf rund 1,03 Millionen RM erhöhte. Angesichts der desaströsen Lage stellte das Unternehmen schließlich 1934 Antrag auf Einleitung eines Konkursverfahrens, das aber mangels Masse abgelehnt wurde. Da auch die Bemühungen für neue Kredite erfolglos blieben, begann wenig später die Liquidation der Aktiengesellschaft, deren Papiere 1938 der Geschäftsmann Max Blaser übernahm. Damit endete sang- und klanglos die Geschichte der Vereinigten Eisenbahn-Bau- und Betriebs-Gesellschaft AG.

der erste planmäßige Personenzug auf dem Abschnitt Wernigerode–Drei Annen Hohne–Schierke. Wenige Wochen später, am 15. September 1898, nahm die NWE den Personen- und Güterverkehr zwischen Netzkater und Benneckenstein auf.

Die »Vereinigte« und die NWE benötigten dringend die Einnahmen aus dem Bahnbetrieb. Die Verzögerungen in Wernigerode und die im Harz notwendigen umfangreichen Erdarbeiten trieben die Baukosten in die Höhe. Die Endabrechnung nach der Fertigstellung der Harzquer- und Brockenbahn wies schließlich 8,1286 Millionen Mark aus. Der Fehlbetrag in Höhe von fast 3 Millionen Mark musste durch Kredite und Bürgschaften finanziert werden.

Vor allem die Brockenbahn schlug mit erheblichen Mehrkosten zu Buche. Die Planung und die Trassenführung gelten noch heute als eine ingenieurtechnische Meisterleistung. Da die Strecke zum Harzgipfel als reine Adhäsionsbahn vorgesehen war, betrug die maximal zulässige Steigung 1 : 30 (33 ‰). Daher entschieden sich die Ingenieure für den Bau der so genannten Brockenspirale, die den Berg eineinhalbmal umrundet, bevor sie den Endbahnhof erreicht.

Die Grundsteinlegung für das Empfangsgebäude auf dem Brocken feierte die NWE am 28. Juli 1898. Beim Bau des Abschnitts Schierke–Brocken waren bis zu 600 Arbeiter beschäftigt, darunter Männer aus Bayern, Italien und Kroatien. Das Brockenmassiv verlangte das ganze Können der Ingenieure und Bauleute. Bei Schierke musste beispielsweise ein 23 m hoher Damm durch das Tal der Wormke errichtet werden. Mit großem Aufwand war auch der rund 1 km lange Abschnitt durch das Brockenmoor verbunden. Damit der Bahndamm auf festem Untergrund errichtet werden konnte, mussten rund 90.000 m³ Moor abgetragen werden. Dazu wurde die Torfschicht bis etwa 5 m Tiefe in Handarbeit ausgehoben und mit Schubkarren abtransportiert. Das Verlegen der Gleise zwischen dem Eckerloch und dem Brocken übernahm im Rahmen einer Übung ab 13. September 1898 eine Kompanie des 1. Eisenbahn-Regiments aus Berlin-Schöneberg. Am 4. Oktober 1898 traf schließlich der erste Zug im Bf Brocken ein. Die »Vereinigte« und die NWE rechneten für den 15. Oktober 1898 mit der Aufnahme des Personenverkehrs auf dem Abschnitt Schierke–Brocken. Doch aufgrund der fehlenden Betriebserlaubnis ruhte der Betrieb noch einige Monate. Erst am 20. Dezember

Die Südharz-Eisenbahn AG

Die Südharz-Eisenbahn stand immer im Schatten der Nordhausen-Wernigeroder Eisenbahn-Gesellschaft (NWE) und der Gernrode-Harzgeroder Eisenbahn-Gesellschaft (GHE). Nach der Eröffnung der Hauptstrecke Nordhausen–Northeim (Han.) im Jahr 1869 forderte auch der aufstrebende Kurort Braunlage mit Unterstützung der umliegenden Glashütten und Gießereien einen Bahnanschluss. Da aber die erhoffte Unterstützung seitens der Regierung des Herzogtums Braunschweig-Lüneburg ausblieb, gründeten Unternehmer aus Walkenried und Braunlage 1894 ein Eisenbahn-Komitee, das sich für den Bau einer meterspurigen Nebenbahn von Walkenried nach Braunlage sowie einer Stichstrecke nach Tanne aussprach. Der Berliner Unternehmer Louis Degen wurde dabei zur treibenden Kraft. Er leitete die Vorarbeiten und die Vermessung der Strecke. Außerdem übernahm er einen wesentlichen Anteil der am 28. April 1897 gegründeten Südharz-Eisenbahn AG (SHE), die bereits am 4. Juni 1897 die Konzession zum Bau und Betrieb erhielt. Doch der plötzliche Tod Degens im Herbst 1897 warf das Unternehmen weit zurück. Erst mit der Übernahme der Degenschen Anteile durch die Centralverwaltung für Secundairbahnen Herrmann Bachstein (CV) im Jahr 1898 war die SHE gerettet.

Die CV nahm am 15. August 1899 den Personenverkehr auf dem Abschnitt Walkenried–Brunnenbachsmühle–Braunlage auf. Am 24. August 1899 verkehrte der erste Reisezug auf der Zweigstrecke Brunnenbachsmühle–Tanne. Am 1. November 1899 nahm die SHE den planmäßigen Güterverkehr auf. Die Stichstrecke Braunlage–Wurmberg wurde ausschließlich von Güterzügen befahren. Mit einer Streckenlänge von insgesamt 36,1 km war die SHE die kleinste der drei meterspurigen Schmalspurbahnen im Harz.

Die SHE kreuzte in Sorge die Harzquerbahn, wo im Bahnhof eine Umsteigemöglichkeit bestand. Das Verbindungsgleis zwischen der SHE und der NWE wurde erst am 1. Mai 1913 in Betrieb genommen. Zeitgleich schlossen GHE, NWE und SHE einen Vertrag ab, der den Übergang von Kurs- und Güterwagen zwischen den drei Bahngesellschaften regelte. Ebenso wie die beiden anderen Unternehmen profitierte die SHE Anfang des 20. Jahrhunderts vom aufstrebenden Fremdenverkehr im Harz.

Doch der Erste Weltkrieg bedeutete für das Unternehmen einen tiefen Einschnitt. Die Abgabe von Fahrzeugen an die Heeresfeldbahnen sowie die rückläufigen Beförderungsleistungen belasteten die SHE über Jahre hinweg. Kaum hatte sich die wirtschaftliche Lage ab Mitte der 1920er-Jahre verbessert, entwickelte sich der Kraftverkehr im Einzugsbereich der SHE zu einer ernsthaften Konkurrenz. Aus diesem Grund baute das Unternehmen ab 1924 ein eigenes Omnibusnetz auf, das 1929 u.a. Linien nach St. Andreasberg, Benneckenstein, Schierke und Wernigerode um-

fasste. Für den Personenverkehr auf der Schiene baute die SHE in ihrer Werkstatt in Braunlage einen Reisezugwagen zu einem Schlepptriebwagen um, der ab 1931 das Rückgrat im Personenzugdienst bildete. Ab 1933/34 verzeichnete das Unternehmen wieder steigende Beförderungsleistungen, die während des Zweiten Weltkrieges bisher ungeahnte Ausmaße erreichten. Doch im Frühjahr 1945 begann der langsame Niedergang der SHE. Mit dem Vormarsch der US-Armee in den Harz stellte die CV am 11. April 1945 den Betrieb auf den Strecken der SHE ein. Deutsche Soldaten sprenten vier Tage später die Brücken in Sorge und Tanne. Damit war ein durchgehender Verkehr auf dem Abschnitt Brunnenbachsmühle–Tanne nicht mehr möglich.

Nach dem Abzug der US-Armee gehörte der braunschweigische Landkreis Blankenburg (Harz) zur britischen Besatzungszone. Doch der östliche Teil des Kreisgebietes ragte weit in die sowjetische Besatzungszone (SBZ) hinein. Nur ein schmaler Geländestreifen bei Tanne verband die beiden Teile. Aus diesem Grund verhandelten Briten und Sowjets über einen Gebietsaustausch. Ab 23. Juli 1945 bildete schließlich die Warme Bode die neue Demarkationslinie. Damit verblieb der Abschnitt Sorge–Tanne der SHE in der SBZ. Die Betriebsführung oblag ab 15. April 1946 der NWE, die hier aber nur noch Güterzüge einsetzte. Die Deutsche Reichsbahn (DR) übernahm am 1. April 1949 den 4,7 km langen Abschnitt (Zonengrenze–) Sorge–Tanne und das Verbindungsgleis im Bf Sorge. Die Reichsbahndirektion (Rbd) Magdeburg legte die Strecke 1958 still.

Im Westen lag die SHE nun im so genannten Zonenrandgebiet. Ab Oktober 1945 bot die CV wieder einen planmäßigen Personen- und Güterverkehr auf der Strecke Walkenried–Braunlage an. Zwar verzeichnete die SHE in den ersten Nachkriegsjahren wieder einen beachtlichen Reiseverkehr, doch nach der Einführung der D-Mark am 20. Juni 1948 gingen die Beförderungsleistungen spürbar zurück. Außerdem stiegen immer mehr Reisende auf die SHE-eigenen Buslinien nach Walkenried und Bad Harzburg um. Ab Mitte der 1950er-Jahre verlor die Eisenbahn zudem immer mehr Frachten an den Kraftverkehr. Trotz aller Einsparungen wurde so der Bahnbetrieb zusehends unrentabler. Da außerdem die Gleisanlagen der SHE dringend erneuert werden mussten, verkündete die CV im Sommer 1962 die Aufgabe des Bahnbetriebes. Am 30. September 1962 endete der Personenverkehr auf der Strecke Walkenried–Braunlage. Der letzte Güterzug verkehrte am 3. August 1963. Zeitgleich wurde die Infrastruktur stillgelegt und anschließend demontiert.

Das Unternehmen »Südharz-Eisenbahn« bestand als reiner Busbetrieb weiterhin und firmierte ab 1. Januar 1973 als »Harzer Verkehrsbetriebe Braunlage GmbH«. Erst mit der Eingliederung in die Verkehrsbetriebe Bachstein GmbH am 1. Januar 1982 war die SHE endgültig Geschichte.

Das erste Empfangsgebäude des Bf Brocken (Aufnahme um 1910) war ein Holzbau, den die Firma Gebrüder Schönfeld aus Blankenburg (Harz) errichtet hatte. Das bis heute genutzte zweigeschossige Gebäude (siehe S. 27) entstand 1923. Im Hintergrund sind der Aussichtsturm, das Brockenhotel und die Wetterstation zu sehen. Die erste Herberge auf dem Harzgipfel wurde im Jahr 1800 eröffnet und in der Folgezeit mehrfach umgebaut bzw. erweitert. Erst im Frühjahr 1945 endete der Hotelbetrieb. Bei den Kämpfen um den Brocken wurde das Gebäude zerstört. Die Trümmer wurden aber erst 1948 beseitigt. Foto: Archiv D. Endisch

1898 erteilte das Regierungspräsidium Magdeburg die gewünschte Genehmigung. Allerdings durften zwischen dem 16. Oktober und dem 30. April nur Sonder- bzw. so genannte Bedarfszüge verkehren. Am 25. Dezember 1898 setzte die NWE einen ersten Sonderzug mit geladenen Gästen auf der Brockenbahn ein.

In der Zwischenzeit ging auch der Abschnitt Benneckenstein–Drei Annen Hohne seiner Vollendung entgegen. Der letzte Schienennagel wurde am 14. Dezember 1898 zwischen Sorge und Elend eingeschlagen. Am 24. März 1899 erhielt das Unternehmen die Erlaubnis zur Aufnahme des durchgehenden Verkehrs auf der Strecke Nordhausen Nord–Wernigerode. Drei Tage später, am 27. März 1899, war es dann endlich soweit: Die NWE nahm auf den Strecken Nordhausen–Drei Annen Hohne–Wernigerode und Drei Annen Hohne–Brocken den durchgehenden Personen- und Güterverkehr auf. Im Bf Sorge kreuzte die Harzquerbahn die Stichstrecke Brunnenbachsmühle–Tanne der Südharz-Eisenbahn AG (SHE; siehe Kasten S. 24).

Allerdings war die finanzielle Ausgangssituation der NWE denkbar ungünstig. Aufgrund der deutlich höheren Baukosten lastete ein enormer Schuldenberg auf dem Unternehmen. Doch dank des beachtlichen Ausflugsverkehrs, vor allem auf der Brockenbahn, verbesserte sich die wirtschaftliche Lage der NWE vergleichsweise schnell. Innerhalb weniger

Monate entwickelte sich der Personenverkehr zum Brocken, der im Winterhalbjahr von Oktober/November bis zum Mai ruhte (siehe Tabelle S. 104), zur wichtigsten Einnahmequelle. Die NWE eröffnete ab 1901 den planmäßigen Betrieb auf der Strecke Drei Annen Hohne–Brocken mit einem Sonderzug zu den Walpurgisfeiern in der Nacht vom 30. April zum 1. Mai. Das Verkehrsaufkommen war nach wenigen Jahren bereits so angewachsen, dass die NWE, die ab 1. April 1909 den Betrieb auf der Harzquer- und Brockenbahn in eigener Regie abwickelte, 1910 zwischen Drei Annen Hohne und Steinerne Renne den Kreuzungsbahnhof Drängetal anlegen musste. Außerdem wurden bis 1913 alle Kreuzungsbahnhöfe mit Formsignalen der Bauart Jüdel und den dazu notwendigen mechanischen Stellwerken ausgerüstet.

In der Zwischenzeit entsprachen auch die Gleisanlagen im Bf Nordhausen nicht mehr den betrieblichen Belangen und mussten erweitert werden. Der neue Bf Nordhausen wurde am 1. Juli 1913 eröffnet.

Der Erste Weltkrieg beendete die positive Entwicklung des Unternehmens. Innerhalb weniger Monate schrumpfte das Verkehrsaufkommen spürbar. Am 3. August 1914 hatte die NWE den Verkehr auf der Brockenbahn eingestellt. In der Bilanz für das Geschäftsjahr 1914/15 stellte der Vorstand fest: »Der im Hochsommer des Jahres 1914 ausgebrochene Weltkrieg hat (sich) naturgemäß auf die Einnahmen unserer Bahn aus dem Personen-

Auf Wunsch und mit finanzieller Unterstützung des Vereins »Harzclub e.V.« errichtete die NWE am Fuße des Brockens den Bf Goetheweg, der am 17. Juli 1900 in Betrieb genommen wurde (Aufnahme um 1910). Bei seiner Eröffnung bestand die zwischen Juni und Mitte September mit einem Betriebseisenbahner besetzte Station aus einem Rückdrückgleis und einem kleinen hölzernen Stationsgebäude. 1922 konnte das Gebäude jedoch nicht mehr genutzt werden. Die beiden neuen, massiven Bauten wurden 1924 fertiggestellt. Bei den Kämpfen im Brockengebiet im Frühjahr 1945 wurden die Gebäude zerstört. Nach dem Zweiten Weltkrieg wurde der Bf Goetheweg nur noch für Zugkreuzungen genutzt. Foto: Archiv D. Endisch

Aus dieser Perspektive ist sehr gut die Lage der Bahnhöfe der NWE (unten) und der SHE (oben) zu erkennen (Anfang der 1930er-Jahre). Erst ab 1. Mai 1913 bestand auf der Westseite eine Gleisverbindung zwischen beiden Stationen, was den Einsatz von Kurswagen auf der Relation Braunlage–Brocken ermöglichte. Foto: Archiv D. Endisch

Die Betriebsergebnisse der Nordhausen-Wernigeroder Eisenbahn-Gesellschaft

Geschäfts-jahr	beförderte Personen	beförderte Güter	Einnahmen (in Mark)[1]	Ausgaben (in Mark)[1]	Geschäfts-jahr	beförderte Personen	beförderte Güter	Einnahmen (in Mark)[1]	Ausgaben (in Mark)[1]
1897/1898	?	67.382	?	?	1921/1922	1.025.419	162.816	10.601.610,00	8.909.952,00
1898/1899	?	?	?	?	1922/1923	1.134.366	180.810	447.095.749,00	372.099.797,00
1899/1900	?	?	574.281,74	?	1923[2]	714.257	112.751	Inflation[3]	Inflation[4]
1900/1901	?	?	525.701,06	?	1924	825.848	180.800	1.486.628,00	1.056.680,00
1901/1902	543.438	69.170	550.206,20	?	1925	989.494	186.758	1.557.814,00	1.176.133,00
1902/1903	523.119	88.372	523.618,99	?	1926	897.493	178.758	1.386.996,00	1.107.607,00
1903/1904	606.241	107.464	606.827,74	?	1927	905.814	209.838	1.414.953,00	1.300.126,00
1904/1905	702.598	100.451	677.852,71	?	1928	963.570	223.597	1.521.235,00	1.228.005,00
1905/1906	679.169	126.520	691.311,29	394.595,48	1929	964.071	231.105	1.616.152,00	1.350.974,00
1906/1907	705.085	147.441	742.836,80	453.685,20	1930	828.243	177.918	1.425.515,00	1.302.585,00
1907/1908	785.351	152.297	758.773,07	485.426,75	1931	708.474	145.439	1.202.733,00	1.029.798,00
1908/1909	792.676	169.381	822.326,71	503.915,34	1932	598.030	111.029	913.280,00	770.996,00
1909/1910	854.046	159.048	843.548,46	485.074,46	1933	573.114	141.970	867.804,00	735.700,00
1910/1911	?	?	869.013,09	515.154,54	1934	649.859	171.280	978.401,00	870.369,00
1911/1912	993.393	156.234	913.449,16	543.694,40	1935	702.692	225.999	1.078.945,00	941.184,00
1912/1913	984.482	215.238	948.393,95	573.779,17	1936	739.456	183.528	1.069.249,00	933.689,00
1913/1914	1.050.038	212.185	973.920,00	613.961,00	1937	861.729	203.877	1.209.300,00	919.245,00
1914/1915	737.276	168.238	793.318,00	551.940,00	1938	864.703	202.969	1.202.914,00	965.809,00
1915/1916	731.744	160.618	674.279,00	523.324,00	1939	911.297	206.730	1.171.347,00	939.746,00
1916/1917	785.309	158.381	693.768,00	567.309,00	1940	1.022.044	192.197	?	?
1917/1918	751.576	142.229	792.029,00	642.197,00	1941	1.408.129	198.861	?	?
1918/1919	980.411	127.372	1.116.197,00	864.281,00	1942	1.739.678	195.997	?	?
1919/1920	1.104.916	144.901	2.296.687,00	2.165.588,00	1943	2.236.758	219.465	?	?
1920/1921	1.002.820	160.837	4.970.395,00	4.378.900,00					

Anmerkungen:
1 ab 30.08.1924: Reichsmark (RM)
2 Das Geschäftsjahr ging vom 01.04.1923 bis zum 31.12.1923.

3 Einnahmen: 78.914.449.763.145.566,35 Mark
4 Ausgaben: 77.405.795.271.686.886,15 Mark

Das im April 1923 eröffnete neue Empfangsgebäude auf dem Bf Brocken (Aufnahme um 1930) hatte der in Wernigerode ansässige Architekt Hermann Preis entworfen. Nach der Einstellung des Personenverkehrs auf dem Abschnitt Schierke–Brocken am 14. August 1961 erklärte das Ministerium für Nationale Verteidigung (MfNV) den Brocken mit Wirkung zum 19. Oktober 1961 zum militärischen Sperrgebiet. Das Bahnhofsgebäude wurde wenig später von den Grenztruppen der DDR übernommen und als Quartier für den »Sicherungszug Brocken« der 4. Grenzkompanie Schierke genutzt. Erst ab 3. Dezember 1989 war der Harzgipfel wieder für jedermann erreichbar. Im Frühjahr 1990 gaben die Grenztruppen das Gebäude an die DR zurück.
Foto: Archiv D. Endisch

und Güterverkehr nachteilig ausgewirkt, so daß wir nicht in der Lage waren, aus den Betriebs-Einnahmen die notwendigen Ausgaben zu decken.« Außerdem beschlagnahmten die Heeresfeldbahnen sechs Mallet-Maschinen (siehe S. 97) sowie 40 offene Güterwagen und 12 Paar Rollböcke. Bis zum Frühjahr 1915 wurden insgesamt 38 Beamte und 42 Arbeiter zum Militär einberufen.

Trotz aller wirtschaftlichen Schwierigkeiten verlegte die NWE am 1. April 1916 den Sitz der Verwaltung von Nordhausen nach Wernigerode, da sich dort die Hauptwerkstatt befand. Ab 1. Juli 1916 war Wernigerode auch Sitz des Unternehmens. Im Verlauf des Ersten Weltkrieges geriet die NWE in ernste finanzielle Schwierigkeiten. Der drohende Konkurs konnte 1918 nur knapp abgewendet werden. Der Aufsichtsrat berief Eduard Scharnhorst (siehe Kasten S. 28) im Frühjahr 1918 zum Technischen Vorstand und Obersten Betriebsleiter der NWE. Scharnhorst leitete umgehend ein striktes Sparprogramm ein, das nach nur wenigen Monaten erste Erfolge zeigte. Außerdem stiegen ab dem Geschäftsjahr 1918/19 die Beförderungsleistungen wieder an. Angesichts dieser Entwicklung legte Eduard Scharnhorst 1921 dem Aufsichtsrat einen umfangreichen Investitionsplan vor, mit dem die teilweise über 20 Jahre alten Fahrzeuge und Anlagen der Harzquer- und Brockenbahn modernisiert werden sollten. Der Aufsichtsrat stimmte dem Vorhaben am 16. Dezember 1921

zu. Das notwendige Kapital beschaffte Eduard Scharnhorst durch die Ausgabe neuer Aktien im Wert von 2,75 Millionen Mark. Außerdem konnte das Unternehmen bis zum 1. Februar 1923 alle noch offenen Kredite tilgen und die bestehenden Schuldverschreibungen bis zum 1. August 1923 kündigen. Doch die finanzielle Konsolidierung der NWE war nur von kurzer Dauer. Im Frühjahr 1923 setzte in Deutschland eine Hyperinflation ein. Kostete ein US-Dollar am 31. Januar 1923 noch 49.000 Mark, waren es am 7. September 1923 rund 53 Millionen Mark. Damit wurden auch die Bareinlagen der NWE schnell wertlos. Eduard Scharnhorst stellte in der Bilanz für das Jahr 1923 fest: »Wußten die letzten Geschäftsberichte von dem dauernden Niedergange der deutschen Wirtschaft zu sprechen, so steigerte das Jahr 1923 diesen Niedergang zur Katastrophe. (…) Der schnelle Währungsverfall gestattete nicht, daß die Eisenbahntarife (…) folgten, da die Zahlung stets in Papiermark geschah, die schon entwertet war oder in der Hand weniger wurde.« Nur durch die Ausgabe von eigenem Notgeld und die teilweise Bezahlung der Beschäftigten mit Lebensmitteln gelang es Scharnhorst, die NWE vor dem finanziellen Ruin zu bewahren.

Mit der Einführung der Reichsmark als neuem Zahlungsmittel am 30. August 1924 musste die NWE eine neue Eröffnungsbilanz vorlegen. Diese wies ein Aktienkapital in Höhe von 4,95 Millionen (Gold-) Mark und ein Anlagevermögen von insgesamt 5,668 Millionen (Gold-) Mark aus. Die

Die NWE nahm am 1. Juli 1913 ihren neuen Bahnhof in Nordhausen in Betrieb. Das repräsentative Stationsgebäude (Aufnahme um 1930) war bis zum 1. April 1916 auch Sitz der Verwaltung. Vor dem Bahnhof wartete ein Omnibus des NWE-eigenen Kraftverkehrs auf Fahrgäste.
Foto: Archiv D. Endisch

Gesellschafterversammlung beschloss 1924, »das Aktienkapital künftig aus

8.250 Stück á 500 RM und

8250 Stück á 100 RM bestehen zu lassen.«

Doch diese Entscheidung wurde nur wenige Monate später aufgehoben. Zum 1. Januar 1925 wurde das Gesellschaftskapital auf insgesamt 4,95 Millionen RM festgesetzt und neue Aktien im Wert von jeweils 100 RM ausgegeben.

Mitte der 1920er-Jahre hatte sich die finanzielle Lage der NWE stabilisiert, so dass das Unternehmen abermals in neue Fahrzeuge und in die Instandsetzung der Infrastruktur investieren konnte. Dazu gehörte u.a. eine moderne Hauptwerkstatt, die am 20. Dezember 1926 ihrer Bestimmung übergeben wurde (siehe S. 42 f.).

Zu diesem Zeitpunkt hatte sich der Kraftverkehr bereits zu einer ernsthaften Konkurrenz für die NWE entwickelt. Vor allem auf der Brockenbahn verzeichnete das Unternehmen sinkende Fahrgastzahlen, nachdem die Stolberg-Wernigerödische Kammer 1925 den Vertrag mit der NWE nicht verlängert und die Straße zum Brocken für Omnibusse und Automobile freigegeben hatte. Angesichts dieser Entwicklung beschloss Eduard Scharnhorst, einen bahneigenen Kraftverkehr aufzubauen. Ab 22. Mai

1926 betrieb die NWE die Omnibus-Linien Nordhausen–Neustadt (Harz)–Ilfeld–Benneckenstein, Nordhausen–Neustadt (Harz), Nordhausen–Leimbach–Urbach–Bielen–Nordhausen und Wernigerode–Hasserode. Außerdem bot die NWE mit ihren Bussen unter dem Markennamen »Harzer Roller« Charter- und Ausflugsfahrten an – auch auf den Brocken. Die NWE arbeitete dabei eng mit den Fremdenverkehrsbüros in den Harzgemeinden und Reisebüros aus den Niederlanden, Dänemark, Großbritannien und Frankreich zusammen. Mit Erfolg – bereits 1928 beförderten die Busse der NWE mehr als 233.000 Reisende. Später wurde auch ein Lastkraftwagen (Lkw) im Stückgutverkehr eingesetzt.

Ende der 1920er-Jahre präsentierte sich die NWE trotz der im Herbst 1929 einsetzenden Weltwirtschaftskrise und des damit verbundenen Rückgangs der Beförderungsleistungen als ein modernes und wirtschaftlich solides Unternehmen. Ab Mitte der 1930er-Jahre konnte die NWE erneut investieren, u.a. in den Umbau der Bahnhöfe Wernigerode Westerntor und Wernigerode*. Der neue Bf Wernigerode Westerntor wurde am 1. Juli 1936 seiner Bestimmung übergeben. Der Umbau der Endstation in Wernigerode wurde am 15. Dezember 1939 beendet.

* ab 15. Dezember 2019: Wernigerode Hauptbahnhof (Hbf)

Eisenbahndirektor Eduard Scharnhorst

Mehr als 30 Jahre lenkte Eduard Scharnhorst die Geschicke der Nordhausen-Wernigeroder Eisenbahn-Gesellschaft (NWE). Scharnhorst wurde am 2. Oktober 1885 in Hannover geboren. Nach dem Abitur studierte er Maschinenbau an der »Höheren Maschinenbau-Schule« in Altona. Anschließend trat er in den Dienst der Kleinbahnabteilung der Provinz Pommern, die in Stettin ihren Sitz hatte. Am 1. April 1918 trat er schließlich seinen Dienst als Betriebsdirektor bei der NWE in Wernigerode an. Nach dem Ausscheiden von Verkehrsdirektor Kurt Rudloff am 31. März 1920 war Scharnhorst bis 1934 alleiniger Vorstand der NWE, die sich Anfang der 1920er-Jahre in einer ernsten wirtschaftlichen Situation befand. Die Abgaben an Lokomotiven und Wagen an die Heeresfeldbahnen zu Beginn des Ersten Weltkrieges hatten erhebliche Lücken in den Fahrzeugpark der NWE gerissen. Außerdem befanden sich das noch vorhandene rollende Material und die Infrastruktur aufgrund der mangelhaften Instandhaltung während der Kriegsjahre in einem Besorgnis erregenden Zustand. Doch dank seiner umsichtigen Geschäftsführung und einer klugen Investitionspolitik gelang es Eduard Scharnhorst, der seit 1920 den Titel »Eisenbahndirektor« trug, die NWE zu einem modernen und leistungsfähigen Verkehrsunternehmen weiterzuentwickeln.

Zu den ersten wichtigen Entscheidungen des Vorstandsvorsitzenden gehörten der Neubau der Betriebswerkstatt in Wernigerode Westerntor (siehe S. 42 ff.) sowie der Bahnhöfe Goetheweg und Brocken. Später ließ Eduard Scharnhorst außerdem die Harzquerbahn an einigen Stellen begradigen und den Bahnhof (Bf) Drei Annen Hohne mit modernen Lichthauptsignalen ausrüsten. Weitere wichtige Investitionen in den 1930er-Jahren waren außerdem die Bahnhofsneubauten in Wernigerode Westerntor und Nordhausen-Altentor.

Bereits Mitte der 1920er-Jahre erkannte Eduard Scharnhorst im Kraftverkehr den größten Konkurrent für die Eisenbahn. Aus diesem Grund entschied er, einen eigenen leistungsfähigen Kraftverkehrsbetrieb aufzubauen (siehe oben).

Außerdem legte der Eisenbahndirektor Mitte der 1920er-Jahre den Plan für eine Elektrifizierung der Harzquer- und Brockenbahn vor. Das ambitionierte Vorhaben scheiterte jedoch an den hohen Investitionen und den Strompreisen. Gleichwohl gelang es ihm, den Fahrzeugpark der NWE mit der Beschaffung der Mallet-Maschinen Nr. 51 und Nr. 52 (siehe S. 101 f.) und der Schlepptriebwagen (siehe S. 107 ff.) zu modernisieren. Neben seiner Funktion als Eisenbahndirektor engagierte sich Eduard Scharnhorst auch im Harzer Fremdenverkehrsverband, dessen Vorsitzender er einige Jahre war. Dank der Werbung des Vereins erlebte der

Eduard Scharnhorst (02.10.1885–29.01.1954).

Foto: Archiv D. Endisch

Tourismus in Deutschlands nördlichstem Mittelgebirge in den 1920er- und 1930er-Jahren einen spürbaren Aufschwung, von dem auch die NWE infolge steigender Fahrgastzahlen profitierte.

Bei den Beschäftigten der NWE genoss Eduard Scharnhorst aufgrund seiner Kompetenz und seiner sozialen Einstellung hohes Ansehen. Auf Initiative des Eisenbahndirektors mietete die NWE 1922 an der Nordsee in Büsum ein Erholungsheim. Ein Jahr später, als die Inflation im Deutschen Reich ihren Höhepunkt erreichte, sorgte er dafür, dass die Belegschaft anstelle von Bargeld in Naturalien, z.B. Brot, Gemüse, Fleisch und Fisch, entlohnt wurde.

Nach dem Zweiten Weltkrieg schränkten die Sowjetische Militäradministration in Deutschland (SMAD) und die von ihr eingesetzte Regierung der Provinz Sachsen-Anhalt die Entscheidungsfreiheit des Vorstandes der NWE, die ab 1. September 1946 unter Zwangsverwaltung der Provinz stand, immer weiter ein. Zermürbt von den ständigen Eingriffen der Verwaltung des Landes Sachsen-Anhalt, die die NWE am 19. Januar 1948 enteignet hatte, schied Eduard Scharnhorst zum 15. November 1948 aus dem Unternehmen aus. Er übersiedelte mit seiner Familie in die britische Besatzungszone. Anschließend trat er als Technischer Vorstand in die Bentheimer Eisenbahn AG ein. Nur wenige Wochen nach seiner Pensionierung verstarb Eduard Scharnhorst am 29. Januar 1954 in Oldenburg.

Typisch für die NWE waren ihre Mallet-Maschinen. Im Sommer 1932 besuchte der bekannte Eisenbahnfotograf Carl Bellingrodt (07.04.1897–24.09.1971) den Harz. Dabei lichtete er am 3. Juni 1932 im Bf Westerntor die Lok 11 ab. Die Maschine blieb bis heute als 99 5901 erhalten.
Foto: C. Bellingrodt, Archiv D. Endisch

Ab 1908 begann die NWE die Fahrsaison auf der Brockenbahn immer mit einer Sonderfahrt zu den Walpurgisfeiern auf dem Brocken. Am 30. April 1932 war der Sonderzug, hier im alten Bf Wernigerode an der heutigen Rudolf-Breitscheid-Straße, mit der Lok 52 (DR: 99 6012) bespannt.
Foto: Archiv D. Endisch

Während des Zweiten Weltkrieg erreichten die Beförderungsleistungen vor allem auf der Harzquerbahn einen bisher ungeahnten Umfang. Allerdings musste die NWE kriegsbedingt am 30. September 1944 den Verkehr auf der Brockenbahn einstellen. Trotz zahlreicher Luftangriffe und zum Teil schwerer Kämpfe im Einzugsbereich der Harzquer- und Brockenbahn verzeichnete die NWE an ihren Anlagen und Fahrzeugen nur vergleichsweise geringe Schäden. Lediglich bei Sorge sprengten deutsche Pioniere die Eisenbahnbrücken. Außerdem wurden die Brücken der NWE über den Hammergraben und die Warme Bode zerstört. Ab 5. April 1945 ruhte der Betrieb auf dem südlichen Teil der Harzquerbahn. Auf dem

Die Beförderungsleistungen des Kraftverkehrs der Nordhausen-Wernigeroder Eisenbahn-Gesellschaft

Geschäftsjahr	beförderte Personen	beförderte Güter (in t)
1926	28.457	-
1927	258.179	-
1928	233.148	-
1929	215.370	-
1930	136.893	-
1931	98.450	-
1932	77.331	-
1933	77.532	-
1934	83.748	-
1935	107.294	-
1936	109.463	-
1937	123.667	-
1938	156.916	2.412 t
1939	222.791	6.628 t
1940	257.920	-[1]
1941	278.427	1.139 t
1942	280.608	1.874 t
1943	254.394	2.521 t

Anmerkung:
1 zeitweilig kein Gütertransport mit Lkw

Die Vorstände der Nordhausen-Wernigeroder Eisenbahn-Gesellschaft (1896–1945)

- ab 25.06.1896
Vorsitzender: Bügermeister Kurt Schusteruhs (Nordhausen)
Regierungs- und Baurat a.D. Anton Sobeczko (Nordhausen)
Direktor Paul Barnewitz (Berlin)

- ab 11.11.1896
Vorsitzender: Bügermeister Kurt Schusteruhs (Nordhausen)
Regierungs- und Baurat a.D. Anton Sobeczko (Nordhausen)
Stadtrat Adalbert Erler (Berlin)

- ab 31.03.1906
Vorsitzender: Oberbürgermeister Dr. Karl Contag (Nordhausen)
Regierungs- u. Baurat a.D. Anton Sobeczko (Nordhausen)
Stadtrat a.D. Moritz Schulze (Nordhausen)

- ab 01.04.1909
Vorsitzender: Oberbürgermeister Dr. Karl Contag (Nordhausen)
Regierungs- u. Baurat a.D. Anton Sobeczko (Nordhausen)
Stadtrat a.D. Moritz Schulze (Nordhausen)
Regierungsbaumeister a.D. Gustav Uflacker (Nordhausen) / Betriebsleiter

- ab 31.03.1917
Vorsitzender: Oberbürgermeister Dr. Karl Contag (Nordhausen)
Regierungs- u. Baurat a.D. Anton Sobeczko (Nordhausen)
Stadtrat a.D. Moritz Schulze (Nordhausen)
Regierungsbaumeister a.D. Gustav Uflacker (Nordhausen) / Betriebsleiter
Verkehrsdirektor Kurt Rudloff (Nordhausen)
Prokurist: Betriebsinspektor Heinrich Pipphardt (Wernigerode)

- ab 01.04.1918
Betriebsdirektor Eduard Scharnhorst (Wernigerode)
Verkehrsdirektor Kurt Rudloff (Wernigerode)

- ab 01.04.1920
Eisenbahndirektor Eduard Scharnhorst (Wernigerode)

- ab 01.02.1934
Bürgermeister Ulrich von Fresenius (Wernigerode)
Eisenbahndirektor Eduard Scharnhorst (Wernigerode)

- ab 01.07.1936
Bürgermeister Ulrich von Fresenius (Wernigerode)
Eisenbahndirektor Eduard Scharnhorst (Wernigerode)
Regierungsbaumeister a.D. Hans Dorner (Wernigerode)

- ab 31.08.1939
Eisenbahndirektor Eduard Scharnhorst (Wernigerode)
Regierungsbaumeister a.D. Hans Dorner (Wernigerode)

Abschnitt Wernigerode–Benneckenstein verkehrte der letzte Zug am 11. April 1945. Bereits am Morgen des gleichen Tages hatten Einheiten der US-Armee Nordhausen besetzt.

Bei ihrem Vormarsch in den Harz stießen die amerikanischen Einheiten auf teilweise erbitterten Widerstand. Das Oberkommando der Wehrmacht (OKW) hatte am 8. April 1945 den Harz zu einer Festung erklärt. Am 14. April 1945 besetzten US-Soldaten die Kleinstadt Benneckenstein. Bei den Kämpfen um den Brocken wurden die Stationsgebäude auf dem Bf Goetheweg, die Bahnanlagen auf dem Gipfel und das Brockenhotel schwer beschädigt. Am späten Nachmittag des 18. April 1945 wurde Schierke erobert, bevor die Kämpfe um den Brocken fortgesetzt wurden. Einen Tag später wurde der Gipfel des Harzes zwar von US-Einheiten erobert, doch erst am 20. April 1945 schwiegen die Waffen im Brockengebiet endgültig. Die letzten deutschen Einheiten im Harz kapitulierten erst am 7. Mai 1945.

Gut zwei Monate später, am 16. Juli 1945, verkehrten wieder planmäßig Züge auf dem Abschnitt Wernigerode–Elend. Am 1. August 1945 nahm die NWE den Verkehr zwischen den Bahnhöfen Nordhausen und Ilfeld auf. Ab 1. Oktober 1945 setzte die NWE wieder durchgehende Züge auf der Harzquerbahn ein.

Ab 1. September 1946 verwaltete die Provinz Sachsen die NWE, die formal am 19. Januar 1948 enteignet wurde. Wenige Tage zuvor, in der Nacht vom 13. zum 14. Januar 1948, hatten die Wassermassen der Behre den Bahndamm der Harzquerbahn zwischen Ilfeld und Netzkater an mehreren Stellen unterspült. Damit war die Harzquerbahn für längere Zeit zwischen km 12,85 und km 13,5 unterbrochen. Die Instandsetzung dauerte aufgrund fehlender Baustoffe mehr als ein Jahr. Erst am 31. Dezember 1949 waren alle Schäden beseitigt und es verkehrten wieder durchgehende Züge auf der Strecke Nordhausen–Wernigerode.

Zu diesem Zeitpunkt war die NWE bereits Geschichte. Die Betriebsführung oblag ab dem 1. Januar 1947 der in Halle (Saale) ansässigen Sächsischen Provinzbahnen GmbH, die am 16. August 1948 von der VVB des Verkehrswesens Sachsen-Anhalt übernommen wurde. Die VVB des Verkehrswesens Sachsen-Anhalt übergab die Strecken, Anlagen und Fahrzeuge der ehemaligen NWE am 1. April 1949 an die Deutsche Reichsbahn (DR). Diese

Nach dem Eintreffen der Neubauloks der Baureihe 99^{23-24} versetzte das Bw Wernigerode die Mallet-Maschinen der Baureihe 99^{59} zum Lokbf Gernrode (Harz), wo sie fortan die Hauptlast des Personen- und Güterverkehrs auf der als »Selketalbahn« bezeichneten Strecke Gernrode (Harz)–Alexisbad–Harzgerode/Straßberg (Harz) trugen. Ende der 1960er-Jahre war 99 5905 mit einem Reisezug zwischen Alexisbad und Harzgerode unterwegs. Erst im Herbst 1989 hatten die Malletloks im Plandienst (vorerst) ihre Schuldigkeit getan.
Foto: Archiv D. Endisch

nahm mit dem Fahrplanwechsel am 15. Mai 1949 wieder den Personenverkehr auf der Relation Drei Annen Hohne–Schierke auf. Ausweislich der erhalten gebliebenen Kursbücher und Taschenfahrpläne sowie der Akten der Verwaltung Betrieb und Verkehr (BuV) der Reichsbahndirektion (Rbd) Magdeburg verkehrte zunächst nur an Sonn- und Feiertagen ein Zugpaar (Nr. 104/107). Während der Pfingstfeiertage 1949 legte die Rbd Magdeburg ein zweites Zugpaar nach Schierke ein (05. und 06.06.1949). Außerdem wurde die Brockenbahn wieder von Güterzügen befahren. Für die in älteren Veröffentlichungen genannte Wiederaufnahme des Reiseverkehrs bis zum Brocken gibt es hingegen keinen amtlichen Beleg.

2.3 Von der Deutschen Reichsbahn zur Harzer Schmalspurbahnen GmbH

Nach der Übernahme der GHE und der NWE führte die Rbd Magdeburg zunächst die bei der DR üblichen Strukturen ein. Die Betriebsleitungen in Gernrode (Harz) und Wernigerode wurden am 31. Dezember 1949 aufgelöst. Aus der Hauptwerkstatt der ehemaligen NWE ging am 1. Januar 1950 das Bahnbetriebswerk (Bw) Wernigerode Westerntor (siehe S. 46 ff.) hervor, das fortan für die Zugförderung auf den Schmalspurbahnen im Harz verantwortlich war. Der Dienststelle unterstanden die Lokbahnhöfe (Lokbf) Benneckenstein, Gernrode (Harz), Harzgerode (bis 17.08.1952) Hasselfelde (bis 30.05.1952) und Nordhausen Nord. Die Wagenwerkstätten in Gernrode (Harz) und Wernigerode Westerntor wurden am 1. April 1951 ausgegliedert und gehörten als Wagenmeisterposten (Wp) zur Wagenmeisterei (Wm) Aschersleben. Die Bahnhöfe Wernigerode Westerntor, Hasserode* (bis 31.07.1964), Elend (bis 31.12.1991), Benneckenstein, Ilfeld, Nordhausen Nord, Hasselfelde (bis 31.12.1984) und Harzgerode (bis 31.08.1961) wurden in selbstständige Dienststellen umgewandelt. Für die Unterhaltung der Harzquer- und Brockenbahn waren die Bahnmeistereien (Bm) Wernigerode 2 (ab 01.07.1954: Bm Wernigerode), Benneckenstein (bis 31.03.1955) und Nordhausen Nord (bis 31.05.1955) verantwortlich. Die im Bf Gernrode (Harz) stationierte Gleisbaurotte gehörte zunächst zur Bm Quedlinburg, die am 1. April 1955 in der Bm Aschersleben aufging. Diese Dienststellenstruktur blieb im Wesentlichen bis zur Übernahme durch die Harzer Schmalspurbahnen GmbH (siehe S. 90) erhalten.

* ab 2. Juni 1957: Wernigerode-Hasserode

Um 1953 war 99 5903 mit einem Personenzug in Richtung Benneckenstein/Nordhausen bei Drei Annen Hohne unterwegs. Auch die ehemalige Lok 13[II] der NWE blieb bis heute erhalten. *Foto: Archiv D. Endisch*

Die Dienststellen des Hauptdienstzweiges Bahnanlagen (Stand 01.07.1950)

Dienststelle	Zuständigkeitsbereich	
Bm Wernigerode 2[1]	Strecke Nordhausen Nord–Wernigerode	km 46,75–km 60,47
	Strecke Wernigerode–Umladung	km 0,00–km 1,36
Bm Benneckenstein[2]	Strecke Nordhausen Nord–Wernigerode	km 17,85–km 46,75
	Strecke Drei Annen Hohne–Brocken	km 0,00–km 18,90
	Strecke (Zonengrenze–) Sorge–Tanne	km 3,73–km 8,42
	Verbindungsgleis Sorge	
Bm Nordhausen Nord[3]	Strecke Nordhausen Nord–Wernigerode	km 0,00–km 17,85
	Strecke Stiege–Eisfelder Talmühle	km 0,00–km 8,60
	Strecke Stiege–Hasselfelde	km 35,71–km 40,58
Bm Quedlinburg[4]	Strecke Gernrode (Harz)–Straßberg (Harz)	km 0,00–km 22,91
	Strecke Alexisbad–Harzgerode	km 0,00–km 2,9

Anmerkungen:
1 Die Bm Wernigerode 2 wurde am 1. Juli 1954 mit der Bm Wernigerode 1 zur Bm Wernigerode zusammengefasst. Ab 1. Oktober 1963 wurde die Dienststelle als »Bm Wernigerode Westerntor« bezeichnet.
2 Die Bm Benneckenstein wurde am 31. März 1955 aufgelöst. Ihr Zuständigkeitsbereich gelangte zur Bm Wernigerode.
3 Die Bm Nordhausen wurde am 31. März 1955 aufgelöst. Ihr Zuständigkeitsbereich gelangte zur Bm Wernigerode.
4 Die Bm Quedlinburg wurde am 31. März 1955 aufgelöst. Ihr Zuständigkeitsbereich gelangte zur Bm Aschersleben.

Kürzlich erschlossene Dokumente erlauben die Schlussfolgerung, dass der Wiederaufbau der Verbindung Alexisbad–Harzgerode nicht erst im Sommer 1950, wie bisher in zahlreichen (auch neueren) Darstellungen publiziert, abgeschlossen war, sondern bereits am 15. September 1949. Einen Tag später erfolgte die offizielle Inbetriebnahme der Stichstrecke. Die ersten Züge nach Harzgerode verkehrten ausweislich eines Bildfahrplans der Rbd Magdeburg und eines Diensttelegramms bereits ab 2. Oktober 1949.

Auf den Wiederaufbau des Abschnitts km 23,0–km 35,4 verzichtete die DR. Zum einen waren Schienen, Weichen und Kleineisen kaum zu beschaffen, zum anderen war das Verkehrsaufkommen auf dem Streckenstück zwischen Lindenberg (Harz)* und Stiege bereits vor dem Zweiten Weltkrieg äußerst gering.
In den 1950er- und 1960er-Jahren erbrachte die im Volksmund nun als »Selketalbahn« bezeichnete Strecke Gernrode (Harz)–Alexisbad–Harz-

* ab 17. Mai 1953: Straßberg (Harz)

99 244 war um 1958 mit einem kurzen Personenzug am Fuße des Brockens unterwegs. Mit einer effektiven Leistung von 585 PSe und einer Anfahrzugkraft von 14 Mp sind die Maschinen der Baureihe 99$^{23-23}$ bis heute die stärksten Schmalspur-Dampfloks in Deutschland. Foto: Archiv D. Endisch

Um 1953 entstand diese Aufnahme der 99 6011 (ex Lok 51), die mit einem Personenzug auf der Brockenbahn im Einsatz war. In den 1920er- und 1930er-Jahren waren die beiden von der Firma Borsig gefertigten Malletloks der Bauart (1´B) ´B1 ´h4vt die »Brockenloks« schlechthin. Aber die Bedienung der Maschinen verlangte von den Lokführern sehr viel Fingerspitzengefühl, da die Loks leicht zum Schleudern neigten. Auch die Laufeigenschaften konnten auf Dauer nicht überzeugen. Infolge des kurzen Achsstandes der Drehgestelle schlingerten die Maschinen nahezu ständig, was sich in einem erhöhten Instandhaltungsaufwand niederschlug. Deshalb wurden die von den Eisenbahnern als »Bellos« bezeichneten Loks in der Winterpause, wenn zwischen Mitte Oktober und Mai keine Züge auf der Brockenbahn verkehrten, in der Werkstatt in Wernigerode Westerntor instandgesetzt oder als Reserve vorgehalten.
Foto: Archiv D. Endisch

Die Dienststellen des Hauptdienstzweiges Betrieb und Verkehr (Stand 01.07.1950)

Dienststelle	zugeordnete Betriebsstellen	Bemerkungen
Bf Wernigerode Westerntor	Hp Kirchstraße	ab 02.06.1957: Wernigerode Kirchstraße
Bf Hasserode[1]	Bf Steinerne Renne	
	Bf Drängetal	am 04.08.1963 außer Betrieb gesetzt; am 25.09.1968 Rückbau der Gleisanlagen; am 01.01.1970 als Betriebsstelle geschlossen; ab 25.09.1978 Zuglaufstelle
Bf Elend[2]	Bf Drei Annen Hohne	vom 08.10.1950 bis 30.11.1965: Drei Annen Hohne West
	Lst Allerbach	am 30.06.1962 stillgelegt
	Bf Schierke	
	Bf Goetheweg	am 02.06.1957 als Kreuzungsbahnhof wieder in Betrieb genommen; am 10.06.1963 stillgelegt
	Bf Brocken	ab 15.08.1961 unbesetzt
Bf Benneckenstein	Hst Tiefenbachmühle	ab 01.07.1962 unbesetzter Hp; am 01.12.1965 geschlossen; am 03.06.1973 wieder in Betrieb genommen
	Lst Kälberbruch	am 30.06.1962 stillgelegt
	Bf Sorge (km 34,15)	ab 19.01.1964 besetzter Hp; am 29.09.1974 geschlossen
	Hp Sorge (km 33,40)	am 30.09.1974 eröffnet
Bf Ilfeld	Bf Eisfelder Talmühle	ab 28.09.1975 dem Bf Hasselfelde unterstellt
	Hst Netzkater	ab 01.01.1968 unbesetzter Hp
Bf Nordhausen Nord	Hp Altentor	ab 30.05.1965: Nordhausen Altentor
	Hp Krimderode	ab 01.04.1954 besetzter Hp; ab 30.05.1965: Nordhausen-Krimderode
	Bf Niedersachswerfen Ost	ab 12.09.1964 besetzte Hst; ab 01.10.1970 besetzter Hp; ab 01.11.1970 unbesetzter Hp; ab 19.09.1979 unbesetzter Bf
Bf Hasselfelde	Bf Stiege[3]	am 31.12.1984 aufgelöst und dem Bf Stiege unterstellt
	Hst Birkenmoor	ab 02.10.1960 unbesetzter Hp
	Hp Unterberg	am 27.05.1978 geschlossen
	Bf Eisfelder Talmühle	ab 28.09.1975
Bf Harzgerode[4]	Hp Sternhaus-Haferfeld	
	Hst Sternhaus-Ramberg	
	Bf Mägdesprung	
	Hp Drahtzug	
	Bf Silberhütte (Anhalt)	ab 01.05.1968 unbesetzt
	Bf Lindenberg (Harz)	ab 17.05.1953: Straßberg (Harz)

Anmerkungen:
1 ab 02.06.1957: Wernigerode-Hasserode
2 Der Bf Elend wurde am 30. Mai 1976 aufgelöst und dem Bf Benneckenstein unterstellt. Mit Wirkung zum 30. September 1979 wurde der Bf Elend wieder in eine selbstständige Dienststelle umgewandelt (bis 31.12.1991).

3 Der Bf Stiege war ab 1. Januar 1985 eine selbstständige Dienststelle. Diese wurde am 31. Januar 1991 aufgelöst und dem Bf Ilfeld unterstellt.
4 Der Bf Harzgerode wurde am 31. August 1961 aufgelöst und dem Bf Gernrode (Harz) unterstellt.

Reges Treiben herrschte Ende der 1950er-Jahre auf dem Bahnsteig 1 des Bf Schierke, als 99 244 mit einem Personenzug nach Wernigerode eintraf. Im Hintergrund sind der Wurmberg (971 m über NN) und die Wurmbergschanze zu sehen. Die 1922 gebaute Sprungschanze war die größte des Harzes. Der Auslauf der Wurmbergschanze befand sich in unmittelbarer Nähe der innerdeutschen Grenze. Foto: Archiv D. Endisch

gerode/Straßberg (Harz) beachtliche Leistungen im Güterverkehr. Rund um die Uhr wurden hier vor allem Kohle, Gießereiprodukte, Flussspat, Holz und Holzerzeugnisse befördert. Im Personenverkehr dominierten zunächst Berufspendler und Schüler. Erst in den 1960er-Jahren kamen Ausflügler und Touristen hinzu. Doch die Selketalbahn wies einen entscheidenden betrieblichen Nachteil auf: Alle Güter mussten im Bf Gernrode (Harz) zwischen Regel- und Schmalspurwagen umgeladen werden. Ein Rollwagenverkehr war aufgrund des eingeschränkten Lichtraumprofils nicht möglich.

Dies war einer der Gründe, warum der Rat des Bezirkes Halle und die Rbd Magdeburg 1966 die Stilllegung der Selketalbahn beschlossen. Fortan wurde die Strecke auf Verschleiß gefahren. Doch fehlende Omnibusse und Lastkraftwagen sowie schlecht ausgebaute Straßen retteten die Schmalspurbahn. Außerdem gewann die Strecke Gernrode (Harz)–Harzgerode/Straßberg (Harz) für den Tourismus zusehends an Bedeutung. Nachdem das Ministerium für Verkehrswesen (MfV) die Selketalbahn am 5. September 1972 den zu erhaltenden Nebenbahnen zugeordnet hatte, war deren Erhalt gesichert. Gleichzeitig wurde die Strecke, einschließlich ihrer Fahrzeuge und Anlagen, zu einem Technischen Denkmal erklärt. Ende der 1970er-Jahre fiel schließlich die Ent-

scheidung, den 1946 demontierten Abschnitt Straßberg (Harz)–Stiege wieder aufzubauen. Am 29. Oktober 1983 waren die Harzquer- und die Selketalbahn wieder miteinander verbunden. Der offizielle Eröffnungszug verließ am 30. November 1983 den Bf Stiege.

Der erste Rollwagenzug aus Nordhausen Nord traf am 12. Februar 1984 im Bf Silberhütte (Anhalt) ein. Wenige Monate später, am 3. Juni 1984, nahm die DR den planmäßigen Reiseverkehr auf dem Abschnitt Straßberg (Harz)–Stiege auf. Bis zum Sommer 1990 herrschte auf der Selketalbahn ein heute kaum noch vorstellbarer Personen- und Güterverkehr. Bereits im Frühjahr 1990 verzeichnete die Rbd Magdeburg einen ersten Rückgang des Frachtaufkommens. Am 2. April 1990 endete der Gütertransport mit Schmalspurwagen auf der Relation Gernrode (Harz)–Harzgerode.

Auch bei der Harzquer- und Brockenbahn hatte die Rbd Magdeburg in den 1950er-Jahren mit erheblichen Schwierigkeiten zu kämpfen. Oberste Priorität besaß hier die Modernisierung des völlig veralteten und viel zu geringen Triebfahrzeugbestandes. Dies gelang in den Jahren von 1955 bis 1957 mit der Indienststellung der Neubau-Dampflokomotiven der Baureihe 99[23–24] (siehe S. 126 ff.). Mit dem Einsatz der leistungsstarken 1´E1´h2t-Maschinen konnte die Rbd Magdeburg das Angebot im Perso-

Die am 14. Juli 1939 in Dienst gestellte Lok 21[II] (DR: 99 6001) war die modernste Maschine der NWE. Anfang der 1950er-Jahre war die Maschine gemeinsam mit einer Jung-Mallet auf der Brockenbahn bei Schierke unterwegs. Rechts neben der Maschine ist das Einfahrvorsignal des Bf Schierke zu erkennen. Heute steht hier ein modernes Lichtsignal. Foto: Slg. R. Wiedemann

99 243 war um 1958 mit einem Reisezug in der Nähe des Bf Goetheweg unterwegs. Nach der Wiederaufnahme des Reiseverkehrs zum Brocken am 14. Mai 1950 spielte die Station zunächst betrieblich keine Rolle. Ab dem Sommer 1952 nutzte die 1949 gegründete Grenzpolizei den Bf Goetheweg für Personenkontrollen. Erst als die Rbd Magdeburg mit dem Fahrplanwechsel am 2. Juni 1957 das Angebot auf der Brockenbahn deutlich aufstockte, wurde der Bf Goetheweg wieder als Kreuzungsstation benötigt. Doch mit der Einstellung des Reiseverkehrs zum Brocken (am 14.08.1961) hatte der Bf Goetheweg abermals ausgedient. Die Rbd Magdeburg legte die Betriebsstelle am 10. Juni 1963 still. Die Sicherungsanlagen wurden im Herbst 1974 demontiert. Foto: Archiv D. Endisch

nenverkehr auf der Harzquer- und Brockenbahn ab dem Sommer 1955 schrittweise verbessern. Ab 2. Oktober 1955 wurde der Abschnitt Drei Annen Hohne–Schierke auch im Winter im Personen- und Güterverkehr bedient. Im Winterfahrplan 1955/56 verkehrten hier täglich zwei Reisezugpaare.

Außerdem wurde die Betriebsführung gestrafft. Dazu führte die Rbd Magdeburg am 1. Januar 1956 den Dispatcher-Dienst für die Harzquer- und Brockenbahn ein. Der Dispatcher hatte seinen Sitz im Bf Wernigerode Westerntor.

Erhebliche Einschränkungen im Betriebsdienst brachten die so genannten Grenzsicherungsmaßnahmen vom 13. August 1961 mit sich. Da eine vollständige pioniertechnische Sicherung der deutsch-deutschen Grenze im Oberharz kurzfristig nicht möglich war, wurde die Überwachung des vorgelagerten, bis zu 5 km breiten Sperrgebietes verstärkt. Die Ausgabe von Passierscheinen für Besuche in den Gemeinden Benneckenstein*, Schierke, Elend und Sorge, die seit dem 9. Juni 1952 im Grenzgebiet lagen, wurde erheblich eingeschränkt. Zwar verkehrten am 13. August

---

* Mit dem Inkrafttreten neuer »Festlegungen zur Grenzsicherung« am 14. Juni 1972 gehörte die Kleinstadt Benneckenstein nicht mehr zum Sperrgebiet und konnte ohne Passierschein besucht werden.

1961 noch alle Züge auf der Brockenbahn, doch einen Tag später war damit Schluss. Am 14. August 1961 erreichte nur noch der morgendliche Personenzug (P) 1360 den Harzgipfel. Fortan endete der Personenverkehr auf der Brockenbahn im Bf Schierke. Mit Wirkung zum 15. August 1961 sperrte die Rbd Magdeburg den Abschnitt Schierke–Brocken für den Personen-, Gepäck- und Expressgutverkehr. Die Grenztruppen der DDR und die Transportpolizei überwachten in der Folgezeit nahezu lückenlos den Bahnbetrieb auf den Abschnitten Drei Annen Hohne–Benneckenstein und Drei Annen Hohne–Schierke–Brocken.

Gleichwohl war der Personen- und Güterverkehr auf der Harzquer- und Brockenbahn weiterhin beachtlich. Die Rbd Magdeburg hatte bereits 1957 die Einführung des Rollwagenverkehrs auf der Harzquer- und Brockenbahn beschlossen. Bis dato mussten nahezu alle Frachten in den Bahnhöfen Wernigerode und Nordhausen Nord zwischen Regel- und Schmalspurgüterwagen umgeladen werden. Dies band zahlreiche Arbeitskräfte und nahm viel Zeit in Anspruch. Lediglich auf den Abschnitten Wernigerode–Wernigerode-Hasserode (–Steinerne Renne) und Nordhausen Nord–Ilfeld konnten regelspurige Güterwagen auf Rollböcken befördert werden. Bevor jedoch die ersten Rollwagenzüge eingesetzt werden konnten, waren umfangreiche Investitionen notwendig. Der Oberbau

99 246 hatte Ende der 1950er-Jahre auf ihrer Fahrt in Richtung Drei Annen Hohne soeben den ehemaligen Hp Wernigerode Kirchstraße verlassen. Der Heizer hatte gerade ein paar Schaufeln Kohle nachgelegt, wie der schwarze Qualm aus der Esse beweist. Seit dem 14. November 2000 heißt die Station »Wernigerode Hochschule Harz«. Foto: Archiv D. Endisch

Mit der Einführung des Rollwagenverkehrs auf der Harz-quer- und Brockenbahn sowie der Stichstrecke Eisfelder Talmühle–Hasselfelde in den Jahren 1963/64 gelang es der Rbd Magdeburg, den Güterverkehr zu rationali-sieren. Am 3. September 1989 erreichte 99 7231-6 (ex 99 231) mit einem kurzen Rollwagenzug aus Nordhau-sen Nord den Bf Stiege. Foto: D. Riehemann

der Harzquer- und Brockenbahn musste auf eine Achsfahrmasse von 10 t und eine Meterlast von 5 t/m verstärkt sowie das notwendige Licht-raumprofil geschaffen werden. Das Reichsbahnausbesserungswerk (Raw) Jena baute in den Jahren 1962/63 insgesamt 43 Rollwagen für den Harz. Am 5. Juni 1963 verkehrte der erste Rollwagen-Güterzug auf dem Abschnitt Wernigerode–Benneckenstein. Zeitgleich wurde der Rollwagenverkehr auf der Brockenbahn aufgenommen. Ein gutes Jahr später, am 18. Oktober 1964, folgte der Abschnitt Nordhausen Nord–Ilfeld. Ab 16. November 1964 setzte die Rbd Magdeburg auch zwischen Ilfeld und Hasselfelde Rollwagenzüge ein. Damit endete der planmäßige Einsatz von Schmalspurgüterwagen auf der Harzquer- und Brockenbahn. Wie bei der Selketalbahn gab es auch in den Bezirken Erfurt und Mag-deburg Überlegungen, die Strecken Nordhausen Nord–Wernigerode, Eisfelder Talmühle–Hasselfelde und Drei Annen Hohne–Schierke–Brocken stillzulegen. Auslöser dafür war ein Richtungswechsel des Ministerrates der DDR in der Verkehrspolitik. Das Gremium beschloss am 14. Mai 1964, den Güterverkehr auf der Schiene schrittweise zu rationalisieren. Dazu sollten bis zum Sommer 1970 mehr als 75 % der Tarifbahnhöfe geschlos-sen und der Güterumschlag zwischen Straße und Schiene auf so genannte Wagenladungsknoten konzentriert werden. Parallel dazu war eine deut-liche Verringerung das Nebenbahnnetzes vorgesehen. Nahezu alle von

der DR betriebenen Schmalspurbahnen sollten bis 1975 stillgelegt werden. Das Institut für Verkehrsforschung erhielt am 17. September 1965 den Auftrag, die Wirtschaftlichkeit der Schmalspurbahnen zu untersuchen. Die Harzquer- und Brockenbahn war mit einem Kostendeckungsgrad von 18 % die wirtschaftlichste Schmalspurbahn der DR. Sie besaß mit durchschnittlich 6.820 Reisenden täglich das höchste Fahrgastaufkom-men. Außerdem gab es auf der Harzquer- und Brockenbahn einen be-achtlichen Güterverkehr. In ihrer Untersuchung unterstrichen die Gut-achter die besondere Bedeutung der Strecke Nordhausen Nord–Wer-nigerode für den Tourismus. Die Kosten für eine Verlagerung des Verkehrs von der Schiene auf die Straße wurden allein für den Bezirk Magdeburg auf fast 16 Millionen Mark veranschlagt. Aus diesem Grund verwarf das MfV den vorgesehenen Verkehrsträgerwechsel und entschied am 28. Fe-bruar 1967, die Strecken Nordhausen Nord–Wernigerode, Drei Annen Hohne–Schierke–Brocken und Eisfelder Talmühle–Hasselfelde langfristig zu erhalten. Gleichwohl wurde in der Folgezeit die Anzahl der Gütertarif-punkte schrittweise verringert. Beispielsweise endete am 29. September 1967 die Bedienung der Bahnhöfe Niedersachswerfen Ost, Netzkater und Eisfelder Talmühle im Wagenladungsverkehr. Einige Zeit später, am 15. Januar 1969, wurden die Bahnhöfe Wernigerode Westerntor und Wernigerode-Hasserode für den öffentlichen Güterverkehr geschlossen.

Mit einer eindrucksvollen Dampf- und Rauchwolke pas-sierte 99 0240-4 (ex 99 240) am 7. Februar 1982 bei Drei Annen Hohne den Bahnübergang am km 47,865. Die NWE hatte diesen vielbefahrenen Bahnübergang als ersten im Jahr 1930 mit einer modernen Warnblinkan-lage ausgerüstet. Foto: D. Riehemann

Die Rbd Magdeburg investierte in den folgenden Jahren im Rahmen ihrer begrenzten finanziellen, materiellen und personellen Möglichkeiten in die Modernisierung der Anlagen und Fahrzeuge. Dazu gehörten u.a. der Umbau der Dampfloks der Baureihe 99[23–24] auf Ölhauptfeuerung (siehe S. 161 ff.), der Einbau von Rückfallweichen (ab 1979), die Einführung des »Vereinfachten Nebenbahndienstes mit Funkleitbetrieb« (ab 05.08.1980), die Indienststellung einer modernen Schneeschleuder (1980), der Umbau der Triebfahrzeuge und Wagen von Saugluft- auf Druckluftbremse (siehe S. 166 f.) und die Modernisierung der Reisezugwagen (ab 1983).

In der zweiten Hälfte der 1980er-Jahre nahm vor allem der Güterverkehr auf der Harzquerbahn deutlich zu. Aus diesem Grund wollte die DR mit auf Meterspur umgebauten Diesellokomotiven der Baureihe 110 den Traktionswechsel auf den Schmalspurbahnen im Harz vollziehen (siehe S. 167 ff.). Doch die politische Wende in der DDR verhinderte dieses Vorhaben, das in der Bevölkerung auf massive Ablehnung stieß.

Nach der deutschen Wiedervereinigung am 3. Oktober 1990 brach der Güterverkehr auf der Selketal- und Harzquerbahn förmlich zusammen. Bereits am 26. Mai 1990 endete der Güterverkehr auf der Relation Wernigerode–Benneckenstein. Fortan wurde der Bf Benneckenstein bei Bedarf von Nordhausen Nord aus bedient. Bis zum Ende 1990 verzeichnete die DR im Vergleich zum Vorjahr einen Rückgang der Beförderungsleistungen um rund 60 %. Dieser Trend setzte sich in den folgenden Monaten fort. Wurden 1990 noch rund 120.000 t Güter auf den Schmalspurbahnen im Harz befördert, waren es 1991 nur etwa 49.000 t. Auch der Rückgang der Fahrgastzahlen war erheblich. Nutzten 1989 etwa 2,3 Millionen Reisende die Züge zwischen Wernigerode, Nordhausen Nord, Schierke, Hasselfelde, Harzgerode und Gernrode (Harz), zählte die DR im Jahr 1990 rund eine Million Urlauber und Touristen, die mit der Dampfeisenbahn fahren wollten. Die Selketal-, Harzquer- und Brockenbahn waren damit eine der wichtigsten Touristenattraktionen im Ostharz.

Bereits im Frühjahr 1990 gab es erste Überlegungen, den Personenverkehr auf dem Abschnitt Schierke–Brocken wieder aufzunehmen. Doch die Reaktivierung der Brockenbahn gestaltete sich schwierig, da der Oberbau zum größten Teil völlig verschlissen war. Um ein exaktes Bild vom Zustand der Strecke zu erhalten, fand am 16. April 1991 eine Messfahrt mit dem Gleismessfahrzeug (GMF 79) und der Diesellok 199 301 zwischen Schierke und dem Bf Brocken statt. Dabei bestätigte sich, dass der Oberbau grundlegend instandgesetzt werden musste. Da der Verkehr zum Brocken erhebliche Einnahmen versprach und das Land Sachsen-Anhalt sowie die Landkreise im Harz und die Anliegerkommunen die Finanzierung für die Instandsetzung übernahmen, begann die DR umgehend mit den notwendigen Vorbereitungen. Bereits am 25. Mai 1991 verkehrte der erste Bauzug auf der Brockenbahn. Als am 17. Juni 1991 im Bf Schierke der symbolische erste Spatenstich gefeiert wurde, liefen die Arbeiten auf dem Abschnitt Schierke–Brocken bereits auf Hochtouren. Nur wenige Wochen später, am 15. September 1991, nahm die DR die Strecke Schierke–Brocken wieder in Betrieb. Der planmäßige Reiseverkehr wurde am 1. Juli 1992 aufgenommen.

Zu diesem Zeitpunkt hatten bereits die Vorbereitungen zur Übergabe der Harzquer-, Brocken- und Selketalbahn an einen kommunalen Betreiber begonnen. Die Landkreise Nordhausen, Quedlinburg und Wernigerode, die Anliegergemeinden, die Stadt Quedlinburg, die Gemeinde Tanne und die Kurbetriebsgesellschaft Braunlage hatten am 13. März 1991 eine kommunale Gesellschaft bürgerlichen Rechts (GbR) gebildet, aus der am 19. November 1991 die Harzer Schmalspurbahnen GmbH (HSB) hervorging. Nach komplizierten Verhandlungen wurde am 28. Oktober 1992 in Drei Annen Hohne der »*Vertrag (...) zur Übergabe der Schmalspurbahnen im Harz*« unterzeichnet. Die HSB erwarb damit von der DR zum symbolischen Kaufpreis von einer D-Mark das 131,24 km lange Streckennetz sowie alle Fahrzeuge, Vorräte und Betriebsstoffe. Außerdem über-

Am 12. Januar 1971 schob 99 6102-0 eine Übergabe vom so genannten Spurwechselbahnhof an der Ilsenburger Straße zum Bf Wernigerode. Anschließend fuhr die Lok mit ihrem Rollbockzug weiter nach Wernigerode Hasserode. Im Winterfahrplan 1975/76 verkehrten täglich zwei Übergabe-Paare nach Hasserode.   Foto: E. Ebert, Slg. G. Schütze

Einen erheblichen Teil des Reiseverkehrs auf der Harz-quer- und Selketalbahn bestreitet die HSB seit 1996 mit Triebwagen. Der Fahrzeugbau (FBH) Halberstadt lieferte 1999 vier moderne Triebwagen (187 016– 187 019) an die HSB, die heute das Rückgrat im klassischen ÖPNV bilden. Am 24. April 2001 verließ 187 018-7 den Bf Eisfelder Talmühle.   Foto: D. Riehemann

nahm die HSB 370 der 402 bei den Schmalspurbahnen im Harz beschäftigten Frauen und Männer. Die DR zahlte der HSB eine Anschubfinanzierung in Höhe von 20 Millionen Mark. Einen Monat später, am 24. November 1992, übertrug das Wirtschaftsministerium des Landes Sachsen-Anhalt der HSB die Betriebsrechte an den Schmalspurbahnen im Harz. Wie geplant wickelte die HSB ab 1. Februar 1993 den Betrieb auf der Harzquer-, Brocken- und Selketalbahn ab.

Von Beginn an war die Brockenbahn die wichtigste Einnahmequelle der HSB, die das ganze Jahr über Fahrten auf den Harzgipfel anbietet. Bis heute werden die Züge auf der Brockenbahn nahezu ausschließlich planmäßig mit Dampflokomotiven bespannt. Auf der Selketal- und der Harzquerbahn teilen sich hingegen Dampfloks und Dieseltriebwagen die Aufgaben in der Zugförderung. Neben diesem nostalgischen Dampfbetrieb bietet die HSB in Zusammenarbeit mit der Verkehrsbetriebe Nordhausen GmbH auf dem Abschnitt Nordhausen Nord–Ilfeld Neanderklinik einen Öffentlichen Personennahverkehr (ÖPNV) mit Triebwagen an. Der öffentliche Güterverkehr, der sich zuletzt auf den Abschnitt Nordhausen Nord–Eisfelder Talmühle–Steinbruch Unterberg beschränkte, ruht mangels Nachfrage seit einigen Jahren.

Für Aufsehen sorgte die HSB in den Jahren 2005/06 mit dem europaweit einmaligen Umbau der 8,5 km langen Strecke Gernrode (Harz)–Quedlinburg von Regel- auf Meterspur. Nachdem das Land Sachsen-Anhalt am 19. November 2003 den Personennahverkehr auf der regelspurigen Nebenbahn Quedlinburg–Ballenstedt Ost–Frose abbestellt hatte, endete am 31. Januar 2004 der Verkehr auf dem Abschnitt Quedlinburg–Gernrode (Harz). Bereits am 18. Dezember 2003 hatten die HSB und das Verkehrsministerium des Landes Sachsen-Anhalt eine Absichtserklärung zum Umbau der Strecke von Regel- auf Meterspur unterschrieben. Am 18. April 2005 begannen die Bauarbeiten für das 6,5 Millionen Euro teure Vorhaben. Bereits am 23. Dezember 2005 waren die Gleisbauarbeiten abgeschlossen. Als erstes Fahrzeug befuhr der Triebwagen 187 012 am 22. Februar 2006 die Schmalspurbahn zwischen Gernrode (Harz) und Quedlinburg, die am 1. März 2006 eisenbahntechnisch abgenommen wurde. Nach der feierlichen Eröffnung am 4. März 2006 mussten noch kleinere Restarbeiten erledigt werden, bevor am 26. Juni 2006 der planmäßige Verkehr auf der Verbindung Quedlinburg–Gernrode (Harz) aufgenommen wurde. Seither betreibt die HSB ein 140,4 km langes Streckennetz, dessen Entwicklung auch die Geschichte des ehemaligen Bw Wernigerode Westerntor prägte.

Im Herbst 1880 wurde erstmals der Bau einer Schmalspurbahn von Quedlinburg über Gernrode (Harz) durch das Selketal erörtert (siehe S. 12). Doch daraus wurde nichts. Erst 125 Jahre später, am 11. April 2005, begann die HSB mit dem Umbau der (regelspurigen) Nebenbahn Gernrode (Harz)–Quedlinburg auf Meterspur. Am 8. Februar 2023 war 99 7237-3 (ex 99 237) mit dem Nahverkehrszug (N) 8965 nach Gernrode (Harz) bei Quarmbeck unterwegs.   Foto: D. Endisch

3. Von der Betriebswerkstatt zum Bahnbetriebswerk

3.1 Die Betriebswerkstatt der NWE

Die am 25. Juni 1896 gegründete Nordhausen-Wernigeroder Eisenbahn-Gesellschaft (NWE) beauftragte am 11. Februar 1897 die Vereinigte Eisenbahn-Bau- und Betriebs-Gesellschaft AG (siehe Kasten S. 23) mit der Betriebsführung auf der Harzquer- und Brockenbahn. Betrieblicher Mittelpunkt der Schmalspurbahn war Wernigerode, wo auch die Betriebswerkstatt der NWE errichtet wurde. Da im Bereich des Bahnhofs (Bf) Wernigerode nicht genügend Bauland zur Verfügung stand, ließ die NWE ihre Betriebswerkstatt in unmittelbarer Nähe ihres Güterbahnhofs in Wernigerode Westerntor bauen. Aber auch hier waren die Flächen knapp. Im Westen und Süden grenzte die Betriebswerkstatt an den Zillierbach bzw. an die Holtemme. Kernstück der Werkstatt war ein Fachwerk-Lokschuppen, der über einen Reparaturstand für Lokomotiven sowie vier so genannte Anheizstände verfügte. Des Weiteren waren noch zwei Stände für die Instandsetzung von Reisezugwagen vorhanden, wovon ein Stand zum Lackieren der Fahrzeuge genutzt wurde. Die Güterwagen wurden hingegen meist auf den Freigleisen vor der Betriebswerkstatt repariert. Gegenüber der Betriebswerkstatt entstand außerdem ein zweigleisiger Lokschuppen, in dem die für die Zugförderung benötigten Betriebsloks abgestellt wurden. Dieser Fachwerk-Lokschuppen bot Platz für insgesamt vier Maschinen. Ein Kohlebansen mit Sturzbühne und ein Wasserkran vor dem Lokschuppen ergänzten die Ausrüstung der Betriebswerkstatt in Wernigerode Westerntor. Für die Feuerung ihrer Dampf-

lokomotiven verwendete die NWE Steinkohlenbriketts. Diese so genannten Planeten wurden nicht in den Kohlebansen geschüttet, sondern von den Betriebsarbeitern sorgfältig aufgestapelt.

Der Betriebswerkstatt oblagen nicht nur die notwendigen Fristarbeiten an den Lokomotiven und Wagen, sondern die technische Ausrüstung erlaubte es auch, die vorgeschriebenen Zwischen- und Hauptuntersuchungen durchzuführen. Lediglich größere bzw. kompliziertere Arbeiten an den Kesseln oder Fahrzeugumbauten vergab die NWE meist an Hauptwerkstätten der Preußischen Staatsbahn. Oft übernahm die Hauptwerkstatt in Halberstadt diese Aufträge, wo u.a. zwischen 1924 und 1929 sechs Mallet-Dampflokomotiven der NWE mit neuen Kesseln ausgerüstet wurden (siehe S. 104 f.). Zwischen 1922 und 1926 wurden einige Kessel auch bei der Blankenburger Eisenbahnbedarfs- und Maschinenfabrik GmbH (Bema), einem Tochterunternehmen der Halberstadt-Blankenburger Eisenbahn-Gesellschaft (HBE), instandgesetzt. Das Arbeitsaufkommen in der Werkstatt in Wernigerode Westerntor hing sehr stark vom Verkehrsaufkommen auf der Harzquer- und Brockenbahn ab. In den Sommermonaten, wenn die Strecke Drei Annen Hohne–Schierke–Brocken bedient wurde, erledigte die Werkstatt nur die notwendigsten Arbeiten, da ein erheblicher Teil der Belegschaft als Heizer und Betriebsarbeiter im Fahrdienst eingesetzt wurde. In den Wintermonaten benötigte die NWE deutlich weniger Personale im Betriebsmaschinendienst, die nun in der Fahrzeugunterhaltung eingesetzt werden konnten. Daher verlagerte die NWE die größeren Instandsetzungen nach Möglichkeit in den Herbst und Winter. An diesem bewährten Prinzip hielt das Unter-

Am 7. Februar 1982 bestimmten noch ölgefeuerte Dampflokomotiven das Bild in der Est Wernigerode. Während der Heizer der 99 0243-8 (links) seine Maschine gerade mit neuem Heizöl versorgte, wurde bei 99 0246-1 (rechts) der Wasservorrat ergänzt. Im Hintergrund ist der Lokschuppen zu sehen, vor dem 99 0240-4 pausiert. Foto: D. Riehemann

nehmen bis zur vorübergehenden Einstellung des Brockenverkehrs am 30. September 1944 fest.

Nach dem Auslaufen des Betriebsführungsvertrages zwischen der NWE und der Vereinigten Eisenbahn-Bau- und Betriebs-Gesellschaft AG wickelte das Unternehmen ab 1. April 1909 den Verkehr auf der Harzquer- und Brockenbahn in eigener Verantwortung ab. Dazu hieß es im Bericht der NWE für das Geschäftsjahr 1908/09: »*Der Betriebsvertrag (...) hat mit dem 31. März d. Js. sein Ende erreicht und die gesamte Verwaltung ist nach Eintritt des Herrn Betriebsdirektors Uflacker in die Direktion und unter Übernahme der Beamten (...) in die Hände der Nordhausen-Wernigeroder Eisenbahn-Gesellschaft übergegangen. Die (...) Inventarien, soweit sie für den Betrieb von der Pächterin auf ihre Kosten beschafft waren, sind nach vorhergegangenen Sonderaufnahmen und auf der Grundlage der zwischen beiden Parteien vereinbarten Werte in den Besitz unserer Gesellschaft überführt. Die Niederschrift über die erfolgte Übergabe und die Übernahme der Bahn (...) mit Einschluss der vorhandenen Betriebs-Materialien ist (...) von den Vertretern der Betriebspächterin, vom Vorsitzenden des Aufsichtsrates und von der Direktion der Nordhausen-Wernigeroder Eisenbahn-Gesellschaft unterschriftlich vollzogen. Die zur Weiterführung des Betriebes vorhanden gewesenen Vorräte an Kohlen etc. sind zum Selbstkostenpreise übernommen. Die Übergaben (...) sind glatt vollzogen.*«

Hinsichtlich der weiteren Entwicklung der Harzquer- und Brockenbahn stellte die Direktion fest: »*Der Verkehr hat sich in den Monaten (...) des laufenden Betriebsjahres in erfreulicher Weise gesteigert (...). Mit der Zunahme des Verkehrs, mit der wir nach den gemachten Erfahrungen auch in Zukunft rechnen dürfen, gehen die Ansprüche an die Vermehrung der Betriebsmittel und an den Ersatz für ältere Betriebsmittel Hand in Hand.*«

Für die jetzt schon stärker belasteten Züge und zur Aufrechterhaltung des Betriebes für den Fall, dass die eine oder andere Lokomotive wegen vorzunehmender Reparaturen zeitweise ausser Dienst gestellt werden müsste, macht sich die Anschaffung zweier stärkerer Lokomotiven mit einem Kostenaufwand von mindestens M 100.000,- erforderlich.«

Aus diesem Grund gab Gustav Uflacker zwei neue sechsachsige Tenderlokomotiven (siehe S. 85 f.) und weitere Personenwagen in Auftrag. Die Indienststellung der von der Orenstein & Koppel AG (O & K) gebauten C´Cn4vt-Maschinen (Betriebs-Nr. 31 und 32) machte auch Investitionen in die Infrastruktur notwendig. Zwischen der Betriebswerkstatt und dem Lokschuppen in Wernigerode Westerntor wurde 1909 eine Drehscheibe (Durchmesser 9,5 m) errichtet. Baugleiche Drehscheiben erhielten der Lokbahnhof (Lokbf) Nordhausen (siehe S. 262) und der Bf Drei Annen Hohne. Die Kosten für die drei handbedienten Drehscheiben beliefen sich auf insgesamt 20.000 Mark. Außerdem wurde der Lokschuppen erweitert. Das Gleis 16 wurde verlängert und erhielt eine hintere Ausfahrt in Richtung Drehscheibe. Das Gleis hatte nun eine nutzbare Länge von 97 m. Die nutzbare Länge des Gleises 15 betrug nur 55 m.

Die in der Betriebswerkstatt der NWE beschäftigten Eisenbahner hatten alle Hände voll zu tun. Am 31. März 1913 waren sie für die Instandhaltung von insgesamt 10 Dampfloks, 54 Personen-, 10 kombinierten Post-Gepäck-, 46 gedeckten Güter- und 133 offenen Güterwagen, 24 Paar Rollböcke sowie einen Kranken- und Gerätewagen verantwortlich.

Während des Ersten Weltkrieges verlegte die NWE den Sitz der Betriebsleitung von Nordhausen nach Wernigerode (am 01.04.1916). Die Gründe für diese Entscheidung lagen auf der Hand: Wernigerode war unbestritten der betriebliche Mittelpunkt der NWE, wo sich auch die Betriebswerkstatt

99 6101-2 (ex 99 6101) ergänzte im Frühjahr 1975 vor der Werkstatt in Wernigerode Westerntor ihren Wasservorrat. Rechts neben der Maschine sind die seit Ende der 1950er-Jahre nicht mehr genutzten Behandlungsanlagen (Kohlekran und Bansen) zu sehen. Der schmucke Wasserkran steht seit April 2005 im Bf Drei Annen Hohne. Foto: Th. Rieger, Archiv D. Endisch

Im Sommer 1966 wartete 99 6012 (links) auf den Gleisen vor der Werkstatt in Wernigerode Westerntor auf ihre Überführung in das Raw Görlitz zur Verschrottung. Rechts neben der Maschine sind die alten Lokbehandlungsanlagen und der so genannte Bello-Schuppen zu sehen, der nun als Wagenwerkstatt diente. Foto: K. Kieper, Nachlass W. Zeunert (†)

befand. Außerdem war die Verbindung Wernigerode–Drei Annen Hohne–Brocken die wichtigste Einnahmequelle des Unternehmens. Der Verkehr auf der Brockenbahn ließ sich von Wernigerode einfacher und effizienter überwachen und koordinieren.

Mit Beginn des Ersten Weltkrieges wurden zahlreiche Eisenbahner der NWE zum Wehrdienst einberufen. Dazu gehörte der Betriebsdirektor Gustav Uflacker, der ab 7. September 1914 in Diensten der Heeresfeldbahnen stand. Bis 1918 mussten fast 40 % der Belegschaft ins Feld einrücken. Außerdem war die NWE gezwungen, u.a. sechs Mallet-Maschinen der Bauart B´Bn4vt an die Heeresfeldbahnen abzugeben, was erhebliche Lücken in den Fahrzeugbestand riss. Für die Unterhaltung und den Betriebsmaschinendienst hatte dies schwerwiegende Folgen. Die NWE musste das Angebot auf der Harzquer- und Brockenbahn deutlich einschränken. Dies schlug sich in sinkenden Beförderungsleistungen nieder. Die Beschaffung von Ersatzteilen, Schmierstoffen und Brennstoff wurde ab Sommer 1916 immer komplizierter. Die stetig steigenden Preise verschärften diese Entwicklung zusätzlich. Im Herbst 1916 war die Versorgung mit Steinkohle derart prekär, dass die Betriebsleitung vom 4. bis 15. November 1916 den Verkehr gänzlich einstellen musste.

Wenige Monate vor Kriegsende, im Frühjahr 1918, verließ Regierungsbaumeister a.D. Gustav Uflacker als Betriebsdirektor das Unternehmen und wechselte endgültig zur Gernrode-Harzgeroder Eisenbahn-Gesellschaft (GHE), wo er bereits seit 1911 als Eisenbahn-Direktor zum Vorstand gehörte (siehe Tabelle S. 19 und Kasten S. 28). Der Vorstand der NWE berief Eduard Scharnhorst (siehe Kasten S. 28) als Nachfolger. Scharnhorst nahm seine Tätigkeit am 1. April 1918 auf und fungierte als Betriebsdirektor und Oberster Betriebsleiter (OBL) der NWE.

Nach dem Sturz der Monarchie in Deutschland durch die Abdankung Kaiser Wilhelms II. (am 09.11.1918) und dem Ende des Ersten Weltkrieges durch den Waffenstillstand von Compiégne (am 11.11.1918) verschärften sich die wirtschaftlichen Rahmenbedingungen für die NWE erheblich. Aufgrund der Ende 1918 von der neuen Reichsregierung erlassenen

Gesetze und Verordnungen waren alle Unternehmen in Deutschland verpflichtet, die aus dem Felde zurückkehrenden Männer wieder zu beschäftigen. Gleichzeitig durften aber die zwischen 1914 und 1918 als Ersatz eingestellten Mitarbeiter nicht entlassen werden. Dadurch stieg die Zahl der Eisenbahner bei der NWE deutlich an.

Allerdings hatten die Beschäftigten in Anbetracht der ständig steigenden Geldentwertung erhebliche Probleme, für den Lebensunterhalt ihrer Familien zu sorgen, zumal die Löhne und Gehälter bei der NWE im Vergleich zu denen der Preußischen Staatsbahn deutlich geringer waren. Der Vorstand der NWE war bestrebt, den Betriebsfrieden zu erhalten und übernahm daher mit Wirkung vom 1. März 1919 die Besoldungsrichtlinien der Preußischen Staatsbahn. Ab Ende 1919 gewährte das Unternehmen eine Teuerungszulage. Dadurch stiegen jedoch die Ausgaben weiter an und die Kostendeckung verschlechterte sich.

Ein weiteres Problem war die Brennstoffversorgung der NWE. Eduard Scharnhorst, der ab 1. April 1920 allein die Geschicke der NWE leitete, musste am 27. April 1919 wegen fehlender Kohle den Personenverkehr einstellen. Die Güterzüge verkehrten nur bei Bedarf. Erst ab 5. Mai 1919 fuhren wieder Reisezüge auf der Harzquerbahn und ab 6. Mai 1919 auf der Brockenbahn. Im Herbst 1919 gingen der NWE abermals die Kohlen aus. Diesmal wurde der Fahrplan vom 5. bis zum 15. November 1919 stark eingeschränkt.

Im Frühjahr 1920 ruhte erneut der Betrieb auf der Harzquer- und Brockenbahn. Die gewerkschaftlich sehr gut organisierten Beschäftigten der NWE beteiligten sich vom 15. bis 19. März 1920 am Generalstreik gegen den Kapp-Lüttwitz-Putsch.

Erst ab 1922 verbesserte sich trotz aller Probleme die finanzielle Situation der NWE wieder. In der Bilanz für das Geschäftsjahr 1922/23 stellte Eduard Scharnhorst fest: »Das Berichtsjahr stand im Zeichen des weiteren wirtschaftlichen Niedergangs. Besonders in den sonst besten Verkehrsmonaten (...) zeigte sich bei der schnell zunehmenden Geldentwertung immer deutlicher die verhängnisvolle Wirkung der (...) bei weitem nicht angepaßten Erhöhung

Am 28. April 1981 rückte 99 0233-9 (ex 99 233) zu einer außerplanmäßigen Reparatur in die Werkstatt des Bw Wernigerode ein. Die Gleise 1 und 2 (v.l.) waren über Weichenstraßen zu erreichen. Vor der hinteren Einfahrt (Gleis 3) befand sich eine Drehscheibe, von der auch ein Gleis zum so genannten Bello-Schuppen (Wagenwerkstatt) führte. Foto: G. Ferrée

der Personentarife durch die Reichsbahn. Da das Tarifsystem der letzteren auch für uns bindend und unser Betrieb überwiegend auf den Personenverkehr eingestellt ist, der die höchsten betrieblichen Leistungen während der Sommermonate erfordert, sind uns durch die Tarifpolitik außerordentliche Verluste entstanden. Die Personentarife hatten am 1. April 1922 nur das 16fache (...) des Vorkriegsstandes (...) erreicht, während die im Eisenbahnbetrieb notwendigen Betriebsstoffe bereits das 7.000fache kosteten. (...) Trotz alledem kann das Berichtsjahr infolge Zusammenfassung aller Kräfte und streng wirtschaftlicher Betriebsführung unter den heutigen Verhältnissen als nicht ungünstig bezeichnet werden. Der Verkehr zeigte eine erfreuliche Belebung.«

Für den Einsatz auf der Brockenbahn beschaffte das Unternehmen in den Jahren 1922 und 1924 die später von den Eisenbahnern als »Bellos« bezeichneten Mallet-Maschinen Nr. 51 und Nr. 52 (siehe S. 101 ff.). Allerdings hatte die Betriebswerkstatt inzwischen die Grenze ihrer Leistungsfähigkeit erreicht. Eine Erweiterung oder ein Neubau besaß oberste Priorität.

3.2 Die neue Werkstatt in Wernigerode Westerntor

Im Frühjahr 1923 begann Eduard Scharnhorst mit den Vorarbeiten für eine neue Betriebswerkstatt. Am 1. April 1923 umfasste der (Schmalspur-) Fahrzeugpark der NWE insgesamt 13 Dampflokomotiven, 45 Personen-, 9 kombinierte Post-Gepäck-, 49 gedeckte und 136 offene Güterwagen. Dazu kamen noch 24 Rollbock-Paare, 3 Rangierdienstwagen sowie 7 Dienstwagen. Für den Rangier- und Übergabedienst in Nordhausen hielt die NWE außerdem eine regelspurige Bn2t-Maschine sowie einen regelspurigen offenen Güterwagen vor.

Bei den Planungen für die neue Betriebswerkstatt gab es zwei Probleme: Zum einen besaß die NWE in den Bahnhöfen Wernigerode Westerntor und Wernigerode nicht genügend Flächen für einen Neubau. Zum an-

deren musste die Fahrzeugunterhaltung während der Bauarbeiten aufrechterhalten werden. Daher entschied Eduard Scharnhorst, die vorhandene Betriebswerkstatt durch einen Neubau zu ersetzen. Die alte Anlage wurde überbaut. Im Sommer 1925 begannen die Arbeiten. Bereits im Frühjahr 1926 konnte die NWE das Richtfest für die neue Werkstatt in Wernigerode Westerntor feiern, die am 20. Dezember 1926 offiziell ihrer Bestimmung übergeben wurde.

Das rund 65 m lange und 45 m breite Gebäude nutzte das vorhandene Bauland zwischen dem Zillierbach und der Holtemme nahezu vollständig aus. Die Werkstatt war über die Gleise 12 (85 m nutzbare Länge), 13 (64 m nutzbare Länge) und 14 (115 m nutzbare Länge) mit dem Gleis 7 des Bf Wernigerode Westerntor verbunden. Gleis 14 führte dabei über die Drehscheibe, von der in Richtung Schuppen noch zwei kurze Gleise zum Abstellen von Reserve- und Tauschradsätzen abgingen. Die Gleise 12 Schuppengleis 1) und 13 (Schuppengleis 2) waren für die Wagenschnellreparatur vorgesehen. Gleis 14 (Schuppengleis 3) fungierte als Anheizstand. Westlich des Anheizstandes folgten zwei weitere Stände, die durch zwei Wände vom übrigen Schuppen abgetrennt waren, da sie als Lackiererei genutzt wurden. Zur Lackierwerkstatt gehörte auch ein Farblager. Alle fünf Stände im vorderen Teil der 32,51 m langen Haupthalle besaßen Arbeitsgruben. Im hinteren Teil der Haupthalle, die große Seitenfenster und Oberlichter hatte, befand sich eine Schiebebühne (12 m nutzbare Länge) für alle fünf Gleise. An die Haupthalle schlossen sich fünf weitere Stände an. Dieser 15,62 m lange Mittelteil der Werkstatt war deutlich höher als die Haupthalle. Die fünf Stände unterteilten sich in drei Reparatur- und zwei Schlosserstände (davon zwei Hubstände zum Anheben der Fahrzeuge), von denen vier mit einer Arbeitsgrube ausgerüstet waren. In dem kleinen Anbau am Ostgiebel waren die Büros für den Werkmeister und den so genannten Werkführer (Werkstattleiter) untergebracht. An die Reparaturstände schloss sich der eigentliche Werkstattbereich an. Die mechanische Werkstatt besaß neben den üblichen Werkzeugmaschinen, wie z. B. Bügelsägen, Bohr-, Dreh-, und Hobelmaschinen, einen

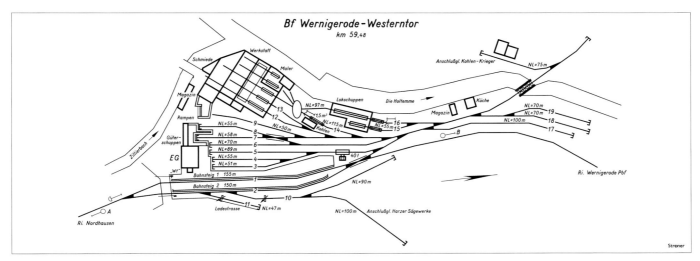

Der Gleisplan der Werkstatt in Wernigerode Westerntor (Stand 1953): Das Gelände der Werkstatt wird vom Zillierbach und der Holtemme begrenzt. Gegenüber dem Werkstattschuppen befindet sich der zweigleisige Lokschuppen. Die hier untergebrachte WAS Wernigerode gehörte ab 1. Juni 1977 zum Bww Halberstadt. Zeichnung: D. Stroner

Kran (5 t Ladegewicht), ein Rundfeuer zum Wechseln von Radreifen und eine Radsatzdrehbank, die die NWE 1926 erworben hatte. Die Werkzeugmaschinen wurden über eine Transmission angetrieben. Im Kellergeschoss befanden sich die Trafo- und die Heizanlage für die Betriebswerkstatt. Im östlichen Teil des Gebäudes war außerdem eine Tischlerei untergebracht. Im oberen Stockwerk des 16,14 m langen Werkstattbereichs waren die Elektrowerkstatt, die Sattlerei, die Sozialräume sowie die Büros des technischen Aufsichtspersonals. An die mechanische Werkstatt schloss sich die Schmiede an. Diese besaß zwei Schmiedefeuer, ein großes Rundfeuer mit mechanischem Gebläse sowie einen mit Pressluft angetriebenen Schmiedehammer. Dank der neuen Schmiede war die NWE in der Lage, Tragfedern neu anzufertigen bzw. zu reparieren. Außerdem konnte die NWE fortan alle anfallenden Kesselarbeiten selbst ausführen.

Das so genannte Magazin (Lager) befand sich südwestlich der Betriebswerkstatt. Das Gebäude umfasste u.a. ein Eisenlager, Lagerräume für Radreifen und Schrott sowie das Abort für die Beschäftigten der Werkstatt. Außerdem ließ die NWE am Gleis 14 noch einen Kanal, einen Wasserkran

und einen Kohlebansen mit Kohlekran errichten. Ein zweiter Wasserkran stand an der Ausfahrt des Lokschuppens. Beide Kräne hatten eine Förderleistung von 1,5 m³/min. Der Lokschuppen wurde auf der Ostseite durch einen kleinen Anbau, der u.a. als Sandlager diente, erweitert.

Die neue Betriebswerkstatt der NWE, die 1928 geringfügig erweitert und umgebaut wurde, genügte für längere Zeit den betrieblichen Belangen. Die technische Ausstattung hielt selbst einem Vergleich mit den Ausbesserungswerken der Deutschen Reichsbahn-Gesellschaft (DRG) stand. Die NWE konnte in ihrer Betriebswerkstatt fortan die Zwischen- und Hauptuntersuchungen an ihren Fahrzeugen selbst ausführen. Sogar das Auswechseln schadhafter Feuerbüchsen erledigte die Werkstatt. Die vorgeschriebenen Kesseluntersuchungen erfolgten durch Eduard Scharnhorst bzw. später durch dessen Stellvertreter. Beide besaßen die dafür notwendigen Qualifikationen als Kesselprüfer.

Neben planmäßigen Instandsetzungsarbeiten übernahm die Werkstatt auch die tägliche Kontrolle der Personenwagen. Dazu gehörte die Überprüfung der Bremsen, der Heizung und der Beleuchtungseinrichtung. Die Innen- und Außenreinigung der Personenwagen oblag hingegen

Am 20. Dezember 1926 nahm die NWE ihre neue Hauptwerkstatt in Wernigerode Westerntor offiziell in Betrieb. Deutlich sind die Haupthalle (rechts), der Mittelteil und die Werkstatt (links) mit den Büro- und Sozialräumen zu sehen. Der Gebäudekomplex blieb bis heute weitgehend unverändert erhalten. Foto: Nachlass W. Steinke (†)

Reinigungskräften auf den Bahnhöfen Wernigerode und Nordhausen. Zu den Aufgaben der Betriebswerkstatt zählten auch Umbauten an den Lokomotiven und Wagen der NWE. Dazu gehörte beispielsweise die Umrüstung der NWE-Fahrzeuge von der Körting-Saugluftbremse auf die Hardy-Bremse. 1930 wurden in der Werkstatt 15 offene zweiachsige Güterwagen zu Schottertransportwagen (15 t Ladegewicht) umgebaut. Die dafür notwendigen Stahlkübel lieferte die Friedrich Krupp AG.

Im Sommer 1929 waren in der Werkstatt insgesamt 45 Handwerker beschäftigt. Ein Werkmeister und zwei Werkführer leiteten die Werkstatt. Ein Lagerverwalter und eine Schreibkraft gehörten außerdem zum Personal. Der Werkmeister unterstand direkt Eduard Scharnhorst.

In den Sommermonaten sank die Zahl der Handwerker auf 33 bis 35. Ein Teil der Handwerker wurde als Heizer oder Betriebsarbeiter eingesetzt und stand nicht für die Instandhaltung zur Verfügung. Neben den laufenden Fristarbeiten bestimmte im Sommer die Aufarbeitung von Tausch- und Ersatzteilen die Arbeit in der Betriebswerkstatt. Hier wurden u.a. Armaturen, Kupplungen, Tragfedern und Puffer instandgesetzt. Außerdem arbeitete die Betriebswerkstatt für die Bahnmeistereien der NWE auch Weichenteile und Signaleinrichtungen auf.

Neben den Lokbehandlungsanlagen in Wernigerode Westerntor sowie in den Lokbahnhöfen Benneckenstein und Nordhausen unterhielt die NWE auf verschiedenen Bahnhöfen weitere Wasserkräne bzw. so genannte Saugeinrichtungen (Elevator-Anlagen) und Kohlelager. Deren Nutzung regelte die NWE in ihrer »Sammlung der betrieblichen Vorschriften« (gültig ab 15.05.1936). Darin hieß es: »*Kohlelager befinden sich auf den Bahnhöfen Westerntor, Benneckenstein, Nordhausen. Kohlenreserven lagern in Eisfelder Talmühle und Drei Annen Hohne. Letztere dürfen aber nur mit besonderer Genehmigung der zuständigen Betriebsabteilung in Angriff genommen werden. Sie sind für Notfälle und in Drei Annen Hohne*

für bestimmte Lokomotiven, die auf der Brockenstrecke fahren, vorgesehen. (Ein) Treiböl-Tanklager befindet sich in Wernigerode.
Wasserstationen sind vorhanden:
a) In Nordhausen, im Lokomotivschuppen und auf dem Personenbahnhof je 1 Kran
b) In Eisfelder Talmühle 1 Kran
c) In Benneckenstein 1 Kran
d) In Sorge 1 Saugeinrichtung
e) In Drei Annen Hohne 3 Saugeinrichtungen
f) In Schierke 2 Druckleitungen
g) Auf dem Brocken 1 Saugeinrichtung
h) In Wernigerode Westerntor 2 Kräne.
Die Lokomotiven sind nach beendeter Fahrt mit Kohlen- und Wasservorräten in den Schuppen zu stellen. Zugmaschinen in Fahrtrichtung Wernigerode haben auf dem Bahnhof Eisfelder Talmühle Wasser zu nehmen. In besonderen Fällen bzw. wenn hierdurch keine Verspätung erfolgt, kann auch in Sorge Wasser genommen werden.
Zugmaschinen in Fahrtrichtung Brocken haben in Schierke und nur in besonderen Fällen in Drei Annen Hohne Wasser zu nehmen. Ist eine Wasserstation aus irgendeinem Grunde ausser Betrieb, so haben die Bahnhöfe, auf denen Wasserstationen sind, dieses rechtzeitig bekanntzugeben, damit sich das Lokomotivpersonal entsprechend einrichten kann. Die Lokomotivführer dürfen von den Anordnungen über (das) Einnehmen von Kohlen und Wasser nur in dringenden Fällen abweichen.«

Ab Sommer 1936 erleichterte ein Portalkran (20 t Ladegewicht) in der Betriebswerkstatt den Ein- bzw. Ausbau von Kesseln, Radsätzen, Wasserbehältern und Führerhäusern. Der von der Maschinenfabrik Augsburg-Nürnberg AG (MAN) zum Preis von 15.000 Reichsmark (RM) gelieferte Portalkran überspannte die fünf Stände im Mittelteil der Betriebswerkstatt.

In der Hauptwerkstatt wurden alle Lokomotiven und Wagen der NWE instandgehalten. Im Vordergrund ist das Schiebebühnenfeld zu sehen. Links sind der Kessel der Lok 52 und dahinter das Fahrwerk der Mallet-Maschine zu erkennen. Zwischen Kessel und Fahrwerk lugt der Erker des Werkmeisterbüros hervor. Foto: Nachlass W. Steinke (†)

Einige Beschäftigte der NWE hatten sich Mitte der 1930er-Jahre zu einem Erinnerungsbild im hinteren Teil der Hauptwerkstatt vor der Dampflok Nr. 6 (DR: 99 6101) und dem Wagen Nr. 13ᴵᴵ (DR: 900-473) versammelt. Ganz rechts in der ersten Reihe steht Eisenbahndirektor Eduard Scharnhorst (siehe Kasten S. 28). Foto: Nachlass W. Steinke (†)

Die NWE ließ 1937 die starren Drehscheiben in Wernigerode Westerntor und Nordhausen modernisieren. Sie erhielten einen neuen Antrieb und 11 m lange Bühnen.

In der zweiten Hälfte der 1930er-Jahre nahm die Zahl der Beschäftigten bei der NWE schrittweise zu. Im Sommer 1937 waren insgesamt 81 Angestellte und 161 Arbeiter bei der Harzquer- und Brockenbahn beschäftigt. Davon gehörten 15 Angestellte und 12 Arbeiter zum Betriebsmaschinendienst. Im Werkstättendienst waren 4 Angestellte und 45 Arbeiter beschäftigt. Diese waren für die Unterhaltung von 14 Dampflokomotiven, 1 Dieseltriebwagen, 46 Personen-, 8 Gepäck-, 34 gedeckten sowie 107 offenen Güterwagen verantwortlich.

Mit Beginn des Zweiten Weltkrieges stiegen die Beförderungsleistungen auf den Strecken der NWE deutlich an. Allerdings hatte das Unternehmen nun wieder mit erheblichen Problemen in der Fahrzeugunterhaltung zu kämpfen, da zahlreiche Eisenbahner zur Wehrmacht einberufen wurden und die Versorgung mit Ersatzteilen vor allem für die modernen diesel-elektrischen Triebwagen immer komplizierter wurde. Auch die Beschaffung von Steinkohle, Dieselkraftstoff und Schmierstoffen bereitete Regierungsbaumeister a.D. Hans Dorner (geboren am 23.07.1904), der seit 1. Juli 1936 als Technischer Direktor zum Vorstand der NWE gehörte, immer größere Schwierigkeiten. Bereits Ende 1940 erreichte die Betriebswerkstatt in Wernigerode Westerntor aufgrund fehlender Arbeitskräfte die Grenze ihrer Leistungsfähigkeit. Aus diesem Grund beauftragte die NWE in den folgenden Jahren bei Bedarf die Firma Richard Zierau in Zielitz bei Magdeburg mit der Durchführung einiger Kesselhauptuntersuchungen. Dies war u.a. bei Lok Nr. 7 (20.07.–20.09.1944) sowie den Mallet-Maschinen Nr. 12ᴵᴵᴵ (Abnahme am 25.02.1941) und Nr. 13ᴵᴵ (Abnahme am 14.11.1940) der Fall. Dennoch musste bei der Instandhaltung der Fahrzeuge ab 1943 immer mehr improvisiert werden. In der Instandhaltung aufwändige Maschinen, z.B. die Malletloks Nr. 51 und Nr. 52, wurden

daher 1944/45 (siehe S. 115) aus dem Verkehr gezogen und konserviert im Lokschuppen im Bf Wernigerode Westerntor hinterstellt. Der Fachwerkschuppen diente seit der Indienststellung der beiden (1´B)´B1´h4vt-Maschinen in den 1920er-Jahren als deren bevorzugter Abstellplatz, was dem Bauwerk bei den Personalen den Beinamen »Bello-Schuppen« einbrachte.

Vor dem Hintergrund des stetig schrumpfenden Betriebsparks bei den Lokomotiven und Triebwagen musste die NWE das Angebot im Personen- und Güterverkehr ab dem Sommer 1943 schrittweise verringern. Glücklicherweise blieben die Anlagen und Fahrzeuge der NWE von größeren Zerstörungen infolge von Luftangriffen oder Kämpfen zwischen deutschen und amerikanischen Verbänden verschont. Als am Abend des 11. April 1945 Einheiten des 331. US-Infanterie-Regiments in Wernigerode einmarschierten, ruhte bereits der Verkehr auf der Harzquer- und Brockenbahn. Bis zum 31. Mai 1945 waren die Stadt und der Landkreis Wernigerode von amerikanischen Truppen besetzt. Anschließend zählte die Region zeitweilig zur britischen Besatzungszone. Zu diesem Zeitpunkt wickelte die NWE noch keinen planmäßigen Personen- und Güterverkehr ab. Die Eisenbahner der NWE hatten am 8. Mai 1945 damit begonnen, die auf den Bahnhöfen abgestellten Triebfahrzeuge und Wagen nach Wernigerode zu bringen. Mehrere Fahrzeuge waren während der Kämpfe zwischen deutschen und amerikanischen Truppen beschädigt worden und mussten in der Werkstatt instandgesetzt werden.

Mit dem Einmarsch der Roten Armee in Wernigerode am 3. Juli 1945 änderte sich die Situation für die NWE grundlegend. Die Sowjetische Militäradministration in Deutschland (SMAD) überwachte fortan den Betriebsablauf. Erst ab 16. Juli 1945 verkehrten wieder planmäßig Personenzüge auf dem Abschnitt Wernigerode–Elend.

Der Präsident der Provinz Sachsen, Erhard Hübener (04.08.1881– 03.06.1958), stellte die NWE am 1. September 1946 unter Zwangsver-

Am 24. April 1974 entstand diese Aufnahme von der Werkstatt im Bf Wernigerode Westerntor – rechts die Fassade des so genannten Bello-Schuppens und im Hintergrund die drei Einfahrten für die einstige Hauptwerkstatt. Rechts neben dem Kohlekran (Gleis 14) warteten zwei Rollwagen auf ihre Repartur in der Wagenwerkstatt. Foto: J.-P. Fried

waltung (Sequester). Die beiden Vorstände des Unternehmens, Eduard Scharnhorst und Hans Dorner, blieben aber weiterhin im Amt. Erst mit der Übernahme der Betriebsführung durch die in Halle (Saale) ansässige Sächsische Provinzbahnen GmbH am 1. Januar 1947 verlor die NWE ihre Selbstständigkeit. Nach der Enteignung des Unternehmens am 19. Januar 1948 besaß der Vorstand de facto keine Entscheidungsbefugnisse mehr. Eduard Scharnhorst legte am 15. November 1948 seine Ämter als Vorstand und OBL auf Druck des Betriebsrates nieder und verließ die sowjetische Besatzungszone (SBZ). Hans Dorner fungierte noch einige Monate als OBL, bevor auch er im Herbst 1949 in den Westen übersiedelte.

Der Betriebsmaschinendienst und der Werkstättendienst hatten zu jener Zeit mit erheblichen Schwierigkeiten zu kämpfen. Es fehlten Ersatzteile, Schmiermittel und Brennstoff. Außerdem war ein großer Teil der Triebfahrzeuge und Wagen nicht betriebsfähig. Aus diesen Gründen musste die Betriebsleitung das Angebot im Personen- und Güterverkehr deutlich einschränken. Daran änderte sich auch nach der Übernahme der NWE und der Betriebswerkstatt Wernigerode Westerntor durch die Vereinigung Volkseigener Betriebe (VVB) des Verkehrswesens Sachsen-Anhalt am 15. August 1948 nichts.

Zu diesem Zeitpunkt verhandelten die Länder und die Deutsche Wirtschaftskommission (DWK) über die weitere Zukunft der enteigneten Klein- und Privatbahnen in der SBZ. Bereits im Herbst 1946 gab es in der SBZ erste Überlegungen, die ehemaligen Klein- und Privatbahnen im Hinblick auf die von der SMAD geforderte einheitliche Transportplanung und -abwicklung an die Deutsche Reichsbahn (DR) zu übergeben. Diese Idee stieß aber nicht nur bei den Regierungen der Länder, sondern auch bei den meisten Betriebsleitungen der beschlagnahmten bzw. enteigneten Eisenbahnunternehmen auf Ablehnung. Auch bei der Generaldirektion (GD) der DR gab es Vorbehalte, ob diese Betriebe mit ihren höchst unterschiedlichen Vorschriften, Fahrzeugen und Betriebstechnologien kurzfristig integriert werden könnten. Doch die SMAD und die DWK, die seit dem 11. Juni 1947 die höchste zivile Verwaltungsinstanz in der SBZ war, setzten sich über die Vorbehalte der Länder und der DR hinweg.

Ab Herbst 1948 berieten Vertreter der Länderregierungen und der DWK über das weitere Schicksal der ehemaligen Klein- und Privatbahnen in der SBZ. Das Sekretariat der DWK ordnete schließlich mit dem Beschluss S 63/49 am 9. März 1949 die Übernahme der »Verwaltung und Nutznießung« der Strecken durch die DR an. Die Reichsbahndirektionen wurden darüber am 26. März 1949 informiert. Am 1. April 1949 übergab die VVB des Verkehrswesens Sachsen-Anhalt die Harzquer- und Brockenbahn sowie die Strecken Eisfelder Talmühle–Hasselfelde, Gernrode (Harz)–Alexisbad–Lindenberg (Harz) der ehemaligen GHE und den Abschnitt Sorge–Tanne der SHE an die Reichsbahndirektion (Rbd) Magdeburg, der damit auch die Betriebswerkstatt Wernigerode Westerntor sowie die Lokbahnhöfe Benneckenstein, Gernrode (Harz), Harzgerode, Hasselfelde und Nordhausen unterstanden.

Nur wenige Tage später, am 10. April 1949, besuchten Vertreter der Rbd Magdeburg die Harzquer- und Brockenbahn und verschafften sich einen Überblick über die Situation. Während die Ausrüstung der Betriebswerkstätte im Vergleich zu anderen Dienststellen der DR als modern und ausreichend eingeschätzt wurde, befand sich der Fahrzeugpark in einem Besorgnis erregenden Zustand (siehe S. 117). Die meisten Lokomotiven waren überaltert und verschlissen. Ein erheblicher Teil der Triebfahrzeuge war nicht einsatzfähig. Hier musste die Rbd Magdeburg umgehend Abhilfe schaffen, was jedoch einige Zeit in Anspruch nahm.

Oberste Priorität für die Rbd Magdeburg besaß zunächst die Einführung der bei der DR üblichen Strukturen. Mit Wirkung zum 1. Januar 1950 wurde aus der Betriebswerkstätte der ehemaligen NWE das Bahnbetriebswerk (Bw) Wernigerode Westerntor. Der Zusatz »Westerntor« war notwendig, da es im so genannten Hauptbahnhof noch den regelspurigen Lokbahnhof Wernigerode (siehe Kapitel 3.3) gab, der zum Bw Halberstadt gehörte. Auf den Seitenwänden der Führerhäuser wurde jedoch meist nur »Bw Wernigerode-Wt« oder »Bw Wernigerode Wt« angeschrieben. Dem Bw Wernigerode Westerntor unterstanden als Außenstellen die Lokbahnhöfe Benneckenstein (siehe S. 274 ff.), Gernrode (siehe S. 203 ff.), Harzgerode (siehe Kasten S. 223), Hasselfelde (siehe S. 277 ff.) und Nord-

In der Werkstatt in Wernigerode Westerntor gibt es eine 12 m lange Schiebebühne, die den vorderen Werkstattteil mit den hinteren Reparatur- und Schlosserständen verbindet. Foto: D. Stroner

hausen (siehe S. 262 ff.). Außerdem musste die Rbd Magdeburg mit allen Beschäftigten neue Arbeitsverträge abschließen und diese dann gemäß der Dienstlaufbahnordnung der DR entsprechend eingruppieren.
Das Bw Wernigerode Westerntor wurde von einem Vorsteher geleitet. Diese Funktion bekleidete bis 1959 Hermann Ahrend. Die Dienststelle war in die so genannten Gruppen A (Verwaltung), B (Lokomotivbetriebs-dienst), C (Lokomotivausbesserung), D (Wagendienst und Wagenaus-besserung) und E (Maschinelle Anlagen) unterteilt. Allerdings gab es im Bw Wernigerode Westerntor zunächst nur eine B- und eine C-Gruppe. Letzterer unterstanden auch die beiden Brigaden für die Wagenwerkstatt und die Instandhaltung der maschinellen Anlagen. Der Leiter der B-Gruppe, Werner Dill, war Stellvertreter des Vorstehers. Zum 1. Januar 1965 führte die DR für die B- und die C-Gruppe die Bezeichnungen »Ab-teilung Triebfahrzeug-Betrieb« (Tb) und »Abteilung Triebfahrzeug-Unter-haltung« (Tu) ein. Die E-Gruppe wurde fortan als »Abteilung Technische Anlagen« (Ta) bezeichnet.

Die Außenstellen des Bw Wernigerode Westerntor

Lokbahnhof[1]	von	bis	Bemerkungen
Benneckenstein	01.01.1950	31.01.1993	an HSB
Gernrode (Harz)	01.01.1950	31.01.1993	an HSB
Harzgerode	01.01.1950	17.08.1952	geschlossen
Hasselfelde	01.01.1950	30.05.1992	geschlossen
Nordhausen Nord	01.01.1950	31.01.1993	an HSB

Anmerkung:
1 ab 11.12.1964 als »Einsatzstelle« bezeichnet

Als Verwaltungsinstanz zwischen dem Bw Wernigerode Westerntor und der Rbd Magdeburg fungierte das Maschinenamt (MA) Halberstadt. Am 1. Januar 1955 löste die GD der DR die Maschinenämter auf. Fortan un-terstand das Bw Wernigerode Westerntor direkt der maschinentechni-

Die alte Radsatzdrehbank in der Werkstatt Westerntor stammte aus dem Jahr 1926. Fast sieben Jahrzehnte wurden mit dieser Drehbank die Radsätze der Loko-motiven und Wagen profiliert. Erst die HSB beschaffte 1995 eine moderne Radsatzdrehbank, die ihrerseits im Jahr 2024 ersetzt wurde. Foto: D. Stroner

Blick in die mechanische Werkstatt in Wernigerode Westerntor. Als im Frühjahr 1991 diese Aufnahme entstand, gab es hier neben drei Drehmaschinen außerdem drei Säulenbohrmaschinen, vier Tischbohrmaschinen, zwei Bügelsägemaschinen und zwei Hobelmaschinen.
Foto: D. Stroner

schen Abteilung bzw. der späteren Verwaltung der Maschinenwirtschaft (VdM) der Rbd Magdeburg.

Das Bw Wernigerode Westerntor nahm innerhalb des Direktionsbezirks und der DR eine Sonderrolle ein. Mit zunächst etwa 150 Beschäftigten war die Dienststelle eines der kleinsten Bahnbetriebswerke in der DDR. Außerdem zählte Wernigerode Westerntor zu den wenigen reinen Schmalspur-Bahnbetriebswerken. Ab Anfang der 1970er-Jahre war die Dienststelle schließlich das letzte Schmalspur-Bw der DR. Daran sollte sich bis zur Übernahme des Bw Wernigerode Westerntor durch die Harzer Schmalspurbahnen GmbH am 1. Februar 1993 nichts ändern.

3.3 Der Lokbahnhof Wernigerode

Der regelspurige Lokbf Wernigerode befand sich westlich des Empfangsgebäudes. Bereits bei der Eröffnung der 9,18 km langen Stichbahn Heudeber-Danstedt–Wernigerode am 11. Mai 1872 unterhielt die Magdeburg-Halberstädter Eisenbahn-Gesellschaft (MHE) im Bf Wernigerode eine so

genannte Maschinenstation. Diese bestand aus einem einständigen Lokschuppen, einem Kohlebansen mit Schüttbühne und einem Wasserturm. Dieser genügte jedoch nach kurzer Zeit nicht mehr den betrieblichen Belangen und wurde daher 1875 durch eine neue so genannte Wasserstation mit einem genieteten Behälter ersetzt. Dieser stellte die Wasserversorgung für den Bf Wernigerode und die Maschinenstation sicher. Zur Wasserversorgungsanlage gehörten auch zwei Wasserkräne mit einer Förderleistung von jeweils 2,5 m³/min.

Die MHE setzte für den Personen- und Güterverkehr auf der Stichbahn Heudeber-Danstedt–Wernigerode kleine B1n2-Tenderloks ein, von denen sie in den Jahren 1871/72 von der Berliner Maschinenbau-AG (BMAG), vormals Louis Schwartzkopff, insgesamt zwölf Exemplare (Fabrik-Nr. 297 bis 300 und Fabrik-Nr. 357 bis 364) beschaffte. Die Tenderloks der späteren Gattung T 1 (MAGDEBURG 813–MAGDEBURG 824) hatten 1.372 mm große Kuppelräder. Der Zylinderdurchmesser betrug 420 mm, der Kolbenhub 560 mm. Die Maschinen erwiesen sich als sehr robust. Erst zwischen 1903 und 1906 schieden die letzten Exemplare aus dem Betriebsdienst aus.

Das Bw Wernigerode Westerntor führte bis Ende 1955 alle Haupt- und Zwischenuntersuchungen an seinen Dampflokomotiven selbst aus. Fortan wurden diese Schadgruppen im Raw Görlitz ausgeführt. Der Werkstatt Wernigerode verblieben fallweise nur noch Bedarfs- und Zwischenausbesserungen (L2 bzw. L0). Am 28. Dezember 1988 stand 99 7233-2 (ex 99 233) ausgeachst in der Werkstatt.
Foto: F. Köhler

Vor dem alten Fachwerklokschuppen in der Est Wernigerode pausierten im Frühjahr 1979 die Neubaulok 99 7232-4, die so genannte Rollbocklok 99 6101-2 und 99 6001-4 (v.r.). Links neben der 99 6001-4 ist das in den 1970er-Jahren aufgestellte Putzgerüst zu sehen. Foto: P. Schulz

Ab 1. Februar 1880 oblag die Betriebsführung auf der Nebenbahn Heudeber-Danstedt–Wernigerode der Preußischen Staatsbahn. Die Maschinenstation Wernigerode gehörte fortan zur Königlichen Eisenbahn-Direktion (KED) Magdeburg, die die kleine Außenstelle der Betriebswerkstätte (Bwst) Halberstadt zuwies.

Mit der Aufnahme des Personen- und Güterverkehrs auf dem Abschnitt Wernigerode–Ilsenburg am 20. Mai 1884 nahm das Verkehrsaufkommen deutlich zu. Die in Wernigerode stationierten Tenderlokomotiven und die vorhandene Infrastruktur genügten nun nicht mehr den betrieblichen Belangen. Die KED Magdeburg ließ daher den alten einständigen Lokschuppen abreißen und 1884 durch einen neuen zweigleisigen Fachwerkbau ersetzen. Der 26,3 m lange Schuppen verfügte über zwei Gleise mit einer nutzbaren Länge von jeweils 24,7 m. Der Lokschuppen bot damit Platz für insgesamt vier Maschinen. An der Rückseite des Lokschuppens befanden sich die Aufenthalts- und Waschräume für das Lokpersonal und die Betriebsarbeiter. Eine Werkstatt besaß die Maschinenstation Wernigerode nicht, da die Lokomotiven in der Bwst Halberstadt unterhalten wurden. Ein Kohlebansen mit Schüttbühne, ein Wasserkran und ein kleiner Schlackekanal ergänzten die baulichen Anlagen der Maschinenstation Wernigerode, in der ab 1885 Tenderlokomotiven der Gattung T 3 (DRG-Baureihe 89$^{70-75}$) stationiert waren.

Ende der 1880er-Jahre musste die KED Magdeburg die Anlagen der Maschinenstation Wernigerode abermals erweitern, da hier nun anstelle der Gattung T 3 Schlepptenderlokomotiven der Gattung P 3 eingesetzt werden sollten. Aus diesem Grund wurde der Lokschuppen 1889 um ein drittes Gleis erweitert. Außerdem wurde vor dem Lokschuppen eine Drehscheibe mit einer 13,5 m langen Bühne errichtet. Dazu musste aber die Gleisgeometrie entsprechend angepasst werden. Das Gleis des mittleren Schuppenstandes wurde mit Hilfe eines 180 m-Radius zur Drehscheibe hin verschwenkt. Die starre, nur mit einem Handantrieb ausgerüstete Drehscheibe (80 t Tragfähigkeit) bezog die KED Magdeburg

von der Firma Gebrüder Böhme aus Magdeburg-Neustadt. Im Zusammenhang mit der Erweiterung der Maschinenstation Wernigerode wurde auch die Schüttbühne abgebrochen und durch einen handbetriebenen Kohlekran mit Hunten ersetzt.

Der Fahrzeugbestand der Maschinenstation Wernigerode setzte sich ab etwa 1890 meist aus drei Exemplaren der Gattung P 3 zusammen, die in erster Linie mit Personenzügen auf der Strecke Heudeber-Danstedt–Ilsenburg im Einsatz waren. Lediglich ein Zugpaar war nach Halberstadt durchgebunden. Diese Leistung wurde auch zum Austausch der Lokomotiven genutzt.

Nach der Eröffnung des Abschnitts Ilsenburg–Bad Harzburg am 30. September 1894 vergrößerte sich das Einsatzgebiet der Wernigeröder Maschinen, die vor Personenzügen nun bis nach Bad Harzburg und Halberstadt kamen. Um 1910 ersetzte die Bwst Halberstadt die im Lokbf Wernigerode eingesetzten Dampfloks der Gattung P 3 durch Maschinen der Gattung P 4^2 (DRG-Baureihe 36$^{0-4}$). Deren Beheimatung währte aber nur wenige Jahre. Bereits im Sommer 1918 wies die KED Magdeburg der Bwst Halberstadt die ersten fabrikneuen Exemplare der Gattung T 14 (DRG-Baureihe 93$^{0-4}$) zu. Die 1′D1′h2-Tenderloks übernahmen umgehend die Leistungen der Gattung P 4^2. In den Jahren 1922/23 zog die Bwst Halberstadt die Gattung T 14 aus dem Lokbf Wernigerode ab, der nun fabrikneue Maschinen der Gattung T 14^1 (DRG-Baureihe 93$^{5-12}$) erhielt. Die 1′D1′h2t-Maschinen prägten für längere Zeit das Bild auf der Verbindung (Halberstadt–) Heudeber-Danstedt–Bad Harzburg, wo sie den größten Teil des Personenverkehrs abwickelten. Außerdem bespannten die Tenderloks einzelne Nahgüterzüge und erledigten den Rangierdienst im Bf Wernigerode.

Mit der Übernahme der Länderbahnen durch das Deutsche Reich im Frühjahr 1920 ging auch die Preußische Staatsbahn in den so genannten Reichseisenbahnen auf, die ab 27. Juni 1921 als »Deutsche Reichsbahn« bezeichnet wurden. Zu den ersten Amtshandlungen der Reichseisen-

Im Februar 1968 gaben sich in Wernigerode 99 243 und 99 246 (v.l.) ein Stelldichein. Wenige Wochen später, am 26. Mai 1968, führte die DR ein neues Nummernsystem für ihr Kursbuch ein. Die Harzquer- und Brockenbahn war nun unter der KBS 677 zu finden. Ab 1. Juni 1969 galt dann die Nr. 678. Foto: K. Kieper, Nachlass W. Zeunert (†)

Bitterkalt war es im Februar 1968, als Lokführer und Heizer die 99 234 in der Est Wernigerode für den nächsten Einsatz vorbereiteten. Damit der Wasserkran nicht einfror, hatte der Betriebsarbeiter einen so genannten Kokskorb in der Nähe des Standrohrs aufgestellt. Foto: K. Kieper, Nachlass W. Zeunert (†)

99 6102 stand im Februar 1968 im Bf Wernigerode Westerntor. Die NWE setzte die ehemalige Lok 7 und deren Heißdampfschwester (Lok 6) bevorzugt im Rollbockdienst in Wernigerode ein. In der Est Gernrode (Harz) erhielt die Maschine von den Eisenbahnern in den 1970er-Jahren den Spitznamen »Fiffi«.   Foto: K. Kieper, Nachlass W. Zeunert (†)

Als 99 6102 im Februar 1968 im Spurwechselbahnhof abgelichtet wurde, besaß die Lok am Führerhaus noch ihr Fabrikschild. Hinter dem Schornstein ist ein Dampfläutewerk der Bauart Latowski zu sehen, das wenig später im Raw Görlitz durch ein Druckluftläutewerk (am 24.10.1968) ersetzt wurde.   Foto: K. Kieper, Nachlass W. Zeunert (†)

Der Triebwagen VT 137 566 (ex T 3 der NWE) wurde am 4. Mai 1967 für Rangierarbeiten auf dem Gelände der Werkstatt in Wernigerode Westerntor genutzt. Links ist das Baumuster V 30 001 des LKM Babelsberg zu sehen. Erst am 22. Oktober 1970 konnte die DR die Maschine erwerben.   *Foto: K. Kieper, Nachlass W. Zeunert (†)*

Aus dieser Perspektive (Wernigerode, Frühjahr 1970) sind die deutlich kleineren Vorratsbehälter der 99 6101 im Vergleich zu ihrer Nassdampfschwester 99 6102 (siehe Bild S. 51 oben) zu erkennen. Ab Mitte der 1970er-Jahre mussten die beiden Dreikuppler immer wieder in der Est Gernrode (Harz) aushelfen.   *Foto: K. Kieper, Nachlass W. Zeunert (†)*

Im Februar 1965 wurde 99 5001 von 99 242 aus der Werkstatt in Wernigerode Westerntor gezogen. Zu diesem Zeitpunkt wurde die Maschine in den Unterlagen des Bw Wernigerode Westerntor nur noch als »w« geführt. Ihre letzten Einsätze hatte die Lok im November 1964 absolviert (siehe Tabelle S. 153).   Foto: K. Kieper, Nachlass W. Zeunert (†)

99 6001 stand am 4. Mai 1967 am Wasserkran vor der Werkstatt in Wernigerode Westerntor. Zu diesem Zeitpunkt war die Maschine meist in der Est Gernrode (Harz) stationiert. Bis heute ist 99 6001 planmäßig auf der Selketalbahn im Einsatz. Ab 20. November 1967 besaß die Lok eine flache Rauchkammertür.   Foto: K. Kieper, Nachlass W. Zeunert (†)

Im März 1974 legte 99 7222-5 (ex 99 222) mit einem Personenzug einen kurzen Zwischenhalt im Bf Wernigerode Westerntor ein. Seit dem Einbau der Mischvorwärmer-Anlage (14.09.1973–03.01.1974) war die Einheitslok optisch kaum noch von den Neubau-Maschinen der Baureihe 99²³⁻²⁴ zu unterscheiden.   Foto: Th. Rieger, Archiv D. Endisch

Pfeifend und bimmelnd überquerte die ölgefeuerte 99 0240-4 (ex 99 240) am 7. Februar 1982 die Westerntor-Kreuzung in Wernigerode. Nur wenige Monate später, am 23. August 1982, ordnete die RbdAw aus energiepolitischen Gründen den Rückbau aller Maschinen der Baureihe 99²³⁻²⁴ auf Kohlefeuerung an.   Foto: G. Kuschy, Slg. G. Ferrée

99 0247-9 (ex 99 247) wartete am 18. September 1981 vor dem Lokschuppen der Est Benneckenstein auf ihren nächsten Einsatz. In der Nacht vom 27. zum 28. Juni 1982 brannte der Lokschuppen ab. Der Neubau wurde Ende 1983 seiner Bestimmung übergeben.
Foto: G. Kuschy, Slg. G. Ferrée

Im Sommer 1989 stand 99 6101-2 (ex 99 6101) abfahrbereit mit der Üb 74790 nach Wernigerode im Bf Wernigerode-Hasserode. In den 1980er-Jahren wurden die Übergaben bei Verwendung der Baureihe 99⁶¹ Tender voran nach Wernigerode-Hasserode bespannt.
Foto: Th. Rieger, Archiv D. Endisch

Im Frühjahr 1991 stand 99 7236-5 (ex 99 236) kalt vor dem so genannten Bello-Schuppen in Wernigerode Westerntor. Die Werkstatt hatte gerade die Fristarbeiten abgeschlossen. Nun konnte die Tb-Gruppe die Maschine übernehmen und in der Est Wernigerode wieder anheizen. *Foto: Th. Rieger, Archiv D. Endisch*

Im Sommer 1991 wurde 99 7242-3 (ex 99 242) in der Est Wernigerode für den nächsten Einsatz vorbereitet. Der klobige, 0,5 m³ große Mischkasten, der in einer Rauchkammernische vor dem Schornstein sitzt, gibt den Maschinen der Baureihe 99[23-24] eine unverwechselbare Silhouette. *Foto: Th. Rieger, Archiv D. Endisch*

Nach dem Wassernehmen wurde der Brennstoffvorrat der 99 7242-3 (ex 99 242) ergänzt, bevor die Maschine zum nächsten Dienst ausrückte. Die HSB hat die Lokbehandlungsanlagen in der Est Wernigerode in den vergangenen Jahre schrittweise modernisiert. Dabei erhielten die beiden Kohlebansen eine neue Einfassung. Foto: Th. Rieger, Archiv D. Endisch

Im Frühjahr 1992 gaben sich 99 7245-6, 99 7222-5 (verdeckt) und 99 7244-9 (v.l.) vor dem Sandturm der Est Wernigerode ein Stelldichein. Im Hintergrund ist der fast fertige neue Lokschuppen zu sehen. Vom Setzen der Fundamente bis zur Inbetriebnahme im Sommer 1992 vergingen fast drei Jahre. Foto: Th. Rieger, Archiv D. Endisch

99 7244-9 (ex 99 244) und 99 7240-7 (ex 99 240) standen im Frühjahr 1992 in der Est Wernigerode. Im Hintergrund ist 199 861-6 zu erkennen. Die Lokpersonale nannten die Maschinen der Baureihe 199⁸ »Kannen«, da die meiste Zeit des Vor- und Nachbereitungsdienstes für das Tragen von Ölkannen benötigt wurde.   Foto: Th. Rieger, Archiv D. Endisch

Im Sommer 1991 warteten 199 891-3 und 99 7237-3 (ex 99 237) in der Est Wernigerode vor dem im Bau befindlichen Lokschuppen (40 m lang, 18 m breit) auf ihre nächsten Einsätze. 199 891-3 stand auf dem als Vierschienengleis angelegten Gleis 12.
Foto: Th. Rieger, Archiv D. Endisch

Ab 26. April 1991 gehörte die Einheitslok 99 7222-5 (ex 99 222) wieder zum Betriebspark des Bw Wernigerode (Aufnahme vom Frühjahr 1992). Die Eisenbahner der HSB bezeichnen die Maschine heute umgangssprachlich als »Mama« oder »Big Mama«, da sie das Vorbild für die Neubauloks der Baureihe 99²³⁻²⁴ war.   Foto: Th. Rieger, Archiv D. Endisch

Im Sommer 1984 hatte 99 7231-6 mit einem Nahgüterzug aus Silberhütte (Anhalt) den Bf Eisfelder Talmühle erreicht. Seit dem Fahrplanwechsel am 3. Juni 1984 setzte die Est Nordhausen Nord im Dienstplan 3 täglich drei Maschinen der Baureihe 99[23–24] ein. Foto: Th. Rieger, Archiv D. Endisch

Im Sommer 1989 wartete 99 7245-6 (ex 99 245) im Bf Benneckenstein auf die Rückfahrt nach Wernigerode. Die Maschine hatte am Vormittag den P 14403 Wernigerode–Nordhausen Nord bis Benneckenstein gebracht. Als Rückleistung sah der Umlauf nun den N 67096 vor. Foto: Th. Rieger, Archiv D. Endisch

Mit einem Rollwagenzug nach Silberhütte (Anhalt) verließ 99 7233-2 (ex 99 233) im Frühjahr 1986 den Bf Stiege. 99 7233-2 war, wie auch 99 7231-6, 99 7232-4 und 99 7234-0, in den 1980er-Jahren längere Zeit in der Est Nordhausen Nord stationiert. Die Maschinen galten als »Kohle- und Wasserfresser«. Foto: Th. Rieger, Archiv D. Endisch

Unumstittene »Starleistung« des Bw Wernigerode war in den 1980er-Jahren der N 67092, der ab Herbst 1987 von Nordhausen Nord bis Stiege planmäßig mit zwei Maschinen der Baureihe 99$^{23-24}$ bespannt wurde, hier 99 7231-6 und 99 7235-6 (Zuglok) im Sommer 1989 beim Wassernehmen im Bf Eisfelder Talmühle. Foto: Th. Rieger, Archiv D. Endisch

Im Frühjahr 1990 legte 99 7245-0 (ex 99 245) mit einem Personenzug nach Nordhausen Nord einen kurzen Zwischenstopp im Bf Wernigerode Westerntor ein. Im Jahresfahrplan 1989/90 verkehrten auf der Harzquerbahn täglich vier Reisezüge nach Nordhausen Nord und drei in der Gegenrichtung.   Foto: Th. Rieger, Archiv D. Endisch

99 7243-1 (ex 99 243) war am 15. Mai 1992 mit dem N 14435 Wernigerode–Schierke zwischen dem Hp Wernigerode Kirchstraße und dem Bf Wernigerode-Hasserode unterwegs. Der Streckenverlauf in direkter Nähe der Straße verlangte von den Lokpersonalen höchste Aufmerksamkeit.   Foto: Th. Rieger, Archiv D. Endisch

Im Frühjahr 1992 passierte 99 7231-6 (ex 99 231) mit dem N 14447 Wernigerode–Benneckenstein die Westerntorkreuzung in Wernigerode. Die Maschine brachte den Zug nur bis Drei Annen Hohne. Hier übernahm die Lok, die mit Personal der Est Nordhausen Nord besetzt war, den N 14429 nach Schierke.   Foto: Th. Rieger, Archiv D. Endisch

Ab 15. Juni 1990 setzte die Rbd Magdeburg zwischen Drei Annen Hohne und Schierke planmäßig fünf Zugpaare ein. Für das Fahrgastaufkommen genügten meist vier vierachsige Reisezug- und ein zweiachsiger Gepäckwagen. Am 22. Mai 1992 stand 99 7233-2 (ex 99 233) mit dem N 14438 im Bf Drei Annen Hohne.   Foto: Th. Rieger, Archiv D. Endisch

bahnen, die direkt dem Reichsverkehrsministerium (RVM) in Berlin unterstanden, gehörte die Einführung einheitlicher Dienststellenbezeichnungen. Ab 26. April 1920 galt der Begriff »Eisenbahndirektion«, die ab 6. Juli 1922 als »Reichsbahndirektion« (RBD) bezeichnet wurde. Die Betriebswerkstätten hießen ab 10. Juni 1922 »Bahnbetriebswerk«. Eine Maschinenstation wurde nun »Lokbahnhof« genannt, dessen Personale und Maschinen meist einem benachbarten Bahnbetriebswerk unterstellt waren.

An den Zuständigkeiten in Wernigerode änderte dies aber nichts. Der Lokbahnhof war weiterhin eine Außenstelle des Bw Halberstadt. Die drei im Lokbf Wernigerode stationierten Exemplare der Gattung T 14[1] wurden nach wie vor im Bw Halberstadt unterhalten, das bei Bedarf auch die Ersatzfahrzeuge stellte. Zu den langjährigen Stammloks des Lokbf Wernigerode gehörten u. a. 93 758, 93 759 und 93 1082. Letztere war ab 6. April 1924 im Bw Halberstadt stationiert.

Mit der im Herbst 1929 einsetzenden Weltwirtschaftskrise gingen auch im Einzugsbereich des Bw Halberstadt die Beförderungsleistungen spürbar zurück. Um Kosten zu sparen, begann die DRG mit einer Verwaltungsreform. Eine der wichtigsten Maßnahmen war dabei die Auflösung kleinerer Direktionsbezirke. Im Sommer 1930 verkündete der Generaldirektor der DRG, Julius Dorpmüller (24.07.1869–05.07.1945), die Aufteilung der RBD Magdeburg auf die benachbarten Direktionen. Von dieser Maßnahme versprach sich die Hauptverwaltung (HV) der DRG die Einsparung von rund einer Million Reichsmark pro Jahr. Zwar stieß dieses Vorhaben bei den Parteien und Verbänden in der Region auf massiven Widerstand, doch das änderte nichts an der Entscheidung der HV. Ab 1. Oktober 1931 gehörten das Bw Halberstadt und der Lokbf Wernigerode zur RBD Hannover. Dieser Verwaltungsakt hatte zunächst keine Konsequenzen für den Fahrzeugbestand und den Aufgabenbereich des Lokbf Wernigerode. Erst Mitte der 1930er-Jahre kam es zu Veränderungen. Zunächst verringerte das Bw Halberstadt den Fahrzeugbestand auf zwei Maschinen der Baureihe 93[5–12], die ausschließlich Personenzüge auf der Verbindung Hal-

berstadt–Heudeber-Danstedt–Bad Harzburg bespannten. Als Planloks verblieben 93 759 und 93 1082 (bis 30.08.1937) im Lokbf Wernigerode, der ab 1. Januar 1937 dem Bw Goslar unterstand.

Erst im Sommer 1944 hatte die Baureihe 93[5–12] im Lokbf Wernigerode ausgedient. Das Bw Goslar ersetzte die beiden Tendermaschinen durch zwei Schlepptenderloks der Baureihe 38[10–40] (ex preußische Gattung P 8), die in erster Linie Personenzüge auf der Relation Halberstadt–Bad Harzburg–Goslar beförderten. Im Frühjahr 1945 besetzten die Eisenbahner des Lokbf Wernigerode planmäßig 38 1341 und 38 2876.

Mit der Unterbrechung der Nebenbahn Halberstadt–Bad Harzburg hinter dem Bf Stapelburg durch die Demarkationslinie zwischen der sowjetischen und der britischen Besatzungszone am 3. Juli 1945 kam es zu gravierenden Veränderungen im Betriebsmaschinendienst. Die RBD Hannover gründete für ihre in der SBZ verbliebenen Strecken und Dienststellen in Magdeburg eine so genannte Geschäftsstelle, die ab 14. August 1945 nicht mehr an die Weisungen aus Hannover gebunden war. Am 18. Oktober 1945 ging aus dieser Geschäftsstelle die neue Rbd Magdeburg hervor. Der Lokbf Wernigerode unterstand seit dem 17. Juli 1945 wieder dem Bw Halberstadt. Die beiden Maschinen der Baureihe 38[10–40] wurden wenig später durch zwei Tenderloks der Baureihe 93[5–12] ersetzt. Im Sommer 1947 endete die Fahrzeugbeheimatung im Lokbf Wernigerode. Im Zusammenhang mit der Gattungsbereinigung im Frühjahr 1947, bei der einzelne Baureihen in bestimmten Direktionsbezirken konzentriert wurden, wandelte sich der Fahrzeugbestand des Bw Halberstadt grundlegend. Die Baureihe 50 bildete nun über Jahrzehnte hinweg das Rückgrat in der Zugförderung auf den von Halberstadt ausgehenden Strecken. Die universell einsetzbaren Schlepptendermaschinen übernahmen bis Ende 1947 den gesamten Güterzugdienst sowie einen großen Teil der Personenzugleistungen auf der Strecke Halberstadt–Stapelburg. Die Baureihe 50 war jedoch für die Anlagen des Lokbahnhofs zu groß und daher wurde Wernigerode in eine Personalmeldestelle umgewandelt.

im Frühjahr 1986 herrschte Hochbetrieb in der Est Wernigerode. Während 99 7245–6 (rechts) nach Abschluss der Fristarbeiten, umgangssprachlich als »Auswaschen« bezeichnet, wieder angeheizt wurde, mussten bei 99 7233-3 die Rauch- und Heizrohre mit Druckluft ausgeblasen werden. Foto: Th. Rieger, Archiv D. Endisch

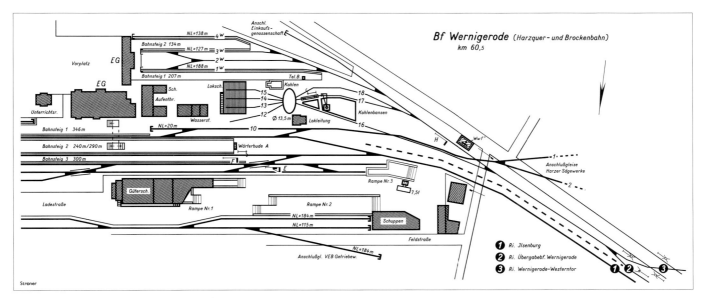

Der Gleisplan der Est Wernigerode (Stand 1963): Die Anlagen des ehemaligen regelspurigen Lokbahnhofs wurden 1957/58 auf Meterspur umgebaut und den betrieblichen Belangen des Bw Wernigerode Westerntor angepasst. Die Gleise 14 und 16 sowie die Drehscheibe waren als Vierschienengleis ausgeführt. Zeichnung: D. Stroner

Zwei Jahre später war auch dies Geschichte. Mit Wirkung zum 1. Januar 1950 unterstellte die Rbd Magdeburg die Anlagen des regelspurigen Lokbf Wernigerode dem neugegründeten Bw Wernigerode Westerntor. Die meisten Lokführer und Heizer wechselten zum Bw Halberstadt.

3.4 Das Bw Wernigerode Westerntor

Bereits Ende der 1940er-Jahre genügten die Anlagen der ehemaligen NWE-Betriebswerkstatt im Bf Westerntor kaum noch den betrieblichen Belangen. Der vorhandene Platz war für die Fahrzeugunterhaltung und das Restaurieren der Dampflokomotiven viel zu knapp bemessen. Außerdem nahmen die notwendigen Lokleerfahrten (Lz) zwischen den Bahnhöfen Wernigerode Westerntor und Wernigerode viel Zeit in Anspruch. Vor diesem Hintergrund forderte der Vorsteher des Bw Wernigerode Westerntor, Hermann Ahrend, bereits im Spätsommer 1950 einen Umbau des Bahnbetriebswerks.

Doch die gewünschte Vergrößerung war aufgrund der beschränkten Investitionsmittel und fehlender Baukapazitäten der Rbd Magdeburg nicht möglich. Daher wurden die Forderungen aus Wernigerode immer wieder abgelehnt. Als jedoch die für das Frühjahr 1955 geplante Indienst-stellung der Neubau-Dampfloks der Baureihe 99²³⁻²⁴ bevorstand, musste die Rbd Magdeburg handeln. Als Alternative zu einer Erweiterung der Lokbehandlungsanlagen im Bf Westerntor bot sich der Umbau des ehemaligen Lokbf Wernigerode an, der bereits seit 1950 offiziell zum Bw Wernigerode Westerntor gehörte. Doch bevor hier die ersten Schmalspur-Maschinen restauriert werden konnten, mussten die Gleisanlagen entsprechend umgespurt und angepasst werden. Der Beginn der Bauarbeiten wurde immer wieder verschoben. Erst im Herbst 1956 waren die notwendigen Planungen abgeschlossen. 1957 begann der Umbau, der binnen eines Jahres weitgehend abgeschlossen war.

Neben der Zufahrt für den Lokbahnhof (Gleis 18; 75 m nutzbare Länge) entstand ein Stumpfgleis (Gleis 17), das 1962 als Umfahrgleis mit dem Gleis 18 verbunden wurde. Das Gleis 17 erhielt einen so genannten Kanal,

Erst nach der Einführung der neuen, EDV-gerechten Be-triebs-Nummern am 1. Juni 1970 wurden die Schmal-spurdampfloks im Harz mit Gussschildern der Heimat-direktion (»Rbd Magdeburg«) und der Heimatdienst-stelle (»Bw Wernigerode«) ausgerüstet. Die aus Aluminium gefertigten Schriftzüge lieferte der VEB Berliner Metallguß und Modellbau (Werk V). Bis zu diesem Zeit-punkt besaßen die Maschinen nur Lackanschriften. Eine einheitliche Schreibweise gab es dabei jedoch nicht. Beide Varianten – »Bw Wernigerode-Wt« oder »Bw Wer-nigerode Wt« – wurden verwendet. Der Buchstabe »K« auf dem Gattungsschild (K 57 10) steht für »Kleinspur-lokomotiven«. Foto: R. Heym

der sowohl zum Ausschlacken der Maschinen als auch als Untersuchungs-grube genutzt wurde. Zwischen den Gleisen 17 und 18 wurde ein Wasserkran aufgestellt. Die Gleise des Fachwerk-Lokschuppens (Gleise 13, 14 und 15) und der starren Drehscheibe (13,5 m Durchmesser) wurden auf 1.000 mm Spurweite umgebaut. Das mittlere Schuppengleis (Gleis 14) und das Drehscheibengleis wurden als Vierschienengleis ausgeführt, ebenso das Gleis 16 neben dem Kohlenbansen. Über dieses Gleis wurde der Lokbahnhof mit Brennstoff versorgt. Die Drehscheibe erhielt ein neues Stellpult und einen elektrischen Antrieb. Bei einem Stromausfall konnte die Scheibe entweder mit Hilfe eines Kurbelantriebs oder mittels Holzstangen bewegt werden.

Insgesamt sechs Maschinen konnten im Lokschuppen abgestellt werden. Am Gleis 17 ließ die Rbd Magdeburg eine Besandungsanlage errichten, die 1959 ihrer Bestimmung übergeben wurde. Bisher mussten die Sandkästen der Dampfloks mit Hilfe von Eimern gefüllt werden. Zur Besandungsanlage gehörten ein Sandturm, dessen Vorratsbehälter ein Fassungsvermögen von 0,5 m³ hatte, sowie eine kleine Trocknungsanlage. Parallel dazu entstanden auf dem Gelände des ehemaligen Lokbf Wernigerode das turmähnliche Gebäude der Lokdienstleitung, ein kleines Öllager und ein Kompressorgebäude. Der hier aufgestellte Luftverdichter wurde 1984 durch ein neues Aggregat des Typs AHV 1-90/125 ERG mit einer Leistung von 240 m³/h ersetzt. Die Druckluft wurde u.a. für die Besandungsanlage und zum Ausblasen der Rauch- und Heizrohre benötigt. Im Gebäude der Lokdienstleitung befanden sich außerdem die Büros der B-Gruppe (Lokomotivbetriebsdienst). Etwa 1965 wurde nördlich des Lokschuppens ein weiteres Vierschienengleis (Gleis 12) zum Abstellen von Triebfahrzeugen oder Wagen angelegt.

Der Kohlebansen wurde auf der Nord- und Ostseite durch eine Betonwand begrenzt und besaß zunächst zwei Kohlekräne (an Gleis 16 und

Die Vorsteher[1] des Bw Wernigerode Westerntor		
Name	**Dienstzeit von**	**bis**
Hermann Ahrend	01.01.1950	1959
Werner Dill	1959	1981
Günther Meinecke (kommissarisch)	1981	1982
Klaus Granowske	1982	1990
Günther Meinecke	1990	1992
Klaus Starosta	1992	1993

Anmerkung:
1 ab 01.01.1978 als »Leiter der Dienststelle« bezeichnet

Gleis 17) der Einheitsbauart – jeweils einen zum Bekohlen von Schmalspur- und Regelspurdampfloks. Der Kohlekran an Gleis 16 wurde ab Mitte der 1960er-Jahre nur noch als so genannte Notbekohlung vorgehalten, nachdem das Bw Wernigerode Westerntor einen Raupendrehkran des Typs RK 3 (Inventar-Nr. 135) erhalten hatte. Später folgte noch ein zweiter RK 3 (Inventar-Nr. 146), damit diente nun auch der Kohlekran an Gleis 17 nur noch als Notbekohlung. Nördlich des Kanals, zwischen den Gleisen 16 und 17, befand sich der so genannte Ascheplatz, wo die Verbrennungsrückstände (Schlacke und Rauchkammerlösche) zwischengelagert wurden.

Mit der Inbetriebnahme der Anlagen im Bf Wernigerode im Herbst 1958 konnte das Bw Wernigerode Westerntor die Fahrzeugunterhaltung und den Lokomotivbetriebsdienst voneinander trennen. Die Betriebswerkstatt der ehemaligen NWE wurde fortan ausschließlich für die Instandhaltung der Triebfahrzeuge und Wagen genutzt. Aus diesem Grund besaß die

Am 14. Dezember 1972 stand 99 7239-9 (ex 99 239) auf dem Kanal (Gleis 17) und ergänzte ihren Wasservorrat. Links sind die beiden Kohlekräne zu sehen, die mit Einführung der Ölhauptfeuerung für die Baureihe 99²³⁻²⁴ (ab 1977) abgebrochen wurden.
Foto: J.-P. Fried

Vom Bahnsteig aus konnten die Reisenden sehr gut das Geschehen in der Est Wernigerode beobachten. Am 27. April 1974 wurde 99 5903-2 (ex 99 5903) für eine Sonderfahrt anlässlich des 75-jährigen Bestehens der Harzquerbahn vorbereitet. Der Begriff »Brockenbahn« wurde vermieden, da der Gipfel des Harzes militärisches Sperrgebiet war und die Rbd Magdeburg den Personenverkehr auf dem Abschnitt Schierke–Brocken im Zusammenhang mit den so genannten Grenzsicherungsmaßnahmen vom 13. August 1961 eingestellt hatte.   Foto: J.-P. Fried

für die Lokomotivausbesserung zuständige C-Gruppe zwei Werkstattbrigaden. Während einer Brigade die notwendigen Frist- und Planarbeiten oblagen, führte die zweite ausschließlich die Bedarfsausbesserungen (L0) aus. Bis 1956 führte das Bw Wernigerode Westerntor auch alle vorgeschriebenen Zwischen- und Hauptuntersuchungen (L3 bzw. L 4) sowie die anfallenden Zwischenausbesserungen (L2) aus.

Bereits 1950 hatte die GD der DR den Versuch unternommen, die Erhaltung der im Harz eingesetzten Schmalspur-Dampfloks vom Bw Wernigerode Westerntor zum späteren Reichsbahnausbesserungswerk (Raw) Görlitz (siehe Kasten S. 70) zu verlagern. Dies scheiterte jedoch am Widerstand der Rbd Magdeburg und des MA Halberstadt. Beide begründeten dies mit dem langen Transportweg zwischen Wernigerode und Görlitz, was die Ausfallzeiten verlängerte und die ohnehin angespannte Situation in der Zugförderung (siehe S. 118 ff.) nur weiter verschärfte. Außerdem hatten die Beschäftigten im Raw Görlitz (noch) keine Erfahrung mit den Triebfahrzeugen aus dem Harz. Die Schlosser und Werkmeister in der Werkstatt Wernigerode Westerntor kannten hingegen jedes Detail der Maschinen. Allerdings musste das Bw Wernigerode Westerntor die Kesselschmiede auflösen. Einen Teil der hier beschäftigten Eisenbahner

übernahm das Raw Blankenburg (Harz). Damit war das Bw Wernigerode Westerntor kaum noch in der Lage, größere Schäden an den Kesseln selbst zu reparieren. Daher wurden in der Folgezeit schadhafte Kessel bei Bedarf in der Werkstatt Westerntor ausgebaut, auf einen Flachwagen verladen und nach Blankenburg (Harz) transportiert. Außerdem übernahm das Raw Blankenburg (Harz) größere Instandsetzungen, mit denen das Bw Wernigerode Westerntor entweder überfordert war oder für die das benötigte Personal fehlte. Dies war u.a. bei den notwendigen Generalreparaturen der 99 5631 und 99 5632 (siehe S. 118) oder der Instandsetzung der 99 5811 Anfang der 1950er-Jahre der Fall.

Mit dem Eintreffen der ersten Maschinen der Baureihe 99²³⁻²⁴ im Frühjahr 1955 erreichte die C-Gruppe des Bw Wernigerode Westerntor ihre Kapazitätsgrenze. Mit Wirkung zum 1. Januar 1956 war das Raw Görlitz für die Erhaltung der Schmalspur-Dampfloks des Harzes verantwortlich. Gleichwohl erhielten im Jahr 1956 noch 99 5902 (L4: 31.12.1955–27.02.1956) und 99 5906 (L3 mW: 04.08.–31.10.1956) eine Haupt- bzw. Zwischenuntersuchung im Bw Wernigerode Westerntor. Als vorerst letzte Dampflok des Bw Wernigerode Westerntor wurde 99 5906 im Herbst 1956 fertiggestellt. Damit endete formal die Ära der L3- und L4-

Aufmerksam beobachtete der Lokleiter am 9. August 1987 das Geschehen auf dem Gelände der Est Wernigerode. Alle Maschinen sind im Einsatz. 99 6101-2 (ex 99 6101) hatte gerade das Zugpaar Üb 74789/74790 Wernigerode–Wernigerode-Hasserode bespannt und den Rangierdienst im Spurwechselbahnhof erledigt. Erst nach dem Personalwechsel ging es für die Maschine um 12.30 Uhr weiter.   Foto: D. Riehemann

Der Raupendrehkran RK 3

Bis heute verwendet die Harzer Schmalspurbahnen GmbH (HSB) in den Einsatzstellen Wernigerode, Nordhausen Nord und Gernrode (Harz) Raupendrehkräne des Typs RK 3 zum Bekohlen der Dampfloks. Einst waren diese Fahrzeuge in vielen kleineren Bahnbetriebswerken und Einsatzstellen sowie auf Ladestraßen und in Betrieben anzutreffen. Die Entwicklung des RK 3 begann Ende der 1940er-Jahre. Die Ingenieure der ehemaligen Bleichert-Transportanlagen GmbH, die im Sommer 1946 in eine Sowjetische Aktiengesellschaft (SAG) umgewandelt wurde und als Reparationsleistung u.a. Verladebrücken und Elektrokarren herstellte, konstruierten einen dieselelektrischen Autodrehkran mit einer Hublast von 3 t. Dieser Kranaufbau wurde ab 1948 von der »Bleichert Transportanlagen Fabrik SAG Leipzig N 22« ausschließlich in die Sowjetunion geliefert und dort auf Fahrgestelle der in den Moskauer Stalin-Werken (»Sawod imeni Stalina«) produzierten Lastkraftwagen (Lkw) der Typen ZIS-5, ZIS-150, ZIS-151 und ZIL-164 montiert. Außerdem wurden Kräne auf Lkw des Typs Studebaker US 6 gesetzt.

Auf Basis dieses so genannten Bleichert-Krans entstand 1952 in Zusammenarbeit mit dem VEB Kraftfahrzeugwerk »Ernst Grube« Werdau, dem in Chemnitz ansässigen Industrieverband Fahrzeugbau (IFA) und dem VEB Fahrzeugbau Frankenberg ein Kranzug, der 1953 auf der Leipziger Messe vorgestellt wurde. Dieser bestand aus einem Sattelschlepper des Typs H 3 A und einem Sattelauflieger, auf den ein Autodrehkran (ADK) des Typs 3 »SIS« montiert war. Der Antrieb des Kranes erfolgte elektrisch, entweder über einen Generator (auf der Zugmaschine) oder eine Fremdeinspeisung. In der Praxis erwies sich die Wahl eines Sattelschleppers im Hinblick auf die Einsatztechnologie jedoch als ungünstig. Daher blieb dieses Fahrzeug ein Einzelstück.

Die bei der Erprobung des Sattelschleppers gewonnenen Erkenntnisse führten schließlich zur Entwicklung des ADK 3/H 3 A, der ab 1954 im VEB Schwermaschinenbau Verlade- und Transportanlagen (VTA) in Leipzig, den ehemaligen Bleichert-Werken, gebaut wurde. Die benötigten Fahrgestelle fertigte der VEB Kraftfahrzeugwerk »Ernst Grube« Werdau. Ein Generator lieferte den notwendigen elektrischen Strom (19 kVA) für das Hubwerk (6 kW Leistung), das Einziehwerk (2,5 kW Leistung) und das Drehwerk (1,6 kW Leistung). Durch die Verwendung eines Fahrgestelles des Lkw H 6 und den Einbau eines zusätzlichen Gewichtes entstand der ADK 5, der von 1954 bis 1957 geliefert wurde.

Der ADK 3 stand außerdem Pate bei der Entwicklung des Raupendrehkrans (RK) 3, dessen Baumuster bereits 1952 auf der Leipziger Herbstmesse vorgestellt wurde. Technisch unterschied sich das auch als »Mitschurin-Kran« bezeichnete Fahrzeug lediglich durch sein neuentwickeltes Raupenfahrwerk. Der Antrieb des Baggers erfolgte elektrisch. Die drei Motoren für das Hub-, das Einzieh- und das Drehwerk wurden stationär über ein Kabel mit Strom versorgt. Dazu erhielten die Bagger einen seitlichen Kabelhalter. Auch das Verfahren bzw. Umsetzen des RK 3 erfolgte mit Hilfe zweier elektrischer Fahrmotoren des Typs AKR 276/6. Die Serienproduktion des RK 3 begann 1954. Bis 1960 lieferte der VTA 507 Exemplare aus. Je nach Kundenwunsch besaß der Kran ein niedriges oder ein höhergesetztes Führerhaus.

Die Deutsche Reichsbahn (DR) zählte zu den wichtigsten Kunden des VTA. Mit Hilfe des RK 3 bot sich die Möglichkeit, die Lokomotivbekohlung zu rationalisieren und die Betriebsarbeiter von ihrer schweren körperlichen Arbeit zu entlasten. Die Reichsbahndirektion (Rbd) Magdeburg war eine der ersten Direktionen, die den RK 3 und dessen Ableger RK 5 erprobte. Die Kräne, deren Beschaffungskosten bei rund 37.000 Mark (RK 3) bzw. 80.000 Mark (RK 5) und 95.000 Mark (RK 5 mit Diesel-Generator) lagen, bewährten sich hervorragend. In kleinen und mittleren Bahnbetriebswerken sowie Lokbahnhöfen mit einer täglichen Ausgabemenge von 15 bis 150 t Kohle konnten dank der auch als »VTA-Bagger« bezeichneten Raupendrehkräne die Betriebskosten erheblich verringert und Personal eingespart werden. In der Praxis zeigte sich, dass der RK 5 trotz seiner

größeren Hublast technologisch keine nennenswerten Vorteile gegenüber dem kleineren RK 3 besaß. Diese besaßen ab Werk einen elektromechanischen, wasserdichten Greifer der Bauart EKM aus dem VEB Feuerungsbau Greiz-Dölau. Die meisten RK 3 waren mit einem 0,63 m³ großen Greifer ausgerüstet. Die Kräne konnten aber auch mit 0,4 und 0,3 m³ fassenden Greifern ausgestattet werden. Bis 1960 beschaffte die Rbd Magdeburg 13 Exemplare des Typs RK 3 und 3 Stück des Typs RK 5. Die Mehrzahl der Fahrzeuge besaß ein höhergesetztes Führerhaus, da dieses den Betriebsarbeitern beim Bekohlen eine bessere Sicht auf die Tender bzw. Kohlekästen bot.

Doch damit war der Bedarf an moderner Umschlagtechnik noch nicht gedeckt. Auch andere DR-Dienststellen und volkseigene Betriebe benötigten weitere Raupendrehkräne. Aus diesem Grund übernahm der VEB Förderanlagenbau »7. Oktober« Magdeburg die Fertigung des RK 3, von dem bis 1965 weitere 170 Exemplare gebaut wurden. In Magdeburg entstand außerdem die leicht modifizierte Variante RK 3/1, von der zwischen 1963 und 1965 insgesamt 255 Fahrzeuge geliefert wurden.

Die DR beschaffte ebenfalls Kräne der Typen RK 3 und RK 3/1 aus dem VEB Förderanlagenbau »7. Oktober«. Ende der 1960er-Jahre führte die Rbd Magdeburg rund 35 Raupendrehkräne in ihren Unterlagen. Bis zu sechs RK 3 gehörten zum Inventar des Bahnbetriebswerks (Bw) Wernigerode Westerntor. Die von der Abteilung Technische Anlagen (Ta) betreuten Raupendrehkräne waren in den Einsatzstellen Gernrode (Harz), Nordhausen Nord und Wernigerode stationiert. Dort wurden die RK 3 bevorzugt zum Bekohlen der Dampfloks und zum Entladen der Kohlewagen genutzt. Einer der beiden in Gernrode (Harz) stationierten Raupendrehkräne wurde an der Umladeanlage für den Umschlag von Flussspat sowie Brenn- und Baustoffen genutzt. Die HSB hält heute noch vier betriebsfähige Fahrzeuge des Typs RK 3 vor.

Technische Daten des Raupendrehkrans Typ RK 3

- Allgemein

maximale Hublast	3 t bei 2,5 m Ausladung
	0,75 t bei 5,5 m Ausladung
Betriebsspannung	380 V Gleichstrom
Breite	2.700 mm
Höhe in Arbeitsstellung	8.000 mm
Länge in Arbeitsstellung	5.000 mm
Bodenfreiheit	320 mm
Hakenhöhe	6.200 mm
Dienstmasse	8,7 t
Kettenbreite	500 mm
Inhalt des Greifers	0,3 m³ / 0,4 m³ / 0,63 m³
Gewicht des Greifers	750 kg (für 0,63 m³)

- Antrieb Raupenfahrgestell

Bauart des Fahrmotors	2 x AKR 276/6
Leistung	5 kW
Fahrgeschwindigkeit	11,8 m/min

- Antrieb Drehwerk

Bauart des Fahrmotors	1 x DMK 3-6 GA
Leistung	1,6 kW
Drehgeschwindigkeit	1,1 U/min

- Antrieb Greiferschaufel

Bauart des Fahrmotors	2 x ASDKr 227/4
Leistung	6 kW
Hubgeschwindigkeit	10 m/min

- Antrieb Ausleger

Bauart des Motors	1 x DMK 3-4 GA
Leistung	2,5 kW
Hubzeit für maximale Auslegerstellung	27 s
Hubzeit für maximale Ausladung	12 s

Das Reinigen der Rauchkammer, das so genannte Löscheziehen, war – und ist bis heute – eine der schmutzigsten Arbeiten bei der Dampflok. Am 1. September 1989 wurde in der Est Wernigerode bei 99 6101-2 (ex 99 6101) die Lösche gezogen. Die Ausschlackstelle (Gleis 17) bestand nur aus einem Blechtrog zwischen den Schienen. Auf dem Umlauf vor dem Wasserkasten ist eine eiserne Schlackeschaufel zu erkennen. Mit dieser musste beim Restaurieren mühsam die Schlacke vom Rost entfernt werden, da die Maschine keinen Kipprost besaß. Dies war auch bei 99 6102-0, den Malletlokomotiven der Baureihe 99[59] und 99 6001-4 der Fall.
Foto: D. Riehemann

Ausbesserungen im Bw Wernigerode Westerntor. Als im Jahr 1960 Werkstattkapazitäten im Raw Görlitz fehlten, griff der Vorsteher Werner Dill zur Selbsthilfe und ließ mit Zustimmung der vorgesetzten Dienststellen 99 5811 (L3 mW: 05.05.–30.10.1960) in der eigenen Werkstatt instandsetzen. In der Folgezeit erledigte die Werkstatt des Bw Wernigerode Westerntor neben den planmäßigen Fristarbeiten nur noch Schadgruppen der Stufe L0. In Ausnahmefällen waren auch Zwischenausbesserung-

en (L2) möglich. Neben Arbeiten am Trieb- und Laufwerk mussten auch häufig Schäden an den Blechrahmen der Neubau-Maschinen der Baureihe 99[23–24] beseitigt werden. Hier waren vor allem die handwerklichen Fähigkeiten der Schweißer gefragt. Neben diesen Arbeiten übernahm das Bw Wernigerode Westerntor noch Kesseluntersuchungen. Dazu gehörte auch der Tausch der Heiz- und Rauchrohre. Alle diese Arbeiten erledigte die so genannte L0-Brigade, die 1962 von der Rbd Magdeburg

Im Juni 1991 wurde mit Hilfe eines Raupendrehkrans des Typs RK 3 der Brennstoffvorrat der 99 247 ergänzt. Die Maschine gehört seit dem 25. Februar 1986 zu den »Historischen Fahrzeugen« der DR. Aus diesem Grund erhielt die Maschine Anfang 1991 Lokschilder mit der alten, bis zum 1. Juni 1970 gültigen Betriebs-Nr. Foto: D. Endisch

als »Kollektiv der sozialistischen Arbeit« ausgezeichnet wurde. Völlig untypisch für eine Schlosserbrigade bei der DR war dabei, dass eine Frau in der Lokunterhaltung tätig war. Emma Weinert arbeitete auch als Kesselschmied und kannte sich hervorragend mit der Reparatur von Feuerbüchsen aus. Dafür wurde sie am 13. Juni 1964 als »Verdienter Eisenbahner der DDR« ausgezeichnet. Dieser Titel war die höchste Ehrung für Mitarbeiterinnen und Mitarbeiter der DR.

Mit der Inbetriebnahme der neuen Lokbehandlungsanlagen im Bf Wernigerode konnte die Rbd Magdeburg die Bereiche Lok- und Wageninstandsetzung in Wernigerode trennen. Bereits zum 1. April 1951 wurde die bisherige D-Gruppe (Wagendienst und Wagenausbesserung) der Wagenmeisterei (Wm) Aschersleben unterstellt. Ab 1. April 1955 gab es in Wernigerode Westerntor einen Wagenmeisterposten, der ab 1. Juni 1977 zum Bahnbetriebswagenwerk (Bww) Halberstadt zählte und zu einer Wagenausbesserungsstelle (WAS) umgewandelt wurde. Der WAS Wernigerode Westerntor unterstanden der Wagenmeisterposten (Wp) Wernigerode Westerntor sowie die Wagenmeister (Wgm) in Gernrode (Harz) und Nordhausen Nord. Die Verwaltung der Wagenwirtschaft übernahm vom Bw Wernigerode Westerntor den so genannten Bello-Schuppen, wo fortan alle Personen-, Gepäck- und Güterwagen der Harzquer- und Brocken-

---

Das Reichsbahnausbesserungswerk Görlitz

Fast vier Jahrzehnte oblag dem Reichsbahnausbesserungswerk (Raw) Görlitz die Erhaltung der Schmalspur-Dampfloks der Selketal-, Harzquer- und Brockenbahn. Dabei war das Raw Görlitz eigentlich kein klassisches Ausbesserungswerk, sondern ursprünglich ein Bahnbetriebswerk (Bw). Im Zuge der Erweiterung der Bahnanlagen im Raum Görlitz entstand zwischen 1909 und 1911 der Verschiebebahnhof (Vbf) Schlauroth, in dessen Nähe eine moderne Betriebswerkstätte mit Rechteckschuppen, Schiebebühne und Lokbehandlungsanlagen errichtet wurde. Rund zwei Drittel der Anlagen gehörten der Preußischen Staatsbahn. Das andere Drittel nutzten die Königlich Sächsischen Staatseisenbahnen (K.Sächs.Sts.E.). Nach der Schaffung der Reichseisenbahnen im Frühjahr 1920 wurden beide Teile zum Bw Schlauroth zusammengefasst, das der Reichsbahndirektion (RBD) Breslau unterstand. Mit der Aufnahme der elektrischen Zugförderung zwischen Lauban und dem Rangierbahnhof Schlauroth in den Jahren 1923/24 wurde die Dienststelle in ein modernes Bahnbetriebswerk für Elektroloks umgewandelt, das am 1. April 1941 insgesamt 300 Beamte und Arbeiter zählte.

Nach dem Zweiten Weltkrieg wurde die Strecke Schlauroth Vbf–Lauban durch den neuen Grenzverlauf zwischen Polen und der sowjetischen Besatzungszone (SBZ) unterbrochen. Außerdem ließ die Sowjetische Militäradministration in Deutschland (SMAD) sämtliche elektrischen Anlagen, einen Teil der Gleise sowie die Werkzeuge und Maschinen als Reparationsleistung beschlagnahmen, demontieren und in die Sowjetunion abtransportieren. Damit spielte das Bw Schlauroth für die Zugförderung keine Rolle mehr. Die Dienststelle wurde in eine Werkabteilung (WA) des Bw Görlitz umgewandelt. Die noch in Schlauroth verbliebenen Beschäftigten begannen im September 1945 mit der Instandsetzung von Lokomotiven und Güterwagen. Die ersten Schmalspur-Dampfloks wurden 1948 repariert. Ein Jahr später verließen bereits 65 Maschinen die Werkhallen der WA Schlauroth.

Da der Deutschen Reichsbahn (DR) Ende der 1940er-Jahre Werkstattkapazitäten fehlten und die vorhandenen Ausbesserungswerke mit der Instandsetzung der regelspurigen Fahrzeuge ausgelastet waren, beschloss die Generaldirektion (GD), die WA Schlauroth zum 1. Januar 1950 in ein selbstständiges Reichsbahnausbesserungswerk umzuwandeln. Wichtigste Aufgabe der rund 300 Beschäftigten war die Instandsetzung der Schmalspur-Dampflokomotiven der DR. Deren Bestand war nach der Übernahme der ehemaligen Klein- und Privatbahnen in der SBZ am 1. April 1949 erheblich angewachsen. Lediglich die Reichsbahndirektionen Magdeburg und Schwerin ließen ihre Maschinen der Baureihe 99 zunächst nicht im Raw Schlauroth aufarbeiten. Stattdessen wurden hier zwischen 1950 und 1955 auch einige regelspurige Dampfloks instandgesetzt. Außerdem wurden ab 1955 regelspurige Werklokomotiven für volkseigene Betriebe repariert. Parallel dazu erweiterte die DR in den 1950er-Jahren schrittweise die Anlagen des Werkes, das am 15. Oktober 1955 den Ehrennamen »Deutsch-Sowjetische Freundschaft« (DSF) erhielt. Nach einer Gebietsreform wurde der Ortsname Schlauroth am 1. Januar 1956 durch Görlitz ersetzt.

Einige Wochen später, am 10. April 1956, traf mit 99 6102 die erste Dampflokomotive des Bw Wernigerode Westerntor zu einer Hauptunter-

suchung (L4) im Raw Görlitz ein (Fertigstellung am 06.08.1956). Bis zum Jahresende setzte das Werk außerdem 99 5905 (L4: 13.09.–15.11.1956) und 99 6001 (L2: 22.09.–01.11.1956) instand. Als erste Neubaulok weilte im Frühjahr 1958 die 99 245 (L2: 21.03.–24.07.1958) im Raw Görlitz.

Seit dem 1. Januar 1958 gehörten Maschinen der Baureihe 99 zum Erhaltungsbestand des Werkes. Die Typenvielfalt war enorm: Das Raw Görlitz war für 263 Schmalspur-Dampflokomotiven, verteilt auf 47 verschiedene Bauarten, verantwortlich.

Mit der schrittweisen Reduzierung des Schmalspurnetzes bei der DR änderte sich auch das Produktionsprofil des Raw Görlitz, das später neben verschiedenen Werklokomotiven (1970–1978) auch die Schmalspurtransportwagen (ab 1966) und Rollfahrzeuge (ab 1967) der DR unterhielt. Außerdem setzten die Mitarbeiter des Raw Görlitz Kleinbehälter für den Gütertransport instand. Mit der für Mitte der 1970er-Jahre geplanten Stilllegung aller Schmalspurbahnen verlor das Raw Görlitz vorübergehend seine Eigenständigkeit. Vom 1. Januar 1972 bis zum 31. Dezember 1977 unterstand es als Werkteil dem Raw Cottbus. Da aber einige Schmalspurbahnen erhalten blieben, wandelte die zuständige Reichsbahndirektion der Ausbesserungswerke (RbdAw) das Werk wieder in eine eigenständige Dienststelle um. Am 1. Juni 1978 begann im Raw Görlitz die Fertigung von Dreikraft-Gleisbremsen, mit denen später 18 Rangierbahnhöfe in der DDR ausgerüstet wurden. Die Bremsen wurden hier ab 1981 ebenfalls instandgehalten. Gut die Hälfte der rund 540 Beschäftigten waren später im Bereich »Gleisbremsen« beschäftigt. Die Unterhaltung der Schmalspur-Dampfloks sank bis Mitte der 1980er-Jahre auf ein Minimum. Im Sommer 1987 gehörten nur noch 87 Maschinen zum Erhaltungsbestand, von denen rund 70 Loks pro Jahr repariert wurden. Die insgesamt 26 Maschinen der Baureihen 99[22], 99[23–24], 99[59], 99[60] und 99[61] des Bw Wernigerode machten dabei rund 30 % des Erhaltungsbestandes des Raw Görlitz aus.

Die Währungs- und Wirtschaftsunion am 1. Juli 1990 und die deutsche Wiedervereinigung am 3. Oktober 1990 hatten gravierende Folgen für das Raw Görlitz, dessen Produktion förmlich zusammenbrach. Mit der Gründung der Deutschen Bahn AG (DB AG) am 1. Januar 1994 war die Schließung des Werkes nur noch eine Frage der Zeit. Vor diesem Hintergrund war auch die Harzer Schmalspurbahnen GmbH (HSB) gezwungen, sich einen neuen Partner für die Instandhaltung ihrer Dampflokomotiven zu suchen. Als letzte Maschinen arbeitete das Raw Görlitz 99 235 (L5: 03.11.1993–05.01.1994), 99 244 (L5: 16.06.–22.11.1993), 99 245 (L6: 08.04.–28.07.1993), 99 246 (L6: 17.05.–24.09.1993), 99 247 (L7: 26.07.–29.10.1993) und 99 6001 (L0: 04.08.–02.10.1993) auf. Anschließend beauftragte die HSB das heutige Dampflokwerk (DLW) Meiningen mit der Instandsetzung ihrer Fahrzeuge.

Damit hatte das ehemalige Raw Görlitz einen seiner wichtigsten Kunden verloren. Die DB AG verlagerte zwei Jahre später die Instandhaltung der Baureihen 99[73–76] und 99[77–79] ebenfalls nach Meiningen. Das Schicksal des Werkes Görlitz war besiegelt. Die verbliebenen 21 Beschäftigten arbeiteten 1997 noch die 99 568 der Interessengemeinschaft Preßnitztalbahn e.V. auf, die das Werk am 13. September 1997 als letzte Dampflok verließ. Am 30. Juni 1998 schloss das einstige Raw Görlitz seine Tore.

Am 4. Mai 1967 schob der VT 137 566 (ex T 3) die 99 239 im Spurwechselbahnhof in Wernigerode auf einen Schmalspurtransportenwagen. Ziel der Reise war das Raw Görlitz, wo die Maschine eine Zwischenausbesserung (L2; 09.05.–21.07.1967) erhielt.
Foto: K. Kieper, Nachlass W. Zeunert (†)

bahn instandgesetzt wurden. Außerdem gehörten noch die beiden Stände der ehemaligen Lackiererei zum Bereich Wagenwirtschaft, die die Tischlerei gemeinsam mit dem Bw Wernigerode Westerntor nutzte.

Ende der 1950er-Jahre gelang es der Dienststelle, ihren Bestand an Werkzeugmaschinen teilweise zu erneuern. Für die mechanische Werkstatt wurden eine Bügelsägemaschine (1961), eine Tischbohrmaschine (1959) und zwei Hobelmaschinen (1956 und 1959) angeschafft. Für die Untersuchung der Wasserproben erhielt das Bw Wernigerode Westerntor ein entsprechendes Labor. Damit konnte 1963 bei den auf der Harzquer-

und Brockenbahn eingesetzten Dampflokomotiven die innere Speisewasseraufbereitung* eingeführt werden. Eine Gießerei, eine Klempnerei und eine Schweißwerkstatt gehörten ebenfalls zur C-Gruppe.

Die Verbesserung der Arbeitsbedingungen für die Eisenbahner besaß bei der DR einen hohen Stellenwert. Das Bw Wernigerode Westerntor

* Bei der inneren Speisewasseraufbereitung wird während des Wassernehmens dem Wasser Soda und das Antischaummittel »Skiantan« in einem bestimmten Mischungsverhältnis zugesetzt. Dazu müssen im Labor regelmäßig der ph-Wert und die Dichte des Kesselwassers ermittelt werden.

Der Transport der Schmalspurdampfloks zwischen Wernigerode bzw. Gernrode (bis 1984) und dem Raw Görlitz nahm meist einige Tage in Anspruch. Im September 1986 stand 99 5902-4 nach einer Bedarfsausbesserung (L5; 02.07.–12.09.1986) versandfertig im Rangierbahnhof Görlitz-Schlauroth.
Foto: J. Gampe, Slg. F. Köhler

erhielt daher eine Werkküche, die alle Dienststellen der Reichsbahn in Wernigerode mit Essen versorgte. Die Dienststelle unterhielt Ferienhäuser in Schierke und an der Ostsee in Stahlbrode, die von den Beschäftigten und deren Angehörigen gerne genutzt wurden. Hinter dem Lokschuppen im Bf Wernigerode entstand für die Mitarbeiter der B-Gruppe ein kleines Sozialgebäude. Die Reichsbahn gab in den 1960er-Jahren die bahneigene Wasserversorgung für den Dienstort Wernigerode auf. Fortan wurden die Wasserkräne aus der städtischen Wasserleitung gespeist.

3.5 Hilfszug, Feuerlöschzüge und andere Dienstfahrzeuge

Neben den auf der Selketal-, Harzquer- und Brockenbahn eingesetzten Dampflokomotiven und Triebwagen betreute das Bw Wernigerode Westerntor auch mehrere Dienstfahrzeuge. Für Havariefälle hielt die Dienststelle einen **Hilfszug** vor. Bereits ab 1914 stand der NWE ein zweiachsiger Gerätewagen (Betriebs-Nr. 304) zur Verfügung. Dieser besaß neben Werkzeug auch Winden und Unterleghölzer zum Eingleisen von Lokomotiven und Wagen. Mitte der 1920er-Jahre setzte die NWE den Wagen nach Nordhausen um. Dort war er aber nur kurze Zeit stationiert, denn bereits 1927 baute die Betriebswerkstatt den Wagen 304 zu einem so genannten Werkstattwagen (Betriebs-Nr. 05) um. Das Fahrzeug wurde zum Transport ausgebauter Lokkessel genutzt und erst 1972 ausgemustert.

Ein zweiter Gerätewagen (Betriebs-Nr. 02) entstand 1922 aus dem ehemaligen zweiachsigen Post-Gepäckwagen Nr. 154. Dieses Fahrzeug war bis 1934 im Einsatz, bevor es zu einem Heizkesselwagen umgebaut wurde. Das Bw Wernigerode Westerntor rüstete den Zweiachser später zu einem Werkstattwagen (Betriebs-Nr. 99-01-83) um, der ab Ende der 1970er-Jahre längerer Zeit im Bf Alexisbad stand und 1993 von der HSB (ab 15.07.1998: 99-09-83) übernommen wurde.

Als Ersatz für den ersten Gerätewagen rüstete die Betriebswerkstatt in den 1920er-Jahren einen vierachsigen Güterwagen zum neuen Gerätewagen 01 (ex Wagen-Nr. 304[II]) um. Neben den obligatorischen Werkzeugen und Winden wurde das Fahrzeug von der NWE später noch mit einem Notstromaggregat, Schneidbrennern und einem Schweißgerät ausgerüstet. Die Reichsbahn übernahm den Gerätewagen 01 und gab ihm 1951 die Betriebs-Nr. 99-01-84. Erst Ende der 1980er-Jahre hatte das Fahrzeug ausgedient und wurde 1989 ausgemustert.

Neben den Gerätewagen hielt die NWE einen zweiachsigen Krankenwagen vor. Dieser entstand 1911 auf der Basis des Gepäckwagens Nr. 152. Die DR reihte den Wagen 1951 mit der Betriebs-Nr. 99-01-85 in ihren Bestand ein. Wie lange der Krankenwagen tatsächlich im Einsatz war, konnte bisher nicht zweifelsfrei geklärt werden. Ab 1966 diente der Krankenwagen als Geräteschuppen an der Umladung in Wernigerode. Erst im Sommer 1975 musterte die DR das Fahrzeug aus und ließ es verschrotten.

1966 vergrößerte das Bw Wernigerode Westerntor den meterspurigen Hilfszug. Als Ergänzung für den vorhandenen Gerätewagen 01 (Betriebs-Nr. 99-01-84) wurde der gedeckte vierachsige Güterwagen 99-02-54 zum Gerätewagen 02 umgebaut und anschließend in 99-01-78 umgezeichnet. Der Wagen erhielt an einer Stirnseite ein großes Fenster zur Streckenbeobachtung und Spitzensignale. Unterhalb des Stirnfensters befand sich ein orangefarbener Warnbalken. Der Gerätewagen diente als vereinfachter Steuerwagen, so dass der Hilfszug bei Bedarf bis an die Unglücksstelle geschoben werden konnte.

Das Bw Wernigerode Westerntor übernahm von der 1973 stillgelegten Schmalspurbahn Eisfeld–Schönbrunn den Hilfszugwagen 909-101. Damit bestand der Wernigeröder Schmalspur-Hilfszug aus drei Gerätewagen. In der Zwischenzeit hatte die DR die maschinelle Ausrüstung des Hilfszugs modernisiert. Neben neuen Werkzeugen besaß der Zug nun anstelle der alten Winden ein modernes Deutschlandgerät zum Eingleisen und Verrücken von Fahrzeugen. Ein leistungsfähiges Notstromaggregat mit Scheinwerfern sowie Spezialgeräte zum Eingleisen von Rollwagen vervollständigten die Ausrüstung.

Erst im Herbst 1989 erhielt der Hilfszug einen Mannschaftswagen (Betriebs-Nr. 909-104). Der Wagen war in der Werkabteilung (WA) Perleberg

Der Hilfszug des Bw Wernigerode ist bis heute im Bf Wernigerode Westerntor stationiert (Aufnahme vom Sommer 1986). Im Vordergrund ist der Gerätewagen 99-01-84 zu sehen. Die DR musterte das Fahrzeug 1989 aus. Die HSB verkaufte später den Rahmen und die Drehgestelle an die IG HSB.
Foto: F. Köhler

Das Bw Wernigerode Westerntor baute den ehemaligen Gerätewagen 02 (Herbrand 1897) der NWE zu einem Werkstattwagen (99-01-83) um, hier im Sommer 1983 im Bf Alexisbad. Die HSB übernahm das Fahrzeug 1993 und zeichnete es am 15. Juli 1998 in 99-09-83 um.
Foto: G. Gattermann

des Raw Wittenberge auf Basis des vierachsigen Gepäckwagens 99-07-04 entstanden. Der Wagenkasten bestand aus einer Stahlkonstruktion. Der Wagen war in einen Aufenthaltsraum für die Hilfszugmannschaft (12 Sitzplätze) und eine kleine Küche unterteilt. An einer Stirnseite erhielt der Mannschaftswagen analog des Gerätewagens 02 ein Fenster, Spitzenlichter und Zugschlusssignale. Dazu kam noch ein Typhon. Damit konnte der Hilfszug in beiden Richtungen bis zur Unfallstelle geschoben werden.

Für Havariefälle auf der Selketalbahn hielt das Bw Wernigerode Westerntor im Lokbf Gernrode einen zweiachsigen Gerätewagen vor, der aus dem gedeckten Güterwagen 99-71-01 entstanden war. Der Gerätewagen wurde ab 1963 wieder als Güterwagen (Betriebs-Nr. 99-02-33) genutzt. Als Ersatz fungierte seit Herbst 1959 der zum Diensttriebwagen umgebaute VT 133 522 (siehe S. 227). Nach dessen Ausscheiden aus dem Betriebspark (»z« ab 01.01.1981) diente der zweiachsige Gepäckwagen 99-07-04 als neuer Gerätewagen im Bf Gernrode (Harz). Nach der Aufnahme des planmäßigen Zugverkehrs auf dem Abschnitt Straßberg (Harz)–Stiege am 3. Juni 1984 hatte der Gerätewagen in Gernrode ausgedient. Bei Bedarf wurde fortan der Hilfszug aus Wernigerode angefordert.

Außerdem hielt das Bw Wernigerode Westerntor für Havariefälle in der Einsatzstelle (Est) Nordhausen Nord einen weiteren vierachsigen Hilfs-

zugwagen vor. Dieser war 1985 aus dem ehemaligen gedeckten Güterwagen 99-71-05 entstanden. Die HSB übernahm den Wagen und wies ihm am 15. Juli 1998 die Betriebs-Nr. 99-09-05 zu.

Eine Besonderheit bei den Schmalspurbahnen der DR waren die beiden **Feuerlöschzüge** des Bw Wernigerode Westerntor. Zur Brandbekämpfung auf der Harzquer- und Brockenbahn dienten ab 1955/56 ein kleiner zweiachsiger Kesselwagen und ein zweiachsiger Gerätewagen, die beide feuerwehrrot lackiert waren. Der Kesselwagen stammte von der ehemaligen Gernrode-Harzgeroder Eisenbahn-Gesellschaft (GHE), wo er die Betriebs-Nr. KO 502 getragen hatte. Das nur 5.800 mm lange Fahrzeug hatte die Firma Rienecker & Schmeißer (Fluorfabrik Lindenberg) 1915 von der Gottfried Lindner AG in Ammendorf beschafft und in den Wagenpark der GHE eingestellt. Die DR reihte den Kesselwagen, der ursprünglich für den Transport von Schwefel- und Flusssäure genutzt wurde, mit der Betriebs-Nr. 51-21-73 in ihren Bestand ein. Nach dem Umbau zum Wasserwagen für den Feuerlöschzug trug der Wagen ab 1957 die Betriebs-Nr. 99-01-98 (ab 15.07.1998: 99-09-98). Der gedeckte Güterwagen 99-02-02 wurde zum Gerätefahrzeug für den Feuerlöschzug umfunktioniert und später in 99-01-80 (ab 15.07.1998: 99-09-80) umgezeichnet. Er besaß eine Pumpe und die notwendigen Schläuche. Der

Bis heute hält die HSB für Havariefälle einen Hilfszug vor. Der Mannschaftswagen 909-104 entstand im Herbst 1989 in der WA Perleberg auf der Basis des ehemaligen Gerätewagens (KD 904-158) der Est Gernrode (Harz). Der Hilfszug wird auch bei Überführungsfahrten (siehe Bild S. 201) oder bei Lastprobefahrten von Lokomotiven genutzt.
Foto: B. Techel

Ab 1956 hielt das Bw Wernigerode Westerntor einen Feuerlöschzug für die Harzquer- und Brockenbahn vor. Ab 1976 diente dieser ehemalige Tender (auf dem Rollwagen 99-06-17) als Wasserwagen. Am 14. Juli 1977 stand der Feuerlöschzug im Bf Wernigerode Westerntor. Foto: R. Dill, Slg. O. Rimasch

nur 6 m³ große Kessel des Wernigeröder Feuerlöschzuges erwies sich jedoch als zu klein. Aus diesem Grund wurde ein nicht mehr benötigter regelspuriger Wasserwagen (Betriebs-Nr. 30-50-9797622-2), der 21 m³ fasste, 1976 auf einen vierachsigen Rollwagen (Betriebs-Nr. 99-06-17; später 99-50-85) gesetzt. 1981 wurden die Drehgestelle des Wasserwagens (umgebauter Tender) entfernt. Der Feuerlöschzug hatte 1991 seine Schuldigkeit getan und wurde aufgelöst.

In der Est Gernrode war ab 1969 ebenfalls ein Feuerlöschzug stationiert. Der zweiachsige Güterwagen 99-02-05 (ab 30.06.1969: 99-06-51) wurde zum Gerätewagen umgebaut. Als Tankwagen diente der ehemalige vierachsige Rungenwagen 99-04-71. Auf diesen hatte die Werkstatt des Bw Wernigerode Westerntor einen Kessel gesetzt. Nach dem Umbau trug der Wasserwagen die Betriebs-Nr. 99-06-50. 1985 wurde der Gernröder Feuerlöschzug aufgelöst.

Heute hält die Harzer Schmalspurbahnen GmbH (HSB) wieder zwei Feuerlöschzüge vor. Jeder Zug besteht aus einem rot lackierten zweiachsigen Regelspur-Kesselwagen und einem vierachsigen Personenwagen für die Feuerwehrleute. Die beiden Wasserwagen haben ein Fassungsvermögen von 24 m³ bzw. 28 m³ Wasser und stehen auf den Rollwagen

99-50-79 und 99-06-10. Jeweils ein Feuerlöschzug ist in den Sommermonaten auf dem Bf Drei Annen Hohne und dem Bf Brocken stationiert. Für die (Zwischen-) Lagerung und den Transport von Verbrennungsrückständen hielt das Bw Wernigerode Westerntor mehrere zweiachsige **Schlackewagen** vor. Nach der Einführung des Rollwagenverkehrs auf der Harzquer- und Brockenbahn konnte die DR auf zahlreiche zweiachsige offene Güterwagen verzichten, von denen das Bw Wernigerode Westerntor einige zu Dienstfahrzeugen umfunktionierte. Bei den meisten Schlackewagen wurden die Holzaufbauten durch solche aus Stahlblech ersetzt. Nach ihrem Ausscheiden aus dem Betriebspark wurden die Fahrzeuge als so genannte Bahnhofswagen geführt, die nicht mehr in planmäßige Züge eingestellt werden durften.

In Wernigerode waren längere Zeit die Schlackewagen 99-01-96 und 99-01-88^{II} (ex Betriebs-Nr. 99-03-34) stationiert. Die Fahrzeuge wurden später als Bahnhofswagen Nr. 5 (ex Betriebs-Nr. 99-01-88^{II}) und 10 (ex Betriebs-Nr. 99-01-96) bezeichnet.

In der Est Nordhausen Nord waren neben dem 1966 umgebauten Schlackewagen 99-01-87^{II} (ex Betriebs-Nr. 99-03-32; ab 1970: Bahnhofswagen Nr. 4) noch die Bahnhofswagen Nr. 11^{II} (ex Betriebs-Nr. 99-72-02), Nr. 12 (ex

Die HSB hält heute in den Bahnhöfen Drei Annen Hohne und Brocken jeweils einen Kesselwagen (auf Rollwagen gesetzt) als Löschwasserreserve vor (Aufnahme im Bf Drei Annen Hohne vom 15.07.2006). Foto: B. Techel

Der erste Feuerlöschzug für die Harzquer- und Brocken-bahn wurde 1956 gebildet. Dieser bestand aus dem von der GHE übernommenen Kesselwagen (99-01-98) und einem zweiachsigen Güterwagen (99-01-80). Der Wasserwagen hatte ein Fassungsvermögen von 6 m³. Am 4. Mai 1967 stand der Feuerlöschzug auf einem Abstellgleis im Bahnhof Westerntor.
Foto: K. Kieper, Nachlass W. Zeunert (†)

Betriebs-Nr. 99-03-02) und Nr. 13 (ex Betriebs-Nr. 99-03-09) stationiert. Der Bahnhofswagen Nr. 11ᴵᴵ besaß eine besondere Historie. Er war einer der wenigen Güterwagen der Südharz-Eisenbahn AG (SHE), die nach dem Zweiten Weltkrieg in der SBZ verblieben waren. Die DR reihte den O-Wagen mit der Betriebs-Nr. 99-72-02 in ihren Bestand ein. Nach seiner Ausmusterung am 17. November 1969 fungierte er als Dienstwagen auf dem Bf Nordhausen Nord. Die Interessengemeinschaft Harzer Schmalspurbahnen e.V. (IG HSB) erwarb 1992 den Wagen, arbeitete ihn in mühevoller Kleinarbeit auf und versetzte das Fahrzeug dabei wieder weitgehend in den Originalzustand.

Auch im Lokbf Gernrode (Harz) waren einige Schlackewagen stationiert. Ab 1957 diente der von der SHE stammende zweiachsige offene Güterwagen 99-03-39 zum Transport von Verbrennungsrückständen (Umzeichnung in 99-01-99). Als einer der wenigen Schlackewagen behielt er seine Seitenwände aus Holz. Nach seiner Ausmusterung am 4. August 1969 wurde das Fahrzeug zum Bahnhofswagen Nr. 1 umgezeichnet (ab 1982: Nr. 21). Die HSB übernahm den Wagen 1993 (ab 1995: Bahnhofswagen Gernrode 2). Hinter dem Bahnhofswagen 8 verbarg sich der ehe-

malige offene Güterwagen 99-03-40. Auch er stammte von der SHE und diente ab Mitte der 1960er-Jahre in Gernrode zunächst als Schlackewagen (Umzeichnung in 99-01-97), bevor er am 4. August 1969 ausgemustert wurde. Die HSB übernahm den Wagen 1993 und zeichnete ihn 1995 zum Bahnhofswagen Gernrode 1 um. Auch die im Lokbf Gernrode (Harz) stationierten Bahnhofswagen 6 (ex Betriebs-Nr. 99-01-95) und 9 (ex Betriebs-Nr. 99-72-03) waren offene Güterwagen der SHE. Während der Bahnhofswagen Nr. 6 noch von der HSB übernommen wurde (ab 1995: Bahnhofswagen Nr. 5), hatte der Bahnhofswagen Nr. 9 im Sommer 1979 ausgedient. Er wurde ausgemustert und im Verlauf des Jahres 1980 verschrottet.

Eine weitere Besonderheit unter den Dienstfahrzeugen des Bw Wernigerode Westerntor war der so genannte **Abkochzug**. Das Reinigen der stark verschmutzten Bauteile und -gruppen, die bei einer L0 abgebaut werden mussten, beispielsweise Treib- und Kuppelstangen, Lager, Teile des Ausgleichs und des Bremsgestänges, war eine zeitaufwändige und dreckige Arbeit. Um diese zu vereinfachen, entstand 1974 der Abkochzug. Dieser bestand aus dem so genannten Abkochwagen (ex Bahnhofwagen Nr. 3; ex 99-01-81ᴵᴵ) und dem Abtropfwagen (ex Bahndienstwagen 04;

Als »Lunochod« bezeichneten die Eisenbahner des Bw Wernigerode diese Fahrzeugkombination. Der Trichterwagen diente zum Brennstofftransport zwischen der Est Wernigerode und der Werkstatt in Wernigerode Westerntor (Aufnahme vom 30.03.1974). Im Hintergrund ist der von der Bm Wernigerode Westerntor genutzte Gerätewagen 99-01-75 zu sehen. Das Fahrzeug wurde 1986 zum Schneepflug SPS 072 umgebaut.
Foto: G. Schütze

Der Güterwagen 99-02-25 diente Ende der 1980er-Jahre als »Ölwagen« für den Transport von Schmierstoffen zwischen der Werkstatt in Wernigerode Westerntor und der Est Wernigerode. Ab Sommer 1992 wurde er für Getränketransporte des Brockenwirts zwischen den Bahnhöfen Schierke und Brocken verwendet. Seit 1998 wird das Fahrzeug von der IG HSB betreut (Aufnahme vom 10.09.2006 in Wernigerode Westerntor).
Foto: B. Techel

bis 1927: NWE 305). Der Abkochwagen besaß einen rechteckigen Waschbehälter aus Stahl, auf dessen Boden Heizschlangen verlegt waren. Um den Behälter herum befand sich ein hochklappbarer Umlauf mit Geländer. Die verschmutzten Bauteile wurden in den Behälter gelegt und anschließend mit einer speziellen Waschlauge gereinigt. Beheizt wurde der Abkochwagen entweder von der Rangier-, der Heiz- oder einer Reservelok. Nach dem Waschvorgang wurden die gereinigten Bauteile auf den Abtropfwagen zum Trocknen abgelegt. Die HSB übernahm den Abkochzug und reihte die beiden Fahrzeuge als Bahnhofswagen Nr. 11 (Abkochwagen) und Nr. 12 (Abtropfwagen) in ihren Bestand ein. Beide Fahrzeuge sind noch immer vorhanden, werden aber schon seit mehr als 30 Jahren nicht mehr genutzt.

Zu den Dienstfahrzeugen des Bw Wernigerode Westerntor gehörte außerdem ein so genannter **Ölwagen**, mit dem in erster Linie Schmierstoffe zwischen der Werkstatt in Wernigerode Westerntor und der Est Wernigerode befördert wurden. Zuletzt fungierte der zweiachsige gedeckte Güterwagen 99-02-25 als Ölwagen, bevor er ab 24. Juli 1992 für einige Zeit für den Transport von Getränken zwischen den Bahnhöfen Schierke und Brocken genutzt wurde.

Außerdem pendelte zwischen der Est Wernigerode und der Werkstatt Wernigerode Westerntor ein **Kohlentransportwagen**, mit dem der für die Gebäudeheizung benötigte Brennstoff (meist Rohbraunkohle) befördert wurde. Der von den Eisenbahnern scherzhaft als »Lunochod«* bezeichnete Bahnhofswagen bestand aus einem vierachsigen Rollwagen mit Druckluftbremse und einem zweiachsigen, ungebremsten regelspurigen Trichterwagen. Dieser besaß noch Speichenradsätze und Stangenpuffer. Das Harzer »Lunochod« durfte nur zwischen den Bahnhöfen Wernigerode und Wernigerode Westerntor eingesetzt werden.

3.6 Das letzte Schmalspur-Bahnbetriebswerk der Deutschen Reichsbahn

Mit den Planungen des Ministeriums für Verkehrswesen (MfV), das Schmalspurnetz in der DDR zu verringern (siehe S. 36), stand in der zweiten Hälfte der 1960er-Jahre auch die Auflösung des Bw Wernigerode Westerntor zur Diskussion. Kleinere und mittlere Dienststellen sollten mit benachbarten größeren Bahnbetriebswerken zu so genannten

*Als »Lunochod«, russisch für »Mondgang«, wurden die von der Sowjetunion entwickelten und gebauten unbemannten Raumfahrzeuge des Typs Luna E-8 bezeichnet. »Lunochod 1« und »Lunochod 2« waren die ersten ferngesteuerten Fahrzeuge auf einem anderen Himmelskörper. Mit ihnen wurde in den Jahren 1970/71 und 1973 der Mond erforscht.

Zum Reinigen stark verschmutzter Bauteile gab es im Bw Wernigerode den »Abkochzug«. Er bestand aus dem Abkochwagen (hinten) und dem Abtropfwagen (vorne). Im August 1990 stand der »Abkochzug« auf dem Gelände der Werkstatt in Wernigerode Westerntor.
Foto: D. Endisch

Großdienststellen zusammengefasst werden. Damit wollte die DR aber kein Personal abbauen. Durch die neuen Groß-Bw sollten der Fahrzeug- und Arbeitskräfteeinsatz rationalisiert und die Kosten gesenkt werden. Dadurch sollten die andernorts händeringend benötigten Beschäftigten freigesetzt werden. Dringenden Handlungsbedarf sah die VdM u.a. im Harz und dem nördlichen Harzvorland, da hier in einem Radius von nicht einmal 30 km mit den Bahnbetriebswerken Blankenburg (Harz), Halberstadt und Wernigerode Westerntor drei selbstständige Dienststellen existierten. Der im Sommer 1970 von der VdM vorgelegte Perspektivplan sah die Auflösung von neun der damals noch zwölf existierenden Bahnbetriebswerke in der Rbd Magdeburg vor. Im Sommer 1975 sollten nur noch die so genannten Groß-Bw Güsten, Magdeburg und Stendal als eigenständige Dienststellen bestehen. Das Bw Wernigerode – der Zusatz »Westerntor« entfiel offiziell zum 1. Februar 1971 – sollte zunächst in eine Außenstelle des Bw Halberstadt umgewandelt werden und ab 1975 dem Groß-Bw Güsten unterstehen.

Doch dieses Vorhaben sorgte für kontroverse Diskussionen – zum einen zwischen dem Bw-Vorsteher und seinen Abteilungsleitern mit der VdM in Magdeburg, zum anderen zwischen der Belegschaft mit der Betriebsparteiorganisation (BPO) und der Betriebsgewerkschaftsleitung (BGL). Der Vorsteher des Bw Wernigerode, Werner Dill, bezweifelte, dass sich mit der Auflösung seiner Dienststelle die Effektivität deutlich steigern lasse. Dem Bw Wernigerode waren mit der Instandhaltung der meterspurigen Dampflokomotiven und der Zugförderung auf der Harzquer-, Brocken- und Selketalbahn ganz spezielle Aufgaben zugewiesen, die andernorts nicht erledigt werden konnten. Diese Argumentation überzeugte schließlich die maßgeblichen Herren der VdM, die fortan die Eigenständigkeit der Dienststelle nicht mehr in Frage stellten. Das Bw Wernigerode war damit das letzte Schmalspur-Bahnbetriebswerk der DR.

Anfang der 1970er-Jahre setzte die Tu-Gruppe des Bw Wernigerode einige Schmalspur-Dampfloks instand, die die Reichsbahn anschließend an Vereine bzw. Eisenbahnfreunde in der Bundesrepublik und in Frankreich verkaufte. Den Reigen eröffnete die zuletzt in der Est Straupitz (Bw Cottbus) stationierte 99 5633. Die Maschine erhielt in der Werkstatt in Wernigerode Westerntor eine L0 (05.03.–25.06.1971) und wurde nach einer Probefahrt auf dem Abschnitt Wernigerode Westerntor–Drei Annen Hohne am 25. Juni 1971 an den Deutschen Eisenbahn-Verein e.V. in Bruchhausen-Vilsen veräußert. Bis heute ist die als SPREEWALD bezeichnete 1´Cn2t-Maschine auf der Museumbahn Bruchhausen-Vilsen–Asendorf im Einsatz. Zwei Jahre später arbeiteten die Schlosser der so genannten L0-Brigade die 99 5001 und die aus Barth stammende 99 5611 auf. Letztere wurde in Wernigerode mit einer Saugluftbremse der Bauart Körting ausgerüstet. Vor ihrem Verkauf an die französische Museumsbahn Dunieres–St. Agreve absolvierten beide Maschinen am 12. Dezember (99 5611) und 13. Dezember 1973 (99 5001) Probefahrten nach Drei Annen Hohne. Wenige Wochen später, im Frühjahr 1974, traf aus dem Raw Görlitz die auf 600 mm umgespurte Heeresfeldbahn-Dampflok 99 4652 in Wernigerode ein. Sie wurde auf ein Gleisjoch gestellt, das auf einen Rollwagen aufgesetzt wurde. Nach Abschluss der Arbeiten wurde 99 4652 am 18. Juli 1974 verladen und nach Gütersloh gebracht.

In der zweiten Hälfte der 1970er-Jahre mussten die technischen Anlagen des Bw Wernigerode umgebaut werden. Auslöser dafür war die am 7. November 1976 getroffene Entscheidung der Hauptverwaltung der Maschinenwirtschaft (HvM), die Baureihe 99$^{23-24}$ mit einer Ölhauptfeuerung auszurüsten. Im Verlauf des Jahres 1977 wurden die Lokbehandlungsanlagen des Bw Wernigerode für den Einsatz der ölgefeuerten Neubauloks vorbereitet. In den Einsatzstellen Wernigerode und Nordhausen Nord (siehe S. 270) wurden entsprechende Bunkeranlagen errichtet. In der Est Wernigerode wurden dafür die bereits seit einigen Jahren nicht mehr benötigten stationären Kohlekräne an den Gleisen 16 und 17 abgerissen. Beide Betonsockel erhielten einen Tankstutzen, auch als »Galgen« bezeichnet, mit dessen Hilfe das Ölbunkern erfolgte. Meist wurden die Maschinen

Am 27. Februar 1981 wurde die Planlok der Est Hasselfelde, 99 0234-7 (ex 99 234), als Vorspann vor einem Personenzug (Zuglok 99 0240-0) zum Auswaschen nach Wernigerode überführt. Da 99 0234-7 Esse voran von Nordhausen nach Hasselfelde eingesetzt wurde, kam diese ungewöhnliche Bespannung zustande. Foto: G. Schütze

Anfang der 1970er-Jahre arbeitete die Tu-Gruppe des Bw Wernigerode Westerntor einige Schmalspurdampfloks vor deren Verkauf ins westliche Ausland betriebsfähig auf. Dazu gehörte u.a. 99 5633, hier auf dem Gelände der Werkstatt in Wernigerode Westerntor, die nach einer Probefahrt am 25. Juni 1971 an den Deutschen Eisenbahn-Verein e.V. (DEV) in Bruchhausen-Vilsen abgegeben wurde. Foto: Nachlass W. Zeunert (†)

Gut zwei Jahre später wurden die an die französische Museumsbahn Dunieres–St. Agreve verkauften 99 5001 und 99 5611 in der Werkstatt in Wernigerode Westerntor instandgesetzt. Für die Lastprobefahrten erhielten beide Maschinen sogar neue, EDV-gerechte Lokschilder. Vor der Rückfahrt nach Wernigerode ergänzte das Personal am 13. Dezember 1973 in Drei Annen Hohne den Wasservorrat der 99 5001-5. Foto: Archiv D. Endisch

Einen Tag zuvor, am 12. Dezember 1973, absolvierte 99 5611-1 ihre Lastprobefahrt von Wernigerode nach Drei Annen Hohne, wo diese Aufnahme entstand.
Foto: Nachlass W. Zeunert (†)

Unfälle mit Triebfahrzeugen des Bw Wernigerode Westerntor

Die Fahrzeuge des Bw Wernigerode Westerntor (01.01.1950–31.01.1993) waren im Laufe der Jahre immer wieder in Unfälle verwickelt, die zumeist glimpflich verliefen. Ein Abgleich mit anderen Unterlagen (z.B. Betriebsbüchern und den hier verzeichneten Unfallinstandsetzungen) lässt die Schlussfolgerung zu, dass nicht alle Vorkommnisse an die vorgesetzten Dienststellen (Rba Aschersleben und Rbd Magdeburg) gemeldet wurden. Daher kann die folgende Aufstellung keinen Anspruch auf Vollständigkeit erheben.

Datum	Ereignis
31.03.1954	99 5905 wurde am Hang des Mühlberges bei Ilfeld durch Steinschlag beschädigt.
November 1954	99 6001 stieß auf einer Gleiskreuzung im Bf Nordhausen Nord mit einer regelspurigen Dampflok zusammen.
26.01.1955	Die fabrikneue 99 232 entgleiste bei der Überführung von der Umladung zur Werkstatt in Wernigerode Westerntor.
02.02.1955	99 232 entgleiste bei einer Probefahrt.
09.02.1955	99 232 entgleiste bei einer Probefahrt im 57 m-Gleisbogen zwischen km 34,47 und km 34,23 vor dem Bf Sorge.
02.09.1956	99 241 entgleiste zwischen Drei Annen Hohne und Steinerne Renne (km 51,6) aufgrund von Oberbaumängeln mit der ersten Kuppelachse.
03.09.1956	99 240 entgleiste zwischen Drei Annen Hohne und Steinerne Renne (km 52,6) aufgrund eines schadhaften Spurkranzes mit der ersten Kuppelachse.
21.09.1956	99 242 entgleiste zwischen Drei Annen Hohne und Steinerne Renne (km 51,6) aufgrund von Oberbaumängeln mit der fünften Kuppelachse.
22.01.1957	Eine Lok der Baureihe 99[23–24] entgleiste zwischen Drei Annen Hohne und Steinerne Renne (km 52,8) aufgrund von Oberbaumängeln.
12.06.1957	Die vordere Laufachse 99 245 entgleiste zwischen Ilfeld und Netzkater (km 12,3) aufgrund des Bruches des Radsterns der Laufachse (linke Seite).
17.02.1958	99 245 entgleiste im Bf Steinerne Renne aufgrund einer falsch gestellten Weiche mit allen Achsen. Die Maschine wurde im Raw Görlitz (L2: 21.03.–24.07.1958) instandgesetzt.
01.04.1958	99 247 entgleiste zwischen Drei Annen Hohne und Steinerne Renne (km 52,8) aufgrund einer defekten Spurkranzschmierung mit der fünften Kuppelachse.
11.10.1958	99 246 entgleiste aufgrund einer Spurerweiterung auf der Drehscheibe in Wernigerode mit der zweiten Kuppelachse.
22.05.1959	99 247 entgleiste bei der Einfahrt in den Bf Steinerne Renne mit der ersten Kuppelachse.
18.06.1959	99 238 entgleiste auf der Kreuzung in Wernigerode Westerntor aufgrund von Oberbaumängeln (zwei ungestopfte Schwellen) mit der vierten Kuppelachse.
18.10.1960	99 244 entgleiste aufgrund eines Schienenbruches bei Eisfelder Talmühle (km 18,6) mit der ersten Kuppelachse.
07.11.1960	99 239 entgleiste im Gleisbogen zwischen Wernigerode Westerntor und Wernigerode (km 60,0) aufgrund von Oberbaumängeln (defekter Schienenstoß).
11.04.1961	99 246 entgleiste zwischen Elend und Drei Annen Hohne (km 42,2). Die Maschine wurde in der Werkstatt in Wernigerode Westerntor (L0: 27.05.–29.06.1961) instandgesetzt.
28.04.1961	99 233 entgleiste im Lokschuppen in Benneckenstein aufgrund einer gebrochenen Federspannschraube mit der fünften Kuppelachse.
05.08.1961	99 234 entgleiste beim Befahren des Gleisbogens vor dem Lokschuppen der Est Nordhausen Nord mit der ersten Kuppelachse.
05.01.1962	99 245 entgleiste im Lokschuppen in Nordhausen Nord aufgrund von Oberbaumängeln (defekter Schienenstoß) mit der vierten Kuppelachse.
15.02.1962	99 240 entgleiste im Bf Wernigerode aufgrund eines defekten Weichenherzstücks mit der vorderen Laufachse.
04.05.1962	99 244 entgleiste im Bf Steinerne Renne aufgrund von Oberbaumängeln (defekter Schienenstoß) mit der vierten und fünften Kuppelachse.
05.05.1962	99 244 entgleiste bei Tiefenbachmühle (km 19,8) aufgrund von Oberbaumängeln (defekter Schienenstoß) mit der fünften Kuppelachse.
03.07.1962	99 238 entgleiste beim Befahren des Anschlussgleises des Sägewerks in Wernigerode-Hasserode aufgrund von Oberbaumängeln mit der vorderen Laufachse.
20.11.1962	99 239 entgleiste zwischen Netzkater und Eisfelder Talmühle (km 15,2) aufgrund von Oberbaumängeln (8 cm Lücke in einem Schienenstoß) mit der fünften Kuppelachse.
19.02.1963	99 246 entgleiste im Bf Nordhausen Nord aufgrund einer defekten Weiche mit der ersten Kuppelachse.
17.03.1963	99 245 entgleiste bei Drei Annen Hohne (km 46,1) mit der vorderen Laufachse.
06.02.1965	99 245 entgleiste im Lokschuppen in Nordhausen Nord aufgrund einer Spurerweiterung mit der dritten Kuppelachse (Treibachse).
29.11.1965	99 247 entgleiste bei Benneckenstein (km 27,0) aufgrund vereister Schienen mit der vorderen Laufachse sowie der ersten und zweiten Kuppelachse.

Unfälle mit Triebfahrzeugen des Bw Wernigerode Westerntor (Fortsetzung)

Datum	Ereignis
10.12.1965	99 243 entgleiste auf dem Bahnübergang (km 54,6) vor der Einfahrt in den Bf Steinerne Renne aufgrund stark verschmutzer Spurrillen mit der vorderen Laufachse und der ersten Kuppelachse.
01.02.1966	99 247 entgleiste bei der Einfahrt in den Bf Nordhausen Nord (km 0,47) aufgrund vereister Schienen mit der ersten, zweiten und dritten Kuppelachse.
24.06.1967	99 246 entgleiste im Bf Steinerne Renne aufgrund einer Spurerweiterung mit der ersten Kuppelachse. Die Lok wurde in der Werkstatt in Wernigerode Westerntor (L0: 27.04.–30.06.1967) instandgesetzt.
08.04.1968	99 233 entgleiste zwischen Tiefenbachmühle und Benneckenstein (km 27,9) mit der vorderen Kuppelachse durch Verklemmung des rechten Achslagers.
18.05.1968	99 244 entgleiste vor dem N 9740 aufgrund zu hoher Geschwindigkeit zwischen Niedersachswerfen Ost und Nordhausen-Krimderode (km 5,4) und kippte um. Der Gepäckwagen und die drei auf Rollwagen verladenen regelspurigen Güterwagen verkeilten sich ineinander. Der Sachschaden belief sich auf rund 50.000 Mark. Lokführer, Heizer, Zugführer und Schaffner hatten während des Dienstes Alkohol getrunken und dann versucht, mit einem Motorradfahrer eine Wettfahrt zu machen. Die Lok wurde im Raw Görlitz (L3+L0: 08.06.1968–12.11.1969) instandgesetzt.
23.07.1968	99 238 entgleiste zwischen Sorge und Elend (km 39,9) mit der fünften Kuppelachse. Die Lok wurde anschließend als »w« geführt (ab 24.07.1968) und im Raw Görlitz (L0: 08.10.1968–31.01.1969) instandgesetzt.
21.09.1968	99 233 fuhr im Bf Ilfeld die Weiche 5 auf und entgleiste mit der vorderen Laufachse.
03.12.1968	99 232 entgleiste im Bf Steinerne Renne aufgrund einer gebrochenen Federspannschraube mit der vorderen Laufachse. Die Lok wurde anschließend als »w« geführt (ab 10.12.1968) und im Raw Görlitz (L4: 13.01.–26.03.1969) instandgesetzt.
06.04.1969	99 233 entgleiste zwischen Nordhausen-Krimderode und Nordhausen Altentor (km 3,0) aufgrund eines gebrochenen Beugniot-Hebel mit der ersten Kuppelachse.
08.04.1969	99 233 entgleiste bei Benneckenstein (km 27.9) aufgrund eines schadhaften Achslagers mit der vorderen Laufachse.
18.09.1969	99 238 entgleiste bei der Einfahrt in den Bf Eisfelder Talmühle aufgrund einer Spurerweiterung mit der fünften Kuppelachse.
01.12.1969	99 247 entgleiste zwischen Wernigerode-Hasserode und Steinerne Renne (km 52,1) aufgrund stark abgefahrener Schienen mit der ersten Kuppelachse.
21.01.1970	99 222 entgleiste mehrfach zwischen Drängetal und Steinerne Renne aufgrund einer gebrochenen Tragfeder mit der fünften Kuppelachse.
23.03.1970	99 239 entgleiste bei Sorge (km 32,8) aufgrund von Frostschäden am Oberbau mit der ersten Kuppelachse.
09.07.1970	99 232 entgleiste beim Befahren des Anschlussgleises der Papierfabrik Ilfeld aufgrund von Oberbaumängeln (falsche Gleisüberhöhung).
27.07.1970	99 222 entgleiste im Bf Benneckenstein aufgrund einer schadhaften Weiche mit der vorderen Laufachse.
01.09.1970	99 239 entgleiste bei Niedersachswerfen Ost (km 6,8) mit der vorderen Laufachse.
01.12.1970	99 246 entgleiste bei Drei Annen Hohne (km 48,4) aufgrund einer gebrochenen Tragfeder mit der fünften Kuppelachse.
06.12.1970	99 222 entgleiste im Bf Wernigerode Westerntor aufgrund eines defekten Weichenherzstücks.
12.01.1971	99 222 entgleiste im Bf Benneckenstein aufgrund einer nicht richtig gestellten Weiche mit der hinteren Lauflachse.
24.01.1971	99 222 entgleiste im Bf Benneckenstein aufgrund einer nicht richtig gestellten Weiche mit der vorderen Lauflachse.
19.02.1971	99 234 entgleiste bei einer Probefahrt bei Steinerne Renne (km 53,9) mit der vorderen Lauflachse.
18.04.1971	99 232 entgleiste bei Ilfeld (km 11,7) aufgrund von Oberbaumängeln mit der vierten Kuppelachse.
03.06.1971	99 222 entgleiste auf der Drehscheibe der Est Nordhausen Nord aufgrund der defekten Verriegelung.
11.06.1971	99 247 entgleiste bei Steinerne Renne (km 52,2) aufgrund schadhafter Ausgleichhebel (Betriebsgrenzmaß überschritten) mit der fünften Kuppelachse. Die Lok wurde in der Werkstatt in Wernigerode Westerntor (NA L2: 14.06.–23.06.1971) instandgesetzt.
18.06.1971	99 244 entgleiste bei der Einfahrt in den Bf Eisfelder Talmühle (km 17,2) aufgrund einer Spurerweiterung mit der ersten Kuppelachse.
27.10.1971	99 240 entgleiste zwischen Sorge und Elend (km 37,5) aufgrund von Oberbaumängeln mit der fünften Kuppelachse.
17.02.1972	99 241 entgleiste zwischen Nordhausen Altentor und Nordhausen-Krimderode (km 3,8) aufgrund von Oberbaumängeln mit der fünften Kuppelachse.
27.03.1972	99 242 fuhr bei Nordhausen-Krimderode (km 6,6) auf einen umgestürzten Baum. Dabei entgleiste die vordere Laufachse.
17.05.1972	99 246 entgleiste bei der Einfahrt in den Bf Eisfelder Talmühle (km 17,2) aufgrund einer Spurerweiterung mit der ersten und zweiten Kuppelachse.
04.07.1972	99 243 entgleiste bei einer Probefahrt zwischen Drei Annen Hohne und Steinerne Renne (km 50,4) mit der vierten Kuppelachse.
07.09.1972	99 247 entgleiste bei Wernigerode Kirchstraße (km 57,8) mit der ersten Kuppelachse.
24.02.1973	99 244 entgleiste bei der Einfahrt in den Bf Wernigerode Westerntor (km 59,3) aufgrund einer Spurerweiterung mit der ersten Kuppelachse.
25.04.1973	99 234 entgleiste bei Ilfeld (km 10,1) aufgrund vereister Schienen.

Unfälle mit Triebfahrzeugen des Bw Wernigerode Westerntor (Fortsetzung)

Datum	Ereignis
06.05.1973	99 233 entgleiste bei Unterberg (km 6,9) aufgrund von Oberbaumängeln mit der ersten Kuppelachse.
07.02.1974	99 237 entgleiste beim Verlassen des Bf Drei Annen Hohne (km 0,48) aufgrund vereister Spurrillen mit der vorderen Laufachse.
12.02.1974	99 247 entgleiste bei Drei Annen Hohne (km 48,1) mit der ersten Kuppelachse.
20.02.1974	99 244 entgleiste zwischen Unterberg und Birkenmoor (km 4,3) aufgrund von Oberbaumängeln mit allen Achsen.
02.04.1974	99 222 entgleiste bei Birkenmoor (km 2,6) aufgrund von Oberbaumängeln mit der vorderen Laufachse.
06.04.1974	99 5906 entgleiste aufgrund schwerer Oberbaumängel bei Straßberg (Harz) mit einer Übergabe zur Flussspatgrube. Die Rbd Magdeburg sperrte daraufhin mit Wirkung zum 26. Mai 1974 den Abschnitt Straßberg (Harz)–Anschluss Flussspatgrube für den Verkehr.
11.09.1974	99 222 fuhr bei Drei Annen Hohne (km 1,5) auf zwischen den Gleisen liegende Felsbrocken auf und entgleiste mit der vorderen Laufachse.
04.10.1974	In der Nähe des Hp Drahtzug (km 12,3) entgleiste aufgrund einer Spurerweiterung ein Gmp. Glücklicherweise kam das Personal der 99 5903 mit dem Schrecken davon. Die wenigen Reisenden erlitten nur Prellungen und Schürfwunden. Der Sachschaden war beträchtlich. Der kombinierte vierachsige Personen-Gepäckwagen 902-301 und der vierachsige Personenwagen 900-452 mussten verschrottet werden.
12.11.1974	99 234 entgleiste bei Birkenmoor (km 3,6) aufgrund einer Spurerweiterung mit der hinteren Lauf- und der ersten Kuppelachse.
06.03.1975	99 240 entgleiste bei Steinerne Renne (km 54,8) aufgrund von Oberbaumängeln (unzulässige Höhe eines Schienenstoßes) mit der vierte Kuppelachse.
19.05.1975	99 244 stieß bei Tiefenbachmühle (km 22,2) mit einem Skl zusammen und entgleiste mit der vorderen Laufachse.
13.06.1975	99 240 entgleiste auf dem Anschlussgleis des VEB Minol in Nordhausen aufgrund einer Spurerweiterung mit der Treibachse.
11.07.1975	99 240 entgleiste bei der Einfahrt in den Lokschuppen der Est Wernigerode aufgrund eines schadhaften Weichenherzstückes mit der ersten, zweiten, vierten und fünften Kuppelachse.
15.07.1975	99 245 entgleiste auf dem Bahnübergang Ochsenteichstraße in Wernigerode aufgrund von Oberbaumängeln mit der vierten Kuppelachse.
08.08.1976	99 235 entgleiste zwischen Niedersachswerfen Ost und Ilfeld (km 8,3) aufgrund von Oberbaumängeln mit der fünften Kuppelachse.
29.10.1976	99 234 entgleiste auf dem Bf Brocken aufgrund von Oberbaumängeln mit der ersten, zweiten, vierten und fünften Kuppelachse.

Am 13. März 1977 ereignete sich ein schweres Zugunglück in der Nähe des Hp Tiefenbachmühle. Infolge eines Schienenbruches entgleiste der P 14408 Nordhausen Nord–Wernigerode. 99 7245-6 (ex 99 245) und zwei Reisezugwagen stürzten den Bahndamm hinunter. Dabei kam ein Mensch ums Leben.   *Foto: Nachlass W. Steinke (†)*

Unfälle mit Triebfahrzeugen des Bw Wernigerode Westerntor (Fortsetzung)

Datum	Ereignis
17.02.1977	99 232 entgleiste bei Birkenmoor (km 3,8) mit der ersten Kuppelachse.
07.03.1977	99 238 entgleiste bei Birkenmoor (km 2,6) aufgrund von Oberbaumängeln mit der zweiten Kuppelachse. Die Lok wurde anschließend als »w« geführt (ab 10.03.1977) und im Raw Görlitz (L5: 07.04.–16.06.1977) instandgesetzt.
10.03.1977	99 5901 entgleiste mit einer Rangierabteilung bei Alexisbad (km 1,62) und stürzte die Böschung herunter (siehe Kasten S. 236).
13.03.1977	99 245 entgleiste mit dem P 14408 Nordhausen Nord–Wernigerode aufgrund eines gebrochenen Schienenkopfes bei Tiefenbachmühle (km 20,4) und stürzte mit zwei Reisezugwagen (KB 900-502 und KB 900-516) die Böschung herunter. Bei dem Unglück wurde ein Reisender getötet. Die Lok musste an der Unglücksstelle demontiert und mit Hilfe eines Kranes geborgen werden. Die Maschine wurde im Raw Görlitz (L7: 18.04.1977–26.04.1978) instandgesetzt und auf Ölhauptfeuerung umgebaut.
11.08.1977	99 234 entgleiste bei Steinerne Renne (km 50,2) aufgrund von Oberbaumängeln mit der vierten Kuppelachse.
22.07.1977	99 237 entgleist bei Steinerne Renne (km 50,3) aufgrund von Oberbaumängeln mit der vierten Kuppelachse.
06.12.1978	99 239 kollidierte auf einem Bahnübergang in Nordhausen mit einem Lkw. Durch die Wucht des Aufpralls kippte das mit Nordhäuser Doppelkorn beladene Fahrzeug um. Der Gepäckwagen hinter der Lok entgleiste.
02.02.1980	Aufgrund einer Störung der Rückfallweiche entgleiste der P 14443 im Bf Niedersachswerfen Ost.
13.02.1981	Bei 99 241 (mit P 14404) brach im Bf Ilfeld eine Kuppelstange. Das Personal fuhr mit der Maschine zurück nach Nordhausen Nord, drehte und brachte den P 14408 nach Wernigerode. Die Werkstatt stellte einen Sprödbruch der Kuppelstange fest, der durch einen Haarriß ausgelöst wurde.
21.02.1981	99 240 (mit P 14446) entgleiste in Drei Annen Hohne mit einer Achse.
08.10.1981	Ein Schüler fuhr mit seinem Fahrrad am Bahnübergang Wallstraße (km 2,63) in Harzgerode gegen einen Zug und verstarb noch am Unfallort.
07.01.1982	99 240 (mit P 14409) entgleiste bei Benneckenstein nach Überfahren eines Gegenstandes im Gleis.
24.02.1982	99 5902 entgleiste vor dem Gmp 69716 bei Mägdesprung mit zwei Achsen.
05.03.1982	99 5902 entgleiste vor dem Gmp 69716 im Bf Alexisbad mit zwei Achsen.
04.05.1982	99 234 (mit P 14414) entgleiste im Bf Eisfelder Talmühle mit einer Achse.
27./28.06.1982	Infolge unsachgemäßer Bedienung der Ölhauptfeuerung der 99 232 brannte der Lokschuppen in Benneckenstein ab (siehe S. 276). Die Lok wurde dabei schwer beschädigt. Die Maschine wurde anschließend als »w« geführt (ab 29.06.1982) und im Raw Görlitz (L6+L0: 27.08.–20.12.1982) instandgesetzt.
03.07.1983	Am Bahnübergang »Gänseschnabel« prallten ein Pkw und ein Zug nach Nordhausen Nord zusammen.
12.02.1985	99 238 entgleiste vor dem N 67790 aufgrund überhöhter Geschwindigkeit im Bf Friedrichshöhe und kippte um. Die Maschine musste mit Hilfe zweier Autokräne geborgen werden. Aufgrund der schweren Schäden an Laufwerk, Führerhaus und Kohlekasten wurde die Lok anschließend als »w« geführt (ab 14.02.1985) und im Raw Görlitz (L7 + L0: 04.03.1985–31.05.1986) instandgesetzt.
20.06.1985	99 6102 kollidierte vor dem P 14459 am Bahnübergang Wallstraße (km 2,63) in Harzgerode mit einem Pkw. Der Fahrer hatte das Stopp-Schild nicht beachtet.
12.08.1985	99 236 entgleiste bei Sternhaus-Ramberg (km 6,95) aufgrund einer Spurerweiterung mit der ersten Kuppelachse.
15.08.1985	99 247 (mit N 67071) entgleiste im Bf Wernigerode-Hasserode mit fünf Achsen.
26.08.1985	99 237 entgleiste bei Drahtzug (km 11,6) aufgrund einer Geschwindigkeitsüberschreitung mit der ersten Kuppelachse.
11.09.1985	99 231 entgleiste in der Nähe des ehemaligen Hp Unterberg (km 6,975) aufgrund einer Spurerweiterung.
13.09.1985	99 6101 entgleiste bei Drahtzug (km 11,5) aufgrund einer Geschwindigkeitsüberschreitung.
21.09.1985	99 234 kollidierte vor dem N 67793 bei Silberhütte mit einem Traktor.
30.10.1985	99 237 entgleiste beim Befahren der Weiche 8 im Bf Eisfelder Talmühle mit der hinteren Kuppelachse, deren Radreifen die Verschleißgrenze erreicht haben.
21.12.1985	99 234 entgleiste vor dem N 67794 im Bf Stiege mit vier Achsen.
13.02.1986	99 6101 entgleiste in der Nähe des Hp Drahtzug.
19.06.1986	99 235 entgleiste zwischen Stiege und Hasselfelde.
06.01.1987	99 6001 entgleiste aufgrund einer vereisten Weiche beim Umsetzen im Bf Harzgerode.
09.01.1987	99 236 entgleiste aufgrund vereister Spurrillen am km 10,8 (bei Drahtzug).
16.05.1987	99 233 entgleiste aufgrund von Oberbaumängeln zwischen Stiege und Eisfelder Talmühle.
17.05.1987	99 233 entgleiste an der gleichen Stelle wie am Vortag. Als Ursache wurde eine fehlerhafte Höhenlage des Gleises ermittelt.
10.07.1987	99 232 (mit N 67094) kollidierte auf einem Bahnübergang im Bf Nordhausen Nord mit einem Traktor.
22.03.1990	99 237 (mit P 14451) und 99 247 (mit N 67044) stießen bei Drahtzug zusammen.
02.06.1990	199 872 entgleiste aufgrund einer falsch gestellten Weiche im Bf Eisfelder Talmühle.
02.09.1990	Wegen einer falsch gestellten Weiche fuhr der P 14402 im Bf Drei Annen Hohne auf den P 14431 auf. Dabei wurden drei Personen leicht verletzt und es entstand ein Sachschaden von etwa 500 D-Mark.

Unfälle mit Triebfahrzeugen des Bw Wernigerode Westerntor (Fortsetzung)

Datum	Ereignis
01.12.1990	Am Bahnhübergang bei Drei Annen Hohne prallte ein aus Richtung Schierke kommende Personenzug mit einem Pkw zusammen. Der Fahrer, der den Zug nicht beachtet hatte, kam schwerverletzt ins Krankenhaus.
01.01.1991	99 231 entgleiste an der Drehscheibe in der Est Nordhausen Nord. Dabei wurden die Kuppelstangen verbogen.
11.01.1991	199 877 (mit P 14407) entgleiste in der Nähe des Hp Wernigerode Kirchstraße.
30.01.1991	199 861 (Lzz 67099) kollidierte auf einem Bahnübergang bei Niedersachswerfen mit einem Lkw.
28.05.1991	199 870 (mit einem Materialtransportzug) entgleiste aufgrund des schlechten Oberbaus in der Nähe Teufelskanzel (Brocken).
01.06.1991	Am Bahnübergang »Wietfeld I« prallte ein Personenzug mit einem Pkw zusammen.
29.07.1991	199 879 entgleiste mit einem beladener Schotterzug auf der Fahrt von Unterberg nach Schierke in der Nähe von Sorge. Im Gleisbogen hinter dem alten Bf Sorge stürzte der vierte von fünf Schotterwagen der Gattung Fcs vom Rollwagen. Dieser und weitere Rollwagen entgleisten.
30.12.1991	99 235 (mit N 14463) prallte bei Drahtzug mit einem Pkw zusammen.
10.01.1992	99 231 (mit N 14407) stieß bei Niedersachswerfen mit einem Sattelschlepper zusammen.
14.03.1992	Am Bahnübergang »Kirchstraße« in Wernigerode prallte ein Pkw mit dem N 14405 zusammen.
18.07.1992	99 245 (mit N 8961) entgleiste an einem Bahnübergang zwischen Güntersberge und Friedrichshöhe. In der Nacht hatte es im oberen Selketal stark geregnet. Dadurch wurde der Bahnübergang mit Sand und Geröll überspült.
31.08.1992	In der Nähe des Bf Niedersachswerfen Ost prallte ein Kleintransporter mit der Zuglok des N 8903 zusammen.
29.10.1992	199 874 entgleiste bei 40 cm Schneehöhe bei der Abfahrt im Bf Brocken auf der Weiche 2.
03.01.1993	Ein talwärts fahrender Zug erfasst auf der Brockenbahn ein auf den Gleisen wanderndes Kind.

auf Gleis 17 betankt. Der Stutzen an Gleis 16 (Vierschienengleis) wurde kaum genutzt. Das schwere Bunkeröl D wurde in einem Kesselwagen, der im ehemaligen Kohlebansen stand, gelagert, vorgewärmt und dann in die Ölbunker der 1´E1´h2t-Maschinen gepumpt. Damit das schwere Bunkeröl fließfähig war, musste es auf ca. 70° C vorgewärmt werden. Dazu wurden meist 99 6101, 99 6102 und 99 222 genutzt (siehe S. 165). Die Maschinen dienten auch zum so genannten feuerlosen Anheizen und zum Warmhalten der Ölloks. Ein zweiter Kesselwagen diente als Re-

Zwischen 1976 und 1981 wurden alle 17 Maschinen der Baureihe 99²³⁻²⁴ mit einer Ölhauptfeuerung ausgerüstet. 99 0235-4 (ex 99 235) besaß ab 5. Januar 1978 eine Ölhauptfeuerung. Am 20. Mai 1979 hatte die Neubaulok mit einem Personenzug nach Nordhausen Nord den Bf Drei Annen Hohne erreicht. Foto: Slg. St. Matto

Als 99 0242-0 (ex 99 242) im September 1983 in der Est Wernigerode neues Heizöl bunkerte, lief im Raw Görlitz bereits der Rückbau der Baureihe 99²³⁻²⁴ von der Ölhaupt- zur Kohlefeuerung. Als letzte Maschine war 99 0242-0 bis Herbst 1983 mit einer Ölhauptfeuerung im Einsatz. *Foto: B. Techel*

servelager. Dieser wurde entweder in der Est Wernigerode auf einem der Vierschienengleise abgestellt oder auf einem Abstellgleis im benachbarten Bahnhof.

Da das Bw Wernigerode aber weiterhin kohlegefeuerte Dampfloks einsetzte, musste auch in Zukunft ein Kohlebansen vorgehalten werden. Dieser wurde westlich der Öltankanlage zwischen den Gleisen 16 und 17 angelegt. Die Bekohlung der Maschinen erfolgte nun ausschließlich mit Hilfe zweier Raupendrehkräne des Typs RK 3.

Doch der Einsatz der ölgefeuerten Neubauloks der Baureihe 99²³⁻²⁴ währte nur wenige Jahre. Aus energiepolitischen Gründen wurden die Maschinen zwischen 1982 und 1984 wieder auf Kohlefeuerung zurückgebaut (siehe S. 165 f.). Anschließend wurden die Öltankanlagen in Wernigerode und Nordhausen Nord demontiert.

Erhebliches Kopfzerbrechen bereitete dem kommissarischen Leiter des Bw Wernigerode, Günther Meinecke, zu jener Zeit der Zustand des alten Fachwerk-Lokschuppens in der Est Wernigerode. Seit vielen Jahren hatte die zuständige Hochbaumeisterei (Hbm) Bernburg kaum Mittel in die Instandhaltung des fast 100 Jahre alten Bauwerks investiert. Vor allem das Dach und die Balken des Fachwerks waren marode. Aus diesen Gründen untersagte die Staatliche Bauaufsicht am 4. Februar 1982 die weitere Nutzung des Gebäudes und sperrte es mit sofortiger Wirkung. Für das Bw Wernigerode und die VdM kam diese Entscheidung völlig unerwartet. Fortan mussten alle Betriebsloks in der Est Wernigerode unter freiem Himmel abgestellt und für den nächsten Dienst vorbereitet werden. Für die Lokführer und Heizer verschlechterten sich dadurch die Arbeitsbedingungen erheblich – vor allem im Winter oder bei Regen. Erst 1986 wurde der alte Schuppen abgerissen. Das auf Gleis 12 aufgestellte Putzgerüst blieb noch einige Zeit erhalten. Der seitens des Bw Wernigerode immer geforderte Neubau begann erst Jahre später (siehe S. 85 f.).

Ab Mitte der 1980er-Jahre fehlten im Bw Wernigerode ständig Arbeitskräfte. Besonders eklatant war der Mangel an Lokheizern. Um die Lücken im Fahrdienst zu schließen, setzte der Diensteinteiler entweder jüngere

Aufmerksam beobachtete der Heizer der 99 0242-0 (ex 99 242) in der Est Wernigerode das Ölbunkern. Das Bw Wernigerode war die letzte Dienststelle bei der Deutschen Reichsbahn, die planmäßig ölgefeuerte Dampfloks einsetzte. Die Hauptverwaltung der Maschinenwirtschaft (HvM) bemühte sich zwar um eine Ausnahmeregelung, um die Maschinen auch weiterhin mit schwerem Heizöl feuern zu können, scheiterte aber am Widerstand des Ministeriums für Verkehrswesen und der Staatlichen Plankommission. *Foto: B. Techel*

Lokführer als Heizer ein oder der Tb-Gruppenleiter forderte im Rahmen der »Sozialistischen Hilfe« Personale von benachbarten Dienststellen an, z.B. aus dem Bw Blankenburg (Harz) oder dem Bw Halberstadt. In den Sommermonaten verdienten sich außerdem häufig Studenten als Heizer (meist in der Est Gernrode) ein paar Mark zu ihrem Stipendium hinzu. Trotz aller Bemühungen gelang es dem Leiter der Dienststelle bis Anfang der 1990er-Jahre nicht, das Personalproblem zu lösen.

Dies galt auch für den dringend benötigten Lokschuppen in der Est Wernigerode. Erst im Zusammenhang mit dem 1984 beschlossenen Umbau von 30 Diessellokomotiven der Baureihe 110 zu Schmalspur-Maschinen (siehe S. 167 ff.) kam Bewegung in die Angelegenheit. Umgehend begannen die Vorbereitungen für den geplanten Traktionswechsel im Bw Wernigerode. Die Hbm Bernburg entwarf in diesem Zusammenhang für die Est Wernigerode einen neuen dreigleisigen Lokschuppen, der ausschließlich für die Baureihe 199^8 vorgesehen war. Aus diesem Grund verzichtete die Hbm Bernburg auf Rauchabzüge. Aus Kostengründen wurden für den Lokschuppen genormte Bauelemente aus dem Angebot der DDR-Industrie verwendet. Da der Hbm Bernburg aber ständig Arbeitskräfte und Material fehlten, verzögerte sich der Baubeginn Jahr um Jahr.

Im Sommer 1988 ging das Vorhaben »Traktionswechsel« in seine entscheidende Phase. Damit die Diessellos der Baureihe 199^8 von den regelspurigen Transportdrehgestellen auf die dreiachsigen Schmalspurdrehgestelle umgesetzt werden konnten, wurden im Herbst 1988 links und rechts des ehemaligen mittleren Schuppengleises (Gleis 14) vier Heböcke (Tragkraft 60 Mp) aufgestellt. Die Tankanlage wurde Anfang 1989 aus Platz- und Brandschutzgründen im Umladebahnhof errichtet. Dazu wurde der alte nicht mehr benötigte Kleinlokschuppen abgerissen und durch einen so genannten Tankcontainer (Fassungsvermögen 2 x 35 m^3 Dieselkraftstoff) ersetzt.

In der zweiten Hälfte der 1980er-Jahre gehörte das Bw Wernigerode mit rund 200 Beschäftigten zu den kleinsten Dienststellen des Hauptdienstzweiges (Hdz) Maschinenwirtschaft. Am 1. Januar 1988 zählte das Bahnbetriebswerk, das von Klaus Granowske geleitet wurde, insgesamt 210 Mitarbeiter und Mitarbeiterinnen, von denen 135 zur Tb-Gruppe (Gruppenleiter: Emanuel Berger) gehörten. Die Abteilungen Tu (Gruppenleiter: Günther Meinecke) und Ta waren mit 26 und 12 Beschäftigten deutlich kleiner. Die Tb-Gruppe verfügte über 69 Triebfahrzeugführer, von denen bereits 21 eine Berechtigung für Dieseltriebfahrzeuge besaßen. Außerdem gab es noch 45 Berufsheizer.

Mit dem Eintreffen der ersten beiden Diessellos der Baureihe 199^8 im November und Dezember 1988 (siehe S. 177 f.) kamen neue Aufgaben auf die Mitarbeiter der Tu-Gruppe zu. Bis Ende 1989 übernahmen Schlosser des Bw Halberstadt die Instandhaltung der Diessellos, die dafür nach Wernigerode reisten. Dabei wiesen sie ihre Kollegen in die neue Technik ein. Zu diesem Zeitpunkt gab es im Bw Wernigerode lediglich einen Triebfahrzeugelektriker und 13 Schlosser, die eine Ausbildung für Diessellos besaßen. Parallel dazu begann das Bw Wernigerode damit, neue Werkstätten für die Baureihe 199^8 aufzubauen. Dazu gehörten eine elektrische Werkstatt sowie Abteilungen für die Aufarbeitung von Einspritzdüsen und Schmierölfiltern. Die Tu-Gruppe war in der Lage, täglich Fristarbeiten bzw. Reparaturen an zwei Dampflos und einem Dieseltriebfahrzeug auszuführen.

Anfang der 1990er-Jahre sollte die Werkstatt im Bf Westerntor für die Unterhaltung der Baureihe 199^8 umgebaut werden. Die Reichsbahn wollte dafür die Drehscheibe entfernen und durch eine Weichenverbindung ersetzen.

Im Sommer 1989 begannen Beschäftigte der Hbm Bernburg damit, die Fundamente für den Lokschuppen in der Est Wernigerode auszuheben.

99 0232-1 (ex 99 232) wurde am 28. April 1981 vor dem Lokschuppen der Est Wernigerode für ihren nächsten Einsatz vorbereitet. Links neben der Maschine ist auf dem Vierschienengleis (Gleis 12) der als Reservelager für schweres Heizöl genutzte Kesselwagen zu sehen. Foto: G. Ferrée

Im Oktober 1989 wurden die Fundamente gesetzt. Der Rohbau der 40 m langen und 18 m breiten Halle begann nicht wie geplant am 2. Januar 1990, sondern erst im März 1990. Durch die politischen und wirtschaftlichen Umwälzungen der Jahre 1989/90 verzögerte sich die Fertigstellung des Lokschuppens abermals.

3.7 Die Hauptwerkstatt der Harzer Schmalspurbahnen GmbH

Im Herbst 1989 herrschte im Bw Wernigerode wie eh und je Hochbetrieb. Der beachtliche Personenverkehr auf der Harzquerbahn sowie das stetig steigende Güteraufkommen auf den Relationen Nordhausen Nord–Stiege–Hasselfelde/Silberhütte (Anhalt) und Wernigerode–Benneckenstein beanspruchten die Dienststelle bis an ihre Leistungsgrenze. Entsprechend den Planungen der HvM und der VdM sollte Anfang 1990 der Serienumbau der Diesellokomotiven der Baureihe 199[8] beginnen, so dass der Traktionswechsel im Jahr 1992 hätte abgeschlossen werden können. Doch mit den politischen Veränderungen im Herbst 1989 und

den gravierenden Folgen der Wirtschafts- und Währungsunion im Sommer 1990 wendete sich das Blatt.

Innerhalb weniger Monate brach der Güterverkehr auf den Schmalspurbahnen im Harz zusammen. Außerdem nahm der öffentliche Protest der Anwohner und Touristen gegen den Traktionswechsel auf der Selketal-, Harzquer- und Brockenbahn zu. Die Rbd Magdeburg reagierte auf die neue Situation und brach Anfang 1990 den Umbau der Baureihe 110 zu Schmalspur-Dieselloks ab (siehe S. 183), was gravierende Folgen für das Bw Wernigerode hatte, u.a. für den neuen Lokschuppen. Mit dem Fortbetrieb der Dampflokomotiven mussten nun Rauchabzüge eingebaut werden. Dachplatten mit entsprechenden Aussparungen waren jedoch nicht lieferbar. Die entsprechenden Betonelemente mussten erst beschafft werden, so dass sich die Fertigstellung des Lokschuppens bis 1992 verzögerte.

Mit dem Niedergang der Industrie im Einzugsbereich der Schmalspurbahnen im Harz verzeichnete die Rbd Magdeburg einen massiven Rückgang des Berufs- und Schülerverkehrs. Der steigende Ausflugs- und Tourismusverkehr konnte die Einnahmeverluste jedoch nur teilweise ausgleichen. Angesichts dieser Entwicklung begann die DR bereits im

99 0246-1 (ex 99 246) und 99 0240-0 (ex 99 240) pausierten am 7. Februar 1982 vor dem Lokschuppen der Est Wernigerode. Drei Tage zuvor, am 4. Februar 1982, hatte die Staatliche Bauaufsicht die weitere Nutzung des Gebäudes aufgrund schwerer baulicher Mängel gesperrt. »Halt! Einsturzgefahr!« stand an den Schuppentoren. Foto: D. Riehemann

Als 99 0235-4 (ex 99 235) am 28. April 1981 auf der Drehscheibe der Est Wernigerode stand, ahnte noch keiner der Eisenbahner, dass die Tage der Ölhauptfeuerung bei der DR aus wirtschafts- und energiepolitischen Gründen bereits gezählt waren. Foto: G. Ferrée

Nach dem Abriss des alten Lokschuppens 1986 mussten die Betriebsloks in der Est Wernigerode unter freiem Himmel abgestellt, für den Dienst vorbereitet und am Ende der Schicht auch abgerüstet werden. Am 2. September 1989 pausierten 99 7245-6, 99 7236-5 und 99 7242-3 (v.l.) auf den so genannten Freigleisen. Foto: D. Riehemann

Herbst 1990 damit, ältere Eisenbahner in den Vorruhestand oder vorzeitig in Rente zu schicken. Im Vergleich zu anderen Dienststellen im Bereich der Rbd Magdeburg hielt sich aber der Arbeitsplatzabbau im Bw Wernigerode in Grenzen. Am 31. Mai 1990 waren insgesamt 210 Männer und Frauen in der Dienststelle beschäftigt, zehn Monate später waren es 197. Auch die Strukturen der DR veränderten sich ab Herbst 1990 mehrfach. Die GD der DR löste am 30. September 1990 formal die Rbd Magdeburg auf. Deren Aufgaben übernahm die Rbd Halle. Diese unterhielt in Magdeburg bis zum 31. Dezember 1991 eine Zweigstelle, die als »Direktionsbereich Magdeburg« bezeichnet wurde. Im Zusammenhang mit der Anpassung der Strukturen der DR an jene der Deutschen Bundesbahn (DB) wurden die Abteilungen Tb, Tu und Ta zum 1. Januar 1991 in B-, C- bzw. E-Gruppe umbenannt.

Im Gegensatz zu anderen kleinen Bahnbetriebswerken stand die Eigenständigkeit des Bw Wernigerode aufgrund seiner besonderen Aufgabenstellung nicht zur Debatte. In einem Aktenvermerk mit dem Titel »Perspektivische Entwicklung der Dienststellen (...) in der Rbd Magdeburg« vom 22. Juni 1990 hieß es: »Das Bw Wernigerode bleibt als eigenständiges Bahnbetriebswerk des Schmalspurbereiches bestehen.« Allerdings waren erhebliche Investitionen in die Infrastruktur und die technischen Anlagen notwendig. Unter dem Stichpunkt »Investitionen und Reparaturen« war zu lesen:

»- Fertigstellung Lokschuppen Wgd-Hbf
- Ersatz der Drehscheiben Wgd-HBf und Nordhausen Nord
- Ersatz der Drehscheibe Wgd-Wt durch Weichenverbindungen
- Ersatz der Radsatzdrehmaschine
- Ersatz der Heizlok in der Est Westerntor
- Rekonstruktion der Nebenwerkstätten in Westerntor
- Reparatur der Lokschuppen Benneckenstein und Nordhausen Nord sowie

Reparatur oder Neubau der Lokschuppen in Gernrode und Hasselfelde (...)
- Bau der Tankanlagen Nordhausen Nord und Gernrode (...)
- Anschluß des Betriebsteiles Westerntor an die Abwasserleitung der Stadt Wernigerode.«

Darüber hinaus waren Neuanschaffungen bei den Werkzeugmaschinen notwendig. Bei einer Bestandsaufnahme im Frühjahr 1991 zeigte sich, dass ein erheblicher Teil der Ausrüstung veraltet war. Aus der Zeit der NWE stammten beispielsweise neben der Radsatzdrehbank (1926) noch eine Bügelsäge (1926), zwei Drehmaschinen (1926 und 1938) und eine Säulenbohrmaschine (1926).

Erhebliche Probleme bereitete der Rbd Halle die Personalsituation im Bw Wernigerode. Im Gegensatz zu den meisten anderen Dienststellen in den neuen Bundesländern gab es in Wernigerode keinen Personalüberhang, im Gegenteil – es fehlten Beschäftigte. Eine Analyse des Direktionsbereiches Magdeburg vom 15. April 1991 wies 197 Planstellen aus, davon waren lediglich 190 besetzt. Besonders prekär war die Lage im Fahrdienst. Hier fehlten vor allem Heizer. Die Situation spitzte sich im Sommer 1991 weiter zu, da im Zusammenhang mit der Sanierung der Brockenbahn zahlreiche Bauzüge bespannt werden mussten (siehe S. 185), was den Bedarf an Lokheizern weiter ansteigen ließ. Am 5. Juni 1991 stellten die zuständigen Mitarbeiter des Direktionsbereiches Magdeburg fest, dass 24 Heizer fehlten. Hingegen gab es einen Mehrbestand bei Lokführern (18 Mann). Daher schlug die Abteilung Maschinentechnik der Rbd Halle vor: »Ein Ausgleich innerhalb der Dst ist möglich, allerdings ist eine Abordnung von anderen Dst auch denkbar.« Letztlich wählte die Rbd Halle einen Mittelweg: Sie versetzte vorübergehend Lokheizer, meist aus den Bahnbetriebswerken Blankenburg (Harz) und Halberstadt, für einige Zeit nach Wernigerode und setzte vor allem jüngere Wernigeröder Lokführer planmäßig als Heizer ein. In der zweiten Jahres-

Als 99 7222-5 im Herbst 1992 auf ihren nächsten Einsatz wartete, konnten die Betriebsmaschinen in der Est Wernigerode endlich wieder in einem Lokschuppen abgestellt werden. Der Neubau war sowohl für Dampf- als auch für Dieselloks gedacht. Foto: D. Endisch

Von einer Aussichtsplattform können heute die Reisenden und Touristen das Geschehen in der Est Wernigerode beobachten. Als diese Aufnahme am 11. Februar 2009 entstand, war die 1889 gebaute Drehscheibe der Est Wernigerode die älteste noch betriebsfähige Drehscheibe in Deutschland. Foto: D. Endisch

Die technische Ausrüstung des Bw Wernigerode (Stand 31.12.1991)

Est Wernigerode
Drehscheibe
- 13 m; Baujahr 1889; 70 t Tragfähigkeit

Tankanlage
- 2 x 35 m³ Fassungsvermögen
- 1 Zapfstelle

Druckluftanlage
- Kompressor AHV 1-90/125 ERG (Förderleistung 240 m³/h)

Sandturm
- Baujahr 1959; 0,5 m³ Fassungsvermögen, 1 Zapfstelle

Hebezeuge
- 2 x Raupendrehkran RK 3 (Nr. 135 und Nr. 146)

Sonstiges
- 1 x Putzgerüst für Triebfahrzeuge

Est Gernrode (Harz)
Druckluftanlage
- Kompressor 1-90/125 DRG (Förderleistung 160 m³/h)

Hebezeuge
- 2 x Raupendrehkran RK 3

Werkzeugmaschinen
- Drehmaschine   Baujahr 1956   3,00 kW Leistung
- Bohrmaschine   Baujahr 1925   1,50 kW Leistung

Est Nordhausen Nord
Drehscheibe
- 11 m; Baujahr 1937; 60 t Tragfähigkeit

Anmerkungen:
* 13 m Spannweite

Est Nordhausen Nord (Fortsetzung)
Hebezeuge
- 1 x Raupendrehkran RK 3 (Nr. 2)
- Bockkran (fahrbar)* / Baujahr 1930 / 5,0 t Tragfähigkeit / 5,00 m Hubhöhe
- Drehkran** / Baujahr 1911 / 1,0 t Tragfähigkeit / 6,00 m Hubhöhe

Werkzeugmaschinen
- Bohrmaschine   Baujahr 1983   1,00 kW Leistung

Werkstatt Wernigerode Westerntor
Drehscheibe
- 11 m; Baujahr 1937; 60 t Tragfähigkeit

Schiebebühne
- 11 m, Baujahr 1926, innen

Werkzeugmaschinen
- Drehmaschine   Baujahr 1972   7,30 kW Leistung
- Drehmaschine   Baujahr 1938   7,50 kW Leistung
- Drehmaschine   Baujahr 1942   6,50 kW Leistung
- Radsatzdrehbank   Baujahr 1926
- Säulenbohrmaschine   Baujahr 1972   0,80 kW Leistung
- Säulenbohrmaschine   Baujahr 1970   3,00 kW Leistung
- Säulenbohrmaschine   Baujahr 1926   3,00 kW Leistung
- Tischbohrmaschine   Baujahr 1977   1,20 kW Leistung
- Tischbohrmaschine   Baujahr 1962   0,80 kW Leistung
- Tischbohrmaschine   Baujahr 1961   0,80 kW Leistung
- Tischbohrmaschine   Baujahr 1959   0,80 kW Leistung
- Bügelsägemaschine   Baujahr 1980   0,75 kW Leistung
- Bügelsägemaschine   Baujahr 1961   0,50 kW Leistung
- Bügelsägemaschine   Baujahr 1926   1,60 kW Leistung
- Hobelmaschine   Baujahr 1959   4,00 kW Leistung
- Hobelmaschine   Baujahr 1956   1,50 kW Leistung

** 6 m Spannweite

Am Morgen des 1. September 1989 standen 199 010-8 und 99 7242-3 (ex 99 242) vor dem Werkstattschuppen in Wernigerode Westerntor. Die auf Meterspur umgebaute Kleinlok wurde für die anfallenden Rangierarbeiten in der Lok- und Wagenwerkstatt genutzt.
Foto: D. Riehemann

hälfte 1991 verschärfte sich die Arbeitskräftesituation weiter. Vor allem ältere Eisenbahner nahmen die Angebote der DR zum Vorruhestand an. Der am 1. März 1992 vom Leiter der Dienststelle vorgelegte Stellenplan für das Bw Wernigerode wies einen Bedarf von 192 Beschäftigten aus – vorhanden waren aber nur 168. Besonders groß waren die Lücken in der B- und C-Gruppe. Für den Betriebsmaschinendienst wurden 130 Eisenbahner benötigt, 119 Planstellen waren aber lediglich besetzt. In der Lokunterhaltung wurden 37 Mann und ein Werkführer benötigt. Hier fehlten 12 Schlosser.

Doch bei der Rbd Halle spielte das Bw Wernigerode Anfang 1992 nur noch eine untergeordnete Rolle. Bereits im Frühjahr 1991 gab es seitens der Landkreise, der Anliegergemeinden sowie des Landes Sachsen-Anhalt und des Freistaats Thüringen erste Bemühungen, die Harzquer-, Brocken- und Selketalbahn in kommunale Trägerschaft zu übernehmen. Dazu wurde am 13. März 1991 eine kommunale Gesellschaft bürgerlichen Rechts (GbR) gegründet. Aus dieser GbR ging am 19. November 1991 die Harzer Schmalspurbahnen GmbH (HSB) hervor, die am 1. Januar 1992 ihre Geschäftstätigkeit aufnahm. Zum Geschäftsführer wurde Lutz Joachim Bartsch und zum Eisenbahnbetriebsleiter (EBL) Jörg Bauer berufen. Der Übernahmevertrag zwischen der HSB und der DR wurde am 28. Oktober 1992 in Drei Annen Hohne unterzeichnet. Am 1. Februar 1993 übernahm die HSB den Betrieb auf den drei Schmalspurbahnen im Harz. Damit gehörte auch das Bw Wernigerode mit seinen Außenstellen zur HSB. In der Nacht vom 31. Januar zum 1. Februar 1993 wurden bei allen Dampfloks die alten Gussschilder mit dem Schriftzug »Deutsche Reichsbahn« durch neue mit der Aufschrift »Harzer Schmalspurbahnen« ersetzt. Die HSB übernahm nicht nur das rund 130 km lange Streckennetz und die dazugehörenden Triebfahrzeuge und Wagen, sondern auch 370 Beschäftigte. Ein großer Teil von ihnen – rund 190 Personen – gehörten zum ehemaligen Bw Wernigerode, das nun nach mehr als 40 Jahren wieder einem pri-

vatrechtlich organisierten Eisenbahnunternehmen gehörte und weiterhin für die Zugförderung sowie die Instandhaltung der Triebfahrzeuge und Wagen verantwortlich war.

Allerdings zeichnete sich bereits nach wenigen Monaten ab, dass der Dampfbetrieb in seiner bisherigen Form mittelfristig nicht mehr zu finanzieren war. Das im Herbst 1994 von der Geschäftsführung der HSB vorgelegte Betriebskonzept (siehe S. 188) hatte auch Folgen für die Hauptwerkstatt in Wernigerode Westerntor. Mit der Verringerung des Betriebsparks bei den Triebfahrzeugen und Wagen war auch eine schrittweise Verringerung des Personalbestandes verbunden. Die Gesamtzahl der Beschäftigten sank bis 1995 auf 357 Männer und Frauen. Bis zum Jahr 2000 mussten weitere 150 Mitarbeiter das Unternehmen verlassen. Dies betraf auch das ehemalige Bw Wernigerode. Hier wurden beispielsweise 12 der insgesamt 26 Planstellen in der Lokunterhaltung gestrichen. Gleichwohl investierte die HSB auch in die Gebäude und technischen Anlagen der Hauptwerkstatt. 1994 wurde das alte Hebewerk für Lokomotiven – Baujahr 1913 – ersetzt, 1995 die betagte Radsatzdrehbank. Schrittweise ließ die HSB die Hochbauten der Werkstatt Westerntor sowie in den Einsatzstellen Wernigerode, Gernrode (Harz) und Nordhausen Nord sanieren. In der Est Wernigerode entstanden außerdem neue Behandlungsanlagen, die das Restaurieren der Dampflokomotiven vereinfachten. Dazu gehörte auch eine neue Drehscheibe der in Rheine ansässigen Windhoff Bahn- und Anlagentechnik GmbH, die im April 2009 eingebaut wurde. Am 31. Oktober 2009 zählte die Abteilung Fahrzeugtechnik der HSB, die für die Instandhaltung der Triebfahrzeuge, Wagen und technischen Anlagen verantwortlich ist, insgesamt 41 Beschäftigte. Der Bereich Triebfahrzeugbetrieb gehört seit der Übernahme durch die HSB zur Abteilung Eisenbahnbetrieb.

Im Hinblick auf eine bessere Auslastung der eigenen Hauptwerkstatt und zur Senkung der Instandhaltungskosten begann die HSB im Jahr 2003 damit, die Untersuchungen gemäß § 32 der Eisenbahn-Bau- und Betriebs-ordnung für Schmalspurbahnen (ESBO) sowie Kesselrevisionen in eigener Regie durchzuführen. Als erste Maschine wurde 99 234 (04.12.2003–08.04.2004) instandgesetzt.

Zu den wichtigsten Investitionen der HSB gehörte die neue Wagenhalle auf dem Gelände des ehemaligen Umladebahnhofs in Wernigerode. Die Arbeiten dazu begannen mit einem symbolischen ersten Spatenstich am 22. November 2004. Nur ein Jahr später, am 1. Dezember 2005, konnte die Wagenhalle in Betrieb genommen werden. Rund 2 Millionen Euro investierte die HSB in das Vorhaben.

Das 170 m lange und 35 m breite Bauwerk verfügt über sechs Gleise mit einer nutzbaren Länge von insgesamt rund 1.700 m und einer 125 m langen Arbeitsgrube in einem Gleis. Auf einer Fläche von rund 10.000 m^2 kann die HSB hier insgesamt etwa 65 Reisezugwagen witterungsgeschützt abstellen. Eine automatische Waschanlage ergänzt den Neubau. Für die Außenwäsche eines aus acht Wagen bestehenden Reisezuges werden durchschnittlich etwa 12 m^3 Wasser benötigt. Nach Abschluss der Reini-

gung wird das Wasser wieder aufbereitet und kann für einen neuen Waschvorgang genutzt werden.

3.8 Die neue Dampflokwerkstatt

Nach der Inbetriebnahme der neuen Wagenhalle stand alsbald der Bau einer neuen Dampflokwerkstatt auf der Tagesordnung. Erste konkrete Ideen für dieses ambitionierte Vorhaben wurden im Jahr 2009 seitens der HSB intern erörtert. Gut drei Jahre später, während der Jubiläums-veranstaltung »125 Jahre Schmalspurbahnen im Harz« am 9. Juni 2012 in Wernigerode, sprach der Aufsichtsratsvorsitzende der HSB, Dr. Michael Ermrich, erstmals von einer »Gläsernen Werkstatt« in Wernigerode, die auch eine Touristenattraktion werden sollte. Am 6. Juli 2012 bestätigte der Geschäftsführer der HSB, Matthias Wagener, in einem Gespräch mit der »Harzer Volksstimme« den geplanten Bau einer neuen Dampflokwerk-statt. Wagener verwies dabei auf die stetig steigenden Kosten für die

Kernstücke der Est Wernigerode sind der dreigleisige Lokschuppen und das Gebäude der Lokdienstleitung. Im Flachbau hinter dem Lokschuppen sind die Sozial-räume für das Fahrpersonal untergebracht (Aufnahme vom 14.04.2013). Foto: D. Endisch

Instandsetzung der HSB-Fahrzeuge im Dampflokwerk (DLW) Meiningen. Die notwendige Investitionssumme wurde damals auf rund 10,5 Millionen Euro veranschlagt.

Als Standort für den Neubau entschied sich die HSB für das so genannte Ochsenteich-Gelände nordöstlich der alten Werkstatt und des Bf Wernigerode Westerntor. Auf der Industriebrache befand sich einst die Firma Hering & Co. (später VEB Harzer Holzindustrie). Das Betriebskonzept für das zunächst als »Gläserne Werkstatt« bezeichnete Vorhaben sah vor, im geplanten Neubau die so genannte schwere Instandhaltung der HSB-Triebfahrzeuge durchzuführen, also die umgangssprachlich als »Hauptuntersuchungen« bezeichneten Untersuchungen gemäß § 32 der ESBO und die Kesselhauptuntersuchungen. Dabei sollten die Besucher die Möglichkeit haben, den Beschäftigten bei ihrer Arbeit zuzusehen. In der alten Werkstatt wird die so genannte leichte Instandhaltung (Fristarbeiten, kleinere Reparaturen etc.) verbleiben.

Nachdem der Stadtrat der Stadt Wernigerode im September 2013 beschlossen hatte, das für den Werkstattneubau benötigte 25.000 m² große Grundstück an die HSB zu verkaufen, stimmte die Gesellschafterversammlung auf Empfehlung des Aufsichtsrates am 17. Dezember 2013 der Aufnahme von Verkaufsverhandlungen zu. Erste Gespräche folgten am 21. Januar 2014. Am 11. März 2014 stellte die HSB in einer nicht öffentlichen Sitzung des Wirtschafts- und Liegenschaftsausschusses der Stadt Wernigerode das Bauvorhaben vor.

In den folgenden Monaten schufen die Stadtverwaltung und die HSB die notwendigen rechtlichen und finanziellen Voraussetzungen für die neue Dampflokwerkstatt. Am 28. September 2015 stimmten die Gesellschafter der HSB einstimmig dem Vorhaben zu. Einen Monat später, am 27. Oktober 2015, unterzeichneten der Geschäftsführer der HSB und der Oberbürgermeister der Stadt Wernigerode den Kaufvertrag für das Ochsenteich-Gelände. In der Zwischenzeit hatte die HSB die Planungs-

Zahlen und Daten zur neuen Dampflokwerkstatt der Harzer Schmalspurbahnen GmbH

Größe des Grundstücks	25.000 m²
Baubeginn	4. Oktober 2019
Richtfest	23. Juli 2020
Inbetriebnahme	17. Juni 2022
Hallenlänge	70 m
Hallenbreite	35 m
Hallenhöhe	13,7 m
Hallengleise	4, davon 3 an das Gleisnetz angebunden
Hallenbereiche	Demontage bzw. Montage der Lokomotiven Bearbeitung der Lokomotiven
Arbeitsstände	3 Hubstände (Hubhöhe bis 1.600 mm), 1 Montagegleis
Hallenkräne	1 Portalkran (60 t Tragfähigkeit)
	1 Kran für die Kesselschmiede
	1 Kran für die Maschinenwerkstatt
Außenlagerfläche	1.125 m² (für Fahrzeugteile)
Werkstattbereiche	Maschinenwerkstatt
	mechanische Werkstatt
	Elektrowerkstatt
	Reinigungs- und Lackierkabine (70 m²)
Sonstiges	Büro- und Sozialräume (erstes OG)
Touristischer Bereich	eigener Zugang zur Besuchergalerie (zweites OG) mit zwei Aussichtsplattformen mit Blick auf die Stadt und das Schloss sowie mit Blick auf den Brocken und die alte Werkstatt

Aus der Vogelperspektive sind sehr gut die beengten Platzverhältnisse der Werkstatt im Bf Wernigerode Westerntor zu erkennen (Aufnahme vom 14.04.2013). Die neue Dampflok-Werkstatt entstand daher auf der Freifläche rechts im Bild, dem so genannten Ochsenteichgelände.
Foto: D. Endisch

Im Frühjahr 2009 erhielt die Est Wernigerode eine neue Drehscheibe. Mit Hilfe eines Krans wurde die alte Scheibe ausgebaut (Aufnahme vom 15.04.2009) und dann verschrottet. Im Vordergrund sind Hauptbühne und Träger der neuen Scheibe zu sehen. Foto: D. Endisch

arbeiten europaweit ausgeschrieben und schließlich im Herbst 2015 an die in Magdeburg ansässige IBL GmbH vergeben.

Vier Jahre später, am 4. Oktober 2019, begannen schließlich offiziell die Bauarbeiten für die neue Dampflokwerkstatt. Der Geschäftsführer der HSB bezeichnete das Vorhaben als »das größte Bauprojekt« in der Geschichte des Unternehmens. Das Vorhaben sichere, so Matthias Wagener weiter, die erfolgreiche Zukunft der HSB, da damit Zeit und Geld bei der Instandhaltung der historischen Fahrzeuge eingespart werden könne. Wagener verwies dabei auf die Kostenentwicklung. Schlug die Instandsetzung einer Maschine der Baureihe 99²³⁻²⁴ im DLW Meiningen im Jahr 1994 mit rund 250.000 D-Mark (Dauer ca. acht Wochen) zu Buche, musste die HSB 25 Jahre später Kosten in Höhe von etwa 750.000 Euro und eine Dauer von acht Monaten veranschlagen. Durch die neue Werkstatt ließen sich laut Wagener jährlich rund zwei Millionen Euro einsparen.

Bereits ab dem 2. September 2019 wurde das Baufeld auf dem Gelände des ehemaligen VEB Harzer Holzindustrie beräumt. Anschließend wurden die ersten Spundwände eingerammt, um das Grundwasser fernzuhalten und die Baugrube zu stabilisieren. Nach dem Setzen der Spundwände be-

gannen ab 11. Oktober 2019 die Arbeiten am Fundament. Ende Januar 2020 wurde die Baustelle eingerichtet. Dank des milden Winters 2019/20 gingen die Arbeiten planmäßig voran. Bis Ende April 2020 wurden die 22 Grundpfeiler für die Halle gesetzt und dann mit dem Rohbau begonnen. Allerdings war die Freude bei den Gesellschaftern nicht mehr ungetrübt. Bezifferte die HSB im Oktober 2019 die Kosten für die neue Lokwerkstatt noch auf 10,5 Millionen Euro, musste das Unternehmen nun gegenüber seinen Gesellschaftern Mehrkosten in Höhe von rund 4 Millionen Euro einräumen. Um diese finanzieren zu können, erhöhten die Banken der HSB den für die Finanzierung der neuen Dampflokwerkstatt aufgenommenen Kredit von 8 auf 12 Millionen Euro. Die eingesetzten Eigenmittel von 2,5 Millionen Euro blieben unverändert. Die deutlich höheren Baukosten begründete die HSB neben den allgemeinen Preissteigerungen auch mit dem langen Zeitraum, der zwischen den ersten Ideen im Jahr 2012, den Kostenberechnungen im Jahr 2015 und dem tatsächlichen Baubeginn lag.

Wie geplant, fand am 23. Juli 2020 das Richtfest statt, auf dem abermals die Bedeutung der neuen Werkstatt für die Zukunft der HSB betont wur-

Im Frühjahr 2020 nahm der Rohbau für die Dampflokwerkstatt der HSB in Wernigerode langsam Gestalt an (Aufnahme vom 22.05.2020). Allerdings stiegen die Kosten für das Vorhaben von zunächst veranschlagten 10,5 auf 14,5 Millionen Euro an. Foto: D. Endisch

Dank des vergleichsweise milden Winters 2020/21 gingen die Arbeiten an der neuen Dampflokwerkstatt gut voran. Am 23. Juli 2020 fand das Richtfest statt. Knapp zwei Jahre später, am 17. Juni 2022, wurde der Neubau offiziell in Betrieb genommen. Foto: D. Endisch

de. Geschäftsführer Matthias Wagener erklärte, man habe mit dem Richtfest einen »*weiteren Meilenstein*« erreicht. Der Aufsichtsratsvorsitzende der HSB, Wernigerodes Oberbürgermeister Peter Gaffert, unterstrich: »*Wir brauchen diese Werkstatt dringend*«, damit die HSB unabhängiger von externen Dienstleistern im Bereich der Fahrzeuginstandhaltung werde. Ziel der HSB und ihrer Gesellschafter sei es, »*auch in 10, 15 und 20 Jahren Dampflok zu fahren*«, betonte der Aufsichtsratsvorsitzende.

Nachdem der Rohbau im Spätsommer 2020 fertiggestellt war, begann im Herbst 2020 der Innenausbau der 70 m langen und 35 m breiten Halle, zu der neben der eigentlichen Lokwerkstatt mit vier Gleisen und drei Hubwerken auch eine Kesselschmiede, eine mechanische Werkstatt, eine Elektrowerkstatt sowie ein 70 m² großer Reinigungs- und Lackierbereich gehören. Im ersten Obergeschoss entstanden neue Büro- und

Sozialräume für die Beschäftigten der Abteilung Fahrzeugtechnik, die zu diesem Zeitpunkt 54 Mitarbeiter zählte. Allerdings verzögerte sich die Fertigstellung des Neubaus aufgrund der im Jahr 2020 beginnenden Corona-Pandemie. Nach gut zweieinhalb Jahren Bauzeit nahm die HSB am 17. Juni 2022 ihre neue Dampflokwerkstatt formal in Betrieb.

Zu diesem Zeitpunkt waren die Bauarbeiten am so genannten touristischen Bereich aber noch nicht abgeschlossen. Erst ein knappes Jahr später, am 13. Juni 2023, gab die HSB diesen Teil für die Öffentlichkeit frei. Zum Besucherbereich gehören eine Galerie im zweiten Obergeschoss, die einen Blick in die Werkstatt erlaubt, zwei Aussichtsplattformen (Blick auf die Altstadt von Wernigerode und Blick zum Brocken und zur alten Werkstatt) sowie ein »Lokshop«, in dem u.a. Fahrkarten und verschiedene Souvenirartikel verkauft werden.

99 7238-1 (ex 99 238) wurde als erste Dampflok der HSB bis Mitte Oktober 2022 in ihre Hauptbaugruppen zerlegt. Nach der Demontage des Führerhauses, des Kohlekastens und der Wasserbehälter standen nur noch das Fahrwerk, der Rahmen mit den Zylindern und der Kessel auf einem der drei Hubwerke, mit denen die Loks um 1,6 m angehoben werden können. Foto: Archiv D. Endisch

4. Der Betriebsmaschinendienst

4.1 Zweikuppler und Mallet-Maschinen

Für die Zugförderung auf den steigungs- und bogenreichen Strecken der Harzquer- und Brockenbahn beschaffte die Nordhausen-Wernigeroder Eisenbahn-Gesellschaft (NWE) zwischen 1897 und 1901 von der Lokomotivfabrik Arnold Jung, Jungenthal bei Kirchen (Sieg), und der Mecklenburgischen Waggonfabrik Güstrow insgesamt zwölf B´Bn4vt-Maschinen der Bauart Mallet. Die Tenderlokomotiven (Betriebs-Nr. 11 bis 22) bildeten über Jahre hinweg das Rückgrat in der Zugförderung. Die NWE verteilte die bis 1898 beschafften Malletloks auf die Lokbahnhöfe Benneckenstein (1 Lok), Nordhausen (2 Loks) und Wernigerode (6 Loks). In Wernigerode waren auch die Reservemaschinen stationiert.

Für den Einsatz vor Arbeits- und Bauzügen hatte die NWE bereits Ende 1896 drei Bn2-Tenderloks in Dienst gestellt. Die Maschinen trugen zunächst die Namen »Anton«, »Luise« und »Max«. Die Personale bezeichneten die rund 120 PS starken Maschinen später als »Tonis«. Erst 1918 erhielten die nun meist im Rangierdienst in Nordhausen und Wernigerode verwendeten Zweikuppler die Betriebs-Nr. 1 bis 3.

Bereits nach wenigen Jahren genügten die auf der Brockenbahn eingesetzten B´Bn4vt-Maschinen nicht mehr den betrieblichen Belangen. Aufgrund des stetig steigenden Fahrgastaufkommens war die Betriebsleitung gezwungen, die Züge auf der Verbindung Wernigerode–Brocken zu verstärken. Da die B´Bn4vt-Lokomotiven aber bei einer Zuglast von 60 t ihre Leistungsgrenze erreicht hatten, mussten entweder die Züge verstärkt und eine Vorspannlok eingesetzt oder zusätzliche Züge eingelegt werden. Beides trieb jedoch die Betriebskosten in die Höhe. In der Bilanz der NWE für das Geschäftsjahr 1908/09 hieß es: »*Für die jetzt schon stärker*

belasteten Züge und zur Aufrechterhaltung des Betriebes (...) macht sich die Anschaffung zweier stärkerer Lokomotiven mit einem Kostenaufwand von mindestens M 100.000,- erforderlich.«

Bereits im Sommer 1908 hatte sich der Betriebsdirektor der NWE, Regierungsbaumeister a.D. Gustav Uflacker, für die Beschaffung neuer Maschinen für die Brockenbahn entschieden. Die Dampfloks sollten in der Lage sein, auf einer durchschnittlichen Steigung von 27 ‰ einen 130 t schweren Zug (7 Wagen) anstandslos mit 30 km/h zu befördern. Die Entwicklung der neuen Type übernahm die Orenstein & Koppel AG (O & K).

Die Berechnungen der Konstrukteure von O & K ergaben, dass das geforderte Leistungsprogramm bei einer vorgegebenen Achsfahrmasse von 9 t nur mit einer sechsfach gekuppelten Maschine erfüllt werden konnte. O & K schlug daher die Entwicklung einer Tenderlokomotive der Bauart Fn2 mit Klien-Lindner-Hohlachsen vor. Gustav Uflacker hatte jedoch Bedenken, da die Hohlachsen ein sehr großes Seitenspiel benötigten, was letztlich zu höheren Instandhaltungskosten führen konnte. Aus diesem Grund fiel die Entscheidung zu Gunsten einer schweren Mallet-Maschine der Bauart C´Cn4vt, die mit einem Dampftrockner der Bauart Gölsdorf und einer von O & K neukonstruierten Rückstelleinrichtung ausgerüstet war. Die beiden Maschinen – sie waren die ersten sechsachsigen Malletloks in Deutschland – trafen im Juni und Juli 1909 in Wernigerode ein. Die Abnahme der beiden Boliden (Betriebs-Nr. 31 und 32) zog sich aber bis zum Frühjahr 1910 hin. Erst im März 1910 stellte die Königliche Eisenbahn-Direktion (KED) Magdeburg die Genehmigungsurkunden aus. In der Fachwelt sorgten die Maschinen aufgrund ihrer Größe und Leistung für Aufsehen. Gustav Uflacker hatte für seine Berechnungen eine maßgebende Steigung von 33 ‰ und einen Bogenhalbmesser von 60 m angenommen. Den Lokomotivwiderstand veranschlagte er auf 2,7 Mp und

Die Dampfloks der Baureihe 99[23–24] tragen seit 1955 die Hauptlast der Zugförderung des Bw Wernigerode Westerntor. Am 13. August 1989 hatten 99 7231-6 (ex 99 231) und 99 7237-3 (ex 99 237) im Bf Nordhausen Nord den N 67092 nach Silberhütte (Anhalt) übernommen. 99 7231-6 diente bis Stiege als Vorspannlok. Foto: Archiv D. Endisch

den Zugwiderstand bei 130 t Gewicht auf 5,33 Mp. Die vorgegebene Geschwindigkeit betrug dabei 20 km/h. Dieses Leistungsprogramm erfüllten die beiden Maschinen problemlos. Daraus ergab sich eine maximale effektive Zugkraft von 8,4 Mp (höchste indizierte Zugkraft 13 Mp) und eine höchste indizierte Leistung von 610 PSi. Damit waren die beiden O & K-Maschinen doppelt so stark wie die B´Bn4vt-Lokomotiven.

Auch die Verbrauchswerte der Maschinen entsprachen den Erwartungen des Betriebsdirektors. Auf der rund 33 km langen Fahrt von Wernigerode zum Brocken benötigten die Loks durchschnittlich 1,15 t Kohle und 8,4 m³

Wasser. Damit ergab sich nach Uflackers Berechnungen eine effektive Lokleistung von rund 480 PS, was einer Kesselleistung von etwa 3,65 PS je m² Heizfläche entsprach. Daraus resultierte ein Kohleverbrauch von 1,5 kg/PSh und ein Wasserverbrauch von 0,011 m³/PSh. Pro Zugkilometer entsprach das einem Verbrauch von 35 kg Kohle und 254 l Wasser. Die Betriebskosten setzte Gustav Uflacker damals mit 22 Mark je Tonne Steinkohle und 12 Pfennig pro Kubikmeter Wasser an. Demnach kostete ein Zugkilometer rund 80 Pfennig. Die beiden Boliden galten damit als sehr wirtschaftliche Maschinen.

Die Dampflokomotiven der Nordhausen-Wernigeroder Eisenbahn-Gesellschaft

Name / Betriebs-Nr.	Betriebs-Nr. ab 1918	ab 1927	Bauart	Hersteller	Baujahr	Fabrik-Nr.	Bemerkunge
Anton	1	-	Bn2t	Güstrow	1896	751	ab 01.04.1949 DR (99 5804)
Luise	2	-	Bn2t	Güstrow	1896	768	Probefahrt am 04.11.1897 von Wernigerode nach Steinerne Renne und zurück; + 04.09.1939; 1940 an die Heeresfeldbahnen abgegeben
Max	3	-	Bn2t	Güstrow	1896	753	Abnahme am 06.08.1898; ab 01.04.1949 DR (99 5803)
6	-	-	Ch2t	Henschel	1914	12.879	Abnahme am 03.04.1917; ab 01.04.1949 DR (99 6101)
7	-	-	Cn2t	Henschel	1914	12.880	von der Nassauischen Kleinbahn AG gekauft; Abnahme am 11.05.1921; ab 01.04.1949 DR (99 6102)
11	11	11	B´Bn4vt	Jung	1897	258	ab 13.01.1925 Ersatzkessel (Jung 1924/3.625); ab 01.04.1949 DR (99 5901)
12	-	-	B´Bn4vt	Jung	1897	259	29.08.1914 an Heeresfeldbahnen (HK 115); 1919 an Société Générale des Chemins de Fer Economiques, Réseau de la Meuse (Nr. 4.813); + ca. 1938
13	-	-	B´Bn4vt	Jung	1897	260	29.08.1914 an Heeresfeldbahnen (HK 103); 1919 an Société Générale des Chemins de Fer Economiques, Réseau de la Meuse (Nr. 4.821); + ca. 1938
14	14	12ᴵᴵᴵ	B´Bn4vt	Jung	1897	261	ab 16.10.1929 Ersatzkessel (Hanomag 1929/01342); ab 01.04.1949 DR (99 5902)
15	-	-	B´Bn4vt	Güstrow	1897	184	29.08.1914 an Heeresfeldbahnen (HK 104); 1919 in Frankreich verblieben und über den Hafen Rouen verschifft
16	-	-	B´Bn4vt	Güstrow	1897	185	27.08.1914 an Heeresfeldbahnen (HK 105); 1919 in Frankreich verblieben und über den Hafen Rouen verschifft
17	-	-	B´Bn4vt	Güstrow	1897	186	27.08.1914 an Heeresfeldbahnen (HK 126); 1919 an Société Générale des Chemins de Fer Economiques, Réseau de la Meuse (Nr. 4.823); + ca. 1938
18	13ᴵᴵ	13ᴵᴵ	B´Bn4vt	Jung	1898	345	ab 29.03.1924 Ersatzkessel (Jung 1924/3.560); ab 01.04.1949 DR (99 5903)
19	-	-	B´Bn4vt	Jung	1898	346	11.09.1914 an Heeresfeldbahnen (HK 108); 1919 an Société Générale des Chemins de Fer Economiques, Réseau de la Meuse (Nr. 4.822); + ca. 1938
20	12ᴵᴵ	-	B´Bn4vt	Jung	1901	463	ab 1927 Ersatzkessel; + 06.07.1927 (nach Unfall im Thumkuhlental)
21	15ᴵᴵ	15ᴵᴵ	B´Bn4vt	Jung	1901	464	ab 28.05.1927 Ersatzkessel (Jung 1927/3.961); ab 01.04.1949 DR (99 5904)
21ᴵᴵ	-	-	1´C1´h2t	Krupp	1939	1.875	Abnahme am 14.07.1939; ab 01.04.1949 DR (99 6001)
22	16ᴵᴵ	14ᴵᴵ	B´Bn4vt	Jung	1901	465	ab 12.12.1925 Ersatzkessel (Jung 1925/3.789); ab 01.04.1949 DR (99 5905)
31	-	-	C´Cn4vt	O & K	1909	3.939	+ 1920; 1921 an »Ferrocarril Simon J. Patino« (Bolivien) verkauft
32	-	-	C´Cn4vt	O & K	1909	3.940	+ 1920 (nach Unfall am 01.12.1920); 1921 an »Ferrocarril Simon J. Patino« (Bolivien) verkauft
41	-	-	1´D1´h2t	Henschel	1915	13.569	1917 an Lübeck-Büchener Eisenbahn verkauft
42	-	-	1´D1´h2t	Henschel	1915	13.570	1917 an Lübeck-Büchener Eisenbahn verkauft
41ᴵᴵ	-	-	B´Bn4vt	MBG	1918	2.052	Abnahme am 20.05.1920; ab 10.04.1949 DR (99 5906)
51	-	-	(1´B)´B1´h4vt	Borsig	1922	11.382	Abnahme am 24.07.1925 (nach Umbau des Kessels); ab 01.04.1949 DR (99 6011)
52	-	-	(1´B)´B1´h4vt	Borsig	1924	11.831	Abnahme am 24.07.1924; ab 01.04.1949 DR (99 6012)
71	-	-	C1´n2t	Schneider	1890	?	französische Beutelok; 1946 von der NWE übernommen; ab 01.04.1949 DR (99 5631)
72	-	-	C1´n2t	Schneider	1890	?	französische Beutelok; 1946 von der NWE übernommen; ab 01.04.1949 DR (99 5632)

Die Loks 31 und 32 der NWE waren die ersten Mallet-Maschinen der Bauart C´Cn4vt in Deutschland. Allerdings standen die imposanten Dampflokomotiven nur elf Jahre in Diensten der NWE. Diese musterte die Fahrzeuge zum Jahresende 1920 aus und verkaufte sie später an die »Ferrocarril Simon J. Patino« in Bolivien. Foto: Archiv D. Endisch

Die NWE setzte die beiden für eine Höchstgeschwindigkeit von 40 km/h zugelassenen Malletloks fast ausschließlich auf der Brockenbahn ein. Dort beförderten sie mühelos bis zu 150 t schwere Züge mit 25 bis 30 km/h. In den Wintermonaten, wenn der Verkehr auf der Strecke Drei Annen Hohne–Brocken ruhte, standen die Maschinen meist kalt als Reserve in Wernigerode. Die Personale schätzten die Zugkraft und Leistung der beiden C´Cn4vt-Lokomotiven. Auch die Laufeigenschaften waren dank der von O & K entwickelten Rückstelleinrichtung ausgesprochen gut. Allerdings verlangte das Laufwerk der C´Cn4vt-Maschinen eine gewissenhafte Wartung und Pflege.

Etwa zeitgleich ließ die NWE in Wernigerode Westerntor, Drei Annen Hohne und Nordhausen jeweils eine Drehscheibe (Durchmesser 9,5 m) errichten (siehe S. 40). Nach deren Inbetriebnahme ordnete die Betriebsleitung das Wenden der Maschinen in den Endbahnhöfen an. Fortan fuhren die Malletloks auf der Strecke Nordhausen–Wernigerode immer Esse voran. Neben betrieblichen Vorteilen konnten nun die guten Laufeigenschaften der Mallet-Maschinen bei Vorwärtsfahrt genutzt werden. Dies verringerte den Verschleiß an Schienen und Radreifen.

Der Erste Weltkrieg hatte für die Zugförderung auf der Harzquer- und Brockenbahn gravierende Folgen. Bereits im August 1914 beschlagnahmten die Heeresfeldbahnen fünf der insgesamt zwölf B´Bn4v-Tenderloks für den Einsatz im besetzten Frankreich. Lok 16 und Lok 17 wurden als erste ihrer Gattung am 27. August 1914 in Wernigerode verladen. Am 29. August 1914 traten Lok 12, Lok 13 und Lok 15 die Reise an die Westfront an. Trotz der Proteste der Betriebsleitung verlangten die Heeresfeldbahnen nur we-

nige Wochen später die Abgabe einer weiteren Malletlok. Daraufhin musste Lok 19 am 11. September 1914 den Harz verlassen. Darüber hinaus beschlagnahmten die Heeresfeldbahnen von der NWE 40 Güterwagen und 12 Paar Rollböcke. Das Deutsche Reich zahlte dem Unternehmen für die konfiszierten Fahrzeuge eine Entschädigung in Höhe von 277.919 Mark. Da auch zahlreiche Eisenbahner zum Militär einberufen worden waren, sah sich die NWE gezwungen, das Angebot auf der Harzquer- und Brockenbahn deutlich einzuschränken. Dies schlug sich auch in einem spürbaren Rückgang der Einnahmen nieder. Bereits im Geschäftsjahr 1914/15 wies die Bilanz einen Rückgang der Einnahmen von über 25 % aus.

Als Ersatz für die abgegebenen Mallet-Maschinen gab der Betriebsdirektor Gustav Uflacker Ende 1914 bei der Henschel & Sohn AG in Kassel zwei 1´D1´h2-Tenderloks in Auftrag. Die Maschinen – die ersten Heißdampfloks der NWE – wurden 1915 in Dienst gestellt. Lok 41 und Lok 42 bestachen zwar durch Zugkraft und Leistung, doch ihre Laufeigenschaften waren ausgesprochen schlecht. Das Fahrwerk war für die engen Gleisbögen der Harzquer- und Brockenbahn gänzlich ungeeignet. Als die Heeresfeldbahnen 1916 abermals Bedarf an meterspurigen Dampfloks anmeldeten, gab die NWE die beiden Henschel-Maschinen ab. Doch für den Einsatz auf den von den Heeresfeldbahnen betriebenen Strecken an der Westfront waren die 1´D1´h2t-Loks zu schwer, so dass sie nach nur wenigen Monaten wieder in Wernigerode eintrafen. Die NWE konnte jedoch mit den beiden 1´D1´h2-Tenderloks nichts anfangen und verkaufte sie schließlich 1917 an die Lübeck-Büchener Eisenbahn-Gesellschaft (LBE), wo sie auf 1.435 mm Spurweite umgebaut wurden.

Eigens für den Personenzugdienst auf der Brockenbahn entwickelte die Lokomotivfabrik August Borsig eine Mallet-Maschine der Bauart (1´B)´Bn4vt, von der die NWE in den Jahren 1922 und 1924 jeweils ein Exemplar in Dienst stellte (Betriebs-Nr. 51 und 52). Die Lokführer und Heizer der NWE bezeichneten die Loks aufgrund ihres unverwechselbaren Auspuffschlags als »Bellos«. Foto: Archiv Dirk Endisch

Auszug aus dem Betriebsbuch der 99 5803[1]

Hersteller: Güstrow   Fabrik-Nummer: 753
Baujahr: 1896   Beschaffungskosten: -
Anlieferung: 02.08.1898   Endabnahme: -

Das Betriebsbuch ist eine Zweitschrift.

Stationierungen:

Bw Wernigerode Westerntor	01.01.50–31.03.50
Bw Wernigerode Westerntor	01.04.50–12.04.50 L0
Bw Wernigerode Westerntor	13.04.50–08.09.50
Bw Wernigerode Westerntor	09.09.50–07.10.50 L0
Bw Wernigerode Westerntor	08.10.50–24.08.51
Bw Wernigerode Westerntor	25.08.51–01.10.51 L4[2]
Bw Wernigerode Westerntor	02.10.51–11.05.51
Bw Wernigerode Westerntor	12.05.51–21.05.52 L0
Bw Wernigerode Westerntor	22.05.52–13.11.54
Bw Wernigerode Westerntor	14.11.54–28.12.54 L3 mW
Bw Wernigerode Westerntor	29.12.54–08.04.56
Bw Wernigerode Westerntor	09.04.56–21.04.56 L0
Bw Wernigerode Westerntor	22.04.56–28.10.56
Bw Wernigerode Westerntor	29.10.56–22.11.56 L2
Bw Wernigerode Westerntor	23.11.56–22.04.57
Raw Görlitz	23.04.57–25.06.57 L4
Bw Wernigerode Westerntor	26.06.57–12.09.58
Bw Wernigerode Westerntor	13.09.58–16.10.59 L2
Bw Wernigerode Westerntor	17.10.59–
Raw Görlitz	03.07.61–17.09.62 L3 mW
Bw Reichenbach (Vogtl)	18.09.62–27.11.63
Bw Halle P	28.11.63–24.03.65
z-gestellt	25.03.65[3]
ausgemustert	12.07.67[4]

Kesselverzeichnis:

Hersteller	Fabrik-Nr.	Baujahr	Einbautag	aus
Güstrow	753	1896	02.08.98	neu

Anmerkungen:
1 ex Lok 3 der NWE
2 Der Kessel erhielt im Raw Halberstadt eine K4 (29.08.–26.09.1951).
3 Die Lok wurde am 02.04.1964 abgestellt.
4 Die Lok wurde vom 22.11.1967 bis zum 16.01.1968 im Raw Görlitz zerlegt.

Auszug aus dem Betriebsbuch der 99 5804[1]

Hersteller: Güstrow   Fabrik-Nummer: 751
Baujahr: 1896   Beschaffungskosten: -
Anlieferung: -   Endabnahme: 03.07.1897[2]

Das Betriebsbuch ist eine Zweitschrift.

Stationierungen:

Werkstatt Wernigerode	16.07.46–27.11.46 Untersuch.
kein Eintrag	
Werkstatt Wernigerode	20.12.48–22.12.48 Ausbes.
kein Eintrag	
Werkstatt Wernigerode	22.11.49–25.11.49 L3
kein Eintrag	
Bw Wernigerode Westerntor	01.01.50–11.12.50
Bw Wernigerode Westerntor	12.12.50–28.02.51 L4[3]
Bw Wernigerode Westerntor	29.02.51[4]–27.11.51
Bw Wernigerode Westerntor	28.11.51–02.12.51 L0
Bw Wernigerode Westerntor	03.12.51–02.01.52
Bw Wernigerode Westerntor	03.01.52–06.01.52 L0
Bw Wernigerode Westerntor	07.01.52–17.09.52
Bw Wernigerode Westerntor	18.09.52–30.09.53 L0
Bw Wernigerode Westerntor	01.10.53–06.08.54
Bw Wernigerode Westerntor	07.08.54–03.12.54 L3
Bw Wernigerode Westerntor	04.12.54–24.04.56
Bw Wernigerode Westerntor	25.04.56–19.05.56 L0
Bw Wernigerode Westerntor	20.05.56–15.03.57
Bw Wernigerode Westerntor	16.03.57–29.03.57 L2
Bw Wernigerode Westerntor	30.03.57–03.11.57
Raw Görlitz	14.11.57–19.03.58 L4
Bw Wernigerode Westerntor	20.03.58–13.10.59
Bw Wernigerode Westerntor	14.10.59–12.12.59 L2
Bw Wernigerode Westerntor	19.12.59–28.08.63
z-gestellt	29.08.63[5]
ausgemustert	15.05.65[6]

Kesselverzeichnis:

Hersteller	Fabrik-Nr.	Baujahr	Einbautag	aus
Güstrow	751	1896	03.07.97	neu

Anmerkungen:
1 ex Lok 1 der Nordhausen-Wernigeroder Eisenbahn
2 Die Probefahrt fand am 30.06.1897 von Nordhausen nach Ilfeld und zurück statt.
3 Der Kessel wurde im Raw Blankenburg (Harz) aufgearbeitet.
4 Angabe laut Betriebsbuch
5 Die Lok wurde am 12.10.1960 abgestellt.
6 Die Lok wurde vom 28.02. bis zum 31.05.1966 im Raw Görlitz zerlegt.

Ab 1916 gab es erhebliche Schwierigkeiten bei der Beschaffung von Brennstoff, Ersatzteilen und Schmierstoffen. Da die Kohleversorgung zusammenbrach, musste die NWE vom 4. bis zum 15. November 1916 den Betrieb einstellen. Die mangelhafte Ersatzteilversorgung und fehlende Fachkräfte in der Lokunterhaltung führten ab 1917 zu einer deutlichen Verschlechterung des technischen Zustands der Maschinen.

Damit verschärfte sich der Fahrzeug-Engpass bei der NWE weiter. Doch geeignete Maschinen konnte das Unternehmen nicht beschaffen. Anfang 1917 mietete die NWE von den Heeresfeldbahnen die Ch2-Tenderlok HK 20 an. Die Maschine absolvierte am 3. April 1917 ihre Abnahmefahrt von Wernigerode nach Steinerne Renne und wurde anschließend als Lok 6 in Dienst gestellt. Die Genehmigungsurkunde stellte das zuständige Maschinenamt (MA) Halberstadt am 27. April 1917 aus. Bei der NWE war der Dreikuppler kein Unbekannter.

Die Henschel & Sohn AG hatte 1913 im Auftrag der Verkehrstechnischen Prüfungskommission (VPK), Abteilung Heeresprüfungskommission (HK), beim Eisenbahn-Ersatzpark in Berlin-Schöneberg jeweils eine schwere Ch2- und Cn2-Tenderlok entwickelt. Die Erprobung der als HK 20 (Bauart Ch2t) und HK 21 (Bauart Cn2t) bezeichneten Maschinen übernahm das

Königlich Württembergische Eisenbahn-Regiment, das 1914 im Rahmen eines Manövers in der Nähe von Drei Annen Hohne eigens eine Versuchsstrecke mit einer maximalen Steigung von 1 : 16 (62,5 ‰) errichtete. Das Gleis fädelte am km 3,5 der Strecke Drei Annen Hohne–Brocken aus. Beide Maschinen überzeugten aufgrund ihrer hohen Achsfahrmasse von 11 t und ihrer großzügig ausgelegten Triebwerke durch eine hohe Zugkraft. Auf Geschwindigkeit hatte die Heeresprüfungskommission keinen großen Wert gelegt. Die Testfahrten mit den beiden Dreikupplern, die zeitweilig auch auf der Harzquerbahn zum Einsatz kamen, dauerten bis 1916. Anschließend verblieben beide Maschinen bei den Heeresfeldbahnen. Die NWE bemühte sich um die Übernahme der Ch2t-Maschine, da dem Unternehmen seit dem Spätsommer 1914 nicht genügend Triebfahrzeuge zur Verfügung standen. Die Heeresfeldbahnen vermieteten die HK 20 ab 1917 an die NWE. Erst 1920 gelang es der NWE, das Fahrzeug vom

Für den Bauzug- und Rangierdienst erwarb die NWE 1896 von der Mecklenburgischen Waggonfabrik Güstrow drei kleine Tenderloks der Bauart Bn2t. Die spätere Lok 2, hier am 2. Juli 1932 vor dem Lokschuppen in Wernigerode Westerntor, traf als erste Dampflok der NWE im Harz ein und wurde am 5. Dezember 1896 im Bf Ilfeld entladen. Foto: C. Bellingrodt, Slg. G. Ferrée

Reichsverwertungsamt zu erwerben. Die Heißdampflok besaß zwar eine vergleichsweise hohe effektive Leistung (rund 300 PSe) und eine Anfahrzugkraft von rund 10 Mp, war aber kein adäquater Ersatz für die abgegebenen Mallet-Maschinen. Der Dreikuppler war aufgrund seiner fest im Rahmen gelagerten Achsen und der hohen Achsfahrmasse nur beschränkt für den Streckendienst geeignet. Die NWE setzte die Maschine in erster Linie im Rangierdienst in Wernigerode und vor Rollbockzügen auf dem Abschnitt Wernigerode–Steinerne Renne ein. Außerdem mietete die NWE in den Jahren 1917/18 von den Heeresfeldbahnen zeitweilig die schweren C´Ch4vt-Maschinen HK 13, HK 19, HK 20[II] und HK 21[II] (siehe Tabelle S. 100), die aber bis zum Jahresende 1918 wieder zurückgegeben wurden.

Nach dem Ende des Ersten Weltkrieges spitzte sich die Situation bei der NWE weiter zu. Die Kohleversorgung wurde immer komplizierter. Eduard Scharnhorst (siehe Kasten S. 28), der ab 1. April 1918 das Amt des Betriebsdirektors bekleidete, musste am 27. April 1919 die Einstellung des Personenverkehrs anordnen. Lediglich der Güterverkehr konnte aufrechterhalten werden. Erst ab 5. Mai 1919 verkehrten wieder Reisezüge auf der Strecke Nordhausen–Wernigerode. Einen Tag später wurde der Betrieb auf der Brockenbahn wieder aufgenommen. Ende 1919 ging der NWE erneut der Brennstoff aus. Vom 5. bis 15. November 1919 war nur ein Notbetrieb

möglich. Wenige Monate später, im Frühjahr 1920, ruhte abermals der Verkehr auf der Harzquerbahn. Zwischen dem 15. und 19. März 1920 schlossen sich die Eisenbahner dem Generalstreik gegen den Kapp-Putsch an.

4.2 Schrittweise Modernisierung des Fahrzeugparks

Erst 1920 gelang es Eduard Scharnhorst, die Situation im Betriebsmaschinendienst zu verbessern. Vom Reichsverwertungsamt, das die nach Kriegsende nicht mehr benötigten Lokomotiven und Wagen der Heeresfeldbahnen vermarktete, erwarb die NWE eine 1918 von der Maschinenbau-Gesellschaft Karlsruhe (MBG) gefertigte Mallet-Lokomotive der Bauart B´Bn4vt. Nach ihrer Ankunft in Wernigerode absolvierte die Maschine am 20. Mai 1920 anstandslos ihre Probefahrt von Wernigerode zum Brocken. Anschließend wurde die Mallet-Maschine mit der Betriebs-Nr. 41[II] in Dienst gestellt. Die Lokomotive war in erster Linie in Wernigerode stationiert, wo sie gemeinsam mit den anderen B´Bn4vt-Maschinen im Personen- und Güterzugdienst auf der Harzquerbahn eingesetzt wurde. Auf der Brockenstrecke war die Lokomotive nur selten zu sehen, da hierfür ihre Vorräte zu knapp bemessen waren. Außerdem besaß die Lok im

Bei ihrer Indienststellung erhielt die spätere Lok 2 den Namen »Luise«. Die Eisenbahner der NWE nannten die »Luise« und ihre beiden Schwestermaschinen später »Tonis«. Die Lok 2 wurde am 4. September 1939 ausgemustert und 1940 an die Heeresfeldbahnen abgegeben. Foto: C. Bellingrodt, Slg. G. Ferrée

Leihlokomotiven bei der Nordhausen-Wernigeroder Eisenbahn-Gesellschaft

Betriebs-Nr.	Bauart	Hersteller	Baujahr	Fabrik-Nr.	Bemerkungen
HK 13	C'Ch4vt	Henschel	1917	15.153	angemietet von den Heeresfeldbahnen; 1918 an Eisenbahn-Ersatzpark
HK 19	C'Ch4vt	Henschel	1917	15.158	angemietet von den Heeresfeldbahnen; 1918 an Eisenbahn-Ersatzpark; 1919 an Hedschas Bahn (Betriebs-Nr. 210) verkauft
HK 20"	C'Ch4vt	Henschel	1917	15.160	angemietet von den Heeresfeldbahnen; ab 01.10.1918 an Euskirchener Kreisbahnen; 1920 beschlagnahmt
HK 21"	C'Ch4vt	Henschel	1917	15.161	angemietet von den Heeresfeldbahnen; 1918 an Eisenbahn-Ersatzpark; 1919 an Gruppenverwaltung Bayern (Betriebs-Nr. 996) verkauft (ab 1925: 99 201); + 07.10.1934; ++ 29.10.1934
SHE 51	B'Bn4vt	Jung	1898	327	1927/28 angemietet von der SHE; 1934 an Weimar-Großrudestedter Eisenbahn verkauft; + 1938

Vergleich zu den anderen Jung-Maschinen eine etwas geringere Leistung und Zugkraft.

Im Frühjahr 1921 traf die Nassdampf-Schwester der Lok 6, die ehemalige HK 21, in Wernigerode ein. Die Maschine war 1917 zunächst zur Nassauischen Kleinbahn AG (NK) gelangt, die zwischen Rhein, Lahn und Aar ein rund 77 km langes Meterspurnetz mit den Strecken St. Goarshausen–Schneidmühle–Zollhaus und Schneidmühle–Braubach am Rhein betrieb. Die NK hatte 1917 die Cn2-Tenderlok übernommen und mit der Betriebs-Nr. 15 in Dienst gestellt. 1920 konnte die NK nach der Beschaffung von vier neuen Dn2t-Maschinen auf den Dreikuppler verzichten, den Anfang

Auszug aus dem Betriebsbuch der 99 6101[1]

Hersteller: Henschel
Baujahr: 1914
Anlieferung: -

Fabrik-Nummer: 12.879
Beschaffungskosten: -
Endabnahme: 03.04.1917[2]

Das Betriebsbuch ist eine Zweitschrift.

Stationierungen:

Bw Wernigerode Westerntor	01.01.50–24.04.51
Raw Blankenburg (Harz)	25.04.51–09.06.51 L3 mW
Bw Wernigerode Westerntor	10.06.51–23.11.51
Raw Blankenburg (Harz)	24.11.51–15.12.51 L0
Bw Wernigerode Westerntor	16.12.51–02.12.52
Raw Blankenburg (Harz)	03.12.52–31.12.52 L2
Bw Wernigerode Westerntor	01.01.53–22.04.54
Bw Wernigerode Westerntor	23.04.54–17.07.54 L4
Bw Wernigerode Westerntor	18.07.54–17.05.55
Bw Wernigerode Westerntor	18.05.55–08.07.55 L0
Bw Wernigerode Westerntor	09.07.55–15.03.56
Bw Wernigerode Westerntor	16.03.56–12.04.56 L2
Bw Wernigerode Westerntor	13.04.56–08.02.57
Bw Wernigerode Westerntor	09.02.57–16.03.57 L0
Bw Wernigerode Westerntor	17.03.57–26.07.57
Raw Görlitz	27.07.57–14.09.57 L3 mW
Bw Wernigerode Westerntor	15.09.57–17.07.58
Bw Wernigerode Westerntor	18.07.58–14.09.58 L0
Bw Wernigerode Westerntor	15.09.58–28.09.59
Raw Görlitz	29.09.59–05.12.59 L2
Bw Wernigerode Westerntor	06.12.59–07.11.60
Raw Görlitz	08.11.60–04.03.61 L4
Bw Wernigerode Westerntor	05.03.61–20.06.62
Bw Wernigerode Westerntor	21.06.62–16.09.62 L2
Bw Wernigerode Westerntor	17.09.62–10.08.63
Bw Wernigerode Westerntor	11.08.63–12.10.62 L0
Bw Wernigerode Westerntor	13.10.62–22.02.64
Raw Görlitz	23.02.64–21.04.64 L3 mW
Bw Wernigerode Westerntor	22.04.64–18.05.65
Bw Wernigerode Westerntor	19.05.65–19.07.65 L0
Bw Wernigerode Westerntor	20.07.65–13.09.66
Raw Görlitz	14.09.66–05.11.66 L2
Bw Wernigerode Westerntor	06.11.66–19.04.67
Raw Görlitz	20.04.67–20.07.67 L4
Bw Wernigerode Westerntor	21.07.67–19.03.69
Raw Görlitz	20.03.69–06.06.69 L2
Bw Wernigerode Westerntor	07.06.69–29.09.70
Raw Görlitz	30.09.70–17.11.70 L3 mW
Bw Wernigerode Westerntor	18.11.70–25.10.72
Raw Cottbus, WA Görlitz	26.10.72–20.01.73 L 5
Bw Wernigerode Westerntor	21.01.73–16.06.74
Raw Cottbus, WA Görlitz	17.06.74–10.09.74 L7
Bw Wernigerode Westerntor	11.09.74–16.11.76
Bw Wernigerode Westerntor	17.11.76–30.11.76 L0
Bw Wernigerode Westerntor	01.12.76–14.06.77
Bw Wernigerode Westerntor	15.06.77–09.07.77 L0
Bw Wernigerode Westerntor	10.07.77–21.03.78
Raw Görlitz	22.03.78–22.06.78 L6
Bw Wernigerode Westerntor	23.06.78–13.09.82
Raw Görlitz	14.09.82–01.12.82 L7
Bw Wernigerode Westerntor	02.12.82–13.06.84
Bw Wernigerode Westerntor	14.06.84–15.06.84 L0
Bw Wernigerode Westerntor	16.06.84–08.10.86
Raw Görlitz	09.10.86–18.12.86 L6
Bw Wernigerode Westerntor	19.12.86–20.12.87
Raw Görlitz	21.12.87–14.03.88 L6
Bw Wernigerode Westerntor	15.03.88–31.01.93
Übergabe an die HSB	01.02.93

Kesselverzeichnis:

Hersteller	Fabrik-Nr.	Baujahr	Einbautag	aus
Henschel	12.879	1914	03.04.1917	neu

Anmerkungen:
1 ex Lok 6 der NWE

2 Die Probefahrt fand am 03.04.1917 von Wernigerode nach Steinerne Renne und zurück statt.

Für den Rangier- und Rollbockdienst in Wernigerode erwarb die NWE in den Jahren 1920 und 1921 die späteren Loks 6 und 7, die die Henschel & Sohn AG für die Heeresfeldbahnen konstruiert hatte. Die Lok 7 (DR: 99 6102), hier am 2. Juli 1932 in Wernigerode Westerntor, besaß ein Nassdampf-Triebwerk. Zwischen dem rechteckigen Sandkasten und dem Dampfdom ist der Schalldämpfer der Saugluftbremse der Bauart Hardy zu sehen. Foto: C. Bellingrodt, Slg. G. Ferrée

1921 die NWE erwarb. Nach einer Hauptuntersuchung (HU) in der Werkstatt Westerntor absolvierte die ehemalige HK 21 am 10. Mai 1921 ihre Probefahrt zwischen Wernigerode und Steinerne Renne. Anschließend erhielt die Maschine die Betriebs-Nr. 7. Die NWE setzte das Fahrzeug analog der Lok 6 meist im Rangierdienst und vor Rollbockzügen in Wernigerode ein. Die beiden Dreikuppler wurden daher von den Eisenbahnern der NWE umgangssprachlich als »Rollbockloks« bezeichnet.

Ende 1920 benötigte die NWE schnellstmöglich Ersatz für die beiden Mallet-Maschinen der Bauart C´Cn4vt. Aufgrund der mangelhaften Instandhaltung der aufwändigen Rückstellvorrichtung während des Ersten Weltkrieges hatten sich die Laufeigenschaften der beiden O & K-Lokomotiven erheblich verschlechtert. Die Personale beklagten plötzlich vor allem starke Schlingerbewegungen und einen unruhigen Lauf in den Gleisbögen. Außerdem meldeten die Bahnmeister einen deutlich höheren Verschleiß an den Schienen, vor allem in den Bögen. Ein schwerer Unfall der Lok 32 beendete schlagartig den Einsatz der beiden C´Cn4vt-Maschinen. Während einer Leerfahrt von Drei Annen Hohne nach Wernigerode entgleiste die Lok 32 am 1. Dezember 1920 vor dem Kreuzungsbahnhof Drängetal am km 48,9 mit allen Achsen. Die Maschine fuhr mit voller Wucht gegen einen Hang. Dabei wurde das Führerhaus zerstört. Die Rettungskräfte konnten Reservelokführer Dreibrodt nur noch tot bergen. Lokheizer Buchwald

überlebte trotz schwerer Verbrennungen den Unfall. Er wurde nach seiner Genesung als Bürobote bei der NWE weiterbeschäftigt.

Eisenbahndirektor Eduard Scharnhorst ordnete die sofortige Abstellung der beiden C´Cn4vt-Maschinen an, die anschließend ausgemustert wurden. Die NWE verkaufte die Maschinen 1921 an die »Ferrocarril Simon J. Patino« in Bolivien.

Für die beiden schweren Malletloks benötigte die NWE nun dringend Ersatz. Eduard Scharnhorst entschied sich trotz Bedenken einiger Aufsichtsratsmitglieder wieder für Gelenk-Maschinen, für die der gute Bogenlauf sowie Zugkraft und Leistung sprachen. Dem standen allerdings die hohen Unterhaltungskosten durch das geteilte Triebwerk, der höhere Schmierölverbrauch und vor allem die unbefriedigenden Laufeigenschaften bei Rückwärtsfahrten gegenüber. Bei den B´Bn4vt-Maschinen eckte das hintere, fest gelagerte Triebwerk förmlich durch die Bögen. Doch mit den als Einrahmenmaschinen konzipierten 1´D1´h2t-Maschinen (Betriebs-Nr. 41 und 42) hatte die NWE schlechte Erfahrungen gesammelt. Nach Abwägung aller Vor- und Nachteile beauftragte Eduard Scharnhorst Anfang 1921 die August Borsig GmbH in Berlin-Tegel mit der Entwicklung einer schweren Tenderlok für die Brockenbahn. Unter der Federführung des Borsig-Chefkonstrukteurs August Meister (05.06.1873–26.05.1939) entstand eine moderne (1´B)´B1´h4v-Tenderlok, die in ihren Leistungs-

Optisch unterscheidet sich die Lok 6 (Heißdampftriebwerk) durch die kleineren seitlichen Vorratsbehälter deutlich von ihrer Schwestermaschine. Außerdem besaß die Lok 6 (DR: 99 6101), Aufnahme vom 2. Juli 1932 in Wernigerode Westerntor, im Unterschied zur Lok 7 eine Saugluftbremse der Bauart Körting, erkennbar am topfförmigen Schalldämpfer zwischen Sandkasten und Dampfdom. Foto: C. Bellingrodt, Slg. G. Ferrée

Die NWE erwarb 1920 aus den Beständen der ehemaligen Heeresfeldbahnen die Lok 41" (DR: 99 5906), hier Anfang der 1930er-Jahre in Wernigerode Westerntor. Die Maschine unterschied sich durch ihr flacheres Führerhaus und den Innenrahmen für das hintere Hochdruck-Triebwerk deutlich von den anderen Malletloks.   Foto: W. Hubert, Slg. G. Ferrée

Drei der ursprünglich zwölf Mallet-Maschinen der Bauart B´Bn4vt blieben bis heute erhalten. Dazu gehört auch die ehemalige Lok 11, die seit 1. Januar 1950 die Betriebs-Nr. 99 5901 trägt. Die heute älteste Dampflok der HSB wurde am 2. Juli 1932 in Wernigerode Westerntor abgelichtet.   Foto: C. Bellingrodt, Slg. R. Wiedemann parametern den sechsachsigen Mallets ebenbürtig war. Aufgrund der von der NWE geforderten hohen Zugkraft hatte sich August Meister für einen Kuppelrad-Durchmesser von 850 mm entschieden. Rein rechnerisch war damit noch eine Höchstgeschwindigkeit von 40 km/h möglich. Die zuständige Aufsichtsbehörde begrenzte die zulässige Geschwindigkeit jedoch auf 30 km/h. Eine vordere und eine hintere Laufachse der Bauart Bissel sollten für einen guten Bogenlauf sorgen. Am 19. August 1922 lieferte die Firma Borsig die Maschine aus. Nach ihrer Abnahme (Betriebs-Nr. 51) absolvierte die Malletlok im September 1922 umfangreiche Probe- und Messfahrten. Hinsichtlich ihrer Zugkraft und ihrer Laufeigenschaften erfüllte die Lok 51 die Anforderungen der NWE. Doch die Kesselreserve (Betriebsdruck 12 kp/cm²) war zu gering. Außerdem war der Überhitzer zu klein dimensioniert. Bereits bei den Probefahrten zeigte sich, dass die Maschine aufgrund ihrer hohen Zugkraft und der etwas knapp bemessenen Reibungsmasse von 40 t vergleichsweise leicht zum Schleudern

neigte. Die NWE verlangte daher einen Sandstreuer, der alle vier Kuppelräder bei Vorwärtsfahrt sandete. Außerdem musste die Bremsausrüstung geändert werden.

Trotz dieser Einschränkungen setzte die NWE die Lok 51 im Plandienst ein, verlangte aber von der Firma Borsig eine Überarbeitung der Konstruktion. Parallel dazu gab Eduard Scharnhorst eine zweite (1´B)´B1´h4vt-Maschine in Auftrag, die am 14. Juli 1924 ausgeliefert und am 24. Juli 1924 nach einer Probefahrt von Wernigerode nach Hasserode mit der Betriebs-Nr. 52 abgenommen wurde. Danach baute die Firma Borsig die Lok 51 entsprechend um (Abnahme am 24.07.1925). Nach einer Probefahrt von Wernigerode nach Hasserode am 24. Juli 1925 wurde die Maschine wieder in Dienst gestellt.

Die NWE setzte die (1´B)´B1´h4vt-Mallets nahezu ausschließlich auf der Brockenbahn ein. Hier bildeten sie fast 20 Jahre lang das Rückgrat in der Zugförderung. Sie galten in den 1920er- und 1930-Jahren als die »Brocken-

---

Auszug aus dem Betriebsbuch der 99 6102[1]

Hersteller: Henschel
Baujahr: 1914
Anlieferung: -

Fabrik-Nummer: 12.880
Beschaffungskosten: -
Endabnahme: 11.02.1921[2]

Das Betriebsbuch ist eine Zweitschrift.

Stationierungen:

Raw Blankenburg (Harz)	25.10.49–26.01.50 L4
Bw Wernigerode Westerntor	27.01.50–23.06.50
Bw Wernigerode Westerntor	24.06.50–04.07.50 L0
Bw Wernigerode Westerntor	05.07.50–22.08.50
Bw Wernigerode Westerntor	23.08.50–29.08.50 L0
Bw Wernigerode Westerntor	30.08.50–08.06.51
Bw Wernigerode Westerntor	09.06.51–05.07.51 L2
Bw Wernigerode Westerntor	06.07.51–12.02.52
Bw Wernigerode Westerntor	13.02.52–09.03.52 L0
Bw Wernigerode Westerntor	10.03.52–04.07.52
Bw Wernigerode Westerntor	05.07.52–25.07.52 L0
Bw Wernigerode Westerntor	26.07.52–13.01.53
Bw Wernigerode Westerntor	14.01.53–21.02.53 L3 mW
Bw Wernigerode Westerntor	22.02.53–11.04.53
Bw Wernigerode Westerntor	12.04.53–21.04.53 L0
Bw Wernigerode Westerntor	22.04.53–06.05.53
Bw Wernigerode Westerntor	07.05.53–23.08.53 L0
Bw Wernigerode Westerntor	24.08.53–20.07.54
Bw Wernigerode Westerntor	21.07.54–23.09.54 L2
Bw Wernigerode Westerntor	24.09.54–24.04.55
Bw Wernigerode Westerntor	25.04.55–06.05.55 L0
Bw Wernigerode Westerntor	07.05.55–31.08.55
Bw Wernigerode Westerntor	01.09.55–14.09.55 L0
Bw Wernigerode Westerntor	15.09.55–09.04.56
Raw Görlitz	10.04.56–06.08.56 L4
Bw Wernigerode Westerntor	17.10.56–15.06.57
Bw Wernigerode Westerntor	16.06.57–20.07.57 L0
Bw Wernigerode Westerntor	21.07.57–29.01.59
Bw Wernigerode Westerntor	30.01.59–17.03.59 L2
Bw Wernigerode Westerntor	18.03.59–10.02.60
Raw Görlitz	11.02.60–25.05.60 L3 mW
Bw Wernigerode Westerntor	26.06.60–17.10.61
Raw Görlitz	18.10.61–17.01.62 L2
Bw Wernigerode Westerntor	18.01.62–14.11.62
Bw Wernigerode Westerntor	15.11.62–24.02.63 L0
Bw Wernigerode Westerntor	25.02.63–23.12.63
Raw Görlitz	24.12.63–26.02.64 L4
Bw Wernigerode Westerntor	27.02.64–01.03.65
Bw Wernigerode Westerntor	02.03.65–17.05.65 L0
Bw Wernigerode Westerntor	18.05.65–16.08.65
Bw Wernigerode Westerntor	17.08.65–25.08.65 L0
Bw Wernigerode Westerntor	26.08.65–12.01.66
Raw Görlitz	13.01.66–07.04.66 L2
Bw Wernigerode Westerntor	08.04.66–03.03.67
Raw Görlitz	04.03.67–15.06.67 L3 mW
Bw Wernigerode Westerntor	16.06.67–25.08.68
Raw Görlitz	26.08.68–24.10.68 L2
Bw Wernigerode Westerntor	25.10.68–25.01.70
Raw Görlitz	26.01.70–14.05.70 L2/K4
Bw Wernigerode Westerntor	15.05.70–26.03.71
Bw Wernigerode Westerntor	27.04.71–05.05.71 L0
Bw Wernigerode Westerntor	06.05.71–26.12.71
Raw Cottbus, WA Görlitz	27.12.71–23.03.72 L2
Bw Wernigerode Westerntor	24.03.72–14.10.73
Raw Cottbus, WA Görlitz	15.10.73–06.12.73 L6
Bw Wernigerode Westerntor	07.12.73–19.01.76
Bw Wernigerode Westerntor	20.01.76–09.03.76 L0
Bw Wernigerode Westerntor	10.03.76–20.12.77
Raw Görlitz	21.12.77–22.03.78 L7
Bw Wernigerode Westerntor	23.03.78–14.02.82
Raw Görlitz	15.02.82–29.04.82 L6
Bw Wernigerode Westerntor	30.04.82–01.12.85
Raw Görlitz	02.12.85–31.01.86 L5
Bw Wernigerode Westerntor	01.02.86–21.11.88
z-gestellt	22.11.88[3]
ausgemustert	08.11.89[4]

Kesselverzeichnis:

Hersteller	Fabrik-Nr.	Baujahr	Einbautag	aus
Henschel	12.880	1914	11.04.1914	neu

Anmerkungen:
1 ex Lok 7 der NWE
2 Die Probefahrt fand am 10.05.1921 von Wernigerode nach Steinerne

Renne und zurück statt.
3 Die Lok wurde am 01.02.1987 abgestellt.
4 Die Lok wurde am 01.02.1993 an die HSB übergeben.

---

loks« schlechthin. Die NWE unterstrich diesen Status, indem sie die traditionellen Walpurgis-Sonderzüge am 30. April stets mit einer Borsig-Maschine bespannte.

Dank ihrer indizierten Leistung von rund 650 PSi konnten die Maschinen mühelos einen 105 t schweren Reisezug mit einer Geschwindigkeit von 25 km/h auf der Strecke Wenigerode–Brocken befördern. Damit waren die (1´B)´B1´h4vt-Lokomotiven, die aufgrund ihres unverwechselbaren Auspuffschlages von den Eisenbahnern als »Bellos« bezeichnet wurden, bis zum Eintreffen der Neubau-Maschinen der Baureihe 99²³⁻²⁴ die leistungsstärkste Gattung auf der Harzquer- und Brockenbahn. Auch die Verbrauchswerte waren gut. Die NWE veranschlagte für die Beförderung eines 100 t schweren Reisezuges auf der Brockenbahn einen durchschnittlichen Verbrauch von 1,1 t Steinkohle und rund 8 m³ Wasser.

Doch nicht bei jedem Lokführer standen die beiden Borsig-Maschinen hoch im Kurs. Die Lokführer beklagten trotz des verbesserten Druckluftsandstreuers die hohe Schleuderneigung der »Bellos«, deren Bedienung viel Fingerspitzengefühl erforderte. Außerdem schlingerten die Loks aufgrund des nur 1.300 mm langen Achsstandes häufig, was sich in höheren Wartungskosten niederschlug. Deshalb wurden die beiden »Bellos« in der Winterpause, wenn zwischen Oktober und Mai der Verkehr auf der Brockenbahn ruhte, in der Werkstatt instandgesetzt bzw. als Reserve im Lokschuppen in Wernigerode Westerntor abgestellt. Dies brachte dem Gebäude den Spitznamen »Bello-Schuppen« ein.

Nach der Indienststellung der beiden Borsig-Maschinen benötigte die NWE weiterhin dringend Ersatz für die B´Bn4vt-Lokomotiven. Da die Beschaffung neuer Fahrzeuge aufgrund des begrenzten finanziellen Spielraums des Unternehmens nicht möglich war, beschloss der Vorstand, die vorhandenen sechs Jung-Malletloks zu modernisieren. Da sich die Rahmen und Fahrwerke der Maschinen noch in einem tadellosen Zustand befanden, mussten nur neue Kessel beschafft werden. Die NWE beauftragte die Firma Jung mit der Entwicklung eines Ersatzkessels. Anfang 1924 lieferte Jung mit der Fabrik-Nr. 3.560 den ersten Ersatzkessel, mit dem Lok 13ᴵᴵ (Einbau am 29.03.1924) ausgerüstet wurde. Das MA Halberstadt genehmigte als zuständige Aufsichtsbehörde den Umbau. Nach einer Probefahrt am 28. Mai 1924 von Wernigerode nach Steinerne Renne und zurück wurde Lok 13ᴵᴵ am 30. Mai 1924 wieder in Dienst gestellt.

Dank des höheren Betriebsdrucks von 14 kp/m² und der größeren Verdampfungsleistung des Kessels stiegen Zugkraft und Leistung der B´Bn4vt-Maschinen an. Für die Berechnung der Zuglasten und Fahrzeiten legte die NWE eine effektive Zugkraft von 6,6 Mp zu Grunde. Auf eine exakte Leistungsberechnung oder Messfahrten verzichtete die NWE, die 255 PSi als indizierte Leistung für die Jung-Maschinen angab. Die zulässige Höchstlast für die Strecke Wernigerode–Brocken wurde von 60 t auf 86 t bei einer Geschwindigkeit von 25 km/h angehoben. Bei 30 km/h waren 65 t erlaubt. Im Verlauf des Jahres 1925 erhielten zwei weitere Maschinen einen neuen Kessel. Den Auftakt machte Lok 11 (Jung 1924/3.632; Einbau am 13.01.1925).

Betriebszeiten und Zugangebot auf der Brockenbahn (1912–1944)

Zugverkehr von	bis	Anzahl der Züge / Bemerkungen
30.04.1912	31.10.1912	8 Zugpaare / im Juli und August 9 Zugpaare
30.04.1913	31.10.1913	8 Zugpaare / im Juli und August 9 Zugpaare
30.04.1914	03.08.1914	6 Zugpaare und 1 Zug Schierke–Drei Annen Hohne / Einstellung des Verkehrs mit Beginn des Ersten Weltkrieges
01.06.1917	14.10.1917	2 Zugpaare
09.05.1918	15.10.1918	2 Zugpaare und 1 Zugpaar Drei Annen Hohne–Schierke (werktags vom 01.06. bis zum 30.09.1918)
28.05.1919	12.10.1919	2 Zugpaare und 1 Zugpaar Drei Annen Hohne–Schierke (werktags 01.06.–30.09.1919)
01.06.1921	16.10.1921	1 Zugpaar täglich und 1 Zugpaar nur an Sonn- und Feiertagen / 2 Zugpaare täglich bis zum 18.09.1921 / 1 Zugpaar Drei Annen Hohne–Schierke (01.07.–31.08.1921)
10.05.1922	15.10.1922	3 Zugpaare in der Hauptsaison
09.05.1923	27.09.1923	2 Zugpaare / 3 Zugpaare in der Hauptsaison
15.05.1924	12.10.1924	2 Zugpaare / 3 Zugpaare in der Hauptsaison
16.05.1925	18.10.1925	2 Zugpaare / 4 Zugpaare in der Hauptsaison
01.05.1926	17.10.1926	2 Zugpaare / 4 oder 5 Zugpaare in der Hauptsaison
01.05.1927	16.10.1927	2 Zugpaare / 4 oder 5 Zugpaare in der Hauptsaison
05.04.1928	10.04.1928	Sonderverkehr (Osterfeiertage)
01.05.1928	16.10.1928	2 Zugpaare / 4 oder 5 Zugpaare in der Hauptsaison
28.03.1929	02.04.1929	Sonderverkehr (Osterfeiertage)
01.05.1929	15.10.1929	2 Zugpaare / 4 oder 5 Zugpaare in der Hauptsaison
17.04.1930	22.04.1930	Sonderverkehr (Osterfeiertage)
01.05.1930	15.10.1930	2 Zugpaare / 4 oder 5 Zugpaare in der Hauptsaison
09.05.1931	15.10.1931	2 Zugpaare / 4 oder 5 Zugpaare in der Hauptsaison
01.05.1932	15.10.1932	2 Zugpaare / 4 oder 5 Zugpaare in der Hauptsaison
01.05.1933	15.10.1933	2 Zugpaare / 4 oder 5 Zugpaare in der Hauptsaison
08.05.1934	15.10.1934	2 Zugpaare / 4 oder 5 Zugpaare in der Hauptsaison
11.05.1935	15.10.1935	2 Zugpaare / 4 oder 5 Zugpaare in der Hauptsaison
09.05.1936	15.10.1936	2 Zugpaare / 4 oder 5 Zugpaare in der Hauptsaison
05.05.1937	15.10.1937	2 Zugpaare / 4 oder 5 Zugpaare in der Hauptsaison
07.05.1938	16.10.1938	2 Zugpaare / 4 oder 5 Zugpaare in der Hauptsaison
06.05.1939	07.09.1939	2 Zugpaare / 4 oder 5 Zugpaare in der Hauptsaison
10.05.1940	05.10.1940	2 Zugpaare
21.05.1941	04.10.1941	2 Zugpaare
12.05.1942	04.10.1942	2 Zugpaare
15.05.1943	03.10.1943	2 Zugpaare
14.05.1944	01.10.1944	2 Zugpaare / ab 03.07.1944: 1 Zugpaar

Ab Mitte der 1920er-Jahre bildeten die von der Firma Borsig gelieferten Loks 51 und 52 das Rückgrat in der Zugförderung auf der Brockenbahn, hier Lok 51 (DR: 99 6011) Anfang der 1930er-Jahre im Bf Drei Annen Hohne. Rechts neben der Lok ist eine Saugstation zum Wassernehmen zu sehen (siehe S. 44). Foto: W. Hubert, Slg. G. Ferrée

Am 2. Juli 1932 stand Lok 52 (DR: 99 6012) im Bf Wernigerode Westerntor. Besondere Beachtung verdienen die beiden unter der Rauchkammer gelagerten Handhebewinden. Mit deren Hilfe konnten bei Bedarf Achsen wieder eingegleist werden. Foto: C. Bellingrodt, Slg. R. Wiedemann

Der Unfall im Thumkuhlental

Am Nachmittag des 6. Juli 1927 ging über einem rund 4 km² großen Gebiet nordwestlich des Brockens ein schweres Sommergewitter nieder. Innerhalb kürzester Zeit verwandelten sich die Harz-Bäche in reißende Ströme. Die Wassermassen und das mitgerissene Geröll beschädigten dabei den Fuß des etwa 10 m hohen Bahndammes im Thumkuhlental zwischen dem Bahnhof (Bf) Steinerne Renne und dem Kreuzungsbahnhof Drängetal. Während des Gewitters war der Zug 35, gezogen von Mallet-Maschine Nr. 12^{II}, auf dem Weg von Benneckenstein nach Wernigerode. Der Fahrdienstleiter des Bf Drei Annen Hohne hielt den Zug auf, da der Bf Hasserode bereits erste Überschwemmungen gemeldet hatte. Die Direktion der Nordhausen-Wernigeroder Eisenbahn-Gesellschaft (NWE) schickte daraufhin Regierungsbaumeister Meyer und den technischen Obersekretär Bothe nach Drei Annen Hohne, die den Zug begleiten sollten. Gegen 17.40 Uhr erreichte der Zug den unterspülten Bahndamm, was aber weder Lokführer Gierte und Heizer Schmidt noch die beiden Techniker bemerkten. Als der Zug den Bahndamm in Höhe der Brücke befuhr, brach dieser unter der Last zusammen. Die Lok und die ersten beiden Wagen stürzten in die Tiefe. Das Lokpersonal und die beiden Techniker waren sofort tot. Auch zwei Reisende kamen ums Leben. Au-

ßerdem waren 25 Schwer- und rund 30 Leichtverletzte zu beklagen. Im Geschäftsbericht der NWE für das Jahr 1927 hieß es: »*Die von der Aufsichtsbehörde eingeleitete Untersuchung hat als Ursache des für alle Beteiligten so tragischen Unfalls (...) höhere Gewalt festgestellt.*«
Der Sachschaden war enorm: Die Lok 12^{II} sowie ein Gepäck- und zwei Personenwagen mussten aufgrund der schweren Schäden an Ort und Stelle verschrottet werden. Die Aufräumungsarbeiten dauerten einige Tage. Eisenbahndirektor Eduard Scharnhorst erklärte dazu im Geschäftsbericht für das Jahr 1927: »*Dank der Unterstützung der Privatbahnaufsicht bei der Reichsbahndirektion Magdeburg und insbesondere der tätigen Unterstützung des Herrn Vicepräsidenten Niemann konnte nach der Aufnahme eines Notbetriebes mit Autobussen zwischen Wernigerode und Dreiannen-Hohne bereits am 10. Juli (1927) eine Notbrücke anstelle der eingestürzten an der Bielsteinstraße befahren und am 14. Juli der gesamte Betrieb durch Umsteigen an der Unfallstelle wieder aufgenommen werden. Am 24. Juli (1927) konnte auch die Unfallstelle im Thumkuhlental wieder befahren werden und wurde an diesem Tage der Betrieb wieder ohne Einschränkung aufgenommen.*« Heute erinnert ein Gedenkstein an das schwerste Zugunglück in der Geschichte der NWE.

Beim Unfall im Thumkuhlental am späten Nachmittag des 6. Juli 1927 kamen vier Eisenbahner und zwei Reisende ums Leben. Die Lok 12^{II} und die ersten beiden Personenzugwagen stürzten rund 12 m in die Tiefe.
Foto: Nachlass W. Steinke (†)

Erst wenige Monate vor dem Umfall im Thumkuhlental hatte die Lok 12^{II} einen neuen Ersatzkessel erhalten. Aufgrund ihrer schweren Schäden musste die Malletmaschine an Ort und Stelle verschrottet werden.
Foto: Nachlass W. Steinke (†)

Die Triebwagen der Nordhausen-Wernigeroder Eisenbahn-Gesellschaft

Betriebs-Nr.	Bauart	Hersteller	Baujahr	Fabrik-Nr.	DR-Nr.	Bemerkungen
T 1	Bo´Bo´de	MAN	1935	127.399	VT 137 561	Abnahme am 26.01.1936; ab 13.12.1961 Bw Straupitz; z 04.12.1963; + 14.08.1969; ++ 02.10.1969 Raw Wittenberge
T 2	Bo´Bo´de	Wismar	1939	21.131	VT 137 565	Abnahme am 06.06.1940; z 25.09.1967; + 24.11.1967; ++ 14.05.1968 Raw Wittenberge
T 3	Bo´Bo´de	Wismar	1939	21.132	VT 137 566	Abnahme am 03.06.1940; ab 19.09.1968 Gerätewagen der Bm Wernigerode Westerntor; 1975 nach Kompressorschaden abgestellt; z 1978; ab 01.01.1983 »Historisches Fahrzeug« der DR; am 01.02.1993 an HSB

Ihr folgte Lok 16", die spätere Lok 14" (Jung 1925/3.789; Einbau am 12.12.1925), die zum Jahresende fertiggestellt wurde. 1927 wurden Lok 12" und Lok 15" (Jung 1927/3.961; Einbau am 28.05.1927) modernisiert. Als letzte erhielt Lok 12" einen Ersatzkessel (Hanomag 1929/01342; Einbau am 16.10.1929).

Allerdings war Lok 12" nur wenige Monate im Einsatz. Am 6. Juli 1927 wurde sie bei einem Zugunglück im Thumkuhlental schwer beschädigt und musste verschrottet werden. Dies war für die NWE ein schwerer Verlust. Als Ersatz für die Maschine musste das Unternehmen im Sommer 1927 Lok 51 der Südharz-Eisenbahn AG anmieten. Die Lok fungierte aber nur als Reserve und wurde nach einem knappen Jahr zurückgegeben.

Die im Herbst 1929 einsetzende Weltwirtschaftskrise führte zu einem deutlichen Rückgang der Beförderungsleistungen bei der NWE. Aufgrund des damit verbundenen erheblichen Rückgangs der Einnahmen war eine weitere Modernisierung des Fahrzeugparks nicht möglich. Erst ab 1934 verbesserte sich die finanzielle Lage des Unternehmens, das aber den Betrieb rationalisieren musste. Dies galt vor allem für den Personenverkehr, wo sich in der Zwischenzeit die Konkurrenz des Kraftverkehrs bemerkbar machte. Die NWE war gezwungen, die Fahrzeiten – vor allem auf der Harzquerbahn – deutlich zu verringern. Aufgrund der durchweg positiven Erfahrungen, die die benachbarte Gernrode-Harzgeroder Eisenbahn (GHE)

und die Südharz-Eisenbahn AG (SHE) mit ihren Triebwagen gesammelt hatten, beschloss auch Eisenbahndirektor Eduard Scharnhorst, moderne Dieseltriebwagen zu beschaffen. Er beauftragte die Maschinenfabrik Augsburg-Nürnberg (MAN) mit der Entwicklung eines Schlepptriebwagens, der in einer Steigung von 1 : 30 mindestens einen vollbesetzten vierachsigen Reisezugwagen befördern konnte. Die MAN entschied sich für eine elektrische Kraftübertragung, die von der Brown, Boveri & Cie. AG (BBC) geliefert wurde. Herzstück des Triebwagens war ein Sechszylinder-Viertaktdieselmotor mit einer Leistung von 410 PS. Der Motor war direkt mit einem Gleichstromgenerator gekoppelt. Die Achsen der beiden Drehgestelle wurden durch Tatzlager-Motoren angetrieben. Die Drehgestelle nahmen die Zug- und Stoßeinrichtungen auf. Der Wagenkasten entstand in Stahlleichtbauweise und wurde rot lackiert. Der Triebwagen verfügte über ein Gepäckabteil und 23 Sitzplätze.

Am 5. November 1935 lieferte MAN das Fahrzeug zum Preis von 120.000 Reichsmark (RM) an die NWE, die den als »T 1« bezeichneten Schlepptriebwagen zunächst gründlich testete. Dabei bestach das Fahrzeug durch seine Zugkraft. Der T 1 konnte einen 42 t schweren Zug – das entsprach drei vierachsigen Reisezugwagen – mit 28 km/h über eine Steigung von 1 : 30 schleppen. Nach Abschluss der Versuchsfahrten lud die NWE die lokale Prominenz sowie Vertreter der Presse für den 26. Januar 1936 zu

Ende der 1930er-Jahre stand der Triebwagen T 1 (DR: VT 137 561) vor dem »Bello-Schuppen« im Bf Wernigerode Westerntor. Die NWE setzte den Triebwagen ab 15. Mai 1936 planmäßig auf der Strecke Nordhausen–Wernigerode ein. Später übernahm das Fahrzeug auch Leistungen auf der Brockenbahn.   Foto: W. Hubert, Archiv D. Endisch

Die NWE hatte am 22. September 1934 die Maschinenfabrik Augsburg-Nürnberg AG (MAN) mit der Konstruktion und dem Bau des T 1 beauftragt. Der Wagenkasten war eine Stahlleichtbau-Kontruktion. Das Fahrzeug hatte ein Leergewicht von 33,25 t und war für eine Höchstgeschwindigkeit von 60 km/h ausgelegt.   Foto: Werkbild, Archiv D. Endisch

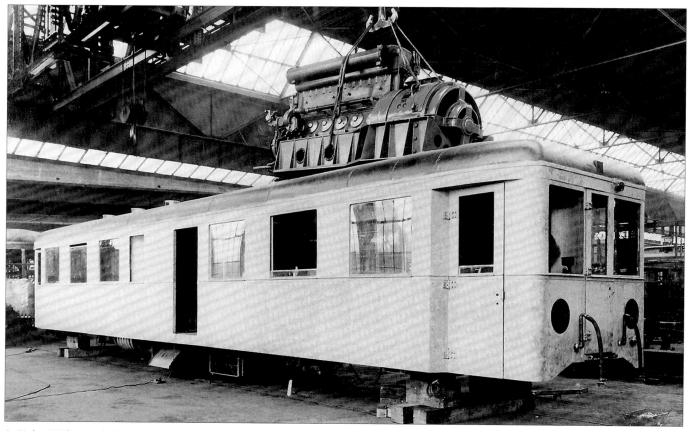

Im Herbst 1935 begann die Endmontage des T 1 bei der MAN. Das Fahrzeug wurde am 5. November 1935 zum Preis von 120.000 RM an die NWE ausgeliefert. Die Endabnahme des Triebwagens erfolgte am 26. Januar 1936. Bis zu seiner ersten Untersuchung 1936 legte der Triebwagen insgesamt 44.326 km zurück.   Foto: Werkbild, Archiv D. Endisch

einer Vorführfahrt ein. Nach einem Empfang im Hotel »Friedrichskron« in Nordhausen wurden der festlich geschmückte T 1 und der zu einem Beiwagen umgebaute Personenwagen Nr. 14ᴵᴵ (DR: 900-474) offiziell in Dienst gestellt. Der Beiwagen besaß ein kleines Gepäckabteil und eine Heizungseinrichtung. Die »Nordhäuser Zeitung« berichtete einen Tag später ausführlich über dieses Ereignis: »*Das gefällige satte Rot, das beide Wagen gewissermaßen `Ton in Ton' als Teile eines zusammenhängenden Ganzen schon äußerlich erkennen läßt, dürfte einmalig im Harze einem öffentlichen Schienenverkehrsmittel beigelegt worden sein. Erstmalig und einmalig aber wie die Farben ist auch die Konstruktion dieses Verkehrsmittels. Die Konstrukteure mussten sich mit folgenden, durch die besonderen Verhältnisse des Harzes bedingten Gegebenheiten abfinden. Einmal handelt es sich um eine Bahn mit einer Spurweite, die unter der normalen Spurweite liegt; weiter ist auf der Strecke eine fast ständige Steigung (...) zu überwinden, und schließlich musste eine kurvenreiche Gebirgsstrecke (...) berücksichtigt werden. All diesen Umständen ist bei der Planung und Konstruktion des Wa-*

gens Rechnung getragen worden. (...) Die Fahrt, die wir (...) unternahmen, hinterließ den Eindruck, daß es sich bei diesem Triebwagen um eine Konstruktion handelt, die alle Errungenschaften der modernen Technik sinnreich und zweckmäßig verbindet mit den Erfordernissen des modernen Reiseverkehrs, nämlich Sicherheit, Bequemlichkeit und Schnelligkeit. (...)
Jawohl: es war eine forsche, schnelle Fahrt, die wir erlebten. Die Strecke von Wernigerode nach Nordhausen durchfuhren wir, mit allerdings nur zwei Aufenthalten, in 1 Stunde und 43 Minuten. (...)
Es war naheliegend, daß wir uns auch nach einigen technischen Einzelheiten erkundigten. (...) Zuerst die Frage der Sicherheit: wir fragten, wie es sei, wenn aus irgendeinem Grunde dem Fahrer vielleicht auf voller Fahrt unwohl (...) werde und er die auf das einfachste Maß beschränkten Griffe nicht mehr ausführen könnte. Die Antwort gab uns die Praxis selbst in dem Augenblick, wo der Fahrer die Hände von den auf seinem Schaltbrett angebrachten Griffen wegnimmt, schaltet sich selbsttätig die Maschine ab, und der Wagen bleibt (...) stehen. (...)

Auszug aus dem Betriebsbuch des VT 137 561[1]

Hersteller: MAN	Fabrik-Nummer: 127.399
Baujahr: 1935	Beschaffungskosten: 120.000,- RM
Tag der Anlieferung: 05.11.1935	Tag der Endabnahme: 26.01.1936

Stationierungen:

BO Wernigerode	17.01.36–05.02.36	Werkstatt Wernigerode	06.12.37–20.12.37 Ausb.
Werkstatt Wernigerode	06.02.36–08.02.36 Ausb.	BO Wernigerode	21.12.37–04.05.38
BO Wernigerode	09.02.36–20.02.36	Werkstatt Wernigerode	05.05.38–15.05.38 Ausb.
Werkstatt Wernigerode	21.02.36–04.03.36 Ausb.	BO Wernigerode	16.05.38–14.12.38 / 185.400 km
BO Wernigerode	05.03.26–22.03.36	Werkstatt Wernigerode	15.12.38–29.01.39 Unt.
Werkstatt Wernigerode	23.03.36–26.03.36 Ausb.	BO Wernigerode	30.01.39–28.08.39 / 236.402 km
BO Wernigerode	27.03.36–08.05.36	Werkstatt Wernigerode	04.09.39–30.09.39 Ausb.
Werkstatt Wernigerode	09.05.36–26.05.36 Ausb.		
BO Wernigerode	27.05.36–26.06.36	*keine weiteren Eintragungen*	
Werkstatt Wernigerode	27.06.36–07.07.36 Ausb.		
BO Wernigerode	08.07.36–11.08.36	Raw Dessau	21.11.50–31.12.51 T5 / GR
Werkstatt Wernigerode	12.08.36–28.08.36 Ausb.	Raw Dessau	01.01.52–31.05.52 T0
BO Wernigerode	29.08.36–29.08.36 / 44.326 km	Bw Wernigerode Westerntor	01.06.52–31.07.53 / 247.317 km
Werkstatt Wernigerode	30.08.36–17.11.36 Unt.	Raw Dessau	01.08.53–27.05.54 T2
BO Wernigerode	18.11.36–23.12.36	Bw Wernigerode Westerntor	28.05.54–13.09.54
Werkstatt Wernigerode	24.12.36–31.12.36 Ausb.	Bw Wernigerode Westerntor	14.09.54–24.09.54 T0
Werkstatt Wernigerode	01.01.37–04.01.37 Ausb.	Bw Wernigerode Westerntor	25.09.54–24.07.55 / 262.099 km
BO Wernigerode	05.01.37–20.01.37	Raw Dessau	25.07.55–21.02.56 T0
Werkstatt Wernigerode	21.01.37–22.01.37 Ausb.	Bw Wernigerode Westerntor	22.02.56–09.08.56
BO Wernigerode	23.01.37–27.01.37	Bw Wernigerode Westerntor	10.08.56–27.08.56 T0
Werkstatt Wernigerode	28.01.37–29.01.37 Ausb.	Bw Wernigerode Westerntor	28.08.56–29.12.56 / 264.530 km
BO Wernigerode	30.01.37–07.03.37	Raw Dessau	02.01.57–30.09.59 T4
Werkstatt Wernigerode	08.03.37–12.03.37 Ausb.	Raw Dessau	12.10.59–22.01.60 T0
BO Wernigerode	13.03.37–20.04.37 / 67.387 km	Bw Wernigerode Westerntor	23.01.60–31.08.61 / 266.256 km
Werkstatt Wernigerode	21.04.37–13.05.37 Unt.	Bw Straupitz	01.09.61–12.12.61 T0
BO Wernigerode	14.05.37–01.06.37	Bw Straupitz	13.12.61–25.01.63 / 270.193 km
Werkstatt Wernigerode	02.06.37–03.06.37 Ausb.	Raw Wittenberge	26.01.63–09.05.63 T3+T0
BO Wernigerode	04.06.37–12.06.37	Bw Straupitz	10.05.63–10.09.63
Werkstatt Wernigerode	13.06.37–13.06.37 Ausb.	Bw Straupitz	11.09.63–13.09.63 T0
BO Wernigerode	14.06.37–29.06.37	Bw Straupitz	14.09.63–19.02.65
Werkstatt Wernigerode	30.06.37–30.06.37 Ausb.	Raw Wittenberge	20.02.65–[2]
BO Wernigerode	01.07.37–04.08.37		
Werkstatt Wernigerode	05.08.37–21.09.37 Unt.	z-gestellt	04.12.63[3]
BO Wernigerode	22.09.37–05.12.37	ausgemustert	14.08.69[4]

Bauartänderungen:

12.12.61 Bw Straupitz	Druckluftbremse (Kbr), Führerüberwachungsventil und Notbremsventil angebaut
10.05.63 Raw Wittenberge	Dreilichtspitzensignal angebaut; zusätzliche Umwälzpumpe angebaut

Anmerkungen:

1 ex T 1 der NWE
2 Die Hauptuntersuchung wurde abgebrochen.
3 Der Triebwagen wurde am 05.10.1963 abgestellt.
4 Der Triebwagen wurde am 02.10.1969 im Raw Wittenberge zerlegt.

Einer der drei Schlepptriebwagen wurde von 1936 bis 1943 planmäßig vom Lokbf Benneckenstein aus eingesetzt (siehe S. 274). Um 1941 entstand diese Aufnahme eines der beiden von der Waggonfabrik Wismar gebauten Fahrzeuge mit einem Personenzug im Bf Wernigerode Westerntor. Foto: Archiv D. Endisch

Über die Frage der Bequemlichkeit brauchten wir uns Erläuterungen nicht geben zu lassen, denn das auch in dieser Frage Erreichte empfand jeder Fahrtteilnehmer im wahrsten Sinne des Wortes `am eigenen Leibe´. Die (...) Wagen sind so prächtig gefedert, daß man weder die Schienenstöße (...), noch Kurvenfahrten empfindet. Der Blick durch die großen Aussichtsfenster ist nicht mehr durch Rauchwolken beeinträchtigt (...). Die Sitze selbst sind, wie es wahrer Dienst am Kunden verlangt, behaglich und bequem. (...) Wir wünschen dem neuen Triebwagen zu seiner planmäßigen Indienststellung aufrichtig: Gute Fahrt!«

Ab 1. Februar 1936 setzte die NWE den T 1 im Plandienst ein. Da ein Beiwagen nicht ausreichte, baute die Werkstatt in Wernigerode Westerntor wenig später noch den Personenwagen Nr. 15^{II} (DR: 900-475) zu einem Beiwagen um, der auch rot lackiert wurde.

Ab 15. Mai 1936 wurde der Triebwagen in einem eigenen Dienstplan vom Lokbahnhof (Lokbf) Benneckenstein (siehe S. 274) aus eingesetzt. Der Umlauf sah werktags Personenzüge auf den Relationen Wernigerode–Nordhausen (Zug 1, Zug 8), Wernigerode–Eisfelder Talmühle (Zug 5, Zug 36) und Benneckenstein–Nordhausen (Zug 50, Zug 61) vor. Die Triebwagenzüge erfreuten sich bei den Reisenden großer Beliebtheit. Zur weiteren Verbesserung des Angebotes plante die NWE mit dem T 1 spezielle Eilverbindungen auf der Strecke Nordhausen–Wernigerode. Dank des Einmann-Betriebes konnten durch den T 1 die Betriebskosten spürbar verringert werden. 1937 legte der Triebwagen insgesamt 63.000 km zurück. Das Fahrzeug verbrauchte dabei 57 t Dieselkraftstoff. Die Dampfloks benötigten insgesamt 4.273 t Steinkohle. Im Geschäftsbericht für das Jahr 1937 stellte der Vorstand der NWE fest: »*Der im Jahre 1936 beschaffte Triebwagen hat seine an ihn gestellten Erwartungen so erfüllt, daß beschlossen worden ist, zwei weitere Triebwagen mit noch größerer Leistung zu beschaffen. Im Sommerfahrplan 1939 werden drei Triebwagen für den Betrieb zur Verfügung stehen.*«

Die NWE begann umgehend damit, ihre Pläne für einen Eilverkehr auf der Harzquerbahn umzusetzen. Dazu wurden jedoch zusätzliche Triebwagen benötigt. Eine Beschaffung weiterer Fahrzeuge analog des T 1 schied allerdings aus, da die Traktionsleistung des MAN-Triebwagens letztlich zu gering war. Der technische Direktor der NWE, Hans Dorner, beauftragte daher am 12. April 1938 die Triebwagen- und Waggonfabrik AG in Wismar, die zur Eisenbahn-Verkehrsmittel AG in Berlin gehörte, mit dem Bau zweier weiterer Schlepptriebwagen. Das Lastenheft der NWE verlangte die Beförderung eines 56 t schweren Zuges, was vier besetzten vierachsigen Reisezugwagen entsprach.

Bei der Entwicklung der gewünschten Fahrzeuge griffen die Wismarer Ingenieure auf die Erfahrungen der NWE mit dem T 1 zurück. Auch die beiden 1939 gebauten Triebwagen erhielten einen in Stahlleichtbauweise gefertigten und rot lackierten Wagenkasten. Das Fahrgastabteil entfiel jedoch. Dafür besaßen die als T 2 und T 3 bezeichneten Fahrzeuge ein größeres Gepäckabteil und ein Dienstabteil für den Zugführer. Türen in den Stirnwänden und klappbare Trittbleche ermöglichten dem Zugpersonal den Übergang zu den Reisezugwagen. Der von MAN gelieferte Sechszylinder-Viertaktdieselmotor entsprach dem Motor des T 1, besaß aber einen Büchi-Abgasturbolader und hatte eine Stundenleistung von 520 PS. Die elektrische Ausrüstung stammte ebenfalls von BBC. Die Achsen des T 2 und T 3 wurden durch Tatzlager-Motoren angetrieben. Zur Ausrüstung der Triebwagen gehörten eine Druckluftbremse (nur für den Triebwagen), ein Kompressor und ein elektrisch betriebener Luftsauger der Bauart Hardy. Der Heizkessel für den Wagenzug wurde nicht mehr mit Koks, sondern mit Diesel gefeuert.

Wann die Waggonfabrik Wismar die beiden Triebwagen auslieferte, ist bis heute umstritten. Laut Aussagen älterer Eisenbahner sollen die Fahrzeuge bereits Ende 1939 in Wernigerode eingetroffen sein. Das Betriebsbuch des T 2 nennt jedoch den 17. April 1940 als Datum der Auslieferung (Abnahme am 06.06.1940). Der T 3 absolvierte am 3. Juni 1940 seine Abnahmefahrt von Nordhausen nach Wernigerode und zurück. Die NWE erprobte die beiden Wismarer Triebwagen zunächst auf der Brockenbahn und setzte sie dann planmäßig auf der Harzquerbahn ein.

Auszug aus dem Betriebsbuch des VT 137 565[1]

Hersteller: Wismar   Fabrik-Nummer: 21.131
Baujahr: 1939   Beschaffungskosten: -
Anlieferung: 17.04.1940   Endabnahme: 06.06.1940

Das Betriebsbuch ist eine Zweitschrift.

Stationierungen:

Raw Dessau	–09.08.54 T4[2]
Bw Wernigerode Westerntor	10.08.54–23.08.54
Bw Wernigerode Westerntor	24.08.54–28.08.54 T0
Bw Wernigerode Westerntor	29.08.54–18.11.54
Bw Wernigerode Westerntor	19.11.54–19.11.54 T0
Bw Wernigerode Westerntor	20.11.54–14.02.55
Bw Wernigerode Westerntor	15.02.55–15.02.55 T0
Bw Wernigerode Westerntor	15.02.55–16.03.55 / 165.069 km
Raw Dessau	17.03.55–27.06.55 T0
Bw Wernigerode Westerntor	28.06.55–23.10.55 / 173.858 km
Bw Wernigerode Westerntor	24.10.55–07.12.55 T0
Bw Wernigerode Westerntor (»w«)	08.12.55–25.04.56 / 173.858 km[3]
Raw Dessau	26.04.56–16.05.57 T2
Bw Wernigerode Westerntor	17.05.57–12.02.60 / 194.425 km
Raw Dessau	13.02.60–29.09.60 T4
Bw Wernigerode Westerntor	30.09.60–24.09.67
z-gestellt	25.09.67[4]
ausgemustert	24.11.67[5]

Anmerkungen:
1 ex T 2 der NWE
2 Laufleistung seit Indienststellung: 135.640 km
3 Angabe laut Betriebsbuch
4 Der Triebwagen wurde am 28.11.1962 abgestellt.

Rollwagenverkehr auf der Harzquerbahn beschafft werden. Die NWE benötigte also unterschiedliche Lok-Typen, die jedoch im Hinblick auf eine möglichst kostengünstige Fertigung und Unterhaltung zahlreiche gemeinsame Baugruppen und -teile besitzen sollten. Eine wichtige Voraussetzung für den Einsatz von Einrahmenmaschinen auf den krüm-

Auszug aus dem Betriebsbuch des VT 137 566[1]

Hersteller: Wismar   Fabrik-Nummer: 21.132
Baujahr: 1939   Beschaffungskosten: -
Anlieferung: -   Endabnahme: 03.06.1940

Das Betriebsbuch ist eine Zweitschrift.

Stationierungen:

Bw Wernigerode Westerntor	–25.06.50
Bw Wernigerode Westerntor	26.06.50–27.07.50 T4
Bw Wernigerode Westerntor	28.07.50–15.02.51 / 4.115 km[2]
Bw Wernigerode Westerntor	16.02.51–19.03.51 T1
Bw Wernigerode Westerntor	20.03.51–04.06.52 / 56.735 km[2]
Bw Wernigerode Westerntor	05.06.52–28.09.52 T2
Bw Wernigerode Westerntor	29.09.52–20.08.53 / 101.132 km[2]
Bw Wernigerode Westerntor	21.08.53–27.08.53 T0
Bw Wernigerode Westerntor	28.08.53–16.08.54 / 140.454 km[2]
Raw Dessau	17.08.54–31.03.55 T4
Bw Wernigerode Westerntor	01.04.55–30.06.55 / 148.823 km[2]
Bw Wernigerode Westerntor	01.07.55–14.07.55 T0
Bw Wernigerode Westerntor	15.07.55–23.03.56 / 155.724 km[2]
Bw Wernigerode Westerntor	24.03.56–11.07.56 T0
Bw Wernigerode Westerntor	12.07.56–15.05.57 / 163.397 km[2]
Bw Wernigerode Westerntor	16.05.57–16.05.57 T0
Bw Wernigerode Westerntor	17.05.57–26.11.58 / 178.909 km[2]
Raw Dessau	27.11.58–10.06.59 T3
Bw Wernigerode Westerntor	11.06.59–15.02.62 / 206.692 km[2]
Raw Wittenberge	16.02.62–30.06.62 T4
Bw Wernigerode Westerntor	01.07.62–08.11.64 / 228.868 km[2]
Raw Wittenberge	09.11.64–30.12.64 T2 + T0
Bw Wernigerode Westerntor	31.12.64–09.03.66 / 243.433 km[2]
Raw Wittenberge	10.03.66–18.11.66 T3
Bw Wernigerode Westerntor	19.11.66–08.09.68
Raw Wittenberge	09.09.68–18.09.68 T2
Bw Wernigerode Westerntor	19.09.68–20.09.72
Bw Wernigerode Westerntor	21.09.72–24.12.75 T7
Bw Wernigerode	25.12.75–27.07.90[4]
Bw Haldensleben	28.07.90–23.06.92 T7
Bw Halberstadt, Est Blankenburg	24.06.92–19.01.94 T7[3]
MaLoWa	20.01.94–29.06.95 HU

Bauartänderungen:

30.06.62 Raw Wittenberge	A-Spitzenlicht angebaut; polnische Fensterheber angebaut; elektrische Fensterwischer angebaut; Stromkreis für Beleuchtung neu verlegt
22.12.75 Bw Wernigerode	Kühleranlage auf DDR-Fabrikation (BR 110) umgebaut; Motorölwärmetauscher eingebaut
29.06.95 MaLoWa	Druckluftbremse eingebaut; Einbau eines speziellen Kompressors zum Füllen der Starterdruckluftflaschen; Einbau eines neuen Heizkessels; Einbau einer Sifa

Anmerkungen:
1 ex T 3 der NWE; ab 01.06.1970: 185 025-4; ab 01.01.1973: 187 025-2
2 Laufleistung seit dem 28.07.1950
3 ab 1978 im z-Park
4 Der Triebwagen wurde am 01.02.1993 an die HSB übergeben.

Mit dem T 2 und dem T 3 richtete die NWE einen eilzugähnlichen Verkehr auf der Strecke Nordhausen–Wernigerode ein. Die Triebwagen benötigten für die rund 60 km lange Verbindung etwa 100 Minuten.

Doch die modernen Schlepptriebwagen konnten ihr Vorzüge nur kurze Zeit unter Beweis stellen. Angesichts der immer weiter schrumpfenden Lieferkontingente für Dieselkraftstoff musste die NWE bereits Ende 1940 den Einsatz der Schlepptriebwagen erheblich einschränken. Mit dem Fahrplanwechsel am 4. Mai 1942 bestand nur noch ein Umlauf für einen Triebwagen. Ein gutes Jahr später, am 16. Mai 1943, stellte die NWE den Triebwagen-Verkehr offiziell ein.

Parallel dazu plante die NWE auch die Beschaffung neuer, leistungsfähiger Dampfloks. Für das steigende Verkehrsaufkommen reichten die für den Streckendienst vorhandenen sechs B´Bn4vt-Mallets und die beiden (1´B)´B1´h4vt-Maschinen nicht mehr aus. Außerdem waren die Nassdampfloks aufgrund ihres großen Wasser- und Kohleverbrauchs höchst unwirtschaftlich. Der Ersatz der inzwischen über 30 Jahre alten Maschinen war dringend geboten. Der technische Direktor der NWE, Hans Dorner, analysierte zunächst die Entwicklung bei der GHE und der SHE. Beide Unternehmen hatten Ende der 1920er-Jahre zugstarke Einrahmen-Maschinen in Dienst gestellt. Die Eh2-Tenderloks besaßen einen Luttermöller-Antrieb für die erste und fünfte Achse, was das Befahren enger Gleisbögen möglich machte (siehe S. 212). Hans Dorner stand jedoch dem Luttermöller-Antrieb skeptisch gegenüber. Er bezweifelte zwar nicht den guten Bogenlauf und die Zugkraft der Fünfkuppler, hielt aber die zahnradgekuppelten Endachsen für die von ihm angestrebte höhere Geschwindigkeit von mindestens 40 km/h für ungeeignet. Außerdem rechnete er langfristig damit, dass der Luttermöller-Antrieb in der Instandhaltung teurer sein werde als ein einfaches Triebwerk. Zudem sollten nicht nur die Mallet-Maschinen ersetzt, sondern auch zugstarke Maschinen für den geplanten

mungsreichen Strecken war die Verstärkung des Oberbaus und nach Möglichkeit eine Vergrößerung der Radien. Bereits Anfang der 1930er-Jahre hatte die NWE damit begonnen. Doch das Ziel, alle Bögen auf Mindestradien von 70 bis 75 m umzurüsten, konnte aus finanziellen und technischen Gründen nicht umgesetzt werden. Im Spätsommer 1936 schrieb Hans Dorner die Entwicklung der neuen Maschinen aus, die zunächst die B´Bn4vt-Mallets ersetzen sollten. Nach einer ersten Sichtung der Arbeiten vergab Dorner im Sommer 1937 die Konstruktion der neuen Type an die Friedrich Krupp AG. Die Ingenieure aus Essen hatten eine 1´C1´h2-Tenderlok mit Barrenrahmen und Laufachsen der Bauart Bissel vorgeschlagen. Nach der Abnahme der Zeichnungen gab die NWE im Herbst 1938 ein Baumuster in Auftrag.

Am 1. Juli 1939 lieferte die Friedrich Krupp AG schließlich eine kleine, bullige Tenderlok zum Preis von 71.000 RM an die NWE aus. Nach der vorläufigen Abnahme der Maschine durch den Bevollmächtigten für die Bahnaufsicht bei der Reichsbahndirektion (RBD) Hannover erhielt die Maschine die Betriebs-Nr. 21II. Die vorgesehene Höchstgeschwindigkeit von 50 km/h ließ die Aufsichtsbehörde zunächst nur unter Vorbehalt zu. Erst nach einer abschließenden Probefahrt von Wernigerode zum Brocken am 14. Juli 1939 wurde die Lok 21II für 50 km/h zugelassen. Damit ist die heutige 99 6001 die schnellste Meterspur-Dampflok in Deutschland.

Bei weiteren Versuchsfahrten wurde für die 1´C1´h2t-Maschine eine indizierte Leistung von rund 540 PSi und eine indizierte Zugkraft von 8,05 Mp ermittelt. Damit war die Lok 21II den alten B´Bn4vt-Mallets deutlich überlegen. Auch den größeren »Bellos« war die Krupp-Maschine durchaus ebenbürtig, zumal sie aufgrund ihrer einfacheren Bauart in der Instandhaltung erheblich wirtschaftlicher war.

Die Maschine bewährte sich hervorragend in der Zugförderung. Die NWE setzte die Lok meist auf der Brockenbahn oder vor Personen- und Güterzügen auf der Strecke Wernigerode–Benneckenstein ein. Die Personale schätzten die Maschine. Der geräumige Führerstand mit dem hinter dem

Jahreslaufleistungen der Verbrennungstriebwagen der Nordhausen-Wernigeroder Eisenbahn

Jahr	Gesamtlaufleistung	Bemerkungen
1936	44.331 km	nur T 1
1937	63.037 km	nur T 1
1938	78.037 km	nur T 1
1939	65.401 km	nur T 1
1940	68.369 km	
1941	66.659 km	
1942	56.548 km	
1943	38.868 km	

Führerhaus liegenden Kohlenkasten stellte eine deutliche Verbesserung der Arbeitsbedingungen gegenüber den B´Bn4vt-Mallets dar. Auch die Laufeigenschaften und die Leistung der Lok 21II überzeugten. Lediglich das Anfahren schwerer Züge und Fahrten auf rutschigen Schienen verlangten vom Lokführer viel Fingerspitzengefühl, da die kleine Maschine hier leicht zum Schleudern neigte. Dies und ihr tanzender Lauf bei 50 km/h brachten Lok 21II den Spitznamen »Ballerina« ein.

Die Erfahrungen der Personale bestätigte eine Analyse des technischen Direktors der NWE. Hans Dorner stellte rückblickend fest: »Daß die Lokomotive sich im praktischen Zugförderungsdienst ausgezeichnet bewährt hat, ist schon (...) gesagt worden. (...) Die Gesamtkilometerleistung der Lokomotive seit ihrer Inbetriebnahme bis zum 31.12.48 betrug 329.466 km. Von einem Abdrehen der Radreifen bis zum anderen wurden bei der 1´C1´-Lok im Durchschnitt 40.042 km erreicht, während die B´B-Lokomotiven im gleichen Zeitraum 39.982 km erzielten. (...) Damit ist der Beweis erbracht, daß die 1´C1´-Lok in der vorliegenden Bauart hinsichtlich der Laufeigenschaften den Mallet-Lokomotiven durchaus nicht unterlegen, sondern min-

Die Friedrich Krupp AG lieferte im Sommer 1939 zum Preis von 71.000 RM die Lok 21II (DR: 99 6001) an die NWE, hier um 1943/44 in Wernigerode Westerntor. Mit einer Höchstgeschwindigkeit von 50 km/ ist die Maschine bis heute in Deutschland die schnellste Dampflokomotive für 1.000 mm Spurweite. Foto: W. Hubert, Nachlass W. Zeunert (†)

Die NWE wollte mit ihren drei Schlepptriebwagen einen eilzugähnlichen Verkehr auf der Verbindung Wernigerode–Nordhausen anbieten. Doch der Zweite Weltkrieg verhinderte dieses ambitionierte Vorhaben. Ende der 1930er-Jahre entstand diese Aufnahme des T 1 (DR: VT 137 561) bei Elend. Foto: Archiv D. Endisch

destens gleich, wenn nicht sogar überlegen ist. Die bei der Planung der Lokomotive erhobenen Bedenken gegen die Verwendung einer nicht gelenkigen Bauart sind durch dieses Ergebnis glänzend widerlegt. Es hat sich im praktischen Betrieb gezeigt, daß die 1´C1´-Lok wegen ihrer symmetrischen Achsanordnung in den Gleisbögen mit kleinen Halbmessern das Gleis weniger beansprucht als die Mallet-Lokomotiven bei der Rückwärtsfahrt.« Dorner unterstrich vor allem die wirtschaftlichen Vorteile der Maschine: »Hinsichtlich des Verbrauchs an Betriebsstoffen übertraf die 1´C1´-Lok von vornherein die älteren Mallet-Lokomotiven. So betrug der Kohlenverbrauch im Durchschnitt von 3 aufeinanderfolgenden Jahren bei der neuen Lokomotive 10,42 kg/Lokkm und bei den B´B-Lokomotiven 17,333 kg/Lokkm, also bei der 1´C1´-Lok rd. 40 vH. weniger. (....) Ähnlich liegen die Verbrauchszahlen auch bei den Zylinder- und Maschinenölen. Hier brauchte die neue Lokomotive

nur das 0,42fache bei Zylinderöl und das 0,71fache bei Maschinenöl des Verbrauchs der B´B-Lokomotiven.«*

Angesichts dieser Fakten entschied sich die NWE, die Malletloks durch weitere 1´C1´h2t-Maschinen zu ersetzen. Außerdem war die Beschaffung von 1´D1´h2t- und 1´E1´h2t-Maschinen geplant, die von der Lok 21ᴵᴵ abgeleitet wurden. Die Friedrich Krupp AG entwickelte auf der Basis der 1´C1´h2t-Lok ein Typenprogramm für moderne Meterspur-Dampflokomotiven. Am 8. Dezember 1944 legte Krupp der NWE entsprechende Zeichnungen vor. Doch das Kriegsende und die Teilung Deutschlands verhinderten weitere Bestellungen seitens der NWE.

*siehe: Dorner, Hans: 1´C1´-Heißdampf-Tenderlokomotive für 1000 mm Spurweite, in: Glasers Annalen 1950.)

Höchstlastentafel für die Strecken der Nordhausen-Wernigeroder Eisenbahn-Gesellschaft (gültig ab 15.05.1936)

Höchstgeschwindigkeit Streckenabschnitt	25 km/h Lok 6, 7	30 bis 35 km/h Lok 11–15, 41	40 km/h Lok 51, 52	Lok 6, 7	Lok 11–15, 41	Lok 51, 52	T 1	Lok 51, 52	T 1	T 1¹
Nordhausen–Niedersachswerfen	125	180	280	100	150	230	60	75	50	35
Niedersachswerfen–Ilfeld	105	150	250	80	125	200	50	75	40	35
Ilfeld–Netzkater	80	90	120	65	80	95	43	45	35	35
Netzkater–Eisfelder Talmühle	85	110	150	70	100	130	43	60	35	35
Eisfelder Talmühle–Benneckenstein	70	85	110	60	75	85	43	50	35	-
Benneckenstein–Sorge	80	100	130	65	80	105	43	75	45	-
Sorge–Elend	70	85	110	60	75	90	43	50	35	-
Elend–Drei Annen Hohne	90	120	150	70	95	120	50	75	35	-
Drei Annen Hohne–Wernigerode	150	330	360	150	270	300	100	75	75	-
Wernigerode–Hasserode	90	125	145	80	100	120	50	75	35	-
Hasserode–Drei Annen Hohne	70	86	105	60	75	85	43	50	35	-
Drei Annen Hohne–Elend	90	115	140	70	70	90	110	75	40	-
Elend–Allerbach	70	86	105	60	75	85	43	50	35	-
Allerbach–Sorge	90	115	140	70	90	110	43	75	50	-
Sorge–Kälberbruch	70	86	105	60	75	85	43	50	35	-
Kälberbruch–Eisfelder Talmühle	105	250	270	80	200	220	43	75	50	-
Eisfelder Talmühle–Nordhausen	150	380	400	120	310	320	100	100	100	90
Drei Annen Hohne–Brocken	70	86	105	-	65	-	35	-	-	-
Brocken–Drei Annen Hohne	100	200	300	100	200	300	75	-	-	-

Anmerkung:
1 mit 50 km/h Höchstgeschwindigkeit

Auszug aus dem Betriebsbuch der 99 6001[1]

Hersteller: Krupp
Baujahr: 1939
Anlieferung: -

Fabrik-Nummer: 1.875
Beschaffungskosten: 71.000,- RM
Endabnahme: 14.07.1939[2]

Das Betriebsbuch ist eine Zweitschrift.

Stationierungen:

Bw Wernigerode Westerntor	01.01.50–13.08.50	Bw Wernigerode Westerntor	17.08.72–24.04.73
Bw Wernigerode Westerntor	14.08.50–23.11.50 L4	Raw Cottbus, WA Görlitz	25.04.73–12.07.73 L5
Bw Wernigerode Westerntor	24.11.50–05.08.51	Bw Wernigerode Westerntor	13.07.73–28.01.74
Bw Wernigerode Westerntor	06.08.51–12.08.51 L0 G	Bw Wernigerode Westerntor	29.01.74–14.02.74 L0 K
Bw Wernigerode Westerntor	13.08.51–08.01.52	Bw Wernigerode Westerntor	15.02.74–23.03.74
Bw Wernigerode Westerntor	09.01.52–19.02.52 L0 G	Bw Wernigerode Westerntor	24.03.74–03.04.74 L0 K
Bw Wernigerode Westerntor	20.02.52–15.09.52	Bw Wernigerode Westerntor	04.04.74–05.09.74
Raw Blankenburg (Harz)	16.09.52–19.10.52 L2	Bw Wernigerode Westerntor	06.09.74–27.09.74 L0
Bw Wernigerode Westerntor	20.10.52–04.08.53	Bw Wernigerode Westerntor	28.09.74–02.11.74
Raw Blankenburg (Harz)	05.08.53–18.09.53 L2	Raw Cottbus, WA Görlitz	03.11.74–22.12.74 L6
Bw Wernigerode Westerntor	19.09.53–03.02.54	Bw Wernigerode Westerntor	22.12.74–09.11.75
Bw Wernigerode Westerntor	04.02.54–14.05.54 L3 mW	Bw Wernigerode Westerntor	10.11.75–05.12.75 L0 (Unfall)
Bw Wernigerode Westerntor	15.05.54–21.02.55	Bw Wernigerode Westerntor	06.12.75–17.02.76
Bw Wernigerode Westerntor	22.02.55–11.03.55 L0	Bw Wernigerode Westerntor	18.02.76–22.04.76 L0
Bw Wernigerode Westerntor	12.03.55–08.11.55	Bw Wernigerode Westerntor	23.04.76–21.11.76
Bw Wernigerode Westerntor	09.11.55–09.12.55 L2	Raw Cottbus, WA Görlitz	22.11.76–03.02.77 L5
Bw Wernigerode Westerntor	10.12.55–01.02.56	Bw Wernigerode Westerntor	04.02.77–13.04.78
Bw Wernigerode Westerntor	02.02.56–13.02.56 L0	Raw Görlitz	14.04.78–16.06.78 L7
Bw Wernigerode Westerntor	14.02.56–21.09.56	Bw Wernigerode Westerntor	17.06.78–18.09.78
Raw Görlitz	22.09.56–01.11.56 L2	Bw Wernigerode Westerntor	19.09.78–05.10.78 L0
Bw Wernigerode Westerntor	02.11.56–14.08.57	Bw Wernigerode Westerntor	06.10.78–22.07.79
Raw Görlitz	15.08.57–09.12.57 L4	Bw Wernigerode Westerntor	23.07.79–22.09.79 L0
Bw Wernigerode Westerntor	10.12.57–05.02.59	Bw Wernigerode Westerntor	23.09.79–16.05.80
Bw Wernigerode Westerntor	06.02.59–03.04.59 L0	Raw Görlitz	17.05.80–06.08.80 L5
Bw Wernigerode Westerntor	04.04.59–28.10.59	Bw Wernigerode Westerntor	07.08.80–14.08.81
Raw Görlitz	29.10.59–07.01.60 L2	Raw Görlitz	15.08.81–17.11.81 L6
Bw Wernigerode Westerntor	08.01.60–22.11.60	Bw Wernigerode Westerntor	18.11.81–18.02.82
Raw Görlitz	23.11.60–14.04.61 L3 mW	Bw Wernigerode Westerntor	19.02.82–02.03.82 L0
Bw Wernigerode Westerntor	15.04.61–05.10.62	Bw Wernigerode Westerntor	03.03.82–11.07.82
Bw Wernigerode Westerntor	06.10.62–15.11.62 L2	Bw Wernigerode Westerntor	12.07.82–26.07.82 L0
Bw Wernigerode Westerntor	16.11.62–12.04.64	Bw Wernigerode Westerntor	27.07.82–07.08.83
Raw Görlitz	13.04.64–20.08.64 L4	Bw Wernigerode Westerntor	08.08.83–17.08.83 L0
Bw Wernigerode Westerntor	21.08.64–14.04.66	Bw Wernigerode Westerntor	18.08.83–03.01.84
Raw Görlitz	15.04.66–11.08.66 L2	Raw Görlitz	04.01.84–22.02.84 L5
Bw Wernigerode Westerntor	12.08.66–15.11.66	Bw Wernigerode Westerntor	23.02.84–19.12.84
Raw Görlitz	16.11.66–05.01.67 L0 (Unfall u. NA)	Raw Görlitz	20.12.84–20.03.85 L7
Bw Wernigerode Westerntor	06.01.67–20.02.67	Bw Wernigerode Westerntor	21.03.85–02.07.86
Bw Wernigerode Westerntor	21.02.67–01.03.67 L0 K	Raw Görlitz	03.07.86–28.07.86 L0
Bw Wernigerode Westerntor	02.03.67–26.07.67	Bw Wernigerode Westerntor	29.07.86–18.09.86
Raw Görlitz	27.07.67–02.11.67 L3 mW	Raw Görlitz	19.09.86–03.11.86 L5
Bw Wernigerode Westerntor	03.11.67–18.06.68	Bw Wernigerode Westerntor	04.11.86–10.01.88
Bw Wernigerode Westerntor	19.06.68–03.08.68 L0	Raw Görlitz	11.01.88–28.02.88 L5
Bw Wernigerode Westerntor	04.08.68–27.01.69	Raw Görlitz	29.02.88–20.05.88 L0
Raw Görlitz	28.01.69–26.03.69 L2	Bw Wernigerode Westerntor	21.05.88–27.01.91
Bw Wernigerode Westerntor	27.03.69–30.03.70	Raw Görlitz	28.01.91–14.05.91 L6
Bw Wernigerode Westerntor	31.03.70–22.05.70 L0	Bw Wernigerode Westerntor	15.05.91–31.01.93
Bw Wernigerode Westerntor	23.05.70–24.03.71		
Raw Görlitz	25.03.71–01.07.71 L4	Übergabe an die HSB	01.02.93
Bw Wernigerode Westerntor	02.07.71–04.06.72		
Bw Wernigerode Westerntor	05.06.72–16.08.72 L0		

Kesselverzeichnis:

Hersteller	Fabrik-Nr.	Baujahr	Einbautag	aus
Krupp	1.875	1939	14.07.1939	neu

Anmerkungen:
1 ex Lok 21[II] der NWE

2 Die Probefahrt fand am 14.07.1939 von Wernigerode zum Brocken und zurück statt.

Ab Mitte der 1920er-Jahre setzte die NWE die Mallet-Maschinen der Bauart B´Bn4vt bevorzugt vor Personen- und Güterzügen auf der Harzquerbahnein. Lok 13" (DR: 99 5903) stand am 3. Juli 1932 in Wernigerode Westerntor. *Foto: C. Bellingrodt, Slg. G. Ferrée*

4.3 Ständige Engpässe

Während des Zweiten Weltkriegs nahmen die Beförderungsleistungen deutlich zu. Die konkurrierenden Kraftverkehrsunternehmen mussten schrittweise ihren Busverkehr immer weiter einschränken, so dass die Fahrgäste wieder auf Züge der NWE angewiesen waren. Auch das Frachtaufkommen stieg kontinuierlich an. Bis zum Frühjahr 1943 konnte die NWE das Verkehrsaufkommen noch abwickeln. Die Streichung des Dieselkraftstoffs für die Schlepptriebwagen sorgte bei der NWE jedoch für erhebliche Probleme. Als Ersatz mussten nun wieder verstärkt B´Bn4vt-Maschinen im Personenzugdienst eingesetzt werden. Dadurch nahm der Verschleiß an den inzwischen über 40 Jahre alten Loks deutlich zu. Wie in den Jahren zuvor stellte die NWE auch im Herbst 1944 den Betrieb auf der Strecke Drei Annen Hohne–Brocken ein (am 30.09.1944). Die hier eingesetzten »Bellos« wurden wenig später abgestellt. Ab 1. November 1944 blieb der Kessel der Lok 51 kalt. Lok 52 wurde am 25. Januar 1945 außer Betrieb gesetzt. Damit standen der NWE nur noch sieben Dampfloks für den Streckendienst zur Verfügung. Dazu kamen noch die beiden »Rollbockloks« sowie Lok 1 und Lok 3. Die ehemalige »Luise« (Lok 2) hatte die NWE bereits am 4. September 1939 ausgemustert und 1940 an die Heeresfeldbahnen abgegeben. Die NWE strich die Maschine Ende 1944

als Kriegsverlust endgültig aus ihren Unterlagen. Angesichts ihres knappen Lokbestands gab die NWE im Frühjahr 1944 einige Leistungen auf der Strecke Nordhausen–Eisfelder Talmühle an die GHE ab.

Nach dem Zweiten Weltkrieg konnte der Verkehr auf der NWE nur mühsam wieder aufgenommen werden. Zum einen war die Harzquerbahn in der Nähe des Bahnhofs (Bf) Sorge bis zum 31. Juli 1945 durch die Demarkationslinie zwischen der englischen und der sowjetischen Besatzungszone (SBZ) geteilt. Zum anderen hatten deutsche Truppen im April 1945 die Brücken zwischen Elend und Sorge gesprengt. Außerdem befanden sich die Triebfahrzeuge der NWE in einem katastrophalen Zustand. Im Frühjahr 1945 hatten die Eisenbahner der NWE zum Schutz vor Luftangriffen einen Teil der nicht mehr benötigten Fahrzeuge auf Unterwegsbahnhöfen abgestellt. Der Triebwagen T 1 stand beispielsweise bei Kriegsende im Bf Elend. Dort wurde er, wie auch der T 2 und der T 3, infolge von Kampfhandlungen zwischen deutschen und amerikanischen Soldaten schwer beschädigt. In der zweiten Maihälfte 1945 wurden die Fahrzeuge nach Wernigerode zurückgebracht. Aufgrund fehlender Ersatzteile war es aber nicht möglich, die drei Triebwagen kurzfristig instandzusetzen.

Ab 16. Juli 1945 setzte die NWE auf dem Abschnitt Wernigerode–Elend montags, mittwochs und samstags jeweils zwei Zugpaare ein, für die eine Maschine ausreichte. Einige Tage später, am 1. August 1945, wurde der

Um 1925 passierte die Lok 15" (DR: 99 5904) mit einem Personenzug nach Nordhausen unterhalb des Forsthauses »Drei Annen« den Bahnübergang mit der alten Hagenstraße, benannt nach dem Oberförster Friedrich von Hagen (25.10.1801– 24.08.1880). Die heutige Landesstraße (L) 100 Wernigerode–Schierke–Elend erhielt Ende der 1920er-Jahre in diesem Bereich eine neue Trassenführung und kreuzt seither am km 47,865 die Gleise der Schmalspurbahn. Den neuen Bahnübergang sicherte die NWE mit einer modernen Warnblinkanlage der Bauart »Pintsch«, der ersten Einrichtung dieser Art überhaupt bei der Harzquer- und Brockenbahn (siehe Bild S. 36 unten). *Foto: Archiv D. Endisch*

Am 3. Juli 1932 stand Lok 13" (DR: 995903) der NWE vor dem so genannten Bello-Schuppen in Wernigerode Westerntor. Zu diesem Zeitpunkt besaß die Maschine noch eine Petroleum-Beleuchtung. Erst ab 1939 begann die NWE damit, die Malletloks der Bauart B´Bn4vt mit einer elektrischen Beleuchtung auszurüsten.
Foto: C. Bellingrodt, Slg. T. Burghardt

Betrieb zwischen Nordhausen und Ilfeld wieder aufgenommen. Allerdings verkehrte hier nur montags, mittwochs und samstags ein Personenzugpaar. Ab 1. Oktober 1945 fuhren wieder täglich Personen- und Güterzüge auf der Strecke Nordhausen–Wernigerode. Auf der Brockenbahn ruhte weiterhin der Verkehr, da der Harzgipfel bis 27. April 1947 von Einheiten der US-Armee besetzt war.

Mit der Übernahme der Betriebsführung auf den Schmalspurbahnen Eisfelder Talmühle–Hasselfelde (ex GHE) und Sorge–Tanne (ex SHE) am 15. April 1946 verschärfte sich die Lage bei der NWE weiter. Nach der Zerstörung der Behre-Brücke zwischen Netzkater und Ilfeld in der Nacht vom 13. zum 14. Januar 1948 (siehe S. 264 f.) war ein freizügiger Fahrzeugtausch zwischen der Werkstatt in Wernigerode Westerntor und dem Lokbf Nordhausen nicht mehr möglich. Die NWE konnte nur mit viel Improvisationsvermögen den Betrieb auf der Harzquerbahn aufrechterhalten. Ohne die sehr gut ausgerüstete Werkstatt und deren hochqualifiziertes Personal wäre dies nicht möglich gewesen. Oberste Priorität bei der Instandhaltung besaßen die sechs Mallet-Maschinen der Bauart B´Bn4vt, die beiden »Rollbockloks« sowie Lok 21". Von den beiden »Bellos« wurde nur Lok 51 aufgearbeitet. Mangels Ersatzteilen dauerte die Zwischenuntersuchung (ZU; 01.03.1947–2404.1948) jedoch mehr als ein Jahr. Auch die

Hauptuntersuchung der Lok 12" (HU; 29.10.1948–04.10.1949) nahm mehrere Monate in Anspruch.

Vor diesem Hintergrund suchte die Betriebsleitung der NWE Hände ringend nach geeigneten Dampflokomotiven. Zwar konnten Ende 1946 von der demontierten Schmalspurbahn Hildburghausen–Lindenau-Friedrichshall in Thüringen zwei französische Beuteloks übernommen werden, doch die C1´n2t-Maschinen waren nicht betriebsfähig. Der Kesselprüfer lehnte zudem eine Abnahme der als Lok 71 und Lok 72 bezeichneten Fahrzeuge ab, da keinerlei Dokumentationen vorlagen. Erst Anfang der 1950er-Jahre wurden sie für den Einsatz auf der Selketalbahn (siehe S. 222 ff.) aufgearbeitet.

Die Eisenbahner der NWE hatten in der zweiten Hälfte der 1940er-Jahre noch mit einem anderen Problem zu kämpfen – der Kohle. Seit Ende 1945 war die SBZ von den Steinkohlenvorkommen im Ruhrgebiet, im Saarland und in Schlesien abgeschnitten. Für die Lokfeuerung standen fortan nur noch Braunkohlenbriketts und Rohbraunkohle zur Verfügung. Doch die Schmalspur-Maschinen waren für die Verfeuerung von Braunkohle nicht ausgelegt. Aufgrund des geringeren Heizwerts der Braunkohle (2.000–4.600 kcal/kg) gegenüber der Steinkohle (7.000–7.400 kcal/kg) mussten die Heizer nun fast das Doppelte verfeuern, um die gleiche Wärmemenge

Ausweislich ihres Betriebsbuches war die Lok 12" (DR: 99 5902) ab 14. Mai 1941 mit einer elektrischen Beleuchtung im Einsatz. Wie die Kabel an den Loklaternen beweisen, muss also diese Aufnahme im Bf Wernigerode Westerntor danach entstanden sein.
Foto: W. Hubert, Slg. T. Burghardt

zu erzeugen. Dadurch sank der Aktionsradius deutlich, zumal der Brennstoffvorrat der B´Bn4vt-Maschinen ohnehin nicht sehr groß bemessen war. Ein weiterer gravierender Nachteil der Braunkohle war ihre geringe Standfestigkeit. Die Kohle zerfiel während des Verbrennens erheblich schneller als Steinkohle. Erschütterungen während der Fahrt beschleunigten diesen Prozess noch zusätzlich. Die glühenden Kohleteilchen fielen in den Aschkasten, wo sie ausbrannten. Die Folgen waren Dampfmangel sowie schwere Schäden an den Roststäben, Rostbalken und Aschkästen. Ein weiteres Problem der Braunkohlenfeuerung war der Funkenflug. Trotz des Funkenfängers und des bei einigen Loks zusätzlich eingebauten Prallblechs war der Funkenflug noch immer zu groß, was die Waldbrandgefahr erhöhte. Darüber hinaus erhöhten die bei der Verbrennung der Braunkohle freigesetzten Schwefelgase den Verschleiß an den kupfernen Feuerbüchsen, deren Instandhaltung immer aufwändiger wurde. Ab 1948 nahm die Zahl der betriebsfähigen Dampfloks kontinuierlich ab. Die Betriebsleitung versuchte, die Lage bis 1948 durch organisatorische Änderungen zu entspannen. Dazu gehörte auch die Einführung eines durchgehenden Betriebes, wobei der Reiseverkehr tagsüber und der Gütertransport fast ausschließlich in den Nachtstunden abgewickelt wurde. Daher wurde auch ein Teil der Wartungsarbeiten in die Nachtschichten verlegt. Doch die Probleme konnten damit nicht gelöst werden. Mit der Wiederaufnahme des Brockenverkehrs an Sonn- und Feiertagen am 14. Mai 1949 nahm der Fahrzeugbedarf weiter zu.

Zu diesem Zeitpunkt war die NWE bereits Geschichte. Mit Wirkung zum 1. April 1949 übernahm die Deutsche Reichsbahn (DR) die Selketal-, Harzquer- und Brockenbahn, die nun zum Bereich der Reichsbahndirektion (Rbd) Magdeburg gehörte. Als Zwischeninstanz zwischen der Direktion und den örtlichen Dienststellen fungierte das Reichsbahnamt (Rba) Halberstadt. Bereits am 10. April 1949 führten Vertreter der Rbd Magdeburg eine Betriebsparkbesichtigung durch. Deren Ergebnis war verheerend:

Von den insgesamt vorhandenen 16 Dampfloks und 4 Triebwagen waren lediglich acht Maschinen und ein Schlepptriebwagen (ex NWE T 3) betriebsfähig, darunter fünf B´Bn4vt-Mallets und ein »Bello«.

Eine schnelle Besserung der Lage war nicht in Sicht. Zwar forderte die Rbd Magdeburg am 28. Dezember 1949 die Generaldirektion (GD) der DR auf, umgehend drei 1´C1´h2t-Maschinen analog der Lok 21[II] zu beschaffen, doch die GD hatte wichtigere Probleme zu lösen.

Im Harz wurde die Situation derweil immer ernster. In Schierke fanden zwischen dem 28. Februar und 3. März 1950 die Deutschen Wintersportmeisterschaften der DDR statt. Die Rbd Magdeburg musste zusätzliche Sonderzüge für etwa 50.000 Besucher einlegen. Bereits die 1949 noch amtierende Betriebsleitung der ehemaligen NWE hatte sich bemüht, dringend benötigte Ersatzteile für die Dampfloks und Triebwagen aus der Bundesrepublik zu beschaffen. Doch das genügte nicht. Da immer noch Maschinen und Wagen fehlten, verfügte die GD der DR für die Meisterschaften leihweise einen kompletten Zug von der Strecke Eisfeld–Unterneubrunn* in den Harz.

Mit dem Fahrplanwechsel am 14. Mai 1950 nahm die Rbd Magdeburg wieder den planmäßigen Reiseverkehr auf der Verbindung Wernigerode–Schierke–Brocken auf. Zwar verkehrten täglich nur zwei Zugpaare bis zum Brocken und ein Zugpaar bis zum Bf Schierke, gleichwohl nahm der Fahrzeugbedarf des Bw Wernigerode Westerntor weiter zu. Für die Zugförderung wurden nun täglich 13 Triebfahrzeuge benötigt. Der Bestand umfasste aber nur 16 Dampfloks und 4 Triebwagen, von denen lediglich 13 Loks und 2 Triebwagen einsatzfähig waren. Neben 99 5631 (ex Betriebs-Nr. 71) und 99 5632 (ex Betriebs-Nr. 72) wurden auch die Triebwagen VT 137 565 (ex T 2) und VT 137 566 (ex T 3) als »warten auf Ausbesserung« (»w«) geführt. Darüber hinaus fielen im Sommer 1950

* ab 1. Juli 1952: Schönbrunn (Kr Hildburghausen)

99 5902 passierte um 1953 das Einfahrsignal des Bf Eisfelder Talmühle. Die Deutsche Reichsbahn ersetzte das Signal der Bauart Jüdel später durch eines der Einheitsbauart. Mit der Inbetriebnahme der Rückfallweichen im Bf Eisfelder Talmühle am 21. März 1991 hatten die Einfahrsignale ausgedient.   Foto: Archiv D. Endisch

Bis zum Eintreffen der ersten Neubau-Dampfloks der Baureihe 99$^{23-24}$ im Verlauf des Jahres 1955 setzte das Bw Wernigerode Westerntor die Schlepptriebwagen im Reisezugdienst ein. 1953 stand der noch immer als »T 3« bezeichnete VT 137 566 im Bf Elend.
Foto: J. Töpelmann, Slg. G. Schütze

aufgrund notwendiger Instandsetzungen längere Zeit 99 5902 (L0: 30.04.–08.09.1950), 99 5906 (L3 mW: 19.06.–16.081950), 99 6001 (L4: 14.08.–23.11.1950) und 99 6011 (L4: 12.04.–28.12.1950) aus. Zugausfälle waren damit vorprogrammiert, zumal die Fahrzeuge bis an ihre Leistungsgrenze gefordert wurden. Das zwang den Präsidenten der Rbd Magdeburg zum Handeln, der am 13. Juni 1950 von der GD in Berlin »die sofortige Einleitung einer Neukonstruktion« einer leistungsstarken und modernen Dampflokomotive für den Harz verlangte. Doch in Berlin besaßen andere Vorhaben Vorrang.

Die Rbd Magdeburg sah sich daher gezwungen, das Angebot auf der Harzquer- und Brockenbahn zu verringern. Vor allem das Angebot im Personenverkehr wurde erheblich eingeschränkt. Dies rief jedoch den Feriendienst des Freien Deutschen Gewerkschaftsbundes (FDGB) auf den Plan. Der FDGB übernahm schrittweise die meisten Hotels und Pensionen im Harz. Viele Feriengäste benötigten die Schmalspurbahn für die An- und Abreise zu ihren Quartieren und für Ausflüge. Vor allem das Zugangebot zum Brocken brachte der DR heftige Kritik ein. Mit Inkrafttreten des Sommerfahrplans 1951 (ab 20.05.1951) wurde das Angebot auf der Brockenbahn auf drei Zugpaare an Sonn- und Feiertagen aufgestockt, was aber einen erhöhten Triebfahrzeugbedarf nach sich zog. Die Eisenbahner griffen daher eine Idee der ehemaligen NWE auf: Sie verlagerten den Güterverkehr in die Nachtstunden und wickelten den Personenverkehr hauptsächlich tagsüber ab. Die Fristarbeiten an den Maschinen und Triebwagen wurden nachts durchgeführt.

Mit der Einstellung des Brockenverkehrs während des Winterfahrplans (ab 07.10.1951) verringerte sich der Lokbedarf um zwei Maschinen. Diese Zeit nutzte die Werkstatt für größere Reparaturen. Dazu gehörten bis Ende 1955 auch die notwendigen Zwischen- und Hauptuntersuchungen. Die Aufarbeitung von 99 5631 (Abnahme am 21.05.1952) und 99 5632 (Abnahme am 15.01.1953) im Reichsbahnausbesserungswerk Blankenburg (Harz) in den Jahren 1952/53 brachte keine nennenswerte Entlastung für die Harzquer- und Brockenbahn. Die beiden C1´n2t-Maschinen waren meist im Lokbf Gernrode (Harz) stationiert und fungierten dort oft nur als Betriebsreserve (siehe S. 224).

Im Frühjahr 1952 fielen völlig überraschend die für den Brockenverkehr benötigten 99 6011 (ex Betriebs-Nr. 51) und 99 6012 (ex Betriebs-Nr. 52) aufgrund schwerer Kesselschäden für längere Zeit aus. Auf der Brockenbahn mussten nun 99 6001 (ex Betriebs-Nr. 21^{II}) oder die Baureihe 99^{59} aushelfen. Auch die betriebsfähigen Schlepptriebwagen VT 137 561 (ex T 1) und VT 137 566 (ex T 3) waren häufig auf der Brockenbahn im Einsatz. Dies schlug sich auch in den Laufleistungen der Maschinen nieder. Hatte 99 5905 seit der Übernahme durch die DR bis zum 28. September 1952

Mit vereinten Kräften beförderten 99 6012 (Vorspannlok) und 99 6001 (Zuglok) im Sommer 1953 einen schweren Personenzug auf der Brockenbahn. Erst die Neubauloks der Baureihe 99$^{23-24}$ waren ein vollwertiger Ersatz für die beiden Mallet-Maschinen der Baureihe 99^{60}.
Foto: Archiv D. Endisch

insgesamt 128.902 km zurückgelegt, so waren es bei 99 6011 lediglich 78.903 km (bis 17.02.1953) und bei 99 6012 nur 89.717 km (bis 14.11.1952). Selbst beim Schlepptriebwagen VT 137 561 war die Laufleistung mit 101.132 km (bis 20.08.1953) höher. Auch die bevorzugt im Rangier- und Übergabedienst verwendete 99 6102 (119.053 km bis 13.01.1953) und 99 5906, die von 1950 bis 1960 meist im Lokbf Hasselfelde stationiert war und auf der Strecke nach Eisfelder Talmühle pendelte, wurden deutlich mehr gefordert. Bis zum 10. Juli 1952 wies der Betriebsbogen der 99 5906 eine Laufleistung von 97.447 km aus.

Die Werkstatt bemühte sich im Winter 1952/53 nach Kräften, den Fahrzeugpark für den nächsten Sommer vorzubereiten. Die Rbd Magdeburg plante, das Angebot auf den Schmalspurbahnen im Harz aufzustocken. Dazu musste auch eine Lok der Baureihe 99⁵⁹ nach Gernrode umgesetzt werden, da die hier planmäßig stationierten 99 5631, 99 5632 und 99 5811 vor Güterzügen mit Personenbeförderung (Gmp) von und nach Straßberg (Harz) bzw. Harzgerode überlastet waren. Aus diesem Grund wurde mit dem Fahrplanwechsel am 17. Mai 1953 zeitweise 99 5904 nach Gernrode umgesetzt.

Doch die Hoffnungen auf einen reibungslosen Betriebsablauf erfüllten sich nicht. Bereits im Juni 1953 fielen mehrere Maschinen aus. Der für den Fahrzeugeinsatz zuständige Gruppenleiter Werner Dill informierte das Rba Halberstadt am 6. Juli 1953 über die Situation: »*Die Loklage im Bw Wernigerode hat sich weiterhin verschlechtert und es besteht noch keine Aussicht auf schnelle Hilfe. Es ergibt sich folgendes Bild:*

Lok 99 5631 Dienst in Gernrode

 5632 steht in Gernrode auf Grund noch nicht geklärter Entgleisungsursachen auf warten

 5803 Rg.-Dienst Nordhausen-Nord

 5804 Rg.-Dienst Wernigerode

 5811 Dienst in Gernrode

 5901 L3 (...) Wernigerode

 5902 Dienst in Benneckenstein (Spurkranz hat Betriebsgrenzmass)

 5903 Dienst in Wernigerode

Besichtigung des Lokparks des Bw Wernigerode Westerntor am 15. März 1953	
Lok	**Zustand**
99 5631	betriebsfähig, Lokbf Gernrode
99 5632	L0 im Bw Wernigerode Westerntor (19.01.–23.04.1953)
99 5803	betriebsfähig
99 5804	L0 im Bw Wernigerode Westerntor (18.09.1952–30.09.1953)
99 5811	betriebsfähig, Lokbf Gernrode
99 5901	betriebsfähig
99 5902	abgestellt, warten auf L0
99 5903	betriebsfähig
99 5904	betriebsfähig
99 5905	L3 mW im Bw Wernigerode Westerntor (12.02.–07.04.1953)
99 5906	L0 im Bw Wernigerode Westerntor (14.03.–30.03.1953)
99 6001	betriebsfähig
99 6011	L2 im Bw Wernigerode Westerntor (18.02.–02.05.1953)
99 6012	betriebsfähig
99 6101	betriebsfähig
99 6102	betriebsfähig
VT 133 522	betriebsfähig, Lokbf Gernrode
VT 137 561	abgestellt, warten auf Raw
VT 137 565	T4 im Raw Dessau (bis 09.08.1954)
VT 137 566	betriebsfähig

Um 1953 legte 99 5904 mit einem Personenzug in Richtung Wernigerode einen kurzen Zwischenstopp im Bf Netzkater ein. Die Maschine besaß zu diesem Zeitpunkt noch eine gekümpelte Rauchkammertür mit Zentralverschluss.
Foto: Archiv D. Endisch

5904 Dienst in Gernrode (Kuppelzapfen gebrochen)
5905 Dienst in Nordhausen-Nord
5906 Dienst in Hasselfelde
6001 Dienst in Wernigerode (Spurkranz hat Betriebsgrenzmass)
6011 Dienst in Wernigerode
6012 L0 (...) Wernigerode
6101 Rg.-Dienst
6102 steht auf warten (Radreifen fehlen).«

Die Bilanz war ernüchternd: Von den 16 Loks waren vier defekt, drei weitere konnten jederzeit ausfallen. Der Einsatz der 99 5904 verstieß bereits gegen die gültigen Dienstvorschriften. Ähnlich sah es bei den Triebwagen aus: Hier waren lediglich der zweiachsige VT 133 522 (Lokbf Gernrode) und

VT 137 561 betriebsfähig. VT 137 565 stand schon seit gut drei Jahren im Raw Dessau und wartete auf seine Instandsetzung. Er gehörte erst ab 10. August 1954 wieder zum Betriebspark. Bei VT 135 566 (ex T 3) war zwar der Kompressor defekt, doch das Fahrzeug konnte einige Wochen später (21.–27.08.1953) repariert werden.

Der zuständige Betriebsingenieur des Rba Halberstadt, Willi Zimmermann, kannte die prekäre Lage im Bw Wernigerode Westerntor. Er drängte bei der Rbd Magdeburg und der GD Berlin auf eine schnelle Lösung der Probleme. Die GD in Berlin schlug am 8. Juni 1953 vor, Schmalspur-Dampfloks des Bw Barth in den Harz umzusetzen. Willi Zimmermann und der Leiter der Gruppe Lokomotivausbesserung des Bw Westerntor besuchten am 7. Juli 1953 die ehemaligen Franzburger Kreisbahnen (FKB), um die

---

Auszug aus dem Betriebsbuch der 99 231

Hersteller: LKM Babelsberg
Baujahr: 1954
Anlieferung: 29.01.1955

Fabrik-Nummer: 134.008
Beschaffungskosten: -
Endabnahme: 17.06.1955[1]

Stationierungen:

Bw Wernigerode Westerntor	17.06.55–10.02.56	Raw Cottbus, WA Görlitz	11.03.74–05.11.74 L6
Leipziger Messe (Schaustück)	11.02.56–18.03.56	Bw Wernigerode Westerntor	06.11.74–08.04.76
Bw Wernigerode Westerntor	19.03.56–12.04.56	Bw Wernigerode Westerntor	09.04.76–03.06.76 L0
Bw Wernigerode Westerntor	13.04.56–28.05.56 L0	Bw Wernigerode Westerntor	04.06.76–12.05.77
Bw Wernigerode Westerntor	29.05.56–08.06.56	Raw Cottbus, WA Görlitz	13.05.77–08.08.77 L5
Bw Erfurt G	09.06.56–05.07.56 L0	Bw Wernigerode Westerntor	16.08.77–15.06.78 / 123.919 km[2]
Bw Meiningen	06.07.56–13.08.57	Raw Görlitz	16.06.78–20.10.78 L7[3]
Raw Görlitz	16.08.57–11.02.58 L2	Bw Wernigerode Westerntor	21.10.78–11.06.79
Bw Meiningen	12.02.58–17.11.58	Bw Wernigerode Westerntor	12.06.79–26.07.79 L0
Raw Görlitz	18.11.58–03.04.59 L3 mW	Bw Wernigerode Westerntor	27.07.79–29.01.80
Bw Meiningen	04.04.59–25.09.59	Bw Wernigerode Westerntor	30.01.80–05.02.80 L0
Raw Görlitz	26.09.59–12.01.60 L0	Bw Wernigerode Westerntor	06.02.80–26.05.80
Bw Meiningen	13.01.60–30.05.60	Raw Görlitz	27.05.80–28.08.80 L5
Raw Görlitz	31.05.60–16.08.60 L0	Bw Wernigerode Westerntor	29.08.80–10.12.80
Bw Meiningen	17.08.60–05.07.61	Raw Görlitz	11.12.80–13.03.81 L0
Raw Görlitz	06.07.61–26.09.61 L2	Bw Wernigerode Westerntor	14.03.81–19.07.81
Bw Meiningen	27.09.61–23.04.62	Raw Görlitz	20.07.81–05.11.81 L6
Raw Görlitz	24.04.62–10.07.62 L3 mW	Bw Wernigerode Westerntor	06.11.81–10.04.83 / 253.253 km[2]
Bw Meiningen	11.07.62–18.08.63	Raw Görlitz	11.04.83–05.08.83 L7[4]
Raw Görlitz	19.08.63–28.11.63 L2	Bw Wernigerode Westerntor	06.08.83–06.03.84
Bw Meiningen	29.11.63–13.12.64	Bw Wernigerode Westerntor	07.03.84–26.04.84 L0
Raw Görlitz	14.12.64–18.02.65 L4	Bw Wernigerode Westerntor	27.04.84–09.06.85
Bw Meiningen	19.02.65–28.06.66	Raw Görlitz	10.06.85–22.08.85 L5
Raw Görlitz	08.07.66–08.09.66 L2	Bw Wernigerode Westerntor	23.08.85–21.10.86
Bw Meiningen	09.09.66–05.12.66	Raw Görlitz	22.10.86–09.01.87 L5
Raw Görlitz	06.12.66–15.02.67 L0	Bw Wernigerode Westerntor	10.01.87–30.08.87
Bw Meiningen	16.02.67–21.01.68	Raw Görlitz	31.08.87–16.11.87 L5
Raw Görlitz	22.01.68–04.04.68 L3 mW	Bw Wernigerode Westerntor	17.11.87–20.10.88
Bw Meiningen	05.04.68–02.12.68	Raw Görlitz	20.10.88–20.01.89 L6
Raw Görlitz	03.12.68–12.01.69 L2	Bw Wernigerode Westerntor	21.01.89–22.05.90
Bw Meiningen	13.01.69–19.04.70	Raw Görlitz	23.05.90–03.08.90 L5
Raw Görlitz	20.04.70–11.06.70 L2	Bw Wernigerode Westerntor	04.08.90–01.01.91
Bw Meiningen	12.06.70–20.06.71	Bw Wernigerode Westerntor	02.01.91–25.02.91 L0
Raw Görlitz	21.06.71–13.08.71 L4	Bw Wernigerode Westerntor	26.02.91–15.09.91
Bw Meiningen	14.08.71–22.05.72	Bw Wernigerode Westerntor	16.09.91–24.10.91 L0
Raw Cottbus, WA Görlitz	23.05.72–17.07.72 L5	Bw Wernigerode Westerntor	25.10.91–15.11.92 / 528.010 km[2]
Bw Meiningen	18.07.72–17.06.73	Raw Görlitz	16.11.92–17.02.93 L7
Bw Wernigerode Westerntor	18.06.73–10.03.74		
		Übergabe an die HSB	01.02.93

Kesselverzeichnis:

Hersteller	Fabrik-Nr.	Baujahr	Einbautag	aus
LKM Babelsberg	134.008	1954	17.06.1955	neu

Anmerkungen:

1 Die Probefahrt fand am 17.06.1955 von Wernigerode Westerntor nach Nordhausen Nord und zurück statt.

2 Laufleistung seit dem 05.11.1974

3 Umbau auf Ölhauptfeuerung

4 Rückbau auf Kohlefeuerung

---

hier vorhandenen Dampfloks zu besichtigen. Aber die Dienstreise war erfolglos. Zimmermann teilte der Rbd Magdeburg am 9. Juli 1953 mit: »*Der Gesamteindruck war, dass die dort eingesetzten Lok für unsere Strecken völlig ungeeignet sind. Ausserdem sind sie überaltert. (...) Die Mallet Lok haben (...) eine sehr tiefe Lage des gesamten Gewerks und der Zylinder, was diese im Winter für unsere Strecken völlig ungeeignet macht. Eine dieser Lok*

war bereits im Jahre 1950 während der Winterfestspiele nach Wernigerode verladen worden, konnte dort aber nicht zum Einsatz gebracht werden. Aus vorstehendem dürfte ersichtlich sein, dass (von) diesen Lok keine auf den Schmalspurgebirgsstrecken des Rba Halberstadt eingesetzt werden können. Die Loklage ist jedoch bei uns derartig kritisch, dass die Bespannung nicht mehr gewährleistet ist.«

Auszug aus dem Betriebsbuch der 99 232

Hersteller: LKM Babelsberg Fabrik-Nummer: 134.009
Baujahr: 1954 Beschaffungskosten: -
Anlieferung: 25.01.1955 Endabnahme: 06.05.1955[1]

Stationierungen:

Bw Wernigerode Westerntor	
Bw Wernigerode Westerntor	07.04.55–07.04.55 L0
Bw Wernigerode Westerntor	
Bw Wernigerode Westerntor	14.04.55–14.04.55 L0
Bw Wernigerode Westerntor	
Bw Wernigerode Westerntor	15.04.55–15.04.55 L0
Bw Wernigerode Westerntor	
Bw Wernigerode Westerntor	10.05.55–29.09.55
Bw Wernigerode Westerntor	30.09.55–06.11.55 L0
Bw Wernigerode Westerntor	07.11.55–08.11.56
Bw Wernigerode Westerntor	09.11.56–31.12.56 L0
Bw Wernigerode Westerntor	01.01.57–20.03.58 / 101.221 km
Raw Görlitz	21.03.58–24.01.60 L3 mW
Bw Wernigerode Westerntor	25.01.60–15.02.60
Bw Wernigerode Westerntor	16.02.60–29.02.60 L0
Bw Wernigerode Westerntor	01.03.60–19.10.60
Bw Wernigerode Westerntor	20.10.60–19.12.60 L0
Bw Wernigerode Westerntor	20.12.60–28.09.61
Raw Görlitz	29.09.61–30.11.61 L2
Bw Wernigerode Westerntor	01.12.61–25.11.62 / 214.395 km
Raw Görlitz	26.11.62–25.02.63 L4
Bw Wernigerode Westerntor	26.02.63–26.02.64
Bw Wernigerode Westerntor	27.02.64–30.04.64 L0
Bw Wernigerode Westerntor	01.05.64–30.11.64
Raw Görlitz	01.12.64–02.04.65 L2
Bw Wernigerode Westerntor	03.04.65–05.10.65 / 308.592 km
Raw Görlitz	06.10.65–23.12.65 L3 mW
Bw Wernigerode Westerntor	24.12.65–06.10.66
Bw Wernigerode Westerntor	07.10.66–12.01.67 L0
Bw Wernigerode Westerntor	13.01.67–18.08.67
Raw Görlitz	19.08.67–15.11.67 L2
Bw Wernigerode Westerntor	16.11.67–21.04.68
Bw Wernigerode Westerntor	22.04.68–11.06.68 L0
Bw Wernigerode Westerntor	22.06.68–12.01.69 / 424.936 km
Raw Görlitz	13.01.69–26.03.69 L4
Bw Wernigerode Westerntor	27.03.69–17.02.70
Bw Wernigerode Westerntor	18.02.70–08.05.70 L0
Bw Wernigerode Westerntor	09.05.70–29.11.70
Raw Görlitz	30.11.70–05.02.71 L2
Bw Wernigerode Westerntor	06.02.71–20.02.71
Bw Wernigerode Westerntor	21.02.71–06.03.71 NA L2
Bw Wernigerode Westerntor	07.03.71–09.04.72 / 555.126 km
Raw Cottbus, WA Görlitz	10.04.72–15.06.72 L3 mW
Bw Wernigerode Westerntor	16.06.72–10.09.72

Bw Wernigerode Westerntor	11.09.72–11.09.72 L0
Bw Wernigerode Westerntor	12.09.72–26.04.73
Bw Wernigerode Westerntor	27.04.73–07.05.73 L0
Bw Wernigerode Westerntor	08.05.73–22.10.73
Raw Cottbus, WA Görlitz	23.10.73–05.01.74 L5
Bw Wernigerode Westerntor	06.01.74–08.09.74
Raw Cottbus, WA Görlitz	09.09.74–18.02.75 L5
Bw Wernigerode Westerntor	19.02.75–23.06.75 / 667.296 km
Raw Cottbus, WA Görlitz	24.06.75–11.10.75 L7
Bw Wernigerode Westerntor	12.10.75–16.10.77
Raw Görlitz	17.10.77–06.02.78 L5
Bw Wernigerode Westerntor	07.02.78–21.02.79
Bw Wernigerode Westerntor	22.02.79–08.05.79 L0
Bw Wernigerode Westerntor	09.05.79–21.01.80 / 748.817 km
Raw Görlitz	22.01.80–08.05.80 L7[2]
Bw Wernigerode Westerntor	09.05.80–01.02.81
Raw Görlitz	02.02.81–13.04.81 L5
Bw Wernigerode Westerntor	14.04.81–06.01.82
Bw Wernigerode Westerntor	07.01.82–10.02.82 L0
Bw Wernigerode Westerntor	11.02.82–21.02.82
Bw Wernigerode Westerntor	22.02.82–26.02.82 L0
Bw Wernigerode Westerntor	27.02.82–26.08.82 / 830 878 km
Raw Görlitz	27.08.82–20.12.82 L6+L0[3]
Bw Wernigerode Westerntor	21.12.82–12.06.83
Bw Wernigerode Westerntor	13.06.83–14.07.83 L0
Bw Wernigerode Westerntor	15.07.83–06.03.84
Raw Görlitz	07.03.84–14.05.84 L5
Bw Wernigerode Westerntor	15.05.84–22.06.84
Bw Wernigerode Westerntor	23.06.84–05.07.84 L0
Bw Wernigerode Westerntor	06.07.84–23.06.85 / 912.167 km
Raw Görlitz	24.06.85–24.09.85 L7
Bw Wernigerode Westerntor	25.09.85–05.02.87
Raw Görlitz	06.02.87–30.04.87 L5+L0
Bw Wernigerode Westerntor	01.05.87–28.08.88
Raw Görlitz	29.08.88–16.11.88 L5
Bw Wernigerode Westerntor	17.11.88–29.01.89
Bw Wernigerode Westerntor	30.01.89–06.02.89 L0
Bw Wernigerode Westerntor	07.02.89–12.07.89 / 1.023.413 km
Raw Görlitz	13.07.89–21.10.89 L6
Bw Wernigerode Westerntor	22.10.89–13.01.91
Raw Görlitz	14.01.91–15.03.91 L5
Bw Wernigerode Westerntor	16.03.91–31.01.93
Übergabe an die HSB	01.02.93

Kesselverzeichnis:

Hersteller	Fabrik-Nr.	Baujahr	Einbautag	aus
LKM Babelsberg	134.009	1954	06.05.1955	neu

Anmerkungen:
1 Die Probefahrt fand am 06.05.1955 von Wernigerode Westerntor nach Nordhausen Nord und zurück statt.

2 Umbau auf Ölhauptfeuerung
3 Rückbau auf Kohlefeuerung und Beseitigung der Schäden nach dem Brand des Lokschuppens Benneckenstein (27./28.06.1955)

Lediglich 99 5611 hielten die Eisenbahner für bedingt geeignet. Der kleine Dreikuppler half schließlich vom 29. Juni 1954 bis zum 10. Juli 1955 im Bw Wernigerode Westerntor im Rangierdienst aus.

Die Rbd Magdeburg und die GD in Berlin mussten handeln. Seit 1951 liefen die Vorarbeiten für eine meterspurige Neubau-Dampflok für die Harzquer- und Brockenbahn sowie die Strecke Eisfeld–Unterneubrunn in Thüringen (Rbd Erfurt). Die DR hatte den VEB Lokomotivbau »Karl Marx«

Babelsberg (LKM) mit der Entwicklung der gewünschten 1´E1´h2t-Maschine beauftragt. Allerdings besaßen andere Projekte, wie z.B. die für 750 mm Spurweite bestimmte Neubau-Dampflok der Baureihe 99[77–79], eine höhere Priorität, so dass die Arbeiten zeitweise ruhten. Erst 1953 wurde das Projekt einer meterspurigen Neubau-Maschine fortgesetzt. Die DR gab schließlich am 5. Mai 1954 die ersten sieben Exemplare der Baureihe 99[23–24] in Auftrag und drängte auf eine baldige Auslieferung der Fahrzeuge.

Auszug aus dem Betriebsbuch der 99 233

Hersteller: LKM Babelsberg Fabrik-Nummer: 134.010
Baujahr: 1954 Beschaffungskosten: -
Anlieferung: 06.05.1955 Endabnahme: 18.05.1955[1]

Stationierungen:

Bw Wernigerode Westerntor	20.05.55–21.05.55	Bw Wernigerode Westerntor	14.07.75–17.09.75 L0
Bw Wernigerode Westerntor	22.05.55–07.08.55 L0 (Entgleis.)	Bw Wernigerode Westerntor	18.09.75–16.12.75
Bw Wernigerode Westerntor	08.08.55–23.03.56	Bw Wernigerode Westerntor	17.12.75–13.02.76 L0
Bw Wernigerode Westerntor	24.03.56–28.03.56 L0	Bw Wernigerode Westerntor	14.02.76–20.02.77 / 604.158 km
Bw Wernigerode Westerntor	29.03.56–23.11.56	Raw Cottbus, WA Görlitz	21.02.77–05.06.77 L6
Bw Gera, Lokbf Gera-Pforten	24.11.56–12.11.57 / 28.255 km	Bw Wernigerode Westerntor	06.06.77–04.12.78
Raw Görlitz	13.11.57–09.05.60 L3 mW	Raw Görlitz	05.12.78–23.02.79 L5
Bw Wernigerode Westerntor	10.05.60–15.02.61	Bw Wernigerode Westerntor	24.02.79–21.09.79
Bw Wernigerode Westerntor	16.02.61–07.04.61 L0	Bw Wernigerode Westerntor	22.09.79–18.10.79 L0
Bw Wernigerode Westerntor	08.04.61–18.01.62	Bw Wernigerode Westerntor	19.10.79–09.03.80
Bw Wernigerode Westerntor	19.01.62–14.05.62 L2	Bw Wernigerode Westerntor	10.03.80–12.03.80 L0 (Unfall)
Bw Wernigerode Westerntor	15.05.62–12.02.63 / 121.241 km	Bw Wernigerode Westerntor	13.03.80–29.07.80 / 683.480 km
Raw Görlitz	13.02.63–16.05.63 L4	Raw Görlitz	30.07.80–29.11.80 L7[2]
Bw Wernigerode Westerntor	17.05.63–08.09.63	Bw Wernigerode Westerntor	30.11.80–17.05.81
Bw Wernigerode Westerntor	09.09.63–20.09.63 L0	Bw Wernigerode Westerntor	18.05.81–20.05.81 L0
Bw Wernigerode Westerntor	21.09.63–24.08.64	Bw Wernigerode Westerntor	21.05.81–07.09.81
Raw Görlitz	25.08.64–30.10.64 L2	Bw Wernigerode Westerntor	08.09.81–05.11.81 L0
Bw Wernigerode Westerntor	31.10.64–02.06.65 / 196.400 km	Bw Wernigerode Westerntor	06.11.81–18.05.82
Raw Görlitz	03.06.65–16.09.65 L3 mW	Raw Görlitz	19.05.82–08.11.82 L5
Bw Wernigerode Westerntor	17.09.65–08.05.66	Bw Wernigerode Westerntor	09.11.82–26.09.83 / 768.999 km
Raw Görlitz (abgestellt)	09.05.66–29.06.66	Raw Görlitz	27.09.83–12.04.84 L6+L0[3]
Raw Görlitz	30.06.66–02.08.66 L0	Bw Wernigerode Westerntor	13.04.84–01.11.84
Bw Wernigerode Westerntor	03.08.66–03.08.66 L0	Bw Wernigerode Westerntor	02.11.84–03.02.85 L0
Bw Wernigerode Westerntor	04.08.66–13.04.67	Bw Wernigerode Westerntor	04.02.85–15.09.85
Raw Görlitz	14.04.67–22.06.67 L2	Raw Görlitz	16.09.85–23.12.85 L5
Bw Wernigerode Westerntor	23.06.67–08.02.68 / 301.247 km	Bw Wernigerode Westerntor	24.12.85–05.07.87 / 864.930 km
Raw Görlitz	09.02.68–28.05.68 L4	Bw Wernigerode Westerntor	06.07.87–22.01.88 L7
Bw Wernigerode Westerntor	29.05.68–26.01.69	Bw Wernigerode Westerntor	23.01.88–06.12.88
Bw Wernigerode Westerntor	27.01.69–05.03.69 L0	Bw Wernigerode Westerntor	07.12.88–27.01.89 L0
Bw Wernigerode Westerntor	06.03.69–03.08.69	Bw Wernigerode Westerntor	28.01.89–05.11.89
Raw Görlitz	04.08.69–16.11.69 L2	Bw Wernigerode Westerntor	06.11.89–21.11.89 L0
Bw Wernigerode Westerntor	17.11.69–05.07.70	Bw Wernigerode Westerntor	22.11.89–13.03.90
Bw Wernigerode Westerntor	06.07.70–21.08.70 L0	Raw Görlitz	14.03.90–05.07.90 L5
Bw Wernigerode Westerntor	22.08.70–01.09.70	Bw Wernigerode Westerntor	06.07.90–08.01.91
Bw Wernigerode Westerntor	02.09.70–08.09.70 L0 (Unfall)	Bw Wernigerode Westerntor	09.01.91–25.01.91 L0
Bw Wernigerode Westerntor	09.09.70–16.05.71 / 439.858 km	Bw Wernigerode Westerntor	26.01.91–06.09.91
Raw Görlitz	17.05.71–23.07.71 L3 mW	Bw Wernigerode Westerntor	07.09.91–10.09.91 L0
Bw Wernigerode Westerntor	24.07.71–19.09.72	Bw Wernigerode Westerntor	11.09.91–30.01.92 / 983.703 km
Bw Wernigerode Westerntor	20.09.72–06.10.72 L0	Raw Görlitz	31.01.92–24.04.92 L6
Bw Wernigerode Westerntor	07.10.72–26.11.72	Bw Wernigerode Westerntor	25.04.92–28.12.92 / 1.000.836 km
Raw Cottbus, WA Görlitz	27.11.72–31.01.73 L5	Bw Wernigerode Westerntor	29.12.92–11.01.93 L0
Bw Wernigerode Westerntor	01.02.73–04.04.74 / 521.089 km	Bw Wernigerode Westerntor	12.01.93–31.01.93
Raw Cottbus, WA Görlitz	05.04.74–14.06.74 L7		
Bw Wernigerode Westerntor	15.06.74–13.07.75	Übergabe an die HSB	01.02.93

Kesselverzeichnis:

Hersteller	Fabrik-Nr.	Baujahr	Einbautag	aus
LKM Babelsberg	134.010	1954	18.05.1955	neu

Anmerkungen:
1 Die Probefahrt fand am 17.05.1955 von Wernigerode Westerntor nach Nordhausen Nord und zurück statt.

2 Umbau auf Ölhauptfeuerung
3 Rückbau auf Kohlefeuerung

99 7231-6 (ex 99 231), hier im Sommer 1989 im Bf Benneckenstein, ist die älteste Maschine der Baureihe 99²³⁻²⁴. Vom 6. Juli 1956 bis zum 17. Juni 1973 war die Maschine im Lokbf Eisfeld des Bw Meiningen stationiert. Daher nannten einige Eisenbahner des Bw Wernigerode die Lok auch »Eisfelder Jagdwagen«.   Foto: Th. Rieger, Archiv D. Endisch

99 232, hier am 28. Oktober 1969 in der Est Nordhausen, ist die dienstälteste Neubaulok im Harz. Bei ihrer Indienststellung besaß die Maschine nur zwei kleine Sandkästen. Später wurde der vordere Sandkasten vergrößert, was aus dieser Perspektive sehr gut zu erkennen ist.   Foto: Archiv D. Endisch

99 0236-2 (ex 99 236) hatte am 29. April 1981 im Bf Wernigerode einen Personenzug nach Nordhausen Nord übernommen. Am Nachbarbahnsteig ist 99 0238-8 (ex 99 238) zu sehen. 99 0236-2 war ab 1955 zunächst auf der Strecke Eisfeld–Schönbrunn im Einsatz und erst ab 18. Oktober 1974 im Bw Wernigerode stationiert. Foto: G. Ferrée

99 0234-7 (ex 99 234) war im Mai 1974 mit einem Personenzug in Wernigerode-Hasserode im Einsatz. Die Rauchkammer der Maschine zierten zwei rote Blechfähnchen, so genannte Arbeiterfahnen. An bestimmten Feiertagen, dazu gehörten der 1. Mai (»Internationaler Kampf- und Feiertag der Arbeiterklasse«), der 8. Mai (Tag der Befreiung) und der 7. Oktober (Nationalfeiertag der DDR) sollten die Loks mit Fähnchen geschmückt werden. Im Bw Wernigerode war dies nur selten der Fall. Foto: St. Dietzel, Slg. G. Schütze

Im Harz spitzte sich derweil die Lage weiter zu. 99 5905 war nach einem Steinschlag am 31. März 1954 bei Ilfeld ausgefallen. 99 6001 musste nach einem Zusammenstoß mit einer regelspurigen Rangierlok in Nordhausen im November 1954 abgestellt werden und wurde erst drei Monate später im Rahmen einer Bedarfsausbesserung (L0; 22.02.–11.03.1955) repariert. Diese Lücken konnten nur noch schwer geschlossen werden.

Auszug aus dem Betriebsbuch der 99 234

Hersteller: LKM Babelsberg
Baujahr: 1954
Anlieferung: 11.05.1955

Fabrik-Nummer: 134.011
Beschaffungskosten: -
Endabnahme: 10.06.1955[1]

Stationierungen:

Bw Wernigerode Westerntor	10.06.55–30.08.55
Bw Wernigerode Westerntor	31.08.55–01.10.55 L0
Bw Wernigerode Westerntor	02.10.55–02.03.56
Bw Wernigerode Westerntor	03.03.56–13.03.56 L0
Bw Wernigerode Westerntor	14.03.56–23.04.56
Bw Wernigerode Westerntor	24.04.56–05.05.56 L0
Bw Wernigerode Westerntor	06.05.56–13.11.56 / 45.758 km
Bw Gera, Lokbf Gera-Pforten	19.11.56–21.10.57
Raw Görlitz	22.10.57–18.05.58 L3 mW
Bw Wernigerode Westerntor	19.05.58–23.09.58
Bw Wernigerode Westerntor	24.09.58–03.11.58 L0
Bw Wernigerode Westerntor	04.11.58–24.04.59
Bw Wernigerode Westerntor	25.04.59–11.06.59 L0
Bw Wernigerode Westerntor	12.06.59–02.11.59 / 114.302 km
Raw Görlitz	03.11.59–13.04.61 L3 mW+L0
Bw Wernigerode Westerntor	14.04.61–13.10.61
Bw Wernigerode Westerntor	14.10.61–08.01.62 L0
Bw Wernigerode Westerntor	09.01.62–28.08.62
Raw Görlitz	29.08.62–26.11.62 L2
Bw Wernigerode Westerntor	27.11.62–19.03.63
Bw Wernigerode Westerntor	19.03.63–09.04.63 L0
Bw Wernigerode Westerntor	10.04.63–06.02.64 / 215.998 km
Raw Görlitz	07.02.64–29.04.64 L4
Bw Wernigerode Westerntor	30.04.64–22.05.64
Bw Wernigerode Westerntor	23.05.64–24.06.64 L0
Bw Wernigerode Westerntor	25.06.64–16.01.65
Bw Wernigerode Westerntor	17.01.65–19.03.65 L0
Bw Wernigerode Westerntor	20.03.65–19.09.65
Raw Görlitz	20.09.65–06.11.65 L2
Bw Wernigerode Westerntor	07.11.65–04.08.66
Bw Wernigerode Westerntor	05.08.66–28.09.66 L0
Bw Wernigerode Westerntor	29.09.66–17.07.67 / 361.763 km
Raw Görlitz	18.07.67–05.10.67 L3 mW
Bw Wernigerode Westerntor	06.10.67–16.05.68
Bw Wernigerode Westerntor	17.05.68–05.07.68 L0
Bw Wernigerode Westerntor	06.07.68–12.03.69
Raw Görlitz	13.03.69–03.06.69 L2
Bw Wernigerode Westerntor	04.06.69–14.05.70 / 483.307 km
Raw Görlitz	15.05.70–16.07.70 L2/K4
Bw Wernigerode Westerntor	17.07.70–06.01.71
Bw Wernigerode Westerntor	07.01.71–23.02.71 L0
Bw Wernigerode Westerntor	24.02.71–28.11.71
Raw Cottbus, WA Görlitz	29.11.71–28.01.72 L2
Bw Wernigerode Westerntor	29.01.72–11.10.72
Bw Wernigerode Westerntor	12.10.72–08.12.72 L0
Bw Wernigerode Westerntor	09.12.72–19.07.73 / 600.984 km
Raw Cottbus, WA Görlitz	20.07.73–09.10.73 L6
Bw Wernigerode Westerntor	10.10.73–17.09.74

Bw Wernigerode Westerntor	18.09.74–24.09.74 L0
Bw Wernigerode Westerntor	24.09.74–24.02.75
Bw Wernigerode Westerntor	25.02.75–11.04.75 L0
Bw Wernigerode Westerntor	12.04.75–02.06.75
Bw Wernigerode Westerntor	03.06.75–24.06.75 L0
Bw Wernigerode Westerntor	25.06.75–19.01.77 / 699.392 km
Raw Cottbus, WA Görlitz	20.01.77–17.08.77 L7[2]
Bw Wernigerode Westerntor	18.08.77–01.01.78
Bw Wernigerode Westerntor	02.01.78–11.01.78 L0
Bw Wernigerode Westerntor	12.01.78–13.02.78
Bw Wernigerode Westerntor	14.02.78–17.03.78 L0
Bw Wernigerode Westerntor	18.03.78–31.03.78
Bw Wernigerode Westerntor	01.04.78–27.04.78 L0
Bw Wernigerode Westerntor	28.04.78–20.03.79
Raw Görlitz	21.03.79–27.06.79 L5
Bw Wernigerode Westerntor	28.06.79–16.03.80
Bw Wernigerode Westerntor	17.03.80–27.01.81 L0
Bw Wernigerode Westerntor	28.01.81–15.03.81
Bw Wernigerode Westerntor	16.03.81–27.03.81 L0
Bw Wernigerode Westerntor	28.03.81–27.04.81
Bw Wernigerode Westerntor	28.04.81–08.05.81 L0
Bw Wernigerode Westerntor	09.05.81–21.06.81 / 800.552 km
Raw Görlitz	22.06.81–23.09.81 L6
Bw Wernigerode Westerntor	24.09.81–12.02.82
Bw Wernigerode Westerntor	13.02.82–18.02.82 L0
Bw Wernigerode Westerntor	19.02.82–21.08.82
Bw Wernigerode Westerntor	22.08.82–13.10.82 L0
Bw Wernigerode Westerntor	14.10.82–18.07.83 / 866.591 km
Raw Görlitz	19.07.83–03.11.83 L7[3]
Bw Wernigerode Westerntor	04.11.83–29.02.84
Bw Wernigerode Westerntor	01.03.84–20.03.84 L0
Bw Wernigerode Westerntor	21.03.84–28.11.84
Bw Wernigerode Westerntor	29.11.84–29.11.84 L0
Bw Wernigerode Westerntor	30.11.84–31.03.85
Raw Görlitz	01.04.85–30.06.85 L5
Bw Wernigerode Westerntor	01.07.85–25.11.87 / 992.818 km
Raw Görlitz	26.11.87–21.04.88 L6
Bw Wernigerode Westerntor	22.04.88–13.03.89
Bw Wernigerode Westerntor	14.03.89–14.04.89 L0
Bw Wernigerode Westerntor	15.04.89–23.01.90
Bw Wernigerode Westerntor	24.01.90–16.02.90 L0
Bw Wernigerode Westerntor	17.02.90–06.09.90
Raw Görlitz	07.09.90–11.01.91 L5
Bw Wernigerode Westerntor	12.01.91–08.12.91 / 1.188.537 km
Raw Görlitz	09.12.91–19.03.92 L7
Bw Wernigerode Westerntor	21.03.92–31.01.93
Übergabe an die HSB	01.02.93

Kesselverzeichnis:

Hersteller	Fabrik-Nr.	Baujahr	Einbautag	aus
LKM Babelsberg	134.011	1954	06.05.1955	neu

Anmerkungen:
1 Die Probefahrt fand am 06.05.1955 von Wernigerode Westerntor nach Nordhausen Nord und zurück statt.

2 Umbau auf Ölhauptfeuerung
3 Rückbau auf Kohlefeuerung

4.4   Die Baureihe 99²³⁻²⁴ im Harz

Am 26. Januar 1955 traf auf einem Transportwagen mit der fabrikneuen 99 232 endlich das erste Exemplar der Baureihe 99²³⁻²⁴ im Bf Wernigerode ein. Das Bw Wernigerode Westerntor und die Rbd Magdeburg setzten große Hoffnungen in die 1´E1´h2t-Maschinen. Sie sollten umgehend die Mallet-Maschinen der Baureihen 99⁵⁹ und 99⁶⁰ sowie 99 6001 auf der Harz-quer- und Brockenbahn ersetzen. Doch bis es soweit war, vergingen noch einige Monate, denn vor allem das Laufwerk der Neubau-Dampfloks wies

gravierende konstruktive Mängel auf. Bereits beim Entladen der 99 232 begann der Ärger. Bei ihrer Überführung von der so genannten Umladung zur Werkstatt im Bf Wernigerode Westerntor entgleiste die Maschine nach nur wenigen hundert Metern. Der Vorsteher des Bw Wernigerode Westerntor, Hermann Ahrend, informierte umgehend die Rbd Magdeburg. Ahrend befürchtete, dass das Laufwerk der 1´E1´h2-Tenderlok völlig falsch berechnet war. Diese Vermutung bestätigte sich leider. Während der Probefahrt am 2. Februar 1955 entgleiste 99 232 erneut. Die Fahrt wurde abgebrochen und am 9. Februar 1955 wiederholt. Daran nahmen auch

Auszug aus dem Betriebsbuch der 99 235

Hersteller: LKM Babelsberg
Baujahr: 1954
Anlieferung: 21.05.1955

Fabrik-Nummer: 134.012
Beschaffungskosten: -
Endabnahme: 10.06.1955[1]

Stationierungen:

Bw Wernigerode Westerntor	10.06.55–16.08.55	Bw Wernigerode Westerntor	27.08.76–13.01.77
Bw Wernigerode Westerntor	17.08.55–29.08.55 L0	Bw Wernigerode Westerntor	14.01.77–23.01.77 L0
Bw Wernigerode Westerntor	30.08.55–27.06.56 / 57.615 km	Bw Wernigerode Westerntor	24.01.77–10.08.77 / 143.470 km[2]
Bw Wernigerode Westerntor	28.06.56–26.09.56 L0	Raw Cottbus, WA Görlitz	11.08.77–05.01.78 L7[3]
Bw Wernigerode Westerntor	27.09.56–07.11.56	Bw Wernigerode Westerntor	06.01.78–07.04.78
Bw Gera, Lokbf Gera-Pforten	10.11.56–22.07.57	Bw Wernigerode Westerntor	08.04.78–15.05.78 L0
Raw Görlitz	25.09.57–18.12.57 L0	Bw Wernigerode Westerntor	16.05.78–31.10.78
Bw Meiningen	05.01.58–02.07.58 / 78.015 km	Bw Wernigerode Westerntor	01.11.78–08.12.78 L0
Raw Görlitz	05.07.58–24.10.58 L3 mW	Bw Wernigerode Westerntor	09.12.78–15.04.79
Bw Meiningen	25.10.58–14.05.59	Bw Wernigerode Westerntor	16.04.79–20.04.79 L0
Raw Görlitz	15.05.59–09.09.59 L2	Bw Wernigerode Westerntor	21.04.79–03.07.79
Bw Meiningen	10.09.59–20.02.60	Raw Görlitz	04.07.79–06.09.79 L5
Raw Görlitz	26.02.60–16.05.60 L2	Bw Wernigerode Westerntor	07.09.79–24.02.80
Bw Meiningen	17.05.60–14.08.60	Bw Wernigerode Westerntor	25.02.80–28.02.80 L0
Raw Görlitz	16.08.60–16.12.60 L0	Bw Wernigerode Westerntor	29.02.80–18.09.80
Bw Meiningen	17.12.60–26.12.61 / 172.181 km	Raw Görlitz	19.09.80–08.01.81 L6
Raw Görlitz	27.12.61–29.03.62 L3 mW	Bw Wernigerode Westerntor	09.01.81–11.10.81
Bw Meiningen	30.03.62–14.05.63	Bw Wernigerode Westerntor	12.10.81–22.10.81 L0
Raw Görlitz	15.05.63–09.08.63 L2	Bw Wernigerode Westerntor	23.10.81–03.05.82
Bw Meiningen	10.08.63–12.06.64	Raw Görlitz	04.05.82–04.08.82 L5
Raw Görlitz	13.06.64–29.01.65 L4	Bw Wernigerode Westerntor	05.08.82–10.05.83 / 309.253km[2]
Bw Meiningen	30.01.65–19.03.66	Raw Görlitz	11.05.83–02.09.83 L7[4]
Raw Görlitz	26.03.66–22.06.66 L2	Bw Wernigerode Westerntor	03.09.83–12.10.83
Bw Meiningen	23.06.66–29.05.67	Bw Wernigerode Westerntor	13.10.83–27.10.83 L0
Raw Görlitz	12.06.67–15.08.67 L2	Bw Wernigerode Westerntor	28.10.83–28.03.84
Bw Meiningen	16.08.67–09.09.68	Bw Wernigerode Westerntor	29.03.84–24.05.85 L0
Raw Görlitz	10.09.68–20.11.68 L3 mW	Bw Wernigerode Westerntor	25.05.85–03.11.85
Bw Meiningen	21.11.68–01.07.69	Raw Görlitz	04.11.85–10.01.86 L5
Raw Görlitz	02.07.69–10.09.69 L2	Bw Wernigerode Westerntor	11.01.86–08.04.87 / 394.838 km[2]
Bw Meiningen	11.09.69–19.07.70	Raw Görlitz	09.04.87–18.09.87 L6
Raw Görlitz	20.07.70–17.09.70 L2	Bw Wernigerode Westerntor	19.09.87–07.07.88
Bw Meiningen	18.09.70–29.08.71	Bw Wernigerode Westerntor	08.07.88–10.08.88 L0
Raw Görlitz	30.08.71–12.11.71 L4	Bw Wernigerode Westerntor	11.08.88–12.07.89
Bw Meiningen	13.11.71–04.09.72	Raw Görlitz	13.07.89–13.10.89 L5
Raw Cottbus, WA Görlitz	05.09.72–13.11.72 L5	Bw Wernigerode Westerntor	14.10.89–03.09.90
Bw Meiningen	14.11.72–	Bw Wernigerode Westerntor	04.09.90–28.09.90 L0
Bw Wernigerode Westerntor	18.06.73–04.12.73 / 19.427 km[2]	Bw Wernigerode Westerntor	29.09.90–24.07.91 / 550.653 km[2]
Raw Cottbus, WA Görlitz	05.12.73–18.04.74 L6	Raw Görlitz	25.07.91–04.11.91 L7
Bw Wernigerode Westerntor	19.04.74–21.12.75	Bw Wernigerode Westerntor	05.11.91–
Raw Cottbus, WA Görlitz	22.12.75–14.03.76 L5	Raw Görlitz	06.04.92–18.09.92 L0
Bw Wernigerode Westerntor	15.03.76–13.08.76	Bw Wernigerode Westerntor	19.09.92–31.01.93
Bw Wernigerode Westerntor	14.08.76–26.08.76 L0		
		Übergabe an die HSB	01.02.93

Kesselverzeichnis:

Hersteller	Fabrik-Nr.	Baujahr	Einbautag	aus
LKM Babelsberg	134.008	1954	17.06.1955	neu

Anmerkungen:
1 Die Probefahrt fand am 10.06.1955 von Wernigerode Westerntor nach Nordhausen Nord und zurück statt.
2 Laufleistung seit dem 14.11.1972
3 Umbau auf Ölhauptfeuerung
4 Rückbau auf Kohlefeuerung

Vertreter des Technischen Zentralamtes (TZA) der DR aus Berlin, u.a. der Referent für die Bauart der Dampf- und Diesellokomotiven Hans Schulze (08.07.1903–05.10.1962), sowie Mitarbeiter der Arbeitsschutzinspektion und der Abteilung Bahnanlagen der Rbd Magdeburg teil. Wenige hundert Meter vor dem Bf Sorge im 57 m-Bogen zwischen den km 34,47 und dem km 34,23 stand 99 232 abermals neben den Gleisen. Die Schäden am Oberbau waren erheblich. Die Innenschiene kippte durch die Druckkräfte um und die Schrauben der Leitscheine wurden regelrecht aus den Schwellen herausgerissen. Bei der Untersuchung der Schäden stellte der Bahnmeister fest, dass die Spurweite im Gleisbogen 1.040 mm betrug. Damit war die Spurerweiterung hier deutlich höher, als für die Berechnung des Bogenlaufs der Baureihe 99²³⁻²⁴ vorgesehen.

Diese Nachricht sorgte bei der maschinentechnischen Abteilung der Rbd Magdeburg für Verärgerung. Die Vermutung, dass das Laufwerk der 1´E1´h2t-Maschinen für den Einsatz auf der Harzquer- und Brockenbahn völlig ungeeignet war und daher neu berechnet werden musste, sollte sich bestätigen. Die für den 24. März 1955 anberaumte Probefahrt endete bereits in der Einfahrt zum Bf Steinerne Renne. Im 60 m-Bogen blieb die Maschine stehen und der Bahnmeister musste die Gleislage vermessen. Im Stand wurde ein Spurerweiterung von 40 mm gemessen, bei der Anfahrt mit Sand waren es sogar 60 mm. Die Treibachse lag nur noch 8 mm auf der Außenschiene auf und die Innenschiene fing an zu kippen. Um die dringend benötigten Maschinen dennoch auf der Harzquer- und Brockenbahn einsetzen zu können, griff das Bw Wernigerode Westerntor zur Selbsthilfe. Die Schlosser entfernten zwei der fünf Lagen der Rückstellfedern der 99 232. Dadurch verringerten sich die Anlaufkräfte der

---

Auszug aus dem Betriebsbuch der 99 236

Hersteller: LKM Babelsberg
Baujahr: 1954
Anlieferung: 31.03.1955

Fabrik-Nummer: 134.013
Beschaffungskosten: -
Endabnahme: 15.04.1955[1]

Stationierungen:

Bw Meiningen	15.04.55–12.11.55	Bw Wernigerode Westerntor	24.01.77–27.01.77 L0
Raw Meiningen	13.11.55–23.12.55 L0	Bw Wernigerode Westerntor	28.01.77–04.07.77
Bw Meiningen	24.12.55–11.02.57 / 89.025 km	Bw Wernigerode Westerntor	05.07.77–10.08.77 L0
Raw Görlitz	06.04.57–08.06.57 L2	Bw Wernigerode Westerntor	11.08.77–09.03.78 / 86.328 km²
Bw Meiningen		Raw Görlitz	10.03.78–21.07.78 L7[3]
Raw Görlitz	21.01.58–12.05.58 L3 mW	Bw Wernigerode Westerntor	22.07.78
Bw Meiningen	12.05.58–28.01.59	Bw Wernigerode Westerntor	02.01.79–29.01.79 L0
Raw Görlitz	29.01.59–11.05.59 L0	Bw Wernigerode Westerntor	30.01.79–04.09.79
Bw Meiningen	12.05.59–17.01.60	Raw Görlitz	05.09.79–08.11.79 L5
Raw Görlitz	21.01.60–04.04.60 L2	Bw Wernigerode Westerntor	09.11.79–29.08.80
Bw Meiningen	05.04.60–05.02.61	Bw Wernigerode Westerntor	30.08.80–27.10.80 L0
Raw Görlitz	06.02.61–23.06.61 L3 mW	Bw Wernigerode Westerntor	28.10.80–19.01.81
Bw Meiningen	24.06.61–16.08.62	Bw Wernigerode Westerntor	20.01.81–03.02.81 L0 (Unfall)
Raw Görlitz	17.08.62–14.10.62 L2	Bw Wernigerode Westerntor	04.02.81–25.02.81
Bw Meiningen	15.10.62–15.07.63	Bw Wernigerode Westerntor	26.02.81–03.04.81 L0
Raw Görlitz	16.07.63–31.08.63 L2	Bw Wernigerode Westerntor	04.04.81–06.09.81 / 185.604 km²
Bw Meiningen	01.09.63–02.02.64	Raw Görlitz	07.09.81–10.12.81 L6
Raw Görlitz	04.02.64–01.06.64 L4	Bw Wernigerode Westerntor	11.12.81–07.03.83 / 220.877 km²
Bw Meiningen	02.06.64–27.05.65	Raw Görlitz	08.03.83–31.05.83 L7[4]
Raw Görlitz	28.05.65–25.08.65 L2	Bw Wernigerode Westerntor	02.06.83–08.02.84
Bw Meiningen	26.08.65–09.09.66	Bw Wernigerode Westerntor	09.02.84–29.02.84 L0
Raw Görlitz	26.09.66–25.11.66 L2	Bw Wernigerode Westerntor	01.03.84–02.09.84
Bw Meiningen	26.11.66–03.09.67	Bw Wernigerode Westerntor	03.09.84–03.09.84 L0
Raw Görlitz	04.09.67–21.12.67 L3 mW	Bw Wernigerode Westerntor	04.09.84–26.11.84
Bw Meiningen	22.12.67–02.03.69	Raw Görlitz	27.11.84–14.03.85 L5
Raw Görlitz	03.03.69–06.05.69 L2	Bw Wernigerode Westerntor	15.03.85–22.04.86
Bw Meiningen	07.05.69–25.01.70	Raw Görlitz	23.04.86–19.10.86 L6
Raw Görlitz	26.01.70–06.04.70 L2	Bw Wernigerode Westerntor	20.10.86–31.03.88
Bw Meiningen	07.04.70–21.03.71	Bw Wernigerode Westerntor	01.04.88–07.04.88 L0
Raw Görlitz	22.03.71–04.06.71 L4	Bw Wernigerode Westerntor	08.04.88–24.07.88
Bw Meiningen	05.06.71–13.08.72	Raw Görlitz	25.07.88–06.10.88 L5
Raw Cottbus, WA Görlitz	14.08.72–27.09.72 L5	Bw Wernigerode Westerntor	07.10.88–09.05.90 / 424.376 km²
Bw Meiningen	28.09.72–05.05.74	Raw Görlitz	10.05.90–31.08.90 L7
Raw Cottbus, WA Görlitz	06.05.74–18.10.74 L6	Bw Wernigerode Westerntor	01.09.90–09.10.91
Bw Wernigerode Westerntor	19.10.74–03.06.76	Raw Görlitz	10.10.91–18.11.91 L5
Raw Cottbus, WA Görlitz	04.06.76–30.08.76 L5	Bw Wernigerode Westerntor	19.11.91–31.01.93
Bw Wernigerode Westerntor	31.08.76–23.01.77		
		Übergabe an die HSB	01.02.93

Kesselverzeichnis:

Hersteller	Fabrik-Nr.	Baujahr	Einbautag	aus
LKM Babelsberg	134.013	1954	04.05.1955	neu

Anmerkungen:
1 Die Probefahrt fand am 15.04.1955 von Eisfeld nach Schönbrunn und zurück statt.
2 Laufleistung seit dem 19.10.1974
3 Umbau auf Ölhauptfeuerung
4 Rückbau auf Kohlefeuerung

---

zuerst in den Gleisbogen einfahrenden ersten Kuppelachse (bei Vorwärtsfahrt) von 14 Mp auf 7,1 Mp bzw. der fünften Kuppelachse (bei Rückwärtsfahrt) von 9,4 auf 5 Mp. Die anschließende Probefahrt am 5. April 1955 verlief ohne Komplikationen. Auch die Untersuchung des Laufwerks der 99 232 ergab keine Mängel. Die Rbd Magdeburg wies nun die Bahnmeisterei (Bm) Wernigerode Westerntor an, einen 57 m-Gleisbogen normgerecht herzurichten. Bei den Versuchsfahrten am 14. und 15. April 1955 wurde 99 232 mit und ohne Rückstellfedern erprobt. Die Spurerweiterung überschritt nun nicht mehr die erlaubten Grenzmaße. Dieses Ergebnis stimmte sowohl das TZA als auch die Rbd Magdeburg hoffnungsfroh. Am 27. April 1955 schlug die Stunde der Wahrheit. Die Probefahrten mit der 99 232 führten bis zum Bf Sorge, wobei die Maschine auch den neuaufgebauten 57 m-Bogen hinter der Ladestelle (Lst) Allerbach anstandslos passierte. Die Spurerweiterung betrug nach dem ersten Durchfahren lediglich 0,5 mm, nach insgesamt zehn Bogenfahrten 1 mm. Auch die zweite Probefahrt am 29. April 1955 verlief ohne Komplikationen, so dass das TZA schließlich am 1. Mai 1955 den Einsatz der Baureihe $99^{23–24}$ auf der Harzquer- und Brockenbahn genehmigte.

Auszug aus dem Betriebsbuch der 99 237

Hersteller: LKM Babelsberg
Baujahr: 1955
Anlieferung: 18.04.1955

Fabrik-Nummer: 134.014
Beschaffungskosten: -
Endabnahme: 04.05.1955[1]

Stationierungen:

Bw Meiningen	27.04.55–18.01.56 / 39.311 km	Bw Wernigerode Westerntor	14.02.76–20.02.76 L0
Raw Meiningen	18.01.56–06.03.56 L0	Bw Wernigerode Westerntor	21.02.76–04.05.76
Bw Meiningen	07.03.56–19.10.56 / 64.869 km	Bw Wernigerode Westerntor	05.05.76–19.05.76 L0
Raw Görlitz	01.11.56–20.12.56 L2[2]	Bw Wernigerode Westerntor	20.05.76–13.03.77 / 112.123 km[3]
Raw Görlitz	04.02.57–11.02.57 Nacharbeit L2	Raw Cottbus, WA Görlitz	14.03.77–19.07.77 L7[4]
Bw Meiningen	20.02.57–17.05.58	Bw Wernigerode Westerntor	20.07.77–17.11.77
Raw Görlitz	21.05.58–10.10.58 L3 mW	Bw Wernigerode Westerntor	18.11.77–14.12.77 L0
Bw Meiningen	11.10.58–20.04.59	Bw Wernigerode Westerntor	15.12.77–20.03.78
Raw Görlitz	21.04.59–17.06.59 L0	Bw Wernigerode Westerntor	21.03.78–19.06.78 L0
Bw Meiningen	18.06.59–18.04.60	Bw Wernigerode Westerntor	20.06.78–07.07.78
Raw Görlitz	19.04.60–20.06.60 L2	Bw Wernigerode Westerntor	20.07.78–25.08.78 L0
Bw Meiningen	21.06.60–01.07.60	Bw Wernigerode Westerntor	26.08.78–06.02.79
Raw Görlitz	02.07.60–11.04.61 L0	Raw Görlitz	07.02.79–23.04.79 L5
Bw Meiningen	12.04.61–01.10.61	Bw Wernigerode Westerntor	24.04.79–04.12.79
Raw Görlitz	02.10.61–21.01.62 L3 mW	Bw Wernigerode Westerntor	05.12.79–07.04.80 L0
Bw Meiningen	22.01.62–22.02.63	Bw Wernigerode Westerntor	08.04.80–28.12.80
Raw Görlitz	23.02.63–29.04.63 L2	Raw Görlitz	29.12.80–25.03.81 L6
Bw Meiningen	30.04.63–17.10.63	Bw Wernigerode Westerntor	26.03.81–08.02.82
Raw Görlitz	18.10.63–27.12.63 L0	Raw Görlitz	09.02.82–30.04.82 L5
Bw Meiningen	28.12.63–23.07.64	Bw Wernigerode Westerntor	01.05.82–17.08.83 / 270.546 km[3]
Raw Görlitz	24.07.64–08.10.64 L4	Raw Görlitz	18.08.83–30.11.83 L7[5]
Bw Meiningen	09.10.64–22.10.65	Bw Wernigerode Westerntor	01.12.83–28.10.84
Raw Görlitz	23.10.65–16.12.65 L2	Raw Görlitz	29.10.84–27.01.85 L5
Bw Meiningen	17.12.65–27.02.67	Bw Wernigerode Westerntor	28.01.85–22.12.85
Raw Görlitz	28.02.67–19.05.67 L2	Raw Görlitz	23.12.85–08.04.86 L5
Bw Meiningen	20.05.67–28.04.68	Bw Wernigerode Westerntor	09.04.86–28.06.87
Raw Görlitz	29.04.68–08.08.68 L3 mW	Raw Görlitz	29.06.87–21.12.87 L6
Bw Meiningen	09.08.68–26.10.69	Bw Wernigerode Westerntor	22.12.87–10.08.88
Raw Görlitz	27.10.69–10.12.69 L2	Bw Wernigerode Westerntor	11.08.88–30.08.88 L0
Bw Meiningen	11.12.69–13.12.70	Bw Wernigerode Westerntor	31.08.88–09.02.89
Raw Görlitz	14.12.70–03.03.71 L2	Raw Görlitz	10.02.89–12.05.89 L5
Bw Meiningen	04.03.71–16.12.71	Bw Wernigerode Westerntor	13.05.89–08.07.90
Raw Cottbus, WA Görlitz	17.12.71–08.03.72 L4	Bw Wernigerode Westerntor	09.07.90–17.08.90 L0
Bw Meiningen	09.03.72–22.02.73	Bw Wernigerode Westerntor	18.08.90–06.05.91
Raw Cottbus, WA Görlitz	23.02.73–04.11.73 L6	Bw Wernigerode Westerntor	07.05.91–24.06.91 L0
Bw Wernigerode Westerntor	05.11.73–01.07.74	Bw Wernigerode Westerntor	25.06.91–17.05.92 / 537.940 km[3]
Bw Wernigerode Westerntor	02.07.74–04.10.74 L0	Raw Görlitz	18.05.92–20.08.92 L7
Bw Wernigerode Westerntor	05.10.74–08.06.75	Bw Wernigerode Westerntor	21.08.92–31.01.93
Raw Cottbus, WA Görlitz	09.06.75–15.08.75 L5		
Bw Wernigerode Westerntor	16.08.75–13.02.76	Übergabe an die HSB	01.02.93

Kesselverzeichnis:

Hersteller	Fabrik-Nr.	Baujahr	Einbautag	aus
LKM Babelsberg	134.014	1954	04.05.1955	neu

Anmerkungen:

1 Die Probefahrt fand am 26.04.1955 von Eisfeld nach Schönbrunn und zurück statt.

2 Laut einer Aktennotiz: *»Bis 10.01.1957 warten auf Transportwagen.«*

3 Laufleistung seit dem 05.11.1973

4 Umbau auf Ölhauptfeuerung

5 Rückbau auf Kohlefeuerung

Am 30. Dezember 1988 hatte 99 7235-7 (ex 99 235) mit einem Personenzug den Bf Alexisbad erreicht. Die Maschine begann zwar ihre Laufbahn am 10. Juni 1955 in Wernigerode, gehörte aber kurzzeitig zum Bw Gera (10.11.1956–18.12.1957), bevor sie in Diensten des Lokbf Eisfeld des Bw Meiningen (05.01.1958–17.06.1973) stand.   Foto: D. Endisch

99 7237-3 (ex 99 237) nahm im August 1990 im Bf Alexisbad Wasser. Dieses für die 1970er- und 1980er-Jahre für die Selketalbahn typische Motiv kann heute nicht mehr umgesetzt werden. Nach dem Hochwasser im Frühjahr 1994 wurde der Wasserkran (Förderleistung 1 m³/min) an den Bahnsteig zwischen die Gleise 1 und 2 versetzt.   Foto: D. Endisch

99 7238-1 (ex 99 238), hier im Februar 1971 in der Est Wernigerode, war die erste Maschine des zweiten Bauloses. Optisch unterschieden sich die Maschinen auf den ersten Blick durch ihre größeren Sandkästen von den Neubauloks des ersten Lieferloses (99 231–99 237). Foto: Archiv D. Endisch

Im Frühjahr 1992 stand 99 7239-9 (ex 99 239) mit einem Personenzug im Bf Wernigerode. Hinter dem Schornstein befindet sich der so genannte Dosiermittelbehälter, in dem die Chemikalien für die Wasseraufbereitung – Soda zum Enthärten und Skiantan als Antischaummittel – aufbewahrt werden. Foto: Th. Rieger, Archiv D. Endisch

Die formale Abnahme der 99 232 erfolgte am 6. Mai 1955. Parallel dazu wurden die Laufwerke der 99 231, 99 233, 99 234 und 99 235 entsprechend geändert und die Maschinen nach Wernigerode überführt. 99 233 traf am 6. Mai 1955 an der Umladung ein, gefolgt von 99 234 (am 11.05.1955) und 99 235 (am 22.05.1955). Bis zum 10. Juni 1955 absolvierten die Maschinen ihre Probefahrten und wurden dann von der Abteilung Lokomotivbetriebsdienst (B-Gruppe) in den Streckendienst eingebunden. Die Maschinen übernahmen in erster Linie die Personenzüge auf der Bro-

ckenbahn sowie die durchgehenden Leistungen auf der Strecke Wernigerode–Nordhausen Nord. Der ab 22. Mai 1955 gültige Fahrplan sah für die Verbindung Wernigerode–Brocken täglich zwei Zugpaare bis zum Brocken und ein Zugpaar bis nach Schierke vor. Auf der Harzquerbahn verkehrten hingegen täglich drei durchgehende Personenzugpaare. Bei den Personalen stand die Baureihe 99[23–24] von Beginn an hoch im Kurs. Mit einer indizierten Leistung von rund 700 PSi und einer Anfahrzugkraft von 14 Mp waren die Neubau-Loks allen anderen Maschinen im Bw Werni-

Auszug aus dem Betriebsbuch der 99 238

Hersteller: LKM Babelsberg   Fabrik-Nummer: 134.015
Baujahr: 1956   Beschaffungskosten: -
Anlieferung: 10.04.1956   Endabnahme: 26.05.1956[1]

Stationierungen:

Bw Wernigerode Westerntor	27.05.56–12.09.56	Raw Görlitz	01.06.71–11.08.71 L4
Bw Wernigerode Westerntor	13.09.56–24.09.56 L0	Bw Wernigerode Westerntor	12.08.71–28.04.72
Bw Wernigerode Westerntor	25.09.56–07.03.57	Bw Wernigerode Westerntor	29.04.72–16.06.72 L0
Bw Wernigerode Westerntor	08.03.57–20.03.57 L0	Bw Wernigerode Westerntor	17.06.72–28.01.73
Bw Wernigerode Westerntor	21.03.57–27.01.58	Raw Cottbus, WA Görlitz	29.01.73–11.04.73 L5
Bw Wernigerode Westerntor	28.01.58–27.02.58 L2	Bw Wernigerode Westerntor	12.04.73–16.07.74 / 668.656 km
Bw Wernigerode Westerntor	28.02.58–13.05.58	Raw Cottbus, WA Görlitz	17.07.74–04.11.74 L6
Bw Wernigerode Westerntor	14.05.58–06.07.58 L0	Bw Wernigerode Westerntor	05.11.74–02.02.76
Bw Wernigerode Westerntor	07.07.58–17.12.58 / 75.938 km	Bw Wernigerode Westerntor	03.02.76–14.04.76 L0
Raw Görlitz	19.12.58–05.03.59 L3 mW	Bw Wernigerode Westerntor	15.04.76–06.04.77
Bw Wernigerode Westerntor	06.03.59–21.08.59	Raw Cottbus, WA Görlitz	07.04.77–16.06.77 L5
Bw Wernigerode Westerntor	22.08.59–23.10.59 L0	Bw Wernigerode Westerntor	17.06.77–09.08.78 / 770.228 km
Bw Wernigerode Westerntor	24.10.59–13.03.60	Raw Görlitz	10.08.78–18.01.79 L7[2]
Bw Wernigerode Westerntor	14.03.60–26.04.60 L0	Bw Wernigerode Westerntor	19.01.79–12.11.79
Bw Wernigerode Westerntor	27.04.60–05.07.60	Bw Wernigerode Westerntor	13.11.79–11.01.80 L0
Bw Wernigerode Westerntor	06.07.60–07.07.60 L0	Bw Wernigerode Westerntor	12.01.80–22.07.80
Bw Wernigerode Westerntor	08.07.60–27.09.60	Raw Görlitz	23.07.80–16.10.80 L5
Raw Görlitz	28.09.60–28.12.60 L2	Bw Wernigerode Westerntor	17.10.80–10.06.81
Bw Wernigerode Westerntor	29.12.60–21.06.61	Bw Wernigerode Westerntor	11.06.81–14.09.81 L0
Bw Wernigerode Westerntor	22.06.61–25.08.61 L0	Bw Wernigerode Westerntor	15.09.81–12.12.82 / 897.381 km
Bw Wernigerode Westerntor	26.08.61–14.03.62 / 181.170 km	Raw Görlitz	13.12.82–28.03.83 L6[3]
Raw Görlitz	15.03.62–29.06.62 L3 mW	Bw Wernigerode Westerntor	29.03.83–26.08.83
Bw Wernigerode Westerntor	30.06.62–29.04.63	Bw Wernigerode Westerntor	27.08.83–14.10.83 L0
Bw Wernigerode Westerntor	30.04.63–09.08.63 L0	Bw Wernigerode Westerntor	15.10.83–25.03.84
Bw Wernigerode Westerntor	10.08.63–23.03.64	Raw Görlitz	26.03.84–08.07.84 L5
Raw Görlitz	24.03.64–05.06.64 L2	Bw Wernigerode Westerntor	09.07.84–03.03.85 / 953.983 km
Bw Wernigerode Westerntor	06.06.64–07.02.65 / 286.054 km	Raw Görlitz	04.03.85–31.05.86 L7+L0 (Unfall)
Raw Görlitz	08.02.65–29.04.65 L4	Bw Wernigerode Westerntor	01.06.86–27.01.88
Bw Wernigerode Westerntor	30.04.65–22.10.65	Raw Görlitz	28.01.88–22.04.88 L5
Bw Wernigerode Westerntor	23.10.65–18.12.65 L0	Bw Wernigerode Westerntor	23.04.88–18.10.88
Bw Wernigerode Westerntor	19.12.65–10.08.66	Bw Wernigerode Westerntor	19.10.88–10.11.88 L0
Raw Görlitz	11.08.66–03.11.66 L2	Bw Wernigerode Westerntor	11.11.88–20.11.88
Bw Wernigerode Westerntor	04.11.66–22.06.67	Bw Wernigerode Westerntor	21.11.88–22.11.88 L0
Bw Wernigerode Westerntor	23.06.67–05.09.67 L2	Bw Wernigerode Westerntor	23.11.88–06.09.89
Bw Wernigerode Westerntor	06.09.67–23.04.68 / 420.889 km	Bw Wernigerode Westerntor	07.09.89–02.11.89 L0
Raw Görlitz	24.04.68–19.07.68 L3 mW	Bw Wernigerode Westerntor	03.11.89–24.06.90 / 1.113.142 km
Bw Wernigerode Westerntor	20.07.68–07.10.68	Raw Görlitz	25.06.90–23.10.90 L6
Raw Görlitz	08.10.68–31.01.69 L0 (Entgleis.)	Bw Wernigerode Westerntor	24.10.90–21.11.90
Bw Wernigerode Westerntor	01.02.69–02.11.69	Bw Wernigerode Westerntor	22.11.90–06.02.91 L0
Raw Görlitz	03.11.69–04.03.70 L2	Bw Wernigerode Westerntor	07.02.91–09.04.91
Bw Wernigerode Westerntor	05.03.70–23.08.70	Bw Wernigerode Westerntor	10.04.91–29.05.92 L5
Bw Wernigerode Westerntor	24.08.70–15.10.70 L0	Bw Wernigerode Westerntor	30.05.92–31.01.93
Bw Wernigerode Westerntor	16.10.70–31.05.71 / 538.291 km	Übergabe an die HSB	01.02.93

Kesselverzeichnis:

Hersteller	Fabrik-Nr.	Baujahr	Einbautag	aus
LKM Babelsberg	134.015	1956	26.05.1956	neu

Anmerkungen:
1 Die Probefahrt fand am 26.05.1956 von Wernigerode Westerntor nach Schierke und zurück statt.

2 Umbau auf Ölhauptfeuerung
3 Rückbau auf Kohlefeuerung

gerode Westerntor deutlich überlegen. Dank seines großzügig dimensionierten Rostes und seiner große Strahlungsheizfläche erwies sich der Kessel der Neubauloks als sehr verdampfungsfreudig, auch bei schlechter Kohle. Einziger Schwachpunkt der Baureihe 99[23-24] waren die noch immer nicht wirklich überzeugenden Laufeigenschaften. Das Laufwerk war für die bogenreiche Trassenführung der Harzquer- und Brockenbahn nur bedingt geeignet, wie der deutlich höhere Verschleiß am Oberbau zeigte. Die Rbd Magdeburg forderte daher eine Überarbeitung der Konstruktion. Die Direktion schlug den Entfall des Spurkranzes für die Treibachse vor. In der Zwischenzeit sammelten die Lokführer und Heizer erste Erfahrungen mit der Baureihe 99[23-24]. Dabei schenkten die Personale den zugstarken

Maschinen nichts. Beispielsweise legte 99 233 vom 20. Mai 1955 bis zum 23. März 1956 exakt 23.246 km zurück. Das entsprach einer durchschnittlichen monatlichen Laufleistung von über 2.300 km. 99 234 und 99 235 erreichten mit 45.758 km (10.06.1955–13.11.1956) bzw. 57.615 km (10.06.1955–07.11.1956) ähnliche Werte. Allerdings fielen die Neubau-Maschinen aufgrund konstruktiver Fehler und zahlreicher Fertigungsmängel häufig aus.
Das Bw Wernigerode Westerntor konnte daher auf die Baureihen 99[59] und 99[60] noch nicht verzichten. 99 6001 und 99 6011 waren auch im Sommer 1955 auf der Brockenbahn zu sehen. 99 6011 wurde dabei voll gefordert: Im Verlauf des Jahres 1955 stand die Maschine an insgesamt 178 Tagen unter Dampf. Die tägliche Laufleistung betrug durchschnittlich 168 km.

Auszug aus dem Betriebsbuch der 99 239

Hersteller: LKM Babelsberg	Fabrik-Nummer: 134.016
Baujahr: 1956	Beschaffungskosten: -
Anlieferung: 12.04.1956	Endabnahme: 07.06.1956[1]

Stationierungen:

Bw Wernigerode Westerntor	08.06.56–12.12.56	Raw Cottbus, WA Görlitz	17.01.72–26.03.72 L4
Bw Wernigerode Westerntor	13.12.56–31.01.57 L0	Bw Wernigerode Westerntor	27.03.72–28.06.73
Bw Wernigerode Westerntor	01.02.57–07.05.57	Raw Cottbus, WA Görlitz	29.06.73–29.08.73 L5
Bw Wernigerode Westerntor	08.05.57–21.05.57 L0	Bw Wernigerode Westerntor	30.08.73–30.03.75 / 741.470 km
Bw Wernigerode Westerntor	22.05.57–31.12.57	Raw Cottbus, WA Görlitz	31.03.75–18.07.75 L6
Bw Wernigerode Westerntor	01.01.58–31.01.58 L2	Bw Wernigerode Westerntor	19.07.75–25.07.77
Bw Wernigerode Westerntor	01.02.58–16.09.58	Raw Cottbus, WA Görlitz	26.07.77–18.10.77 L5
Bw Wernigerode Westerntor	17.09.58–01.12.58 L0	Bw Wernigerode Westerntor	19.10.77–26.09.78
Bw Wernigerode Westerntor	02.12.58–03.03.59 / 101.536 km	Bw Wernigerode Westerntor	27.09.78–01.11.78 L0
Raw Görlitz	04.03.59–30.06.59 L3 mW	Bw Wernigerode Westerntor	02.11.78–09.04.79 / 817.144 km
Bw Wernigerode Westerntor	01.07.59–20.12.59	Raw Görlitz	10.04.79–31.07.79 L7[2]
Bw Wernigerode Westerntor	21.12.59–29.01.60 L0	Bw Wernigerode Westerntor	01.08.79–16.06.80
Bw Wernigerode Westerntor	30.01.60–24.05.60	Bw Wernigerode Westerntor	17.06.80–29.08.80 L0
Bw Wernigerode Westerntor	25.05.60–07.09.60 L0	Bw Wernigerode Westerntor	30.08.80–25.11.80
Bw Wernigerode Westerntor	08.09.60–09.03.61	Raw Görlitz	26.11.80–19.02.81 L5
Raw Görlitz	10.03.61–31.05.61 L2+L0	Bw Wernigerode Westerntor	20.02.81–05.11.81
Bw Wernigerode Westerntor	01.06.61–01.01.62 / 206.722 km	Bw Wernigerode Westerntor	06.11.81–19.01.82 L0
Raw Görlitz	02.01.62–20.06.62 L3 mW	Bw Wernigerode Westerntor	20.01.82–29.07.82 / 916.061 km
Bw Wernigerode Westerntor	21.06.62–09.01.63	Raw Görlitz	30.07.82–19.10.82 L6
Bw Wernigerode Westerntor	10.01.63–24.03.63 L0	Bw Wernigerode Westerntor	20.10.82–08.06.83 / 942.193 km
Bw Wernigerode Westerntor	25.03.63–11.11.63	Raw Görlitz	09.06.83–24.09.83 L7[3]
Raw Görlitz	12.11.63–24.02.64 L2	Bw Wernigerode Westerntor	24.09.83–28.07.85
Bw Wernigerode Westerntor	25.02.64–18.06.65 / 330.097 km	Raw Görlitz	29.07.85–11.10.85 L5
Raw Görlitz	19.06.65–15.09.65 L4	Bw Wernigerode Westerntor	12.10.85–23.09.87
Bw Wernigerode Westerntor	16.09.65–20.06.66	Raw Görlitz	24.09.87–03.12.87 L5
Bw Wernigerode Westerntor	21.06.66–01.08.66 L0	Bw Wernigerode Westerntor	04.12.87–02.06.88
Bw Wernigerode Westerntor	02.08.66–08.05.67	Bw Wernigerode Westerntor	03.06.88–05.07.88 L0
Raw Görlitz	09.05.67–21.07.67 L2	Bw Wernigerode Westerntor	06.07.88–05.01.89 / 1.128.561 km
Bw Wernigerode Westerntor	22.07.67–05.02.68	Raw Görlitz	06.01.89–03.05.89 L6
Bw Wernigerode Westerntor	06.02.68–20.03.68 L0	Bw Wernigerode Westerntor	04.05.89–08.03.90
Bw Wernigerode Westerntor	21.03.68–10.02.69 / 467.269 km	Bw Wernigerode Westerntor	09.03.90–12.04.90 L0
Raw Görlitz	11.02.69–21.05.69 L3 mW	Bw Wernigerode Westerntor	13.04.90–10.03.91
Bw Wernigerode Westerntor	22.05.69–03.01.70	Raw Görlitz	11.03.91–24.05.91 L5
Bw Wernigerode Westerntor	04.01.70–18.02.70 L0	Bw Wernigerode Westerntor	25.05.91–16.12.91
Bw Wernigerode Westerntor	19.02.70–16.08.70	Bw Wernigerode Westerntor	17.12.91–17.12.91 L0 K
Raw Görlitz	17.08.70–23.10.70 L2	Bw Wernigerode Westerntor	18.12.91–25.02.92 / 1.235.168 km
Bw Wernigerode Westerntor	24.10.70–16.03.71	Bw Wernigerode Westerntor	26.02.92–08.04.92 L0
Bw Wernigerode Westerntor	17.03.71–12.05.71 L0	Bw Wernigerode Westerntor	09.04.92–31.01.93
Bw Wernigerode Westerntor	13.05.71–16.01.72 / 589.347 km		
		Übergabe an die HSB	01.02.93

Kesselverzeichnis:

Hersteller	Fabrik-Nr.	Baujahr	Einbautag	aus
LKM Babelsberg	134.016	1956	07.06.1956	neu

Anmerkungen:

1 Die Probefahrt fand am 07.06.1956 von Wernigerode Westerntor nach Schierke und zurück statt.	2 Umbau auf Ölhauptfeuerung
	3 Rückbau auf Kohlefeuerung

99 6012 konnte erst nach einer Hauptuntersuchung (L4; 20.01.–25.08.1955) wieder auf der Brockenbahn eingesetzt werden. Aber auch die Malletloks der Baureihe 99⁵⁹ erbrachten 1955 auf der Harzquerbahn weiterhin respektable Leistungen. 99 5905 legte zwischen dem 26. Mai und dem 9. Dezember 1955 über 34.000 km zurück. Das entsprach einer monatlichen Laufleistung von über 5.200 km – mehr als Doppelte einer Neubaulok. Doch die Tage der Mallet-Maschinen auf der Harzquer- und Brockenbahn waren gezählt. Bereits am 19. September 1955 hatte die Hauptverwaltung

der Maschinenwirtschaft (HvM) mit dem Vertrag 1/6/56 beim LKM die zweite Serie für die Baureihe 99²³⁻²⁴ in Auftrag gegeben, ohne die Erfahrungen des Bw Wernigerode Westerntor und der Rbd Magdeburg mit den Neubauloks zu berücksichtigen. Dieses Vorgehen sorgte bei der Direktion für Verärgerung, denn trotz des geänderten Laufwerks hatte es innerhalb von nur drei Monaten weitere sechs Entgleisungen gegeben. Erst am 7. Oktober 1955 erörterten Vertreter der Rbd Magdeburg, der HvM und des TZA die Probleme mit dem Laufwerk der Baureihe 99²³⁻²⁴. Dabei wurde

---

Auszug aus dem Betriebsbuch der 99 240

Hersteller: LKM Babelsberg
Baujahr: 1956
Anlieferung: 13.04.1956

Fabrik-Nummer: 134.017
Beschaffungskosten: -
Endabnahme: 20.06.1956[1]

Stationierungen:

Bw Wernigerode Westerntor	21.06.56–01.01.57	Raw Cottbus, WA Görlitz	12.06.72–22.09.72 L5
Bw Wernigerode Westerntor	02.01.57–12.01.57 L0	Bw Wernigerode Westerntor	23.09.72–26.12.73 / 644.844 km
Bw Wernigerode Westerntor	13.01.57–24.03.57	Raw Cottbus, WA Görlitz	27.12.73–28.02.74 L6
Bw Wernigerode Westerntor	25.03.57–30.04.57 L2	Bw Wernigerode Westerntor	01.03.74–27.09.74
Bw Wernigerode Westerntor	01.05.57–20.08.57	Bw Wernigerode Westerntor	28.09.74–07.10.74 L0
Bw Wernigerode Westerntor	21.08.57–24.09.57 L0	Bw Wernigerode Westerntor	08.10.74–10.02.76
Bw Wernigerode Westerntor	25.09.57–09.12.57	Raw Cottbus, WA Görlitz	11.02.76–29.04.76 L5
Bw Wernigerode Westerntor	10.12.57–03.01.58 L0	Bw Wernigerode Westerntor	30.04.76–14.06.77 / 771.047 km
Bw Wernigerode Westerntor	04.01.58–01.05.58	Raw Cottbus, WA Görlitz	15.06.77–20.10.77 L7[2]
Raw Görlitz	02.05.58–21.08.58 L0	Bw Wernigerode Westerntor	21.10.77–31.05.78
Bw Wernigerode Westerntor	22.08.58–20.04.59 / 94.981 km	Bw Wernigerode Westerntor	01.06.78–10.08.78 L0
Raw Görlitz	21.04.59–12.06.59 L3 mW	Bw Wernigerode Westerntor	11.08.78–08.02.79
Bw Wernigerode Westerntor	13.06.59–28.01.60	Bw Wernigerode Westerntor	09.02.79–14.02.79 L0K
Bw Wernigerode Westerntor	29.01.60–16.03.60 L0	Bw Wernigerode Westerntor	15.02.79–31.05.79
Bw Wernigerode Westerntor	17.03.60–25.04.60	Raw Görlitz	01.06.79–17.08.79 L5
Bw Wernigerode Westerntor	26.04.60–21.05.60 L0	Bw Wernigerode Westerntor	18.08.79–05.02.80
Bw Wernigerode Westerntor	22.05.60–08.01.61	Bw Wernigerode Westerntor	06.02.80–12.03.80 L0
Raw Görlitz	09.01.61–21.03.61 L2	Bw Wernigerode Westerntor	13.03.80–19.01.81
Bw Wernigerode Westerntor	22.03.61–12.11.61 / 209.923 km	Bw Wernigerode Westerntor	20.01.81–30.01.81 L0
Raw Görlitz	13.11.61–31.01.62 L3 mW	Bw Wernigerode Westerntor	31.01.81–23.04.81 / 874.574 km
Bw Wernigerode Westerntor	01.02.62–06.09.62	Raw Görlitz	24.04.81–17.08.81 L6
Bw Wernigerode Westerntor	07.09.62–08.11.62 L0	Bw Wernigerode Westerntor	18.08.81–18.01.83 / 930.496 km
Bw Wernigerode Westerntor	09.11.62–30.07.63	Raw Görlitz	19.01.83–21.04.83 L7[3]
Raw Görlitz	31.07.63–11.11.63 L2	Bw Wernigerode Westerntor	22.04.83–23.10.83
Bw Wernigerode Westerntor	12.11.63–03.07.64	Bw Wernigerode Westerntor	24.10.83–11.11.83 L0
Bw Wernigerode Westerntor	04.07.64–18.09.64 L0	Bw Wernigerode Westerntor	12.11.83–09.05.84
Bw Wernigerode Westerntor	19.09.64–17.01.65 / 297.474 km	Bw Wernigerode Westerntor	10.05.84–22.06.84 L0
Raw Görlitz	18.01.65–31.03.65 L4	Bw Wernigerode Westerntor	23.06.84–19.05.85
Bw Wernigerode Westerntor	01.04.65–02.09.65	Raw Görlitz	20.05.85–21.07.85 L5
Bw Wernigerode Westerntor	03.09.65–19.10.65 L0	Bw Wernigerode Westerntor	22.07.85–21.07.86 / 1.052.084 km
Bw Wernigerode Westerntor	20.10.65–14.10.66	Raw Görlitz	22.07.86–26.02.87 L6
Raw Görlitz	15.10.66–05.12.66 L2	Bw Wernigerode Westerntor	27.02.87–05.04.88
Bw Wernigerode Westerntor	06.12.66–08.10.67 / 407.391 km	Raw Görlitz	06.04.88–13.07.88 L5
Raw Görlitz	09.10.67–22.02.68 L3 mW	Bw Wernigerode Westerntor	14.07.88–08.02.89
Bw Wernigerode Westerntor	23.02.68–13.07.68	Bw Wernigerode Westerntor	08.02.89–03.03.89 L0
Bw Wernigerode Westerntor	14.07.68–23.08.68 L0	Bw Wernigerode Westerntor	04.03.89–22.04.90
Bw Wernigerode Westerntor	24.08.68–09.03.69	Bw Wernigerode Westerntor	23.04.90–15.05.90 L0
Bw Wernigerode Westerntor	10.03.69–26.04.69 L0	Bw Wernigerode Westerntor	16.05.90–20.02.91 / 1.187.341 km
Bw Wernigerode Westerntor	27.04.69–20.11.69	Raw Görlitz	21.02.91–18.07.91 L7
Raw Görlitz	21.11.69–12.02.70 L2	Bw Wernigerode Westerntor	19.07.91–07.05.92
Bw Wernigerode Westerntor	13.02.70–26.11.70 / 534.078 km	Raw Görlitz	08.05.92–10.06.92 L0
Raw Görlitz	27.11.70–12.02.71 L4	Bw Wernigerode Westerntor	11.06.92–31.01.93
Bw Wernigerode Westerntor	13.02.71–11.06.72	Übergabe an die HSB	01.02.93

Kesselverzeichnis:

Hersteller	Fabrik-Nr.	Baujahr	Einbautag	aus
LKM Babelsberg	134.017	1956	20.06.1956	neu

Anmerkungen:

1 Die Probefahrt fand am 19.06.1956 von Wernigerode Westerntor nach Schierke und zurück statt.

2 Umbau auf Ölhauptfeuerung
3 Rückbau auf Kohlefeuerung

---

beschlossen, dass die 1´E1´h2t-Maschinen Gleisbögen mit einem Radius von 50 m und einer Spurerweiterung von 15 mm durchfahren mussten. Dies machte die Entwicklung eines neuen Laufwerks notwendig.

Nur wenige Wochen später, am 30. November 1955, bestätigte der LKM die Lieferung der zehn bestellten Maschinen der Baureihe 99²³⁻²⁴ für das Jahr 1956 und begann mit der Fertigung. Erst am 9. Dezember 1955 in-

---

Auszug aus dem Betriebsbuch der 99 241

Hersteller: LKM Babelsberg
Baujahr: 1956
Anlieferung: 14.04.1956

Fabrik-Nummer: 134.018
Beschaffungskosten: -
Endabnahme: 25.07.1956[1]

Stationierungen:

Bw Wernigerode Westerntor	26.07.56–18.03.57
Bw Wernigerode Westerntor	19.03.57–28.03.57 L0
Bw Wernigerode Westerntor	29.03.57–23.10.57
Bw Wernigerode Westerntor	24.10.57–31.12.57 L0
Bw Wernigerode Westerntor	01.01.58–25.03.58
Bw Wernigerode Westerntor	26.03.58–27.04.58 L0
Bw Wernigerode Westerntor	28.04.58–04.02.59 / 73.402 km
Raw Görlitz	05.02.59–05.05.59 L3 mW
Bw Wernigerode Westerntor	06.05.59–22.10.59
Bw Wernigerode Westerntor	23.10.59–30.11.59 L0
Bw Wernigerode Westerntor	01.12.59–12.07.60
Raw Görlitz	13.07.60–19.09.60 L2
Bw Wernigerode Westerntor	20.09.60–30.08.61
Bw Wernigerode Westerntor	31.08.61–18.10.61 L0
Bw Wernigerode Westerntor	19.10.61–29.10.61
Bw Wernigerode Westerntor	30.10.61–15.01.62 L0
Bw Wernigerode Westerntor	16.01.62–13.05.62 / 176.576 km
Raw Görlitz	14.05.62–16.08.62 L3 mW
Bw Wernigerode Westerntor	17.08.62–03.04.63
Bw Wernigerode Westerntor	04.04.63–12.04.63 L0
Bw Wernigerode Westerntor	13.04.63–09.08.63
Bw Wernigerode Westerntor	10.08.63–16.11.63 L0
Bw Wernigerode Westerntor	17.11.63–26.04.64
Raw Görlitz	27.04.64–21.07.64 L2
Bw Wernigerode Westerntor	22.07.64–16.05.65 / 294.592 km
Raw Görlitz	17.05.65–01.09.65 L4
Bw Wernigerode Westerntor	02.09.65–21.03.66
Bw Wernigerode Westerntor	22.03.66–11.05.66 L0
Bw Wernigerode Westerntor	12.05.66–09.12.66
Raw Görlitz	10.12.66–27.04.67 L2
Bw Wernigerode Westerntor	28.04.67–26.10.67
Bw Wernigerode Westerntor	27.10.67–08.01.68 L0
Bw Wernigerode Westerntor	09.01.68–22.09.68 / 403.225 km
Raw Görlitz	23.09.68–07.01.69 L3 mW
Bw Wernigerode Westerntor	08.01.69–13.08.69
Bw Wernigerode Westerntor	14.08.69–09.10.69 L0
Bw Wernigerode Westerntor	10.10.69–10.04.70
Bw Wernigerode Westerntor	11.04.70–19.05.70 L0
Bw Wernigerode Westerntor	20.05.70–15.07.70
Raw Görlitz	16.07.70–12.11.70 L2
Bw Wernigerode Westerntor	13.11.70–27.02.72 / 544.538 km
Raw Cottbus, WA Görlitz	28.02.72–05.05.72 L4
Bw Wernigerode Westerntor	06.05.72–18.06.72
Bw Wernigerode Westerntor	19.06.72–27.06.72 NA L4
Bw Wernigerode Westerntor	28.06.72–20.02.73
Bw Wernigerode Westerntor	21.02.73–04.04.73 L0
Bw Wernigerode Westerntor	05.04.73–14.08.73
Raw Cottbus, WA Görlitz	15.08.73–11.10.73 L5

Bw Wernigerode Westerntor	12.10.73–18.07.74
Bw Wernigerode Westerntor	19.07.74–23.07.74 L0
Bw Wernigerode Westerntor	24.07.74–10.11.74 / 666.202 km
Raw Cottbus, WA Görlitz	11.11.74–31.01.75 L6
Bw Wernigerode Westerntor	01.02.75–20.05.76
Bw Wernigerode Westerntor	20.05.76–27.05.76 L0
Bw Wernigerode Westerntor	28.05.76–23.12.76
Raw Cottbus, WA Görlitz	24.12.76–24.02.77 L5
Bw Wernigerode Westerntor	25.02.77–11.04.78
Bw Wernigerode Westerntor	12.04.78–15.05.78 L0
Bw Wernigerode Westerntor	16.05.78–22.01.79 / 778.905 km
Raw Görlitz	23.01.79–18.05.79 L7[2]
Bw Wernigerode Westerntor	19.05.79–18.10.79
Bw Wernigerode Westerntor	19.10.79–14.11.79 L0
Bw Wernigerode Westerntor	15.11.79–29.05.80
Bw Wernigerode Westerntor	30.05.80–06.06.80 L0
Bw Wernigerode Westerntor	07.06.80–20.10.80
Raw Görlitz	21.10.80–08.01.81 L5
Bw Wernigerode Westerntor	09.01.81–07.05.81
Bw Wernigerode Westerntor	08.05.81–13.07.81 L0
Bw Wernigerode Westerntor	14.07.81–08.03.82 / 847.928 km
Raw Görlitz	09.03.82–27.08.82 L6
Bw Wernigerode Westerntor	28.08.82–22.09.82
Bw Wernigerode Westerntor	23.09.82–02.11.82 L0
Bw Wernigerode Westerntor	03.11.82–13.11.83 / 877.688 km
Raw Görlitz	14.11.83–27.01.84 L7[3]
Bw Wernigerode Westerntor	28.01.84–04.04.84
Bw Wernigerode Westerntor	05.04.84–06.05.84 L0
Bw Wernigerode Westerntor	07.05.84–12.08.84
Bw Wernigerode Westerntor	13.08.84–16.08.84 L0
Bw Wernigerode Westerntor	17.08.84–10.11.84
Bw Wernigerode Westerntor	11.11.84–11.11.84 L0 (Unfall)
Bw Wernigerode Westerntor	12.11.84–11.03.85
Raw Görlitz	12.03.85–25.05.85 L5
Bw Wernigerode Westerntor	26.05.85–25.05.87 / 993.178 km
Raw Görlitz	26.05.87–23.08.87 L6
Bw Wernigerode Westerntor	23.08.87–19.01.88
Bw Wernigerode Westerntor	20.01.88–12.02.88 L0
Bw Wernigerode Westerntor	13.02.88–14.09.88
Bw Wernigerode Westerntor	15.09.88–18.10.88 L0
Bw Wernigerode Westerntor	19.10.88–24.09.89
Raw Görlitz	25.09.89–29.12.89 L5 L0
Bw Wernigerode Westerntor	30.12.89–24.10.90
Bw Wernigerode Westerntor	25.10.90–25.11.90 L5
Bw Wernigerode Westerntor	26.11.90–26.05.91 / 1.149.469 km
Raw Görlitz	27.05.91–16.08.91 L7
Bw Wernigerode Westerntor	17.08.91–31.01.93
Übergabe an die HSB	01.02.93

Kesselverzeichnis:

Hersteller	Fabrik-Nr.	Baujahr	Einbautag	aus
LKM Babelsberg	134.018	1956	25.07.1956	neu

Anmerkungen:
1 Die Probefahrt fand am 25.07.1956 von Wernigerode Westerntor nach Schierke und zurück statt.

2 Umbau auf Ölhauptfeuerung
3 Rückbau auf Kohlefeuerung

Bis zum Jahreswechsel 1993/94 wurden die Dampfloks der Baureihe 99²³⁻²⁴ im Raw Görlitz unterhalten (siehe Kasten S. 70). Anfang der 1960er-Jahre wartete 99 244 im Raw Görlitz auf ihre Überführung nach Wernigerode. Ohne die Schneepflüge sieht die Maschine etwas »kopflastig« aus.   *Foto: Archiv D. Endisch*

Nach einer Zwischenuntersuchung im Raw Görlitz (L3; 21.04.–12.06.1959) machte 99 240 auf ihrem Rückweg nach Wernigerode einen Zwischenstopp bei der VES-M Halle (Saale), wo die Maschine verwogen wurde.   *Foto: Archiv D. Endisch*

Vor dem Lokschuppen der Est Wernigerode standen am 17. Juli 1983 die (noch) ölgefeuerten 99 0241-2 und 99 0242-0 (v.l.) sowie die bereits wieder auf Kohlefeuerung zurückgebaute 99 7240-7 (rechts). *Foto: E. Ebert, Slg. G. Schütze*

Im Sommer 1989 wurde 99 7241-5 (ex 99 241) an der Umladung im Bf Gernrode (Harz) mit neuer Kohle versorgt. Die Maschine besaß zu diesem Zeitpunkt noch eine Saugluft- und eine Druckluftbremse (bis 29.12.1989). Die oberen gerippten Schläuche waren für die Saugluftbremse der Bauart Hardy. *Foto: Th. Rieger, Archiv D. Endisch*

formierte das TZA das Werk über die notwendige Änderung des Laufwerks. Dies sorgte natürlich beim LKM für Empörung. Werkdirektor Karl-Heinz Schulz beschwerte sich am 15. Dezember 1955 telegrafisch über diese »unmögliche Arbeitsweise«. Das TZA reagierte umgehend und lud am

22. Dezember 1955 zu einer Besprechung ein. Dabei legte der Direktor des Instituts für Schienenfahrzeuge, Johannes Töpelmann (08.06.1902–20.12.1981), den Entwurf für ein neues Laufwerk vor. Töpelmann schlug für die 1´E1´h2t-Maschinen ein vorderes Eckhardt-Lenkgestell mit Beugniot-

Auszug aus dem Betriebsbuch der 99 242

Hersteller: LKM Babelsberg
Baujahr: 1956
Anlieferung: 16.04.1956

Fabrik-Nummer: 134.019
Beschaffungskosten: -
Endabnahme: 16.08.1956[1]

Stationierungen:

Bw Wernigerode Westerntor	17.08.56–20.05.57	Bw Wernigerode Westerntor	28.07.73–17.01.74
Bw Wernigerode Westerntor	21.05.57–15.06.57 L0	Bw Wernigerode Westerntor	18.01.74–30.03.74 L0
Bw Wernigerode Westerntor	16.06.57–13.02.58	Bw Wernigerode Westerntor	31.03.74–15.09.74 / 854.417 km
Bw Wernigerode Westerntor	14.02.58–20.03.58 L2	Raw Cottbus, WA Görlitz	16.09.74–06.12.74 L6
Bw Wernigerode Westerntor	21.03.58–03.11.58	Bw Wernigerode Westerntor	07.12.74–17.09.75
Bw Wernigerode Westerntor	04.11.58–08.01.59 L0	Bw Wernigerode Westerntor	18.09.75–03.12.75 L0
Bw Wernigerode Westerntor	09.01.59–18.03.59	Bw Wernigerode Westerntor	04.12.75–28.09.76
Bw Wernigerode Westerntor	19.03.59–20.04.59 L0	Bw Wernigerode Westerntor	29.09.76–06.10.76 L0
Bw Wernigerode Westerntor	21.04.59–30.08.59 / 112.885 km	Bw Wernigerode Westerntor	07.10.76–01.02.77
Raw Görlitz	01.09.59–17.02.60 L3 mW	Raw Cottbus, WA Görlitz	02.02.77–21.04.77 L5
Bw Wernigerode Westerntor	18.02.60–19.08.60	Bw Wernigerode Westerntor	22.04.77–28.10.77
Bw Wernigerode Westerntor	20.08.60–13.11.60 L0	Bw Wernigerode Westerntor	29.10.77–15.11.77 L0
Bw Wernigerode Westerntor	14.11.60–04.05.61	Bw Wernigerode Westerntor	16.11.77–20.08.78
Bw Wernigerode Westerntor	05.05.61–25.05.61 L0	Bw Wernigerode Westerntor	21.08.78–06.10.78 L0
Bw Wernigerode Westerntor	26.05.61–30.07.61	Bw Wernigerode Westerntor	07.10.78–12.08.79 / 1.023.580 km
Bw Wernigerode Westerntor	31.07.61–13.09.61 L0	Raw Görlitz	13.08.79–10.01.80 L7[2]
Bw Wernigerode Westerntor	14.09.61–12.07.62 / 214.608 km	Bw Wernigerode Westerntor	11.01.80–03.07.80
Raw Görlitz	13.07.62–19.12.62 L3 mW	Bw Wernigerode Westerntor	04.07.80–07.07.80 L0
Bw Wernigerode Westerntor	20.12.62–21.01.64	Bw Wernigerode Westerntor	08.07.80–29.10.80
Raw Görlitz	22.01.64–28.03.64 L2	Bw Wernigerode Westerntor	30.10.80–06.11.80 L0
Bw Wernigerode Westerntor	29.03.64–12.04.64	Bw Wernigerode Westerntor	07.11.80–25.11.80
Raw Görlitz	13.04.64–13.06.64 L0+NA L2	Bw Wernigerode Westerntor	26.11.80–17.03.81 L0
Bw Wernigerode Westerntor	14.06.64–28.02.65 / 327.451 km	Bw Wernigerode Westerntor	18.03.81–13.04.81
Raw Görlitz	01.03.65–28.04.65 L4	Bw Wernigerode Westerntor	14.04.81–26.06.81 L0
Bw Wernigerode Westerntor	29.04.65–26.12.65	Bw Wernigerode Westerntor	27.06.81–10.12.81 / 1.110.771 km
Bw Wernigerode Westerntor	27.12.65–15.03.66 L0	Raw Görlitz	11.12.81–30.04.82 L6
Bw Wernigerode Westerntor	16.03.66–02.01.67	Bw Wernigerode Westerntor	01.05.82–07.01.83 L0
Raw Görlitz	03.01.67–02.03.67 L2	Bw Wernigerode Westerntor	08.01.83–05.12.83 / 1.138.574 km
Bw Wernigerode Westerntor	03.03.67–28.08.67	Raw Görlitz	06.12.83–25.02.84 L7[3]
Bw Wernigerode Westerntor	29.08.67–12.10.67 L0	Bw Wernigerode Westerntor	26.02.84–13.06.85
Bw Wernigerode Westerntor	13.10.67–08.05.68 / 539.535 km	Bw Wernigerode Westerntor	14.06.85–02.08.85 L0
Raw Görlitz	09.05.68–12.09.68 L3 mW	Bw Wernigerode Westerntor	03.08.85–02.05.86
Bw Wernigerode Westerntor	13.09.68–28.04.69	Bw Wernigerode Westerntor	03.05.86–08.05.86 L0
Bw Wernigerode Westerntor	29.04.69–18.06.69 L0	Bw Wernigerode Westerntor	09.05.86–19.11.86
Bw Wernigerode Westerntor	19.06.69–15.02.70	Raw Görlitz	20.11.86–19.02.87 L5+L0
Raw Görlitz	16.02.70–15.04.70 L2	Bw Wernigerode Westerntor	20.02.87–02.03.88 / 1.376.769 km
Bw Wernigerode Westerntor	16.04.70–18.11.70	Raw Görlitz	03.03.88–21.06.88 L6
Bw Wernigerode Westerntor	19.11.70–08.01.71 L0	Bw Wernigerode Westerntor	22.06.88–30.05.89
Bw Wernigerode Westerntor	09.01.71–10.10.71 / 718.119 km	Bw Wernigerode Westerntor	31.05.89–29.08.89 L0
Raw Görlitz	11.10.71–21.12.71 L4	Bw Wernigerode Westerntor	30.08.89–09.07.90
Bw Wernigerode Westerntor	22.12.71–14.08.72	Raw Görlitz	10.07.90–23.11.90 L5
Bw Wernigerode Westerntor	15.08.72–22.09.72 L0	Bw Wernigerode Westerntor	24.11.90–28.06.92 / 1.528.822 km
Bw Wernigerode Westerntor	23.09.72–22.04.73	Raw Görlitz	29.06.92–25.09.92 L7
Raw Cottbus, WA Görlitz	23.04.73–30.06.73 L5	Bw Wernigerode Westerntor	26.09.92–31.01.93
Bw Wernigerode Westerntor	01.07.73–19.07.73		
Bw Wernigerode Westerntor	20.07.73–27.07.73 NA L5	Übergabe an die HSB	01.02.93

Kesselverzeichnis:

Hersteller	Fabrik-Nr.	Baujahr	Einbautag	aus
LKM Babelsberg	134.019	1956	16.08.1956	neu

Anmerkungen:
1 Die Probefahrt fand am 16.08.1956 von Wernigerode Westerntor zum Brocken und zurück statt.
2 Umbau auf Ölhauptfeuerung
3 Rückbau auf Kohlefeuerung

Hebel und ein hinteres Krauss-Helmholtz-Lenkgestell vor. Seitens des LKM bestanden gegen diese Idee keine Einwände, sofern die DR die anfallenden Mehrkosten übernahm. Nachdem die HvM dies verbindlich zugesichert hatte, bestätigte der LKM Babelsberg am 27. Dezember 1955 die Lieferung des zweiten Bauloses (99 238–99 247) mit Eckhardt-Lenkgestell und Beugniot-Hebel.

99 238 wurde am 10. April 1956 ausgeliefert. Am 20. April 1956 absolvierte die Maschine ihre erste Probefahrt. Im Gleisbogen vor dem Bf Steinerne Renne gab es aber Schwierigkeiten – die Auflagefläche zwischen dem Spurkranz des Treibrades und der Außenschiene betrug nur 10 mm. Bei der Rückwärtsfahrt rutschte der Radsatz sogar von der Schiene. Damit war auch das neue Laufwerk nicht betriebssicher. Das TZA verlangte daher die Verwendung neuer, um 25 mm breiterer Radreifen. 99 245 erhielt als erste Neubaulok die jetzt 144 mm breiten Bandagen. Mit diesen Radreifen passierte die Maschine während einer Versuchsfahrt am 15. Mai 1956 die Gleisbögen auf der Harzquerbahn. Am 17. Mai 1956 erfolgte schließlich die Abnahmeprobefahrt der 99 245. Anschließend wurden alle Loks des zweiten Bauloses mit breiteren Radreifen ausgerüstet.

Auszug aus dem Betriebsbuch der 99 243

Hersteller: LKM Babelsberg
Baujahr: 1956
Anlieferung: 18.04.1956

Fabrik-Nummer: 134.020
Beschaffungskosten: -
Endabnahme: 17.11.1956[1]

Stationierungen:

Bw Wernigerode Westerntor	28.11.56–26.09.57
Bw Wernigerode Westerntor	27.09.57–26.11.57 L0
Bw Wernigerode Westerntor	27.11.57–13.04.58
Bw Wernigerode Westerntor	14.04.58–29.05.58 L2
Bw Wernigerode Westerntor	30.05.58–01.07.59
Bw Wernigerode Westerntor	01.07.59–25.08.59 L0
Bw Wernigerode Westerntor	26.08.59–03.12.59 / 110.775 km
Raw Görlitz	04.12.59–16.05.60 L3 mW
Bw Wernigerode Westerntor	17.05.60–18.11.60
Bw Wernigerode Westerntor	19.11.60–11.01.61 L0
Bw Wernigerode Westerntor	12.01.61–20.07.61
Raw Görlitz	21.07.61–18.10.61 L2
Bw Wernigerode Westerntor	19.10.61–01.08.62 / 192.066 km
Raw Görlitz	02.08.62–10.11.62 L3 mW
Bw Wernigerode Westerntor	11.11.62–06.08.63
Raw Görlitz	07.08.63–24.09.63 L0
Bw Wernigerode Westerntor	25.09.63–23.01.64
Raw Görlitz	24.01.64–13.04.64 L2
Bw Wernigerode Westerntor	14.04.64–30.09.64
Bw Wernigerode Westerntor	01.10.64–02.12.64 L0
Bw Wernigerode Westerntor	03.12.64–27.12.64
Raw Görlitz	28.12.64–15.02.65 L0
Bw Wernigerode Westerntor	16.02.65–12.09.65 / 294.346 km
Raw Görlitz	13.09.65–18.11.65 L4
Bw Wernigerode Westerntor	19.11.65–22.07.66
Raw Görlitz	23.07.66–04.10.66 L2
Bw Wernigerode Westerntor	05.10.66–06.07.67
Raw Görlitz	07.07.67–24.08.67 L2
Bw Wernigerode Westerntor	25.08.67–14.03.68
Bw Wernigerode Westerntor	15.03.68–26.04.68 L0
Bw Wernigerode Westerntor	27.04.68–06.12.68 / 434.611 km
Raw Görlitz	07.12.68–05.03.69 L3 mW
Bw Wernigerode Westerntor	06.03.69–17.10.69
Bw Wernigerode Westerntor	18.10.69–08.01.70 L0
Bw Wernigerode Westerntor	09.01.70–29.09.70
Raw Görlitz	30.09.70–30.11.70 L2
Bw Wernigerode Westerntor	01.12.70–31.05.71
Bw Wernigerode Westerntor	01.06.71–30.07.71 L0
Bw Wernigerode Westerntor	31.07.71–14.05.72 / 586.667 km
Raw Cottbus, WA Görlitz	15.05.72–07.07.72 L4
Bw Wernigerode Westerntor	08.07.72–03.04.73
Bw Wernigerode Westerntor	04.04.73–15.06.73 L0
Bw Wernigerode Westerntor	16.06.73–13.01.74
Raw Cottbus, WA Görlitz	14.01.74–13.03.74 L5
Bw Wernigerode Westerntor	14.03.74–05.03.75 / 708.567 km
Raw Cottbus, WA Görlitz	06.03.75–15.08.75 L6
Bw Wernigerode Westerntor	16.08.75–25.11.76
Bw Wernigerode Westerntor	26.11.76–22.02.77 L0
Bw Wernigerode Westerntor	23.02.77–08.08.77
Bw Wernigerode Westerntor	09.08.77–05.09.77 L0
Bw Wernigerode Westerntor	06.09.77–19.02.78
Raw Görlitz	20.02.78–02.06.78 L5
Bw Wernigerode Westerntor	03.06.78–22.07.79 / 827.676 km
Raw Görlitz	23.07.79–19.10.79 L7[2]
Bw Wernigerode Westerntor	20.10.79–18.04.80
Bw Wernigerode Westerntor	19.04.80–02.06.80 L0
Bw Wernigerode Westerntor	03.06.80–06.01.81
Bw Wernigerode Westerntor	07.01.81–13.01.81 L0
Bw Wernigerode Westerntor	14.01.81–24.03.81
Raw Görlitz	25.03.81–22.05.81 L5
Bw Wernigerode Westerntor	23.05.81–24.10.82 / 946.512 km
Raw Görlitz	25.10.82–09.02.83 L6[3]
Bw Wernigerode Westerntor	10.02.83–31.05.83
Bw Wernigerode Westerntor	01.06.83–18.05.84 L0
Bw Wernigerode Westerntor	19.05.84–10.02.85
Raw Görlitz	11.02.85–17.04.85 L5+L0
Bw Wernigerode Westerntor	18.04.85–03.05.87 / 1.059.001 km
Raw Görlitz	04.05.87–28.10.87 L7
Bw Wernigerode Westerntor	29.10.87–03.05.88
Bw Wernigerode Westerntor	04.05.88–03.06.88 L0
Bw Wernigerode Westerntor	04.06.88–14.11.88
Bw Wernigerode Westerntor	15.11.88–02.12.88 L0
Bw Wernigerode Westerntor	03.12.88–12.12.89
Bw Wernigerode Westerntor (abgestellt)	13.12.89–20.12.89
Raw Görlitz	21.12.89–11.05.90 L5
Bw Wernigerode Westerntor	12.05.90–24.02.91
Bw Wernigerode Westerntor	25.02.91–22.03.91 L0
Bw Wernigerode Westerntor	23.03.91–05.04.91
Bw Wernigerode Westerntor	06.04.91–03.05.91 L0
Bw Wernigerode Westerntor	04.05.91–08.12.91 / 1.239.096 km
Raw Görlitz	09.12.91–19.03.92 L6
Bw Wernigerode Westerntor	20.03.92–31.01.93
Übergabe an die HSB	01.02.93

Kesselverzeichnis:

Hersteller	Fabrik-Nr.	Baujahr	Einbautag	aus
LKM Babelsberg	134.020	1956	27.11.1956	neu

Anmerkungen:

1 Die Probefahrt fand am 27.11.1956 von Wernigerode Westerntor nach Drei Annen Hohne und zurück statt.

2 Umbau auf Ölhauptfeuerung
3 Rückbau auf Kohlefeuerung

Mit dem Eintreffen der 99 238 und ihrer Schwesterlok konnte die B-Gruppe schrittweise die Mallet-Maschinen der Baureihen 99[59] und 99[60] auf der Harzquer- und Brockenbahn ersetzen. Am 31. Juli 1956 standen mit 99 232, 99 233, 99 234, 99 235, 99 238, 99 239, 99 240, 99 241 und 99 245 genügend Neubauloks für den Plandienst zur Verfügung. Für die Dienstpläne im Stammwerk sowie in den Lokbahnhöfen Benneckenstein und Nordhausen Nord wurden im Sommerfahrplan 1956 einschließlich einer Reservemaschine sieben Exemplare der Baureihe 99[23–24] benötigt. Dank der Neubauloks konnte die Rbd Magdeburg das Angebot auf der Brockenbahn deutlich verbessern. Während der Sommerfahrplan 1956 lediglich zwei Zugpaare bis zum Brocken und ein Zugpaar bis Schierke vorsah, erreichten ein Jahr später (ab 02.06.1957) täglich fünf Zugpaare den höchsten Berg des Harzes. Außerdem konnte nun auch der schon seit längerer Zeit vom Feriendienst des FDGB geforderte Winterverkehr auf dem Abschnitt Drei Annen Hohne–Schierke aufgenommen werden (ab 02.10.1955). Dies schlug sich auch in den Fahrgastzahlen nieder. In Spitzenzeiten nutzten nun täglich bis zu 6.000 Reisende die Züge auf der Brockenbahn. Monatliche Beförderungszahlen von etwa 40.000 Fahrgästen waren keine Seltenheit. Für den Sommer 1957 wies die Verwaltung Betrieb und Verkehr (BuV) der Rbd Magdeburg für die Verbindung Wernigerode–Brocken insgesamt 154.047 Reisende aus.

Mit der Indienststellung der Maschinen des zweiten Bauloses entspannte

---

Auszug aus dem Betriebsbuch der 99 244

Hersteller: LKM Babelsberg
Baujahr: 1956
Anlieferung: 19.05.1956

Fabrik-Nummer: 134.021
Beschaffungskosten: -
Endabnahme: 14.02.1957[1]

Stationierungen:

Bw Wernigerode Westerntor	15.02.57–18.06.57
Bw Wernigerode Westerntor	19.06.57–26.06.57 L0
Bw Wernigerode Westerntor	27.06.57–09.10.57
Bw Wernigerode Westerntor	10.10.57–03.11.57 L0
Bw Wernigerode Westerntor	04.11.57–07.07.58
Bw Wernigerode Westerntor	08.07.58–30.09.58 L2
Bw Wernigerode Westerntor	01.10.58–12.11.59 / 89.622 km
Raw Görlitz	13.11.59–09.03.60 L3 mW
Bw Wernigerode Westerntor	10.03.60–05.01.61
Bw Wernigerode Westerntor	06.01.61–23.02.61 L0
Bw Wernigerode Westerntor	24.02.61–28.02.61
Bw Wernigerode Westerntor	01.03.61–15.06.61 L0
Bw Wernigerode Westerntor	16.06.61–30.11.61
Raw Görlitz	01.12.61–27.03.62 L2
Bw Wernigerode Westerntor	28.03.62–04.10.62 / 173.867 km
Raw Görlitz	05.10.62–11.01.63 L3 mW
Bw Wernigerode Westerntor	12.01.63–12.11.63
Bw Wernigerode Westerntor	13.11.63–03.01.64 L0
Bw Wernigerode Westerntor	04.01.64–05.01.64
Bw Wernigerode Westerntor	06.01.64–28.02.64 L0
Bw Wernigerode Westerntor	29.02.64–28.06.64
Raw Görlitz	29.06.64–14.09.64 L2
Bw Wernigerode Westerntor	15.09.64–26.03.65
Bw Wernigerode Westerntor	27.03.65–11.06.65 L0
Bw Wernigerode Westerntor	12.06.65–05.12.65 / 319.750 km
Raw Görlitz	06.12.65–27.02.66 L4
Bw Wernigerode Westerntor	28.02.66–09.01.67
Bw Wernigerode Westerntor	10.01.67–19.04.67 L0
Bw Wernigerode Westerntor	20.04.67–26.11.67
Raw Görlitz	27.11.67–07.02.68 L2
Bw Wernigerode Westerntor	08.02.68–07.06.68 / 396.882 km
Raw Görlitz	08.06.68–12.11.69 L3 mW+L0
Bw Wernigerode Westerntor	13.11.69–10.02.71
Raw Görlitz	11.02.71–31.03.71 L2
Bw Wernigerode Westerntor	01.04.71–29.09.71
Bw Wernigerode Westerntor	30.09.71–09.12.71 L0
Bw Wernigerode Westerntor	10.12.71–20.06.72
Bw Wernigerode Westerntor	21.06.72–27.06.72 L0
Bw Wernigerode Westerntor	28.06.72–31.08.72 / 491.309 km
Raw Cottbus, WA Görlitz	01.09.72–07.11.72 L7
Bw Wernigerode Westerntor	08.11.72–18.06.73
Bw Wernigerode Westerntor	19.06.73–16.07.73 L0
Bw Wernigerode Westerntor	17.07.73–14.04.74
Raw Cottbus, WA Görlitz	15.04.74–12.07.74 L5
Bw Wernigerode Westerntor	13.07.74–29.04.76 / 594.772 km
Raw Cottbus, WA Görlitz	30.04.76–09.09.76 L6[2]
Bw Wernigerode Westerntor	10.09.76–14.04.77
Bw Wernigerode Westerntor	15.04.77–20.04.77 L0
Bw Wernigerode Westerntor	21.04.77–04.05.77
Bw Wernigerode Westerntor	05.05.77–30.06.77 L0
Bw Wernigerode Westerntor	01.07.77–08.01.78
Bw Wernigerode Westerntor	09.01.78–10.02.78 L0
Bw Wernigerode Westerntor	11.02.78–23.04.78
Raw Görlitz	24.04.78–28.09.78 L5
Bw Wernigerode Westerntor	29.09.78–06.11.79 / 715.183 km
Raw Görlitz	07.11.79–12.02.80 L7
Bw Wernigerode Westerntor	13.02.80–26.10.80
Bw Wernigerode Westerntor	27.10.80–21.11.80 L0
Bw Wernigerode Westerntor	22.11.80–11.05.81
Raw Görlitz	12.05.81–17.07.81 L5
Bw Wernigerode Westerntor	18.07.81–21.11.82 / 806.381 km
Raw Görlitz	22.11.82–25.02.83 L6[3]
Bw Wernigerode Westerntor	26.02.83–20.07.83
Bw Wernigerode Westerntor	21.07.73–24.08.83 L0
Bw Wernigerode Westerntor	25.08.83–13.05.84
Raw Görlitz	14.05.84–23.11.84 L5
Bw Wernigerode Westerntor	24.11.84–30.12.86 / 941.562 km
Raw Görlitz	02.01.87–03.06.87 L7
Bw Wernigerode Westerntor	04.06.87–24.05.88
Raw Görlitz	25.05.88–25.07.88 L5
Bw Wernigerode Westerntor	26.07.88–13.04.89
Bw Wernigerode Westerntor	14.04.89–27.05.89 L0
Bw Wernigerode Westerntor	28.05.89–18.05.90
Bw Wernigerode Westerntor	19.05.90–22.06.90 L0
Bw Wernigerode Westerntor	23.06.90–06.05.91 / 1.099.918 km
Raw Görlitz	07.05.91–17.07.91 L6
Bw Wernigerode Westerntor	18.07.91–05.04.92
Bw Wernigerode Westerntor	06.04.92–07.05.92 L0
Bw Wernigerode Westerntor	08.05.92–31.01.93
Übergabe an die HSB	01.02.93

Kesselverzeichnis:

Hersteller	Fabrik-Nr.	Baujahr	Einbautag	aus
LKM Babelsberg	134.008	1954	17.06.1955	neu

Anmerkungen:

1 Die Probefahrt fand am 12.02.1957 von Wernigerode Westerntor nach Drei Annen Hohne und zurück statt.

2 Umbau auf Ölhauptfeuerung
3 Rückbau auf Kohlefeuerung

sich die Situation im Betriebsmaschinendienst spürbar. Das Bw Wernigerode Westerntor gab daher im zweiten Halbjahr 1956 die meisten Lokomotiven der ersten Serie ab. 99 231 gehörte ab 6. Juli 1956 zum Bestand des Bw Meiningen, das die Baureihe 99[23–24] vom Lokbf Eisfeld aus auf der 17,8 km langen Schmalspurbahn nach Schönbrunn einsetzte. 99 233, 99 234 und 99 235 fanden im November 1956 im Lokbf Gera-Pforten (Bw Gera) eine neue Heimat. Doch die Neubauloks waren für den Oberbau der Strecke Gera-Pforten–Wuitz-Mumsdorf zu schwer. Aus diesem Grund kehrten 99 233 und 99 234 alsbald in den Harz zurück.

Dort verstärkten inzwischen 99 244 (ab 15.02.1957), 99 246 (ab 02.05.1957) und 99 247 (ab 26.04.1957) den Betriebspark. Für den Plandienst griff die B-Gruppe bevorzugt auf die zehn Maschinen des zweiten Bauloses zurück. 99 232, 99 233 und 99 234 dienten hingegen meist als Reserve. Die drei Maschinen besaßen noch das alte Laufwerk, das den Oberbau stark beanspruchte. Die HvM ordnete den Einbau eines vorderen Eckhardt-Gestells und Beugniot-Heben an. Doch der Umbau von 99 232 (21.03.1958–24.01.1960), 99 233 (13.11.1957–09.05.1960) und 99 234 (03.11.1959–13.04.1961) im Raw Görlitz dauerte längere Zeit.

Auszug aus dem Betriebsbuch der 99 245

Hersteller: LKM Babelsberg
Baujahr: 1956
Anlieferung: 19.04.1956

Fabrik-Nummer: 134.022
Beschaffungskosten: -
Endabnahme: 20.06.1956[1]

Stationierungen:

Bw Wernigerode Westerntor	19.05.56–26.08.56
Bw Wernigerode Westerntor	27.08.57–12.09.56 L0
Bw Wernigerode Westerntor	13.09.56–05.02.57
Bw Wernigerode Westerntor	06.02.57–15.02.57 L0
Bw Wernigerode Westerntor	16.02.57–23.06.57
Bw Wernigerode Westerntor	24.06.57–06.09.57 L0
Bw Wernigerode Westerntor	07.09.57–20.03.58
Raw Görlitz	21.03.58–24.07.58 L2
Bw Wernigerode Westerntor	25.07.58–08.01.59
Bw Wernigerode Westerntor	09.01.59–06.02.59 L0
Bw Wernigerode Westerntor	07.02.59–25.05.59 / 117.322 km
Raw Görlitz	26.05.59–31.08.59 L3 mW
Bw Wernigerode Westerntor	01.09.59–29.03.60
Bw Wernigerode Westerntor	30.03.60–13.05.60 L0
Bw Wernigerode Westerntor	14.05.60–04.12.60
Raw Görlitz	05.12.60–26.07.61 L2+L0
Bw Wernigerode Westerntor	27.07.61–21.06.62 / 210.940 km
Raw Görlitz	22.06.62–03.09.62 L3 mW
Bw Wernigerode Westerntor	04.09.62–10.04.63
Bw Wernigerode Westerntor	11.04.63–25.05.63 L0
Bw Wernigerode Westerntor	26.05.63–11.11.63
Raw Görlitz	12.11.63–26.01.64 L2
Bw Wernigerode Westerntor	27.01.64–08.04.65 / 280.217 km
Raw Görlitz	09.04.65–03.07.65 L4
Bw Wernigerode Westerntor	04.07.65–23.11.65
Bw Wernigerode Westerntor	24.11.65–01.02.66 L0
Bw Wernigerode Westerntor	02.02.66–02.11.66
Raw Görlitz	03.11.66–05.01.67 L2
Bw Wernigerode Westerntor	06.01.67–08.09.67
Bw Wernigerode Westerntor	09.09.67–20.11.67 L0
Bw Wernigerode Westerntor	21.11.67–15.02.68
Bw Wernigerode Westerntor	16.02.68–19.02.68 L0
Bw Wernigerode Westerntor	20.02.68–07.07.68 / 414.993 km
Raw Görlitz	08.07.68–02.10.68 L3 mW
Bw Wernigerode Westerntor	03.10.68–11.06.69
Bw Wernigerode Westerntor	12.06.69–01.08.69 L0
Bw Wernigerode Westerntor	02.08.69–08.02.70
Raw Görlitz	09.02.70–14.04.70 L2
Bw Wernigerode Westerntor	15.04.70–09.08.71 / 518.212 km
Raw Görlitz	10.08.71–21.10.71 L4
Bw Wernigerode Westerntor	22.10.71–24.07.72
Bw Wernigerode Westerntor	25.07.72–09.08.72 L0
Bw Wernigerode Westerntor	10.08.72–25.03.73
Raw Cottbus, WA Görlitz	26.03.73–31.05.73 L5
Bw Wernigerode Westerntor	01.06.73–11.06.74 / 627.387 km
Raw Cottbus, WA Görlitz	12.06.74–06.09.74 L6
Bw Wernigerode Westerntor	07.09.74–26.05.76
Bw Wernigerode Westerntor	27.05.76–24.09.76 L0
Bw Wernigerode Westerntor	25.09.76–17.04.77 / 706.278 km
Raw Cottbus, WA Görlitz	18.04.77–26.04.78 L7[2]
Bw Wernigerode Westerntor	27.04.78–29.01.79
Bw Wernigerode Westerntor	30.01.79–15.03.79 L0
Bw Wernigerode Westerntor	16.03.79–17.12.79
Raw Görlitz	18.12.79–16.03.80 L5
Bw Wernigerode Westerntor	17.03.80–19.09.80
Bw Wernigerode Westerntor	20.09.80–01.10.80 L0
Bw Wernigerode Westerntor	02.10.80–03.03.81 / 802.675 km
Raw Görlitz	11.03.81–19.06.81 L6
Bw Wernigerode Westerntor	20.06.81–06.07.81
Bw Wernigerode Westerntor	07.07.81–09.10.81 L0
Bw Wernigerode Westerntor	10.01.81–01.08.82
Raw Görlitz	02.08.82–23.10.82 L5
Bw Wernigerode Westerntor	24.10.82–28.03.83 / 851.327 km
Raw Görlitz	29.03.83–25.07.83 L7[3]
Bw Wernigerode Westerntor	26.07.83–02.11.83
Bw Wernigerode Westerntor	03.11.83–08.11.83 L0
Bw Wernigerode Westerntor	09.11.83–15.10.84
Raw Görlitz	16.10.84–28.02.85 L5
Bw Wernigerode Westerntor	01.03.85–10.03.87 / 962.310 km
Raw Görlitz	11.03.87–26.06.87 L6
Bw Wernigerode Westerntor	27.06.87–24.02.88
Bw Wernigerode Westerntor	25.02.88–29.03.88 L0
Bw Wernigerode Westerntor	30.03.88–11.12.88 / 1.007.579 km
Raw Görlitz	12.12.88–29.03.89 L7
Bw Wernigerode Westerntor	30.03.89–22.11.89
Raw Görlitz	23.11.89–06.04.90 L0
Bw Wernigerode Westerntor	07.04.90–22.11.90
Raw Görlitz	23.11.90–31.01.91 L5
Bw Wernigerode Westerntor	01.02.91–27.10.91
Bw Wernigerode Westerntor	28.10.91–22.11.91 L0
Bw Wernigerode Westerntor	23.11.91–02.09.92 / 1.107.938 km
Bw Wernigerode Westerntor	03.09.92–09.11.92 L0
Bw Wernigerode Westerntor	10.11.92–31.01.93
Übergabe an die HSB	01.02.93

Kesselverzeichnis:

Hersteller	Fabrik-Nr.	Baujahr	Einbautag	aus
LKM Babelsberg	134.022	1956	18.05.1956	neu

Anmerkungen:
1 Die Probefahrt fand am 17.05.1956 von Wernigerode Westerntor nach Benneckenstein und zurück statt.
2 Umbau auf Ölhauptfeuerung
3 Rückbau auf Kohlefeuerung

Mit geöffneten Zylinderhähnen verließ 99 0245-3 (ex 99 245) am 8. September 1978 den Bf Wernigerode. Hinter der Maschine ist der Gepäckwagen 904-101 zu sehen, der nach der Stilllegung der Schmalspurbahn Eisfeld–Schönbrunn im Jahr 1973 in den Harz gelangte. Das Fahrzeug wurde 1990 ausgemustert. Foto: R. Heym

99 7243-1 (ex 99 243) rollte Mitte der 1970er-Jahre durch den Bf Wernigerode. Um das Lokpersonal vor einer zu hohen Lärmbelastung zu schützen, wies die VES-M Halle (Saale) am 1. November 1976 an, die Dampfpfeife am Dampfdom anzubauen. Bei der 99 7243-1 wurde diese Bauartänderung am 19. Oktober 1979 ausgeführt. Foto: Archiv D. Endisch

99 7246-4 (ex 99 246) pausierte im Frühjahr 1990 im Bf Hasselfelde. Als letzte Maschine ihrer Baureihe wurde die Lok am 30. April 1957 abgenommen. Die HSB stellte 99 7246-4 nach Ablauf ihrer Untersuchungsfristen im August 1997 ab. Heute ist die Lok in Benneckenstein hinterstellt. Foto: Th. Rieger, Archiv D. Endisch

Am 10. Juli 1978 verließ 99 7247-2 (ex 99 247) mit einem Personenzug den Bf Wernigerode. Rechts ist das ehemalige Fahrdienstleiterstellwerk »Wwf« zu sehen, das mit dem Ausbau der Strecke Halberstadt–Ilsenburg–Vienenburg zwischen 1998 und 2000 abgerissen wurde. Foto: G. Schütze

4.5 Die »Tonis« und »Bellos« haben ausgedient

Ende der 1950er-Jahre erhielt das Bw Wernigerode Westerntor zwei neue Maschinen für den Rangierdienst. Die DR erwarb von der am 31. Dezember 1956 stillgelegten Spremberger Stadtbahn zwei zweifach gekuppelte Dampfloks, die gemäß der Verfügung TM 1 lc/Falb vom 14. Januar 1957 die Betriebs-Nr. 99 5001 (ex Lok 11) und 99 5201 (ex Lok 12) erhielten. Während 99 5001 planmäßig in Wernigerode stationiert war, wurde 99 5201 (ab 19.03.1958) dem Lokbf Nordhausen Nord (siehe S. 266 f.) zugewiesen. Bevor 99 5001 jedoch im Harz zum Einsatz kommen konnte, erhielt die Maschine im Raw Görlitz eine L4 (29.10.–28.12.1956). Dabei wurde die Heißdampf-Maschine u.a. mit einer Druckluftbremse der Bauart Knorr (als Zusatzbremse), einer Saugluftbremse der Bauart Körting (als Zugbremse) und einer elektrischen Beleuchtung ausgerüstet. Mit einer Länge über Puffer von 6.150 mm war sie die kleinste Dampflok des Bw Wernigerode Westerntor. Dank einer effektiven Leistung von rund 230 PSe

und einer Anfahrzugkraft von etwa 5,6 Mp war sie für den Rangierdienst sehr gut geeignet. Nach Restarbeiten im Bw Wernigerode Westerntor wurde der Zweikuppler am 21. Mai 1957 schließlich in Dienst gestellt. 99 5001 und 99 5201 ersetzten in erster Linie die inzwischen über 50 Jahre alten 99 5803 und 99 5804. Die beiden »Tonis« hatten ihre Nutzungsgrenze erreicht und dienten fortan nur noch als Betriebsreserve. Ab dem Frühjahr 1958 standen 99 5803 und 99 5804 nur noch selten unter Dampf. Als erste schied 99 5804 aus dem Bestand aus. Die Maschine wurde formal am 12. Oktober 1960 abgestellt und anschließend als »w« geführt. Mit der z-Stellung am 29. August 1963 wurde die Lok aus den Unterlagen des Bw Wernigerode Westerntor gestrichen. Zu diesem Zeitpunkt hatte auch 99 5803 im Harz ausgedient. Die Maschine wurde nach einer Instandsetzung im Raw Görlitz am 18. September 1962 dem Bw Reichenbach (Vogtland) zugeteilt.

Dank der Neubau-Dampfloks konnte sich das Bw Wernigerode Westerntor von den beiden »Bellos« trennen. Die Maschinen waren weder bei den

Auszug aus dem Betriebsbuch der 99 246

Hersteller: LKM Babelsberg
Baujahr: 1956
Anlieferung: 16.04.1957

Fabrik-Nummer: 134.027
Beschaffungskosten: -
Endabnahme: 02.05.1957[1]

Stationierungen:

Bw Wernigerode Westerntor	02.05.57–18.09.57		Bw Wernigerode Westerntor	10.12.70–25.07.71
Bw Wernigerode Westerntor	19.09.47–12.10.57 L0		Raw Görlitz	26.07.71–09.09.71 L2
Bw Wernigerode Westerntor	13.10.57–13.03.59		Bw Wernigerode Westerntor	10.09.71–19.07.72 / 551.093 km
Bw Wernigerode Westerntor	14.03.59–28.05.59 L2		Raw Cottbus, WA Görlitz	20.07.72–06.10.72 L4
Bw Wernigerode Westerntor	29.05.59–17.05.60 / 103.320 km		Bw Wernigerode Westerntor	07.10.72–02.11.73
Raw Görlitz	18.05.60–29.08.60 L3 mW		Bw Wernigerode Westerntor	03.11.73–07.12.73 L0
Bw Wernigerode Westerntor	30.08.60–26.05.61		Bw Wernigerode Westerntor	08.12.73–30.06.74
Bw Wernigerode Westerntor	27.05.61–29.06.61 L0		Raw Cottbus, WA Görlitz	01.07.74–18.10.74 L5
Bw Wernigerode Westerntor	30.06.61–24.01.62		Bw Wernigerode Westerntor	19.10.74–31.08.75 / 639.944 km
Raw Görlitz	25.01.62–31.05.62 L2		Raw Cottbus, WA Görlitz	01.09.75–08.04.76 L6
Bw Wernigerode Westerntor	01.06.62–01.11.62		Bw Wernigerode Westerntor	09.04.76–26.07.77
Bw Wernigerode Westerntor	02.11.62–07.01.63 L0		Bw Wernigerode Westerntor	27.07.77–08.08.77 L0
Bw Wernigerode Westerntor	08.01.63–18.03.63 / 170.366 km		Bw Wernigerode Westerntor	09.08.77–02.07.78
Raw Görlitz	19.03.63–19.06.63 L3 mW		Raw Görlitz	03.07.78–30.11.78 L5
Bw Wernigerode Westerntor	20.06.63–05.01.64		Bw Wernigerode Westerntor	01.12.78–14.10.80 / 718.975 km
Bw Wernigerode Westerntor	06.01.64–04.02.64 L0		Raw Görlitz	15.10.80–01.02.81 L7[2]
Bw Wernigerode Westerntor	05.02.64–04.10.64		Bw Wernigerode Westerntor	02.02.81–08.09.83 / 760.620 km
Raw Görlitz	05.10.64–22.12.64 L2		Raw Görlitz	09.09.83–16.12.83 L6[3]
Bw Wernigerode Westerntor	23.12.64–05.07.65		Bw Wernigerode Westerntor	17.12.83–21.07.8
Bw Wernigerode Westerntor	06.07.65–28.08.65 L0		Raw Görlitz	22.07.85–27.09.85 L5
Bw Wernigerode Westerntor	29.08.65–04.04.66 / 297.322 km		Bw Wernigerode Westerntor	28.09.85–
Raw Görlitz	05.04.66–01.07.66 L4		Raw Görlitz	16.11.87–05.02.88 L5
Bw Wernigerode Westerntor	02.07.66–26.04.67		Bw Wernigerode Westerntor	06.02.88–29.08.88
Bw Wernigerode Westerntor	27.04.67–30.06.67 L0		Bw Wernigerode Westerntor	30.08.88–14.09.88 L0
Bw Wernigerode Westerntor	01.07.67–21.02.68		Bw Wernigerode Westerntor	15.09.88–02.04.89 / 878.335 km
Raw Görlitz	22.02.68–25.04.68 L2		Raw Görlitz	03.04.89–18.08.89 L7
Bw Wernigerode Westerntor	26.04.68–02.12.68		Bw Wernigerode Westerntor	19.08.89–25.04.90
Bw Wernigerode Westerntor	03.12.68–24.01.69 L0		Raw Görlitz	26.04.90–21.06.90 L0
Bw Wernigerode Westerntor	25.01.69–09.07.69 / 440.982 km		Bw Wernigerode Westerntor	22.06.90–05.06.91
Raw Görlitz	10.07.69–13.11.69 L3 mW		Raw Görlitz	06.06.91–30.08.91 L5
Bw Wernigerode Westerntor	14.11.69–15.10.70		Raw Görlitz	31.08.91–10.10.91 L0
Bw Wernigerode Westerntor	16.10.70–28.11.70 L0		Bw Wernigerode Westerntor	11.10.91–31.01.93
Bw Wernigerode Westerntor	29.11.70–02.12.70			
Bw Wernigerode Westerntor	03.12.70–09.12.70 L0		Übergabe an die HSB	01.02.93

Kesselverzeichnis:

Hersteller	Fabrik-Nr.	Baujahr	Einbautag	aus
LKM Babelsberg	134.027	1956	02.05.1957	neu

Anmerkungen:
1 Die Probefahrt fand am 30.04.1957 von Wernigerode Westerntor nach Drei Annen Hohne und zurück statt.
2 Umbau auf Ölhauptfeuerung
3 Rückbau auf Kohlefeuerung

Lokpersonalen noch bei den Schlossern in der Werkstatt sonderlich beliebt. Bei den Lokführern waren 99 6011 und 99 6012 aufgrund ihrer Schleuderneigung – die älteren Personale nannten es »Strampeln« – gefürchtet. In der Unterhaltung verursachten vor allem das Triebwerk und das Fahrgestell sehr viel Arbeit. Immer wieder mussten die Laufachsen gewechselt, die

Radreifen abgedreht und die Achslager instandgesetzt werden. Ab Sommer 1956 wurden die beiden Borsig-Maschinen nur noch bei Fahrzeugengpässen angeheizt. 99 6012 stand 1957 lediglich an fünf Tagen unter Dampf, ein Jahr zuvor waren es noch 145 Tage. Ab 2. April 1957 fungierte 99 6012 nur noch als kalte Betriebsreserve. Ähnlich lagen die Dinge bei 99 6011,

---

Auszug aus dem Betriebsbuch der 99 247

Hersteller: LKM Babelsberg
Baujahr: 1956
Anlieferung: 12.04.1957

Fabrik-Nummer: 134.028
Beschaffungskosten: -
Endabnahme: 26.04.1957[1]

Stationierungen:

Bw Wernigerode Westerntor	26.04.57–12.02.58	Bw Wernigerode Westerntor	04.12.72–15.01.73 / 724.345 km
Bw Wernigerode Westerntor	13.02.58–31.03.58 L0	Raw Cottbus, WA Görlitz	16.01.73–11.04.73 L7
Bw Wernigerode Westerntor	01.04.58–16.02.59	Bw Wernigerode Westerntor	12.04.73–29.03.74
Raw Görlitz	17.02.59–23.05.59 L2	Bw Wernigerode Westerntor	30.03.74–21.06.74 L0
Bw Wernigerode Westerntor	24.05.59–01.12.59	Bw Wernigerode Westerntor	22.06.74–24.03.75
Bw Wernigerode Westerntor	02.12.59–22.12.59 L0	Raw Cottbus, WA Görlitz	25.03.75–04.07.75 L5
Bw Wernigerode Westerntor	23.12.59–09.05.60 / 151.739 km	Bw Wernigerode Westerntor	05.07.75–03.10.76 / 845.443 km
Raw Görlitz	10.05.60–14.07.60 L3 mW	Raw Cottbus, WA Görlitz	04.10.76–13.01.77 L6
Bw Wernigerode Westerntor	15.07.60–06.04.61	Bw Wernigerode Westerntor	14.01.77–13.10.77
Bw Wernigerode Westerntor	07.04.61–02.08.61 L0	Bw Wernigerode Westerntor	14.10.77–01.12.77 L0
Bw Wernigerode Westerntor	03.08.61–01.03.62	Bw Wernigerode Westerntor	02.12.77–22.10.78
Raw Görlitz	02.03.62–19.06.62 L2	Raw Görlitz	23.10.78–20.01.79 L5
Bw Wernigerode Westerntor	20.06.62–12.05.63 / 277.545 km	Bw Wernigerode Westerntor	21.01.79–19.08.79
Raw Görlitz	13.05.63–07.08.63 L3 mW	Bw Wernigerode Westerntor	20.08.79–04.09.79 L0
Bw Wernigerode Westerntor	08.08.63–05.03.64	Bw Wernigerode Westerntor	05.09.79–06.04.80 / 972.575 km
Bw Wernigerode Westerntor	06.03.64–12.03.64 L0	Raw Görlitz	07.04.80–22.07.80 L7[2]
Bw Wernigerode Westerntor	13.03.64–01.05.64	Bw Wernigerode Westerntor	23.07.80–07.04.81
Bw Wernigerode Westerntor	02.05.64–21.07.64 L0	Bw Wernigerode Westerntor	08.04.81–11.06.81 L0
Bw Wernigerode Westerntor	22.07.64–11.04.65	Bw Wernigerode Westerntor	12.06.81–27.12.81
Raw Görlitz	12.04.65–19.06.65 L2	Raw Görlitz	28.12.81–08.03.82 L5
Bw Wernigerode Westerntor	20.06.65–20.02.66 / 425.965 km	Bw Wernigerode Westerntor	09.03.82–19.10.82
Raw Görlitz	21.02.66–10.06.66 L4	Bw Wernigerode Westerntor	20.10.82–25.10.82 L0
Bw Wernigerode Westerntor	11.06.66–12.06.66	Bw Wernigerode Westerntor	26.10.82–07.02.83 / 1.056.617 km
Bw Wernigerode Westerntor	13.06.66–15.06.66 NA L4	Raw Görlitz	08.02.83–28.04.83 L6[3]
Bw Wernigerode Westerntor	16.06.66–03.04.67	Raw Görlitz	29.04.83–27.05.83 L0
Raw Görlitz	04.04.67–05.07.67 L2+L0	Bw Wernigerode Westerntor	28.05.83–22.10.83
Bw Wernigerode Westerntor	06.07.67–04.01.68	Bw Wernigerode Westerntor	23.10.83–27.03.84 L0
Bw Wernigerode Westerntor	05.01.68–09.02.68 L0	Bw Wernigerode Westerntor	28.03.84–17.07.84
Bw Wernigerode Westerntor	10.02.68–08.03.68	Raw Görlitz	18.07.84–30.09.84 L5
Bw Wernigerode Westerntor	09.03.68–13.03.68 L0	Bw Wernigerode Westerntor	01.10.84–19.03.85
Bw Wernigerode Westerntor	14.03.68–13.08.68	Bw Wernigerode Westerntor	20.03.85–21.05.85 L0
Bw Wernigerode Westerntor	14.08.68–01.10.68 L0	Bw Wernigerode Westerntor	01.06.85–09.04.86 / 1.152.443 km
Bw Wernigerode Westerntor	02.10.68–11.06.69 / 575.781 km	Raw Görlitz	10.04.86–17.09.86 L7
Raw Görlitz	12.06.69–22.10.69 L3 mW	Bw Wernigerode Westerntor	18.09.86–26.06.88
Bw Wernigerode Westerntor	23.10.69–19.05.70	Raw Görlitz	27.06.88–09.09.88 L5
Bw Wernigerode Westerntor	20.05.70–30.06.70 L0	Bw Wernigerode Westerntor	13.09.88–01.05.89
Bw Wernigerode Westerntor	01.07.70–04.04.71	Raw Görlitz	02.05.89–21.07.89 L5 + L0
Raw Görlitz	05.04.71–10.06.71 L2	Bw Wernigerode Westerntor	22.07.89–17.12.89
Bw Wernigerode Westerntor	11.06.71–13.06.71	Bw Wernigerode Westerntor	18.12.89–22.01.90 L0
Bw Wernigerode Westerntor	14.06.71–23.06.71 NA L2	Bw Wernigerode Westerntor	23.01.90–08.08.90 / 1.296.659 km
Bw Wernigerode Westerntor	24.06.71–05.03.72	Raw Görlitz	09.08.90–10.01.91 L6
Bw Wernigerode Westerntor	06.03.72–28.04.72 L0	Bw Wernigerode Westerntor	11.01.91–25.05.92
Bw Wernigerode Westerntor	29.04.72–30.10.72	Raw Görlitz	26.05.92–31.07.92 L5
Bw Wernigerode Westerntor	31.10.72–06.11.72 L0	Bw Wernigerode Westerntor	01.08.92–31.01.93
Bw Wernigerode Westerntor	07.11.72–29.11.72		
Bw Wernigerode Westerntor	30.11.72–03.12.72 L0	Übergabe an die HSB	01.02.93

Kesselverzeichnis:

Hersteller	Fabrik-Nr.	Baujahr	Einbautag	aus
LKM Babelsberg	134.028	1956	26.04.1957	neu

Anmerkungen:

1 Die Probefahrt fand am 17.04.1957 von Wernigerode Westerntor nach Drei Annen Hohne und zurück statt.

2 Umbau auf Ölhauptfeuerung
3 Rückbau auf Kohlefeuerung

99 5001 wartete nach ihrer Zwischenausbesserung (L2; 19.10.–19.11.1959) im Raw Görlitz auf einem Transportwagen auf ihre Überführung nach Wernigerode. Die DR verkaufte die Maschine am 31. Dezember 1973 an die Museumsbahn Dunieres–St. Agreve in Südfrankreich. Foto: Archiv D. Endisch

Auszug aus dem Betriebsbuch der 99 5001[1]

Hersteller: Borsig	Fabrik-Nummer: 11.870
Baujahr: 1925	Beschaffungskosten: -
Anlieferung: -	Endabnahme: -

Das Betriebsbuch ist eine Zweitschrift.

Stationierungen:

Raw Görlitz	29.10.56–28.12.56 L4
Raw Görlitz	29.12.56–25.02.57[2]
Bw Wernigerode Westerntor	26.02.57–21.05.57 NA
Bw Wernigerode Westerntor	22.05.57–18.10.59 / 30.634 km
Bw Wernigerode Westerntor	19.10.59–19.11.59 L2
Bw Wernigerode Westerntor	20.11.59–24.08.60 / 48.005 km
Raw Görlitz	25.08.60–30.11.60 L3
Bw Wernigerode Westerntor	01.12.60–16.04.62 / 72.569 km
Bw Wernigerode Westerntor	17.04.62–24.05.62 L2
Bw Wernigerode Westerntor	25.05.62–26.12.62 / 85.699 km
Raw Görlitz	27.12.62–16.03.63 L2
Bw Wernigerode Westerntor	17.03.63–
Raw Görlitz	23.10.63–17.02.64 L4
Bw Wernigerode Westerntor	18.02.64–05.01.1965 / 98.149 km
Bw Wernigerode Westerntor	06.01.65–04.03.65
Bw Wernigerode Westerntor	05.03.65–30.09.67 / 100.116 km
z-gestellt	01.10.67[3]
ausgemustert	25.09.67[4]

Kesselverzeichnis: [5]

Hersteller	Fabrik-Nr.	Baujahr	Einbautag	aus
?	6.526	1903	?	?

Anmerkungen:
1 ex Lok 11 der Spremberger Stadtbahn; 1956 von der DR gekauft und gemäß Verfügung TM 1 Ic/Falb vom 14.01.1957 in 99 5001 umgezeichnet
2 laut einer Aktennotiz: *»Warten auf Transportwagen«*
3 Die Lok wurde am 06.11.1964 abgestellt.
4 Die Ausmusterung erfolgte noch vor der z-Stellung. Die Lok wurde am 31.12.1973 an die Museumsbahn Dunieres–St. Agreve (Fankreich) verkauft.
5 Angaben laut Betriebsbuch

die nach einem Triebwerksschaden am 2. Februar 1957 als »w« geführt wurde.

Das Bw Wernigerode Westerntor wollte sich Ende der 1950er-Jahre so schnell wie möglich von den »Bellos« trennen, obwohl 99 6012 erst 1958 eine Zwischenuntersuchung (L3; 09.06.1958–06.01.1959) erhalten hatte.

Auszug aus dem Betriebsbuch der 99 5201[1]

Hersteller: O & K	Fabrik-Nummer: 13.178
Baujahr: 1938	Beschaffungskosten: -
Anlieferung: 12.01.1939	Endabnahme: 30.03.1939[2]

Das Betriebsbuch ist eine Zweitschrift.

Stationierungen:

Raw Görlitz	07.06.57–18.03.58 L4+L0
Bw Wernigerode Westerntor	19.03.58–19.11.59 / 33.408 km
Bw Wernigerode Westerntor	20.11.59–30.12.59 L0
Bw Wernigerode Westerntor	31.12.59–20.03.61 / 52.643 km
Raw Görlitz	21.03.61–07.07.61 L3 mW
Bw Wernigerode Westerntor	08.07.61–14.12.62 / 79.057 km
Raw Görlitz	15.12.62–13.03.63 L2
Bw Wernigerode Westerntor	14.03.63–31.08.64 / 106.939 km
Bw Straupitz	01.09.64–22.01.65 L2
Bw Wernigerode Westerntor	23.01.65–10.04.68 / 107.857 km
z-gestellt	11.04.68[3]
ausgemustert	06.11.68[4]

Kesselverzeichnis:

Hersteller	Fabrik-Nr.	Baujahr	Einbautag	aus
O & K	13.178	1938	30.03.39	neu

Anmerkungen:
1 ex Lok 12 der Spremberger Stadtbahn; am 19.05.1956 von der DR gekauft und gemäß Verfügung TM 1 Ic/Falb vom 12.12.1957 in 99 5201 umgezeichnet
2 Probefahrt bei der Spremberger Stadtbahn
3 Die Lok wurde am 22.01.1968 abgestellt.
4 Die Lok wurde ab 31.03.1969 im Raw Görlitz zerlegt.

Die Schmalspurdampflokomotiven des Bw Wernigerode Westerntor

Betriebs-Nr.	EDV-Nr.	Bauart	Hersteller	Baujahr	Fabrik-Nr.	Bemerkungen
99 222	99 7222-5	1´E 1´h2t	BMAG	1930	9.921	Abnahme am 19.03.1931; abgestellt am 09.11.1987; z 13.10.1989; nach L6 (06.11.1990–25.04.1991) wieder im Betriebspark; am 01.02.1993 an HSB
99 231	99 7231-6	1´E 1´h2t	LKM	1954	134.008	Abnahme am 17.06.1955; Umbau auf Ölhauptfeuerung (16.06.–20.10.1978) 99 0231-3; Rückbau auf Kohlefeuerung (11.04.–05.08.1983); am 01.02.1993 an HSB
99 232	99 7232-4	1´E 1´h2t	LKM	1954	134.009	Abnahme am 06.05.1955; Umbau auf Ölhauptfeuerung (22.01.–08.05.1980) 99 0232-1; Rückbau auf Kohlefeuerung (27.08.–20.12.1982); am 01.02.1993 an HSB
99 233	99 7233-2	1´E 1´h2t	LKM	1954	134.010	Abnahme am 18.05.1955; Umbau auf Ölhauptfeuerung (30.07.–29.11.1980) 99 0233-9; Rückbau auf Kohlefeuerung (27.09.–12.04.1984); am 01.02.1993 an HSB
99 234	99 7234-0	1´E 1´h2t	LKM	1954	134.011	Abnahme am 06.05.1955[1]; Umbau auf Ölhauptfeuerung (20.01.–17.08.1977) 99 0234-7; Rückbau auf Kohlefeuerung (19.07.–03.11.1983); am 01.02.1993 an HSB;
99 235	99 7235-7	1´E 1´h2t	LKM	1954	134.012	Abnahme am 10.06.1955; Umbau auf Ölhauptfeuerung (11.08.1977–05.01.1978) 99 0235-4; Rückbau auf Kohlefeuerung (11.05.–02.09.1983); am 01.02.1993 an HSB
99 236	99 7236-5	1´E 1´h2t	LKM	1955	134.013	Abnahme am 04.05.1955[2]; Umbau auf Ölhauptfeuerung (10.03.–21.07.1978) 99 0236-2; Rückbau auf Kohlefeuerung (08.03.–31.05.1983); am 01.02.1993 an HSB
99 237	99 7237-3	1´E 1´h2t	LKM	1955	134.014	Abnahme am 04.05.1955; Umbau auf Ölhauptfeuerung (14.03.–19.07.1977) 99 0237-0; Rückbau auf Kohlefeuerung (18.08.–30.11.1983); am 01.02.1993 an HSB
99 238	99 7238-1	1´E 1´h2t	LKM	1956	134.015	Abnahme am 26.05.1956; Umbau auf Ölhauptfeuerung (10.08.1978–18.01.1979) 99 0238-8; Rückbau auf Kohlefeuerung (13.12.1982–28.03.1983); am 01.02.1993 an HSB
99 239	99 7239-9	1´E 1´h2t	LKM	1956	134.016	Abnahme am 07.06.1956; Umbau auf Ölhauptfeuerung (10.04.–31.07.1979) 99 0239-6; Rückbau auf Kohlefeuerung (09.06.–24.09.1983); am 01.02.1993 an HSB
99 240	99 7240-7	1´E 1´h2t	LKM	1956	134.017	Abnahme am 20.06.1956; Umbau auf Ölhauptfeuerung (15.06.–20.10.1977) 99 0240-4; Rückbau auf Kohlefeuerung (19.01.–21.04.1983); am 01.02.1993 an HSB
99 241	99 7241-5	1´E 1´h2t	LKM	1956	134.018	Abnahme am 25.07.1956; Umbau auf Ölhauptfeuerung (23.01.–18.05.1979) 99 0241-2; Rückbau auf Kohlefeuerung (14.11.1983–27.01.1984); am 01.02.1993 an HSB
99 242	99 7242-3	1´E 1´h2t	LKM	1956	134.019	Abnahme am 16.08.1956; Umbau auf Ölhauptfeuerung (13.08.1979–10.01.1980) 99 0242-0; Rückbau auf Kohlefeuerung (06.12.1983–25.02.1984); am 01.02.1993 an HSB
99 243	99 7243-1	1´E 1´h2t	LKM	1956	134.020	Abnahme am 27.11.1956; Umbau auf Ölhauptfeuerung (23.07.–19.10.1979) 99 0243-8; Rückbau auf Kohlefeuerung (25.10.1982–09.02.1983); am 01.02.1993 an HSB
99 244	99 7244-9	1´E 1´h2t	LKM	1956	134.021	Abnahme am 14.02.1957; Umbau auf Ölhauptfeuerung (30.04.–09.09.1976) 99 0244-6; Rückbau auf Kohlefeuerung (22.11.1982–25.02.1983); am 01.02.1993 an HSB
99 245	99 7245-6	1´E 1´h2t	LKM	1956	134.022	Abnahme am 20.06.1956[3]; Umbau auf Ölhauptfeuerung (18.04.1977–26.04.1978) 99 0245-3; Rückbau auf Kohlefeuerung (29.03.–25.07.1983); am 01.02.1993 an HSB
99 246	99 7246-4	1´E 1´h2t	LKM	1956	134.027	Abnahme am 02.05.1957; Umbau auf Ölhauptfeuerung (15.10.1980–01.02.1981) 99 0246-1; Rückbau auf Kohlefeuerung (09.09.–16.12.1983); am 01.02.1993 an HSB
99 247	99 7247-2	1´E 1´h2t	LKM	1956	134.028	Abnahme am 26.04.1957; Umbau auf Ölhauptfeuerung (07.04.–22.07.1980) 99 0247-9; Rückbau auf Kohlefeuerung (08.02.–27.05.1983); am 01.02.1993 an HSB
99 5001	-	Bh2t	Borsig	1925	11.870	von der Spremberger Stadtbahn (ex Lok 11) übernommen; Abnahme DR am 25.02.1957; z 01.10.1967; + 25.09.1967; am 31.12.1973 an die Museumsbahn Dunieres–St. Agreve (Frankreich) verkauft
99 5201	-	Bn2t	O & K	1938	13.178	von der Spremberger Stadtbahn (ex Lok 12) übernommen; Abnahme DR am 18.03.1958; z 11.04.1968; + 06.11.1968; ++ 31.03.1969–31.12.1973 Raw Görlitz

Anmerkungen:
1 Angabe laut Betriebsbuch; die Unterlagen der Rbd Magdeburg nennen den 10.06.1955 als Abnahmedatum.
2 Die ursprüngliche Angabe (15.04.1955) wurde durchgestrichen und durch den 04.05.1955 ersetzt.
3 Die ursprüngliche Angabe (18.05.1956) wurde durchgestrichen und durch den 20.06.1956 ersetzt.

Die Schmalspurdampflokomotiven des Bw Wernigerode Westerntor (Fortsetzung)

Betriebs-Nr.	EDV-Nr.	Bauart	Hersteller	Baujahr	Fabrik-Nr.	Bemerkungen
99 5631	-	C1´n2t	Schneider	1890	?	ex NWE (Nr. 71); Abnahme DR am 21.05.1952; z 25.11.1965; + 01.11.1966; ++ 10.01.–05.04.1967 Raw Görlitz
99 5632	-	C1´n2t	Schneider	1890	?	ex NWE (Nr. 72); Abnahme DR am 16.01.1953; z 10.12.1958; + 06.01.1959; ++ 09.05.1960 Raw Görlitz
99 5803	-	Bn2t	Güstrow	1896	753	ex NWE (Nr. 3); z 06.05.1967; + 12.07.1967; ++ 22.11.1967–16.01.1968 Raw Görlitz
99 5804	-	Bn2t	Güstrow	1896	751	ex NWE (Nr. 1); z 29.08.1963; + 15.05.1965; ++ 28.02.–31.05.1966 Raw Görlitz
99 5811	-	Cn2t	Henschel	1887	2.227	ex GHE (»GERNRODE«); z 25.02.1964; + 29.05.1967; ++ 31.07.–29.08.1967 Raw Görlitz
99 5901	99 5901-6	B´Bn4vt	Jung	1897	258	ex NWE (Nr. 11); z 13.02.1991; am 01.02.1993 an HSB
99 5902	99 5902-4	B´Bn4vt	Jung	1897	261	ex NWE (Nr. 12^{III}); am 01.02.1993 an HSB
99 5903	99 5903-2	B´Bn4vt	Jung	1898	345	ex NWE (Nr. 13^{II}); z 20.11.1988; nach L7 (11.02.–14.08.1991) wieder im Betriebspark; am 01.02.1993 an HSB
99 5904	99 5904-0	B´Bn4vt	Jung	1901	464	ex NWE (Nr. 15^{II}); z 15.12.1988; + 13.06.1989; ++ 05.1990 Raw Görlitz
99 5905	99 5905-7	B´Bn4vt	Jung	1901	465	ex NWE (Nr. 14^{II}); z 26.02.1974; + 14.11.1975; ++ 10.12.1975 Raw Görlitz
99 5906	99 5906-5	B´Bn4vt	MBG	1918	2.052	ex NWE (Nr. 41^{I}); z 07.08.1990; am 01.02.1993 an HSB
99 6001	99 6001-4	1´C1´h2t	Krupp	1939	1.875	ex NWE (Nr. 21^{II}); am 01.02.1993 an HSB
99 6011	-	(1´B)´B1´hvt	Borsig	1922	11.382	ex NWE (Nr. 51); z 28.12.1961; + 16.08.1966; ++ 28.02.–25.04.1967 Raw Görlitz
99 6012	-	(1´B)´B1´hvt	Borsig	1924	11.831	ex NWE (Nr. 52); z 08.08.1963; + 26.04.1966; ++ 20.01.1967 Raw Görlitz
99 6101	99 6101-2	Ch2t	Henschel	1914	12.879	ex NWE (Nr. 6); am 01.02.1993 an HSB
99 6102	99 6102-1	Cn2t	Henschel	1914	12.880	ex NWE (Nr. 7); z 22.11.1988; + 08.11.1989; am 01.02.1993 an HSB

Nachdem die Lok zwischen Januar und August 1959 an insgesamt 93 Tagen ihre Garantiefristen abgefahren hatte, gehörte sie bereits zum alten Eisen. Ein Schaden am Triebwerk diente als Vorwand, um die Lok am 29. September 1959 abzustellen. Seit ihrer letzten L4 (20.01.–25.08.1955) hatte die Maschine lediglich rund 22.000 km zurückgelegt. Mit der z-Stellung der 99 6012 am 8. August 1963 endete die Ära der »Bellos« im Bw Wernigerode Westerntor.

99 6011 hatte den Harz zu diesem Zeitpunkt bereits verlassen. Ende der 1950er-Jahre suchte das Bw Gera für die Strecke Gera-Pforten–Wuitz-Mumsdorf leistungsfähige Maschinen, da die hier eingesetzten B´Bn4vt-Mallets der Baureihe 99^{57} überaltert waren. Daher verließ 99 6011 im Frühjahr 1959 das Bw Wernigerode Westerntor. Nach einer mehrmonatigen Zwischenausbesserung (L2; 12.08.1959–15.10.1960) wurde die Lok aus dem Bestand des Bw Wernigerode Westerntor gestrichen.

Im Mai 1959 stand 99 238 mit einem Personenzug auf dem Bf Brocken. Nach dem Wassernehmen im Bf Schierke hatte der Lokheizer vergessen, den Wasserkastendeckel wieder zu schließen.
Foto: Propp, Slg. G. Schütze

Dank der Neubau-Dampfloks der Baureihe 99[23-24] konnte die B-Gruppe auch den planmäßigen Einsatz der Schlepptriebwagen der ehemaligen NWE beenden. Bereits am 29. Dezember 1956 wurde der VT 137 561 nach einem Schaden abgestellt. Die Rbd Magdeburg ließ das Fahrzeug zwar noch einmal im Raw Dessau instandsetzen (T4+T0: 02.01.1957–22.01.1960), doch nach seiner Rückkehr in den Harz war der ehemalige T 1 der NWE meist nur als Betriebsreserve abgestellt. Bis zu seiner formalen Abgabe an das Bw Straupitz (am 12.12.1961) legte der VT 137 561 lediglich 1.726 km im Harz zurück. Auf den Strecken der ehemaligen Spreewaldbahn war der Schlepptriebwagen noch knapp zwei Jahre im Einsatz. Nach einem Schaden musste er am 5. Oktober 1963 abgestellt werden. Aufgrund von Rostschäden und einem verbogenen Längsträger wurde der Triebwagen schließlich am 14. August 1969 ausgemustert und am 2. Oktober 1969 im Raw Wittenberge zerlegt.

Dieses Schicksal ereilte auch den VT 137 565, der hohe Instandhaltungskosten verursachte. Nach seiner Wiederindienststellung am 9. August 1954 folgten bereits 1955 zwei längere Bedarfsausbesserungen (T0) im Raw Dessau (siehe Tabelle S. 111). Bis zum 16. März 1955 war der ehemalige T 2 der NWE gerade einmal an 261 Tagen im Einsatz (Laufleistung 38.209 km). Nach seiner Rückkehr in den Harz diente der VT 137 565 meist nur als Reservefahrzeug, so dass er bis zu seiner nächsten Untersuchung im Raw Dessau (13.02.–29.09.1960) nur 305 Einsatztage und eine Laufleistung von nicht einmal 21.000 km vorweisen konnte. Bis Ende 1961 wies der Betriebsbogen lediglich elf Einsatztage aus. Zwischen Januar und Oktober 1962 musste der Triebwagen häufiger (100 Tage) in der Zugförderung aushelfen. Ein Schaden am Abgasturbolader beendete schließlich die Laufbahn des VT 137 565, der am 28. November 1962 abgestellt wurde. Seit 1954 hatte der Triebwagen bescheidene 66.406 km zurückgelegt. Anschließend wurde das Fahrzeug zum Raw Wittenberge gebracht. Dort wurde beim Ausbau der Maschinenanlage der Rahmen schwer beschädigt. Außerdem gab es keine Möglichkeit, den Abgasturbolader zu reparieren. Aus diesen Gründen verfügte die DR den VT 137 565 am 25. November 1965 in den Schadpark. Am 24. November 1967 folgte die Ausmusterung. Am 14. Mai 1968 meldete das Raw Wittenberge das Fahrzeug als zerlegt. Der Motor blieb aber erhalten und wurde in den VT 137 566 eingebaut, der damit der letzte Schlepptriebwagen der ehemaligen NWE war.

Dampflokomotiven der Baureihe 99 im Bw Wernigerode Westerntor

Lok	vom Bw	von	bis	zum Bw
99 222	Meiningen	17.08.1966	12.06.1989	Raw Görlitz[1]
	z-Park	26.04.1991[2]	31.01.1993	HSB
99 231	neu	17.06.1955	10.02.1956	LKM Babelsberg
	LKM Babelsberg	19.03.1956	05.07.1956	Meiningen[3]
	Meiningen	18.06.1973	31.01.1993	HSB
99 232	neu	10.05.1955	31.01.1993	HSB
99 233	neu	20.05.1955	23.11.1956	Gera
	Raw Görlitz (L3)	10.05.1960	31.01.1993	HSB
99 234	neu	10.06.1955	13.11.1956	Gera
	Gera	19.05.1958	31.01.1993	HSB
99 235	neu	10.06.1955	07.11.1956	Gera
	Meiningen	18.06.1973	31.01.1993	HSB
99 236	Meiningen	19.10.1974	31.01.1993	HSB
99 237	Meiningen	05.11.1973	31.01.1993	HSB
99 238	neu	27.05.1956	31.01.1993	HSB
99 239	neu	08.06.1956	31.01.1993	HSB
99 240	neu	21.06.1956	31.01.1993	HSB
99 241	neu	26.07.1956	31.01.1993	HSB
99 242	neu	17.08.1956	31.01.1993	HSB
99 243	neu	28.11.1956	31.01.1993	HSB
99 244	neu	15.02.1957	31.01.1993	HSB
99 245	neu	19.05.1956	31.01.1993	HSB
99 246	neu	02.05.1957	31.01.1993	HSB
99 247	neu	26.04.1957	31.01.1993	HSB
99 5001	Raw Görlitz (L4)	26.02.1957[4]	30.09.1967	z-Park[5]

Lok	vom Bw	von	bis	zum Bw
99 5201	Raw Görlitz (L4)	19.03.1958	10.04.1968	z-Park[6]
99 5611	Barth	12.06.1954	14.09.1955	Barth[7]
99 5631	Raw Bk (L4)	22.05.1952	30.12.1957	Barth
99 5632	Raw Bk (L4 GR)	16.01.1953	05.01.1958	z-Park[8]
99 5803	NWE	01.01.1950	17.09.1962	Reichenbach[9]
99 5804	NWE	01.01.1950	28.08.1963	z-Park[10]
99 5811	GHE	01.01.1950	24.02.1964	z-Park[11]
99 5901	NWE	01.01.1950	12.02.1991	z-Park[12]
99 5902	NWE	01.01.1950	06.10.1970	z-Park
	z-Park	10.02.1972[13]	31.01.1993	HSB
99 5903	NWE	01.01.1950	19.11.1988	z-Park[14]
	z-Park	15.08.1991[15]	31.01.1993	HSB
99 5904	NWE	01.01.1950	14.12.1988	z-Park[16]
99 5905	NWE	01.01.1950	25.02.1974	z-Park[17]
99 5906	NWE	01.01.1950	06.08.1990	z-Park
99 6001	NWE	01.01.1950	31.01.1993	HSB
99 6011	NWE	01.01.1950	15.10.1960	Gera[18]
99 6012	NWE	01.01.1950	07.08.1963	z-Park[19]
99 6101	NWE	01.01.1950	31.01.1993	HSB[20]
99 6102	NWE	01.01.1950	21.11.1988	z-Park[21]

Anmerkungen:
1 Die Lok wurde am 09.11.1987 abgestellt und anschließend als Heizlok genutzt. Ab 13.06.1989 diente die Lok im Raw Görlitz als Dampfspender und wurde am 13.10.1989 z-gestellt.
2 Die Lok gehörte nach einer L6 im Raw Görlitz (06.11.1990–25.04.1991) wieder zum Betriebspark.
3 Die Lok war ab 09.06.1956 zur L0 im Bw Erfurt G.
4 Die Lok war bis zum 21.05.1957 aufgrund notwendiger Nacharbeiten abgestellt.
5 Die Lok wurde am 06.11.1964 abgestellt.
6 Die Lok wurde am 22.01.1968 abgestellt.
7 Die Lok wurde im Bw Westerntor im Rahmen einer L0 (12.06.–28.06.1954) für den Einsatz vorbereitet und war ab 11.07.1955 zur L4 im Raw Wittenberge.
8 Die Lok wurde am 25.01.1956 abgestellt.
9 Die Lok war ab 03.07.1961 zur L4 im Raw Görlitz.
10 Die Lok wurde am 12.10.1960 abgestellt.
11 Die Lok wurde am 01.07.1963 abgestellt.
12 Die Lok wurde am 19.10.1989 abgestellt.
13 Die Lok gehörte nach einer L4 GR im Raw Görlitz (24.10.1971–09.02.1972) wieder zum Betriebspark.
14 Die Lok wurde am 01.01.1988 abgestellt.
15 Die Lok gehörte nach einer L7 im Raw Görlitz (11.02.–14.08.1991) wieder zum Betriebspark.
16 Die Lok wurde am 06.11.1988 abgestellt.
17 Die Lok wurde am 01.06.1971 abgestellt.
18 Die Lok war ab 12.08.1959 zur L2 im Raw Görlitz.
19 Die Lok wurde am 29.09.1959 abgestellt.
20 Die Lok wurde ab 15.03.1992 als »w« geführt.
21 Die Lok wurde am 01.02.1987 abgestellt.

Im April 1964 diente 99 5001 als Rangierlok im Bf Nord-
hausen Nord. Zu diesem Zeitpunkt waren die Tage des
kleinen Zweikupplers bereits gezählt. Ausweislich ihres
Betriebsbogens wurde die Maschine letztmalig im
November 1964 eingesetzt (siehe Tabelle S. 153).
Foto: Propp, Slg. G. Schütze

Im Gegensatz zu VT 137 561 und VT 137 565 war der einstige T 3 in den
1950er-Jahren deutlich häufiger im Einsatz. Er wurde meist auf der Harzquerbahn eingesetzt. Aber auch Dienste auf der Brockenbahn, u.a. als
Vorspann, sind belegt. Vom 28. Juli 1950 bis zum 23. März 1956 legte der
VT 137 566 insgesamt 155.724 km zurück. Ab Herbst 1956 fungierte der
Schlepptriebwagen meist als Reserve. Ausweislich seiner Werkkarte besaß
der VT 137 566 bis 1959 seine rote Lackierung aus der NWE-Zeit. Erst im
Zuge einer Zwischenausbesserung (T3; 27.11.1958–01.06.1959) wurde
der Triebwagen entsprechend dem Farbschema der DR rot-elfenbein-
farben lackiert. Ab 1963 nutzte das Bw Wernigerode Westerntor den
VT 137 566 für Rangierarbeiten oder die Überführung von Fahrzeugen
von der Werkstatt zur Verladerampe im Spurwechselbahnhof und um-
gekehrt. Nach einer Bedarfsausbesserung (T2; 09.09.–18.09.1968) unterstand der Triebwagen der Bm Wernigerode Westerntor. Diese nutzte den
VT 137 566 als so genannten Gerätewagen meist für Arbeits- und Bauzüge.

Mit der Einführung der neuen, EDV-gerechten Betriebs-Nr. am 1. Juni
1970 zeichnete die DR den VT 137 566 in 185 025-4 um. Doch die neue
Baureihen-Nr. widersprach den Richtlinien der DR. Die Baureihe 185 war
für vierachsige, regelspurige Altbau-Triebwagen vorgesehen. Für Schmal-
spurfahrzeuge hatte die HvM die Baureihe 187 geschaffen. Dieser Fehler
wurde zum 1. Januar 1973 beseitigt. Fortan trug der einstige T 3 der NWE
die Betriebs-Nr. 187 025-2. Doch zu diesem Zeitpunkt war der Triebwagen
nicht mehr einsatzfähig. Die Kühlanlage war defekt und konnte nicht
mehr repariert werden. Da sich der 187 025 aber noch in einem sehr guten
Gesamtzustand befand, stimmte die Verwaltung der Maschinenwirtschaft (VdM) der Rbd Magdeburg einer Instandsetzung in der Werkstatt
des Bw Wernigerode zu. Im Zuge dieser Hauptuntersuchung (21.09.1972–
24.12.1975) erhielt der 187 025 eine neue Kühlanlage und einen neuen
Motoröl-Wärmetauscher. Nach einer Probefahrt nach Schierke am 22. Dezember 1975 stand der 187 025 wieder der Bm Wernigerode Westerntor

Im Frühjahr 1958 absolvierte 99 5201 nach einer Hauptuntersuchung (L4, 07.06.1957–18.03.1958) einige Ein-
stell- und Probefahrten auf dem Gelände des Raw
Görlitz. Das Bw Wernigerode Westerntor setzte die Maschine nur im Rangierdienst ein.
Foto: Archiv D. Endisch

zur Verfügung. Ein Schaden am Hochdruck-Kompressor, der die mit einem Druck von 60 kp/cm^2 betriebene Starteranlage versorgte, beendete 1978 den Einsatz des Triebwagens. Die noch vorhandenen Ersatzteile – darunter ein kompletter Satz Fahrmotoren – wurden leider 1980 verschrottet.

Trotz des Einsatzes der Baureihe 99$^{23-24}$ auf der Brockenbahn gab es Ende der 1950er-Jahre immer wieder Probleme in der Zugförderung. Das Fahrgastaufkommen entwickelte sich derart rasant, dass die hier eingesetzten Sechs-Wagen-Züge nicht mehr den verkehrlichen Belangen entsprachen. Außerdem erwies sich der mit 4 t großzügig dimensionierte Kohlevorrat der Neubauloks bei reiner Brikettfeuerung für den Umlauf Wernigerode–Brocken–Drei Annen Hohne–Brocken–Wernigerode als zu knapp bemessen. Bei reiner Steinkohlenfeuerung rechnete die B-Gruppe des Bw Wernigerode Westerntor mit einem Verbrauch von gut einer Tonne für eine Fahrt von Wernigerode hinauf zum Brocken und zurück. Die Rbd Magdeburg sorgte daher dafür, dass das Bw Wernigerode Westerntor für den Brockenverkehr zusätzliche Steinkohle-Lieferungen erhielt. Ein weiterer Grund für die Steinkohlenfeuerung der im Brockenverkehr eingesetzten Maschinen war der entlang der Brockenbahn fehlende Brandschutzstreifen.

Damit konnten aber die Kapazitätsprobleme im Brockenverkehr nicht gelöst werden. Deshalb sollten die Züge verlängert werden und eine Vorspannlok erhalten. Das zuständige Rba Aschersleben schlug daher im Sommer 1959 vor, das erste Zugpaar zum Brocken (P 1362/1363) aus zwölf Wagen zu bilden und mit zwei Neubau-Maschinen zu bespannen. Die Rbd Magdeburg untersagte dies, da die Zugstangen der Baureihe 99$^{23-24}$ für diese Belastungen nicht ausgelegt waren und deshalb verstärkt werden mussten. Daraufhin plädierte das Rba Aschersleben für den Einsatz einer Maschine der Baureihe 99$^{23-24}$ als Schiebelok. Auch dies wurde seitens der Direktion aus Sicherheitsgründen nicht genehmigt. Die bei Schiebebetrieb auftretenden Kräfte hätten aufgrund der beweglichen Puffer der

Loks zu Entgleisungen führen können. Um dennoch die Anzahl der Sitzplätze zu erhöhen, sollte der Zwölf-Wagen-Zug mit der 99 6001 als Zuglok und einer 1´E1´h2t-Maschine als Vorspannlok befördert werden. Diese Technologie wurde am 17. Juni 1959 mit dem morgendlichen P 1360 erprobt. Die beiden Dampfloks brachten den Zug anstandslos hinauf zum Brocken. Allerdings war das Umsetzen im Bf Brocken aufgrund der zu geringen Nutzlängen von 157 m (Gleis 1), 117 m (Gleis 2) und 163 m (Gleis 3) problematisch. Daher wurden fortan bei Bedarf Zehn-Wagen-Züge mit der 99 6001 und einer Neubaulok auf der Brockenbahn eingesetzt.

Schmalspur-Triebwagen im Bw Wernigerode Westerntor

Triebwagen	vom Bw	von	bis	zum Bw
VT 133 522[1]	GHE	01.01.1950	1978	z-Park[2]
	z-Park	29.09.1989[3]	31.01.1993	HSB
VT 137 561	NWE	01.01.1950	12.12.1961	Straupitz[4]
VT 137 565	NWE	01.01.1950	24.09.1967	z-Park[5]
VT 137 566[6]	NWE	01.01.1950	1978	z-Park[7]

Anmerkungen:
1 ab 01.06.1970: 187 001-3
2 Der Triebwagen diente ab 13.10.1959 in der Est Gernrode als Gerätewagen.
3 Der Triebwagen wurde im Bw Haldensleben (T7: 01.04.1987–10.01.1990) als Museumsfahrzeug betriebsfähig aufgearbeitet.
4 Der Triebwagen war ab 01.09.1961 zur T0 im Bw Straupitz.
5 Der Triebwagen wurde am 28.11.1962 abgestellt.
6 ab 01.06.1970: 185 025-4; ab 01.01.1973: 187 025-2
7 Der Triebwagen diente ab 09.09.1969 als Gerätewagen für die Bm Wernigerode Westerntor und wurde 1975 nach einem Schaden am Kompressor abgestellt.

Anfang der 1950er-Jahre hatte 99 6012 mit einem Gmp den Bf Schierke erreicht. Im Sommer 1953 verkehrten auf der Brockenbahn zwei Personenzugpaare auf der Relation Wernigerode–Brocken und zwei Gmp-Paare auf dem Abschnitt Wernigerode–Schierke (Gmp 9724/9725 und 9742/ 9723). Foto: W. Umlauft, Slg. R. Wiedemann

Anfang der 1950er-Jahre rollte 99 6001 mit einem Personenzug in der Nähe des Bf Goetheweg talwärts. Links im Hintergrund ist der ehemalige Fernsehsender »Brocken« zu sehen. Der Umbau des Gebäudes zu einem Gasthaus begann 1948. Dabei wurden die oberen Stockwerke abgetragen, so dass das Gebäude nur noch neun Etagen besaß. In der ehemaligen »Dieselhalle« – hier befand sich einst das Notstromaggregat für den Sender– entstand der so genannte Touristensaal (250 Sitzplätze), der am 21. Mai 1950 eröffnet wurde.
Foto: Archiv D. Endisch

4.6 Typenvielfalt

Mit dem Bau der Berliner Mauer am 13. August 1961 endete einen Tag später der Brockenverkehr. Fortan war der Bf Schierke Endstation für die Personenzüge auf der Brockenbahn. Auf dem Abschnitt Schierke–Brocken verkehrten nur noch Güterzüge für die Versorgung der auf dem Harzgipfel stationierten Einheiten der Gruppe der sowjetischen Streitkräfte in Deutschland (GSSD) und der Grenztruppen der DDR sowie der anderen hier befindlichen Objekte. Entsprechend eines Befehls des Ministeriums für Nationale Verteidigung (MfNV) war der Brocken ab 19. Oktober 1961 militärisches Sperrgebiet. In den folgenden Jahren wurde der Gipfel des Harzes schrittweise zu einer Festung ausgebaut. Mit dem Befehl 01/69 erklärte das MfNV den Brocken mit Wirkung zum 1. Oktober 1969 zu einem »Sonderobjekt«, für das besonders strenge Sicherheits- und Kontrollvorschriften galten. Für die Versorgung des Brockens verkehrte jetzt in den Sommermonaten nur noch durchschnittlich dreimal pro Woche ein so genannter Versorgungszug.

Ab Mitte der 1960er-Jahre benötigte die Abteilung Triebfahrzeug-Betrieb (Tb) für den Strecken- und Rangierdienst auf der Harzquer- und Brockenbahn durchschnittlich zehn Dampfloks. Während die Baureihe 99[23–24] fast ausschließlich im Streckendienst verwendet wurde, dienten 99 5001, 99 5201, 99 6001, 99 6101 und 99 6102 als Rangierloks oder bespannten die als Rollbockzüge verkehrenden Übergaben im Stadtgebiet von Wernigerode und Nordhausen.

Ab 17. August 1966 gehörte 99 222 zum Bestand des Bw Wernigerode Westerntor. Die vom Lokbf Eisfeld (Bw Meiningen) übernommene Einheitslok hatte Anfang der 1950er-Jahre bei der Entwicklung der Baureihe 99[23–24] als Vorbild gedient. Daher entsprachen die Leistungsparameter der 99 222 jenen der Neubau-Maschinen. Allerdings hatte die Tb-Gruppe zunächst keine sinnvolle Verwendung für die 99 222. Da das Raw Görlitz vergessen hatte, die Einheitslok vor ihrer Umsetzung nach Wernigerode mit einer Saugluftbremse auszurüsten, konnte sie zunächst keine Züge auf der Harzquer- und Brockenbahn bespannen. Die Lokleiter nutzten 99 222 daher zunächst für den Rangier- und Rollbockdienst in Wernigerode. Für diese Zwecke war die Einheitslok aber überdimensioniert. Daher wurde sie nach kurzer Zeit abgestellt. Die Rbd Magdeburg vermietete 99 222 ab 25. August 1966 an den LKM. Dieser nutzte die Maschine ausweislich der Lokkartei der Direktion als Wärmespender. Die Vermietung endete am 31. Dezember 1966. Ab 7. Januar 1967 war 99 222 zu einer L0 im Raw Görlitz, wo die Maschine bis zum 7. April 1967 für den Einsatz auf

Im Sommer 1951 wartete 99 5901 auf dem Bf Brocken auf die Rückfahrt. Die Betriebs-Nr. war – wie die Friedenstaube am Wasserkasten – nur mit weißer Ölfarbe angemalt. Esrst ab Mitte der 1950er-Jahre rüstete das Raw Görlitz die ehemaligen NWE-Maschinen mit Lokschildern aus. Foto: D. Krause, Slg. J.-P. Fried

Die Einsatztage der 99 5001				
		betriebsfähig	auf »w«	
Jahr	Einsatztage	abgestellt	abgestellt	Reparaturtage
1964	230	22	56	58
1965	-	303	5	57
1966	-	365	-	-
1967	-	212	1531	-

Anmerkung:
1 davon 92 Tage im Schadpark (»z«)

Die Einsatztage der 99 5201				
		betriebsfähig	auf »w«	
Jahr	Einsatztage	abgestellt	abgestellt	Reparaturtage
1965	68[1]	272	-	25
1966	365[2]	-	-	-
1967	220[2]	145	-	-
1968	-	21	345[3]	-

Anmerkungen:
1 davon 45 Tage als Heizlok vermietet
2 als Heizlok vermietet
3 davon 335 Tage im Schadpark (»z«)

den Schmalspurbahnen im Harz angepasst wurde. Nach ihrer Rückkehr zum Bw Wernigerode Westerntor teilte die Tb-Gruppe die Einheitslok dem Dienstplan I der Einsatzstelle (Est) Wernigerode zu. Dort wurden täglich planmäßig fünf 1´E1´h2t-Maschinen benötigt, die Personen- und Güterzüge auf den Verbindungen Wernigerode–Drei Annen Hohne–Nordhausen Nord und Wernigerode–Drei Annen Hohne–Schierke bespannten. Im Sonderdienst kam 99 222 in Ausnahmefällen auch mit Güterzügen auf dem Abschnitt Schierke–Brocken zum Einsatz.

Bei den Personalen stand das Einzelstück zunächst nicht sonderlich hoch im Kurs. Aufgrund der einfachen Laufachsen (Bauart Bissel) war der Bogenlauf der 99 222 im Vergleich zu den Maschinen der Baureihe 99²³⁻²⁴ mit ihrem vorderen Eckhardt-Lenkgestell mit Beugniot-Hebel und dem hinteren Krauss-Helmholtz-Lenkgestell deutlich schlechter. Außerdem kam es in den ersten Einsatzjahren immer wieder zu Entgleisungen, die aber in erster Linie dem teilweise schlechten Zustand des Oberbaus geschuldet waren. Dies änderte sich jedoch, nachdem das Ministerium für Verkehrswesen (MfV) am 28. Februar 1967 den langfristigen Erhalt der Strecken Wernigerode–Nordhausen Nord, Drei Annen Hohne–Schierke und Eisfelder Talmühle–

Hasselfelde beschlossen hatte (siehe S. 36) und die Bm Wernigerode Westerntor in der Folgezeit die Gleisanlagen schrittweise instandsetzte. Anfang der 1970er-Jahre gehörte die Einheitslok, die ab 1. Juni 1970 die EDV-gerechte Betriebs-Nr. 99 7222-5 trug, zum alltäglichen Bild auf der Harzquerbahn. Vom 26. Juli 1969 bis zum 23. Juli 1975 legte die Maschine insgesamt 153.964 km zurück, was einer durchschnittlichen Jahreslaufleistung von rund 25.660 km entsprach. Zeitweilig war die Maschine auch als Reserve konserviert abgestellt (03.02.–30.05.1971, 28.12.1972–24.03.1973, 15.11.–20.12.1976). Nachdem das Raw Görlitz während einer Zwischenausbesserung (L5; 14.09.1973–03.01.1974) den Oberflächenvorwärmer durch eine Mischvorwärmer-Anlage analog der Baureihe 99²³⁻²⁴ ersetzt hatte, war 99 222 optisch nur noch schwer von den Neubau-Maschinen zu unterscheiden.

Ende der 1960er-Jahre verzeichnete die Rbd Magdeburg einen Rückgang der Beförderungsleistungen. Die Schließung von Gleisanschlüssen und die Konzentration des Frachtenverkehrs auf so genannte Wagenladungs-

Ab Herbst 1968 nutzte die Bm Wernigerode Westerntor den VT 137 566 als so genannten Gerätewagen, mit dem auch Bau- und Arbeitszüge bespannt wurden. Im Januar 1970 stand der ehemalige T 3 der NWE mit einem Arbeitszug im tiefverschneiten Bf Drei Annen Hohne. Foto: Nachlass W. Zeunert (†)

99 6101-2 stand am 7. April 1974 mit einer Übergabe nach Wernigerode im Bf Wernigerode-Hasserode. Bei der Einführung der neuen, EDV-gerechten Betriebs-Nr. erhielten die Dampflokomotiven des Bw Wernigerode nur an der Rauchkammer ein neues 841 mm langes Lokschild, das in der Zentralwerkstatt der Est Pockau-Lengefeld hergestellt worden war. Am Führerhaus wurde entweder die neue Betriebs-Nr. oder hinter dem alten Lokschild die Kontrollziffer nur mit Ölfarbe angemalt.   Foto: H. Schneider, Slg. R. Greinke

Die letzten Einsätze der 99 5001

Monat	Einsatz- tage	kalt abgestellt	Repara- turtage	auf »w« gestellt	Lauf- leistung
Februar 1964	13	-	16	-	924 km
März 1964	20	10	1	-	1.240 km
April 1964	27	2	1	-	1.773 km
Mai 1964	28	2	1	-	1.704 km
Juni 1964	25	4	1	-	1.517 km
Juli 1964	30	-	1	-	1.798 km
August 1964	30	-	1	-	1.798 km
September 1964	27	2	1	-	1.650 km
Oktober 1964	28	2	1	-	1.757 km
November 1964	5	-	-	25	256 km
Dezember 1964	-	-	-	31	-

Die letzten Einsätze der 99 5201

Monat	Einsatz- tage	kalt abgestellt	Repara- turtage	auf »w« gestellt	Lauf- leistung
Januar 1965	1	7	23	-	82 km
Februar 1965	17	10	1	-	85 km
März 1965	3	28	-	-	527 km
April 1965	2	27	1	-	224 km
Mai 1965	-	31	-	-	-
Juni 1965	-	30	-	-	-
Juli 1965	-	31	-	-	-
August 1965	-	31	-	-	-
September 1965	-	30	-	-	-
Oktober 1965	-	31	-	-	-
November 1965	14[1]	16	-	-	-
Dezember 1965	31[1]	-	-	-	-

Anmerkung:
1 als Heizlok vermietet

knotenbahnhöfe führte ab 1964 zu Einschränkungen im Güterverkehr und zu weniger Rangierarbeiten in den Bahnhöfen Wernigerode und Nordhausen Nord. Damit hatten die Einzelgänger 99 5001 und 99 5201 ausgedient. 99 5001 wurde letztmalig 1964 eingesetzt (siehe Tabelle oben). Anschließend war sie als Betriebsreserve kalt abgestellt, bevor sie am 1. Oktober 1967 in den Schadpark verfügt wurde. Bis zu diesem Zeitpunkt hatte die Lok seit ihrer Ankunft im Harz insgesamt 100.116 km zurückgelegt. Der Weg zum Schrottplatz blieb der kleinen Maschine jedoch erspart. Die DR veräußerte die Maschine an die Museumsbahn Dunieres–St. Agreve in Südfrankreich. Vor ihrer Übergabe am 31. Dezember 1973 an den Generaldirektor der Bahn, Gerard Prévot, wurde die Maschine im Bw Wernigerode Westerntor betriebsfähig aufgearbeitet (Abnahme am 23.11.1973). Dazu gehörte am 13. Dezember 1973 auch eine Probefahrt von Wernigerode Westerntor nach Drei Annen Hohne.

99 5201 wurde an zwei Tagen im April 1965 letztmalig im Rangierdienst (siehe Tabelle oben) eingesetzt. Ab 4. April 1965 führte die Tb-Gruppe den Zweikuppler als kalte Betriebsreserve, bevor die Rbd Magdeburg die Maschine ab 15. November 1965 als Wärmespender an den VEB Möbelfabrik Wernigerode vermietete. Ausweislich der Lokkartei der Rbd Magdeburg endete der Mietvertrag am 31. August 1967. Nach Ablauf ihrer Kesselfrist wurde 99 5201 am 22. Januar 1968 formal abgestellt und am 11. April 1968 in den Schadpark verfügt. Bis zu diesem Zeitpunkt hatte die Maschine seit ihrem Eintreffen im Harz (am 19.03.1958) insgesamt 107.857 km zurückgelegt. Fortan setzte die Tb-Gruppe meist 99 6101 und 99 6102 für den Rangier- und Übergabedienst in Wernigerode ein,

Ab 17. August 1966 gehörte 99 222 zum Bestand des Bw Wernigerode Westerntor. Am 14. Februar 1971 stand die inzwischen als 99 7222-5 bezeichnete Einheitslok in der Est Wernigerode. Das Bw Wernigerode hatte die Führerhäuser der Baureihen 99²² und 99²³⁻²⁴ im Sommer 1970 mit gemalten Lokschildern ausgerüstet. Foto: Archiv D. Endisch

sofern die beiden »Rollbockloks« nicht in der Est Gernrode (Harz) oder der Est Nordhausen Nord benötigt wurden.

Nach der Stilllegung der Strecke Eisfeld–Schönbrunn (Kr Hildburghausen) am 31. März 1973 stockte die HvM den Bestand der Baureihe 99²³⁻²⁴ im Bw Wernigerode auf. Aus der Rbd Erfurt trafen 99 231, 99 235, 99 236 und 99 237 im Harz ein, die hier den Beinamen »Eisfelder Jagdwagen« erhielten. Deren Laufwerke waren jedoch für den Einsatz auf der Harzquer- und Brockenbahn gänzlich ungeeignet. Das Raw Görlitz ersetzte daher im Zuge planmäßiger Ausbesserungen das vordere Krauss-Helmholtz-Lenkgestell durch ein Eckhardt-Gestell mit Beugniot-Hebel. Weiterhin erhielten die Maschinen eine Saugluftbremse der Bauart Hardy und eine Balancier-Kupplung. Der Umbau der 99 231 (L6: 11.03.1973–05.11.1974), 99 235 (L6: 05.12.1973–18.04.1974), 99 236 (L6: 06.05.–18.10.1974) und 99 237 (L6: 23.02.–04.11.1973) dauerte bis zum Herbst 1974. Damit waren fortan alle 17 Maschinen der Baureihe 99²³⁻²⁴ im Bw Wernigerode stationiert. Der Tb-Gruppe standen – einschließlich der 99 222 – 18 leistungsstarke 1´E1´h2t-Maschinen für die Zugförderung zur Verfügung. Bei einem Planbedarf von zehn Maschinen gehörten Fahrzeug-Engpässe (vorerst) der Vergangenheit an.

Ab 1974 setzte das Stammwerk während der Sommermonate wieder planmäßig eine Malletlok der Baureihe 99⁵⁹ ein. Auslöser dafür waren die Feierlichkeiten anlässlich des 75-jährigen Jubiläums der Harzquerbahn im Frühjahr 1974. Die Brockenbahn wurde nicht genannt, da der Harzgipfel seit Herbst 1961 militärisches Sperrgebiet war (siehe S. 151). Engagierte Eisenbahner, zu denen auch der Vorsteher des Bw Wernigerode, Werner Dill, gehörte, hatten die Idee, einen Sonderzug bestehend aus einer der noch vorhandenen Mallet-Maschine mit einigen historischen Personenzugwagen einzusetzen. Die Wahl fiel auf 99 5903, die im März 1974 grün-schwarz-rot lackiert wurde sowie am Schornstein und am Führerhaus wieder die alte Betriebs-Nr. 13 erhielt. Die Maschine bespannte am 27. März 1974 den offiziellen Festzug von Nordhausen Nord nach Wernigerode. Anschließend pendelte 99 5903 vier Wochen montags bis freitags mit

dem Sonderzug auf der Strecke Wernigerode–Nordhausen Nord. An Wochenenden und Feiertagen pendelte der Sonderzug zweimal am Tag auf dem Abschnitt Wernigerode–Drei Annen Hohne. Die Sonderfahrten mit dem so genannten Traditionszug waren ein voller Erfolg. Die Eisenbahner suchten daher nach einer Möglichkeit, den Zug langfristig erhalten zu können. Dies war nur möglich, wenn er kontinuierlich im Einsatz war. Deshalb nahmen die Eisenbahner Kontakt zum FDGB-Feriendienst in Wernigerode auf. Dieser charterte schließlich den Traditionszug als »Harzer Touristenexpress« für planmäßige Sonderfahrten auf dem Abschnitt Wernigerode–Benneckenstein. Am 24. Juli 1974 verkehrte der Pendel P 14449/14450 erstmals im Auftrag des FDGB-Feriendienstes. Das Zugpaar, das zunächst mittwochs, später dienstags und freitags verkehrte, war nie im Kursbuch der DR oder im Taschenfahrplan der Rbd Magdeburg veröffentlicht, da die Fahrkarten für den »Harzer Touristenexpress« ausschließlich über den FDGB-Feriendienst vertrieben wurden. Da die Reisenden während der rund dreistündigen Pause im Bf Benneckenstein einen Eintopf aus der Gulaschkanone erhielten, wurde die Leistung von den Eisenbahnern scherzhaft als »Erbsensuppenzug« bezeichnet. Ab 1978 bespannte das Bw Wernigerode den »Harzer Touristenexpress« auch mit der ebenfalls grün-schwarz-roten 99 5901.

4.7 Reko-50er und »Indonesienlok«

In den 1960er-Jahren führte das Bw Wernigerode Westerntor zeitweise auch einige regelspurige Dampfloks in seinen Unterlagen. Mit dem Ausbau des VEB Walzwerk »Michael Niederkirchner« Ilsenburg und der Kupferhütte in Ilsenburg in der zweiten Hälfte der 1950er-Jahre nahm das Frachtaufkommen auf der Strecke Halberstadt–Wernigerode–Ilsenburg deutlich zu. Für die nun zusätzlich anfallenden Leistungen im Güterverkehr fehlten dem Bw Halberstadt jedoch Lokführer und Heizer. Die VdM der Rbd Magdeburg band daher das Bw Wernigerode Westerntor, das zu diesem Zeitpunkt im Vergleich zu anderen Dienststellen über ausreichend Personal verfügte, mit dem Fahrplanwechsel am 27. Mai 1962 in die Zugförderung auf der Kursbuchstrecke (KBS) 204 (Halle–) Halberstadt–Ilsenburg ein. Das Bw Wernigerode Westerntor erhielt dafür eigens eine Regelspur-Dampflok – die 50 3554. Deren Aufgabengebiet war jedoch begrenzt: Zwischen 6 und 18 Uhr erledigte die Maschine in erster Linie den Rangierdienst in Wernigerode. Dazu gehörten auch die Übergaben zum Spurwechselbahnhof sowie die Bedienfahrten nach Drübeck und Minsleben. In den Nachtstunden wurden meist Nahgüterzüge (N) nach Ilsenburg und Halberstadt

Auszug aus dem Betriebsbuch der 50 3554[1]

Hersteller: BMAG	Fabrik-Nummer: 11.614
Baujahr: 1941	Beschaffungskosten: 164.980,- RM
Anlieferung: 31.05.1941	Endabnahme: 09.06.1941

Stationierungen:

RAW Brandenburg West	31.05.41–09.06.41 Abnahme	Raw Stendal	04.10.66–19.10.66 L2
Bw Oppeln	10.06.41–16.01.43	Bw Wernigerode Westerntor	20.10.66–18.04.68 / 1.203.308 km²
Bw Gleiwitz	17.01.43–20.02.43	Raw Stendal	19.04.68–31.05.68 L3 mW
Bw Oppeln	21.02.43–31.03.43 / 138.356 km	Bw Wernigerode Westerntor	01.06.68–28.09.68
Bw Dzieditz	31.03.43–16.04.43 L2	Bw Halberstadt	29.09.68–08.01.69
Bw Oppeln	17.04.43–29.05.43	Bw Eilsleben	09.01.69–11.02.69
Bw Braunschweig Hbf	30.05.43–19.11.43	Bw Haldensleben	12.02.69–22.01.70
RAW Braunschweig	20.11.43–20.11.43 L0	Raw Stendal	22.01.70–10.02.70 L2
Bw Braunschweig Hbf	21.11.43–05.05.44	Bw Haldensleben	11.02.70–22.03.70
RAW Bremen	06.05.44–01.06.44 L3 oW	Raw Stendal	23.03.70–24.03.70 Nacharbeit L2
Bw Braunschweig Hbf	02.06.44–13.09.44	Bw Haldensleben	25.03.70–05.11.70
RAW Braunschweig	14.09.44–17.09.44 L0	Raw Stendal	06.11.70–21.12.70 L0
Bw Braunschweig Hbf	18.09.44–07.02.45	Bw Haldensleben	22.12.70–09.02.72 / 1.441.934 km²
Bw Halberstadt	08.02.45–	Raw Stendal	10.02.72–08.03.72 L7
Bw Halberstadt (z-Park)	01.08.45–16.07.48	Bw Haldensleben	09.03.72–07.06.73
Raw Stendal	16.07.48–21.09.48 L3 mW	Bw Eilsleben	08.06.73–10.09.73
Bw Magdeburg-Buckau	23.09.48–07.11.49	Raw Stendal	11.09.73–30.09.73 L5
Bw Magdeburg-Buckau	08.11.49–07.12.49 L0 G	Raw Stendal	01.10.73–30.11.73 L0
Bw Magdeburg-Buckau	08.12.49–18.04.50	Bw Eilsleben	01.12.73–31.12.73
Raw Stendal	20.04.50–09.05.50 L2	Bw Magdeburg, Est Eilsleben	01.01.74–19.05.75 / 1.587.866 km²
Bw Magdeburg-Buckau	10.05.50–13.02.51	Raw Stendal	20.05.75–19.06.75 L6
Raw Stendal	14.02.51–04.04.51 L0	Bw Magdeburg, Est Eilsleben	20.06.75–13.08.78 / 1.589.527 km²
Bw Magdeburg-Buckau	06.04.51–07.07.52 / 101.157 km²	Raw Meiningen	14.08.78–17.10.78 L7
Raw Stendal	08.07.52–16.08.52 L4	Bw Nossen	18.10.78–29.06.80
Bw Magdeburg-Buckau	17.08.52–22.10.52	Raw Meiningen	30.06.80–18.07.80 L5
Bw Güsten	23.10.52–12.02.54	Bw Nossen	19.07.80–07.08.80
Raw Stendal	13.02.54–08.03.54 L2	Bw Wismar	08.08.80–09.06.81 / 1.659.267 km²
Bw Güsten	08.03.54–19.09.55 / 294.005 km²	Raw Meiningen	10.06.81–07.07.81 L6
Raw Stendal	20.09.55–21.10.55 L3 mW	Bw Wismar	08.07.81–24.09.81
Bw Güsten	22.10.55–18.07.57	Bw Wittenberge	25.09.81–
Raw Stendal	19.07.57–02.09.57 L2	Bw Rostock	07.01.82–10.03.82
Bw Güsten	04.09.57–26.02.59 / 471.661 km²	Bw Wittenberge	
Raw Stendal	27.02.59–26.03.59 L4 (Reko)	Raw Meiningen	02.02.83–28.02.83 L5
Bw Halberstadt	27.03.59–05.09.60	Bw Wittenberge	01.03.83–22.05.84 / 1.789.273 km²
Raw Stendal	06.09.60–06.10.60 L2	Raw Meiningen	23.05.84–26.07.84 L7
Bw Halberstadt	07.10.60–04.04.62 / 700.491 km²	Bw Wittenberge	27.07.84–28.11.85
Raw Stendal	05.04.62–16.05.62 L3	Raw Meiningen	29.11.85–04.04.86 L0
Bw Wernigerode Westerntor	17.05.62–26.08.63	Raw Meiningen	04.04.86–21.04.86 L0
Raw Stendal	27.08.63–06.09.63 L2	Bw Wittenberge	22.04.86–28.11.87
Bw Wernigerode Westerntor	07.09.63–06.02.64	Bw Karl-Marx-Stadt	29.11.87–28.08.88 / 1.864.583 km²
Bw Halberstadt	07.02.64–10.02.64 L0 (Unfall)	Raw Meiningen	29.08.88–30.09.88 L6 (Umb. NHL)
Bw Wernigerode Westerntor	12.02.64–22.03.65 / 951.837 km²	Bw Karl-Marx-Stadt	01.10.88–20.11.91
Raw Stendal	23.03.65–27.04.65 L4		
Bw Wernigerode Westerntor	28.04.65–03.10.66	z-gestellt	21.11.91[3]
		ausgemustert	22.12.92[4]

Kesselverzeichnis:

Hersteller	Fabrik-Nr.	Baujahr	Einbautag	aus
BMAG	11614	1941	09.06.1941	neu
Henschel	26275	1941	16.08.1952	50 1828
SKL Magdeburg	29857	1959	26.03.1959	Reko-Kessel
SKL Magdeburg	29859	1959	30.09.1988	50 3556

Anmerkungen:
1 ex 50 1320
2 Laufleistung seit dem 21.09.1948

3 Die Lok wurde am 07.06.1991 abgestellt.
4 Die Lok wurde am 22.12.1992 an das Dampflokmuseum Tuttlingen verkauft.

Regelspurige Lokomotiven im Bw Wernigerode Westerntor

Lok	vom Bw	von	bis	zum Bw
50 3554	Halberstadt	17.05.1962	28.09.1968	Halberstadt
50 3555	Magdeburg Hbf	18.04.1968	08.06.1968	Halberstadt
50 3587[1]	Halberstadt	28.08.1963	07.09.1963	Halberstadt
50 3594	Halberstadt	23.03.1965	03.05.1965	Halberstadt
50 3678[1]	Halberstadt	04.10.1966	25.10.1966	Halberstadt
55 5551	Güsten	27.10.1964	30.10.1964	Halberstadt
94 893	Mag.-Rothensee	05.10.1963	08.07.1964	Mag.-Rothensee[2]
101 163[1]	Halberstadt	02.05.1973	24.05.1973	Halberstadt
102 058	Magdeburg	09.03.1972	16.12.1973	Halberstadt

Anmerkungen:
1 Leihlok des Bw Halberstadt
2 Die Lok war als Wärmespender vermietet und ab 02.06.1964 zur L3 im Raw Halle (Saale).

bespannt. Das Zugpaar nach Halberstadt diente zum Austausch der Maschine, da die Unterhaltung der 50 3554 dem Bw Halberstadt oblag. Während der Fristarbeiten oder bei größeren Reparaturen stellte das Bw Halberstadt eine notwendige Ersatzlok. Bei längeren Pausen wurde die Maschine auf einem der Vierschienengleise in der Est Wernigerode (Gleis 12 und Gleis 16) abgestellt. Mit Hilfe des Kohlekrans an Gleis 16 konnte der Brennstoffvorrat ergänzt werden. Das Wassernehmen erfolgte an einem der beiden Wasserkräne im Regelspurteil des Bf Wernigerode.

Die Tb-Gruppe stellte für 50 3554 einen eigenen Dienstplan auf, der zunächst mit jeweils drei Lokführern und Heizern besetzt war. Ab 26. Mai 1968 war der Plan vierfach besetzt.

Über sechs Jahre zählte 50 3554 zum Bestand des Bw Wernigerode Westerntor. Während der alljährlichen Ausbesserungen der 50 3554 im Raw Stendal halfen für einige Wochen 50 3555, 50 3587, 50 3594 und 50 3678 aus. Auch 55 5551 gab Ende Oktober 1964 ein viertägiges Gastspiel in Wernigerode, da 50 3554 mit einem Triebwerksschaden ausgefallen war.

Einen völlig anderen Hintergrund hatte die Beheimatung der 94 893 im Bw Wernigerode Westerntor. Die Rbd Magdeburg hatte die Maschine im Winter 1963/64 an den VEB Elektromotorenwerk Wernigerode als Heizlok vermietet. Während dieser Zeit gehörte 94 893 buchmäßig zum

Der Einsatz der 50 3554 im Bw Wernigerode Westerntor

Monat	Einsatz-tage	kalt abgestellt	Repara-turtage	auf »w« gestellt	Lauf-leistung	Monat	Einsatz-tage	kalt abgestellt	Repara-turtage	auf »w« gestellt	Lauf-leistung
Mai 1962	7	8	16	-	1.782 km	August 1965	30	-	1	-	7.549 km
Juni 1962	29	-	1	-	9.226 km	September 1965	28	-	2	-	7.206 km
Juli 1962	29	-	2	-	9.382 km	Oktober 1965	29	-	2	-	7.457 km
August 1962	29	-	2	-	9.205 km	November 1965	30	-	1	-	7.353 km
September 1962	29	-	1	-	8.934 km	Dezember 1965	29	-	2	-	7.457 km
Oktober 1962	29	-	2	-	7.604 km	Januar 1966	28	1	2	-	7.623 km
November 1962	29	-	2	-	7.604 km	Februar 1966	27	-	2	-	6.991 km
Dezember 1962	29	-	2	-	7.854 km	März 1966	29	-	2	-	7.372 km
Januar 1963	27	-	4	-	6.994 km	April 1966	28	-	2	-	6.831 km
Februar 1963	26	-	2	-	6.401 km	Mai 1966	30	-	1	-	7.383 km
März 1963	30	-	1	-	7.595 km	Juni 1966	28	-	2	-	7.278 km
April 1963	28	-	2	-	7.782 km	Juli 1966	29	-	2	-	7.231 km
Mai 1963	29	-	2	-	7.688 km	August 1966	29	-	2	-	7.448 km
Juni 1963	29	-	2	-	5.696 km	September 1966	29	-	1	-	7.342 km
Juli 1963	28	-	3	-	5.699 km	Oktober 1966	10	20	1	-	2.485 km
August 1963	23	5	3	-	4.659 km	November 1966	29	-	1	-	6.856 km
September 1963	22	7	1	-	6.122 km	Dezember 1966	30	-	1	-	6.728 km
Oktober 1963	20	-	1	-	7.484 km	Januar 1967	30	-	1	-	7.141 km
November 1963	29	-	1	-	6.990 km	Februar 1967	26	-	2	-	6.153 km
Dezember 1963	29	-	2	-	7.354 km	März 1967	30	-	1	-	7.219 km
Januar 1964	29	-	2	-	7.464 km	April 1967	28	-	2	-	6.528 km
Februar 1964	23	1	1	4	7.099 km	Mai 1967	30	-	1	-	7.093 km
März 1964	29	-	2	-	7.410 km	Juni 1967	29	-	1	-	7.060 km
April 1964	28	-	2	-	7.080 km	Juli 1967	30	-	1	-	6.908 km
Mai 1964	30	-	1	-	7.686 km	August 1967	29	-	2	-	7.165 km
Juni 1964	29	-	1	-	7.094 km	September 1967	29	-	1	-	7.324 km
Juli 1964	29	-	2	-	7.287 km	Oktober 1967	30	-	1	-	7.442 km
August 1964	30	-	1	-	7.642 km	November 1967	28	-	2	-	7.237 km
September 1964	28	-	2	-	7.212 km	Dezember 1967	30	-	1	-	7.530 km
Oktober 1964	29	-	2	-	7.448 km	Januar 1968	29	-	2	-	7.079 km
November 1964	29	-	1	-	7.387 km	Februar 1968	28	-	1	-	6.925 km
Dezember 1964	29	-	2	-	7.461 km	März 1968	29	-	2	-	7.231 km
Januar 1965	29	-	2	-	7.456 km	April 1968	17	1	12	-	4.153 km
Februar 1965	27	-	1	-	6.950 km	Mai 1968	-	-	31	-	-
März 1965	21	8	2	-	5.446 km	Juni 1968	23	-	1	-	5.709 km
April 1965	3	-	27	-	654 km	Juli 1968	30	-	1	-	7.210 km
Mai 1965	30	-	1	-	7.599 km	August 1968	29	-	2	-	6.667 km
Juni 1965	28	-	2	-	7.114 km	September 1968	29	-	1	-	6.595 km
Juli 1965	29	-	2	-	7.341 km						

Bw Wernigerode Westerntor, das auch für das Auswaschen des Kessels verantwortlich war.

Am 28. September 1968 endete der Einsatz der 50 3554 durch das Bw Wernigerode Westerntor. Das Bw Halberstadt übernahm die Lok und deren Aufgaben, die nun wieder in die Dienstpläne der Baureihe 50³⁵ des Bw Halberstadt eingebunden wurde.

Doch damit war die Beheimatung regelspuriger Triebfahrzeuge im Schmalspur-Bw Wernigerode Westerntor noch nicht beendet. Da der Einsatz einer Maschine der Baureihe 50³⁵ als Rangierlok im Bf Wernigerode der Tb-Gruppe des Bw Halberstadt überdimensioniert erschien, wurde die Stationierung einer Diesellok der Baureihe 101 oder 102 vorgeschlagen. Die VdM begrüßte die Idee und wies dem Bw Wernigerode am 9. März 1973 die 102 058 zu. Aufgrund eines Raw-Aufenthalts half 101 163 im Mai 1973 in Wernigerode aus. Allerdings erfüllte 102 058 nicht die in sie gesetzten Erwartungen. Für das Be- und Entladen der Rollwagen und Rollböcke im Spurwechselbahnhof war die Baureihe 102 ideal. Für den Rangierdienst im Bf Wernigerode war die Maschine jedoch zu schwach. Aus diesem Grund übernahm im Winterfahrplan 1973/74 wieder das Bw Halberstadt mit einer Lok der Baureihe 50³⁵ den Rangierdienst in Wernigerode.

Zu diesem Zeitpunkt setzte das Bw Wernigerode mit 199 301 seine erste Schmalspur-Diesellok planmäßig ein. Die Maschine nahm unter den Triebfahrzeugen der Selketal-, Harzquer- und Brockenbahn eine Sonderrolle ein, da sie eine Entwicklung für die Indonesische Staatsbahn (PNKA) war. Das Verkehrsministerium (Department of Transport) der Republik Indonesien hatte am 1. Dezember 1964 die Vereinigung Volkseigener Betriebe (VVB) des Schienenfahrzeugbaus der DDR mit der Lieferung von vierachsigen Reisezugwagen sowie 30 Diesellokomotiven mit einer Leistung von 350 PS mit 1.067 mm Spurweite (Kapspur) beauftragt. Während der VEB Waggonbau Bautzen die Entwicklung und Fertigung der Reise-

zugwagen übernahm, oblag dem LKM die Konstruktion und der Bau der Triebfahrzeuge. Die Generaldirektion der PNKA forderte u.a.:
- den Einbau eines Dieselmotors der Firma Maybach (MB 836 B) und eines Strömungsgetriebes der Firma Voith (L 203 U),
- eine Kraftübertragung mittels Blindwelle und Stangen,
- eine Achsfahrmasse von maximal 10 t,
- einen kleinsten befahrbaren Gleisbogen von 50 m,
- eine Höchstgeschwindigkeit von 30 km/h und
- einen Tropenschutz für das Fahrzeug.

Nach nur wenigen Monaten hatten die Ingenieure des LKM in Zusammenarbeit mit dem Institut für Schienenfahrzeuge die Konstruktionsarbeiten an der werksintern als V 30 C bezeichneten Type abgeschlossen. Neben der Ausführung für die PNKA entstand eine zweite Variante für den Export in die sozialistischen Bruderländer. Diese Version der V 30 C sollte einen Motor und ein Strömungsgetriebe aus DDR-Produktion erhalten. Bereits 1965 begann die Fertigung des PNKA-Baumusters (Fabrik-Nr. 263.001), das aber eine Spurweite von 1.000 mm erhielt, da die Maschine auf der Harzquer- und Brockenbahn erprobt werden sollte. Am 2. Februar 1966 traf der Prototyp in Wernigerode ein. Hier sorgte die Maschine aufgrund ihrer ungewöhnlichen Lackierung sofort für Aufsehen. Entsprechend den Wünschen der PNKA waren die Aufbauten der V 30 001 weiß und im unteren Drittel grün gehalten. Außerdem besaß die Lok einen umlaufenden grünen Zierstreifen und ein grünes Flügelrad an der Führerhausrückwand. Bei den Versuchsfahrten, die unter der Leitung der Versuchs- und Entwicklungsstelle der Maschinenwirtschaft (VES-M) Halle (Saale) stattfanden, fuhren Mitarbeiter des LKM die Maschine. Die V 30 001 erwies sich als gelungene Konstruktion, die die von der PNKA geforderten Leistungsparameter mühelos erbrachte. Bei den Bremsmessfahrten im August 1966 zeigte sich, dass mit der Druckluftbremse 85 % und mit der Handbremse 35 % des Fahrzeuggewichts abgebremst werden konnten. Lediglich die

99 7235-7 (ex 99 235) wartete im Frühjahr 1975 im Bf Wernigerode auf das Abfahrsignal. Auf dem 14,1 km langen Abschnitt bis Drei Annen Hohne musste die Maschine einen Höhenunterschied von rund 306 m überwinden. Dabei wurden rund 4 m³ Wasser verbraucht. Foto: J.-P. Fried

Auszug aus dem Betriebsbuch der 199 301-3[1]

Hersteller: LKM Babelsberg   Fabrik-Nummer: 263.001
Baujahr: 1966   Beschaffungskosten: -
Endabnahme: 05.12.1970   Urkunde über die Indienststellung: 19.01.1971

Stationierungen:

Bw Wernigerode	05.12.70–31.08.73	Bw Wernigerode	28.07.82–03.09.82 V0
Bw Wernigerode	01.09.73–06.09.72 V0	Bw Wernigerode	04.09.82–26.10.83
Bw Wernigerode	07.09.72–06.12.73	Bw Wernigerode	27.10.83–29.01.84 V0
Bw Wernigerode	07.12.73–20.12.73 V0	Bw Wernigerode	30.01.84–25.02.86
Bw Wernigerode	21.12.73–21.02.74	Raw Halle (Saale)	26.02.86–08.01.87 V6
Bw Wernigerode	22.02.74–22.03.74 V0	Bw Wernigerode	09.01.87–17.04.88
Bw Wernigerode	23.03.74–24.10.74	Bw Wernigerode	18.04.88–25.04.88 V0
Bw Wernigerode	25.10.74–31.01.75 V0	Bw Wernigerode	26.04.88–09.10.88
Bw Wernigerode	01.02.75–27.06.76 / 41.281 km	Bw Wernigerode	10.10.88–12.10.88 V0
Raw Halle (Saale)	28.06.76–03.03.77 V6	Bw Wernigerode	13.10.88–09.02.89
Bw Wernigerode	04.03.77–02.11.77	Bw Wernigerode	10.02.89–02.06.89 V0
Bw Wernigerode	03.11.77–20.04.78 V0	Bw Wernigerode	03.06.89–09.09.90 / 133.956 km
Bw Wernigerode	21.04.78–10.10.78	Raw Halle	10.09.90–27.02.91 V6
Bw Wernigerode	11.10.78–23.11.78 V0	Bw Wernigerode	28.02.91–20.12.92
Bw Wernigerode	24.11.78–09.06.79	Bw Wernigerode	21.12.92–08.01.93 V0
Bw Wernigerode	10.06.79–16.05.80 V0	Bw Wernigerode	09.01.93–31.01.93
Bw Wernigerode	17.05.80–03.05.81 / 64.684 km		
Raw Halle (Saale)	04.05.81–31.10.81 V7	Übergabe an die HSB	01.02.93
Bw Wernigerode	01.11.81–27.07.82 / 65.160 km		

Bauartänderungen:

08.01.87 Raw Halle (Saale)   zusätzliche Führerstandsheizung angebaut; zusätzliche Druckluftbremsanlage angebaut (NV 6526/82 Bw Wd); Kühler analog BR 102[0] umgebaut; Luftschacht im Vorbau links verschlossen
02.06.89 Bw Wernigerode   Lademotor gegen Saugmotor getauscht; Kühler gewechselt

Anmerkung:
1 bis 31.12.1972: 103 901-5

Erst am 22. Oktober 1970 erwarb die Deutsche Reichsbahn vom LKM Babelsberg die Diesellok 199 301-3 (Aufnahme vom 30.03.1974). Von 1972 bis 1978 oblag der Maschine planmäßig der Rangier- und Übergabedienst in Wernigerode (Dienstplan 2; siehe Kasten S. 162). Foto: Archiv D. Endisch

Anlässlich des 75-jährigen Bestehens der Harzquer- und Brockenbahn wurde 99 5903-2 (ex 99 5903) im Frühjahr 1974 in den NWE-Zustand zurückversetzt und vier Wochen für Sonderzüge verwendet. Am 31. März 1974 wurde die Maschine in der Est Wernigerode mit neuem Brennstoff versorgt. Foto: Th. Rieger, Archiv D. Endisch

Kühleranlage des Motors und der Motoröl-Wärmetauscher funktionierten nicht richtig, da sie für das subtropische Klima Javas und nicht für Temperaturen im Harz ausgelegt waren. Damit die Messfahrten abgeschlossen werden konnten, verschlossen die Eisenbahner einen Teil des Kühlergrills mit Teerpappe und setzten den Motoröl-Wärmetauscher außer Betrieb. Nach dem Abschluss der Messfahrten wurde die Lok wieder nach Babelsberg transportiert, wo die obligatorische Probezerlegung erfolgte. Im Sommer 1967 kehrte V 30 001 in den Harz zurück. Nach einigen weiteren Einsätzen im Rangierdienst wurde die in den Unterlagen des Bw Wernigerode Westerntor als Leihfahrzeug geführte Maschine im Dezember 1968 konserviert abgestellt.

In der Zwischenzeit hatte die PNKA ihre Bestellung von 30 auf 20 Exemplare verringert. Die Maschinen wurden 1966 in Babelsberg gefertigt und entsprechend den Vorgaben der PNKA mit Motoren und Strömungsgetrieben aus der Bundesrepublik Deutschland ausgerüstet. Der LKM übergab die Fahrzeuge vereinbarungsgemäß 1966 an die PNKA, die die Dieselloks mit den Betriebs-Nr. C 300.01–C 300.20 in Dienst stellte. Die Lok C 300.08 wurde vor der Verschiffung auf der Leipziger Frühjahrsmesse 1966 präsentiert.

Doch der Auftrag aus Indonesien war ein Verlustgeschäft für die DDR. Der ursprünglich kalkulierte Gewinn wurde zu einem erheblichen Teil durch die Beschaffungskosten für die Motoren und Strömungsgetriebe aufgezehrt. Als die PNKA außerdem Gewährleistungsansprüche geltend machte und weitere vertraglich zugesicherte Kundendienstleistungen einforderte, schrieb das Projekt V 30 C rote Zahlen. Auch die Hoffnungen, weitere Maschinen in das sozialistische Ausland liefern zu können, erfüllten sich nicht.

Aber auch das Baumuster sorgte für einen längeren Schriftwechsel zwischen dem LKM, der VVB Schienenfahrzeuge und der DR. Die Rbd Magde-

burg bemühte sich ab 1968 um einen Kauf der V 30 001, da dem Bw Wernigerode Westerntor eine leistungsfähige Diesellok für Sondereinsätze auf der Harzquer- und Brockenbahn, z.B. für Arbeitszüge, Überführungsfahrten und Hilfszugeinsätze, fehlte. Doch der LKM und die DR konnten sich lange Zeit nicht über den Kaufpreis einigen. Erst am 22. Oktober 1970 wurde der Kaufvertrag unterschrieben. Darin verpflichtete sich die DR, den Maybach-Motor zu übernehmen, der dann in Wernigerode Westerntor eingelagert wurde.

In der Zwischenzeit wurde die Lok für den Einsatz im Harz vorbereitet. Der Maybach-Motor und das Voith-Getriebe wurden durch Baugruppen aus DDR-Produktion ersetzt und am 23. Oktober 1970 einer Standprüfung unterzogen. Außerdem erhielt die Maschine eine geänderte Kühlanlage, eine Saugluftbremse der Bauart Hardy sowie die für Rangierloks übliche Lackierung. Führerhaus und Motorbau waren nun signalorange; Rahmen, Umlaufblech und Griffstangen schwarz. Die Radsätze und Stangen einschließlich der Blindwelle wurden grau gespritzt.

Am 2. und 3. Dezember 1970 folgten die Abnahmeprobefahrten (Zuggewicht 69 t) mit der V 30 001 auf der Strecke Wernigerode–Schierke. Daran nahmen neben Vertretern des LKM und des VEB Turbinenfabrik Dresden auch Mitarbeiter des Bw Wernigerode, der Rbd Magdeburg und der HvM teil. Die für die Abnahme verantwortlichen Herren Cyron und Burghard fanden einige Mängel. Dazu gehörten der gerissene Bowdenzug für die Motorregulierung und die falsch eingestellte Leerlaufdrehzahl des Motors. Außerdem mussten die defekte Sicherung des Wendeschalters und der Füllmagnet des Strömungsgetriebes überprüft und die Scheibenwischer nachgestellt werden. Diese Mängel behoben die Monteure des LKM bzw. des VEB Turbinenfabrik Dresden bis zum 4. Dezember 1970, so dass die Diesellokomotive als 103 901 in Dienst gestellt werden konnte. Zunächst war die Maschine bevorzugt in Wernigerode stationiert. Als

Die Planlok der Est Nordhausen Nord, 99 7232-4 (ex 99 232), wartete am 1. September 1974 im Bf Hasselfelde mit dem N 67775 nach Ilfeld auf das Abfahrsignal. Bis zum Fahrplanwechsel am 3. Juni 1984 besetzte die Est Nordhausen planmäßig nur eine Maschine der Baureihe 99²³⁻²⁴. Foto: Archiv D. Endisch

Ersatz für die Baureihe 99^{61} wurde die »Indonesienlok«, wie 103 901 (ab 01.01.1973: 199 301) von den Personalen genannt wurde, ab 1. Oktober 1972 im Dienstplan 2 des Bw Wernigerode eingesetzt. Zu den Aufgaben der Maschine gehörten neben dem Rangierdienst in Wernigerode und Wernigerode Westerntor auch die täglich nach Wernigerode-Hasserode verkehrenden Übergaben (Üb) 74788/74789 und 74790/74791 sowie bei Bedarf der Pendel 74792/74793. Außerdem wurde die Lok für Arbeitszüge genutzt. Fallweise bespannte sie auch den Hilfs- und den Feuerlöschzug. Aufgrund dieses begrenzten Aufgabenbereiches waren die Laufleistungen der Maschine entsprechend gering. Bis zum 28. Juni 1976 legte die »Indonesienlok« lediglich 41.281 km zurück, was einer jährlichen Laufleistung von rund 7.500 km entsprach. Daran änderte sich auch in den folgenden Jahren kaum etwas, zumal der Einzelgänger ab Herbst 1978 (vorerst) nicht mehr für den Plandienst benötigt wurde.

Höchstlastentafel für die Harzquer- und Brockenbahn (gültig ab 31.05.1981)

Höchstgeschwindigkeit Streckenabschnitt	15 km/h BR 99⁶¹	99 5906	BR 99⁵⁹	99 6001	BR 99²², BR 99²³⁻²⁴	25 bis 30 km/h BR 99⁶¹	99 5906	BR 99⁵⁹	99 6001	BR 99²², BR 99²³⁻²⁴
Nordhausen–Niedersachswerfen	200 t	180 t	220 t	280 t	360 t	160 t	150 t	180 t	240 t	310 t
Niedersachswerfen–Ilfeld	160 t	150 t	180 t	230 t	300 t	140 t	130 t	150 t	200 t	260 t
Ilfeld–Netzkater	85 t	80 t	95 t	115 t	160 t	85 t	80 t	95 t	115 t	160 t
Netzkater–Eisfelder Talmühle	85 t	80 t	110 t	140 t	180 t	85 t	80 t	110 t	140 t	180 t
Eisfelder Talmühle–Elend	-	-	-	-	-	70 t	70 t	85 t	110 t	145 t
Elend–Drei Annen Hohne	-	-	-	-	-	110 t	110 t	130 t	160 t	190 t
Drei Annen Hohne–Wernigerode	250 t	300 t	300 t	360 t	360 t	150 t	250 t	250 t	300 t	360 t
Wernigerode–W.-Hasserode	150 t	130 t	160 t	180 t	235 t	110 t	110 t	125 t	145 t	190 t
W.-Hasserode–Drei Annen Hohne	-	-	-	-	-	70 t	70 t	85 t	105 t	140 t
Drei Annen Hohne–Elend	-	-	-	-	-	100 t	100 t	115 t	140 t	200 t
Elend–Eisfelder Talmühle	-	-	-	-	-	70 t	70 t	85 t	105 t	140 t
Eisfelder Talmühle–Nordhausen	200 t	300 t	300 t	360 t	360 t	150 t	245 t	250 t	300 t	360 t
Drei Annen Hohne–Brocken	-	-	-	-	-	70 t	70 t	85 t	105 t	140 t
Brocken–Drei Annen Hohne	-	-	-	-	-	100 t	160 t	160 t	180 t	250 t

4.8 Mit Ölhauptfeuerung

Zu diesem Zeitpunkt bewältigte das Bw Wernigerode den größten Teil seiner Leistungen auf der Harzquer- und Brockenbahn mit ölgefeuerten Dampfloks der Baureihe 99^{23-24}. Erste Ideen, die meterspurigen Neubau-Maschinen mit einer Ölhauptfeuerung auszurüsten, gab es bereits in der zweiten Hälfte der 1960er-Jahre. Doch die 1969 eingereichten Vorschläge des Chefs der VES-M Halle (Saale), Max Baumberg, und des Leiters der Konstruktionsabteilung des Raw Görlitz, Horst Schubert, verliefen nach nur wenigen Monaten im Sand.

Erst im Zusammenhang mit den Vorarbeiten für den im September 1972 beschlossenen »Maßnahmenplan zur Perspektive der Schmalspurbahnen der DR« kam das Thema »Ölhauptfeuerung« wieder auf die Tagesordnung. An den Gesprächen dazu nahmen neben Mitarbeitern des Raw Görlitz, des Raw Meiningen und der Rbd Magdeburg auch Vertreter des Bw Wernigerode teil. Keiner der Beteiligten sah prinzipielle Schwierigkeiten oder hatte Vorbehalte. Nachdem das MfV am 7. November 1974 den Maßnahmenplan genehmigt hatte, erstellten die zuständigen Fachabteilungen der Rbd Magdeburg ein Konzept für die Modernisierung der Infrastruktur und die Verbesserung des Betriebs. Das 1975 vorgelegte Papier mit dem Titel »Rationalisierung der Harzer Schmalspurbahnen durch Wiederaufbau des Streckengleises Straßberg (Harz) –Stiege und Ausdehnung des Roll-wagenbetriebes bis Harzgerode« sah den Umbau der Baureihe 99^{23-24} auf Ölhauptfeuerung und die Ablösung der Mallet-Maschinen der Baureihe 99^{59} vor. Wenig später begannen unter der Federführung des Raw Meiningen die Konstruktionsarbeiten für den Umbau der Baureihe 99^{23-24} auf Ölhauptfeuerung. Die HvM hatte sich für das Raw Meiningen entschieden, das für die Erhaltung der ölgefeuerten (Regelspur-) Maschinen der Baureihen 01^5, 03^{10}, 44^{0l}, 50^{0l} (ab 01.01.1975) und 95^{0l} zuständig war und daher die größte Erfahrung mit dieser Feuerungsart besaß.

Dieselloks der Baureihe 199 im Bw Wernigerode				
Lok	**vom Bw**	**von**	**bis**	**zum Bw**
199 005	Cottbus	01.04.1983	10.04.1991	z-Park
199 006	Cottbus	08.04.1983	10.04.1991	z-Park
199 010	Umbau	20.11.1985	31.01.1993	HSB
199 011	Umbau	28.02.1991	31.01.1993	HSB
199 012	Umbau	19.04.1991	31.01.1993	HSB
199 301[1]	neu	05.12.1970	31.01.1993	HSB
199 861	Umbau	01.06.1990	31.01.1993	HSB
199 863	Umbau	01.11.1988	31.01.1993	HSB
199 870	Umbau	23.11.1990	31.01.1993	HSB
199 871	Umbau	31.12.1988	31.01.1993	HSB
199 872	Umbau	17.01.1990	31.01.1993	HSB
199 874	Umbau	30.11.1990	31.01.1993	HSB
199 877	Umbau	14.12.1990	31.01.1993	HSB
199 879	Umbau	18.10.1990	31.01.1993	HSB
199 891	Umbau	17.11.1990	31.01.1993	HSB
199 892	Umbau	21.12.1990	31.01.1993	HSB

Anmerkung:
1 bis 31.12.1972: 103 901-5

Für die Ölhauptfeuerung der Baureihe 99^{23-24} griffen die Ingenieure des Raw Meiningen im Wesentlichen auf die Unterlagen der Baureihe 95^{0l} zurück. Die Meterspur-Maschinen erhielten aber im Gegensatz zur Baureihe 95^{0l} nur einen Schlitzbrenner. Aufgrund der kürzeren Leitungen und des nur 2,8 m³ großen Brennstoffvorrats konnten bei den Neubauloks eine

Im Frühjahr 1973 legte 99 7238-1 mit einem Personenzug nach Nordhausen Nord einen Halt im Bf Benneckenstein ein. Erst wenige Monate zuvor, am 14. Juni 1972, hatten die Sicherheitsorgane die Kleinstadt und die benachbarte Gemeinde Tanne aus dem Sperrgebiet an der deutsch-deutschen Grenze herausgelöst. Foto: Archiv D. Endisch

Die Dienstpläne des Bw Wernigerode (gültig ab 22. Mai 1977)

Est Wernigerode / Dienstplan 1 (4 x BR 99^{72})

Tag 1

P 14401	Wernigerode	ab 6.42	Nordhausen Nord	an 9.49	Mo–Sa
P 14404	Nordhausen Nord	ab 11.42	Wernigerode	an 14.36	Mo–Sa
P 14409	Wernigerode	ab 16.41	Nordhausen Nord	an 19.46	

Tag 2

P 14402	Nordhausen Nord	ab 6.58	Wernigerode	an 9.42	
Lrz 14402	Wernigerode	ab 9.57	Wernigerode Wt	an 10.02	
Lz 77790	Wernigerode Wt	ab 10.16	Wernigerode	an 10.20	
P 14407	Wernigerode	ab 11.26	Nordhausen Nord	an 14.27	
P 14408	Nordhausen Nord	ab 16.09	Wernigerode	an 18.51	
Lrz 14408	Wernigerode	ab 19.00	Wernigerode Wt	an 19.04	
Lzv 14408	Wernigerode Wt	ab 19.08	Wernigerode	an 19.12	

Tag 3

Gmp 69751	Wernigerode	ab 8.06	Schierke	an 9.19	Mo–Sa
Gmp 69752	Schierke	ab 9.58	Wernigerode	an 10.56	Mo–Sa
Gmp 69753	Wernigerode	ab 13.00	Schierke	an 14.09	Mo–Sa
Üb 74798	Schierke	ab 14.35	Drei Annen Hohne	an 14.48	Mo–Sa
Üb 74799	Drei Annen Hohne	ab 15.39	Schierke	an 15.54	Mo–Sa
P 14438	Schierke	ab 16.16	Wernigerode	an 17.13	Mo–Sa

Tag 4

Lz 77791	Wernigerode	ab 5.02	Wernigerode Wt	an 5.06	Mo–Sa
Üb 77708	Wernigerode Wt	ab 5.10	Wernigerode	an 5.14	Mo–Sa
Üb 77717	Wernigerode	ab 5.24	Wernigerode Wt	an 5.28	Mo–Sa
Üb 77718	Wernigerode Wt	ab 5.46	Wernigerode	an 5.50	Mo–Sa
Rangierdienst Wernigerode		von 6.00		bis 9.26	Mo–Sa
N 14404	Wernigerode	ab 10.25	Nordhausen Nord	an 13.17	Mo–Sa
P 14442	Nordhausen Nord	ab 13.29	Eisfelder Talmühle	an 14.25	Mo–Sa
P 14443	Eisfelder Talmühle	ab 14.39	Nordhausen Nord	an 15.21	Mo–Sa
P 14410	Nordhausen Nord	ab 16.40	Wernigerode	an 20.01	Mo–Sa

Tag 5 / 1 (nur Di und Fr; 1 x BR 99^{59})

Lzz 14449	Wernigerode	ab 8.30	Wernigerode Wt	an 8.35
Lrz 14449	Wernigerode Wt	ab 8.40	Wernigerode	an 8.45
P 14449	Wernigerode	ab 9.05	Benneckenstein	an 12.28
P 14450	Benneckenstein	ab 14.49	Wernigerode	an 16.18
Lrv 14450	Wernigerode	ab 16.30	Wernigerode Wt	an 16.35
Lzv 14458	Wernigerode Wt	ab 16.50	Wernigerode	an 16.55

Tag 5 / 1 (nur Sa und So; 1 x BR 99^{72})

P 14445	Wernigerode	ab 9.33	Benneckenstein	an 10.59
P 14446	Benneckenstein	ab 11.57	Wernigerode	an 13.33
P 14447	Wernigerode	ab 14.26	Benneckenstein	an 15.51
P 14448	Benneckenstein	ab 16.47	Wernigerode	an 18.09

Abweichungen Dienstplan 1

Tag 1 / nur sonntags

N 67771	Wernigerode	ab 7.35	Benneckenstein	an 10.23
N 67772	Benneckenstein	ab 14.03	Wernigerode	an 15.51

Tag 3 / nur sonntags

Lz 77791	Wernigerode	ab 5.02	Wernigerode Wt	an 5.06
Üb 77708	Wernigerode Wt	ab 5.10	Wernigerode	an 5.14
Üb 77717	Wernigerode	ab 5.24	Wernigerode Wt	an 5.28
Üb 77718	Wernigerode Wt	ab 5.46	Wernigerode	an 5.50
Rangierdienst Wernigerode		von 6.00		bis 9.26
N 14404	Wernigerode	ab 10.25	Nordhausen Nord	an 13.17
P 14442	Nordhausen Nord	ab 13.29	Eisfelder Talmühle	an 14.25
P 14443	Eisfelder Talmühle	ab 14.39	Nordhausen Nord	an 15.21
P 14410	Nordhausen Nord	ab 16.40	Wernigerode	an 20.01

Tag 4 / nur sonntags

Gmp 69751	Wernigerode	ab 8.06	Schierke	an 9.19
Gmp 69752	Schierke	ab 9.58	Wernigerode	an 10.56
Gmp 69753	Wernigerode	ab 13.00	Schierke	an 14.09
Üb 74798	Schierke	ab 14.35	Drei Annen Hohne	an 14.48
Üb 74799	Drei Annen Hohne	ab 15.39	Schierke	an 15.54
P 14438	Schierke	ab 16.16	Wernigerode	an 17.13

Est Wernigerode / Dienstplan 2 (1 x BR 199^{3})

Tag 1

Rangierdienst Wernigerode		von 4.55		bis 9.15	Mo–Fr
Üb 74789	Wernigerode	ab 9.20	Wd.-Hasserode	an 10.26	
Üb 74790	Wd.-Hasserode	ab 10.59	Wernigerode	an 11.39	
Rangierdienst Wernigerode		von 11.46		bis 12.00	
Üb 75798	Wernigerode	ab 13.10	Wernigerode Wt	an 13.14	Mo–Fr
Rangierdienst Wernigerode Wt		von 13.19		bis 15.54	Mo–Fr
Üb 74791	Wernigerode	ab 15.59	Wd.-Hasserode	an 16.44	
Üb 74792	Wd.-Hasserode	ab 17.09	Wernigerode	an 17.30	
Rangierdienst Wernigerode		von 17.35		bis 18.00	

Abweichungen Dienstplan 2

Tag 1 / nur sonntags

Rangierdienst Wernigerode		von 4.55		bis 7.30
Rangierdienst Wernigerode		von 7.55		bis 9.15
Üb 75798	Wernigerode	ab 13.26	Wernigerode Wt	an 13.40
Rangierdienst Wernigerode Wt		von 13.45		bis 15.54

Est Benneckenstein / Dienstplan 3 (1 x BR 99^{72})

Tag 1

Gmp 69750	Benneckenstein	ab 5.02	Wernigerode	an 6.25	
N 67771	Wernigerode	ab 7.35	Benneckenstein	an 10.23	Mo–Fr
N 67772	Benneckenstein	ab 14.03	Wernigerode	an 15.51	Mo–Fr
Rangierdienst Wernigerode Wt		von 15.56		bis 17.01	Mo–Fr
Gmp 69755	Wernigerode	ab 18.20	Benneckenstein	an 19.48	

Abweichungen Dienstplan 3

Tag 1 / nur sonntags

P 14401	Wernigerode	ab 6.42	Nordhausen Nord	an 9.49
P 14404	Nordhausen Nord	ab 11.42	Wernigerode	an 14.36
Rangierdienst Wernigerode Wt		von 15.58		bis 17.01

Est Nordhausen / Dienstplan 4 (1 x BR 99^{72})

Tag 1

P 14440	Nordhausen Nord	ab 4.59	Ilfeld	an 5.26	Mo–Fr
P 14441	Ilfeld	ab 5.39	Nordhausen Nord	an 6.07	Mo–Fr
N 67774	Nordhausen Nord	ab 7.29	Ilfeld	an 7.52	Mo–Sa
Üa 75713	Ilfeld	ab 7.57	Ilfeld	an 8.10	Mo–Sa
N 67774	Ilfeld	ab 8.22	Hasselfelde	an 9.19	Mo–Sa
N 67775	Hasselfelde	ab 10.10	Ilfeld	an 11.10	Mo–Sa
Üa 75715	Ilfeld	ab 11.19	Ilfeld	an 11.36	Mo–Sa
N 67775	Ilfeld	ab 12.03	Nordhausen Nord	an 12.39	Mo–Sa
N 67777	Nordhausen Nord	ab 14.28	Ilfeld	an 14.57	
Üa 75717	Ilfeld	ab 15.02	Ilfeld	an 15.15	
N 67778	Ilfeld	ab 15.22	Hasselfelde	an 16.31	
N 67779	Hasselfelde	ab 17.53	Nordhausen Nord	an 18.39	

Abweichungen Dienstplan 4

Tag 1 / nur sonntags

N 67774	Nordhausen Nord	ab 8.26	Ilfeld	an 9.05
Üa 75714	Ilfeld	ab 9.10	Ilfeld	an 9.20
N 67774	Ilfeld	ab 9.25	Hasselfelde	an 10.27
N 67775	Hasselfelde	ab 10.59	Ilfeld	an 11.45
Üa 75715	Ilfeld	ab 11.50	Ilfeld	an 12.00
N 67775	Ilfeld	ab 12.07	Nordhausen Nord	an 12.39

Est Hasselfelde / Dienstplan 6 (1 x BR 99^{72})

Tag 1

P 14411	Hasselfelde	ab 5.03	Nordhausen Nord	an 6.30	
P 14414	Nordhausen Nord	ab 10.06	Hasselfelde	an 11.35	Mo–Fr
P 14421	Hasselfelde	ab 11.48	Eisfelder Talmühle	an 12.25	
P 14422	Eisfelder Talmühle	ab 12.40	Hasselfelde	an 13.18	
P 14423	Hasselfelde	ab 13.53	Eisfelder Talmühle	an 14.31	
P 14424	Eisfelder Talmühle	ab 14.41	Hasselfelde	an 15.21	
P 14415	Hasselfelde	ab 16.01	Nordhausen Nord	an 17.44	
P 14416	Nordhausen Nord	ab 18.47	Hasselfelde	an 20.14	

Abweichungen Dienstplan 6

Tag 1 / nur Sa und So

P 14412	Nordhausen Nord	ab 7.58	Hasselfelde	an 9.33

Anfang der 1970er-Jahre kreuzten sich zwei Personenzüge im Bf Ilfeld. Die heute typische bordeauxrot-elfenbeinfarbene Lackierung der Reisezugwagen wurde erst Mitte der 1970er-Jahre eingeführt. Bis Ende 1976 erhielten die meisten Personenwagen einen bordeauxrot-elfenbeinfarbenen Anstrich. Foto: J. Volkhardt

der beiden Heizschlangen im Ölbunker, die Reserveölentnahme und der Ölvorwärmer unter dem Führerstand entfallen.

Als Brennstoff war – analog zu den regelspurigen Dampfloks – das schwere Bunkeröl D vorgesehen, das je nach Zusammensetzung als Heizöl HE-D oder HT-D bezeichnet wurde. Die teerähnliche Masse hatte einen Flammpunkt von über 120° C. Der Stockpunkt, also die Temperatur, bei der das Heizöl aufhört zu fließen, lag zwischen 30 und 50° C. Der Brennstoff hatte einen Heizwert von durchschnittlich 9.600 kcal/kg. Die zu dieser Zeit verfeuerten Kohlesorten bzw. -gemische hatten einen Brennwert von 5.000 bis 6.000 kcal.

Das Heizöl wurde mit Nassdampf auf 60 bis 70° C vorgewärmt. Der Brennstoff floss aufgrund des natürlichen Gefälles der Rohr- und Schlauchverbindungen zum Brenner. Der Heizer regulierte die Ölmenge mit einem einfachen Kugelhahn vom Führerstand aus. Mittels eines außen angebrachten Schnellschlusshahns konnte im Gefahrenfall der Ölfluss sofort unterbrochen werden. Vor dem Kugelhahn befand sich die Rückblasleitung, die das Zurückdrücken des nicht verfeuerten Heizöls in den Bunker ermöglichte. Das Heizöl wurde im Mundstück des Brenners von einem Heißdampfstrahl mitgerissen und im Brennraum zerstäubt. Der Brennraum war mit Siliziumkarbid-Steinen ausgemauert. Mit Hilfe einer so genannten Fackel entzündete der Heizer das Öl, das mit einer Temperatur von ca. 1.600° C verbrannte.

Der Aschkasten, der Rost sowie die vordere und die hintere Luftklappe wurden durch einen so genannten Feuerkasten ersetzt. Dieser bestand aus dem ausgemauerten Feuerraum und dem darunter liegenden Luftzuführungskasten, der eine vordere und eine hintere Luftklappe hatte. Hochkant eingebaute Siliziumkarbid-Steine wärmten dabei die Verbrennungsluft vor. Die Ausmauerung der dem Brenner gegenüberliegenden Seite wurde aufgrund der höheren thermischen Beanspruchung verstärkt. Die Siliziumkarbid-Steine schützten die Feuerbüchswände vor zu großer

Wärmestrahlung und dienten als Wärmespeicher, wenn der Brenner abgestellt wurde. Zur besseren Ausnutzung der Flamme wurde der Feuerschirm verlängert.

Der Schlitzbrenner saß an der Rückwand oberhalb der fünften Kuppelachse auf einem speziellen Träger, der das Justieren und den Wechsel des Brenners ermöglichte. Außerdem trug der Halter die Anschlüsse der Öl- und Heißdampfleitung.

Der aus Grauguss (GG 18) bestehende Brenner besaß zwei Kanäle. Durch den oberen Auslass (23 x 60 mm) floss das Heizöl. Der Heißdampf strömte durch den unteren Kanal in den Brennraum. Ein justierbares Stahlplättchen verringerte den Querschnitt des Kanals auf 0,5 x 70 mm, wodurch die Strömungsgeschwindigkeit des Dampfes zunahm.

Der für den Brenner benötigte Dampf wurde vom linken Dampfverteiler entnommen und dem Überhitzerelement unten links, das nicht an den Dampfsammelkasten angeschlossen war, zugeführt. Der Heißdampf gelangte über einen Schnellschlusshahn und ein Drosselventil zum Brenner. Bei Dichtigkeitsproblemen oder Schäden am Überhitzerelement konnte der Brenner auch mit Nassdampf betrieben werden.

Zur weiteren Ausrüstung der Ölhauptfeuerung zählten zwei Manometer zur Kontrolle des Dampfdrucks in den Leitungen zum Brenner und zur Bunkerheizung, ein Thermometer für die Öltemperatur, eine geräuschmindernde Feuertür und ein Sicherheitsventil für die Heizung. Aufgrund der Erfahrungen mit der Baureihe 95[Öl] wurden die Überhitzerelemente um 500 mm gekürzt. Diese Maßnahme erwies sich jedoch als falsch, da die Temperatur des Heißdampfes erheblich sank.

Nach dem Abschluss der Konstruktionsarbeiten rüstete das Raw Görlitz 99 244 als Erprobungsmuster um. Die Maschine traf am 25. August 1976 in Wernigerode ein und wurde umgehend angeheizt. Die Abnahme der Lok erfolgte am 10. September 1976. Nach einigen Standversuchen und Einweisungsfahrten für die Personale begann die VES-M Halle (Saale) am

Im Februar 1981 hatte 99 0240-4 (ex 99 240) mit dem P 14407 Wernigerode–Nordhausen Nord den Bf Elend erreicht. Bis zur Grenzöffnung am 9. November 1989 gehörte Elend zum Grenzgebiet. Wer hier aussteigen wollte, benötigte einen Passierschein, der von der Deutschen Volkspolizei ausgestellt wurde.   *Foto: G. Schütze*

14. September 1976 mit der messtechnischen Untersuchung der 99 244 auf der Brockenbahn. Allerdings musste die Erprobung aufgrund technischer Probleme (mangelhafte Luftzufuhr und später undichter Regler) unterbrochen werden. Am 1. Oktober 1976 konnten die Messfahrten fortgesetzt werden. Bei den so genannten Betriebsmessfahrten (05. und 06.10.1976) zeigte sich, dass der Ölvorrat für eine Hin- und Rückfahrt auf der Harzquerbahn ausreichte. Bis zum Abschluss der Probefahrten am 31. Januar 1977 legte die Maschine rund 13.000 km zurück. Dabei zeigte sich, dass durch die Ölhauptfeuerung der spezifische Brennstoffverbrauch im Vergleich zu den Kohleloks um bis zu 35 % sank. Allerdings war der spezifische Dampfverbrauch höher. Dies lag am zusätzlichen Dampfbedarf für den Brenner, den Hilfsbläser und die Bunkerheizung. Der Kesselwirkungsgrad der ölgefeuerten 99 244 war mit bis zu 84 % deutlich besser und lag in den betrieblich relevanten Leistungsbereichen zwischen 3 und 6 % über den Werten der kohlegefeuerten Maschine. Ihre maximale effektive Leistung erreichte die Öllok mit 615 PS. Die Kohleloks erreichten nur 585 PS. Damit waren die ölgefeuerten Maschinen der Baureihe 99²³⁻²⁴ die stärksten deutschen Schmalspur-Dampfloks.

Angesichts dieser überzeugenden Versuchsergebnisse beschloss die HvM am 7. November 1976, alle Maschinen der Baureihe 99²³⁻²⁴ mit einer Ölhauptfeuerung auszurüsten. Allerdings musste die Konstruktion in einigen Details verändert werden. Dies betraf die Mechanik der Luftklappen, die Isolierung des Ölbunkers und den Ölregulierschieber. Außerdem erhielten die Loks ein Manometer für den Hilfsbrenner. Das Entlüftungsrohr des Ölbunkers musste versetzt werden, da bisher bei Rückwärtsfahrten Öldämpfe in den Führerstand eindrangen. Aufgrund der vom Brenner abgestrahlten Wärme war das Raw Görlitz gezwungen, die Loks wieder mit Achslagergleitplatten aus Rotguss auszurüsten.

Im Verlauf des Jahres 1977 rüstete das Raw Görlitz 99 234 (Umbau 17.08.1977), 99 237 (Umbau 19.07.1977) und 99 240 (Umbau 20.10.1977) mit einer Ölhauptfeuerung aus. Ein Jahr später folgten 99 231 (Umbau 20.10.1978), 99 235 (Umbau 05.01.1978), 99 236 (Umbau 21.07.1978) und

99 245 (Umbau 26.04.1978). Damit standen der Tb-Gruppe im Winterfahrplan 1978/79 insgesamt acht Öllloks zur Verfügung, mit denen der Planbedarf in den Einsatzstellen Wernigerode (5 Loks), Nordhausen Nord (1 Lok), Benneckenstein (1 Lok) und Hasselfelde (1 Lok) abgedeckt werden konnte. Planmäßig wurden die kohlegefeuerten Neubau-Maschinen und 99 222 meist nur im Rangier- und Übergabedienst in Wernigerode eingesetzt oder dienten als Betriebsreserve. Mit dem Umbau von 99 238 (Umbau 18.01.1979), 99 239 (Umbau 31.07.1979) und 99 241 (Umbau 18.05.1979) schrumpften die Einsätze der Kohleloks auf ein Minimum zusammen. 1980 verließen 99 232 (Umbau 08.05.1980), 99 233 (Umbau 29.11.1980), 99 242 (Umbau 10.01.1980) und 99 247 (Umbau 22.07.1980) das Raw Görlitz mit einer Ölhauptfeuerung.

Als letzte Öllok kehrte 99 246 am 2. Februar 1981 in den Harz zurück. Sie nahm unter den Neubauloks eine Sonderstellung ein. Als einzige Maschine der Baureihe 99²³⁻²⁴ war sie Ende der 1970er-Jahre ausschließlich mit einer Druckluftbremse (Einbau am 30.11.1978) für den Zug ausgerüstet. Die Neubaulok konnte daher nicht mehr freizügig im Personen- und Güterverkehr auf der Harzquer- und Brockenbahn eingesetzt werden. Die Lokleiter setzten daher 99 246 zunächst als Ersatz für 199 301 im Rangier- und Übergabedienst in Wernigerode (Plan 2) ein (siehe S. 160). Mit dem Eintreffen der ersten druckluftgebremsten Rollwagen im Sommer 1978 konnte 99 246 auch für Nahgüterzüge auf den Relationen Wernigerode–Benneckenstein und Wernigerode–Schierke–Brocken genutzt werden. Betrieblich brachte die Ölhauptfeuerung erhebliche Vorteile. Für die Lokheizer entfiel die schwere körperliche Arbeit, dennoch war die maximale Leistung der Maschinen ständig verfügbar. Der Aktionsradius nahm deutlich zu, so dass beispielsweise bei den durchgehenden Zügen auf der Verbindung Wernigerode–Nordhausen Nord und zurück das Ergänzen des Brennstoffvorrats planmäßig nicht mehr notwendig war.

Im Betriebsdienst erwies sich jedoch der verwendete Brenner als wenig geeignet. Im unteren Leistungsbereich und bei Talfahrten, wo der Brenner nur auf kleiner Flamme laufen musste, bemängelten die Personale die ungenügenden Reguliermöglichkeiten. Aus diesem Grund entwickelte die Konstruktionsabteilung des Raw Görlitz für die Baureihe 99[23–24] einen kleineren Brenner, der nach dem Abnahmeinspektor des Werkes als »Bauart Mann« bezeichnet wurde. Auch dieser Brenner löste die Probleme nur teilweise. Daher forderten das Bw Wernigerode und die Rbd Magdeburg immer wieder den Einbau eines kleineren Hilfsbrenners für Talfahrten und den Standbetrieb. Doch die HvM und das Raw Görlitz lehnten diesen Wunsch ab. Zur Begründung hieß es, der kleinere Brenner neige leicht zum Verstopfen durch Heizölrückstände und das Heizöl könne sehr leicht verkoken.

Im Frühjahr 1981 waren die Einheitslok 99 222 und die so genannte Rollbocklok 99 6101 de facto die letzten beiden kohlegefeuerten Maschinen in der Est Wernigerode. 99 222 wurde seit dem Winter 1979/80 meist als Heizlok genutzt. Sie diente zum Warmhalten bzw. Anheizen der Ölloks und zum Vorheizen der Reisezüge. Dazu hatte die Maschine auf der Lokführerseite einen Heizflansch erhalten, über den der Dampf mit einem Druck von bis zu 8 kp/cm^2 entnommen werden konnte.

99 6101 wurde ab 1979 meist als Wärmespender für die Werkstatt im Bf Wernigerode Westerntor genutzt. Für diesen Einsatzzweck wurde auch diese Maschine mit einem zusätzlichen Dampfentnahmestutzen ausgerüstet. Außerdem wurde die Führerhausrückwand zwischen den beiden Fenstern aufgeschnitten. Lediglich ein Segeltuchvorhang diente fortan als Witterungsschutz. Die Lok wurde mit dem zweiachsigen O-Wagen 99-01-95 gekuppelt. Der Wagen fungierte als Hilfstender, bei dem die vordere Bordwand entfernt wurde. An der Rückseite des Wagens wurden zwei Loklaternen montiert. Mit diesem Hilfstender war 99 6101 im Sommer 1983 beim Wiederaufbau der Strecke Straßberg (Harz)–Stiege im Einsatz (siehe S. 270 f.).

Zu diesem Zeitpunkt lagen die ölgefeuerten Loks der Baureihe 99[23–24] im wahrsten Sinne des Wortes in den letzten Zügen. Die Energie- und Wirtschaftskrise, in die die DDR im Frühjahr 1981 geraten war, zwang die

Reichsbahn, die Maschinen wieder auf Kohlefeuerung zurückzubauen. Bereits seit dem Sommer 1979 war nach dem Sturz des Schahs von Persien und der Ausrufung der »Islamischen Republik« im Iran (am 01.04.1979) der Rohölpreis auf dem Weltmarkt spürbar angestiegen. Die DDR bezog rund 90 % ihres Erdöls von der Sowjetunion. Bis 1975 galten zwischen der DDR und der Sowjetunion langfristige Preis- und Lieferverträge. Auf Druck der sowjetischen Seite wurde diese Praxis aber Ende der 1970er-Jahre aufgegeben. Die Preise wurden fortan auf Basis eines Durchschnittspreises auf dem Weltmarkt neu verhandelt. In der Folge stieg der Preis für Erdöl aus der Sowjetunion von 50 % des Weltmarktpreises im Jahr 1975 bis 1978 auf rund 80 % an. Im Frühjahr 1981 verhandelten die DDR und die Sowjetunion erneut über Preise und Liefermengen. Nach schwierigen Verhandlungen verständigten sich Vertreter beider Seiten am 19. März 1981 auf die Lieferung von 19 Millionen Tonnen Erdöl pro Jahr. Der Vertrag sollte bis 1985 gelten. Doch nur wenige Tage später kündigte die Sowjetunion den Kontrakt und kürzte die Liefermenge auf 17 Millionen Tonnen Erdöl bei gleichbleibendem Gesamtpreis. Die Sowjets begründeten diesen Schritt mit dem deutlich gestiegenen Erdölpreis.

Daraufhin geriet die DDR in eine Energie- und Wirtschaftskrise, von der sie sich bis zu ihrem Ende nicht erholen sollte. Die zugesicherten 17 Millionen Tonnen Erdöl reichten zwar für den Eigenbedarf der DDR, doch die bestehenden Exportverpflichtungen vor allem gegenüber der Bundesrepublik Deutschland konnten nicht mehr erfüllt werden. Die DDR lieferte jährlich rund zwei Millionen Tonnen Benzin und Dieselkraftstoff in den Westen, um damit dringend benötigte Devisen zu erwirtschaften. Ohne diese Einnahmen drohte der DDR der Staatsbankrott, eine Folge der verfehlten Wirtschaftspolitik der Sozialistischen Einheitspartei Deutschlands (SED). Seit der Machtübernahme Erich Honeckers (25.08.1912–29.05.1994) im Frühjahr 1971 wurde die Wirtschafts- und Sozialpolitik überproportional stark auf den Konsum ausgerichtet. Dazu gehörten auch Importe aus dem Westen, dem »Nichtsozialistischen Wirtschaftsgebiet« (NSW). Dadurch

Nach ihrem Umbau auf Ölhauptfeuerung (10.03.–21.07.1978) wartete 99 0236-2 (ex 99 236) auf ihre Überführung nach Wernigerode. Im Herbst 1978 standen der Tb-Gruppe bereits acht ölgefeuerte Exemplare der Baureihe 99[23–24] zur Verfügung. Damit konnte der planmäßige Bedarf abgedeckt werden.   Foto: Archiv D. Endisch

stieg aber die Verschuldung der DDR rasant an. Betrugen die Verbindlichkeiten 1970 rund zwei Milliarden Valutamark, waren es zehn Jahre später über 25 Milliarden Valutamark. Einen Teil der dabei anfallenden Zinsen finanzierte die DDR aus dem Verkauf von Treibstoffen in das NSW. Vor diesem Hintergrund beschlossen der Ministerrat und die Staatliche Plankommission 1981 ein rigoroses Sparprogramm für flüssige Energieträger. Die DR musste binnen weniger Monate alle ihre ölgefeuerten Dampfloks abstellen.

Dies war jedoch auf den Schmalspurbahnen im Harz nicht möglich, da dies zur Einstellung des Betriebes auf der Harzquer- und Brockenbahn geführt hätte. Die HvM bemühte sich daher um eine Ausnahmeregelung für die Baureihe 99²³⁻²⁴. Doch die Vorgaben des Ministerrates ließen der Reichsbahn keinen Spielraum: Am 23. August 1982 ordnete die Reichsbahndirektion der Reichsbahnausbesserungswerke (RbdAw) die Umrüstung der meterspurigen Neubauloks auf Kohlefeuerung an. Die HvM stimmte der Anweisung am 27. August 1982 zu. 99 232 traf als erste zurückgebaute Neubaulok am 20. Dezember 1982 in Wernigerode ein. 99 242 beendete am 5. Dezember 1983 die Ära der ölgefeuerten Dampfloks im Bw Wernigerode. Als letzte auf Kohlefeuerung umgebaute Maschine kehrte 99 233 am 12. April 1984 aus dem Raw Görlitz zurück.

In der Zwischenzeit hatte auf der Harzquer- und Brockenbahn ein neues Bremssystem Einzug gehalten. Seit Mitte der 1970er-Jahre traten bei der Instandhaltung der Saugluftbremse der Bauart Hardy zunehmend Probleme auf. Es fehlten vor allem Rollringe für die Bremszylinder und Ersatzteile für die Luftsauger, die nur gegen Devisen aus Österreich beschafft werden konnten. Aus diesem Grund verfügte das MfV 1978, die Triebfahrzeuge und Wagen auf den Schmalspurbahnen im Harz mit einer Druckluftbremse der Bauart Knorr auszurüsten.

Da der Umbau aller Fahrzeuge einige Jahre in Anspruch nahm, mussten beide Bremssysteme – die Hardy-Saugluftbremse und die Druckluftbremse der Bauart Knorr – einige Zeit parallel verwendet werden. Es gab jedoch

Die Gesamtlaufleistungen der ölgefeuerten Dampfloks der Baureihe 99²³⁻²⁴			
Lok	Laufleistung	von	bis
99 0231-3	129.334 km	21.10.1978	10.04.1983
99 0232-1	82.061 km	09.05.1980	26.08.1982
99 0233-9	85.519 km	30.11.1980	26.09.1983
99 0234-7	167.199 km	18.08.1977	18.07.1983
99 0235-4	165.783 km	06.01.1978	10.05.1983
99 0236-2	134.549 km	22.07.1978	07.03.1983
99 0237-0	158.546 km	20.07.1977	17.08.1983
99 0238-8	127.153 km	20.01.1979	12.12.1982
99 0239-6	125.049 km	01.08.1979	08.06.1983
99 0240-0	159.449 km	21.10.1977	18.01.1983
99 0241-2	98.783 km	19.05.1979	13.11.1983
99 0242-0	114.994 km	11.01.1980	05.12.1983
99 0243-8	118.836 km	20.10.1979	24.10.1982
99 0244-6	211.609 km	10.09.1976	21.11.1982
99 0245-3	145.049 km	27.04.1978	28.03.1983
99 0246-1	41.645 km	02.02.1981	08.09.1983
99 0247-9	84.042 km	23.07.1980	07.02.1983

Zweifel an der Umsetzbarkeit dieses Mischbetriebes. Als erste Dampflok des Bw Wernigerode war 99 246 ab 30. November 1978 ausschließlich mit einer Druckluftbremse der Bauart Knorr mit Dako-Ventil (KE-PmZ) im Einsatz. Als in der zweiten Jahreshälfte 1982 der Umbau der Wagen von Saugluft- auf Druckluftbremse begann, ließ die Rbd Magdeburg auch die anderen Maschinen der Baureihe 99²³⁻²⁴ mit Führerbremsventilen der Bauart Dako als zweites Bremssystem ausrüsten. Zu den ersten Maschinen mit Saugluft- und Druckluftschläuchen an den Pufferbohlen gehörten

Im Februar 1983 hatte der Lokleiter 99 0235-4 (ex 99 235) zum Schneeräumdienst auf der Harzquer- und Brockenbahn eingeteilt. Gerade hatte die Maschine den Bf Drei Annen Hohne erreicht. Am Zugschluss ist der 1979 in der Werkstatt in Wernigerode entstandene Schneepflug SPS 071 (Abnahme am 09.11.1979) zu sehen. Foto: J.-P. Fried

99 240 (Umbau 21.04.1982), 99 243 (Umbau 09.02.1983) und 99 235 (Umbau 02.09.1983). Auch die Einheitslok 99 222 (Umbau 29.12.1982) war mit zwei Bremsanlagen im Einsatz. Die Einzelstücke 99 6001 (Umbau 28.07.1986), 99 6101 (Umbau 09.10.1986), 99 6102 (Umbau 31.01.1986) und 199 301 (Umbau 08.01.1987) erhielten bis Anfang 1987 ebenfalls eine Druckluftbremse. Lediglich die fünf noch vorhandenen Mallet-Maschinen der Baureihe 99^{59} sollten aus Kostengründen nicht mehr umgebaut werden. Der Aufwand dafür – u.a. Kürzen der Wasserkästen, Anbau einer zweistufigen Luftpumpe und neue Bremsberechnung – war nach Meinung der VdM und des Raw Görlitz viel zu groß. Außerdem waren die teilweise über 75 Jahre alten Gelenkloks ohnehin zur Ausmusterung vorgesehen. Bevor jedoch der erste druckluftgebremste Zug auf der Harzquer- und Brockenbahn verkehren konnte, verging einige Zeit. Am 29. März 1983 verkehrte der erste Rollwagenzug mit Druckluftbremse auf der Relation Wernigerode–Benneckenstein. Die noch nicht umgebauten Saugluft-Rollwagen wurden zum Bf Nordhausen Nord umgesetzt. Ende 1984 war der Umbau weitgehend abgeschlossen. Im Bereich der Harzquer- und Brockenbahn verfügte jetzt nur noch der Traditionszug über eine Saugluftbremse.

4.9 »Harzkamel«, »Interfrigo-Express« und »Pfannkuchen«

Mit der im Frühjahr 1981 einsetzenden Energiekrise in der DDR gewann die Eisenbahn als wichtigster Verkehrsträger spürbar an Bedeutung. Auch auf der Harzquer-, Brocken- und Selketalbahn nahm das Frachtaufkommen deutlich zu. Maßgeblichen Anteil daran hatte das neue, 1984 in Betrieb

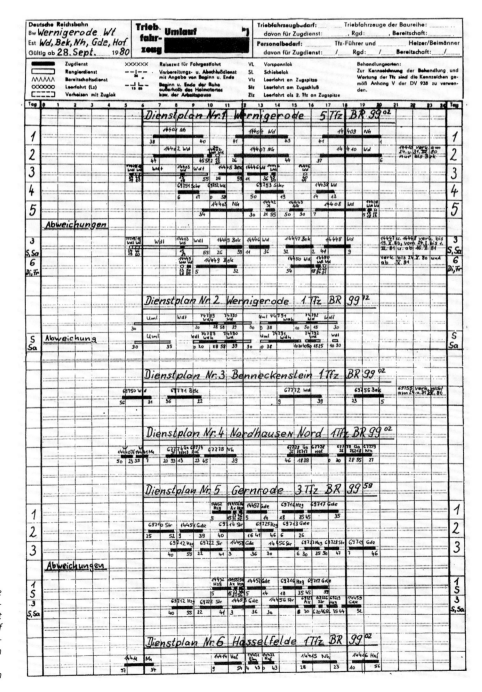

Im Winterfahrplan 1980/81 benötigte die Tb-Gruppe des Bw Wernigerode täglich neun Maschinen der Baureihe 99$^{23-24}$ und drei Malletloks der Baureihe 99^{59} (Est Gernrode) für den Personen- und Güterzugdienst auf den Schmalspurbahnen im Harz. Dienstags und donnerstags wurde eine weitere Mallet-Maschine für den »Erbsensuppenzug« nach Benneckenstein eingesetzt. Abbildung: Archiv D. Endisch

Am 5. Mai 1983 hatte 99 0241-2 (ex 99 241) mit dem P 14408 aus Nordhausen Nord den Bf Wernigerode Westerntor erreicht. Lokführer und Heizer beobachten aufmerksam das Treiben des Fotografen. Foto: G. Ferrée

genommene Heizkraftwerk des VEB Pyrotechnik Silberhütte, das täglich zwischen 150 und 200 t Rohbraunkohle benötigte. Das Frachtaufkommen für das Heizkraftwerk führte letztendlich auch zum Wiederaufbau des 1946 demontierten Abschnitts Straßberg (Harz) –Stiege, der am 3. Juni 1984 für den planmäßigen Personen- und Güterverkehr freigegeben wurde. Doch mit dem vorhandenen Fahrzeugpark konnte der volkswirtschaftlich wichtige Güterverkehr auf den Schmalspurbahnen im Harz langfristig nicht mehr abgewickelt werden. Aus diesem Grund erstellte die von der Rbd Magdeburg gegründete »Arbeitsgruppe Schmalspurbahnen« im Herbst 1983 einen »Aufgaben- und Kontrollplan zur Herstellung und Sicherung der Leistungsfähigkeit des Harzer Schmalspurnetzes«, der am 20. Juni 1984 durch den Vizepräsidenten Transportor-

ganisation und Fahrzeuge, Dr.-Ing. Klaus Ristau, bestätigt wurde und die Basis für den Traktionswechsel im Bw Wernigerode schuf. Auslöser für die Gründung der »Arbeitsgruppe Schmalspurbahnen« war der vom MfV am 29. September 1983 genehmigte *»Maßnahmeplan zur Perspektive der im Netz der Deutschen Reichsbahn befindlichen Schmalspurbahnen«.* Darin hieß es hinsichtlich der Fahrzeuge des Bw Wernigerode: *»Zur Abdeckung des zusätzlichen Bedarfs von Schmalspurloks und Ablösung von überalterten Dampfloks sind 30 V-Triebfahrzeuge der BR 110 auf 1.000 mm Spurweite umzurüsten. (...)*
Termin Fertigstellung von 2 Baumustern 1987, Serienbeginn 1988.
Nach Vorlage des Untersuchungsergebnisses (...) ist der Umbau für die 750 mm und 900 mm Spurweite zu entscheiden.«

Die Rangierdiesellokomotiven des Bw Wernigerode

Betriebs-Nr.	Bauart	Hersteller	Baujahr	Fabrik-Nr.	Bemerkungen
199 005-0	C-dm	LKM	1964	250.352	ex Kö 7001; bis 31.12.1992: 100 905-9; am 26.09.1964 an den VEB Imprägnier- und Spanplattenwerk Gotha geliefert; 1968 an DR (Umbau auf 1.000 mm Spurweite); Abnahme (DR) am 28.08.1969; z 11.04.1991; + 24.10.1991; am 01.02.1993 an HSB
199 006-8	C-dm	LKM	1964	250.353	ex Kö 7002; bis 31.12.1992: 100 906-7; am 26.09.1964 an den VEB Imprägnier- und Spanplattenwerk Gotha geliefert; 1968 an DR (Umbau auf 1.000 mm Spurweite); Abnahme (DR) am 28.08.1969; z 11.04.1991; + 29.11.1991; am 01.02.1993 an HSB
199 010-8	B-dm	BMAG	1934	10.224	ex 100 325-0, ex Kb 4325; Umbau Raw Halle (V7 + V0: 07.08.1984–19.11.1985); am 01.02.1993 an HSB
199 011-6	B-dm	Jung	1935	5.666	ex 100 639-4, ex Kö 4639; Umbau Raw Halle (V7: 13.09.1990–27.02.1991); am 01.02.1993 an HSB
199 012-0	B-dm	BMAG	1933	10.164	ex 100 213-8, ex Kb 4113; Umbau Raw Halle (V7: 12.11.1990–18.04.1991); am 01.02.1993 an HSB
199 301-3	C-dh	LKM	1966	263.001	bis 31.12.1992: 103 901-5; Baumuster des LKM; Abnahme (DR) am 05.12.1970; am 01.02.1993 an HSB

Auszug aus dem Betriebsbuch der 199 005-0[1]

Hersteller: LKM Babelsberg
Baujahr: 1964
Anlieferung: 26.09.1964[2]

Fabrik-Nummer: 250.352
Beschaffungskosten: -
Indienststellung: 15.10.1972[3]

Stationierungen:

Bw Cottbus, Est Luckau[4]	28.08.69–07.11.76
Bw Cottbus, Est Luckau	08.11.76–27.11.76 V0
Bw Cottbus, Est Luckau	28.11.76–12.04.79
keine weiteren Eintragungen	
Bw Wernigerode	01.04.83–06.11.88 / 8.425 km[5]
Raw Halle (Saale)	07.11.88–03.05.89 V7
Bw Wernigerode	04.05.89–10.04.91
z-gestellt	11.04.91
ausgemustert	24.10.91
Übergabe an die HSB	01.02.93

Anmerkungen:
1 ex Kö 7001; vom 01.06.1970 bis 31.12.1972: 100 905-9
2 Die Lok wurde an den VEB Imprägnier- und Spanplattenwerk Gotha geliefert und dort am 30.09.1964 in Dienst gestellt.
3 Angabe laut Betriebsbuch; Endabnahme durch die DR am 28.08.1969 nach einer Probefahrt von Straupitz nach Goyatz und zurück.
4 Angabe laut Betriebsbuch
5 Laufleistung seit 01.04.1983

Auszug aus dem Betriebsbuch der 199 006-8[1]

Hersteller: LKM Babelsberg
Baujahr: 1964
Anlieferung: 26.09.1964[2]

Fabrik-Nummer: 250.353
Beschaffungskosten: -
Indienststellung: 01.10.1972[3]

Stationierungen:

Bw Cottbus, Est Luckau[4]	28.08.69–06.04.80
Raw Halle (Saale)	07.04.80–28.07.80 V6
Bw Cottbus, Est Luckau	29.07.80–07.04.83
Bw Wernigerode	08.04.83–13.03.88
Raw Halle (Saale)	14.03.88–11.08.88 V7
Bw Wernigerode	12.08.88–10.04.91
z-gestellt	11.04.91
ausgemustert	29.11.91
Übergabe an die HSB	01.02.93

Anmerkungen:
1 ex Kö 7002; vom 01.06.1970 bis 31.12.1972: 100 906-7
2 Die Lok wurde an den VEB Imprägnier- und Spanplattenwerk Gotha geliefert und dort am 30.09.1964 in Dienst gestellt.
3 Angabe laut Betriebsbuch; Endabnahme durch die DR am 28.08.1969 nach einer Probefahrt von Straupitz nach Goyatz und zurück.
4 Angabe laut Betriebsbuch

Nur wenige Wochen später lag der »Aufgaben- und Kontrollplan« der »Arbeitsgruppe Schmalspurbahnen« der Rbd Magdeburg vor. In der Einleitung stellten die Eisenbahner fest: »*Im Gegensatz zu anderen erhaltungs-* *würdigen Schmalspurbahnen hat der Güterverkehr gegenüber dem Reiseverkehr keine untergeordnete Bedeutung, sondern vor allem durch die (...) Verlagerung von Straßentransporten auf die Schiene ist künftig noch verstärkte Beachtung erforderlich. Der vorliegende Aufgaben- und Kontrollplan dient deshalb neben der Wahrung touristischer Aufgaben (...) vordringlich der*

99 0246-1 (ex 99 246) stand am 28. April 1981 mit einer Übergabe nach Wernigerode Hasserode im Bf Wernigerode Westerntor. Da die Lok zum Aufnahmezeitpunkt als einzige Maschine ihrer Baureihe nur mit einer Druckluftbremse (für den Wagenzug) ausgerüstet war, konnte sie ausschließlich im Güterzugdienst eingesetzt werden. Foto: G. Ferrée

Die Einsatztage der 199 005-0

Jahr	Einsatztage	betriebsfähig abgestellt	auf »w« abgestellt	Reparaturtage
1983[1]	29	245	-	1
1984	19	346	-	1
1985	55	310	-	-
1986	137	194	34	-
1987	281	73	8	3
1988	25	10	330	1
1989	108	101	30	126
1990	63	285	14	3
1991	-	99	197[2]	-

Anmerkungen:
1 Der Betriebsbogen wurde erst ab 01.04.1983 geführt.
2 davon 265 Tage im Schadpark (»z«)

Die Einsatztage der 199 006-8

Jahr	Einsatztage	betriebsfähig abgestellt	auf »w« abgestellt	Reparaturtage
1983[1]	6	262	-	-
1984	32	334	-	-
1985	255	110	-	-
1986	232	13	119	1
1987	-	-	365	-
1988	22	20	69	255
1989	68	288	8	1
1990	71	291	-	3
1991	-	99	233[2]	1

Anmerkungen:
1 Der Betriebsbogen wurde erst ab 08.04.1983 geführt.
2 davon 233 Tage im Schadpark (»z«)

Sicherung der Anforderungen der Volkswirtschaft an den Reise- und Güterverkehr.« Diese Prognose erwies sich als richtig – innerhalb von nur zwei Jahren stieg der Frachtverkehr auf den Strecken im Harz um rund 67 %. Für die Reichsbahn besaß angesichts dieser Entwicklung die *»Minimierung des Instandhaltungsaufwandes im Fahrzeugpark«* oberste Priorität. Zunächst war jedoch nur die *»Erhöhung des Tfz-Parks durch Umbau Diesel-Tfz BR 110 S«* vorgesehen. Was das für das Bw Wernigerode bedeutete, konnten die zuständigen Mitarbeiter unter Punkt *»3.3. Maßnahmen zur Erhaltung und perspektivischen Entwicklung des Triebfahrzeugparks«* nachlesen. Dort hieß es: *»Auf Grund des erforderlichen Tfz-Bedarfs (...) und entsprechend vorliegender Transportmeldungen, aber der zeitlich noch nicht eindeutig absehbaren Bereitstellung von Diesel-Tfz (...), ist der Instandhaltungsaufwand (...)*

der BR 99[72] erforderlichenfalls unter Einschaltung der HvM und der RbdAw zu stabilisieren; sind die Tfz der BR 99[59] möglichst bis zum Zeitpunkt der Ablösung durch Diesel-Tfz betriebsfähig zu erhalten; ist die Erhaltung der Diesel-Tfz und 99 6001 zu sichern.« Einen ungefähren Zeitplan für den Traktionswechsel im Harz gab es ebenfalls. Die Arbeitsgruppe erläuterte dies in ihrem Aufgaben- und Kontrollplan: *»Ab 1987 ist mit dem Einsatz von Diesel-Tfz als Ableitungsvariante der BR 110 zu rechnen, die perspektivisch den gesamten Dampflokpark ablösen sollen. Diese Tfz überschreiten die Fahrzeugbegrenzungslinie für Schmalspur erheblich, was z.B. für Toreinfahrten, Sicherheitsabstände, freie Arbeitsräume zu beachten ist.«*
Doch das war im Sommer 1984 noch Zukunftsmusik. Nach wie vor bildeten die 1´E1´h2t-Maschinen der Baureihe 99[23–24] das Rückgrat in der Zugför-

Ab 1979/80 dienten 99 7222-5 (ex 99 222) und 99 6101-2 (ex 99 6101) meist als Wärmespender. Am 28. April 1981 standen die beiden Maschinen in der Est Wernigerode. Seit dem Einbau eines Mischvorwärmers (14.09.1973–03.01.1974) glich die Einheitslok auf den ersten Blick den Maschinen der Baureihe 99[23–24].
Foto: G. Ferrée

derung. Neu im Bestand des Bw Wernigerode waren ab Frühjahr 1983 die vom Bw Cottbus übernommenen 199 005 und 199 006. Die Dieselloks des Typs V 10 C waren mit einer Leistung von 102 PS und einer Höchstgeschwindigkeit von 24 km/h nur für den Rangierdienst geeignet.

Die beiden Maschinen wurden 1964 an den VEB Imprägnier- und Spanplattenwerk Gotha geliefert. Später erwarb die DR die Maschinen und setzte sie ab dem Sommer 1969 auf der Spreewaldbahn ein. Nach dem Ende des Personenverkehrs betrieb die DR in Cottbus noch ein 2 km langes Reststück im Güterverkehr. Für die hier verkehrenden Übergaben genügte planmäßig eine Lok, während die zweite als Reserve fungierte. Am 14. Februar 1983 hatte die Spreewaldbahn endgültig ausgedient. Anschließend setzte die DR beide V 10 C nach Wernigerode um. Außerdem übernahm die Reichsbahn von der Nationalen Volksarmee (NVA) eine Maschine des LKM-Typs Ns 3 (LKM 1955 / 249.157), die ebenfalls in den Harz gebracht wurde. Allerdings trennte sich die Rbd Magdeburg bereits 1984 wieder von diesem Einzelstück.

Die Tb-Gruppe nutzte die beiden V 10 C für den Rangierdienst oder für Bauzugdienste auf der Harzquer- und Selketalbahn. Während 199 005 in erster Linie den Verschub in der Werkstatt in Wernigerode Westerntor

übernahm, war 199 006 ab Sommer 1984 meist in der Est Gernrode (Harz) stationiert (siehe S. 238). Die Fristarbeiten wurden in Wernigerode Westerntor ausgeführt. Dazu wurde die V 10 C mit eigener Kraft von Gernrode (Harz) nach Wernigerode bzw. in der Gegenrichtung als Lokleerfahrt (Lz) überführt. Bei den Personalen waren diese Sonderschichten aufgrund der schlechten Laufeigenschaften der V 10 C nicht beliebt. Im Winter ließ sich zudem der Führerstand kaum heizen, so dass mancher Lokführer drei Hosen und Jacken anzog und dennoch fror. Dies brachte den Maschinen bzw. den Überführungsfahrten in Anlehnung an die bei der DR verkehrenden Kühlzüge den Spitznamen »Interfrigo-Express« ein. Neben den beiden Maschinen des Typs V 10 C war mit 199 010 ab 20. November 1985 eine weitere Rangier-Diesellok im Bw Wernigerode stationiert. Die Idee, Einheitskleinlokomotiven (Kö) der Baureihe 100[1-7] von Regel- auf Meterspur umzubauen, stammte von der Rbd Halle. Die suchte Anfang der 1980er-Jahre Ersatz für die auf der 1,21 km langen Industriebahn in Halle (Saale) eingesetzten Kleindieselloks des Typs Ns 3. Die dazu gegründete Arbeitsgruppe, zu der auch Mitarbeiter des Raw Halle (Saale) und der Zentralstelle Maschinenwirtschaft (ZM) gehörten, untersuchte mehrere Varianten und schlug schließlich den Umbau von Einheitskleinloks vor.

Auszug aus dem Betriebsbuch der 199 010-8[1]

Hersteller: BMAG
Baujahr: 1934
Anlieferung: -

Fabrik-Nummer: 10.224
Beschaffungskosten: -
Endabnahme: 19.11.1985[2]

Stationierungen[3]:

Bw Magdeburg Hbf		Bw Magdeburg Hbf	29.07.65–06.03.66
Raw Dessau	22.02.49–30.04.49 KL4	Raw Dessau	07.03.66–26.04.66 L4
Bw Magdeburg Hbf	01.05.49–21.01.51	Bw Magdeburg Hbf	27.04.66–12.05.69
Raw Dessau	23.01.51–26.04.51 L0	Raw Halle (Saale)	13.05.69–18.06.69 L3
ohne Eintrag		Bw Magdeburg	19.06.69–01.11.72
Raw Dessau	02.04.52–27.06.52 L3	Bw Güsten	02.11.72–02.04.74
Bw Magdeburg Hbf	01.07.52–15.07.53	Raw Halle (Saale)	03.04.74–24.04.74 V7
KBw Magdeburg	16.07.53–03.11.53 L0	Bw Güsten	25.04.74–09.10.76
KBw Magdeburg	04.11.53–06.02.55	Raw Halle (Saale)	11.10.76–10.76 V6
Raw Dessau	07.02.55–13.05.55 KL4	Bw Güsten	29.10.76–30.09.79
KBw Magdeburg	14.05.55–07.01.58	Raw Halle (Saale)	04.10.79–24.10.79 V6a
Raw Dessau	09.01.58–03.02.58 KL3	Bw Güsten	25.10.79–30.08.81
KBw Magdeburg	04.02.58–30.03.60	Bw Halberstadt	31.08.81–
Raw Dessau	31.03.60–30.04.60 KL4	Raw Halle (Saale)	07.08.84–30.06.85 V7
KBw Magdeburg	01.05.60–27.04.62	Raw Halle (Saale)	10.07.85–19.11.85 V0
Raw Dessau	27.04.62–26.06.62 KL2	Bw Wernigerode	20.11.85–02.08.90
KBw Magdeburg	27.06.62–28.03.63	Raw Halle (Saale)	03.08.90–11.09.90 V6
Raw Dessau	28.03.63–10.05.63 L3	Bw Wernigerode	12.09.90–31.01.93
KBw Magdeburg	11.05.63–24.06.65		
Raw Dessau	25.06.65–28.07.65 L2+L0	Übergabe an die HSB	01.02.93

Bauartänderungen:

26.06.62 Raw Dessau	Einbau eines Dieselmotors des Typs 6 KVD 14,5 SRW
26.04.66 Raw Dessau	Soab 3 Winterfestmachung
	Soab 6a Laufstege aus Streckmetall angebaut
	Soab 10 Ölbadluftfilter eingebaut
	Soab 11 Warmwasserheizung mit Kohleofen eingebaut
	Soab 12b Fangbügel für Bremsgestänge angebaut
28.08.71 Raw Halle (Saale)	Soab 18 Motorstundenzähler eingebaut
24.04.74 Raw Halle (Saale)	Heizkörper der Ofenheizung seitlich angebaut
24.10.79 Raw Halle (Saale)	Soab 13a elektrische Scheibenwischer angebaut
	Soab 17 Druckluftbremsanlage eingebaut
30.06.85 Raw Halle (Saale)	Umbau auf 1.000 mm Spurweite (Zusatzbremse eingebaut; Zugvorrichtung umgebaut; Mittelpufferkupplung angebaut);
	Soab 78 (Einbau eines Dieselmotors des Typs 6 VD 14,5 SRW); Ofenanlage ausgebaut
19.11.85 Raw Halle (Saale)	Klotzbremse durch direkt wirkende Zusatzbremse und indirekt wirkende Druckluftbremse ersetzt; 2. Bremswelle eingebaut
23.08.90 Raw Halle (Saale)	Motorleistung auf 80 PS gedrosselt

Anmerkungen:
1 ex Kb 4325; ab 01.06.1070: 100 325-0
2 nach Umbau auf 1.000 mm Spurweite
3 Beheimatungen erst ab 1949 im Betriebsbuch verzeichnet

Der außerhalb der Radsätze liegende Rahmen und der Kettenantrieb boten sehr günstige Voraussetzungen für eine Umspurung. Wesentliche Änderungen waren nur bei den Radsätzen notwendig. Außerdem wurden die Zug- und Stoßvorrichtung sowie die Bremsanlage umgebaut. Einzig die Achswellen mussten neu berechnet werden. Ab dem Frühjahr 1983 wurde mit 199 003[II] die erste Schmalspur-Kö bei der Industriebahn Halle (Saale) eingesetzt.

Dies verfolgte die Rbd Magdeburg mit großem Interesse, da sie die beiden Maschinen des Typs V 10 C alsbald ersetzen wollte. Ab 7. August 1984 wurde im Raw Halle (Saale) 100 325 auf Meterspur umgerüstet. Da sich jedoch die betrieblichen Verhältnisse auf den Schmalspurbahnen im Harz deutlich von denen der Industriebahn Halle (Saale) unterschieden, waren einige zusätzliche Bauartänderungen notwendig. Dazu gehörte beispielsweise nach Rücksprache mit der Rbd Magdeburg am 24. Mai 1985 der Einbau einer zweiten Bremswelle. Bedenken gab es seitens der Bm Wernigerode Westerntor und der zuständigen Verwaltung Bahnanlagen der Rbd Magdeburg hinsichtlich des Lichtraumprofils der Kleinlok. Zwar hatte die Werkstatt des Bw Wernigerode das Führerhaus und die Stirnseiten der Maschine im Frühjahr 1985 entsprechend umgebaut, dennoch waren in einer Höhe von 400 bis 480 mm über Schienenoberkante (SO) und in dem Bereich von 1.380 bis 1.450 mm von der Fahrzeugmitte aus geringe Überschreitungen des Fahrzeugumgrenzungsprofils aufgrund der Konstruktion der Maschine nicht zu vermeiden. Aus diesem Grund fanden am 12. Mai 1985 Probefahrten mit der 199 010 auf dem Abschnitt Wernigerode–Wernigerode-Hasserode, auf den Bahnhöfen Wernigerode (einschließlich des Spurwechselbahnhofs), Wernigerode Westerntor und Wernigerode-Hasserode sowie auf den Anschlussgleisen des VEB Papierfabrik und des VEB Harzer Holzindustrie statt. Die Testfahrten verliefen ohne Komplikationen. In dem am 13. Mai 1985 verfassten Abschlussbericht hieß es: »*Auf allen befahrenen Strecken-, Bahnhofs- und Anschlußgleisen konnte nachgewiesen werden, daß das Triebfahrzeug 199 010-0 ohne Einschränkung einsetzbar ist. (...) Nach dem Ergebnis der erfolgten Probefahrten empfehlen wir, das Triebfahrzeug 199 010-0 mit Hinweis der Überschreitung der Fahrzeugumgrenzung in dem genannten Bereich für den Betriebseinsatz auf der Strecke zwischen Wernigerode Hbf/Wernigerode Spurwechselbahnhof und Wernigerode-Hasserode einzusetzen.*« Damit konnte der Umbau der Kleinlok fortgesetzt werden. Probleme mit der Bremsanlage und notwendige Nacharbeiten verzögerten jedoch die Fertigstellung der 199 010, die erst am 19. November 1985 in Dienst gestellt wurde.

Die Schmalspur-Kö war meist in Wernigerode stationiert. Hier diente sie in erster Linie als Reserve für den Werkstattverschub in Wernigerode Westerntor. Nur selten wurde 199 010 im Rangierdienst im Bahnhof oder vor Übergaben eingesetzt, wofür sie mit ihrem 125 PS starken Motor durchaus geeignet war. Die meisten Einsätze absolvierte sie in Diensten der Bm Wernigerode Westerntor, die die Maschine immer wieder für Arbeitszüge verwendete. Aufgrund ihrer gedrungenen Bauweise und der orangefar-

---

Auszug aus dem Betriebsbuch der 199 011-6[1]

Hersteller: Jung	Fabrik-Nummer: 5.666
Baujahr: 1935	Beschaffungskosten: -
Anlieferung: 10.04.1935	Endabnahme: 03.05.1935

Stationierungen[2]:

Bw Magdeburg Hbf[3]		Bw Aschersleben	13.05.67–31.12.68
Raw Dessau	15.09.47–29.05.48 KL4	Bw Güsten	01.01.69–09.05.69
Bw Magdeburg Hbf		Raw Halle (Saale)	12.05.69–13.06.69 L3
Raw Dessau	20.12.51–16.02.52 KL2	Bw Güsten	14.06.69–28.02.70
Bw Magdeburg Hbf	01.07.52–05.07.53	Bw Halberstadt	01.03.70–13.07.72
Raw Dessau	06.07.53–05.11.54 GR	Bw Magdeburg	14.07.72–23.05.74
Bw Magdeburg Hbf	06.11.54–30.05.55	Raw Halle (Saale)	24.05.74–12.06.74 V7
Bw Aschersleben (Bf Gernrode)[3]	31.05.55–04.07.56	Bw Magdeburg	13.06.74–07.11.77
Raw Dessau	05.07.56–08.09.56 KL2	Raw Halle (Saale)	08.11.77–25.11.77 V6
Bw Aschersleben	10.09.56–01.01.58	Bw Magdeburg	26.11.77–30.10.80
Raw Dessau	02.01.58–29.01.58 KL3	Raw Halle (Saale)	31.10.80–17.11.80 V6a
Bw Aschersleben	30.01.58–03.04.60	Bw Magdeburg	18.11.80–17.07.85
Raw Dessau	04.04.60–30.04.60 KL4	Raw Halle (Saale)	18.07.85–14.08.85 V6
Bw Aschersleben	01.05.60–18.02.63	Bw Magdeburg	15.08.85–13.09.90
Raw Dessau	20.02.63–20.03.63 KL3	Raw Halle (Saale)	13.09.90–27.02.91 V7
Bw Aschersleben	21.03.63–12.04.67	Bw Wernigerode	28.02.91–31.01.93
Raw Dessau	13.04.67–12.05.67 L2		
		Übergabe an die HSB	01.02.93

Bauartänderungen:

20.03.63 Raw Dessau	Einbau eines Dieselmotors des Typs 6 KVD 14,5 SRW
27.05.66 Raw Dessau	Soab 3 Winterfestmachung
	Soab 6a Laufstege aus Streckmetall angebaut
	Soab 10 Ölbadluftfilter eingebaut
	Soab 11 Warmwasserheizung mit Kohleofen eingebaut
	Soab 12b Fangbügel für Bremsgestänge angebaut
12.05.67 Raw Dessau	Soab 13a elektrische Scheibenwischer angebaut
01.09.71 Raw Halle (Saale)	Soab 18 Motorstundenzähler eingebaut
12.06.74 Raw Halle (Saale)	Soab 52 (Getriebe mit TGL-Teilen eingebaut)
14.08.85 Raw Halle (Saale)	Soab 78 (Einbau eines Dieselmotors des Typs 6 VD 14,5 SRW)
14.12.90 Raw Halle (Saale)	Umbau auf 1.000 mm Spurweite (Zusatzbremse eingebaut; Zugvorrichtung umgebaut; Mittelpufferkupplung angebaut); Typhon angebaut; Motorleistung auf 80 PS gedrosselt
27.02.91 Raw Halle (Saale)	zusätzliche Führerstandsheizung eingebaut

Anmerkungen:
1 ex Kö 4639, ab 01.06.1970: 100 639-4
2 Beheimatungen erst ab 1949 im Betriebsbuch verzeichnet
3 Angabe laut Betriebsbogen

Als Rangierlok für den Bf Gernrode (Harz) und die Wagenausbesserungsstelle (WAS) Gernrode, die zum Bahnbetriebswagenwerk (Bww) Halberstadt gehörte, diente ab dem Sommer 1984 eine Kleindiesellok des LKM-Typs V 10 C, hier 199 005-0 am 8. August 1987. Fallweise bespannte die Lok auch Arbeits- und Bauzüge auf der Selketalbahn. Foto: D. Riehemann

benen Lackierung erhielt die 199 010 alsbald von den Eisenbahnern den Spitznamen »Pfannkuchen«, wie im Harz ein »Berliner« bzw. ein mit Marmelade gefüllter Krapfen genannt wird. Die Schmalspur-Kö, die beiden V 10 C sowie die in der Est Nordhausen Nord stationierte 199 301 (siehe S. 271 f.) waren zum Jahreswechsel 1985/86 die einzigen Dieselloks des Bw Wernigerode. Doch das sollte sich bald ändern, denn in der Zwischenzeit waren die Vorarbeiten für das Projekt »Baureihe 110 S« weitgehend abgeschlossen. Ursprünglich erwog die HvM die Beschaffung neuer meterspuriger Dieselloks aus dem westlichen Ausland. Dies scheiterte jedoch an fehlenden Devisen. Ein Neubau in der DDR war aufgrund der beschränkten Fertigungskapazitäten in der Schienenfahrzeug-Industrie nicht möglich und wegen der geringen Stückzahl wirtschaftlich nicht zu vertreten. Damit blieb letztlich nur der Umbau vorhandener Triebfahrzeuge. Hier boten sich die dieselhydraulischen Maschinen der Baureihe 110 an, von denen einige Exemplare durch die fortschreitende Streckenelektrifizierung freigesetzt wurden. Um die auf den Schmalspurbahnen des Harzes zugelassene Achsfahrmasse von 10 t nicht zu überschreiten, muss-

ten die Maschinen der Baureihe 110 mit neuen dreiachsigen Drehgestellen ausgerüstet werden. Dadurch stieg die Höhe der Fahrzeuge (Dachoberkante) von 4.225 mm auf 4.355 mm über SO an. Für die Harzquer- und Brockenbahn und die Verbindung Eisfelder Talmühle–Hasselfelde/Silberhütte (Anhalt) gab es hinsichtlich des Lichtraumprofils keine gravierenden Schwierigkeiten, da auf diesen Strecken seit den 1960er-Jahren Rollwagenzüge im Einsatz waren. Lediglich im Höhenbereich zwischen 0 und 400 mm gab es aufgrund der Gestaltung der Bahnsteigkanten und der Anordnung der Weichensignale einige Einschränkungen im Lichtraumprofil, die aber ohne größeren Aufwand beseitigt werden konnten. Völlig anders sah es hingegen auf der Strecke Gernrode (Harz)–Alexisbad–Harzgerode/Silberhütte (Anhalt) aus. Auf diesem Abschnitt der Selketalbahn musste die notwendige Profilfreiheit erst geschaffen werden. Außerdem fehlte im Bw Wernigerode die Infrastruktur für den Einsatz und die Instandhaltung von Streckendiesselloks. Nachdem die Berechnungen zur Entgleisungs- und Kippsicherheit der Baureihe 110 S vorlagen und das Wissenschaftlich-Technischen Zentrum der DR (WTZ-DR) am

199 006-8 und ihre meist in Wernigerode stationierte Schwestermaschine 199 005-0 konnten auf eine bewegte Geschichte zurückblicken. Der LKM Babelsberg lieferte die Maschinen des Typs V 10 C 1964 an den VEB Imprägnier- und Spanplattenwerk Gotha. Auf Wunsch des Auftraggebers besaßen die beiden Loks die ungewöhnliche Spurweite von 1.014 mm. Das Werk verkaufte die Fahrzeuge 1969 an die Deutsche Reichsbahn. Die Est Straupitz (Bw Cottbus) baute die beiden V 10 C auf Meterspur um, so dass sie am 28. August 1969 in Dienst gestellt werden konnten. Ab Januar 1970 bestritten die Loks in Cottbus den Güterverkehr auf dem rund 2 km langen Reststück der meterspurigen Spreewaldbahn. Dort hatten sie Anfang 1983 ausgedient. Ab dem Frühjahr 1983 gehörten die Maschinen zum Bestand des Bw Wernigerode, wo sie am 11. April 1991 in den Schadpark verfügt wurden. Die HSB übernahm die Maschinen am 1. Februar 1993 und stellte 199 006-8 später dem Verein »IG Harzer Schmalspurbahnen e.V.« als Leihgabe zur Verfügung. 199 005-0 befindet sich hingegen seit dem 29. Juni 2018 als Leihgabe in der Obhut des Vereins »IG Spreewaldbahn e.V.« in Straupitz. Im August 1986 legte 199 006-8 im Bf Gernrode (Harz) lediglich eine Rangierpause ein. Foto: D. Endisch

1. Juli 1984 mit dem Erstellen eines Pflichtenheftes begonnen hatte, genehmigte die HvM im Sommer 1985 den Umbau einiger Maschinen auf Meterspur.

Bereits im Jahr 1986 erfuhren Fachwelt und Eisenbahnfreunde von diesem Vorhaben. Nachdem der Hauptingenieur der HvM, Hans-Joachim Krauss, über die Pläne der DR in der Fachzeitschrift »Schienenfahrzeuge« (Heft 2/1986) berichtet hatte, folgte ein ähnlicher Beitrag in der August-Ausgabe der Zeitschrift »Modelleisenbahner«. Dort hieß es: »Mit dem Aufbau des Streckenabschnittes Straßberg–Stiege wurde die Selketalbahn wieder mit der Harzquerbahn verbunden. Auf diesem (...) Schmalspurnetz sind durch den gestiegenen Beförderungsbedarf (...) die vorhandenen Dampflokomotiven nicht mehr ausreichend. Hinzu kommt, daß die auf der Selketalbahn eingesetzten (...) Mallet-Lokomotiven der BR 99[59] in ihren wesentlichen Bauteilen die Verschleißgrenzen erreicht haben und nur noch mit sehr hohem Aufwand eine begrenzte Zeit einsatzfähig sind. Daher werden in naher Zukunft freiwerdende Lokomotiven der Baureihe 110 zu Schmalspurtriebfahrzeugen (...) umgebaut (...). In der Perspektive sollen alle Dampflokomotiven auf der Harz-

querbahn (...) abgelöst werden.« Damit waren die Tage der Dampftraktion im Harz gezählt.

Doch die HvM konnte ihren ursprünglichen Terminplan nicht einhalten. Für die Entwicklung der neuen Drehgestelle fehlte das notwendige Fachpersonal. Erst im Oktober 1987 trafen sich erstmals die Mitglieder der Arbeitsgruppe »Schmalspurlok 1.000 mm« des WTZ-DR. In Zusammenarbeit mit dem für die Unterhaltung der Maschinen der Baureihe 110 zuständigen Raw Stendal und dem VEB Lokomotivbau-Elektrotechnische Werke »Hans Beimler« (LEW) Hennigsdorf entstanden ab 15. Dezember 1987 die Zeichnungen für die dreiachsigen Drehgestelle der Schmalspur-Dieselloks und die notwendigen konstruktiven Änderungen. Bei der Berechnung des als Schweißkonstruktion ausgeführten Drehgestellrahmens wurde das WTZ-DR durch das in Dresden ansässige Institut für Leichtbau unterstützt. Die Radsätze erhielten einen Durchmesser von 850 mm. Für den Antrieb entstanden in Zusammenarbeit mit dem VEB Getriebewerk Gotha auf Basis der bei der Baureihe 118[2-4]/118[6-8] verwendeten Achsgetriebe des AÜK 18 für die Schmalspurdieselloks die Achsgetriebe

---

Auszug aus dem Betriebsbuch der 199 012-0[1]

Hersteller: BMAG	Fabrik-Nummer: 10.164
Baujahr: 1933	Beschaffungskosten: 19.847,- RM
Anlieferung: 10.10.1933	
Endabnahme: 27.10.1933	

Stationierungen[2]:

Bf Wallwitz (Bw Aschersleben)[3]		Bw Magdeburg Hbf	17.04.68–04.07.69
Raw Dessau	11.10.48–10.12.48 KL4	Bw Roßlau (Elbe)	05.07.69–17.09.69
Bw Aschersleben (Bf Gernrode)[3]	11.12.48–	Bw Magdeburg	18.09.69–19.09.69 V0
Raw Dessau	29.09.51–31.12.51 KL3	Bw Magdeburg	20.09.69–16.06.70
Bw Aschersleben	01.01.52–05.07.54	Bw Roßlau (Elbe)	17.06.70–13.01.71
Raw Dessau	06.08.54–20.04.55 KL4	Raw Halle (Saale)	14.01.71–28.01.71 L3
Bw Aschersleben	21.04.55–31.05.55	Bw Roßlau (Elbe)	29.01.71–12.07.71
KBw Magdeburg	01.06.55–22.11.58	Bw Halberstadt	13.07.71–28.03.73
Raw Dessau	24.11.58–09.01.59 KL3	Bw Brandenburg	28.03.73–30.08.73
KBw Magdeburg	10.01.59–30.12.60	Raw Halle (Saale)	31.08.73–18.09.73 V6
Raw Dessau	30.12.60–16.02.61 KL4	Bw Güsten	19.09.73–13.05.76
KBw Magdeburg	17.02.61–26.06.63	Raw Halle (Saale)	24.06.76–13.07.76 V7
Raw Dessau	27.06.63–20.07.63 KL2 (Unfall)	Bw Güsten	14.07.76–04.07.79
KBw Magdeburg	21.07.63–24.10.63	Raw Halle (Saale)	09.07.79–26.02.79 V6
Bw Brandenburg	25.10.63–10.11.63	Bw Güsten	27.02.79–30.11.83
KBw Magdeburg	12.11.63–12.05.64	Raw Halle (Saale)	05.12.83–18.01.84 V6a
Raw Dessau	13.05.64–17.06.64 L3	Bw Güsten	19.01.84–28.02.86
KBw Magdeburg	18.06.64–05.05.66	Bw Halberstadt	01.03.86–17.08.86
Raw Dessau	06.05.66–31.05.66 L2	Raw Halle (Saale)	18.08.86–01.09.86 V6
Bw Magdeburg Hbf	01.06.66–05.02.67	Bw Halberstadt	02.09.86–11.11.90
Raw Dessau	06.02.67–23.03.67 L4	Raw Halle (Saale)	12.11.90–18.04.91 V7
Bw Magdeburg Hbf	24.03.68–22.02.68	Bw Wernigerode Westerntor	19.04.91–31.01.93
Raw Dessau	22.02.68–20.03.68 L2		
Bw Brandenburg	21.03.68–16.04.68[3]	Übergabe an die HSB	01.02.93

Bauartänderungen:

20.04.62 Raw Dessau	Einbau eines Dieselmotors des Typs 6 KVD 14,5 SRW; Batteriehauptschalter eingebaut
31.05.66 Raw Dessau	Soab 12b Fangbügel für Bremsgestänge angebaut
23.03.67 Raw Dessau	Soab 3 Winterfestmachung
	Soab 6a Laufstege aus Streckmetall angebaut
	Soab 10 Ölbadluftfilter eingebaut
	Soab 11 Warmwasserheizung mit Kohleofen eingebaut
	Soab 16 Kettenschutzkasten angebaut
28.01.71 Raw Halle (Saale)	Soab 18 Motorstundenzähler eingebaut
18.09.73 Raw Halle (Saale)	Soab 52 Getriebe mit TGL-Teilen eingebaut
13.07.76 Raw Halle (Saale)	Soab 78 (Einbau eines Dieselmotors des Typs 6 VD 14,5 SRW); zusätzliche Führerstandsheizung eingebaut
18.04.91 Raw Halle (Saale)	Umbau auf 1.000 mm Spurweite (Zusatzbremse eingebaut; Zugvorrichtung umgebaut; Mittelpufferkupplung angebaut); Typhon angebaut; Soab 17 Druckluftbremsanlage eingebaut; Motorleistung auf 80 PS gedrosselt

Anmerkungen:
1 ex Kb 4113; ab 01.06.1970: 100 213-8
2 Beheimatungen erst ab 1949 im Betriebsbuch verzeichnet
3 Angabe laut Betriebsbogen

AÜK 12.8 und AÜK 12.9, die mit Gelenkwellen der Nenngröße 81 miteinander verbunden wurden. Die Entwicklung eines zunächst vorgesehenen neuen Antriebs musste aufgrund fehlenden Personals zu den Akten gelegt werden. Allerdings benötigten die Achsgetriebe AÜK 12.8 und AÜK 12.9 vergleichsweise viel Platz, was Arbeiten an den Gelenkwellen erschwerte. Damit die Wellen abgeschmiert werden konnten, musste der Querträger des Drehzapfenlagers abnehmbar sein. Dadurch konnte der Lokkasten mit dem Querträger etwa 300 mm angehoben werden.

Parallel dazu begannen die Bm Wernigerode Westerntor und das Bw Wernigerode mit den Vorbereitungen für den Einsatz der Baureihe 199⁸. Die Bm Wernigerode Westerntor stellte zunächst bis Ende 1987 die Profilfreiheit auf der Harzquerbahn und der Strecke Eisfelder Talmühle–Hasselfelde/Silberhütte (Anhalt) her. Die Arbeiten auf der Selketalbahn bis zum Bf Silberhütte (Anhalt) dauerten bis zum Herbst 1988. Hier mussten Bäume gefällt, Brückengeländer versetzt und einige Felsvorsprünge abgetragen werden.

Auch die Arbeiten im Bw Wernigerode verzögerten sich erheblich. Wichtigstes Investitionsvorhaben war hier der Bau eines neuen Lokschuppens in der Est Wernigerode (siehe S. 85 ff.).

Doch bevor die erste Diesellok der Baureihe 199⁸ im Harz eintraf, vergingen noch einige Monate. Zunächst besaß für die Tb-Gruppe die Ablösung der Baureihe 99⁵⁹ in der Est Gernrode (Harz) Priorität. Der Einsatz der 99 222 auf der Selketalbahn ab Januar 1987 läutete das Ende der Mallet-Maschinen ein. Nicht ohne Grund gelangte die Einheitslok zur Est Gernrode (Harz). Während einer Zwischenausbesserung (L5; 16.11.1983–23.10.1984) im Raw Görlitz wurden Haarrisse im Schieberkasten des linken Zylinders entdeckt. Diese konnten aber nur behelfsmäßig beseitigt werden. Nach nicht einmal sieben Monaten musste die Maschine abermals schadhaft abgestellt werden. Bei der nun notwendigen L0 im Bw Wernigerode (10.05.–14.06.1985) begutachteten Fachleute der Schweißtechnischen Versuchsanstalt der DR aus Wittenberge die Haarrisse im linken Zylinder. Die

Experten schlugen eine Demontage des Bauteils und eine Reparaturschweißung in Wittenberge vor. Dies erfolgte bei der im Frühjahr 1986 im Raw Görlitz fälligen L7 (08.04.–18.07.1986). Allerdings konnte die Maschine nun nicht mehr vor schweren Personen- und Güterzügen auf der Harzquer- und Brockenbahn eingesetzt werden und gelangte daher ins Selketal. Dort hatte die Baureihe 99⁵⁹ am 16. November 1989 im Plandienst ausgedient (siehe S. 256).

Zu diesem Zeitpunkt war auch der Einsatz der 99 222 bereits Geschichte. Aufgrund des Risses im linken Zylinder musste die Maschine am 9. November 1987 abgestellt werden. Anschließend wurde die Einheitslok als Dampfspender für die Werkstatt in Wernigerode Westerntor genutzt (11.11.1987–17.04.1988). Auch im Winter 1988/89 fungierte 99 222 als Wärmespender. Allerdings konnte die Maschine nicht mehr mit eigener Kraft bewegt werden, da der linke Zylinder abgebaut war. Ab April 1989 führte das Bw Wernigerode 99 222 als »w«, bevor sie ab 13. Juni 1989 im Raw Görlitz weilte, wo sie zeitweise auch als Wärmespender genutzt wurde. Nach ihrer Rückkehr in den Harz (am 12.10.1989) wurde die Lok am 13. Oktober 1989 in den Schadpark verfügt. Damit schien das Schicksal der technikgeschichtlich wertvollen Maschine besiegelt zu sein. Das galt auch für die Mehrzahl der anderen Dampflokomotiven im Harz, die im Zuge der geplanten Verdieselung bis 1992 aus dem Verkehr gezogen werden sollten. Lediglich 99 5901, 99 6001 und 99 247 waren gemäß einer Verfügung der HvM vom 25. Februar 1986 für den langfristigen Erhalt als »Historische Fahrzeuge« vorgesehen. Außerdem gehörten seit dem 1. Januar 1983 die beiden schon seit längerer Zeit abgestellten Triebwagen 187 001 (ex T 1 der GHE) und 187 025 (ex T 3 der NWE) zu den offiziellen Museumsfahrzeugen der DR.

Aber noch gab es im Bw Wernigerode keine Alternative zur Dampftraktion. Allerdings wurde es zusehends schwieriger, die Fahrzeuge betriebsfähig zu erhalten. Dies galt vor allem für die betagten Malletloks, deren Instandhaltung der Tu-Gruppe immer größere Probleme bereitete. Aber

Als Ersatz für die Maschinen des LKM-Typs V 10 C ließ die Rbd Magdeburg insgesamt drei Einheitskleinlokomotiven (Kö) auf Meterspur umbauen. Eine dieser Maschinen wurde der Est Gernrode (Harz) zugeteilt. Vor der Wagenwerkstatt stand am 26. März 1999 die 199 010-8.
Foto: D. Riehemann

Die Diesellokomotiven der Baureihe 199⁸ des Bw Wernigerode

Betriebs-Nr.	Hersteller	Baujahr	Fabrik-Nr.	Bemerkungen
199 861-6	LEW	1976	15.379	ex 110 861-2; Abnahme am 13.09.1976; Umbau Raw Stendal (V7: 04.09.1989–31.05.1990); am 01.02.1993 an HSB
199 863-2	LEW	1976	15.381	ex 110 863-8; Abnahme am 17.09.1976; Umbau Raw Stendal (V7: 11.07.–31.10.1988); am 01.02.1993 an HSB
199 870-7	LEW	1976	15.388	ex 110 870-3; Abnahme am 02.10.1976; Umbau Raw Stendal (V7: 03.09.–22.11.1990); am 01.02.1993 an HSB
199 871-5	LEW	1976	15.389	ex 110 871-1; Abnahme am 27.10.1976; Umbau Raw Stendal (V7: 28.10.–30.12.1988); am 01.02.1993 an HSB
199 872-3	LEW	1976	15.390	ex 110 877-8; Abnahme am 29.10.1976; Umbau Raw Stendal (V7: 23.03.1989–16.01.1990); am 01.02.1993 an HSB
199 874-9	LEW	1976	15.392	ex 110 874-5; Abnahme am 08.11.1976; Umbau Raw Stendal (V7: 10.09.1–29.11.1990); am 01.02.1993 an HSB
199 877-2	LEW	1978	16.391	ex 110 877-8; Abnahme am 08.03.1978; Umbau Raw Stendal (V7: 05.10.–13.12.1990); am 01.02.1993 an HSB
199 879-8	LEW	1977	16.373	ex 110 879-4; Abnahme am 12.12.1977; Umbau Raw Stendal (V7: 07.08.–18.10.1990); am 01.02.1993 an HSB
199 891-3	LEW	1978	16.385	ex 110 891-9; Abnahme am 29.03.1978; Umbau Raw Stendal (V7: 29.08.–30.10.1990); am 01.02.1993 an HSB
199 892-1	LEW	1978	16.386	ex 110 892-7; Abnahme am 20.02.1978; Umbau Raw Stendal (V7: 12.10.–20.12.1990); am 01.02.1993 an HSB

auch die inzwischen rund 30 Jahre alten Neubau-Maschinen der Baureihe 99²³⁻²⁴ erforderten einen immer größeren Aufwand. Jede betriebsfähige Dampflok wurde gebraucht, denn in den Einsatzstellen des Bw Wernigerode herrschte ab Mitte der 1980er-Jahre Hochbetrieb. Die Tb-Gruppe benötigte im Sommer 1987 für den Plandienst täglich 12 Maschinen der Baureihe 99²³⁻²⁴. Hinzu kamen noch 99 6001 für die Est Gernrode (Harz), eine Malletlok für die Bespannung des Traditionszuges, 99 6101 für den Rangierdienst und die Rollbockzüge in Wernigerode sowie 199 301 für den Rangierdienst in Nordhausen Nord und die Übergaben zur Papierfabrik Ilfeld. Fielen 99 6101 und 199 301 aus, musste eine Neubaulok deren Aufgaben übernehmen.

Außerdem besetzte das Bw Wernigerode seit dem Fahrplanwechsel am 23. Mai 1982 eine Diesellok der Baureihe 105/106²⁻⁹ des Bw Halberstadt für den Rangierdienst im regelspurigen Teil des Bf Wernigerode. Im Zusammenhang mit der Reaktivierung kohlegefeuerter Dampfloks bei der DR

gliederte das Bw Halberstadt den bisher von einer Maschine der Baureihe 50³⁵ erledigten Rangierdienst im Bf Wernigerode in einen neuen eintägigen Umlauf aus. In diesem Plan 13 (ab 31.05.1987: Plan 15) war fortan täglich eine Diesellok der Baureihe 105/106²⁻⁹ von 6 bis 5 Uhr am folgenden Tag im Einsatz. Die dafür benötigten vier Triebfahrzeugführer stellte das Bw Wernigerode. Mit der Übernahme des Rangierdienstes wurden die Lokführer des Bw Wernigerode schrittweise für den Einsatz auf Dieselloks ausgebildet. Dies war notwendig, da die Mehrzahl der Eisenbahner nur ein so genanntes Dampfpatent besaß.

In der Zwischenzeit waren die wichtigsten Vorarbeiten für den Umbau der Baureihe 110 auf Meterspur abgeschlossen. Insgesamt 30 Maschinen sollten bis zum Januar 1992 als Sonderarbeit (SA) 595 mit Schmalspur-Drehgestellen ausgerüstet werden. Allerdings stieß der geplante Traktionswechsel auf den Schmalspurbahnen im Harz nicht nur bei einigen Eisenbahnern im Bw Wernigerode auf Unverständnis. Auch in der Bevölkerung

Mit 199 863-2 begann am 21. November 1988 die Geschichte der »Harzkamele«. Ab Mitte Dezember 1988 setzte das Bw Wernigerode die Maschine zur Einweisung des Personals vor Personenzügen auf der Harzquerbahn ein, hier am 29. Dezember 1989 mit dem P 14407 Wernigerode–Nordhausen Nord im Bf Wernigerode Westerntor.   Foto: F. Köhler

199 012-0 war einige Zeit als Rangierlok in der Est Nordhausen stationiert (Aufnahme vom 29.03.1992). Nach Ablauf ihrer Untersuchungsfristen im Herbst 1999 wurde die Maschine zunächst abgestellt. Im Herbst 2015 wurde die Maschine als Ersatz für die 199 011-8 wieder betriebsfähig aufgearbeitet. *Foto: R. Heym*

und bei den Urlaubern mehrten sich kritische Stimmen. Daher verstärkte die Rbd Magdeburg ab dem Sommer 1988 ihre Öffentlichkeitsarbeit. In der »Volksstimme«, dem Organ der SED-Bezirksleitung Magdeburg, erschien am 26. Juli 1988 ein ausführlicher Artikel über den geplanten Diesellokeinsatz. Unter der Überschrift »*Aus der Altmark kommen neue `Zugpferde´ für die Harzer Schmalspurbahn*« hieß es: »*Zwei Gründe drängen zur Bereitstellung neuer Triebfahrzeuge für die Harzquerbahn. Zum einen steigen die Gütertransporte (...) ständig, so daß der Lokpark beträchtlich erweitert werden muß. Zum anderen wird der Unterhalt der Dampfloks zunehmend komplizierter, seit auf den Hauptstrecken der Deutschen Reichsbahn nur noch Elektro- und Dieselloks verkehren. Viele Teile zur Instandhaltung der Dampfloks sind nur noch nachgebaut in Einzelfertigung beschaffbar. Manch einer wird vielleicht ein Stück Romantik vermissen – aber Fakt ist nun mal, daß künftig Dieselloks auch die Harzberge bezwingen. (...) Die ersten Dieselloks werden den Zusatzbedarf für das hohe Transportaufkommen sichern, ehe schrittweise die alten Dampfloks ersetzt werden. 1992 soll die Umrüstung abgeschlossen sein. Bis dahin werden 30 Loks der Baureihe 110 umgerüstet sein (...).*«

Am Nachmittag des 21. November 1988 war es endlich soweit – im Schlepp der 112 788 (Bw Brandenburg) traf 199 863 im Bf Wernigerode ein. Wenig später, am 24. November 1988, wurde die Maschine auf die dreiachsigen Schmalspur-Drehgestelle gesetzt und in der Werkstatt in Wernigerode Westerntor für die bevorstehende messtechnische Erprobung vorbereitet. Das Versuchsprogramm des WTZ-DR bestand aus Spannungs-Dehnungs-messungen am Drehgestellrahmen, brems- und lauftechnischen Erprobungen sowie den obligatorischen Untersuchungen zur Zugkraft und Leistung. Am 5. Dezember 1988 erfolgte die vorläufige Abnahme der Maschine. Zur Einweisung der Lokführer absolvierte 199 863 in den folgenden Tagen einige Leerfahrten im Stadtgebiet von Wernigerode. Die erste offizielle Probefahrt mit der 199 863 fand am 10. Dezember 1988 statt. Als Lz-Fahrt ging es von Wernigerode nach Eisfelder Talmühle. Von

dort fuhr die Maschine weiter nach Stiege, wo die Lok die Wendeschleife passierte. Auf der Rückfahrt nach Wernigerode diente 199 863 ab Eisfelder Talmühle als Vorspannlok vor dem Personenzug (P) 14404. Dabei konnte die Diesellok erstmals ihre Leistungsfähigkeit unter Beweis stellen.

Nach einer weiteren Probefahrt nach Schierke am 12. Dezember 1988 und der formalen Indienststellung durch die VdM (am 13.12.1989) folgten einige Versuchsfahrten für das WTZ-DR auf der Brockenbahn (bis Schierke). Ab Ende Dezember 1988 setzte das Bw Wernigerode 199 863 zeitweise im Streckendienst ein. Meist bespannte die Maschine die Züge P 14403 und P 14404 auf der Strecke nach Nordhausen Nord. Am 11. Januar 1989 folgte die erste Probefahrt mit der 199 863 als Lz 77719 auf der Selketalbahn nach Gernrode (Harz), die ohne Komplikationen verlief.

Als zweites Baumuster kam 199 871 am 30. Dezember 1988 in Wernigerode an. Die Maschine wurde am 6. Januar 1989 abgenommen. Anschließend diente 199 871 als Reservelok, bevor sie am 24. Januar 1989 ihren ersten Einsatz als Versuchsfahrt 90714/90715 zwischen Wernigerode und Benneckenstein absolvierte. Weitere Fahrten folgten am 25. und 26. Januar 1989. Am 26. Januar 1989 kam die Maschine bis nach Straßberg (Harz). Auch in den folgenden Wochen und Monaten absolvierten die beiden Maschinen weitere Fahrten für die leistungs-, lauf- und bremstechnische Untersuchung. Dazwischen wurden die Loks auch im Umlauf der Est Wernigerode eingesetzt.

Das WTZ-DR nutzte 199 871 am 6. Februar 1989 für Messfahrten. Einige Tage später, am 21. Februar 1989, fuhr die Maschine als Lz 77712/77719 von Wernigerode nach Straßberg (Harz) und zurück. Ende Mai 1989 untersuchte das WTZ-DR letztmalig die beiden Baumuster, die vom 24. bis zum 31. Mai 1989 als Versuchsfahrt 92742/92743 auf dem Abschnitt Drei Annen Hohne–Schierke hinsichtlich ihrer Leistungsparameter erprobt wurden. Am 1. Juni 1989 folgten mit beiden Loks Messfahrten (78761/-78762) nach Straßberg (Harz) und am 2. Juni 1989 mit 199 863 zwischen Wernigerode und Drei Annen Hohne (94731/94732). Die letzten Probe-

Die Dienstpläne des Bw Wernigerode (gültig ab 31. Mai 1989)

Est Wernigerode / Dienstplan 1 (4 x BR 99[72])

Tag 1

P 14401	Wernigerode	ab 6.35	Nordhausen Nord	an 9.18	
P 14404	Nordhausen Nord	ab 12.04	Wernigerode	an 15.06	
P 14409	Wernigerode	ab 16.58	Benneckenstein	an 18.33	Mo-Fr
P 14409	Benneckenstein	ab 18.57	Nordhausen Nord	an 20.14	

Tag 2

P 14440	Nordhausen Nord	ab 5.04	Ilfeld	an 5.33	Mo-Sa
P 14441	Ilfeld	ab 5.47	Nordhausen Nord	an 6.18	Mo-Sa
P 14402	Nordhausen Nord	ab 6.38	Wernigerode	an 9.35	
P 14445	Wernigerode	ab 10.45	Benneckenstein	an 12.26	
P 14446	Benneckenstein	ab 12.37	Wernigerode	an 14.05	
P 14433	Wernigerode	ab 14.35	Schierke	an 15.42	Mo-Fr
P 14438	Schierke	ab 16.03	Wernigerode	an 17.08	Mo-Fr

Tag 3

Lrv 14438	Wernigerode	ab 5.38	Wernigerode Wt	an 5.42	Mo-Fr
Lz 77710	Wernigerode Wt	ab 5.58	Wernigerode	an 6.02	
Rangierdienst Wernigerode		von 6.10		bis 7.30	
P 14431	Wernigerode	ab 8.00	Schierke	an 9.07	
P 14434	Schierke	ab 9.36	Wernigerode	an 10.34	Mo-Fr
P 14407	Wernigerode	ab 11.56	Nordhausen Nord	an 14.53	
P 14408	Nordhausen Nord	ab 16.08	Wernigerode	an 19.02	

Tag 4

Lzz 14403	Wernigerode	ab 8.06	Wernigerode Wt	an 8.10	Mo-Fr
Lrz 14403	Wernigerode Wt	ab 8.40	Wernigerode	an 8.44	Mo-Fr
P 14403	Wernigerode	ab 9.02	Benneckenstein	an 10.33	Mo-Fr
N 67096	Benneckenstein	ab 10.35	Drei Annen Hohne	an 11.10	Mo-Fr
Lzv 67096	Drei Annen Hohne	ab 11.31	Benneckenstein	an 12.07	Mi, Fr
N 67072	Benneckenstein	ab 14.28	Wernigerode	an 16.12	
N 67073	Wernigerode	ab 17.32	Benneckenstein	an 18.56	Mo-Fr
Lzv 67073	Benneckenstein	ab 19.04	Wernigerode	an 20.20	Mo-Fr

Abweichungen Dienstplan 1

Tag 1

| P 14409 | Wernigerode | ab 17.10 | Benneckenstein | an 18.56 | Sa + So |

Tag 2

| P 14445 | Wernigerode | ab 14.35 | Benneckenstein | an 16.05 | Sa + So |
| P 14446 | Benneckenstein | ab 16.37 | Wernigerode | an 18.02 | Sa + So |

Tag 3

| Lrv 14448 | Wernigerode | ab 5.38 | Wernigerode Wt | an 5.42 | Sa + So |
| P 14434 | Schierke | ab 9.17 | Wernigerode | an 10.15 | Sa + So |

Tag 4

Lzz 14405	Wernigerode	ab 8.06	Wernigerode Wt	an 8.10	Sa + So
Lrz 14405	Wernigerode Wt	ab 8.40	Wernigerode	an 8.44	Sa + So
P 14405	Wernigerode	ab 9.22	Benneckenstein	an 11.13	Sa + So
Vsp 14449	Drei Annen Hohne	ab 11.31	Benneckenstein	an 12.07	Mo, Di, Do

Dienstplan 1a (1 x BR 99[61])

Tag 1

Rangierdienst Wernigerode		ab 5.00			
Üb 75701	Wernigerode	ab 5.52	Wernigerode Wt	an 5.56	
Üb 75702	Wernigerode Wt	ab 6.05	Wernigerode	an 6.10	
Üb 74789	Wernigerode	ab 8.25	Wd.-Hasserode	an 9.01	
Üb 74790	Wd.-Hasserode	ab 10.26	Wernigerode	an 11.54	
Rangierdienst Wernigerode				bis 12.00	
Rangierdienst Wernigerode		ab 12.30			
Üb 74791	Wernigerode	ab 13.52	Wd.-Hasserode	an 14.32	
Üb 74792	Wd.-Hasserode	ab 15.03	Wernigerode	an 15.44	
Üb 75707	Wernigerode	ab 16.30	Wernigerode Wt	an 16.34	Bedarf
Üb 75710	Wernigerode Wt	ab 17.26	Wernigerode	an 17.40	Bedarf
Rangierdienst Wernigerode				bis 18.30	

Dienstplan 1b (1 x BR 99[59]; nur Mo, Di, Do bis 19.10.1989)

Tag 1

Lrz 14449	Wernigerode Wt	ab 8.56	Wernigerode	an 9.00	
P 14449	Wernigerode	ab 9.42	Benneckenstein	an 12.0	
P 14450	Benneckenstein	ab 14.57	Wernigerode	an 16.20	
Lrv 14450	Wernigerode	ab 16.30	Wernigerode Wt	an 16.34	

Est Benneckenstein / Dienstplan 2 (1 x BR 99[72])

Tag 1

P 14430	Benneckenstein	ab 4.58	Wernigerode	an 6.21	
N 67071	Wernigerode	ab 7.24	Benneckenstein	an 9.05	
P 14403	Benneckenstein	ab 10.40	Nordhausen Nord	an 12.00	Mo-Fr
P 14442[1]	Nordhausen Nord	ab 13.44	Eisfelder Talmühle	an 14.39	
P 14443[1]	Eisfelder Talmühle	ab 14.54	Nordhausen Nord	an 15.38	
P 14410	Nordhausen Nord	ab 16.38	Hasselfelde	an 18.16	
P 14417	Hasselfelde	ab 18.31	Benneckenstein	an 20.00	

Abweichungen Dienstplan 2

Tag 1

| P 14405 | Benneckenstein | ab 11.20 | Nordhausen Nord | an 12.45 | Sa + So |

Est Nordhausen Nord / Dienstplan 3 (3 x BR 99[72])

Tag 1

N 67074	Nordhausen Nord	ab 6.21	Hasselfelde	an 7.55	
N 67075	Hasselfelde	ab 8.20	Nordhausen Nord	an 10.14	
N 67094	Nordhausen Nord	ab 12.50	Silberhütte (Anhalt)	an 14.55	
Lzz 74763	Silberhütte (Anhalt)	ab 14.59	Alexisbad	an 15.10	Bedarf
Üb 74763	Alexisbad	ab 15.20	Silberhütte (Anhalt)	an 15.32	Bedarf
N 67095	Silberhütte (Anhalt)	ab 16.16	Nordhausen Nord	an 18.10	
N 67084	Nordhausen Nord	ab 20.18	Stiege	an 21.36	Bedarf
Lzv 67084	Stiege	ab 21.50	Nordhausen Nord	an 22.54	Bedarf

Tag 2

N 67092	Nordhausen Nord	ab 8.20	Silberhütte (Anhalt)	an 10.58	
Üb 74760	Silberhütte (Anhalt)	ab 11.02	Alexisbad	an 11.12	
Üb 74761	Alexisbad	ab 11.31	Silberhütte (Anhalt)	an 11.40	
N 67093	Silberhütte (Anhalt)	ab 13.11	Nordhausen Nord	an 15.23	
N 67096	Nordhausen Nord	ab 18.18	Silberhütte (Anhalt)	an 20.30	Bedarf
N 67097	Silberhütte (Anhalt)	ab 21.30	Nordhausen Nord	an 23.34	Bedarf

Tag 3

Vl 67092	Nordhausen Nord	ab 8.20	Stiege	an 9.55	
Üb 75722	Stiege	ab 10.10	Hasselfelde	an 10.25	
N 67091	Hasselfelde	ab 11.20	Nordhausen Nord	an 13.30	
N 67078	Nordhausen Nord	ab 15.40	Hasselfelde	an 17.18	
N 67079	Hasselfelde	ab 17.41	Nordhausen Nord	an 19.20	

Dienstplan 3a (1 x BR 199[3])

Tag 1

Rangierdienst Nordhausen Nord		von 5.45		bis 9.30	
Üb 74750	Nordhausen Nord	ab 9.34	Ilfeld	an 10.03	
Üa 75713[2]	Ilfeld	ab 10.10	Ilfeld	an 10.23	
Üa 75715[2]	Ilfeld	ab 10.31	Ilfeld	an 10.52	Bedarf
Üb 75751	Ilfeld	ab 11.02	Nordhausen Nord	an 11.34	
Rangierdienst Nordhausen Nord		von 11.40		bis 12.00	
Rangierdienst Nordhausen Nord		von 12.30		bis 17.00	

Est Hasselfelde / Dienstplan 4 (1 x BR 99[72])

Tag 1

N 67085	Silberhütte (Anhalt)	ab 0.07	Hasselfelde	an 1.26	
P 14411	Hasselfelde	ab 4.36	Nordhausen Nord	an 6.06	
P 14414	Nordhausen Nord	ab 10.28	Hasselfelde	an 12.23	
P 14415	Hasselfelde	ab 15.39	Nordhausen Nord	an 17.21	
P 14416	Nordhausen Nord	ab 18.38	Hasselfelde	an 20.16	
N 67070	Hasselfelde	ab 21.50	Silberhütte (Anhalt)	an 23.03	

Abweichungen Dienstplan 4

Tag 1

| P 14412[3] | Nordhausen Nord | ab 7.38 | Eisfelder Talmühle | an 8.23 | Sa + So |
| Lrv 14412[3] | Eisfelder Talmühle | ab 8.44 | Nordhausen Nord | an 9.12 | Sa + So |

Anmerkungen:

1 nur bis 17.09.1989 und ab 12.05.1990 auf dem Abschnitt Ilfeld–Eisfelder Talmühle

2 Anschluss Ilfeld Papierfabrik

3 vom 03.07. bis 03.09.1989 täglich

Die Dienstpläne des
Bw Wernigerode (Fortsetzung)

Est Gernrode / Dienstplan 5 (2 x BR 99^{72} + 1 x BR 99^{60})

Tag 1

P 14461	Gernrode (Harz)	ab 6.16	Eisfelder Talmühle	an 8.33
P 14462	Eisfelder Talmühle	ab 9.04	Harzgerode	an 10.50
P 14454	Harzgerode	ab 11.00	Gernrode (Harz)	an 12.14
P 14465	Gernrode (Harz)	ab 13.46	Hasselfelde	an 16.13
P 14466	Hasselfelde	ab 16.44	Gernrode (Harz)	an 20.01

Tag 2

Pmg 14451	Gernrode (Harz)	ab 7.37	Harzgerode	an 8.37
Pmg 14452	Harzgerode	ab 8.52	Gernrode (Harz)	an 10.05
Gmp 69711	Gernrode (Harz)	ab 11.04	Harzgerode	an 12.04
Gmp 69712	Harzgerode	ab 12.20	Gernrode (Harz)	an 13.34
Gmp 69717	Gernrode (Harz)	ab 14.30	Harzgerode	an 15.35
Gmp 69725	Harzgerode	ab 15.45	Alexisbad	an 16.00
Pmg 14459	Alexisbad	ab 16.10	Harzgerode	an 16.20
Gmp 69716	Harzgerode	ab 16.38	Gernrode (Harz)	an 17.47

Tag 3

N 67043	Gernrode (Harz)	ab 5.50	Harzgerode	an 7.10	Bedarf
N 67044	Harzgerode	ab 7.30	Gernrode (Harz)	an 9.06	Bedarf
P 14463	Gernrode (Harz)	ab 10.16	Stiege	an 12.05	
P 14464	Stiege	ab 12.59	Harzgerode	an 14.13	
Pmg 14456	Harzgerode	ab 14.30	Gernrode (Harz)	an 15.43	
Pmg 14457	Gernrode (Harz)	ab 16.38	Straßberg (Harz)	an 18.01	
Lrv 14457	Straßberg (Harz)	ab 18.18	Alexisbad	an 18.42	Mo-Fr
N 67035	Alexisbad	ab 19.00	Harzgerode	an 19.10	Mo-Fr
N 67034	Harzgerode	ab 19.30	Gernrode (Harz)	an 20.55	Mo-Fr

Abweichungen Dienstplan 5:

Tag 3

Pmg 14458	Straßberg (Harz)	ab 18.18	Gernrode	an 19.38	Sa + So

fahrten absolvierte 199 871 am 6. Juni 1989 zwischen Stiege und Straßberg (Harz).

Die Baureihe 199^8 erwies sich als eine technisch ausgereifte Konstruktion, die nur in wenigen Details geändert werden musste. Das von vielen Eisenbahnern befürchtete Schaukeln der Maschinen hielt sich in Grenzen. Im Hinblick auf eine höhere Entgleisungssicherheit wurde aber der mittlere Radsatz mit einem geschwächten Spurkranz ausgerüstet. Lediglich die Kupplung für die im Rollwagendienst benutzten Kuppelbäume musste versetzt werden. Der Kupplungsschacht lag zu weit unter dem Mittelpuffer, was das Einhängen der Kuppelbäume erschwerte.

Die Leistungsvorgaben erfüllte die Baureihe 199^8 mühelos. Die Lokomotiven konnten einen 220 t schweren Zug mit 22 km/h mühelos über eine 33 ‰-Steigung schleppen. Die Reichsbahn hob daher im Sommer 1989 die Höchstlast von 140 t auf 200 t an.

In der Zwischenzeit besaß die Baureihe 199^8 auch zwei Spitznamen. Die Eisenbahner nannten die Maschinen »Kannen«, da die meiste Zeit beim Vor- bzw. Nachbereitungsdienst für das Tragen von Kannen mit Motor- und Hydrauliköl benötigt wurde. Die Eisenbahnfreunde hingegen nannten die für Schmalspurbahnen im Harz geradezu riesigen Diesellokomotiven aufgrund ihrer Farbgebung und des Mittelführerstandes »Rote Kamele«. Daraus entwickelte sich der heute verwendete Beiname »Harzkamele«.

Die Tb-Gruppe des Bw Wernigerode band die beiden Baumuster umgehend in den Plandienst ein und setzte große Hoffnungen in die Baureihe 199^8. Durch den Einsatz der »Harzkamele« sollte nicht nur die Situation auf dem Triebfahrzeugsektor verbessert, sondern auch die Lage bei den Personalen entspannt werden. Seit Mitte der 1980er-Jahre fehlten im Fahrdienst ständig Arbeitskräfte (siehe S. 84 f.). Da die Baureihe 199^8 mit einer Sicherheitsfahrschaltung (Sifa 86) ausgerüstet und damit für den Einmannbetrieb ausgelegt war, konnte theoretisch der Beimann eingespart werden. Die Praxis sah jedoch anders aus: Der Einsatz der Heizer als

199 861-6, hier am 7. April 1991 im Bf Drei Annen Hohne, war die zweite Serienmaschine der Baureihe 199^8 im Bw Wernigerode. Als die Lok am 1. Juni 1990 im Harz eintraf, hatte die HvM bereits beschlossen, nur noch insgesamt zehn Exemplare der Baureihe 110 auf Meterspur umbauen zu lassen. Foto: D. Riehemann

Höchstlasttafel für die Dampflokomotiven auf der Harzquer- und Brockenbahn (gültig ab 02.06.1991)[1]

Streckenabschnitt	99 5906	BR 99[59]	99 6001	BR 99[61]	BR 99[22], 99[23–24]
Nordhausen Nord–Ilfeld	160 t[2]	150 t[2]	150 t[2]	150 t[2]	320 t
Ilfeld–Drei Annen Hohne	80 t	75 t	75 t	75 t	160 t
Drei Annen Hohne–Wernigerode	200 t	180 t	180 t	180 t	400 t
Wernigerode–Wernigerode-Hasserode	160 t	150 t	170 t	150 t	160 t
Wernigerode-Hasserode–Drei Annen Hohne	80 t	75 t	75 t	75 t	240 t
Drei Annen Hohne–Eisfelder Talmühle	80 t	75 t	75 t	75 t	140 t
Eisfelder Talmühle–Nordhausen Nord	110 t[2]	100 t[2]	100 t[2]	100 t[2]	400 t
Drei Annen Hohne–Brocken	80 t	75 t	75 t	75 t	160 t
Brocken–Drei Annen Hohne	200 t	180 t	180 t	180 t	400 t

Anmerkungen:
1 Höchstgeschwindigkeit 25 km/h
2 Für Übergaben auf dem Abschnitt Nordhausen Nord–Ilfeld Papierfabrik ist die Höchstlast auf 90 t beschränkt.

Beimänner wurde seitens der Tb-Gruppe gegenüber den vorgesetzten Dienststellen mit einer besseren Streckenbeobachtung begründet.
Ab Februar 1989 wurden 199 863 und 199 871 in den Umläufen der Baureihe 99[23–24] eingesetzt. Meist wurden die Zugpaare P 14401/14404 und P 14407/14408 auf der Verbindung Wernigerode–Nordhausen Nord, P 14403/14446 und P 14447/14448 auf dem Abschnitt Wernigerode–Benneckenstein sowie der Umlauf P 14433/14438 Wernigerode–Schierke mit der Baureihe 199[8] bespannt. Außerdem übernahmen die Dieselloks Arbeitszüge für die Bm Wernigerode Westerntor (z.B. 199 871 am 27.03.1989) oder sie bespannten den Hilfszug. Diese Aufgabe übernahm 199 871 am 27. Februar 1989 (nach Güntersberge) und 199 863 am 1. Mai 1989.

Nach dem Fahrplanwechsel am 28. Mai 1989 setzte bevorzugt die Est Nordhausen Nord 199 863 und 199 871 vor Güterzügen in Richtung Stiege/Hasselfelde und Silberhütte (Anhalt) ein. Dazu wurde die Maschine morgens von Wernigerode als Lz 77719 nach Nordhausen Nord oder Ilfeld überführt. Dort wurde sie als Vorspannlok an den N 67092 gekuppelt. Ab Stiege übernahm die Diesellok die Übergabe (Üb) 75722 nach Hasselfelde. Mit dem N 67091 ging es zurück nach Nordhausen Nord. Als Leervorspann vor dem P 14442 fuhr die Maschine nach Eisfelder Talmühle und von dort Lz zurück nach Wernigerode. Aber auch im Rangier- und Rollbockdienst in Wernigerode (199 863 am 14.06.1989) oder vor Reisezügen waren die »Harzkamele« anzutreffen.

Mangels betriebsfähiger Dampfloks der Baureihe 99[23–24] mussten in den Jahren 1990/91 oft Maschinen der Baureihe 199[8] im Personenzugdienst aushelfen. Im August 1991 stand 199 879-8 mit einem kurzen Personenzug nach Wernigerode im Bf Wernigerode Westerntor.
Foto: G. Ferrée

99 7238-1 (ex 99 238) hatte am Morgen des 8. August 1987 mit dem N 67071 Wernigerode–Benneckenstein den Bf Wernigerode Westerntor erreicht. Da der Zug an diesem Tag mit sieben beladenen Rollwagen und einem Gepäckwagen die zulässige Höchstlast überschritten hatte, erhielt 99 7238-1 Hilfe durch eine Vorspannlok.   Foto: D. Riehemann

Doch bei der Bevölkerung im Harz stieß der Einsatz der Baureihe 199^8 auf Ablehnung. Auch zahlreiche Urlauber und Touristen kritisierten den geplanten Traktionswechsel. Die politische Verwaltung der Rbd Magdeburg reagierte umgehend. Durch entsprechende Veröffentlichungen in der Presse versuchte die Reichsbahn, auf die Meinungsbildung in der Bevölkerung Einfluss zu nehmen. Dazu gehörte auch ein Leserbrief, der unter der Überschrift »Guckt mal genauer hin« am 18. Juli 1989 in der »Volksstimme« erschien. Darin hieß es: »*Manche Harzurlauber waren enttäuscht, weil gerade `ihr´ Harzquerbahnzug von einer Diesellok gezogen wurde statt vom schnaubenden romantischen Dampfroß (...). Wir möchten nicht gerade sagen: Guckt euch die Dampfloks der Harzquerbahn an, so lange es sie noch gibt. Aber: Guckt mal genauer auf die Arbeitsbedingungen des Lokpersonals. Schwerste Schufterei auf engstem Raum, dazu die rauhe Harzwitterung aus erster Hand und jede Menge Dreck. Darunter kann Begeisterung fürs Romantische schon leiden. Sicher, Dampflokfahren war hundert Jahre eine schwere Arbeit. Doch es ist eben alles relativ: Wenn ringsum die Arbeitsbedingungen besser werden, zieht es manchen von der Feuerbuchse weg. Und: Guckt auf das Alter der Lokomotiven. Sie haben die geplante Lebensdauer erreicht, meist weit überschritten. Bauteile wie Kessel, Rahmen, Zylinder müssen ersetzt werden. Aber wer soll im Zeitalter der Diesel- und Elektrokraftpakete derlei noch in größeren Mengen herstellen – und womit? Die Dampflok ist ein komplizierter Organismus (...), da ist bei der Instandhaltung Professionalität gefragt. (...) Ehrlich: Ich schreibe das hier mit einem heiteren und einem nassen Auge. Einerseits geht es dem Diesellokführer besser als dem Dampflokpersonal, andererseits bin ich Dampflokverehrer (...). Da hat es mich natürlich gefreut, zu hören, daß es nicht so schlimm wird. Nach 1992, wenn der Vorgang (...) `Traktionsumstellung´ überstanden sein und der Dieselmotor das Harzquerbahnnetz beherrschen wird, werden die Dampfloks nicht völlig fehlen. Für Oldtimerfahrten werden einige erhalten bleiben (...).*«
Trotz aller Vorbehalte seitens der Bevölkerung und der Touristen gab die HvM am 28. September 1989 den Serienumbau der Baureihe 110 auf Meterspur in Auftrag. Die VdM rechnete mit der Indienststellung von bis

zu zwei Diesellokomotiven pro Monat. Bis zum Januar 1992 sollten dann insgesamt 30 Maschinen der Baureihe 199^8 im Bw Wernigerode eintreffen. Die Planungen der Rbd Magdeburg sahen die Bespannung nahezu aller Züge auf den Schmalspurbahnen des Harzes mit der Baureihe 199^8 vor. Für einen so genannten Traditionsverkehr war lediglich die weitere Erhaltung der als »Historische Fahrzeuge« eingestuften 99 247, 99 5901 und 99 6001 geplant. Vor diesem Hintergrund lieferte das Raw Stendal 199 872 am 28. Dezember 1989 aus. Ab 4. Januar 1990 begann die Erprobung der Maschine, die am 17. Januar 1990 formal in Dienst gestellt wurde. Bis zu diesem Zeitpunkt hatten 199 863 und 199 871 insgesamt rund 39.000 km (bei 2.700 Motorlaufstunden) bzw. etwa 37.000 km (bei 2.600 Motorlaufstunden) zurückgelegt.

4.10 Abbruch des Traktionswechsels

In der Zwischenzeit hatte die Rbd Magdeburg begonnen, sich von den ältesten Dampflokomotiven und den Einzelgängern im Bw Wernigerode zu trennen. Zuerst schied die zumeist in der Est Gernrode (Harz) stationierte 99 6102 aus dem Betriebspark aus. Sie wurde am 22. November 1988 z-gestellt. Als Vorwand diente das im Herbst 1986 erlassene Verbot der Rbd Magdeburg, die Baureihe 99^{61} im Streckendienst einzusetzen (siehe S. 239). Für die Schwesterlok 99 6101 konnte das Bw Wernigerode aufgrund der angespannten Situation eine Ausnahmegenehmigung erwirken. Mit maximal 10 km/h wurde der Dreikuppler planmäßig im Rangierdienst in Wernigerode und vor den Übergaben nach Wernigerode-Hasserode eingesetzt. Daher erhielt 99 6101 auch entgegen den ursprünglichen Planungen der VdM noch einmal im Raw Görlitz eine Zwischenuntersuchung (L6; 21.12.1987–14.03.1988) und konnte weiterhin täglich von 5 bis 18.30 Uhr im Plan 1a eingesetzt werden.
Ganz anders sah es bei den Malletloks aus. Ende 1988 schob das Bw Wernigerode 99 5903 (»z« ab 20.11.1988) und 99 5904 (»z« ab 15.12.1988) auf das Abstellgleis. Der »Erbsensuppenzug« nach Benneckenstein wurde

im Sommer 1989 planmäßig mit 99 5901 bespannt. Als Reserve dienten 99 5902 und 99 5906, sofern sie nicht in der Est Gernrode (Harz) benötigt wurden. Aufgrund eines Schadens wurde 99 5901 nach einem Einsatz am 19. Oktober 1989 abgestellt und ab 4. November 1989 als »w« geführt. Das gleiche Schicksal ereilte 99 5906 im Frühjahr 1990, die am 7. August

1990 in den Schadpark verfügt wurde. Damit war 99 5902 die (vorerst) letzte betriebsfähige Mallet-Maschine. Sie bespannte im Sommer 1990 planmäßig den Traditionszug.
Durch diese Abgänge spitzte sich die Lage in der Zugförderung im Verlauf des Sommers 1989 deutlich zu. Am 1. Oktober 1989 standen der Tb-

Die Dienstpläne des Bw Wernigerode (gültig 30. September 1990)

Est Wernigerode / Dienstplan 1 (4 x BR 99⁷²)
Tag 1

P 14401	Wernigerode	ab 6.35	Nordhausen Nord	an 9.32
P 14404	Nordhausen Nord	ab 12.35	Wernigerode	an 15.24
P 14409	Wernigerode	ab 16.48	Nordhausen Nord	an 20.18

Tag 2

P 14402	Nordhausen Nord	ab 6.44	Wernigerode	an 9.34
P 14445	Wernigerode	ab 11.02	Drei Annen Hohne	an 11.54
P 14421	Drei Annen Hohne	ab 11.59	Schierke	an 12.13
P 14422	Schierke	ab 12.22	Drei Annen Hohne	an 12.46
P 14423	Drei Annen Hohne	ab 12.56	Schierke	an 13.13
P 14424	Schierke	ab 13.22	Drei Annen Hohne	an 13.35
P 14447	Drei Annen Hohne	ab 16.01	Benneckenstein	an 16.45
P 14448	Benneckenstein	ab 16.55	Wernigerode	an 18.26

Tag 3

Rangierdienst Wernigerode		von 6.10		bis 7.30
P 14431	Wernigerode	ab 7.55	Schierke	an 9.06
P 14434	Schierke	ab 9.52	Wernigerode	an 10.56
P 14407	Wernigerode	ab 11.54	Nordhausen Nord	an 15.13
P 14408	Nordhausen Nord	ab 16.13	Wernigerode	an 19.14

Tag 4

P 14433	Wernigerode	ab 8.50	Schierke	an 10.30
P 14434	Schierke	ab 10.45	Wernigerode	an 11.47
P 14435	Wernigerode	ab 12.50	Schierke	an 14.00
P 14428	Schierke	ab 14.10	Drei Annen Hohne	an 14.10
P 14427	Drei Annen Hohne	ab 14.37	Schierke	an 14.53
P 14436	Schierke	ab 15.52	Wernigerode	an 16.58

Dienstplan 1a (1 x BR 99⁷²)
Tag 1

Rangierdienst Wernigerode		ab 5.00		
Üb 75701	Wernigerode	ab 6.00	Wernigerode Wt	an 6.04	Bedarf
Üb 75702	Wernigerode Wt	ab 6.10	Wernigerode	an 6.14	Bedarf
Üb 75703	Wernigerode	ab 10.45	Wernigerode	an 10.49	Bedarf
Üb 75704	Wd.-Hasserode	ab 11.00	Wernigerode	an 11.04	Bedarf
Üb 75705	Wernigerode	ab 12.10	Wernigerode Wt	an 12.14	Bedarf
Üb 75706	Wernigerode Wt	ab 12.16	Wernigerode	an 12.20	Bedarf
Üb 74793	Wernigerode	ab 12.50	Wd.-Hasserode	an 13.13	Mo–Sa
Üb 74792	Wd.-Hasserode	ab 13.40	Wernigerode	an 14.30	Mo–Sa
Üb 75707	Wernigerode	ab 15.57	Wernigerode Wt	an 16.01	Bedarf
Üb 75708	Wernigerode Wt	ab 16.05	Wernigerode	an 16.09	Bedarf
Üb 75709	Wernigerode	ab 18.04	Wernigerode Wt	an 18.08	Bedarf
Üb 75710	Wernigerode Wt	ab 18.10	Wernigerode	an 18.14	Bedarf
Rangierdienst Wernigerode				bis 18.30

Est Benneckenstein / Dienstplan 2 (1 x BR 99.72)
Tag 1

P 14440	Benneckenstein	ab 4.44	Wernigerode	an 6.10
P 14403	Wernigerode	ab 9.22	Nordhausen Nord	an 12.22	Mo–Fr
P 14442	Nordhausen Nord	ab 13.26	Eisfelder Talmühle	an 14.08	Mo–Fr
P 14443	Eisfelder Talmühle	ab 14.49	Nordhausen Nord	an 15.24
P 14410	Nordhausen Nord	ab 16.38	Hasselfelde	an 18.17
P 14417	Hasselfelde	ab 18.31	Benneckenstein	an 20.02

Abweichungen Dienstplan 2 / nur an Wochenenden und Feiertagen

P 14405	Wernigerode	ab 9.58	Nordhausen Nord	an 13.17
P 14444	Nordhausen Nord	ab 13.42	Eisfelder Talmühle	an 14.26

Est Nordhausen Nord / Dienstplan 3 (1 x BR 99⁷²)
Tag 1

P 14412	Nordhausen Nord	ab 5.00	Ilfeld	an 5.29	Mo–Fr
P 14413	Ilfeld	ab 5.56	Nordhausen Nord	an 6.25	Mo–Fr

Tag 1 (Fortsetzung)

P 14438	Nordhausen Nord	ab 8.50	Schierke	an 11.21
P 14420	Schierke	ab 11.35	Drei Annen Hohne	an 11.48
P 14445	Drei Annen Hohne	ab 12.02	Benneckenstein	an 12.40
P 14446	Benneckenstein	ab 12.50	Wernigerode	an 14.25
P 14447	Wernigerode	ab 15.14	Drei Annen Hohne	an 16.01
P 14429	Drei Annen Hohne	ab 16.10	Schierke	an 16.26
P 14439	Schierke	ab 16.47	Nordhausen Nord	an 18.19

Dienstplan 3a (1 x BR 199⁸)
Tag 1

N 67074	Nordhausen Nord	ab 6.10	Stiege	an 7.59	Mo–Fr
Üb 74722	Stiege	ab 8.14	Hasselfelde	an 8.31	Mo–Fr
Üb 74723	Hasselfelde	ab 8.51	Stiege	an 9.08	Mo–Fr
N 67076	Stiege	ab 9.18	Silberhütte (Anhalt)	an 10.04	Mo–Fr
N 67075	Silberhütte (Anhalt)	ab 11.12	Stiege	an 11.54	Mo–Fr
Üb 74724	Stiege	ab 12.10	Hasselfelde	an 12.27	Mo–Fr
N 67077	Hasselfelde	ab 14.00	Nordhausen Nord	an 15.56	Mo–Fr

Abweichungen Dienstplan 3a
Tag 1

N 67074	Stiege	ab 8.09	Harzgerode	an 9.29	Bedarf
N 67075	Harzgerode	ab 9.58	Silberhütte (Anhalt)	an 10.34	Bedarf

Est Hasselfelde / Dienstplan 4 (1 x BR 99⁷²)
Tag 1

P 14411	Hasselfelde	ab 4.27	Nordhausen Nord	an 6.04	
P 14400	Nordhausen Nord	ab 7.50	Eisfelder Talmühle	an 8.34	Sa + So
Lrv 14400	Eisfelder Talmühle	ab 8.44	Nordhausen Nord	an 9.12	Sa + So
P 14414	Nordhausen Nord	ab 10.45	Hasselfelde	an 12.37	
P 14415	Hasselfelde	ab 15.42	Nordhausen Nord	an 17.22	
P 14416	Nordhausen Nord	ab 19.20	Hasselfelde	an 20.55	

Est Gernrode / Dienstplan 5 (3 x BR 99⁷²)
Tag 1

P 14461	Gernrode (Harz)	ab 6.16	Eisfelder Talmühle	an 8.37	
P 14462	Eisfelder Talmühle	ab 8.43	Harzgerode	an 10.32	
P 14460	Harzgerode	ab 11.04	Gernrode (Harz)	an 12.14	
P 14465	Gernrode (Harz)	ab 13.45	Hasselfelde	an 16.14	
P 14466	Hasselfelde	ab 16.43	Stiege	an 16.59	Mo–Fr
P 14466	Stiege	ab 18.06	Gernrode (Harz)	an 20.00	

Tag 2

P 14451	Gernrode (Harz)	ab 7.37	Harzgerode	an 8.42
P 14452	Harzgerode	ab 8.51	Gernrode (Harz)	an 10.04
P 14453	Gernrode (Harz)	ab 11.01	Harzgerode	an 12.14
P 14454	Harzgerode	ab 12.22	Gernrode (Harz)	an 13.30
P 14455	Gernrode (Harz)	ab 14.30	Harzgerode	an 15.37
P 14418	Harzgerode	ab 15.47	Alexisbad	an 15.59
P 14459	Alexisbad	ab 16.09	Harzgerode	an 16.21
P 14428	Harzgerode	ab 16.31	Gernrode (Harz)	an 17.47

Tag 3

P 14463	Gernrode (Harz)	ab 10.26	Stiege	an 12.19	
P 14464	Stiege	ab 12.59	Harzgerode	an 14.15	
P 14456	Harzgerode	ab 14.24	Gernrode (Harz)	an 15.44	
P 14457	Gernrode (Harz)	ab 16.38	Straßberg (Harz)	an 18.01	
Lrv 14457	Straßberg (Harz)	ab 18.15	Alexisbad	an 19.33	Mo–Fr

Abweichungen Dienstplan 5:
Tag 1 / nur an Wochenenden und Feiertagen

P 14466	Hasselfelde	ab 17.41	Stiege	an 17.57

Tag 3 / nur an Wochenenden und Feiertagen

P 14458	Straßberg (Harz)	ab 18.15	Gernrode	an 19.33

Gruppe für den Plandienst nur noch 99 231, 99 233, 99 234, 99 236, 99 237, 99 239, 99 240, 99 242, 99 243, 99 244, 99 246, 99 247, 99 6001 und 99 6101 sowie die Dieselloks 199 301, 199 863 und 199 872 zur Verfügung. Mit diesen 17 Triebfahrzeugen konnte der planmäßige Bedarf für den Strecken- und Rangierdienst (14 Loks) nur knapp abgedeckt werden. Während 99 245 auf den Transport in das Raw Görlitz wartete, erhielt 99 238 im Bw Wernigerode eine L0 (07.09.–02.11.1989). 99 232 (L6: 13.07.–21.10.1989), 99 235 (L5: 13.07.–13.10.1989) und 99 241 (L5+L0: 25.09.–29.12.1989) befanden sich im Raw Görlitz.

Mit der für 1990 geplanten Indienststellung von mindestens zwölf Exemplaren der Baureihe 199^8 wollte die Rbd Magdeburg den Traktionswechsel im Harz vorantreiben. Die Abstellungsdaten für 99 235 (18.09.1990), 99 237 (21.12.1990), 99 241 (21.08.1990), 99 243 (28.10.1990) und 99 244 (03.06.1990) standen bereits fest. Allerdings erhoben die Kreisverbände Nordhausen und Wernigerode des FDGB, die Verwaltungen der betroffenen Kreise und Bezirke sowie der Deutsche Modelleisenbahn-Verband der DDR (DMV) Einspruch gegen die geplante Verschrottung nahezu aller Dampfloks und den geplanten bescheidenen Traditionsbetrieb. Die VdM gab den Wünschen nach und legte am 23. Oktober 1989 ein Konzept für einen »Traditionsbetrieb Schmalspurbahn« vor. Neben den drei »Historischen Fahrzeugen« sollten drei bis maximal fünf Exemplare der Baureihe 99$^{23-24}$ bis etwa 1997 erhalten bleiben und täglich jeweils ein Zugpaar auf den Strecken Wernigerode–Nordhausen Nord und Gernrode (Harz) –Alexisbad–Harzgerode/Eisfelder Talmühle bespannen.

Doch wenig später wendete sich das Blatt: Nach den politischen Umwälzungen in der DDR im Herbst 1989 protestierten Anwohner und Touristen offen gegen den Einsatz der Baureihe 199^8 auf den Schmalspurbahnen des Harzes. Auch zahlreiche Beschäftigte des Bw Wernigerode sprachen sich für den weiteren Erhalt des Dampfbetriebes aus. Die Rbd Magdeburg reagierte zunächst nicht auf diese Forderungen. Die Wiederaufnahme

des Reiseverkehrs auf der Strecke Schierke–Brocken stand im Vordergrund. Den dadurch erwarteten Mehrbedarf an Triebfahrzeugen wollte die VdM durch den Einsatz der »Harzkamele« abdecken.

Am 27. Dezember 1989 erkundigte sich ein Lokführer der Est Nordhausen Nord schriftlich bei der Rbd Magdeburg nach deren Plänen bezüglich der 99 6101. Zwar war die Rbd Magdeburg noch immer gegen einen langfristigen Einsatz der Dampfloks, aber von einer Verschrottung der Maschinen war nun keine Rede mehr. Anfang 1990 reagierte die VdM in Magdeburg und verringerte das Umbau-Programm am 12. Januar 1990 auf insgesamt elf Maschinen. Allerdings war diese Entscheidung weder mit der HvM in Berlin noch mit der RbdAw und dem Raw Stendal abgestimmt. Dies sorgte vor allem beim Raw Stendal für Verärgerung, da das Werk inzwischen alle Komponenten (Drehgestelle, Motoren, Gelenkwellen, Strömungs- und Achsgetriebe) für den Umbau von zwölf »Harzkamelen« in Auftrag gegeben hatte. Doch der Vizepräsident Transportorganisation und Fahrzeuge, Dr.-Ing. Klaus Ristau, verteidigte die Entscheidung der Rbd Magdeburg. Mit Erfolg – am 5. April 1990 einigten sich Vertreter der HvM, der Rbd Magdeburg und der RbdAw auf die Fertigstellung von insgesamt nur noch zehn Maschinen der Baureihe 199^8 sowie zwei Sätzen Drehgestelle als Tauschteile. Bis zum 1. Juni 1990 folgte den bereits vorhandenen drei Maschinen lediglich 199 861. Die anderen sechs »Harzkamele« verließen ab dem Spätsommer 1990 das Raw Stendal. Als letzte ihrer Baureihe wurde 199 892 am 20. Dezember 1990 abgenommen.

In der Zwischenzeit hatten sich die wirtschaftlichen Rahmenbedingungen für die Schmalspurbahnen im Harz grundlegend geändert. Bereits im Frühjahr 1990 brach der Güterverkehr auf der Harzquer- und Selketalbahn zusammen. Mit dem Fahrplanwechsel am 30. September 1990 strich die DR die Anzahl der Nahgüterzüge und Übergaben auf ein Minimum zusammen. Güterverkehr gab es fortan nur noch von Nordhausen Nord aus nach Benneckenstein und Hasselfelde/Silberhütte (Anhalt). Dafür be-

Am 11. September 1987 pausierte die bestens gepflegte 99 7247-2 (ex 99 247) in der Est Nordhausen Nord. Die Maschine wurde zu diesem Zeitpunkt planmäßig von der Est Benneckenstein aus eingesetzt.
Foto: Archiv D. Endisch

Höchstlastentafel für die Dieseltriebfahrzeuge auf der Harzquer- und Brockenbahn (gültig ab 02.06.1991)[1]

Streckenabschnitt	187 025	199 005, 199 006	199 010–199 012	199 301	BR 199[8]
Nordhausen Nord–Ilfeld	160 t	160 t[2]	160 t[2]	160 t[2]	400 t
Ilfeld–Drei Annen Hohne	55 t	55 t	55 t	55 t	250 t
Drei Annen Hohne–Wernigerode	140 t	140 t	140 t	140 t	400 t
Wernigerode–Wernigerode-Hasserode	100 t	100 t	100 t	100 t	290 t
Wernigerode-Hasserode–Drei Annen Hohne	55 t	55 t	55 t	55 t	240 t
Drei Annen Hohne–Eisfelder Talmühle	55 t	55 t	55 t	55 t	250 t
Eisfelder Talmühle–Nordhausen Nord	160 t	160 t[2]	160 t[2]	160 t[2]	400 t
Drei Annen Hohne–Brocken	55 t	55 t	55 t	55 t	270 t
Brocken–Drei Annen Hohne	140 t	140 t	140 t	140 t	400 t

Anmerkungen:
1 Höchstgeschwindigkeit 25 km/h
2 Für Übergaben auf dem Abschnitt Nordhausen Nord–Ilfeld Papierfabrik ist die Höchstlast auf 90 t beschränkt.

stand in der Est Nordhausen noch ein eintägiger Umlauf für die Baureihe 199[8]. Eine zweite Maschine wurde werktags für Bedarfsleistungen vorgehalten. Ab 2. Juni 1991 wurde werktags nur noch ein »Harzkamel« benötigt. Aufgrund des recht hohen Schadbestandes bei der Baureihe 99[23–24] waren die Lokleiter aber immer wieder gezwungen, die bei den Fahrgästen unbeliebten Dieselloks auch vor Personenzügen einzusetzen. Dazu wurde auch der Est Gernrode (Harz) eine Maschine zugewiesen (siehe S. 257). Nur so konnte die Tb-Gruppe die Bespannung aller Züge sicherstellen, zumal die Reichsbahn aufgrund der großen Nachfrage im Frühjahr und Sommer 1990 zusätzliche Personenzüge auf den Abschnitten Wernigero-

de–Benneckenstein und Drei Annen Hohne–Schierke eingelegt hatte. Ab Ende Mai 1991 half die Baureihe 199[8] außerdem bei der Instandsetzung der Brockenbahn (Abschnitt Schierke–Brocken). Bis Ende September 1991 bespannten Dieselloks die Mehrzahl der Arbeits-, Bau- und Schotterzüge. Erst mit der verstärkten Aufarbeitung der Baureihe 99[23–24] im Raw Görlitz ab dem Frühjahr 1991 konnte der Einsatz der Baureihe 199[8] im Personenverkehr auf ein Minimum verringert werden. Ab 2. Juni 1991 benötigte die Tb-Gruppe täglich elf Neubau-Maschinen, die auf die Einsatzstellen Wernigerode (5 Loks), Benneckenstein (1 Lok), Hasselfelde (1 Lok), Nordhausen Nord (1 Lok) und Gernrode (3 Loks) verteilt waren.

Am 29. April 1989 stand 199 871-5 mit dem P 14408 in Nordhausen Nord. Seit Februar 1989 kamen 199 863-2 und 199 871-5 in den Umläufen der Baureihe 99[23–24] zum Einsatz. Meist wurden die Zugpaare P 14401/14404 und P 14407/14408 auf der Strecke Wernigerode–Nordhausen Nord mit der Baureihe 199[8] bespannt. Foto: G. Gattermann

199 892-1 war am 9. April 1991 mit einem Personenzug zwischen Elend und Sorge unterwegs. Mit der Abnahme der Maschine am 20. Dezember 1990 hatte die DR das Umbauprogramm für die Baureihe 199⁸ beendet. Heute zählen nur noch drei Maschinen zum Betriebspark. 199 892-1 wurde am 16. Februar 2001 abgestellt. Foto: D. Riehemann

99 6001 war ab 14. Januar 1990 meist in der Est Wernigerode stationiert. Abgesehen von einigen Einsätzen vor Sonderzügen, z.B. am 8. April 1990 gemeinsam mit 99 232 nach Schierke (und zurück), sowie Diensten in den Einsatzstellen Gernrode (Harz) und Nordhausen Nord diente 99 6001 als Ersatz für die vorübergehend abgestellte 99 6101 in der Est Wernigerode als Rollbock- und Rangierlok.

Zu diesem Zeitpunkt suchte die VdM nach einer neuen Lok für den so genannten Traditionszug, dessen Wagen im Winter 1990/91 auf Druckluftbremse umgebaut werden sollten. Damit war ein weiterer Einsatz der nur mit einer Saugluftbremse ausgerüsteten 99 5902 nicht mehr möglich. Die Wahl fiel schließlich auf 99 6001, da sie die letzte streckendiensttaugliche Dampflok der ehemaligen NWE war. Anfang 1991 erhielt die 1´C1´h2t-Maschine im Raw Görlitz eine L6 (29.01.–14.05.1991) und wurde dabei für den Einsatz vor dem Traditionszug vorbereitet. Dazu gehörte auch eine grüne Lackierung für das Führerhaus, den Kohlekasten und die beiden seitlichen Wasserbehälter. Anstelle der Reichsbahn-Nr. trug die Lok nun die alte Betriebs-Nr. 21ᴵᴵ der NWE. Die Farbauswahl sorgte im Bw Wernigerode für manche Diskussion. Dennoch übernahm 99 6001, alias »NWE 21«, ab Mai 1991 die Bespannung des Traditionszuges.

Die Baureihe 99⁵⁹ hatte damit ihr letztes Einsatzgebiet verloren. Bereits im Herbst 1990 war 99 5902 letztmalig mit dem Traditionszug im Einsatz. Der seitens des Bw Wernigerode gewünschte Umbau der 99 5902 auf Druckluftbremse wurde jedoch aus Kostengründen abgelehnt.

Die Aufarbeitung der 99 222 wurde hingegen bewilligt. Das Raw Meiningen stellte für die Einheitslok neue Ersatzzylinder in Schweißkonstruktion her, so dass die Maschine im Raw Görlitz im Rahmen einer L6 (06.11.1990–25.04.1991) wieder zu neuem Leben erweckt werden konnte. Am 23. April 1991 absolvierte die Maschine mit Bravour ihre Abnahmeprobefahrt. Anschließend wurde die Maschine in den Dienstplan 1 der Est Wernigerode eingebunden, der in erster Linie Personenzüge nach Nordhausen Nord und Schierke vorsah.

Einen Monat später begann die Instandsetzung der Brockenbahn. 99 235 bespannte am 25. Mai 1991 den ersten Bauzug. Zwei Tage später, am 27. Mai 1991, traf 99 232 mit dem ersten Arbeitszug auf dem Brocken ein. Die Lokleiter setzten aber in der Folgezeit für den Bau- und Arbeitszugdienst bevorzugt Dieselloks der Baureihe 199⁸ ein, die u.a. schwere Schotterzüge vom Steinbruch Unterberg bis nach Schierke brachten. Nach nur drei Monaten endeten die Arbeiten formal am 13. September 1991, so dass der Abschnitt Schierke–Brocken am 15. September 1991 wieder für den Verkehr freigegeben werden konnte. 99 6001 und 99 5903 (Vorspannlok) beförderten den aus den Wagen des Traditionszuges gebildeten Eröffnungssonderzug, der für Vertreter der DR, die lokale Prominenz und andere geladene Gäste bestimmt war. Den zweiten Sonderzug, er bestand aus sechs vierachsigen Personenwagen der Gattung KB 4 und einem vierachsigen kombinierten Sitz-Gepäckwagen, brachten 99 244 und 99 5902 (Vorspannlok) auf den Brocken. Bei einigen Eisenbahnern des Bw Wernigerode stieß die Anweisung, 99 244 einzusetzen, auf Unverständnis. Sie hätten lieber die heimliche »Starlok« 99 222 ins Rennen geschickt. Damit die beiden Mallet-Maschinen als Vorspannloks eingesetzt werden konnten, hatten sie eigens ein Führerbremsventil sowie eine Hauptluftbehälter- und eine Hauptluftleitung erhalten. Die notwendige Druckluft lieferten die beiden Zuglokomotiven.

Nach den Feierlichkeiten am 15. September 1991 ruhte aber weiterhin der planmäßige Personenverkehr auf dem Abschnitt Schierke–Brocken. Im September und Oktober erreichten lediglich Sonderzüge für Reisegruppen und Vereine den Harzgipfel. Am 22. September 1991 traf erstmals ein Sonderzug aus Nordhausen Nord auf dem Brocken ein. Zuglok 99 241 befuhr dabei den Abschnitt Drei Annen Hohne–Brocken Tender voran. Eine Woche später (28.09.1991) gab es den ersten Sonderzug von Gernrode (Harz) zum Brocken. Für diese Sonderzüge musste das Bw Wernigerode zusätzliche Dampfloks vorhalten. 99 241 brachte am 31. Oktober 1991 den letzten Sonderzug des Jahres 1991 auf den Brocken.

Um eine Lz-Fahrt einzusparen, wurde 199 879-8 am 9. April 1991 als Vorspannlok von Nordhausen Nord nach Wernigerode überführt, hier zwischen Elend und Sorge. Die HSB verkaufte die Maschine gemeinsam mit 199 863-7 (Baumuster), 199 870-7 und 199 891-3 am 31. Dezember 1997 an die Firma Adtranz in Kassel. Foto: D. Riehemann

Dank der deutlich besseren Instandhaltung im Raw Görlitz nahm der Schadbestand bei der Baureihe 99^{23-24} spürbar ab. Vor allem die seit Sommer 1989 immer wieder auftretenden Stangenbrüche waren endlich Geschichte, da dem Raw Görlitz nun hochwertiger Stahl für die Herstellung neuer Kuppelstangen zur Verfügung stand.

Anfang des Jahres 1992 zeichnete sich das Ende der 99 6101 ab. Da es mit dem Niedergang des Güterverkehrs auf der Harzquerbahn keine sinnvolle Verwendung für den Dreikuppler mehr gab, lehnte die Rbd Halle eine erneute Aufarbeitung der Maschine ab, zumal im September 1991 letztmalig ein Rollbockzug zwischen Wernigerode und Wernigerode-Hasserode pendelte. Der Verein »Interessengemeinschaft Harzer Schmalspurbahnen e.V.« (IG HSB) veranstaltete am 8. März 1992 eine Abschiedssonderfahrt mit der 99 6101 zwischen Nordhausen Nord und Eisfelder Talmühle. Am 13. März 1992 rangierte 99 6101 letztmalig in Wernigerode, bevor sie einen Tag später mit Ablauf ihrer Kesselfrist außer Betrieb gesetzt und konserviert abgestellt wurde.

Zu diesem Zeitpunkt hatten auch die Dieselloks 199 005 und 199 006 ausgedient. Mangels Bedarfs wurden die beiden Maschinen am 11. April 1991 in den Schadpark verfügt. Die Rbd Halle ersetzte die Fahrzeuge durch zwei weitere auf Meterspur umgebaute Einheitskleinlokomotiven, die nun als 199 011 (ab 28.02.1991) und 199 012 (ab 19.04.1991) zum Bestand des Bw Wernigerode gehörten. Damit standen der Dienststelle insgesamt drei Schmalspur-Kö zur Verfügung, die auf die Einsatzstellen Gernrode (Harz), Nordhausen Nord und Wernigerode verteilt wurden.

Am 1. Juli 1992 wurde schließlich der planmäßige Reiseverkehr auf dem Abschnitt Schierke–Brocken wieder aufgenommen. Nun hatte 99 222 die Ehre, den ersten planmäßigen Nahverkehrszug (N) zu bespannen. Eigentlich sollte der N 8931 den Bf Schierke um 9.49 Uhr verlassen. Doch der Ansturm der Fahrgäste und eine Schienenverwerfung machten einen planmäßigen Betrieb an jenem historischen Tag unmöglich. Erst mit rund zwei Stunden Verspätung erreichte 99 222 mit dem bis auf den letzten Stehplatz vollbesetzten Zug den Brocken.

Die im Fahrplan vorgesehenen fünf Zugpaare waren in den ersten Wochen dem Ansturm der Reisenden nicht gewachsen. Bis zu 6.000 Fahrgäste am Tag fuhren mit der Schmalspurbahn hinauf auf den Harzgipfel. Mancher Zug war bis zu 200 % (über-) besetzt. Immer wieder mussten die Zugbegleiter die völlig überfüllten Wagen räumen, um die Betriebssicherheit wieder herzustellen. Die Rbd Halle reagierte umgehend und legte ab 4. September 1992 zwei zusätzliche Zugpaare ein.

Zunächst setzten die Lokleiter vor den Zügen zum Brocken meist die Einheitslok 99 222 und die Neubau-Maschine 99 239 ein, da deren Treib- und Kuppelstangen aus Gründen des Umweltschutzes mit so genanntem Sägeketten-Haftöl geschmiert wurden. Bereits im Vorfeld der Wiederaufnahme des Brockenverkehrs befürchteten einige Eisenbahner, dass das bis dato verwendete mineralische Schmieröl, umgangssprachlich als »Achsenöl« bezeichnet, für Diskussionen sorgen könnte. Aus diesem Grund begann man im Bw Wernigerode ohne Wissen der vorgesetzten Dienststellen, in der Forstwirtschaft verwendetes Sägeketten-Haftöl, das auf Basis pflanzlicher Rohstoffe hergestellt wurde und grundwasserneutral war, zu erproben. Zunächst wurden nur die Stangenlager der fünften Kuppelachse der 99 222 mit Sägeketten-Haftöl geschmiert. Die Versuche verliefen erfolgreich, so dass bald alle Lager der 99 222 und im Frühjahr 1992 auch die Lager der 99 239 nur noch mit dem Bio-Öl versorgt wurden. Im Einsatz konnte im Vergleich zu den Maschinen, die weiterhin mit dem herkömmlichen Achsenöl betrieben wurden, kein erhöhter Verschleiß o.ä. festgestellt werden. Da 99 222 und 99 239 für den Einsatz auf der Brockenbahn zunächst nicht ausreichten, mussten auch Dieselloks der Baureihe 199^8 verwendet werden. Deren Einsätze konnten aber im Verlauf des Sommer 1992 immer weiter eingeschränkt werden, da auch 99 241 und 99 246 auf Sägeketten-Haftöl umgestellt wurden.

In der Zwischenzeit nahm auch die Ausrüstung der betriebsfähigen 99 5902 und 99 5903 mit einer Druckluftbremse konkrete Formen an. Mitglieder der IG HSB hatten Anfang 1992 bei einer Studienreise durch die Schweiz bei der Firma »Oswald-Steam« zwei einstufige Luftpumpen der Bauart

Westinghouse gefunden, die ideal für die Druckluftversorgung der Mallet-Maschinen waren. Die IG HSB erwarb die beiden betriebsfähigen Pumpen im März 1992. Anschließend erarbeiteten Mitglieder der IG HSB mit Unterstützung engagierter Eisenbahner des Bw Wernigerode ein Konzept für die Umrüstung der 99 5902 und 99 5903 von Saugluft- auf Druckluftbremse. Nachdem die zuständige Abteilung der Rbd Halle den vorgelegten Bremsberechnungen zugestimmt hatte, war 99 5903 am 10. Juli 1992 letztmalig mit der Saugluftbremse im Einsatz. Der Umbau der Bremsanlage begann am 21. September 1992 in der Werkstatt Westerntor. Die Arbeiten konnten am 23. Oktober 1992 abgeschlossen werden. Erst am 10. November 1992 erfolgte die Probefahrt, an der neben dem Leiter der Lokabnahme des Raw Görlitz und Vertretern der Rbd Halle auch Mitarbeiter der Harzer Schmalspurbahnen GmbH (HSB) teilnahmen. Als Vorspannlok vor dem N 8933 fuhr 99 5903 hinauf zum Brocken. Bei der Rückfahrt musste die Maschine den 150 t schweren Zug (N 8927) allein zu Tal bringen. Die Bremsanlage und die Westinghouse-Pumpe funktionierten tadellos, so dass 99 5903 fortan als Zuglok eingesetzt werden konnte. Nach ihrem ersten Einsatz am 27. November 1992 vor einem Sonderzug bespannte 99 5903 vom 3. bis zum 7. Dezember 1992 Planzüge auf der Relation Nordhausen Nord–Ilfeld/Hasselfelde. Ein Jahr später wurde 99 5901 im Rahmen ihrer Aufarbeitung (L7: 02.05.–24.09.1993) ebenfalls mit einer Druckluftbremse ausgerüstet. 99 5902 behielt hingegen bis zu ihrer (vorübergehenden) z-Stellung am 26. Mai 1993 ihre Saugluftbremse.

4.11 Unter Regie der Harzer Schmalspurbahnen GmbH

Zu diesem Zeitpunkt war die Regionalisierung der Selketal-, Harzquer- und Brockenbahn erfolgreich abgeschlossen. Bereits am 20. September 1990 hatte der Kreistag des Landkreises Wernigerode beschlossen, die

Schmalspurbahnen im Harz als kommunales Eigentum zu übernehmen. Wenige Monate später, am 29. Januar 1991, sprachen erstmals Vertreter der DR und des Wirtschaftsministeriums des Landes Sachsen-Anhalt über die Zukunft des rund 130 km langen Streckennetzes. Am 19. November 1991 wurde schließlich mit einem Stammkapital von drei Millionen D-Mark die Harzer Schmalspurbahnen GmbH (HSB) gegründet, die am 1. Februar 1993 den Betrieb übernahm.

In der Nacht vom 31. Januar zum 1. Februar 1993 herrschte in den Einsatzstellen Wernigerode, Nordhausen Nord und Gernrode (Harz) geschäftiges Treiben. Bei allen Dampflokomotiven wurden die alten Gussschilder mit dem Schriftzug »Deutsche Reichsbahn« durch neue mit der Aufschrift »Harzer Schmalspurbahnen« ersetzt und die Anschrift »Rbd Halle« entfernt. Die Schilder bzw. Anschrift »Bw Wernigerode« blieben (bis heute) erhalten. Außerdem erhielten alle Dieseltriebfahrzeuge und Wagen Aufkleber mit dem Logo der HSB.

Hinsichtlich des Fahrzeugeinsatzes änderte sich zunächst nichts auf den Schmalspurbahnen im Harz. Die 1´E 1´h2t-Maschinen der Baureihen 99^{22} und 99^{23-24} bildeten weiterhin das Rückgrat in der Zugförderung. 99 6001, alias »NWE 21«, wurde im Frühjahr 1993 als Ersatz für eine Neubaulok wieder der Est Gernrode (Harz) zugeteilt. Die beiden betriebsfähigen Mallet-Maschinen wurden meist vor Sonderzügen eingesetzt.

Allerdings war bereits zu diesem Zeitpunkt klar, dass der personal- und kostenintensive Dampfbetrieb in seinem bisherigen Umfang nicht aufrechterhalten werden konnte, zumal die Auslastung der Züge sehr unterschiedlich war. Im Geschäftsjahr 1995 beförderte die HSB rund 1,1 Millionen Reisende, von denen etwa 850.000 Fahrgäste die Züge auf der Brockenbahn nutzten. In den Bereichen Nordhausen (Harzquerbahn) und Gernrode (Selketalbahn) wurden hingegen nur rund 130.000 bzw. 120.000 Reisende gezählt. Damit war eine Kostendeckung allein durch Fahrgelderlöse nicht möglich. Aus diesem Grund verhandelte die HSB mit dem Land Sachsen-Anhalt und dem Freistaat Thüringen über die so

Mit der Grenzöffnung am 9. November 1989 bestand die Möglichkeit, die Dampfzüge im ehemaligen Sperrgebiet um Schierke, Elend und Sorge zu fotografieren. Am 23. August 1990 war eine Neubaulok mit einem Personenzug bei Sorge unterwegs. Rechts neben der Lok ist das Widerlager der ehemaligen SHE-Brücke zu sehen. Foto: G. Ferrée

genannten Länderverträge, mit denen die Modalitäten für eine langfristige finanzielle Unterstützung geregelt wurden. In den am 25. Mai 1994 unterzeichneten Verträgen verpflichteten sich beide Bundesländer, den Betrieb der HSB mit jährlich 10 Millionen D-Mark (Sachsen-Anhalt) und 2,5 Millionen D-Mark (Thüringen) zu unterstützen.

Damit besaß das Unternehmen einerseits Planungssicherheit, andererseits stellte sich aber nun immer drängender die Frage, mit welchen Fahrzeugen der Reiseverkehr abgewickelt werden sollte. Eine Einschränkung des Dampflok-Einsatzes war zwingend notwendig, denn ein Dampfzug-Kilometer kostete rund das Dreifache eines Triebwagen-Kilometers. Bereits im Sommer 1993 gab es erste Ideen für den Einsatz von Triebwagen im Raum Nordhausen und einigen Abschnitten auf der Selketalbahn. Hier bestand dringender Handlungsbedarf, wie das Geschäftsjahr 1994 zeigte. Trotz aller Bemühungen der HSB, den Betrieb möglichst kostengünstig zu gestalten, und den Mitteln aus den Länderverträgen wies die Bilanz ein Defizit von etwa drei Millionen D-Mark aus. Auf der Selketalbahn wurden lediglich 4 % der selbsterwirtschafteten Erlöse erzielt.

Angesichts dieser Lage forderte vor allem das Land Sachsen-Anhalt als größter Unterstützer die HSB auf, schnellstmöglich ein neues Unter-

nehmens- und Betriebskonzept vorzulegen, das eine deutlich höhere Kostendeckung durch Eigenerlöse ermöglichte. Das gewünschte Papier lag im Herbst 1995 vor und hatte weitreichende Folgen für die Zugförderung und den Fahrzeugpark. Die HSB gliederte ihren Reiseverkehr nun in den so genannten touristischen öffentlichen Personennahverkehr und den klassischen öffentlichen Personennahverkehr (ÖPNV), im Sinne eines Berufs-, Schüler- und Regionalverkehrs. Die für den touristischen Verkehr bestimmten Züge sollten auch in Zukunft planmäßig mit Dampfloks bespannt werden. Für den klassischen ÖPNV, der sich im Wesentlichen auf den Abschnitt Nordhausen–Ilfeld konzentrierte, sowie für die schwächer frequentierten Abschnitte der Harzquer- und Selketalbahn sah die HSB den Einsatz von Dieseltriebwagen vor. Die Dieselloks der Baureihe 199[8] waren nur für den Güter-, Bauzug- und Arbeitszugdienst vorgesehen. Später (ab 1996/97) fungierten die »Harzkamele« in der Est Nordhausen Nord mit einem oder zwei Reisezugwagen als Triebwagenreserve. Von den vorhandenen Rangier-Dieselloks (199 010, 199 011, 199 012 und 199 301) sollte langfristig nur eine Schmalspur-Kö für den Verschub in der Werkstatt Wernigerode Westerntor betriebsfähig erhalten bleiben. Die historischen Triebfahrzeuge – dazu gehörten neben 99 5901 und

Die Dampflokomotiven der Harzer Schmalspurbahnen GmbH (Stand 15.04.2024)

Betriebs-Nr.	EDV-Nr.	Bauart	Hersteller	Baujahr	Fabrik-Nr.	Bemerkungen
99 222	(99 7222-5)	1´E 1´h2t	BMAG	1930	9.921	betriebsfähig (letzte HU 19.07.2021) / Est Wernigerode
99 231	99 7231-6	1´E 1´h2t	LKM	1954	134.008	z-Park ab 07.11.2001 (abgestellt am 09.08.2001); abgestellt in Ilfeld
99 232	99 7232-4	1´E 1´h2t	LKM	1954	134.009	neuer Rahmen (HU Meiningen: 29.12.2003–23.08.2004); betriebsfähig (letzte HU 26.05.2023) / Est Wernigerode
99 233	99 7233-2	1´E 1´h2t	LKM	1954	134.010	z-Park (abgestellt am 31.03.2000); abgestellt in Ilfeld
99 234	(99 7234-0)	1´E 1´h2t	LKM	1954	134.011	neuer Rahmen (HU Meiningen: 11.03.2008–17.06.2009 / Abnahme am 18.06.2009); betriebsfähig (letzte HU 07.11.2017) / Est Wernigerode
99 235	99 7235-7	1´E 1´h2t	LKM	1954	134.012	z-Park (Ablauf der Kesselfrist am 05.03.2019) / abgestellt in Wernigerode
99 236	(99 7236-5)	1´E 1´h2t	LKM	1955	134.013	neuer Rahmen (HU Meiningen: 03.04.2007–08.04.2008 / Abnahme am 09.07.2008); betriebsfähig (letzte HU 09.06.2022) / Est Wernigerode
99 237	99 7237-3	1´E 1´h2t	LKM	1955	134.014	abgestellt 19.12.2009–04.11.2011; neuer Rahmen (HU Meiningen: 05.01.–30.05.2011 / Abnahme am 01.06.2011); Bedarfsausbesserung Wernigerode (letzte HU 16.07.2021)
99 238	99 7238-1	1´E 1´h2t	LKM	1956	134.015	z-Park (abgestellt am 02.11.2013); in Ausbesserung (Hauptuntersuchung Wernigerode)
99 239	99 7239-9	1´E 1´h2t	LKM	1956	134.016	neuer Rahmen (HU Meiningen: 13.12.2006–28.03.2007 / Abnahme am 29.03.2007); in Ausbesserung (Hauptuntersuchung DLW Meiningen)
99 240	99 7240-7	1´E 1´h2t	LKM	1956	134.017	neuer Rahmen (HU Meiningen: 11.04.2002–11.09.2005 / Abnahme am 12.09.2005); betriebsfähig (letzte HU 02.08.2022) / Est Nordhausen Nord
99 241	99 7241-5	1´E 1´h2t	LKM	1956	134.018	neuer Rahmen (HU Meiningen: 23.06.2008–23.04.2009); betriebsfähig (letzte HU Mai 31.07.2017) / Est Wernigerode
99 242	99 7242-3	1´E 1´h2t	LKM	1956	134.019	z-Park ab 10.05.2009 (abgestellt am 01.04.2009); abgestellt in Benneckenstein
99 243	99 7243-1	1´E 1´h2t	LKM	1956	134.020	neuer Rahmen (HU Meiningen: 29.04.2009–28.06.2010 / Abnahme am 29.06.2010); betriebsfähig (letzte HU 01.08.2019) / Est Wernigerode
99 244	99 7244-9	1´E 1´h2t	LKM	1956	134.021	z-Park (abgestellt April 2000); in Ausbesserung (Hauptuntersuchung DLW Meiningen)
99 245	99 7245-6	1´E 1´h2t	LKM	1956	134.022	neuer Rahmen (HU Meiningen: 09.08.2005–06.11.2006 / Abnahme am 07.11.2006); Bedarfsausbesserung Wernigerode (letzte ZwU 04.08.2018)
99 246	99 7246-4	1´E 1´h2t	LKM	1956	134.027	z-Park (abgestellt 1997); abgestellt in Benneckenstein
99 247	99 7247-2	1´E 1´h2t	LKM	1956	134.028	z-Park (abgestellt am 21.10.1996); neuer Rahmen (HU Meiningen: 11.06.–19.11.2012 / Abnahme am 04.12.2012); betriebsfähig (letzte HU 08.10.2021) / Est Wernigerode
99 5901	99 5901-6	B´Bn4vt	Jung	1897	258	nach L7 (02.05.–15.09.1993) wieder im Betriebspark; warten auf Ausbesserung (Fristablauf am 18.05.2018)
99 5902	99 5902-4	B´Bn4vt	Jung	1897	261	in Ausbesserung (Hauptuntersuchung DLW Meiningen)
99 5903	99 5903-2	B´Bn4vt	Jung	1898	345	z-Park (abgestellt am 23.04.2000); abgestellt in Wernigerode
99 5906	99 5906-5	B´Bn4vt	MBG	1918	2.052	nach L7 (06.06.–01.12.1995) wieder im Betriebspark; abgestellt (Ablauf der Kesselfrist am 22.05.2021) / Hasselfelde (Schaustück)
99 6001	99 6001-4	1´C1´h2t	Krupp	1939	1.875	betriebsfähig (letzte HU Mai 04.10.2018) / Est Gernrode
99 6101	99 6101-2	Ch2t	Henschel	1914	12.879	z-Park (Ablauf der Kesselfrist am 30.05.2015); abgestellt in Nordhausen Nord
99 6102	99 6102-1	Cn2t	Henschel	1914	12.880	nach L7 (12.11.1996–06.08.1997); z-Park (abgestellt am 15.04.2008); abgestellt in Gernrode (Schaustück)

Zahllose Menschen waren dabei, als am 15. September 1991 der Abschnitt Schierke–Brocken wieder für den Personenverkehr freigegeben wurde. Für die beiden Eröffnungssonderzüge wurden die Malletloks 99 5903-2 (»NWE 13«) und 99 5902-4 (v.l.) eingesetzt. Die Aufnahme entstand beim Wassernehmen auf dem Bf Brocken.   Foto: D. Endisch

99 5903 auch die Triebwagen 187 001 (ex VT 133 522) und 187 025 (ex VT 137 566) – waren ausschließlich für Sonder- und Nostalgieeinsätze vorgesehen. 99 5906, die ab 8. Dezember 1995 wieder zum Betriebspark gehörte, und 99 6001 waren für die planmäßigen Dampfzüge auf der Selketalbahn bestimmt (siehe S. 258 f.). Das Unternehmens- und Betriebskonzept führte zu einer deutlichen Reduzierung des Betriebsparks bei den Baureihen 99[23–24] und 199[8]. Von den 1´E1´h2t-Maschinen wollte die HSB durchschnittlich zehn einsatzfähige Exemplare vorhalten. Die nun nicht mehr benötigten acht Lokomotiven sollten bis 1998 abgestellt werden. Als erste ihrer Gattung wurde 99 235 nach Ablauf ihrer Untersuchungsfristen abgestellt und am 28. Oktober 1995 in den Schadpark verfügt. Im Dezember 1995 schied 99 241 aufgrund eines Zylinderschadens aus dem Betriebspark aus. Ihnen folgten später 99 232, 99 233, 99 234, 99 242, 99 246 und 99 247. Ausschlaggebend war dabei stets der technische Zustand der Maschinen, was aber eine spätere Wiederaufarbeitung nicht ausschloss.

Bei den »Harzkamelen« wurde das Baumuster 199 863 im Herbst 1993 abgestellt und 1995 z-gestellt. Bis 1997 schieden außerdem 199 871, 199 879 (»z« ab 1996) und 199 891 (»z« ab 1997) aus dem Betriebspark aus. Damit zählten am 1. Juli 1997 noch sechs Exemplare der 199[8] zum Betriebspark. Die Maschinen waren auf die Einsatzstellen Gernrode (199 877 und 199 892), Nordhausen Nord (199 861 und 199 874) und Wernigerode (199 870 und 199 872) verteilt.

Von den Rangierdiesellokomotiven wurden 199 010 (»z« ab 12.09.1996) und 199 012 (»z« ab 01.10.1999) nach Ablauf ihrer Untersuchungsfristen dem Schadpark zugeordnet. Lediglich 199 011 blieb betriebsfähig. Sie erledigte fortan die Rangierarbeiten in der Werkstatt in Wernigerode Westerntor. Die in der Est Nordhausen Nord stationierte 199 301 wurde am 27. Februar 1997 abgestellt und ab 27. März 1997 als Schadlok geführt. Später wurde sie im Lokschuppen von Ilfeld hinterstellt.

Auch bei den historischen Fahrzeugen gab es Veränderungen. Die HSB gab die beiden Maschinen der Baureihe 99[61] als Leihgaben an Eisenbahn-

vereine ab. Die IG HSB übernahm die Betreuung der 99 6101, die nach einer Kesseluntersuchung ab 9. Mai 1994 wieder für Sonderzüge verwendet werden konnte. Der Verein »Freundeskreis Selketalbahn e.V.« (FKS) nahm sich der seit 1987 im Lokschuppen der Est Gernrode (Harz) abgestellten 99 6102 an. Die von den Eisenbahnern als »Fiffi« bezeichnete Maschine konnte aber aufgrund größerer Schäden am Kessel zunächst nur äußerlich aufgearbeitet werden. Erst im November 1996 begann in der Werkstatt in Wernigerode Westerntor die Instandsetzung des Dreikupplers, der ab 7. August 1997 wieder einsatzfähig war und fallweise auch im Plandienst eingesetzt wurde.

Zu diesem Zeitpunkt gehörte auch 99 5902 wieder zum Betriebspark. Die HSB ließ die Maschine ab Ende 1999 im Dampflokwerk (DLW) Meiningen als Ersatz für 99 5903 aufarbeiten (L7: 21.11.1999–03.04.2000). 99 5903 wurde nach dem Ablauf ihrer Fristen am 23. April 2000 von der Ausbesserung zurückgestellt.

Außerdem stand nun auch der Schlepptriebwagen T3 der ehemaligen NWE für Sonderfahrten zur Verfügung. Bereits Ende der 1980er-Jahre hatte die Rbd Magdeburg eine betriebsfähige Instandsetzung des Fahrzeugs beschlossen. Am 28. Juli 1990 begannen im Bw Haldensleben die dazu notwendigen Arbeiten. Diese wurden aber wenige Monate später abgebrochen und konnten erst im Sommer 1992 im Bw Blankenburg (Harz) fortgesetzt werden. Doch technische Probleme mit dem Hochdruck-Kompressor und der elektrischen Anlage, fehlendes Personal sowie die geplante Übergabe der Harzquer-, Brocken- und Selketalbahn an die HSB verhinderten einen zügigen Fortgang der Aufarbeitung.

Die HSB beauftragte schließlich die MaLoWa Bahnwerkstatt GmbH in Benndorf mit der Instandsetzung des Schlepptriebwagens. Die MaLoWa begann mit den Arbeiten formal am 20. Januar 1994. Das Fahrzeug wurde dabei u.a. mit einer Druckluftbremse für den Zug, einem neuen Hochdruck-Kompressor, einem neuen Heizkessel und einer Sicherheitsfahrschaltung ausgerüstet. Nach gut einem Jahr traf der als »T 3« bezeichnete und optisch weitgehend in den NWE-Zustand zurückversetzte Triebwagen wieder in

Die Diesellokomotiven der Harzer Schmalspurbahnen GmbH (Stand 15.04.2024)

Betriebs-Nr.	Bauart	Hersteller	Baujahr	Fabrik-Nr.	Bemerkungen
199 005-0	C-dm	LKM	1964	250.352	z-Park; am 29.06.2018 als Leihgabe an IG Spreewaldbahn e.V. (Straupitz)
199 006-8	C-dm	LKM	1964	250.353	z-Park; abgestellt in Nordhausen Nord (Dauerleihgabe an die IG HSB)
199 010-8	B-dm	BMAG	1934	10.224	am 27.03.1997 z-gestellt (abgestellt am 12.09.1996); abgestellt in Gernrode
199 011-6	B-dm	Jung	1935	5.666	z-gestellt (abgestellt am 31.10.2015); abgestellt in Wernigerode
199 012-0	B-dm	BMAG	1933	10.164	am 01.10.1999 z-gestellt; nach HU (Abnahme am 31.10.2015) wieder im Betriebspark; in Ausbesserung (Hauptuntersuchung Wernigerode)
199 301-3	C-dh	LKM	1966	263.001	am 27.03.1997 z-gestellt (abgestellt am 27.02.1997), abgestellt in Ilfeld
199 861-6	C'C'dh	LEW	1976	15.379	ex 110 861-2; Umbau auf Funkfernsteuerung (Abnahme am 16.03.1999); in Ausbesserung (Hauptuntersuchung ALS Stendal)
199 863-2	C'C'dh	LEW	1976	15.381	1995 z-gestellt; am 31.12.1997 an Adtranz (Kassel) verkauft; Abtransport am 31.07.1998; Rückbau auf Regelspur; am 17.10.2002 an Connex Cargo Logistic GmbH (V 145) verkauft
199 870-7	C'C'dh	LEW	1976	15.388	am 31.12.1997 an Adtranz (Kassel) verkauft; Abtransport am 01.12.1998; Rückbau auf Regelspur; am 21.07.2003 an Eisenbahnbau- und Betriebsgesellschaft Pressnitztalbahn GmbH (204 010-6) verkauft
199 871-5	C'C'dh	LEW	1976	15.389	z-Park (abgestellt am 24.03.2006); abgestellt in Wernigerode
199 872-3	C'C'dh	LEW	1976	15.390	Umbau auf Funkfernsteuerung und Rollbockbetrieb System »Vevey« (Abnahme am 07.10.1998); letzte HU (Abnahme am 25.02.2020); betriebsfähig (Rangierlok Bf Wernigerode)
199 874-9	C'C'dh	LEW	1976	15.392	Umbau auf Funkfernsteuerung und Rollbockbetrieb System »Vevey« (Abnahme am 22.07.1998); letzte HU (Abnahme am 29.02.2024); betriebsfähig (Reserve)
199 877-2	C'C'dh	LEW	1978	16.391	z-Park (abgestellt am 01.07.1999); abgestellt in Nordhausen
199 879-8	C'C'dh	LEW	1977	16.373	1996 z-gestellt; am 31.12.1997 an Adtranz (Kassel) verkauft; Abtransport am 21.10.1998 (Verbleib unbekannt)
199 891-3	C'C'dh	LEW	1978	16.385	1997 z-gestellt; am 31.12.1997 an Adtranz (Kassel) verkauft; Abtransport am 01.12.1998; Rückbau auf Regelspur; am 26.05.1999 an Augsburger Localbahn GmbH (V 43) verkauft
199 892-1	C'C'dh	LEW	1978	16.386	z-Park (abgestellt am 16.02.2001); in Ausbesserung (Hauptuntersuchung und Remotorisierung ALS Stendal)

Ab 26. April 1991 gehörte 99 7222-5 (ex 99 222) wieder zum Betriebspark des Bw Wernigerode. Im Frühjahr 1992 wartete die Maschine im Bf Drei Annen Hohne auf die Weiterfahrt nach Schierke. Am 1. Juli 1992 brachte sie den ersten planmäßigen Reisezug hinauf zum Brocken. Foto: Th. Rieger, Archiv D. Endisch

Im Sommer 1992 musste das Bw Wernigerode einen Teil der Züge auf der Brockenbahn mit der Baureihe 199^8 bespannen, was jedoch immer wieder zu Beschwerden seitens der Fahrgäste führte. 199 870-7 war am 27. Juli 1992 bei der Talfahrt zwischen Eckerloch und Schierke unterwegs. Foto: D. Riehemann

Wernigerode ein. Seine Probefahrt absolvierte der T 3 am 6. April 1995 von Wernigerode Westerntor hinauf zum Brocken. Bei einer weiteren Probefahrt am 11. April 1995 fiel jedoch die Maschinenanlage infolge eines so genannten Kolbenfressers aus. Die daraus resultierenden Nacharbeiten verzögerten die Wiederinbetriebnahme des T 3 um einige Wochen. Erst ab 29. Juni 1995 gehörte der T 3 wieder zum Betriebspark. Anschließend bespannte der Schlepptriebwagen einige Planzüge auf der Harzquerbahn, bevor er am 7. Oktober 1995 seinen ersten offiziellen Einsatztag auf der Selketalbahn hatte.

Doch der T 3 erwies sich aufgrund technischer Probleme als sehr schadanfällig. Die Reparatur eines Fahrmotors dauerte mehrere Monate (13.01.–13.09.1996). Danach verblieb der Triebwagen in Wernigerode. Hier wurde er für Sonderzüge oder später als Ersatz im Triebwagen-Umlauf eingesetzt.

4.12 Mit Triebwagen und historischen Dampfloks

Als ausgesprochen schwierig erwies sich die Beschaffung der für den Einsatz auf der Harzquer- und Selketalbahn benötigten Triebwagen. Seit Jahrzehnten hatte die deutsche Schienenfahrzeug-Industrie keine neuen Schmalspurtriebwagen entwickelt. Daher erwarb die HSB am 13. April 1995 von der Inselbahn Langeoog drei gebrauchte vierachsige Triebwagen, die im Werk Halberstadt (ex Raw Halberstadt) der Deutschen Bahn AG (DB AG) eine Hauptuntersuchung (HU) erhielten und entsprechend den Vorgaben der HSB für den Einsatz auf den Schmalspurbahnen im Harz umgebaut wurden. Aufgrund zahlreicher, erst während der Aufarbeitung entdeckter Schäden dauerte die Instandsetzung der als 187 011, 187 012 und 187 013 bezeichneten Triebwagen länger als ursprünglich geplant. Als erstes Fahrzeug verließ 187 012 das Werk Halberstadt (HU 25.04.1995–

13.03.1996) und wurde nach einer vorübergehenden Abnahme durch die Landeseisenbahnaufsicht am 23. Februar 1996 für Probe- und Einweisungsfahrten auf der Verbindung Wernigerode–Nordhausen Nord eingesetzt. Am 27. Mai 1996 erhielt die HSB die endgültige Zulassung für den Triebwagen. In der Zwischenzeit hatte das Werk Halberstadt auch den 187 011 (HU 26.04.1995–14.05.1996) ausgeliefert, der ebenfalls am 27. Mai 1996 abgenommen wurde. Das dritte Fahrzeug, 187 013 (HU 28.05.1995–06.06.1996) konnte aufgrund notwendiger Nacharbeiten erst am 12. August 1996 in Dienst gestellt werden. Aufgrund ihrer Herkunft und ihres vergleichsweise schmalen Wagenkastens erhielten die Triebwagen 187 011 und 187 013 alsbald den Beinamen »Fischstäbchen«.

In der Zwischenzeit hatte die HSB mit dem Triebwagen 187 015 aus dem Werk Wittenberge (ex Raw Wittenberge) der DB AG auch ihr erstes Neubau-Fahrzeug erhalten. Anfang der 1990er-Jahre suchte das Werk nach neuen Geschäftsfeldern. Dazu zählte auch der Bau von modernen Schmalspurtriebwagen. Anlässlich eines Tages der offenen Tür präsentierte das Werk am 17. Juni 1995 das Modell eines leichten Schmalspurtriebwagens. Dieser besaß zwei unterschiedliche Kopfformen – eine so genannte nostalgische Front und eine moderne, deren Design ein Ingenieurbüro aus Wittenberge entworfen hatte. Das Lastenheft für das als »SmVT 2000« bezeichnete Fahrzeug sah eine Höchstgeschwindigkeit von 50 km/h und den Einsatz auf Strecken mit 750 mm, 900 mm und 1.000 mm Spurweite vor. Daher war die Breite des Wagenkastens auf 2.440 mm begrenzt.

Doch das Interesse am »SmVT 2000« war gering. Lediglich die HSB gab ein Baumuster in Auftrag. Dessen Entwicklung erfolgte in Zusammenarbeit zwischen dem Werk Wittenberge und der HSB. Der Wagenkasten war eine selbsttragende Stahlkonstruktion mit Stahldach und verstärkten Führerstands-Stirnwänden. Der Rahmen und die Drehgestelle waren vollständig geschweißt. Die Maschinenanlage sowie die Komponenten der Brems-, Kühler- und Heizungsaggregate wurden weitgehend unterflur montiert. Herzstück der Maschinenanlage war ein Sechszylinder-Viertakt-

Die Triebwagen der Harzer Schmalspurbahnen GmbH (Stand 15.04.2024)

Betriebs-Nr.	Bauart	Hersteller	Baujahr	Fabrik-Nr.	Bemerkungen
187 001-3	A-dm	Dessau	1933	3.046	Museumsfahrzeug; im Einsatzbestand
187 011-2	(1A)'(A1)'dm	Talbot	1955	97.519	am 06.09.1955 an Kreis Altenaer Eisenbahn geliefert; Abnahme am 12.09.1955 (VT 1); am 30.05.1961 an Inselbahn Langeoog; Abnahme am 08.06.1961 (VT 1); am 13.04.1995 an HSB; HU Werk Halberstadt (26.04.1995–14.05.1996); Zulassung für die HSB am 27.05.1996; in Ausbesserung (HU VIS Halberstadt)
187 012-0	B'B'dh	Fuchs	1955	9.107	am 20.12.1955 an Mittelbadische Eisenbahnen AG für Strecke Zell–Todtnau geliefert; Abnahme am 22.12.1955 (T 15); am 24.09.1967 abgestellt; am 23.12.1968 an Württembergische Eisenbahn-Gesellschaft für Strecke Amstetten–Laichingen (T 35"); 1976 Umbau bei der Bremer Waggonbau GmbH; 1976 an Inselbahn Langeoog; Abnahme am 26.06.1976 (VT 3); am 25.03.1995 an HSB; HU Werk Halberstadt (25.04.1995–13.03.1996); Zulassung für die HSB am 27.05.1996; in Aufarbeitung (Nacharbeiten)
187 013-8	(1A)'(A1)'dm	Talbot	1955	97.520	an Kreis Altenaer Eisenbahn geliefert; Abnahme am 07.10.1955 (VT 2); am 28.05.1961 an Reederei Norden-Frisia für Inselbahn Juist 1962; Abnahme am 25.06.1962 (T 4); am 12.05.1982 an Inselbahn Langeoog (VT 4); am 25.04.1995 an HSB; HU Werk Halberstadt (28.04.1995–06.06.1996); Zulassung für die HSB am 12.08.1996; in Ausbesserung (HU VIS Halberstadt)
187 015-3	B'2'dh	Wittenb.	1995	001	Abnahme am 10.05.1996; letzte HU 27.05.–19.08.2004; am 27.11.2016 abgestellt
187 016-1	B'2'dh	FBH	1999	01/99	vorläufige Abnahme am 26.03.1999; Abnahme am 27.04.1999; betriebsfähig / Est Gernrode
187 017-1	B'2'dh	FBH	1999	02/99	Abnahme am 29.05.1999; betriebsfähig / Est Nordhausen Nord
187 018-1	B'2'dh	FBH	1999	03/99	Abnahme am 15.06.1999; betriebsfähig / Est Wernigerode
187 019-1	B'2'dh	FBH	1999	04/99	Abnahme am 26.08.1999; betriebsfähig / Est Nordhausen Nord
187 025-4	Bo'Bo'de	Wismar	1940	21.132	Museumsfahrzeug nach HU (20.01.1994–29.06.1995) wieder im Betriebspark; Einbau eines neuen Motors (14.09.1998–13.05.1999); am 15.10.2012 abgestellt

dieselmotor der Cummins Inc. des Typs LT AA 10-R-2. Das Drehmoment wurde über ein hydraulisches Getriebe und Gelenkwellen auf die Radsatzgetriebe des Triebdrehgestells übertragen. Die Leistung des Motors (235 kW) war so ausgelegt, dass der Triebwagen vollbesetzt in einer 30 ‰-Steigung eine Geschwindigkeit von 40 km/h erreichte. Der Innenraum bestand aus einem Sitzabteil sowie einem Mehrzweckabteil mit Klappsitzen. Außerdem erhielt das Fahrzeug ein geschlossenes WC-System. Dank einer Vielfachsteuerung konnte der Triebwagen mit einem

Durch den Einsatz der Triebwagen 187 011-2, 187 012-0 und 187 013-8 konnte die HSB im Jahr 1996 den Personenverkehr auf der Harzquer- und Selketalbahn deutlich rationalisieren und die Betriebskosten spürbar senken. Am 15. Juli 1996 verließ der Fuchs-Triebwagen 187 012-0 den Bf Stiege. Foto: D. Riehemann

Als Vorspannlok wurde 199 877-2 am 20. Mai 1996 vor der 99 7246-4 nach Nordhausen Nord überführt, hier bei der Ausfahrt in Drei Annen Hohne. Nach der Übernahme der Harzquer-, Brocken- und Selketalbahn verlor die Baureihe 199⁸ erheblich an Bedeutung. Dies zeigte sich auch am Pflegezustand der Maschinen.   *Foto: D. Riehemann*

Steuerwagen eingesetzt oder in Mehrfachtraktion mit den später beschafften Neubaufahrzeugen (187 016–187 019) gefahren werden.

Der ursprüngliche Termin (15.12.1995) für das »Roll out« konnte aufgrund von Problemen bei einigen Zulieferern nicht eingehalten werden. Erst am 22. April 1996 übergab das Werk Wittenberge das Fahrzeug an die HSB. Nur wenige Tage später traf der Triebwagen auf einem Transportwagen in Wernigerode ein und fuhr am 26. April 1996 mit eigener Kraft von der Umladung zur Werkstatt im Bf Wernigerode Westerntor. Nach einigen Probe- und Einweisungsfahrten am 29. April 1996 in Wernigerode begannen am 2. Mai 1996 die Ausbildungsfahrten für die Personale auf dem Abschnitt Nordhausen Nord–Ilfeld. Nach den offiziellen Abnahmefahrten am 9. und 10. Mai 1996 stellte die Landeseisenbahnaufsicht die Indienststellungsurkunde für den als 187 015 bezeichneten Triebwagen aus. Das Fahrzeug wurde schließlich am 31. Mai 1996 in Nordhausen der Öffentlichkeit vorgestellt. Aufgrund seiner ungewöhnlichen, aber unverwechselbaren himbeerroten Lackierung des Wagenkastens hob sich der 187 015 deutlich von den anderen Fahrzeugen der HSB ab. Diese ungewöhnliche Farbgebung brachte dem Triebwagen bei den Fahrgästen und Eisenbahnern schnell die Spitznamen »Himbeereis« und »Himbeerbonbon« ein. Ab 2. Juni 1996 setzte die HSB den 187 015 gemeinsam mit den drei von der Inselbahn Langeoog übernommenen Fahrzeugen in einem gemeinsamen Umlauf der Est Nordhausen Nord ein (siehe S. 272). Mit dem geplanten Ausbau des ÖPNV auf dem Abschnitt Nordhausen Nord–Ilfeld (–Ilfeld Neanderklinik) benötigte die HSB weitere moderne Dieseltriebwagen, die europaweit ausgeschrieben wurden. Am 4. Februar 1998 erhielt die DB AG, Geschäftsbereich Spezialwerke (Werk Fahrzeugbau Halberstadt), den Auftrag, vier Triebwagen – Projektname »Sm 2000« – zu liefern. Das Land Sachsen-Anhalt übernahm für zwei Exemplare 75 % der Kosten. Der Freistaat Thüringen unterstützte den Bau der beiden anderen Triebwagen mit jeweils 50 %.

Konstruktiv bauten die Fahrzeuge des Typs »Sm 2000« zwar auf dem Triebwagen 187 015 auf, unterschieden sich aber in zahlreichen Details

voneinander. Dies galt vor allem für den Wagenkasten, dessen Breite wurde auf 2.390 mm verringert. Außerdem erhielten die Halberstädter Triebwagen eine neue Frontpartie, die kantiger wirkte, und Übersatzfenster. Ein Jahr nach Auftragserteilung wurde das erste Fahrzeug (187 016) am 13. März 1999 in Halberstadt verladen. Nur vier Tage später, am 17. März 1999, begannen die ersten Probefahrten. Der vorübergehenden Endabnahme am 23. März 1999 folgte am 27. April 1999 die endgültige Abnahme. Die Betriebsgenehmigung für die Fahrzeuge des Typs »Sm 2000« war jedoch zunächst nur bis zum 30. September 1999 befristet. Die Zulassung aller vier Triebwagen nach § 32 der Eisenbahn-Bau- und Betriebsordnung für Schmalspurbahnen (ESBO) erfolgte erst am 22. November 2000.

Als zweiter Neubau-Triebwagen verließ 187 017 am 21. Mai 1999 das Werk Fahrzeugbau Halberstadt (FBH; Abnahme am 29.05.1999). 187 018 folgte am 7. Juni 1999 (Abnahme am 15.06.1999). Mit der Abnahme des 187 019 am 26. August 1999 war das Quartett schließlich vollzählig. Zwei Tage später stellte die HSB die vier neuen Triebwagen offiziell im Bf Nordhausen Nord vor.

Damit standen der HSB nun neben drei Altbau- auch fünf Neubau-Triebwagen zur Verfügung, von denen ab dem Sommerfahrplan 1999 für die Umläufe in den Einsatzstellen Wernigerode, Nordhausen Nord und Gernrode (Harz) werktags (außer samstags) fünf Fahrzeuge benötigt wurden. Zu diesem Zeitpunkt hatte sich der Bestand der Baureihe 199⁸ erheblich verringert. Am 31. Dezember 1997 verkaufte die HSB 199 863, 199 870, 199 879 und 199 891 an die ABB Daimler Benz Transportation (Adtranz) in Kassel. Parallel dazu wurden vier Maschinen in den Jahren 1998/99 bei Adtranz instandgesetzt. Während 199 871 eine herkömmliche Untersuchung (22.08.1997–15.03.1998) erhielt, wurden 199 861, 199 872 und 199 874 für den Einsatz als Rangierlok bzw. im Rollbock-Verkehr umgerüstet. Auf eine Remotorisierung der »Harzkamele« verzichtete die HSB aus Kostengründen. Die Maschinen behielten den Dieselmotor des Typs 12 KVD 18/21 AL 4, der eine Grundüberholung erhielt. Adtranz rüstete die Lokomotiven lediglich mit einer neuen Fahr-Bremssteuerung aus.

Am 13. Juli 1996 hatte der Triebwagen 187 015-3 den Bf Hasselfelde erreicht. Das aufgrund seiner markanten Farbgebung als »Himbeerbonbon« oder »Himbeereis« bezeichnete Fahrzeug blieb ein Einzelstück. Die HSB beschaffte 1999 weitere Triebwagen aus dem Fahrzeugbau Halberstadt. Foto: D. Riehemann

199 861 (Abnahme am 16.03.1999) wurde zusätzlich mit einer Funkfernsteuerung ausgestattet. Fortan wurde die Maschine, die ihren Heizkessel behielt, planmäßig für den Rangierdienst im Bf Wernigerode verwendet. Mit der Einführung des Rollbockbetriebes des Systems »Vevey« zwischen Nordhausen Nord und dem Steinbruch Unterberg wurden 199 872 (Abnahme am 07.10.1998) und 199 874 (Abnahme am 22.07.1998) entsprechend umgerüstet. Die Vorarbeiten dazu waren am 5. Februar 1998 abgeschlossen. Um die auf Rollböcke verladenen Regelspurwagen befördern zu können, erhielten beide Loks eine regelspurige Zug- und Stoßeinrichtung. Da die HSB die Maschinen aber weiterhin auch vor Schmalspurwagen einsetzen wollte, wurden in Zusammenarbeit mit Adtranz hydraulisch hochklappbare Normalspurpuffer entwickelt. Um die Rangierarbeiten zu vereinfachen, erhielten 199 872 und 199 874 eine Funkfernsteuerung des Typs TH-EC/20.

Auch in der Folgezeit verringerte die HSB die Anzahl der betriebsfähigen »Harzkamele«. 199 877 wurde am 1. Juli 1999 abgestellt. 199 871 und 199 892 dienten noch als Betriebsreserve. 199 892 schied am 16. Februar 2001 aus dem Betriebspark aus. Das gleiche Schicksal ereilte 199 871 nach Ablauf ihrer Untersuchungsfristen im Frühjahr 2006. Seither hielt die HSB nur noch 199 861, 199 872 und 199 874 betriebsfähig vor. Während 199 861 weiterhin planmäßig für den Rangierdienst im Bf Wernigerode vorgesehen war, wurden 199 872 und 199 874 in erster Linie für den Schotterverkehr auf dem Abschnitt Nordhausen Nord–Steinbruch Unterberg genutzt. Planmäßig benötigte die Est Nordhausen Nord dafür eine Maschine. Fallweise halfen die Maschinen auch in den Triebwagenumläufen aus. Dies war beispielsweise im Frühjahr 2011 auf dem Abschnitt Wernigerode–Eisfelder Talmühle (199 861) und im Sommer 2011 auf der Selketalbahn (199 872 und 199 874) der Fall. Nach der Einstellung der Schottertransporte im Herbst 2015 wurden 199 872 und 199 874, die inzwischen keine Klapppuffer mehr besaßen, in Wernigerode als Reserve vorgehalten, für Überführungsfahrten und den Rangierdienst genutzt oder für Arbeits- und Bauzugdienste herangezogen. In den Wintermonaten

wurde ein »Harzkamel«, meist 199 874, bei Bedarf von Wernigerode aus für Schneeräumdienste auf der Brockenbahn eingesetzt.

Doch nicht nur bei der Baureihe 199[8] schrumpfte die Anzahl der betriebsfähigen Maschinen. Von den in erster Linie für Sonderfahrten vorgehaltenen Dampflokomotiven schied zuerst die von den Eisenbahnfreunden als »Fiffi« bezeichnete 99 6102 aus dem Betriebspark aus. Der Dreikuppler wurde nach Ablauf seiner Untersuchungsfristen am 15. April 2008 abgestellt. Bei der Schadaufnahme im DLW Meiningen wurden erhebliche Verschleißerscheinungen am Kessel festgestellt. Aufgrund der Kosten für einen notwendigen Neubaukessel und der begrenzten Einsatzmöglichkeiten entschied die HSB, die Arbeiten ruhen zu lassen. Erst im Jahr 2016 wurde die Lok zur MaLoWa in Benndorf gebracht, wo sie komplettiert und rollfähig hergerichtet wurde. Am 27. November 2019 wurde »Fiffi« wieder nach Gernrode überführt, wo sie seither als Ausstellungsstück abgestellt ist. Ein ähnliches Schicksal ereilte die Schwestermaschine 99 6101. Auch sie wurde nach Ablauf ihrer Kesselfrist am 30. Mai 2015 außer Betrieb gesetzt. Eine erneute Aufarbeitung war nicht möglich, da zum einen die Kapazitäten des DLW Meiningen für die Instandsetzung der für den Planbetrieb benötigten Loks der Baureihe 99[23–24] nicht mehr ausreichten und zum anderen die Einsatzmöglichkeiten der 99 6101 begrenzt waren. Daher wurde die Maschine in Wernigerode hinterstellt.

Auch der T 3 der ehemaligen NWE rollte auf das Abstellgleis. 1998 hatte die HSB beschlossen, den alten schadanfälligen Motor zu ersetzen. Im Hinblick auf eine möglichst kostengünstige Instandhaltung erhielt der Schlepptriebwagen einen Motor des Typs M 11-ER 2 der Cummins Engine Company Ltd., mit dem auch die Neubau-Triebwagen 187 016 bis 187 019 ausgerüstet wurden. Den aufwendigen Umbau übernahm der FBH Halberstadt (14.09.1998–13.05.1999). Anschließend stand das Fahrzeug wieder für Sonderdienste zur Verfügung. Außerdem half der Triebwagen im Plandienst aus. Dies war beispielsweise mehrfach im Jahr 2007 der Fall, als die Triebwagen 187 016 bis 187 019 ihre fälligen Untersuchungen erhielten. Der T 3 kam bevorzugt vor den Zugpaaren N 8901/8902 und

N 8905/8906 auf dem Abschnitt Wernigerode–Eisfelder Talmühle zum Einsatz. Fünf Jahre später, am 15. Oktober 2012, absolvierte der Schlepptriebwagen seinen bisher letzten Einsatz. Seither ist der T 3 in Wernigerode Westerntor abgestellt.

Gut vier Jahre später hatte der Neubau-Triebwagen 187 015 ausgedient. Während seiner ersten Untersuchung nach § 32 der ESBO bei der Verkehrs-Industrie-Systeme GmbH (VIS) in Halberstadt (27.05.–19.08.2004) erhielt der Triebwagen eine neue weinrot-elfenbeinfarbene Lackierung. Nach der Abnahme am 26. Oktober 2004 stand das Fahrzeug wieder für den Plandienst zur Verfügung. Der Triebwagen wurde meist von der Est Gernrode (Harz) aus auf der Selketalbahn und ab 26. Juni 2006 auf dem auf Meterspur umgebauten Abschnitt Quedlinburg–Bad Suderode–Gernrode (Harz) eingesetzt. Am 9. April 2010 kollidierte 187 015 auf einem Bahnübergang zwischen Quedlinburg-Quarmbeck und Bad Suderode mit einem Traktor. Durch die Wucht des Aufpralls wurden der Wagenkasten und ein Drehgestell beschädigt. Die notwendige Instandsetzung (15.04.–12.08.2010) übernahm die Werkstatt in Bad Doberan der Mecklenburgischen Bäderbahn »Molli« GmbH & Co. KG (MBB). Doch bei der Wiederinbetriebnahme des 187 015 gab es Probleme mit der Steuerung. Erst ab 22. August 2010 rollte der Triebwagen wieder durch das Selketal. Sechs Jahre später hatte das Einzelstück ausgedient. Nach der umfassenden Modernisierung der Triebwagen 187 011 und 187 013 sah die HSB keine Notwendigkeit für eine erneute Untersuchung des Einzelgängers. Das Fahrzeug galt inzwischen als störanfällig, der Cummins-Motor war nicht mit den Aggregaten der Triebwagen 187 016–187 019 tauschbar und der 187 015 konnte nur noch im Solobetrieb verwendet werden. Am 6. November 2016 absolvierte der Triebwagen seine letzten Einsätze auf der Selketalbahn. Einen Tag später wurde 187 015 nach Wernigerode überführt. Mit dem Ablauf seiner Untersuchungsfristen am 21. November 2016 wurde der Triebwagen aus dem Betriebspark gestrichen.

Zu diesem Zeitpunkt hielt die HSB mit 99 5901, 99 5902 und 99 5906 noch drei betriebsfähige Mallet-Maschinen vor. Doch bereits 2017 musste 99 5902 aufgrund eines Triebwerkschadens abgestellt werden, obwohl die Maschine erst zwei Jahre zuvor im DLW Meiningen eine Untersuchung nach § 32 der ESBO (Abnahme am 22.10.2015) erhalten hatte. Ein Jahr später kam die nächste schlechte Nachricht für die Eisenbahnfreunde – 99 5901 schied am 18. Mai 2018 aufgrund von Rissen an den Hall´schen Kurbeln aus dem Betriebspark aus und wurde fortan als »w« geführt. Damit war 99 5906 die (vorerst) letzte betriebsfähige Maschine ihrer Gattung. Aber auch ihr Einsatz war in den zurückliegenden Jahren von zahlreichen Problemen überschattet. Am 8. April 2016 endete aufgrund eines schweren Schieberschadens der Einsatz der 99 5906 auf der Selketalbahn (siehe S. 261). Am 26. April 2016 wurde die Maschine nach Wernigerode überführt. Da die Schäden in der Werkstatt in Westerntor nicht beseitigt werden konnten, wurde die Malletlok zum DLW Meiningen gebracht. Dort zeigte sich bei der Schadaufnahme, dass alle vier Zylinder nach fast 100 Jahren ihre Nutzungsgrenze erreicht hatten. Zudem mussten einige Teile der Steuerung ersetzt und Schäden am vorderen Drehgestell beseitigt werden. Angesichts des bevorstehenden Fristablaufs für das Fahrwerk wandelte die HSB die ursprünglich geplante Bedarfsausbesserung in eine Untersuchung gemäß § 32 der ESBO um. Mehr als ein Jahr verging, bevor die Instandsetzung in Meiningen abgeschlossen war und 99 5906 in der Nacht vom 7. zum 8. Dezember 2017 nach Wernigerode zurückkehrte. Nach einigen Nacharbeiten absolvierte 99 5906 eine Lastprobefahrt nach Benneckenstein und gehörte nach ihrer Abnahme am 11. Januar 2018 wieder zum Betriebspark. Allerdings kehrte die Maschine nicht mehr nach Gernrode zurück. 99 5906 verblieb in der Est Wernigerode, wo sie für Sonderzugdienste vorgesehen war.

Doch die HSB musste abermals in die Maschine investieren. Zunächst war eine Kesselhauptuntersuchung notwendig. Diese wurde in der Werkstatt

Als 187 013-8 am 10. August 1996 den Hp Nordhausen Altentor erreichte, stand der Triebwagen erst wenige Wochen in Diensten der HSB. Seine Herkunft – von der Inselbahn Langeoog – und der schmale Wagenkasten brachten dem Fahrzeug, wie auch dem 187 011-2, den Spitznamen »Fischstäbchen« ein. Foto: D. Riehemann

in Wernigerode erfolgreich mit der Abnahme des Dampferzeugers am 22. Mai 2018 abgeschlossen. Außerdem erhielt 99 5906 ab dem Herbst 2019 das so genannte Kollisionswarnsystem, mit dem heute alle Triebfahrzeuge der HSB ausgerüstet sind. Einen Teil der Arbeiten übernahm die VIS Halberstadt. Daher stand die Maschine mehr in Werkstätten oder war konserviert abgestellt. Bis zum Jahresende 2019 hatte 99 5906 insgesamt nicht einmal 5.800 km zurückgelegt (siehe Tabelle S. 200).

Auch im Jahr 2020 verbesserte sich die Lage nicht – im Gegenteil. Der Einbau des Kollisionswarnsystems verzögerte sich immer wieder. Außerdem ließen Schäden an der Luftpumpe einen Einsatz der 99 5906 de facto nicht zu. Der an ausgewählten Tagen auf der Relation Wernigerode–Brocken eingesetzte so genannte Oldi-Zug, einst das wichtigste Betätigungsfeld der Malletloks, wurde nun mit 99 222 oder einer Maschine der Baureihe 99^{23-24} bespannt. Die 1´E1´h2t-Maschinen können dank ihrer deutlich höheren Leistung von rund 700 PSi sieben anstelle der bei der Baureihe 99^{59} zulässigen vier Wagen befördern.

Erst am 9. September 2021 folgte die letzte von mehreren Probefahrten. Am 17. September 2021 wurde 99 5906 nach Nordhausen Nord überführt, von wo aus sie anderntags mit Bravour einen Sonderzug zum Brocken und zurück bespannte. Inzwischen machten unter Eisenbahnfreunden Gerüchte die Runde, die Maschine solle mit Ablauf ihrer Kesselfrist abgestellt und im Lokschuppen von Hasselfelde als Schaustück präsentiert werden. Am 15. Februar 2022 folgte die offizielle Bestätigung durch die HSB. Eine erneute Instandsetzung der 99 5906 sei aus wirtschaftlichen Gründen nicht möglich. Zahllose Dampflokfreunde reisten nun in den Harz, um die Maschine noch einmal im Einsatz erleben zu können. Die HSB veranstaltete mit 99 5906 zwei Fotofahrten, am 5. Mai 2022 von Nordhausen Nord nach Wernigerode und am 7. Mai 2022 von Wernigerode nach Gernrode (Harz). Eine Woche später kehrte die Malletlok noch einmal in den Plandienst auf der Selketalbahn zurück. Am 13. Mai 2022 bestritt sie

den Umlauf der 99 6001 (N 8961 ff.) und am 14. Mai 2022 übernahm sie den Triebwagenplan (N 8950 ff.). Pünktlich erreichte 99 5906 abends mit dem N 8957 den Bf Gernrode (Harz). Einen Tag später (15.05.2022) veranstaltete die IG HSB eine Abschiedsfahrt von Nordhausen Nord nach Hasselfelde, wo die Maschine seither im Lokschuppen abgestellt ist.

4.13 Engpässe, Einschränkungen und Diesellokeinsatz

Doch nicht nur die Erhaltung der Baureihen 99^{59}, 99^{60} und 99^{61} schlug ab Anfang der 2000er-Jahre mit einem immer größeren Aufwand und steigenden Kosten zu Buche. Das gilt auch für die 1´E1´h2t-Maschinen der Baureihen 99^{22} und 99^{23-24}, die noch immer das Rückgrat in der Zugförderung der HSB bilden. Ende der 1990er-Jahre stockte die HSB den Betriebspark von zehn auf zwölf Maschinen auf. Dazu gehört bis heute auch die Einheitslok 99 222. Die HSB ließ das Einzelstück während der Anfang des Jahres notwendigen Untersuchung im damaligen Werk Meiningen (04.01.–18.03.1999) auf Vorschlag einiger Lokführer wieder mit einem Oberflächenvorwärmer ausrüsten. Durch weitere Umbauten erhielt 99 222 wieder die Optik einer Einheitslok. Dazu gehörte auch die bis zum 1. Juni 1970 gültige Betriebsnummer. Für die Zugförderung werden im Sommerfahrplan täglich sechs 1´E1´h2t-Maschinen benötigt. Die Est Wernigerode setzt fünf Maschinen auf der Strecke Wernigerode–Brocken ein. Die Maschine der Est Nordhausen Nord verkehrt auf der Relation Nordhausen Nord–Eisfelder Talmühle–Drei Annen Hohne.

Ende der 1990er-Jahre zeigten sich nach fast 50 Einsatzjahren im schweren Gebirgsdienst bei einzelnen Exemplaren der heute von vielen Eisenbahnfreunden als »Brockenloks« bezeichneten Maschinen der Baureihe 99^{23-24} erhebliche Verschleißerscheinungen. Vor allem die Zylinder und

Der Fahrzeugbau Halberstadt (ex Raw Halberstadt) lieferte 1999 vier Triebwagen (187 016-1 bis 187 019-5) an die HSB. Die Fahrzeuge bilden heute gemeinsam mit 187 011-2 und 187 013-8 das Rückgrat im ÖPNV auf den Strecken der HSB. Der erst wenige Wochen alte 187 017-9 stand am 10. Juli 1999 im Bf Drei Annen Hohne.   Foto: D. Riehemann

Für den Rollbock-Verkehr auf dem Abschnitt Nordhausen Nord–Eisfelder Talmühle–Anschluss Unterberg wurden 199 872-3 und 199 874-9 u.a. mit einer Funkfernsteuerung sowie einer regelspurigen Zug- und Stoßeinrichtung ausgerüstet. Am 29. April 2008 stand 199 872-3 an der Rollbock-Anlage in Nordhausen Nord.   *Foto: D. Endisch*

Blechrahmen hatten ihre Nutzungsgrenze erreicht und mussten ersetzt werden. Als erste Lok ihrer Baureihe erhielt 99 241 im DLW Meiningen neue geschweißte Zylinder (23.12.1999–11.04.2000). Anschließend entwickelte das DLW Meiningen für die Baureihe 99²³⁻²⁴ einen geschweißten Ersatzrahmen, mit dem zuerst 99 232 (29.12.2003–23.08.2004) ausgerüstet wurde. In den folgenden Jahren erhielten außerdem 99 234 (Abnahme am 18.06.2009), 99 236 (Abnahme am 09.07.2008), 99 237 (Abnahme am 01.06.2011), 99 239 (Abnahme am 29.03.2007), 99 240 (Abnahme am 12.09.2005), 99 241 (Abnahme am 23.04.2009), 99 243 (Abnahme am 29.06.2010) und 99 245 (Abnahme am 07.11.2006) neue Blechrahmen. Als vorerst letzte »Brockenlok« verließ 99 247 (Abnahme am 04.12.2012) mit einem Ersatzrahmen das DLW Meiningen. Im Gegenzug schieden die noch mit einem Originalrahmen ausgerüsteten Maschinen aus dem Betriebspark aus. Im Winter 2012/13 waren 99 235 und 99 238 die beiden letzten Exemplare mit einem alten Rahmen. Während 99 238 am 2. November 2013 abgestellt wurde, erhielt 99 235 in der Werkstatt in Westerntor eine Fahrwerks- und Kesseluntersuchung (12.05.2014–05.03.2015) und stand damit weiterhin für die Zugförderung zur Verfügung. Knapp vier Jahre später hatte die Maschine ausgedient. Sie wurde am 18. Februar 2019 in den z-Park verfügt.

Bereits zwei Jahre zuvor, im Frühjahr 2017, waren bei der HSB erstmals erhebliche Engpässe beim Zugpersonal und teilweise bei den Triebfahrzeugen aufgetreten. Um die Lücken zu schließen, schränkte das Unternehmen zunächst den Dampfbetrieb auf der Selketalbahn ein. In der Est Gernrode (Harz) entfiel mit dem Fahrplanwechsel am 29. April 2017 nicht nur der zweite Dampflok-Umlauf, außerdem mussten einige Leistungen bis zum 1. September 2017 im Schienenersatzverkehr (SEV) mit Bussen gefahren werden. Auch im Sommerfahrplan 2018 und 2019 gab es keinen zweiten Dampflok-Umlauf auf der Selketalbahn.

Im Winter 2018/19 verschärfte sich die Situation bei den 1′E1′h2t-Maschinen. Zeitweilig stand der Est Wernigerode keine Reservemaschine mehr zur Verfügung. Am 15. Februar 2019 waren von den zwölf zum Betriebspark zählenden Lokomotiven der Baureihen 99²² und 99²³⁻²⁴ lediglich sieben einsatzfähig. Als wenig später 99 235 (siehe links) und 99 245 (am 26.03.2019) mit Ablauf ihrer Untersuchungsfristen nicht mehr für die Zugförderung zur Verfügung standen, entschied die HSB nach mehr als 25 Jahren, wieder planmäßig Dieselloks der Baureihe 199⁸ auf der Brockenbahn einzusetzen. Ab 6. April 2019 bespannte eine Maschine täglich das Zugpaar N 8934/8935 auf der Relation Wernigerode–Brocken. Mit Inkrafttreten des Sommerfahrplans am 27. April 2019 oblag der Baureihe 199⁸ der Umlauf N 8935/N 8944/N 8945/N 8934. Allerdings schränkte die HSB diesen Umlauf erheblich ein. Verkehrten diese Züge bisher durchgehend im Sommerfahrplan, fuhren sie in dieser Saison (27.04.–26.10.2019) nur an ausgewählten Tagen (25.05.–01.06., 08.06.–19.06., 29.06.–18.08. und 28.09.–26.10.2019). Durch den Einsatz der Baureihe 199⁸ – für die »Harzkamele« wird nur eine Lokführer benötigt – und die Verringerung der Einsatztage des Umlaufes N 8935 ff. konnte die HSB nicht nur den Engpass bei den Dampfloks überbrücken, sondern auch dem sich ausweitenden Personalmangel begegnen.

Für den Einsatz standen im Frühjahr mit 199 861, 199 872 und 199 874 drei betriebsfähige »Harzkamele« zur Verfügung. Planmäßig bespannte 199 861 die Züge auf der Brockenbahn, da sie zu diesem Zeitpunkt als einzige Maschine einen funktionsfähigen Heizkessel besaß. Die beiden anderen Loks fungierten als Reserve und übernahmen wechselweise den Rangierdienst in Wernigerode.

Doch dies sollte nicht der einzige Diesellok-Einsatz bleiben. Im Mai 2019 spitzte sich die Lage bei den Triebfahrzeugen erheblich zu. Beispielsweise standen in der 20. Kalenderwoche (13.–19.05.2019) mit 99 232, 99 234, 99 236 und 99 239 lediglich vier 1′E1′h2t-Maschinen für die Harzquer- und Brockenbahn zur Verfügung. Um den Verkehr hier aufrecht erhalten zu können, wurde eine zweite Diesellok in den Plandienst eingebunden, die den Umlauf N 8903/8920/8922/8923/8924 bestritt. Diese Maßnahme brachte aber kaum eine Entlastung, da auch die Dieselloks nicht mehr die jüngsten Triebfahrzeuge sind. Schäden am Kompressor oder Probleme

Ab 2018 bespannte 99 5906-5 meist nur noch den so genannten Oldi-Zug oder wurde für Sonderzüge genutzt. Am 26. Februar 2022 war die Mallet-Maschine mit dem Oldi-Zug als N 8991 Wernigerode–Brocken bei Drei Annen Hohne unterwegs. Wenige Wochen später, am 15. Mai 2022, war die Lok letztmalig im Einsatz. Foto: D. Endisch

mit dem Motor – die Maschinen sind noch immer mit den alten Aggregaten des Typs 12 KVD 18/21 AL 4 ausgerüstet – bzw. den Strömungsgetrieben führten auch bei den »Harzkamelen« immer wieder zu Ausfällen und damit zusätzlichen Reparaturen in der ohnehin an ihrer Leistungsgrenze arbeitenden Lokwerkstatt. 199 874 blieb beispielsweise am 31. Mai 2019 mit dem N 8903 nach Eisfelder Talmühle bei Elend liegen und musste samt Zug von 199 872 abgeschleppt werden. Außerdem kam neben 199 861 (Wernigerode) vom 31. Mai bis zum 6. Juni 2019 ein zweites »Harzkamel« von Nordhausen Nord aus zum Einsatz.

Auch in den folgenden Monaten war die HSB gezwungen, die Baureihe 199[8] einzusetzen. Doch das funktionierte leider nicht immer. Am 19. Juli 2019 musste der Umlauf zum Brocken (N 8935 ff.) mangels Triebfahrzeugen ausfallen. Dafür kamen die Fans der »Harzkamele« vom 20. bis zum 26. Juli 2019 voll auf ihre Kosten. 199 861 und 199 874 bestritten neben dem Umlauf zum Brocken auch den Dienstplan der Est Nordhausen Nord. Trotz aller Bemühungen gelang es der HSB nicht immer, einen reibungslosen Betriebsablauf zu gewährleisten. Am 12. August 2019 hieß es beispielsweise auf der Homepage der HSB unter der Rubrik »Aktuelle Fahrplanänderung« für den Umlauf N 8935 ff.: »*Fahrtausfall.*« 199 874 war defekt und 199 861 wurde für einen anderen Plan benötigt. Aus dem Dampflok-Mangel war nun sogar ein Diesellok-Mangel geworden, der zeitweise zu weiteren Einschränkungen auf der Brockenbahn führte. Erst mit dem Inkrafttreten des Winterfahrplans am 27. Oktober 2019 endete offiziell der planmäßige Einsatz der Baureihe 199[8] auf der Brockenbahn. Was damals wohl kaum jemand ahnte – wenige Wochen später ruhte aufgrund der Corona-Pandemie nahezu der gesamte Betrieb auf dem Streckennetz der HSB. Entsprechend den durch die Bundesregierung angeordneten allgemeinen Beschränkungen legte das Unternehmen am 17. März 2020 den größten Teil des Reiseverkehrs auf seinem 140,4 km langen Streckennetz still und stellte die Dampflokomotiven konserviert in Wernigerode ab. Lediglich auf dem Abschnitt Nordhausen Nord–Ilfeld Neanderklinik pendelte neben den Hybridstraßenbahnen des Typs »Com-

bino Duo« der Verkehrsbetriebe Nordhausen GmbH (VBN) ein Triebwagen im klassischen Schienenpersonennahverkehr (SPNV). Allerdings hatte die HSB das Angebot hier verringert, so dass für diesen Umlauf nur ein Fahrzeug benötigt wurde.

Die massiven Einschränkungen bedeuteten für die meisten Mitarbeiter im Lokfahr-, Zugbegleit- und Kundendienst Kurzarbeit. Lediglich für die Beschäftigten in der Werkstatt und in der Gleisunterhaltung gab es weniger Einschränkungen. In beiden Bereichen wurde in einem nur geringfügig eingeschränkten Umfang weitergearbeitet.

Erst mit der schrittweisen Lockerung der Beschränkungen zur Bekämpfung der Corona-Pandemie und der Öffnung der Schulen im Freistaat Thüringen stockte die HSB am 25. April 2020 ihr Angebot auf der Verbindung Nordhausen Nord–Ilfeld Neanderklinik auf. Ab 4. Mai 2020 verkehrten montags bis freitags vier zusätzliche Zugpaare, was den Einsatz eines zweiten Triebwagens in der Est Nordhausen Nord notwendig machte. An Wochenenden und Feiertagen wurden zwei weitere Zugpaare eingelegt.

Nach zwei Monaten setzte die HSB am 18. Mai 2020 wieder auf dem gesamten Streckennetz Züge ein – allerdings mit Einschränkungen. Auf der Brockenbahn verkehrten ab Wernigerode nur zwei Dampfzüge sowie zwei weitere Pendel auf dem Abschnitt Drei Annen Hohne–Brocken. 99 241 brachte nach der coronabedingten Unterbrechung den ersten Zug hinauf zum Gipfel. Auf der Selke- und Harzquerbahn verkehrten hingegen nur Triebwagen.

Erst am 27. Juni 2020 trat der alljährliche Sommerfahrplan in Kraft, der aber im Vergleich zu den Vorjahren einige Veränderungen aufwies. Das Angebot auf der Brockenbahn wurde auf acht Züge verringert, von denen drei nur auf dem Abschnitt Drei Annen Hohne–Brocken verkehrten.

Die ab 2. November 2020 verschärften Maßnahmen zur Bekämpfung der Corona-Pandemie hatten auch für den Betrieb auf der Harzquer-, Brocken- und Selketalbahn gravierende Folgen. Wie bereits im Frühjahr 2020 sah sich die HSB erneut gezwungen, nahezu den kompletten Verkehr einzustellen. Lediglich die Verbindung Nordhausen Nord–Ilfeld Neanderklinik wurde weiterhin im SPNV bedient. Auf dem Abschnitt Wernigerode–Drei Annen Hohne Schierke richtete die HSB einen »Notfahrplan« mit zwei Zugpaaren (N 8925/8932 und N 8937/8924) ein. Während die HSB in den ersten Tagen noch zwei so genannte Halberstädter Triebwagen (187 016–187 019) in Doppeltraktion einsetzte, genügte alsbald ein Fahrzeug für das bescheidene Fahrgastaufkommen.

Erst als im Frühjahr 2021 die Infektionszahlen im Landkreis Harz spürbar sanken, entschloss sich die HSB, wieder Dampfloks einzusetzen und das Angebot sukzessive zu erweitern. In einem ersten Schritt wurden drei Maschinen der Baureihe 99$^{23-24}$ angeheizt. Nach sieben Monaten Zwangspause verließ 99 245 als erste Dampflok am 3. Juni 2021 pünktlich um 10.25 Uhr mit dem N 8925 den Bf Wernigerode. Einen Tag später absolvierte 99 234 ihren ersten Einsatz. Am 5. Juni 2021 brachte 99 241 die beiden Zugpaare nach Schierke. Mit diesen drei Maschinen nahm die HSB am 9. Juni 2021 wieder den planmäßigen Verkehr auf der Brockenbahn auf. Allerdings sah der Fahrplan zunächst nur sechs Zugpaare zum Brocken (zwei ab Drei Annen Hohne) vor. Auf der Harzquer- und Selketalbahn verkehrten zuerst nur Triebwagen, die am 4. Juni 2021 nach Gernrode (Harz) und Nordhausen Nord überführt worden waren.

Mit der weiteren Entspannung der Coronalage verkehrten ab 1. Juli 2021 wieder Dampfzüge auf allen Strecken der HSB. Am 30. Juni 2021 wurde 99 6001 zur Est Gernrode (Harz) überführt, die planmäßig die Züge auf der Selketalbahn bespannte. Die Est Nordhausen Nord erhielt zunächst 99 243, die später durch 99 245 ersetzt wurde. Zum 17. Juli 2021 hob die HSB alle Angebotsbeschränkungen auf der Brockenbahn auf. Allerdings konnten nicht alle Züge mit Dampfloks bespannt werden. Einmal mehr erwiesen sich die Dieselloks der Baureihe 199^8 als unverzichtbar.

Die ersten Einsätze im Plandienst absolvierte 199 861, die vom 13. bis zum 24. Mai 2021 anstelle eines Triebwagens die Zugpaare N 8925/8932 und N 8937/8924 auf dem Abschnitt Wernigerode–Brocken bespannte.

Am 20. Mai 2021 war zusätzlich 199 872 für Probefahrten mit Reisezugwagen im Einsatz.

Im Sommer 2021 waren die »Harzkamele« voll gefordert. Tageweise (z.B. 21.08.2021) waren alle drei Maschinen im Einsatz. Zunächst übernahm eine Maschine ab 17. Juli 2021 die Zugpaare N 8935/8934 und N 8945/8944 auf der Brockenbahn (bis 31.10.2021). Ab 20. September 2021 entfiel dieser Umlauf mittwochs und donnerstags, damit ein Zeitfenster für Fristarbeiten und Reparaturen zur Verfügung stand. Fiel kurzfristig eine weitere Dampflok der Baureihe 99$^{23-24}$ aus, half eine zweite Diesellok auf der Strecke Wernigerode–Brocken aus, so geschehen am 28. Juli 2021 vor den Zugpaaren N 8931/8940, N 8941/8930 und N 8939/8938.

Als sich der Engpass bei den Triebwagen im Sommer 2021 verschärfte, wurde der Einsatz der Baureihe 199^8 ausgeweitet. Ab 11. August 2021 bespannte die Est Nordhausen Nord mit einem »Harzkamel« den Umlauf N 8970ff., mit dem die Maschine über Eisfelder Talmühle und Stiege bis nach Harzgerode kam. Diese Leistung entfiel ab 16. September 2021. Darüber hinaus erbrachten die Dieselloks mehrere Sonderleistungen. Dazu gehörten z.B. die Überführung des defekten Triebwagens 187 013 von Gernrode (Harz) nach Wernigerode (mit 199 872 am 30.06.2021), Schotterzüge (13.–16. und 27.09.2021) und Probefahrten mit der Schneefräse (mit 199 874 am 24.09.2021) auf dem gesamten Streckennetz.

Aber auch in den folgenden Wochen und Monaten war die Baureihe 199^8 unentbehrlich. Anfang des Jahres 2022 rüstete die Werkstatt in Westerntor 199 872 wieder mit einem Heizkessel aus, die damit auch in der kalten Jahreszeit im Reisezugdienst eingesetzt werden konnte. Bereits am 5. und 6. März 2022 absolvierte 199 872 im Umlauf der Est Nordhausen (N 8920/N 8903/N 8904/N 8929) einen ihrer ersten Wintereinsätze vor Personenzügen. 199 861 half am 13. und 14. April 2022 auf der Brockenbahn aus. Aber auch als Schneeräumlok oder für Sonderdienste fanden die »Harzkamele« immer wieder Verwendung. Vom 9. April bis

99 7245-6 (ex 99 245) war am 3. August 2022 mit dem N 8903 Wernigerode–Eisfelder Talmühle in der Nähe des Bahnübergangs Wietfeld unterwegs. Die Landschaft links und rechts der Harzer Schmalspurbahnen hat sich seit dem Sommer 2019 deutlich verändert. Riesige Kahlschläge prägen jetzt das Bild. Foto: D. Endisch

zum 6. November 2022 war die Baureihe 199[8] abermals planmäßig auf der Brockenbahn im Einsatz. Jeweils von Freitag bis Dienstag bestritt eine Maschine den Umlauf N 8935/N 8936/N 8937/N 8938. Mittwochs und donnerstags war für diesen Pendel eine Dampflok der Baureihe 99[23–24] vorgesehen. Da es aber bei den 1´E1´h2t-Maschinen häufig zu Engpässen kam, musste immer wieder ein »Harzkamel« aushelfen. Tageweise waren aufgrund fehlender Dampfloks zwei Exemplare der Baureihe 199[8] auf der Brockenbahn im Einsatz. Dies war beispielsweise vom 29. August bis zum 2. September 2022 der Fall.

Außerdem half die Baureihe 199[8] in den Umläufen der Triebwagen aus. Am 8. Juni 2022 bespannte ein »Harzkamel« den N 8905 Wernigerode–Nordhausen Nord, um am 9. Juni 2022 einen Triebwagenumlauf der Est Nordhausen Nord (N 8970 ff.) zu übernehmen. Die Rücküberführung der Diesellok erfolgte einen Tag später mit dem N 8902. Am 28. Juli 2022 war eine Maschine mit dem Zugpaar N 8901/8902 Wernigerode–Benneckenstein unterwegs.

Darüber hinaus erbrachten die »Harzkamele« im Sommer 2022 zahlreiche Sonderleistungen. Dazu gehörten u.a. Schotterzüge, die vom 2. bis zum 4. August 2022 mit der 199 872 auf dem Abschnitt Eisfelder Talmühle–Benneckenstein verkehrten. 199 874 wurde am 4. November 2022 zur Überführung der 99 5906 von Hasselfelde nach Wernigerode Westerntor genutzt.

Überschattet wurde das Jahr 2022 von mehreren, teilweise schweren Waldbränden entlang der Brockenbahn, die zu einer zeitweiligen Einstellung des Betriebes auf dem Abschnitt Drei Annen Hohne–Brocken führten und für Schlagzeilen in den Medien sorgten. Das erste große Feuer brach am Nachmittag des 26. April 2022 zwischen dem Eckerloch und dem Betriebsbahnhof Goetheweg aus. Rund ein Hektar Wald stand in Flammen. Das Feuer konnte sich aufgrund der großen Mengen an Totholz schnell ausbreiten. Den rund 120 Feuerwehrleuten und Einsatzkräften von elf Wehren aus Wernigerode, der Stadt Oberharz am Brocken und Ilsenburg gelang es aber, den Waldbrand binnen weniger Stunden zu löschen. Die HSB unterstützte die Arbeiten mit ihren beiden Wasserwagen (siehe S. 74). Während der auf dem Brocken befindliche Wagen von 99 241 zum Einsatzort gefahren wurde, bespannte 99 245 den Wasserwagen aus Richtung Drei Annen Hohne.

Weitere Waldbrände entlang der Strecken der HSB ereigneten sich am 28. April 2022 unterhalb des Brockenplateaus auf einer Fläche von etwa 3.000 m², am 30. April 2022 im Ostergrund bei Gernrode sowie am 15. Mai 2022 auf einem rund 2,5 Hektar großen Areal in der Nähe des Haltepunktes Birkenmoor (Strecke Eisfelder Talmühle–Stiege) an der Landesgrenze zwischen Sachsen-Anhalt und Thüringen.

Obwohl zu diesem Zeitpunkt über die Ursachen für diese Brände nur spekuliert werden konnte, da die Untersuchungen der Ermittlungsbehörden noch liefen, entbrannte in den lokalen Medien bereits eine kontroverse Diskussion um die Sicherheit der Dampflokomotiven der HSB. Diese gewann vor allem nach dem Großbrand im August 2022 an Dynamik.

Am frühen Nachmittag des 11. August 2022 brach unterhalb des Bf Schierke, in der Nähe des km 3,8 im so genannten Knaupsholz, ein weiterer Waldbrand aus. Nach wenigen Stunden standen rund 13 Hektar in Flammen, die durch den Einsatz von rund 300 Feuerwehrleuten aus Sachsen-Anhalt und Niedersachsen sowie vier Löschhubschraubern bis zum 15. August 2022 bekämpft wurden. In dieser Zeit ruhte der Verkehr auf der Strecke Drei Annen Hohne–Brocken. Auf dem Abschnitt Wernigerode–Drei Annen Hohne verkehrten neben den mit Triebwagen gefahrenen Pendeln N 8901/8902 und N 8905/8906 nur vier Dampfzugpaare.

Jahreslaufleistungen der Dampflokomotiven der Harzer Schmalspurbahnen GmbH (2011–2020)										
	2011	**2012**	**2013**	**2014**	**2015**	**2016**	**2017**	**2018**	**2019**	**2020**
99 5901-6	3.487 km	4.675 km	3.918 km	1.587 km	2.815 km	5.674 km	7.057 km	1.114 km[1]	-	-
99 5902-4	5.288 km	5.453 km	2.431 km	5.216 km	1.083 km	2.983 km	2.667 km[2]	-	-	-
99 5903-2	-	-	-	-	-	-	-	-	-	-
99 5906-5	21.842 km	24.246 km	31.712 km	5.994 km	7.690 km	5.584 km	64 km	2.013 km	3.713 km	31 km
99 6001-4	49.790 km	23.461 km	-	44.771 km	44.857 km	34.297 km	32.441 km	4.479 km	46.813 km	18.223 km
99 6101-2	1.324 km	1.993 km	2.094 km	2.712 km	1.110 km[3]	-	-	-	-	-
99 6102-1	-	-	-	-	-	-	-	-	-	-
99 (7)222 (-5)	15.493 km	13.261 km	8.971 km	20.693 km	17.007 km	16.757 km	23.305 km	21.475 km	6.016 km	3.657 km
99 7231-6	-	-	-	-	-	-	-	-	-	-
99 7232-4	24.252 km	27.556 km	25.713 km	27.883 km	21.204 km	20.770 km	27.254 km	37.873 km	31.164 km	14.833 km
99 7233-2	-	-	-	-	-	-	-	-	-	-
99 (7)234 (-0)	20.988 km	15.406 km	9.061 km	25.157 km	21.794 km	22.356 km	6.015 km	27.979 km	31.979 km	15.664 km
99 7235-7	27.975 km	31.305 km	23.353 km	1.446 km	12.169 km	18.801 km	20.262 km	30.960 km	8.843 km[4]	-
99 (7)236 (-5)	8.624 km	27.847 km	21.512 km	28.101 km	24.335 km	2.065 km	22.360 km	20.866 km	12.701 km	14.434 km
99 7237-3	2.901 km	31.932 km	29.157 km	28.807 km	5.825 km	25.711 km	35.096 km	25.449 km	377 km	-[5]
99 7238-1	24.009 km	13.572 km	17.765 km	-[6]	-	-	-	-	-	-
99 7239-9	19.456 km	30.202 km	28.565 km	24.651 km	7.837 km	37.883 km	30.666 km	34.926 km	27.942 km	10.807 km
99 7240-7	29.525 km	21.341 km	30.574 km	23.759 km	31.208 km	32.723 km	28.479 km	34.505 km	33.350 km	22.606 km
99 7241-5	28.808 km	11.358 km	24.295 km	28.792 km	22.185 km	24.624 km	13.533 km	29.335 km	24.413 km	18.401 km
99 7242-3	-	-	-	-	-	-	-	-	-	-
99 7243-1	25.569 km	32.412 km	19.870 km	19.096 km	32.247 km	32.294 km	29.297 km	12.047 km	16.884 km	23.992 km
99 7244-9	-	-	-	-	-	-	-	-	-	-
99 7245-6	35.531 km	35.283 km	41.185 km	40.598 km	28.294 km	45.412 km	24.258 km	6.472 km	9.829 km	191 km
99 7246-4	-	-	-	-	-	-	-	-	-	-
99 7247-2	-	2.572 km	32.045 km	29.047 km	26.792 km	28.599 km	29.512 km	22.154 km	32.042 km	4.824 km

Anmerkungen:

1 Die Lok wurde aufgrund von Schäden an den Hall´schen Kurbeln am 18.05.2018 abgestellt.
2 Die Lok wurde aufgrund eines Schadens abgestellt.
3 Die Lok wurde nach Ablauf ihrer Kesselfrist am 30.05.2015 abgestellt.
4 Die Lok wurde nach Ablauf ihrer Kesselfrist am 05.03.2019 abgestellt.
5 Die Lok wurde nach einem Stangebruch am 07.01.2019 abgestellt.
6 Die Lok wurde nach Ablauf ihrer Untersuchungsfristen am 02.11.2013 abgestellt.

Am 31. März 2022 wurde 99 7244-9 mit Hilfe von 199 872-3 von Hasselfelde nach Wernigerode überführt, hier bei Benneckenstein. Der Hilfszug der HSB und ein vierachsiger Reisezugwagen dienten als Bremsfahrzeuge. Eine Woche später, am 7. April 2022, wurde die Maschine auf einen Spezialtransporter verladen und zum DLW Meiningen gebracht.   Foto: D. Endisch

Die erste Konsequenz dieses Waldbrandes: Im Rahmen eines von Sachsen-Anhalts Forstminister kurzfristig einberufenen Arbeitsgesprächs in Wernigerode am 15. August 2022 verpflichtete sich die HSB, ab Waldbrandwarnstufe 5 auf der Brockenbahn keine Dampfloks mehr einzusetzen. Daher richtete die HSB vom 16. bis zum 18. August 2022 einen Ersatzverkehr mit Dieselloks der Baureihe 199⁸ auf dem Abschnitt Drei Annen Hohne–Brocken ein. Der dafür modifizierte Fahrplan umfasste sieben statt elf Zugpaare zum Brocken.

Die außerdem getroffene Regelung, die HSB könne bei Waldbrandwarnstufe 4 in eigener Verantwortung über den Dampflokeinsatz entscheiden, wurde später geändert. Seit Ende September 2022 setzt die HSB bei Warnstufe 4 nur nach Absprache mit den zuständigen Behörden Dampfloks auf der Brockenbahn ein.

Kaum hatten sich die Diskussionen um die Ursachen für die Waldbrände und die daraus notwendigen Konsequenzen etwas beruhigt, brach am 3. September 2022 gegen 14.30 Uhr in der Nähe des Goetheweges abermals ein Großbrand aus. Nach nur wenigen Stunden loderten die Flammen auf einer Fläche von rund 150 Hektar südwestlich des Brockens. Daher rief der Landkreis Harz am 4. September 2022 den Katastrophenfall aus, der bis zum 9. September 2022 galt. Nur mit Hilfe von elf Löschhubschraubern und zwei Löschflugzeugen aus Italien gelang es den insgesamt rund 1.800 Einsatzkräften, das Feuer unter Kontrolle zu bringen. Erst am 12. September 2022 hieß es von der Einsatzleitung: »Feuer aus!« Der Brand war endlich gelöscht. Die Kosten für den Einsatz beliefen sich auf rund 3,18 Millionen Euro. Einen Tag später, am 13. September 2022, konnte die HSB wieder den planmäßigen Verkehr auf dem Abschnitt Drei Annen Hohne–Brocken aufnehmen.

Infolge dieser Ereignisse nahmen die Überlegungen, die »Harzkamele« zu modernisieren und den Betriebspark aufzustocken, konkrete Formen an. Die derzeit zum Betriebspark zählenden 199 861, 199 872 und 199 874 sind noch immer mit den Motoren des Typs 12 KVD 18/21 AL 4 ausgerüstet. Nach über 30 Jahren ist jedoch ein Ende deren Nutzungsdauer abzusehen.

Daher sollen die Maschinen unter Beibehaltung ihres historischen Erscheinungsbildes mit modernen Dieselmotoren ausgerüstet werden. Als Prototyp für die Remotorisierung, die das Land Sachsen-Anhalt finanziell unterstützt, ist 199 892 vorgesehen, die am 17. November 2022 zur ALSTOM Lokomotiven Service GmbH (ALS) nach Stendal überführt wurde.

Dass die Maschinen der Baureihe 199⁸ aufgrund fehlender Dampfloks und Engpässen bei den Triebwagen als Rückfallebene unentbehrlich sind, zeigte sich auch im Jahr 2023. Bis zum Inkrafttreten des Sommerfahrplans am 1. April 2023 wurden »Harzkamele« planmäßig für den Rangierdienst im Bf Wernigerode und für den so genannten Winterdienst (Lok für den Schneepflug) vorgehalten. Mangels betriebsfähiger »Brockenloks« kam die Baureihe 199⁸ aber auch im Winter 2023 mehrfach auf der Brockenbahn zum Einsatz. Entweder übernahm eine Maschine (meist 199 872) das Zugpaar N 8935/8936 (z.B. 01.–03., 06. und 07.01. sowie 01.–03., 08.–11.02., 18. und 19.02.2023) oder wurde für den Umlauf N 8903/N 8920/ N 8922/N 8923/N 8924 herangezogen. Dies war beispielsweise am 4., 6. und 7. sowie vom 13. bis zum 17. Februar 2023 der Fall.

Auch einige Sonderaufgaben übernahm die Baureihe 199⁸. Vom 6. bis zum 10. März 2023 war 199 861 mit Schienenzügen zwischen Nordhausen Nord und Stiege im Einsatz. Kurze Zeit später (14.–16.03.2023) befuhr 199 861 für Funkmessfahrten das gesamte Streckennetz der HSB.

Mit dem Inkrafttreten des Sommerfahrplans 2023 bestand auf der Brockenbahn wieder ein planmäßiger Umlauf für ein »Harzkamel«, der, wie auch in den Jahren 2021 und 2022, die Züge N 8935, N 8936, N 8937 und N 8938 auf der Relation Wernigerode–Drei Anne Hohne–Brocken vorsah. Mittwochs und donnerstags wurden die Züge mit einer Dampflok bespannt. Am 7. Juli 2023 endete der planmäßige Einsatz der Baureihe 199⁸. Fehlende Triebfahrzeuge und Engpässe beim Personal zwangen die HSB, das Angebot auf der Brockenbahn zu reduzieren. Ab 8. Juli 2023 entfiel zunächst der Umlauf N 8935/N 8936/N 8937/N 8936. Zwei Wochen später sah sich die HSB gezwungen, abermals das Angebot auf der Brockenbahn zu verringern. Ab 22. Juli 2023 entfiel das am späten Nachmittag verkehrende

Zugpaar N 8941/8942. Trotz dieser Einschränkungen war die Baureihe 199[8] auch in der Folgezeit immer wieder als Dampflok-Ersatz auf der Verbindung Wernigerode–Brocken anzutreffen. Dies war u.a. am 27. September (Umlauf N 8925 ff.) sowie am 28. September, 4. und 5. Oktober 2023 (Umlauf N 8903 ff.) der Fall.

Mangels Triebwagen – die als »Fischstäbchen« bekannten 187 011 und 187 013 waren seit 18. April 2023 zu einer Untersuchung nach § 32 ESBO bei der VIS in Halberstadt – mussten einige Leistungen auf der Harzquer- und Selketalbahn mit Omnibussen im SEV erbracht werden. Dies galt vom 14. August bis zum 13. Oktober 2023 für die Zugpaare N 8901/8902 Wernigerode–Benneckenstein und N 8905/8906 Wernigerode–Elend. Außerdem entfiel für einige Tage der von der Est Nordhausen Nord aus gefahrene Umlauf N 8970 ff. Ab 10. Oktober 2023 stand für diesen Dienstplan wieder ein Triebwagen zur Verfügung.

4.14 Auch in Zukunft mit Dampf

Gleichwohl werden auch in Zukunft die Dampflokomotiven der Baureihen 99²² und 99²³⁻²⁴ das Rückgrat in der Zugförderung auf den Schmalspurbahnen im Harz bilden. Beim Richtfest für die neue Dampflokwerkstatt am 23. Juli 2020 (siehe S. 86 ff.) betonte der damalige Aufsichtsratsvorsitzende der HSB, Wernigerodes Oberbürgermeister Peter Gaffert, dass es das Ziel des Unternehmens und aller Gesellschafter sei, »auch in 10, 15 und 20 Jahren« Dampfloks auf der Harzquer-, Brocken- und Selketalbahn einzusetzen. Dazu werden aber erhebliche Investitionen in die inzwischen fast 70 Jahren alten »Brockenloks« notwendig sein.

Jedes Triebfahrzeug hat irgendwann die Grenze seiner Nutzungsdauer erreicht. Die Deutsche Reichsbahn-Gesellschaft veranschlagte bei der Entwicklung ihrer Einheitslokomotiven eine Einsatzzeit von etwa 50 Jahren. Als oberste Grenze der Lebensdauer galten 60 Jahre. Durch neue Großbauteile, wie Kessel und Zylinder, ließ sich der Einsatz einzelner Gattung und Maschinen verlängern.

Die Deutsche Reichsbahn in der DDR ging jedoch in den 1950er-Jahren bei der Konstruktion ihrer »Neubauloks« von solchen Zeiträumen nicht mehr aus. Die Neubau-Dampfloks und die ab Ende der 1950er-Jahre im Zuge des Rekonstruktions- und Generalreparaturprogramms modernisierten Maschinen sollten die Zeit bis zum Abschluss des Traktionswechsels überbrücken. Folgerichtig suchten die zuständigen Dienststellen der DR ab Mitte der 1980er-Jahren nach einer Ablösung für die Baureihe 99²³⁻²⁴. Die Rbd Magdeburg wollte bis Januar 1992 mit der Baureihe 199[8] den Traktionswechsel (siehe S. 181) auf den Schmalspurbahnen im Harz vollziehen. Lediglich eine Handvoll 1´E1´h2t-Maschinen sollten bis etwa 1997 erhalten bleiben.

Inzwischen schreiben wir das Jahr 2024 und noch immer stellen die imposanten »Brockenloks« jeden Tag ihre Leistungsfähigkeit unter Beweis. Dies ist nur dank der umfangreichen Investitionen der HSB in den zurückliegenden 30 Jahren (u.a. neue Rahmen und Zylinder), dem großen Engagement und dem hohen Fachwissen der Mitarbeiter in der Werkstatt in Wernigerode Westerntor sowie der guten Pflege der Maschinen durch die Lokführer und Heizer möglich.

Doch nicht nur der technische Zustand der Dampfloks spielt heute eine Rolle. Angesichts der Diskussionen um den Klimaschutz und den damit verbundenen Ausstieg aus den fossilen Brennstoffen muss auch die HSB einen Ersatzbrennstoff für die bisher auf den Dampfloks verfeuerte Steinkohle – Jahresbedarf etwa 6.000 t – finden. Aus diesem Grund gab die HSB mit finanzieller Unterstützung des Freistaats Thüringen bei der Hochschule Nordhausen / Fachbereich Energiewirtschaft eine entsprechende Machbarkeitsstudie in Auftrag. Das Gutachten wurde am 24. Februar 2022 von Prof. Dr.-Ing. Rainer Große vorgestellt. Die Idee, die Steinkohle durch Wasserstoff zu ersetzen, kann nicht umgesetzt werden. Dies ist in erster Linie der geringen Energiedichte des Wasserstoffs geschuldet. Das notwendige Tankvolumen kann weder auf den Dampfloks noch in den Zügen untergebracht werden. Aus diesem Grund wurde die Verwendung anderer fester, flüssiger oder gasförmiger Brennstoffe, z.B. Pflanzenöl oder synthetisches Methanol, geprüft. Dabei spielte auch die Verfügbarkeit der Brennstoffe am Markt eine Rolle. Letztendlich schlugen die Gutachter die Verwendung so genannter Pyrolysekohle vor. Der auch als »Pflanzen-« oder »Biokohle« bezeichnete Brennstoff wird durch die thermische Behandlung von Biomasse gewonnen und kann in brikettierter Form auch auf den Dampfloks der HSB verfeuert werden. Da Pyrolysekohle einen ähnlichen Heizwert wie Steinkohle besitzt, gibt es bei den Maschinen keine Leistungseinbußen. Allerdings ist »Biokohle« derzeit noch deutlich teuer und nur in geringer Menge verfügbar.

Bleibt als Alternative die Ölhauptfeuerung. Als Baumuster soll dafür bei Redaktionsschluss für dieses Buch (30.06.2024) 99 244 dienen, die seit dem Frühjahr 2022 im DLW Meiningen ist. Die Maschine soll im Zuge einer so genannten Hauptuntersuchung mit einem neuen Blechrahmen, einem neuen Kessel und einer modernen Leichtölfeuerung der in der Schweiz ansässigen Dampflokomotiv- und Maschinenfabrik AG ausgerüstet werden. Bewährt sich diese Technik, die aus einem so genannten Pilot- und mehreren Lastbrennern besteht, ist die Umrüstung weiterer Maschinen geplant. Mit der Ölhauptfeuerung können nicht nur die CO2-Emissionen deutlich gesenkt werden, sondern auch die bei den Waldbrandwarnstufen 4 und 5 bestehenden Einsatzbeschränkungen auf der Brockenbahn entfallen (siehe S. 201). Mögen die markanten Auspuffschläge der Dampflokomotiven noch viele Jahre auf den Strecken der HSB erklingen.

5. Die Lokbahnhöfe

5.1 Der Lokbahnhof Gernrode (Harz)

5.1.1 Robuste Dreikuppler

Der Lokbahnhof (Lokbf) Gernrode war die wichtigste Außenstelle des Bahnbetriebswerks (Bw) Wernigerode Westerntor. Die Geschichte des Lokbahnhofs ist eng mit der Entwicklung der heute weithin als »Selketalbahn« bekannten Strecken Gernrode (Harz)–Alexisbad–Hasselfelde, Alexisbad–Harzgerode und Stiege–Eisfelder Talmühle verbunden.

Bereits bei der Eröffnung des 10,2 km langen Teilstücks Gernrode (Harz)–Mägdesprung am 7. August 1887 nahm die Gernrode-Harzgeroder Eisenbahn-Gesellschaft (GHE) die Anlagen der ersten Maschinenstation in Betrieb. Deren Kernstück war ein zweigleisiger Fachwerk-Lokschuppen, der sich vis-a-vis des Stationsgebäudes der Schmalspurbahn befand. Das Schuppengleis 1 diente als Reparaturstand. Auf Gleis 2 wurden die beiden für den Plandienst benötigten Maschinen abgestellt. Eine kleine Werkstatt mit Werkbänken und einer Schmiede vervollständigte die baulichen Anlagen. In der Werkstatt konnten alle wichtigen Reparaturen und Instandhaltungsarbeiten erledigt werden.

Für die Unterhaltung der Personen-, Gepäck- und Güterwagen unterhielt die GHE einen separaten eingleisigen Wagenschuppen. Dieser befand sich westlich des Lokschuppens in der Nähe der Ladestraße.

Für die Zugförderung hatte die Firma Hostmann & Co. (siehe Kasten S. 12) als Betriebsführer bei der Henschel & Sohn AG in Kassel drei Cn2-Tenderloks beschafft. In der Ausgabe 3/1887 der von Wilhelm Hostmann herausgegebenen »Zeitschrift für das gesamte Local- und Straßenbahnwesen« hieß es über die Maschinen: *»Die Lokomotiven, wohl die schwersten, welche bis jetzt in Deutschland für die schmale Spurweite gebaut wurden, sind mit der Riggenbach´schen Luftbremse versehen, während der ganze Zug mit der Heberlein Seilzugbremse ausgerüstet ist.«* Ein Novum stellte auch die bei der GHE verwendete Kupplung dar. Da den Ingenieuren der Firma Hostmann & Co. die bisher bei Schmalspurbahnen verwendeten Zugeinrichtungen nicht sicher genug erschienen, ließen sie die Lokomotiven und Wagen links und rechts des Mittelpuffers mit einer Balancierkupplung ausrüsten. Diese Konstruktion wurde später in der Fachliteratur als »schwere Harzkupplung« bezeichnet, die in der Folgezeit auch bei zahlreichen anderen Schmalspurbahnen in Deutschland verwendet wurde. Die GHE stellte die drei Maschinen als SELKE, GERNRODE und HARZGERODE in Dienst. Planmäßig wurden täglich zwei Loks eingesetzt, während die dritte als Reserve fungierte.

Auf dem Abschnitt Gernrode (Harz)–Mägdesprung verkehrten täglich sechs Zugpaare. Parallel dazu liefen die Bauarbeiten an der Verlängerung nach Harzgerode. Aufgrund der notwendigen Felsdurchbrüche und der großen Erdbewegungen verzögerte sich jedoch die Fertigstellung der Strecke. Erst am 1. Juli 1888 konnte der Abschnitt Mägdesprung–Alexisbad–Harzgerode seiner Bestimmung übergeben werden.

In der Zwischenzeit plante die GHE, die damals als »Anhaltische Harzbahn« bezeichnete Strecke vom Bahnhof (Bf) Alexisbad aus über Güntersberge und Stiege bis nach Hasselfelde zu verlängern. Doch es sollten noch einige Jahre vergehen, bevor das am 2. Dezember 1887 von den Gesellschaftern beschlossene Vorhaben umgesetzt werden konnte.

Vom Ausbau der Anhaltischen Harzbahn versprach sich die GHE einen Anstieg des Verkehrsaufkommens. Diese Hoffnungen erfüllten sich. Bereits nach der Inbetriebnahme des Abschnitts Mägdesprung–Harzgerode nahm der Personen- und Güterverkehr deutlich zu. Der Betriebsleiter der GHE bilanzierte für die Zeit vom 1. August 1888 bis zum 31. März 1889 die

Der dreigleisige Lokschuppen ist bis heute das wichtigste Bauwerk der Est Gernrode (Harz). Am Morgen des 15. Mai 1989 wurden 99 7240-7 (ex 99 240) und 99 6001-4 (ex 99 6001) für ihre nächsten Einsätze vorbereitet. Da es vor dem Lokschuppen keinen Wasserkran gab, musste bei 99 6001-4 mit einem Schlauch Wasser genommen werden. Foto: R. Heym

Beförderung von 33.314 Fahrgästen und 7.784 t Gütern. Die Lokomotiven erbrachten dabei eine Gesamtlaufleistung von 45.890 km.

Mit der Eröffnung des Abschnitts Mägdesprung–Harzgerode kam es auch zu Änderungen im Betriebsmaschinendienst. Eine der beiden planmäßig benötigten Tenderloks wurde aus Gernrode abgezogen und war fortan in Harzgerode stationiert (siehe Kasten S. 223).

Im Zusammenhang mit der geplanten Verlängerung der Selketalbahn von Alexisbad nach Güntersberge gab die GHE Anfang 1888 eine vierte Cn2t-Lok in Auftrag, die die Henschel & Sohn AG nur wenige Monate später auslieferte. Die GHE stellte die Maschine als GÜNTERSBERGE in Dienst.

Doch erst am 1. Juni 1890 konnte die GHE auf dem 12,5 km langen Teilstück Alexisbad–Güntersberge den Personen- und Güterverkehr aufnehmen. In Güntersberge hatte die GHE einen ähnlichen Lokschuppen wie in Harzgerode errichten lassen. Das Gebäude befand sich an der späteren Ausfahrt in Richtung Hasselfelde und war über das Kreuzungsgleis angebunden. Ein Wasserkran und ein Kohlebansen vervollständigten die Ausrüstung des Lokbf Güntersberge.

1891 nahm die GHE außerdem im Bf Alexisbad einen weiteren Lokschuppen in Betrieb. Dieser befand sich auf der Westseite der Station an der Ausfahrt in Richtung Hasselfelde. Weiter gab es in Alexisbad einen Kohlebansen, eine Wasserstation und zwei Wasserkräne. Ursprünglich sollte der Schuppen im Bf Silberhütte (Anhalt) errichtet werden. Dies war jedoch aus Platzgründen nicht möglich. Der Lokschuppen in Alexisbad bestand nur wenige Jahre. Bereits 1905 wurde er im Zusammenhang mit dem Umbau der Gleisanlagen abgetragen.

Nach der Eröffnung der Strecke Alexisbad–Güntersberge benötigte die GHE täglich drei Dampfloks. Diese bespannten insgesamt zwölf gemischte Züge, die in den betrieblichen Unterlagen als »Güterzüge mit Personenbeförderung« (Gmp) geführt wurden. Jeweils eine Maschine war in den Lok-

Die Dampflokomotiven der Gernrode-Harzgeroder Eisenbahn-Gesellschaft

Name	Betriebs-Nr.	Bauart	Hersteller	Baujahr	Fabrik-Nr.	Bemerkungen
SELKE	-	Cn2t	Henschel	1887	2.226	1946 von der SMAD als Reparationsleistung beschlagnahmt; Umbau auf 1.067 mm Spurweite in den Putilow-Werken (18.03.–02.07.1947); an das Volkskommissariat für innere Angelegenheiten für die Sachalin-Eisenbahn (T-2226); + 18.09.1958
GERNRODE	-	Cn2t	Henschel	1887	2.227	ab 01.04.1949 DR (99 5811)
HARZGERODE	-	Cn2t	Henschel	1887	2.228	1946 von der SMAD als Reparationsleistung beschlagnahmt; Umbau auf 1.067 mm Spurweite in den Putilow-Werken (04.06.–13.09.1947); an das Volkskommissariat für innere Angelegenheiten für die Sachalin-Eisenbahn (T-2228); + 24.07.1958
GÜNTHERSBERGE	-	Cn2t	Henschel	1888	2.703	1946 von der SMAD als Reparationsleistung beschlagnahmt; Umbau auf 1.067 mm Spurweite in den Putilow-Werken (05.02.–18.04.1947); an das Volkskommissariat für innere Angelegenheiten für die Sachalin-Eisenbahn (T-2703); + 22.05.1958
ALEXISBAD	-	Cn2t	Henschel	1890	3.350	1946 von der SMAD als Reparationsleistung beschlagnahmt; Umbau auf 1.067 mm Spurweite in den Putilow-Werken (01.04.–22.08.1947); an das Volkskommissariat für innere Angelegenheiten für die Sachalin-Eisenbahn (T-3350); + 10.07.1958
HASSELFELDE	-	Cn2t	Henschel	1890	3.351	1946 von der SMAD als Reparationsleistung beschlagnahmt; Umbau auf 1.067 mm Spurweite in den Putilow-Werken (30.12.1946–14.03.1947); an das Volkskommissariat für innere Angelegenheiten für die Sachalin-Eisenbahn (T-3351); + 22.01.1958
ANHALT	-	B´Bn4vt	Borsig	1905	5.465	ausgeliefert am 12.04.1905; 1914 an Heeresfeldbahnen (HK 116) abgegeben; 1918 an Société Générale des Chemins de Fer Economiques, Réseau de la Meuse (Nr. 4.817); 1932 an Chemins de Fer Secondaires du Nord-Est (Nr. 201) im Département Aisne; 1948 in Soissonnais noch vorhanden
BRAUNSCHWEIG	-	B´Bn4vt	Borsig	1905	5.466	ausgeliefert am 22.04.1905; 1914 an Heeresfeldbahnen (HK 117) abgegeben; 1918 an Société Générale des Chemins de Fer Economiques, Réseau de la Meuse (Nr. 4.818); 1932 an Chemins de Fer Secondaires du Nord-Est (Nr. 202) im Département Aisne; 1948 in Soissonnais noch vorhanden
PREUSSEN	-	B´Bn4vt	Borsig	1905	5.467	ausgeliefert am 16.10.1905; 1914 an Heeresfeldbahnen (HK 118) abgegeben; 1918 an Société Générale des Chemins de Fer Economiques, Réseau de la Meuse (Nr. 4.819); + ca. 1938
-	GHE 20	Dn2t	O & K	1910	3.826	1914 von der Ruhr-Lippe Kleinbahnen AG gekauft (ex Lok 20); als »Bulle« bezeichnet; 1946 von der SMAD als Reparationsleistung beschlagnahmt; Umbau auf 1.067 mm Spurweite in den Putilow-Werken (17.04.–10.08.1947); an das Volkskommissariat für innere Angelegenheiten für die Sachalin-Eisenbahn (T-3826); + 24.12.1959
-	GHE 21	Eh2t	O & K	1928	11.746	1946 von der SMAD als Reparationsleistung beschlagnahmt; Umbau auf 1.067 mm Spurweite und Ausbau des Luttermöller-Antriebs in den Putilow-Werken (24.11.1946–05.04.1947); an das Volkskommissariat für innere Angelegenheiten für die Sachalin-Eisenbahn (T-11746); + 23.08.1965
-	GHE 22	Eh2t	O & K	1928	11.747	1946 von der SMAD als Reparationsleistung beschlagnahmt; Umbau auf 1.067 mm Spurweite und Ausbau des Luttermöller-Antriebs in den Putilow-Werken (28.11.1946–10.05.1947); an das Volkskommissariat für innere Angelegenheiten für die Sachalin-Eisenbahn (T-11747); + 28.11.1964

Die GHE stellte 1888 die Lok GÜNTHERSBERGE in Dienst. Besondere Beachtung verdient die Schreibweise des Ortsnamens der Kleinstadt (mit »H«). Die Maschine wurde 1946 als Reparationsleistung in die Sowjetunion verbracht und war ab Frühjahr 1947 auf der Insel Sachalin im Einsatz. Foto: Slg. T. Burghardt

bahnhöfen Gernrode (Harz), Harzgerode und Güntersberge stationiert. Größere Reparaturen und notwendige Fristarbeiten erledigten die Schlosser in der Werkstatt in Gernrode (Harz). Angesichts der steigenden Beförderungsleistungen – der Geschäftsbericht für das Jahr 1889/90 wies 63.217 Reisende und 17.652 t Güter aus – genügte der vorhandene Fahrzeugpark kaum noch den betrieblichen Erfordernissen. Aus diesem Grund gab die GHE bei der Henschel & Sohn AG zwei weitere baugleiche Cn2-Tenderloks in Auftrag. Interessant ist dabei die Preisentwicklung: Während die ersten drei Maschinen pro Stück 25.000 Mark kosteten, schlugen die letzten beiden mit 27.000 Mark pro Stück zu Buche. Die GHE gab den 1890 gelieferten Loks die Namen ALEXISBAD und HASSELFELDE.

Die sechs Dreikuppler bildeten nun über Jahrzehnte hinweg das Rückgrat in der Zugförderung der GHE. Die Maschinen besaßen einen genieteten Blechrahmen, der zum Teil als Wasserkasten ausgebildet war. Der genietete Langkessel bestand aus zwei Schüssen und hatte einen Abstand zwischen den Rohrwänden von 2.850 mm. Der Betriebsdruck des Kessels betrug 12 kp/cm². Die drei Kuppelachsen (910 mm Durchmesser) waren fest im Rahmen gelagert. Die 7.800 mm langen Loks hatten einen Achsstand von 2.250 mm. Die Maschinen konnten anstandslos Gleisbögen mit einem Durchmesser von 50 m durchfahren. Die Vorräte betrugen 0,5 t Kohle und 3 m³ Wasser. Die Dreikuppler hatten eine Höchstgeschwindigkeit von 30 km/h, eine indizierte Leistung von rund 200 PSi (effektive Leistung etwa 160 PSe) und eine Anfahrzugkraft von 4,74 Mp. Dank ihrer hohen Reibungsmasse von 23,8 t waren die Nassdampfloks in der Lage, über die größte Steigung von 1 : 25 (40 ‰) anstandslos einen 48 t schweren Zug zu schleppen. Auch wenn die Maschinen in den 1920er-Jahren als »Kohlefresser« verrufen waren, schätzten die Lokführer und Heizer die Maschinen als anspruchslose, robuste und zugstarke Tenderlokomotiven.

Die Übernahme der Lokalbahn-Bau- und Betriebsgesellschaft Hostmann & Co. durch die in Berlin ansässige Firma Vering & Waechter, Eisenbahn- und Betriebsgesellschaft mbH & Co. am 1. Januar 1891 hatte keine nennenswerten Auswirkungen auf die Betriebsführung. Die Firma Vering &

Waechter trat in die Verträge von Hostmann & Co. ein. Die GHE verlängerte den Betriebsführungsvertrag bis zum 1. April 1905.

Zum Jahreswechsel 1890/91 begannen die Arbeiten für die Strecke Güntersberge–Hasselfelde. Am 1. Dezember 1891 traf der Eröffnungszug im Bf Stiege ein. Die Fertigstellung des Abschnitts Stiege–Hasselfelde verzögerte sich aufgrund des strengen und langen Winters 1891/92 um einige Wochen. Am 1. Mai 1892 nahm die GHE den planmäßigen Verkehr zwischen Stiege und Hasselfelde auf.

Dadurch kam es zu Änderungen im Betriebsmaschinendienst auf der Anhaltischen Harzbahn. Insgesamt vier Lokomotiven waren nun täglich von Gernrode (Harz), Harzgerode, Güntersberge und Hasselfelde aus im Einsatz. Die Unterhaltung der Maschinen oblag weiterhin der Werkstatt in Gernrode (Harz).

Im Herbst 1898 wechselte die Betriebsführung auf der Anhaltischen Harzbahn. Die Firma Vering & Waechter gründete die Deutsche Eisenbahn-Betriebs-Gesellschaft AG (DEBG), der ab 15. November 1898 die Betriebsführung auf den Strecken der GHE oblag.

Die wirtschaftliche Entwicklung des Unternehmens verlief ganz im Sinne der Gesellschafter. Die Beförderungsleistungen stiegen von 80.680 Reisenden und 23.147 t Gütern im Geschäftsjahr 1890/91 innerhalb von fünf Jahren auf 120.802 Fahrgäste und 45.160 t Güter. Die Schmalspurbahn brachte dem Selketal einen deutlichen wirtschaftlichen Aufschwung. Neben der Forstwirtschaft, der holzverarbeitenden Industrie, der Hüttenindustrie und dem Bergbau profitierte vor allem der Fremdenverkehr von der Eisenbahn. Ausflügler und Feriengäste konnten nun schnell und preiswert in den schönen Unterharz reisen. Lediglich die Stadt Hasselfelde war mit der eisenbahntechnischen Erschließung der Region noch nicht zufrieden. Da das wirtschaftliche und gesellschaftliche Leben der Stadt auf Nordhausen ausgerichtet war, schlug der Magistrat eine Verbindung zwischen der GHE und der Nordhausen-Wernigeroder Eisenbahn-Gesellschaft (NWE) vor. Doch das Projekt war umstritten: Während die Aktionäre und der Vorstand der GHE das Vorhaben befürworteten, lehnte die DEBG

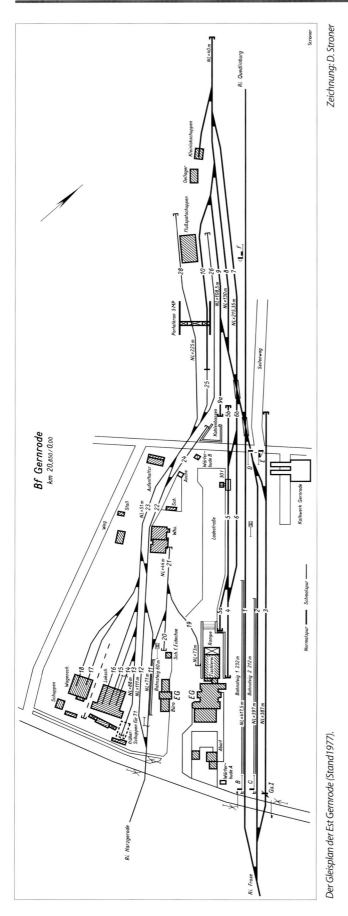

Bf Gernrode
km 20,850 / 0,00

Der Gleisplan der Est Gernrode (Stand 1977).

Zeichnung: D. Stroner

als betriebsführendes Unternehmen die Idee ab. Auch die NWE zeigte kein großes Interesse an einer Verbindung mit der GHE. Trotz aller Vorbehalte und Schwierigkeiten begannen im Frühjahr 1904 die Bauarbeiten an der Strecke Stiege–Eisfelder Talmühle, die am 15. Juli 1905 für den Personen- und Güterverkehr freigegeben wurde. Die GHE hatte nun mit einer Streckenlänge von 52,1 km ihre größte Ausdehnung erreicht. Im Bf Eisfelder Talmühle unterhielt die GHE ebenfalls einen eingleisigen Lokschuppen (siehe S. 283), in dem aber nur in den Nachtstunden eine Maschine abgestellt war.

In der Betriebsführung und im Betriebsmaschinendienst gab es 1905 gravierende Änderungen: Die Meinungsverschiedenheiten zwischen der GHE und der DEBG hinsichtlich der Strecke Stiege–Eisfelder Talmühle führten dazu, dass die GHE den Vertrag nicht verlängerte und ab 1. April 1905 den Betrieb in eigener Regie abwickelte.

5.1.2 Mallet-Maschinen

Außerdem beschaffte die GHE neue Dampflokomotiven. Bereits während der Vorarbeiten für die Strecke Stiege–Eisfelder Talmühle meldete der Betriebsleiter, Eisenbahn-Direktor Cuno von Biela, Bedarf an zusätzlichen Maschinen an. Diese sollten aber hinsichtlich ihrer Leistung und Zugkraft den bisher vorhandenen Dreikupplern überlegen sein, da diese nach Meinung des Eisenbahndirektors auf der rund 5 km langen und 1 : 27 starken Steigung im Behretal mittelfristig überfordert waren. Aus diesem Grund schrieb die GHE 1903 die Konstruktion und den Bau dreier Mallet-Maschinen der Bauart B´Bn4vt aus. Bereits 1904 lagen dem Vorstand die ersten Entwürfe vor, von denen das Angebot Nr. 7220 der Lokomotivfabrik August Borsig den Vorstellungen der GHE schon sehr nahe kam. Charakteristisch für den Borsig-Entwurf war der Innenrahmen für den Vorder- und Hinterwagen. Dank des großzügig dimensionierten Kessels und des entsprechend ausgelegten Triebwerks erfüllte der Entwurf das seitens der GHE geforderte Leistungsprogramm. 1904 beauftragte die GHE die Firma Borsig mit dem Bau der drei Malletloks. Ingenieur Zeidler überarbeitete daraufhin entsprechend den Wünschen der GHE den Entwurf und reichte die am 28. Januar 1905 fertiggestellten Unterlagen beim Vorstand der GHE ein. Dieser nahm die Unterlagen am 31. Januar 1905 ab. Am 13. Februar 1905 erfolgte dann die eisenbahntechnische Prüfung. Zu diesem Zeitpunkt lief bereits die Fertigung in den Borsig-Werken in Berlin-Tegel. Die erste der drei Maschinen, die ANHALT, wurde am 12. April 1905 ausgeliefert. Zehn Tage später folgte die Lok BRAUNSCHWEIG. Mit diesen beiden Maschinen nahm de GHE am 15. Juli 1905 den Personen- und Güterverkehr auf der Strecke Stiege–Eisfelder Talmühle auf. Die Lok PREUSSEN wurde am 16. Oktober 1905 fertiggestellt. Die Ländernamen hatte die GHE mit Absicht gewählt, da mit der Strecke Stiege–Eisfelder Talmühle das Hoheitsgebiet aller drei Staaten passiert wurde.

Mit der Indienststellung der Malletlokomotiven musste auch die Werkstatt in Gernrode (Harz) erweitert werden. Der vorhandene Lokschuppen war für die 9.030 mm langen und 300 PSi starken B´Bn4vt-Maschinen zu klein. Die GHE gab daher die alte Remise auf und nahm stattdessen einen dreigleisigen Neubau (30 m Länge, 16 m Breite) mit insgesamt sechs Ständen in Betrieb. Die Schuppengleise hatten jeweils eine nutzbare Länge von 20 m. Das Schuppengleis 1 diente im vorderen Teil als Auswaschstand und im hinteren als Abstellplatz für Schadmaschinen. Auf dem Schuppengleis 2 wurden die beiden Betriebsloks abgestellt. Das Gleis führte bis in die Werkstatt zur Radsatzdrehbank. Das Schuppengleis 3 diente als Reparaturstand. An den Lokschuppen schlossen sich die mechanische Werkstatt, der Lagerraum und das Büro für den Werkmeister an. In der Werkstatt standen neben einer Radsatzdrehbank noch eine Ständerbohrmaschine, ein Schleifstein, eine Schmirgelscheibe, zwei Drehbänke, eine Hobelmaschine (Shaping) und eine Werkbank. Eine Blechschere, ein Schmiedefeuer, mehrere Gießpfannen zum Ausgießen der Lager und ein Amboss vervollständigten die Ausstattung. Die Werkzeugmaschinen wurden mit einer kleinen Dampfmaschine sowie über Deckentransmissionen und Treibriemen angetrieben. Zwischen den Schuppengleisen 2 und 3

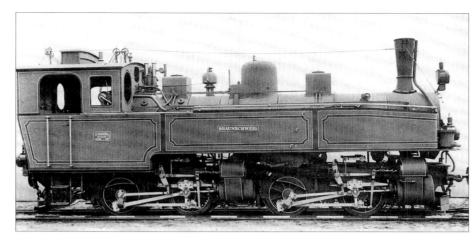

Die Lokomotivfabrik August Borsig lieferte die Mallet-Maschine BRAUNSCHWEIG am 22. April 1905 an die GHE aus. Diese musste die Lok, wie auch die beiden Schwestermaschinen, im Sommer 1914 an die Heeresfeldbahnen abgeben. Nach dem Ende des Ersten Weltkrieges verblieben die Maschinen in Frankreich.
Foto: Slg. R. Wiedemann

wurde später ein Autogen-Schweißplatz eingerichtet und ein Schweißgas-Entwickler aufgestellt. An der südlichen Schuppenwand (Gleis 3) standen zwei lange Werkbänke. Die Spinde der Schlosser und Lokpersonale befanden sich an der gegenüberliegenden Wand. Charakteristisch für den Lokschuppen in Gernrode (Harz) waren die beiden turmähnlichen Aufbauten an der Rückseite. Im nordöstlichen Aufbau befand sich eine genietete Zisterne. Sie stellte die Wasserversorgung für die Dampfmaschine in der Werkstatt und für die Lokomotiven sicher. Im gegenüberliegenden Aufbau war ein weiteres Magazin untergebracht. Hier wurden in erster Linie kleinere Ersatzteile, wie z.B. Armaturen, gelagert. Eine Untersuchungsgrube vor dem Schuppen (Gleis 2) und ein Wasserkran mit einer Förderleistung von 1 m³/min (zwischen Gleis 1 und 2) ergänzten die Anlagen.

Die sehr gut ausgestattete Werkstatt der GHE übernahm alle notwendigen Unterhaltungsarbeiten und Reparaturen. Aus Kostengründen führte die GHE auch alle fälligen Zwischen- und Hauptuntersuchungen selbst aus. Lediglich kompliziertere Arbeiten an Rahmen, Zylindern und Kesseln vergab die GHE an die Hauptwerkstatt der Halberstadt-Blankenburger Eisenbahn-Gesellschaft (HBE). Die schadhaften Teile wurden ausgebaut, auf einen Flachwagen verladen und nach Blankenburg gebracht.

Dank der vorhandenen Radsatzdrehbank konnte die GHE die Achsen der Lokomotiven und Wagen selbst profilieren. Es konnten auch neue Radreifen aufgezogen sowie die großen Achs- und Stangenlager ausgebohrt werden. Die Werkstatt stellte Ersatzteile, wie z.B. Schrauben und Bolzen, selbst her. In der Schmiede konnten nicht nur Kesselrohre und Waschluken abgedichtet, sondern auch Bolzen- und Schraubenköpfe bearbeitet,

Federn gerichtet oder hergestellt sowie Pufferbolzen verschweißt und Lager ausgegossen werden.

Die alte Wagenwerkstatt auf der Westseite des Bahnhofs wurde 1905 aufgegeben. Stattdessen wurde der alte Lokschuppen zur Wagenwerkstatt umfunktioniert. Diese umfasste zunächst ein Reparaturgleis (späteres Gleis 18) und eine Malerwerkstatt (späteres Gleis 17). Die Wagenwerkstatt besaß eine kleine Schmiede, eine Werkbank und eine Hobelbank für Zimmermannsarbeiten. Die Wagenschlosser waren für alle anfallenden Instandhaltungs- und Reparaturarbeiten verantwortlich. Dazu zählte neben den obligatorischen Bremsuntersuchungen u.a. auch das Auswechseln der Bremsklötze und das Abschmieren der Züge. Die Malerwerkstatt war durch eine Wand von der Wagenwerkstatt getrennt. Außerdem waren in dem Gebäude noch ein Magazin, ein Abort und ein Aufenthaltsraum untergebracht.

Die GHE beantragte 1908 zur Modernisierung ihrer Infrastruktur und Fahrzeuge bei der Regierung des Herzogtums Anhalt ein Darlehen in Höhe von 180.000 Mark. Da die Auswertung der vorgelegten Geschäftsberichte durch die herzogliche Regierung positiv ausfiel, bewilligte der Landtag die gewünschten Mittel, die die GHE zur Sanierung und zum Ausbau der Gleisanlagen, für den Kauf neuer Güterwagen und die Modernisierung des vorhandenen Fuhrparks nutzte. Beispielsweise wurden alle Lokomotiven und Wagen mit einer Saugluftbremse der Bauart Körting ausgerüstet. 1910 trennte die GHE den Personen- und Güterverkehr voneinander.

Die GHE setzte nun täglich fünf Dampflokomotiven ein. Zwei Maschinen besetzte dabei der Lokbf Hasselfelde. Die Loks bespannten werktags fünf

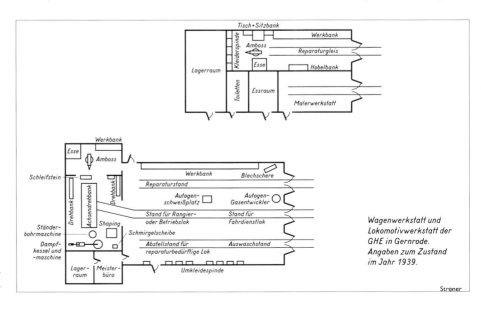

Wagenwerkstatt und Lokomotivwerkstatt der GHE in Gernrode. Angaben zum Zustand im Jahr 1939.

Grundriss der Lok- und der Wagenwerkstatt der GHE in Gernrode (Stand 1939). *Zeichnung: D. Stroner*

Der Lokschuppen der Est Gernrode (Harz): Die GHE nutzte das Gleis 1 zum Abstellen der Schadloks (hinterer Teil) und zum Auswaschen der Kessel (vorderer Teil). Das Gleis 2 war als Abstellplatz für die Betriebsmaschinen vorgesehen. Das Gleis 3 diente als Reparaturstand. Erst die HSB stellte zwischen den Schuppengleisen 1 und 2 einen Wasserkran auf. Foto: D. Endisch

Züge auf der Relation Gernrode (Harz)–Hasselfelde und vier in der Gegenrichtung, ein Zugpaar Gernrode (Harz)–Alexisbad, sechs Zugpaare Alexisbad–Harzgerode, zwei Züge von Hasselfelde nach Stiege und einen in der Gegenrichtung sowie sechs Zugpaare zwischen Stiege und Eisfelder Talmühle. Das Verkehrsaufkommen auf den Strecken der GHE war beachtlich. Der Geschäftsbericht für das Jahr 1912/13 wies die Beförderung von 238.107 Reisenden und 92.033 t Gütern aus.

5.1.3 Vier- und Fünfkuppler

Mit dem Beginn des Ersten Weltkrieges am 1. August 1914 endete bei der GHE jäh der Aufschwung der vergangenen Jahre. Entsprechend eines Befehls der Heeresfeldbahnen musste das Unternehmen im November 1914 die drei erst wenige Jahre alten Mallet-Maschinen sowie 25 Güterwagen abgeben. Damit standen der GHE nur noch die sechs Cn2t-Maschinen für die Zugförderung zur Verfügung, die jedoch kaum noch den betrieblichen Anforderungen entsprachen. Aus diesem Grund erwarb die GHE Ende 1914 von der in Soest ansässigen Ruhr-Lippe-Kleinbahnen AG (RLK) die Lok 20, die mit ihrer alten Betriebs-Nr. auch auf der Anhaltischen Harzbahn zum Einsatz kam. Die 1910 von der Orenstein & Koppel AG (O & K) gebaute Dn2t-Maschine überzeugte durch ihre Leistung und

Zugkraft. Die GHE setzte den Vierkuppler in erster Linie vor Güterzügen ein, da die Maschine mit einer zulässigen Höchstgeschwindigkeit von 20 km/h nur bedingt für den Personenverkehr geeignet war. Dies und ihr gedrungenes, bullig wirkendes Aussehen brachten der Lok 20 bei den Eisenbahnern alsbald den Beinamen »Bulle« ein.

Typisch für die 9.065 mm lange Maschine, bei der die GHE lediglich das Führerhaus und den Kohlekasten umbauen ließ, waren der Außenrahmen und die Klien-Lindner-Hohlachsen. Diese ermöglichten den Einsatz der Dn2t-Lok auf der bogenreichen Anhaltischen Harzbahn. Bei den von Ewald Richard Klien (10.07.1841–05.02.1917) und Heinrich-Robert Lindner (25.05.1851–22.04.1933) entwickelten Achsen waren die Räder mittels einer hohlen Achse verbunden. Durch diese Achse verlief eine so genannte Kernachse, die im Außenrahmen fest gelagert war und von den Kuppelstangen angetrieben wurde. Die in der Mitte senkrecht geteilte Hohlachse ruhte auf einer kugelförmigen Gleitfläche der Kernachse, so dass die Räder nach links und rechts verschoben werden konnten. Rückstellfedern brachten die Räder nach der Bogenfahrt wieder in die Mittelstellung zurück. Gleichwohl beklagten die Personale die im Vergleich zu den Cn2t-Maschinen deutlich schlechteren Laufeigenschaften der Lok 20. Außerdem waren die Instandhaltungskosten für die Klien-Lindner-Hohlachsen ganz erheb-

In den beiden hinteren turmähnlichen Anbauten des Lokschuppens der Est Gernrode (Harz) waren die Werkstatt (links) bzw. das Lager, das Meisterbüro und der Wasserbehälter (rechts) untergebracht.

Foto: D. Endisch

Neben dem Lokschuppen unterhielt die GHE auf dem Bf Gernrode (Harz) noch eine Wagenwerkstatt. Während das rechte Gleis für Reparaturen genutzt wurde, befand sich links die Malerwerkstatt. Später wurde hier der Triebwagen T 1 abgestellt. Foto: D. Endisch

lich. Darüber hinaus schlug die Maschine mit einem vergleichsweise hohen Brennstoff- und Schmierölverbrauch zu Buche.

Bis zum Spätsommer 1914 wurden außerdem zahlreiche Eisenbahner zum Militär eingezogen. Die Betriebsleitung war daher gezwungen, bereits zum 1. September 1914 das Angebot im Personenverkehr einzuschränken. Auch in den folgenden Jahren musste die Anzahl der Personenzüge bzw. Gmp schrittweise verringert werden. Im Sommer 1918 setzte die GHE täglich nur noch jeweils ein Reisezugpaar auf den Verbindungen Gernrode (Harz)–Hasselfelde und Gernrode (Harz)–Eisfelder Talmühle ein. Auf der Stichstrecke Alexisbad–Harzgerode pendelten täglich zwei Zugpaare. Dazu kamen noch fünf Züge auf der Relation Stiege–Hasselfelde (vier in der Gegenrichtung), drei Züge von Stiege nach Eisfelder Talmühle (fünf in der Gegenrichtung) sowie ein Zug von Gernrode (Harz) nach Harzgerode. Trotz dieser Einschränkungen nahmen die Beförderungsleistungen auf der Anhaltischen Harzbahn während des Ersten Weltkrieges zu. Im Personenverkehr profitierte die GHE ab 1915/16 vor allem von der wachsenden Anzahl der Pendler, die in der Rüstungsindustrie in Harzgerode, Silberhütte und Güntersberge arbeiteten. Außerdem verzeichnete die GHE zahlreiche Reisende, die nach Alexisbad wollten, um hier ihre Angehörigen in einem der Lazarette zu besuchen.

Ähnlich verlief die Entwicklung im Güterverkehr. Durch die Rüstungsproduktion stieg das Frachtaufkommen deutlich an. Im Geschäftsjahr 1917/18

Die GHE erwarb die Lok 20 im Spätsommer 1914 von der Ruhr-Lippe-Kleinbahnen AG. Die Eisenbahner nannten die Maschine aufgrund ihrer Leistung und ihres gedrungenen Aussehens »Bulle«. Der Vierkuppler wurde 1946 als Reparationsleistung beschlagnahmt und nach Sachalin verbracht. Foto: Slg. T. Burghardt

Um 1910 hatte eine der drei Malletloks der GHE mit einem gemischten Zug den Bf Harzgerode erreicht. Rechts neben der Maschine ist der Lokschuppen (siehe Kasten S. 223) zu erkennen. Erst am 11. August 1952 endete der Lokeinsatz von Harzgerode aus. Foto: Archiv D. Endisch

beförderte die GHE 284.519 Fahrgäste und 170.256 t Güter. Diese Werte wurden erst wieder während des Zweiten Weltkrieges erreicht.

Aber die deutlich höheren Transportleistungen schlugen sich nicht in höheren Gewinnen nieder. Dafür gab es im Wesentlichen zwei Gründe. Zum einen stiegen die Beschaffungspreise vor allem für Ersatzteile, Schmierstoffe und Kohle immer weiter an. Zum andern kam es immer wieder zu Versorgungsengpässen. Zudem fehlte der GHE qualifiziertes Personal für die Unterhaltung der Fahrzeuge und der Infrastruktur, die ab 1916/17 mehr und mehr auf Verschleiß gefahren wurden. Zum anderen musste das Unternehmen, wie alle anderen Eisenbahngesellschaften in Deutschland auch, eine so genannte Beförderungssteuer entrichten. Diese hatte die Reichsregierung zur Finanzierung der Militärausgaben eingeführt. Steigende Kosten für die Betriebsstoffe und die Beförderungssteuer führten zu deutlich höheren Ausgaben, was die GHE ab 1916 zur Anhebung der Tarife für den Personen- und Güterverkehr zwang. Im Jahr 1918 fehlte der GHE zeitweise Steinkohle, so dass der Betrieb tageweise ruhte.

Die Hoffnungen des Vorstandes, dass sich nach dem Ende des Ersten Weltkrieges die betriebliche und wirtschaftliche Lage bessern würde, erfüllten sich nicht. Die GHE musste die drei Mallet-Maschinen abschreiben. Sie verblieben als Reparationsleistung in Frankreich. Mit dem Ende der Rüstungsproduktion in Harzgerode, Silberhütte und Güntersberge sank das Frachtaufkommen spürbar. Auch der Personenverkehr ging zurück. Für das Geschäftsjahr 1920/21 wies der Vorstand die Beförderung von 168.783 Reisenden und 99.013 t Gütern aus. Parallel dazu stiegen die Betriebsausgaben immer weiter an. Dies war nicht nur den höheren Ausgaben für die Betriebsstoffe geschuldet. Auch die Personalkosten wuchsen, da die GHE, wie alle anderen Unternehmen im Deutschen Reich, verpflichtet war, die von der Front zurückkehrenden Eisenbahner wieder einzustellen. Gleichzeitig war es untersagt, den zwischen 1914 und 1918 eingestellten Männern und Frauen betriebsbedingt zu kündigen. Erst ab 1923 konnte die GHE die Zahl ihrer Beschäftigten verringern. Bis 1925 wurde rund ein Viertel der Belegschaft entlassen.

Die Anfang der 1920er-Jahre einsetzende Geldentwertung verschärfte die Situation zusätzlich. Mit der Inflation verloren die Bargeld-Rücklagen der GHE schnell an Wert, was den Handlungsspielraum des Unternehmens immer mehr einschränkte. Die Regierung des am 18. Juli 1919 gegründeten Freistaats Anhalt verfolgte die Entwicklung mit großer Sorge. Da der Freistaat Anhalt Hauptaktionär bei der Dessau-Wörlitzer Eisenbahn AG (DWE) war, suchte die Landesregierung nach einer Möglichkeit, die Verwaltung und Betriebsführung der beiden Unternehmen zu rationalisieren. Auf Initiative des Freistaates wurde schließlich am 22. November 1920 die Anhaltische Landes-Eisenbahngemeinschaft (ALE; siehe Kasten S. 20) als öffentlich-rechtliche Körperschaft gegründet. Zweck der ALE war »die Übernahme und Durchführung gemeinschaftlicher und gleichartiger Aufgaben und Geschäfte beim Bau, dem Betrieb, der Verwaltung und der Verkehrsabwicklung von Eisenbahnen in Anhalt«. Rückwirkend zum 1. Januar 1920 übernahm die ALE die Betriebsführung auf der Anhaltischen Harzbahn.

Um Kosten zu sparen, verringerte die ALE das Angebot im Personenverkehr. Der ab 1. Juni 1921 gültige Fahrplan sah täglich noch ein Zugpaar auf der Relation Gernrode (Harz)–Eisfelder Talmühle vor. Auf den Abschnitten Gernrode (Harz)–Harzgerode verkehrten täglich drei, zwischen Alexisbad und Harzgerode zwei sowie zwischen Stiege und Eisfelder Talmühle ebenfalls zwei Zugpaare. Mit der Kürzung des Angebots wurden eine Maschine im Lokbf Hasselfelde und die Lok in Güntersberge entbehrlich. Fortan kam von Gernrode (Harz), Harzgerode und Hasselfelde aus nur noch jeweils eine Dampflok zum Einsatz. Die Lokschuppen in Güntersberge und Eisfelder Talmühle dienten fortan zum Abstellen zeitweise nicht benötigter Fahrzeuge.

Trotz des eingeleiteten Sparkurses verbesserte sich die wirtschaftliche Situation der GHE nur langsam. Vor allem die auf ein Minimum geschrumpften Beförderungsleistungen auf dem Abschnitt Stiege–Eisfelder Talmühle bereiteten der ALE große Sorgen. Ab dem Frühjahr 1923 wurden hier monatlich nur noch 30 bis 40 Wagenladungen und rund 300 Reisende gezählt. Im Sommer 1923 spitzte sich die Situation derart zu, dass die GHE den Verkehr zwischen Stiege und Eisfelder Talmühle mit Beginn des Winterfahrplans 1923/24 vorübergehend einstellen musste.

Die Bilanz für das Geschäftsjahr 1924 war die bisher schlechteste in der Geschichte des Unternehmens. Die Anhaltische Harzbahn hatte nur noch 118.860 Reisende und 51.535 t Güter befördert. Die Laufleistung der sieben Dampflokomotiven betrug insgesamt 161.931 km. Davon waren 110.262 km so genannte Nutz-Kilometer (ohne Rangierdienst und Lok-leerfahrten).

Erst Ende 1924 wendete sich das Blatt und die GHE setzte wieder Züge auf dem Abschnitt Stiege–Eisfelder Talmühle ein. Der planmäßige Bedarf von drei Maschinen blieb aber unverändert. Deren Laufleistung betrug im Geschäftsjahr 1925 insgesamt 195.124 km, davon 169.347 Nutz-km. Am 30. Juni 1925 verfügte die GHE über 7 Dampfloks, 24 Personenwagen sowie 6 kombinierte Post-Gepäckwagen. Für den Güterverkehr wurden 66 offene und 23 gedeckte sowie 10 so genannte Spezialwagen vorge-halten. Außerdem besaß die GHE eine Motordraisine. 127 Beamte und ständige Arbeiter sorgten für einen reibungslosen Betriebsablauf.

Das ab 15. Mai 1926 gültige Zugangebot auf der Kursbuchstrecke (KBS) 109c Gernrode (Harz)–Alexisbad–Harzgerode/Hasselfede/Eisfelder Talmühle blieb für einige Jahre nahezu unverändert. Die GHE setzte täglich jeweils ein Zugpaar Gernrode (Harz)–Eisfelder Talmühle und Gernrode (Harz)–Hasselfelde ein. Auf den Abschnitten Gernrode (Harz)–Harzgerode und Alexisbad–Harzgerode pendelten täglich zwei bzw. drei Zugpaare. Ergänzt wurde das Angebot täglich durch jeweils einen Zug auf den Relationen Alexisbad–Harzgerode, Hasselfelde–Stiege und Eisfelder Talmühle–Stiege. Werktags verkehrten außerdem zwei Zugpaare zwischen Stiege und Eis-felder Talmühle, ein Zugpaar zwischen Stiege und Hasselfelde sowie ein Zug von Stiege nach Hasselfelde. In den Sommermonaten setzte die GHE bis zum 31. August 1926 zusätzlich täglich die Züge P 20 Gernrode (Harz)–Stiege und P 23a/24a Alexisbad–Eisfelder Talmühle ein. Mittwochs ergänzte der P 5/6 Gernrode (Harz)–Alexisbad den Fahrplan. An Sonn- und Feiertagen bot die GHE im Sommer noch die Züge P 27 Stiege–Gernrode (Harz), P 31/32 Stiege–Hasselfelde und P 43 Eisfelder Talmühle–Stiege an.

In der zweiten Hälfte der 1920er-Jahre verbesserte sich die finanzielle La-ge der GHE. Dank der gestiegenen Beförderungsleistungen – im Ge-

Der Kraftverkehr der Gernrode-Harzgeroder Eisenbahn-Gesellschaft

Bereits Anfang der 1920er-Jahre entstand mit dem Kraftverkehr für die Gernrode-Harzgeroder Eisenbahn-Gesellschaft (GHE) eine ersthafte Konkurrenz im Personenverkehr. Die ersten Autobuslinien der Reichspost, der Kraftverkehrsgesellschaft Braunschweig mbH (KVG) und kleinerer Fuhrunternehmer führten zu einem spürbaren Rückgang der Fahr-gastzahlen. Ab 1924 verschärfte sich diese Entwicklung, nachdem die KVG von Wernigerode aus expandierte. Da die finanziellen Möglichkeiten der GHE den Aufbau eines bahneigenen Kraftverkehrs nicht zuließen, strebte die GHE eine Zusammenarbeit mit den benachbarten Privat-bahnen an, die ebenfalls immer mehr Reisende an die Konkurrenz auf der Straße verloren. Davon betroffen waren vor allem die Halberstadt-Blankenburger Eisenbahn-Gesellschaft (HBE) und die Centralverwaltung für Secundairbahnen Herrmann Bachstein (CV), die neben der Südharz-Eisenbahn AG (SHE; siehe Kasten S. 24) im nördlichen Harzvorland die re-gelspurige Nebenbahn Wasserleben–Börßum der Osterwieck-Wasser-lebener Eisenbahn-Gesellschaft betrieb. CV, HBE und GHE gründeten am 5. Dezember 1924 mit einem Stammkapital von 50.000 RM die Harz-Kraftfahrzeuglinien der Ostharzbahnen GmbH (HKO). Die HKO hatte ihren Sitz in Blankenburg (Harz) und eröffnete am 24. Februar 1925 eine Niederlassung in Harzgerode. Das in den folgenden Jahren aufgebaute Liniennetz der HKO ergänzte das Zugangebot der drei Bahngesell-schaften und verringerte dadurch fremde Konkurrenz im eigenen Ver-kehrsgebiet.

Ab 1926 betrieb die HKO von Harzgerode aus eine Buslinie zur Lungen-heilstätte nach Schielo und den Rundkurs Harzgerode–Neudorf (Harz)–Kirchenholz–Harzgerode. Der Rundkurs wurde zunächst nur zweimal in der Woche (zwei Umläufe) bedient. Bereits 1927 verkehrten dreimal wöchentlich Busse auf dieser Linie. Bis 1930 folgte dann noch die Linie Güntersberge–Allrode–Friedrichsbrunn. Von Blankenburg (Harz) aus wurden im Bereich der GHE die Buslinien Blankenburg (Harz)–Hassel-felde–Trautenstein–Benneckenstein–Hohegeiß, Stolberg–Linden-berg (Harz) und Stolberg–Breitenstein–Stiege–Hasselfelde bedient. Außerdem bot die HKO ab 1928 Leistungen im Stückguttransport, Ausflugs- und Charterfahrten sowie Arbeiterverkehr für große Unter-nehmen an. Der Lastkraftwagen (Lkw) der HKO wurde auch für Bau-stofftransporte genutzt. Zu einem großen Erfolg entwickelten sich die von der HKO ab 1926 jährlich angebotenen »Weihnachtseinkaufs-fahrten«, die an zwölf Tagen vor Weihnachten stattfanden. Die HKO bot den Einwohnern von 14 Dörfern im Ostharz damit die Möglichkeit eines Besuchs in Harzgerode. Dank eines finanziellen Zuschusses des Gewerbe-vereins Harzgerode konnte die HKO die Busfahrkarten zu einem beson-ders günstigen Fahrpreis verkaufen.

Allerdings kam es Anfang der 1930er-Jahre zu Meinungsverschieden-heiten zwischen den drei Gesellschaftern der HKO. Ein Grund waren die während der Weltwirtschaftskrise rückläufigen Beförderungsleistungen auf den Linien rund um Harzgerode. Nach langwierigen Diskussionen beschlossen die Anteilseigner am 14. März 1932 die Auflösung der HKO. Dies bedeutete für die GHE jedoch nicht den Ausstieg aus dem Kraft-verkehr. Die GHE übernahm von der HKO zum 1. Januar 1933 die Kon-zessionen für die insgesamt 112,8 km langen Buslinien in ihrem Ein-zugsbereich und betrieb fortan einen eigenen Kraftverkehr, der in Harz-gerode seinen Sitz, einschließlich Garage und Werkstatt, hatte und wei-terhin vom Oberbahnhofsvorsteher Walter Weidemann geleitet wurde. Im Sommer 1935 wurden mit den unter dem Markennamen »Selkesilber« eingesetzten Omnibussen die Linien Harzgerode–Alexisbad–Sipten-felde–Güntersberge–Friedrichsbrunn, Ballenstedt/Gernrode (Harz)–Alexisbad–Harzgerode–Neudorf (Harz)–Stolberg, Harzgerode–Schielo und Harzgerode–Abberode–Harzgerode bedient. Außerdem bot der Betriebsteil »Kraftverkehr« mit seinen Bussen Ausflugsfahrten zum Brocken, zum Kyffhäuser oder andere Charterfahrten für Hotels und Schulen an. Ende der 1930er-Jahre nutzten rund 96.000 Fahrgäste die Busse der GHE.

Mit dem Beginn des Zweiten Weltkrieges am 1. September 1939 musste die GHE zunächst den so genannten Gelegenheitsverkehr aufgeben. Mit der Abgabe von Omnibussen an die Wehrmacht und an Ver-kehrsbetriebe im Ruhrgebiet musste ab 1941/42 auch das Angebot im Linienverkehr reduziert werden. Doch im Gegensatz zu anderen Unter-nehmen konnte die GHE während des gesamten Krieges ihren Busbe-trieb aufrechterhalten.

Im Frühjahr 1946 umfasste der Fuhrpark des Betriebsteils »Kraftverkehr« vier Omnibusse, einen Lkw und einen Personenkraftwagen (Pkw), der als Dienstfahrzeug der Direktion diente. Nach der Demontage der Strecke Gernrode (Harz)–Alexisbad–Harzgerode/Stiege im Frühjahr 1946 gewann der bahneigene Kraftverkehr erheblich an Bedeutung, denn die Busse mussten nun den Personenverkehr übernehmen. Dazu erhielt die GHE zwei weitere Omnibusse.

Bei der Übernahme der Selketalbahn durch die Deutsche Reichsbahn am 1. April 1949 waren sechs Omnibusse vorhanden, von denen aber lediglich drei betriebsfähig waren. Die Reichsbahndirektion (Rbd) Mag-deburg behielt die Fahrzeuge zunächst. Erst im Sommer 1950 wurde der Betriebsteil »Kraftverkehr« der ehemaligen GHE, einschließlich der Liegenschaften in Harzgerode (Garage und Werkstatt) und des Personals, an die Vereinigung Volkseigener Betriebe (VVB) Kraftverkehr abgegeben, aus dem später der VEB Kraftverkehr Ballenstedt hervorging.

Der Triebwagen der Gernrode-Harzgeroder Eisenbahn-Gesellschaft

Betriebs-Nr.	Bauart	Hersteller	Baujahr	Fabrik-Nr.	Bemerkungen
T1	1-Adm	Dessau	1933	3.046	Abnahme am 24.11.1933; ab 01.04.1949 DR (VT 133 522); Umbau zum Gerätewagen (24.08.–31.12.1959); ab 01.06.1970: 187 001-3; z 01.01.1981; ab 01.01.1983 »Historisches Fahrzeug« der DR; Wiederinbetriebnahme am 01.10.1990 für Sonderfahrten; am 01.02.1993 an HSB

schäftsjahr 1927 waren es 167.335 Reisende und 86.461 t Güter – standen der GHE wieder in begrenztem Umfang Mittel für Investitionen zur Verfügung. Oberste Priorität besaß dabei die Beschaffung neuer Dampflokomotiven. Die Vorstände der GHE, Eisenbahn-Direktor Volpertus Koch und Eisenbahn-Direktor Gustav Uflacker, schrieben die Entwicklung neuer Maschinen aus. O & K schlug den Bau einer Eh2-Tenderlok mit Luttermöller-Antrieb vor. Bei der von Gustav Luttermöller (30.04.1868–24.12.1954) entwickelten Technik wurde das Drehmoment zwischen der ersten und zweiten sowie der vierten und fünften Kuppelachse nicht durch Stangen, sondern durch einen Zahnradantrieb übertragen. Dadurch konnten die Endachsen seitenverschiebbar gelagert werden.

1928 stellte die GHE die beiden insgesamt 145.000 Reichsmark (RM) teuren Eh2t-Maschinen mit den Betriebs-Nr. 21 und 22 in Dienst. Die für eine Höchstgeschwindigkeit von 30 km/h zugelassenen Lokomotiven überzeugten von Beginn an durch ihre Leistung und ihren tadellosen Bogenlauf. Mit einer indizierten Leistung von etwa 530 PSi und einer Anfahrzugkraft von 15,5 Mp waren die Fünfkuppler die stärksten Dampflokomotiven der GHE. Die Maschinen waren in der Lage, einen 140 t schweren Zug über eine 1 : 25-Steigung zu befördern. Dies entsprach nahezu dem Dreifachen der zulässigen Schleppplast für die Cn2t-Maschinen. Auf dem Abschnitt Alexisbad–Silberhütte (Anhalt) betrug die Höchstlast für die Luttermöller-Maschinen 210 t. Die alten Dreikuppler hatten hier bei 70 t ihre Leistungsgrenze erreicht. Der »Bulle« (Lok 20) konnte auf diesem Abschnitt nur Züge mit einem Gewicht von 140 t befördern. Die beiden Eh2t-Maschinen

bildeten fortan das Rückgrat in der Zugförderung auf der Anhaltischen Harzbahn. Die Dreikuppler dienten jetzt meist nur noch als Reserve. Doch die Freude des Vorstands an den beiden neuen Dampfloks und den steigenden Beförderungsleistungen währte nur kurz. Mit dem Zusammenbruch der New Yorker Börse am »Schwarzen Freitag« (25.10.1929) begann die Weltwirtschaftskrise, die auch für die Anhaltische Harzbahn gravierende Folgen hatte. Zahlreiche Unternehmen im Einzugsbereich der GHE mussten ihre Produktion einschränken und Personal abbauen. Der Fremdenverkehr im Unterharz ging spürbar zurück. Die Hotels, Gasthäuser und Pensionen waren kaum noch ausgelastet. Dies schlug sich auch im Verkehrsaufkommen bei der GHE nieder. Wies die Bilanz für das Jahr 1929 die Beförderung von 194.740 Reisenden und 89.193 t Gütern aus, waren es im Jahr 1932 nur noch 101.194 Fahrgäste und 53.981 t Güter. Der Vorstand erklärte dazu in seinem am 27. April 1933 vorgelegten Geschäftsbericht: »*Das wirtschaftliche Ergebnis des Rechnungsjahres 1932 stand in vollem Umfange unter der Wirkung der allgemeinen ungünstigen Wirtschaftslage. Der Personen- und Güterverkehr hat sich gegenüber dem Vorjahre noch weiter vermindert.*«

5.1.4 Ein Triebwagen aus Dessau

Besonders dramatisch war der Rückgang der Beförderungsleistungen auf den Abschnitten Alexisbad–Stiege–Hasselfelde und Stiege–Eisfelder Talmühle. Mit dem Niedergang der Industrie in Silberhütte und Güntersberge brach hier der Berufsverkehr förmlich zusammen. Die Einnahmen

Ab 14. Mai 1934 setzte die GHE den Triebwagen T 1 (DR: VT 133 522) planmäßig im Reisezugdienst ein. Zunächst pendelte das Fahrzeug auf der Relation Gernrode (Harz)–Harzgerode, bevor es bevorzugt auf dem nur schwach frequentierten Abschnitt Alexisbad–Stiege eingesetzt wurde.
Foto: Slg. T. Burghardt

Die GHE stellte 1928 die Loks 21 und 22 in Dienst. Im Hinblick auf einen guten Bogenlauf hatte sich die GHE bei den beiden Eh2t-Maschinen für Luttermöller-Achsen entschieden. Die Fünfkuppler wurden 1946 von der SMAD als Reparationsleistung konfisziert. Foto: W. Hubert, Slg. R. Wiedemann

deckten bei weitem nicht die Betriebskosten. ALE und GHE erwogen daher die Einstellung des Verkehrs auf den Teilstrecken Anschluss Fluor–Hasselfelde und Stiege–Eisfelder Talmühle. Erst als sich der Kreis Blankenburg (Harz) verpflichtete, der GHE einen Zuschuss von jährlich 76.000 RM zu zahlen, waren diese Pläne vom Tisch.

Doch der Niedergang des Personenverkehrs war nicht nur der gesamtwirtschaftlichen Lage im Deutschen Reich geschuldet. Der Kraftverkehr entwickelte sich immer stärker zu einem ernsthaften Konkurrenten im Einzugsbereich der Anhaltischen Harzbahn. Die GHE versuchte zwar mit einer Beteiligung an der Harz-Kraftfahrzeuglinien der Ostharzbahnen GmbH (HKO; siehe Kasten S. 211), ihre Einnahmeverluste zu begrenzen, doch dies gelang Anfang der 1930er-Jahre kaum noch. Im Geschäftsbericht für das Jahr 1932 stellte der Vorstand der GHE fest: »Die Konkurrenz des Kraftwagens ist trotz aller Gegenmaßnahmen (...) nicht geringer geworden. Wirksame Abwehr des Kraftwagenwettbewerbs war bei der dem Kraftwagenverkehr günstigen Gesetzeslage nicht immer möglich. Neben den Gesellschafts- und Rundfahrten (...) der Reichspost und den täglichen Fahrten der Landkraftposten haben vor allem die wilden Kraftfahrbetriebe einen wesentlichen Teil des eingetretenen Verkehrsrückgangs im Personenverkehr der Bahn verursacht.«

Vor dem Hintergrund dieser Entwicklung prüfte der Vorstand bereits 1931 erstmals den Einsatz eines Triebwagens auf der Anhaltischen Harzbahn. Als Vorbild diente dabei die Brohltal-Eisenbahn AG (BEG) im Rheinland, die die Meterspurstrecke Brohl–Engeln–Kempenich betrieb. Die BEG setzte seit 1925 einen vierachsigen Benzol-Triebwagen der Deutschen Werke Kiel AG (DWK) ein. Doch das als »VT 50« bezeichnete Fahrzeug war für den Einsatz im Selketal völlig überdimensioniert. Außerdem sprachen die hohen Betriebskosten, verursacht durch den Benzolpreis, gegen die Beschaffung eines solchen Gefährts. Gleichwohl stand der Kauf eines Triebwagens ein Jahr später abermals zur Diskussion. Die BEG ließ Anfang 1932 den VT 50 mit einem Holzgasgenerator der Imbert Gas-Generatoren GmbH ausrüsten. Dadurch konnten die Betriebskosten um rund 80 % verringert werden. Allerdings sprachen nun die zahlreichen technischen

Probleme während der Versuchsphase, die bis Herbst 1932 dauerte, gegen die Verwendung eines Triebwagens mit Holzgasgenerator auf der Selketalbahn.

Doch für Gustav Uflacker, der ab 1. August 1932 allein die Geschicke der GHE leitete, stand fest, dass ohne einen modernen Triebwagen der Personenverkehr auf der Anhaltischen Harzbahn dauerhaft nicht erhalten werden konnte. Daher beauftrage er die Waggonfabrik Dessau AG mit der Entwicklung eines kleinen, zweiachsigen Fahrzeugs, das bereits im November 1933 zum Preis von 23.000 RM an die GHE übergeben wurde.

Der am 23. November 1933 als »T 1« in Dienst gestellte Triebwagen war 8.600 mm lang und hatte ein Leergewicht von 8 t. Dank des 90 PS starken Motors konnte das Fahrzeug eine Höchstgeschwindigkeit von 30 km/h (ab 15.05.1949: 40 km/h) entwickeln. Der Triebwagen besaß 34 Sitzplätze in der 3. Klasse.

Am 25. November 1933 berichtete der »Harzer Bote« über den als T 1: »Der neue Schienenzepp der Gernrode-Harzgeroder Eisenbahn wurde am Dienstag und Mittwoch zum ersten Male (...) in Betrieb gesetzt. Der 32sitzige Omnibus macht einen ausgezeichneten Eindruck. Nach einigen kleineren Abänderungen wird er in Dienst gestellt werden.«

Nach einigen Probe- und Einweisungsfahrten setzte die GHE den T 1 ab 14. Mai 1934 von Gernrode (Harz) aus ein. Dieses Ereignis nutzte der in Bernburg erscheinende »Anhalter Kurier« für einen ausführlichen Bericht am 15. Mai 1934. Unter der Überschrift »Die neue Selketalbahn« hieß es: »Am Montag hatte auf allen Bahnhöfen der Schwamm den großen Kehraus mit den alten Winterfahrplänen gemacht. Und am Dienstag prangten neue Pläne mit der Ankündigung der verbesserten Zugverbindungen überall an den Wänden.

Am Bahnhof Gernrode aber stand im lachenden Maienmorgen ein neuer, blitzender Wagen. Die alten, schmalbrüstigen Wägelchen unserer Gernrode-Harzgeroder Eisenbahn, die bald 50 Jahre treu und brav ihren Pionierdienst der Verkehrserschließung des Unterharzes geleistet haben, waren bescheiden auf die Seitengeleise geschoben. Nicht schnob mehr die kleine, arbeitsfreudige `Loko´ ihren oft wenig erfreulichen Atem in die frische Harzluft.

Die Waggonfabrik Dessau AG lieferte den T 1 im Herbst 1933 an die GHE aus, die das Fahrzeug ab dem Frühjahr 1934 planmäßig einsetzte. Diese Aufnahme des Triebwagens entstand um 1935 bei Harzgerode.
Foto: Archiv D. Endisch

Pünktlich um 8.20 Uhr schwingt sich das neue Fahrzeug vorwärts. Leise surrt der Rohölmotor, kein Keuchen und Prusten der kleinen `Loko´ mehr, kein hässlicher Qualm, der manchmal ärgert. Es gibt nur eine Klasse, wie bei der Straßenbahn, aber gepolstert. (...)
Am Sternhaus (...) begegnen sich verwundert alte und neue Zeit. Von oben her kommt das alte Bähnlein gefahren, die alten Schaffnergesichter grüßen hinüber. Ein fröhliches Winken. Dann fliegt der neue, schöne Bruder weiter in die Berge hinein. Sonnige Lichtungen tuen sich auf, saftgrünes Laub löst die Tannen ab. `Ramberg´ wird durchfahren. Der Förster steht da und sieht sich den schnellen Gesellen an (...).

Mit 30 Kilometern geht es aufwärts. Das klingt so gering (...). Aber unser altes Bähnlein brachte es nur auf 22–25 Kilometer und brauchte Vorspann, wenn die Last von Frachtwagen (...) ihm anhing. (...)
Mägdesprung ist erreicht. Der Herr Vorsteher kontrolliert die Zeit. Es klappt tadellos. Der Wagen hat ja auch schon seine Probefahrten hinter sich. An vielen staunenden Gesichtern bei Drahtzug vorbei, an der lustig pletschernden Selke entlang, (...) an den Selkehängen vorbei, geht es ins Tal der eisernen Romantik. (...) Der ganze Zauber des sagenumraunten Tales entfaltet sich. Das Auge kann die rasch wechselnden Eindrücke kaum fassen. Und schon leuchtet Alexisbad auf. (...)

Auszug aus dem Betriebsbuch der VT 133 522[1]

Hersteller: Dessau
Baujahr: 1933
Tag der Anlieferung: -

Fabrik-Nummer: 3.046
Beschaffungskosten: 23.000,- RM
Tag der Endabnahme: 24.11.1933[2]

Das Betriebsbuch ist eine Zweitschrift.

Stationierungen:

Lokbf Gernrode	01.01.50–31.10.50 / 13.352 km	Raw Wittenberge	24.09.62–28.09.62 T2
Bw Aschersleben	–01.11.50 T0	Lokbf Gernrode	29.09.62–03.08.63
Lokbf Gernrode	/ 15.027 km	Raw Wittenberge	04.08.63–08.08.64 T3
Raw Dessau	26.11.51–30.04.52 T4	Lokbf Gernrode	/ 31.363 km[3]
Lokbf Gernrode	31.05.52– / 19.304 km	Raw Wittenberge	15.10.66–20.01.67 T4
Bw Wernigerode Westerntor	12.11.53–15.03.54 T2	Bw Wernigerode Westerntor	21.01.67–03.06.68
Lokbf Gernrode	16.03.54–27.03.55 / 31.815 km	Est Gernrode	04.06.68–08.06.68 T0
Bw Aschersleben	28.03.55–11.06.55 T2	Bw Wernigerode Westerntor	09.06.68–10.07.72 / 35.871 km[3]
Lokbf Gernrode	12.06.55–03.01.56 / 40.027 km	Bw Wernigerode	11.07.72–27.09.72 T3
Raw Dessau	04.01.56–12.06.56 T3	Bw Wernigerode	28.09.72–12.11.74 / 38.453 km[3]
Lokbf Gernrode	13.06.56–23.08.59 / 43.027 km	Bw Wernigerode	13.11.74–06.09.76 T0
Raw Wittenberge	24.08.59–31.12.59 T4	Bw Wernigerode	07.09.76–31.03.87 / 39.151 km[3/4]
Lokbf Gernrode	01.01.60–18.10.61 / 43.827 km	Bw Haldensleben	01.04.87–10.01.90 T 7
Raw Wittenberge	19.10.61–21.10.61 T2	Bw Wernigerode	11.01.90–31.01.93
Lokbf Gernrode	22.10.61–23.09.62	Übergabe an die HSB	01.02.93

Bauartänderungen:

12.10.59 Raw Wittenberge	VT wurde gemäß Absprache in Hilfszug-Triebwagen umgebaut. Folgende Arbeiten waren notwendig: Inneneinrichtung ausgebaut, Fußboden zusätzlich mit 20iger Brettern belegt, Sitz über Motor wieder eingebaut, Kleiderschrank und Feilbank neu eingebaut.
08.08.64 Raw Wittenberge	Dreilichtspitzensignal angebaut

Anmerkungen:
1 ex T 1 der GHE; ab 01.06.1970: 187 001-3
2 erneute Endabnahme am 10.01.1990

3 Laufleistung seit der T4 am 31.12.1959
4 ab 01.01.1981 im z-Park

Unser Wagen flitzt nach Harzgerode hinauf, dem freundlichen alten Städtchen über der Selke (...). Die Fahrt ist beendet. In 48 Minuten, während die sonst übliche Fahrzeit 58–60 Minuten betrug. Dreimal täglich hin und zurück wird der neue Motorwagen die Reise innerhalb des erheblich verbesserten Sommerfahrplans machen.«

Zunächst pendelte der T 1 auf der Verbindung Gernrode (Harz)–Harzgerode, bevor er ab dem Sommerfahrplan 1935 in erster Linie auf dem Abschnitt Alexisbad–Stiege zum Einsatz kam. Durch den Einsatz des T 1 konnte die GHE auch das Angebot im Personenverkehr deutlich verbessern. Der ab 15. Mai 1935 gültige Fahrplan sah werktags für die KBS 158k auf dem Abschnitt Gernrode (Harz)–Alexisbad fünf Zugpaare vor. Zwischen Alexisbad und Harzgerode pendelten werktags acht Zugpaare. Auch auf den Relationen Alexisbad–Stiege (drei Zugpaare), Stiege–Hasselfelde (fünf Zugpaare) und Stiege–Eisfelder Talmühle (drei Zugpaare) war das Angebot an Werktagen völlig ausreichend. An Wochenenden und Feiertagen sowie während der Sommermonate (01.07–31.08.1935) bot die GHE zusätzliche Verbindungen an.

Die Erwartungen des Vorstands hinsichtlich sinkender Betriebskosten erfüllten sich. Während ein mit einer Dampflok bespannter Zug pro Kilometer mit 2,50 RM zu Buche schlug, kostete ein Triebwagen-Kilometer lediglich 0,35 RM. Außerdem erfreute sich der Triebwagen aufgrund seines deutlich höheren Fahrkomforts bei den Reisenden, die das Fahrzeug nur »Dessauer« nannten, schnell großer Beliebtheit. Im Geschäftsbericht für das Jahr 1934 hieß es: *»Die bereits im Vorjahr eingetretene erfreuliche Aufwärtsbewegung des Verkehrs (…) hat sich im Berichtsjahr (…) gesteigert. Hervorgerufen wurde diese günstige Entwicklung (…) durch die Inbetriebnahme eines neuen Dieselmotortriebwagens. Dadurch war es möglich, vermehrte Fahrgelegenheiten zu bieten, den Betrieb zu beschleunigen und die Abwanderung des Personenverkehrs auf den Kraftwagen wirksamer zu bekämpfen.«*

Der Triebwagen legte ab 1936 durchschnittlich rund 15.000 km im Jahr zurück und verbrauchte dabei rund 3 t Dieselkraftstoff. Dies entsprach einem durchschnittlichen Verbrauch von rund 20 l auf 100 km. Ein Wert,

der für damalige Verhältnisse sehr gut war. Angesichts dieser Zahlen plante Gustav Uflacker die Beschaffung eines zweiten Triebwagens. Die dafür eingeplanten Gelder wurden jedoch später in den Kauf eines weiteren Omnibusses für den GHE-eigenen Kraftverkehr investiert. Neben dem Triebwagen setzte die GHE weiterhin drei Dampfloks ein, von denen eine nahezu ausschließlich Güterzüge bespannte.

Für den T 1 ließ die GHE im Bf Gernrode (Harz) einen kleinen Triebwagenschuppen errichten. Dieser befand sich neben dem Lokschuppen am Ende des späteren Gleises 13 (etwa heutiger Standort des SKL-Schuppens). Der Triebwagen wurde hier in den Betriebspausen abgestellt und gewartet. Nach dem Zweiten Weltkrieg wurde der Schuppen abgerissen. Außerdem entstanden in den 1930er-Jahren ein Blechschuppen (an der Rückseite der Wagenwerkstatt) und ein Lager für Profilstähle. 1931 beschäftigte die GHE insgesamt 14 Arbeiter in der Lok- und Wagenwerkstatt. Der Fahrzeugpark bestand zu diesem Zeitpunkt aus 9 Dampfloks, 6 Gepäck-, 24 Personen- und 101 Güterwagen.

In der zweiten Hälfte der 1930er-Jahre nahm der Personen- und Güterverkehr auf der Anhaltischen Harzbahn kontinuierlich zu. Für das Jahr 1937 wies der Geschäftsbericht die Beförderung von 226.118 Reisenden und 85.170 t Gütern aus. Das Streckennetz hatte eine Länge von 52,1 km mit 13 Bahnhöfen und 5 Haltepunkten. Das Unternehmen besaß insgesamt 12 Anschlussgleise, 13 Empfangsgebäude, 10 Güterschuppen, 5 Lokomotivschuppen, 24 Nebengebäude (Aborte, Wartehallen usw.), 5 Bahnwasserwerke, 6 Wasserkräne, 6 Bekohlungsanlagen sowie 3 Beamtenwohnhäuser. Die GHE beschäftigte 61 Beamte und 69 ständige Arbeiter, die in den Bereichen Verwaltungsdienst (10 Beamte), Bahnunterhaltungsdienst (5 Beamte, 27 Arbeiter), Bahnhofsdienst (23 Beamte, 21 Arbeiter), Zugbegleitdienst (9 Beamte), Betriebsmaschinendienst (13 Beamte, 7 Arbeiter) und Werkstättendienst (1 Beamter, 14 Arbeiter) tätig waren. Der Fahrzeugpark umfasste neun Dampfloks und einen Triebwagen. Die Maschinen erbrachten eine Gesamtlaufleistung von 189.796 km. Die Loks benötigten dafür 2.493 t Steinkohle. Der Triebwagen verbrauchte 3 t Gasöl.

Um 1920 entstand diese Aufnahme des Bf Eisfelder Talmühle. Im Vordergrund sind die Gleisanlagen der GHE zu sehen. Hier wartete eine Cn2t-Maschine mit einem kurzen Personenzug auf Reisende. Im Hintergrund links ist der kleine Lokschuppen der GHE zu sehen. Hier war ab 1943 der Triebwagen T 1 abgestellt. Foto: Archiv D. Endisch

Der Anstieg der Fahrgastzahlen war zu einem erheblichen Teil den zahlreichen Sonderzügen der nationalsozialistischen Massenorganisation »Kraft durch Freude« (KdF) geschuldet. Vor allem auf den Relationen Gernrode (Harz)–Harzgerode und (Nordhausen–) Eisfelder Talmühle–Hasselfelde verkehrten zahlreiche KdF-Züge. Die Züge nach Hasselfelde bestanden meist aus zehn Reisezugwagen und wurden mit einer der beiden Luttermöller-Maschinen bespannt. In Stiege wurden drei bis vier Wagen abgekuppelt, da ein Teil der Fahrgäste hier übernachtete. Die anderen Wagen übernahm eine der alten Cn2t-Maschinen, wobei die Luttermöller-Lok noch bis zum Brechpunkt in Richtung Hasselfelde am Hagenberg nachschob.

Mit Beginn des Zweiten Weltkriegs nahmen die Beförderungsleistungen auf der Anhaltischen Harzbahn deutlich zu. Dafür gab es im Wesentlichen zwei Gründe: Zum einen musste der konkurrierende Kraftverkehr schrittweise seine Buslinien einstellen. Die Fahrgäste waren nun wieder auf den Zug angewiesen. Zum anderen expandierte die Rüstungsindustrie. Zu den wichtigsten Betrieben im Einzugsbereich der GHE gehörten die Mitteldeutsche Leichtmetallwerke GmbH in Harzgerode, das pyrotechnische Werk der J. F. Eisfeld KG in Silberhütte, die Geschoßkörperfabrik Stock & Co. in Güntersberge und die Kistenfabrik A. & F. Buchholz in Hasselfelde, die u.a. Munitionskisten produzierte. Aufgrund fehlenden Personals und des ab 1942 herrschenden Fahrzeugmangels musste die GHE schrittweise die Zahl der Personenzüge verringern. Der ab 17. Mai 1943 gültige Fahrplan sah werktags zwischen Gernrode und Alexisbad nur noch fünf Zugpaare vor. Auf der Stichstrecke Alexisbad–Harzgerode pendelten werktags fünf und an Sonn- und Feiertagen drei Zugpaare. An Wochenenden und Feiertagen setzte die GHE noch den abends verkehrenden P 18 Gernrode (Harz)–Harzgerode ein. Zwischen Alexisbad und Stiege bot die GHE täglich nur noch zwei Zugpaare an. Nach Hasselfelde fuhren täglich vier Zugpaare, während auf der Verbindung Stiege–Eisfelder Talmühle täglich drei Zugpaare vorgesehen waren.

Ab dem Frühjahr 1944 musste die GHE mit ihren Fahrzeugen auch Leistungen für die NWE auf dem Abschnitt Nordhausen–Eisfelder Talmühle erbringen. Beispielsweise brachte die in Hasselfelde stationierte Lok die im Steinbruch Unterberg mit Schotter beladenen Güterwagen nicht mehr nur bis zum Bf Eisfelder Talmühle, sondern bis nach Ilfeld.

Aufgrund der immer strengeren Rationierung von Dieselkraftstoff war die GHE 1943 gezwungen, den Einsatz des T 1 zu beenden. Der Triebwagen wurde konserviert im Lokschuppen im Bf Eisfelder Talmühle abgestellt.

5.1.5 Kaum Loks, kaum Züge

Im Frühjahr 1945 erreichte die Front schließlich den Unterharz. Das Oberkommando der Wehrmacht (OKW) erklärte am 8. April 1945 den Harz zur Festung, die von den letzten Verbänden der 11. Armee verteidigt werden sollte. Die Einheiten der US-Armee stießen aus Richtung Süden in den Unterharz vor und erreichten am 13. April 1945 Güntersberge, wo ihnen deutsche Verbände Widerstand leisteten. Am 14. April 1945 besetzten US-Soldaten Straßberg und Lindenberg. Zeitgleich stellte die GHE ihren Betrieb ein. Einen Tag später stand das 2. Bataillon des 47. US-Infanterie-Regiments vor Harzgerode. Beim Beschuss der Kleinstadt kamen 18 Einwohner ums Leben. Auch bei Silberhütte kam es zu einem längeren Feuergefecht. Schrittweise stießen die US-Soldaten durch das Selketal in östlicher und westlicher Richtung vor. Sie besetzten am 16. April 1945 Alexisbad und Hasselfelde. In Mägdesprung stießen die Einheiten des 60. US-Infanterie-Regiments jedoch auf massive Gegenwehr. Erst nach schweren Kämpfen konnte der kleine Ort eingenommen werden. Mit dem Einmarsch der US-Armee in Gernrode endete am 19. April 1945 der Zweite Weltkrieg im Unterharz. Trotz der Kämpfe im Unterharz wiesen die Anlagen und Fahrzeuge der GHE nur geringfügige Schäden auf.

Bereits am 4. Mai 1945 verließ wieder ein Zug den Bf Gernrode (Harz). An die Aufnahme eines planmäßigen Verkehrs war jedoch vorerst nicht zu denken, da die Anhaltische Harzbahn durch zwei Besatzungszonen verlief.

Ab Herbst 1970 halfen immer wieder 99 6101-2 (ex 99 6101) und 99 6102-0 (ex 99 6102) in der Est Gernrode (Harz) aus. Die von den Eisenbahnern als »Fiffi« bezeichnete 99 6102-0 war im August 1978 mit einem Personenzug in der Nähe des Bf Gernrode (Harz) unterwegs.
Foto: St. Dietzel, Slg. G. Schütze

Um 1963 pausierte 99 5902 vor dem Lokschuppen der Est Gernrode (Harz). Um das Fassungsvermögen des Kohlekastens zu vergrößern, hatte die Werkstatt die Maschine mit einem Holzaufsatz ausgerüstet. Ab 1. Februar 1968 besaßen die Fenster an der Vorder- und Rückwand des Führerhauses Sichtblenden. Foto: Archiv D. Endisch

Die Abschnitte Stiege–Unterberg und Friedrichshöhe–Hasselfelde gehörten zur britischen, die anderen Strecken zur amerikanischen Besatzungszone. Auch die Übernahme des Unterharzes durch die Rote Armee am 1. Juli 1945 änderte daran nichts, denn die braunschweigischen Gebiete um Stiege und Hasselfelde wurden weiterhin von britischen Verbänden kontrolliert. Erst am 23. Juli 1945 zogen die Briten ab und die Sowjetische Militäradministration in Deutschland (SMAD) übernahm die Verwaltung. Doch die Sowjets zeigten kein großes Interesse an der Wiederaufnahme des Betriebs auf der Anhaltischen Harzbahn. Bereits im Herbst 1945 machten unter der Belegschaft erste Gerüchte die Runde, die GHE solle im Rahmen der von Deutschland zu erbringenden Reparationsleistungen demontiert werden. Die Befürchtungen bewahrheiteten sich. Am 6. April 1946 mussten die Eisenbahner von Stiege aus mit dem Rückbau der Strecke beginnen. Von der Demontage ausgenommen war das rund 2,5 km lange Teilstück vom Herzog-Schacht zum Bf Lindenberg (Harz)*. Der Grund dafür war simpel: Die SMAD hatte die Grube in eine Sowjetische Aktiengesellschaft (SAG) umgewandelt. Da die schlecht ausgebauten Straßen zum Schacht für schwere Lastkraftwagen (Lkw) nahezu unpassierbar waren, musste der Flussspat mit Hilfe der Schmalspurbahn zum Bf Lindenberg (Harz) gebracht werden, wo er dann für den Weitertransport in Richtung Sowjetunion auf Straßenfahrzeuge verladen wurde. Innerhalb nur weniger Wochen war die Demontage der Anhaltischen Harzbahn beendet. Die Lok GERNRODE bespannte die zu diesem Zweck eingesetzten Arbeitszüge. Nahezu alle Lokomotiven, Wagen, Schienen und Kleineisen mussten die Beschäftigten im Bf Gernrode (Harz) auf Flachwagen verladen. Sie wurden dann in die Sowjetunion abgefahren. Auch die Ausrüstung der Lok- und Wagenwerkstatt fiel unter die Reparationsleistungen. Einige Eisenbahner versuchten, die Luttermöller-Maschine GHE 22 zu retten. Sie hatten die Lok für eine bevorstehende Hauptunter-

* ab 17. Mai 1953: Straßberg (Harz)

suchung demontiert. Den Hinweis, die Maschine sei nicht einsatzfähig, ließ der zuständige Kommandant jedoch nicht gelten. Er befahl, die Hauptuntersuchung umgehend abzuschließen und dann die GHE 22 zu verladen. Im Juni 1946 war die Demontage der GHE im Wesentlichen abgeschlossen. Lediglich die Lok GERNRODE, ein Kessel-, sechs gedeckte und zwei offene Güterwagen blieben auf einem Gleisstück im Bf Gernrode (Harz) stehen.

Warum die Lok GERNRODE nicht abtransportiert wurde, ist aktenkundig nicht belegt. Alfred Schochardt berichtete 1968 in seiner Broschüre über die Selketalbahn, die Lok GERNRODE habe sich 1946 zu einer Hauptuntersuchung in der Hütte in Mägdesprung befunden. Dies ist jedoch ausweislich des erhalten gebliebenen Betriebsbuches der Maschine falsch. Danach wurde die Maschine am 8. April 1945 abgestellt und einen Tag später der Werkstatt in Gernrode zu einer »Fahrgestell-Untersuchung« zugeführt. Bei der Schadaufnahme stellte der oberste Betriebsleiter der GHE, Gustav Uflacker, folgende Mängel fest: »*Radreifen schwach und scharf gelaufen. Die Achs- und Stangenlager ausgeschlagen, desgl. Bremsgehänge und Zugapparate. Schieber und Schieberflächen uneben. Kolbenringe abgeschliffen. Die Kreuzkopfgratführungen hohl gelaufen, desgl. die Achskistenführungen. Bolzen und Buchsen der kleinen und großen Balance ausgeschlagen.*« Die Instandsetzung der Maschine dauerte aufgrund fehlender Ersatzteile mehrere Monate. Erst am 16. Januar 1946 konnte die Lok GERNRODE ihre Probefahrt absolvieren. Nach einigen Nacharbeiten wurde sie am 25. Februar 1946 abgenommen und die Untersuchungsfrist des Fahrgestells bis zum 25. Februar 1949 verlängert.

Ältere Eisenbahner hatten eine andere Erklärung, warum die Lok GERNRODE nicht abtransportiert wurde: Nachdem der Demontage-Trupp den Bf Gernrode (Harz) erreicht hatte, waren hier nur noch die beiden Gleise zur Betriebsmittelrampe und zur Umladung verblieben. Die letzten Rangierarbeiten erledigte die Lok GERNRODE. Als deren Personal eine Pause einlegte, soll ein sowjetischer Feldwebel, der den Fortgang der Arbeiten überwachte, auf den Führerstand gestiegen sein und die Maschine in Bewegung gesetzt haben. Als der Soldat bemerkte, dass er die Lok nicht mehr anhalten konnte, sprang er vom Führerstand. Die Maschine soll dann den Prellbock überfahren und die Böschung hinter der Umladung hinabgestürzt sein. Dabei habe sich das Triebwerk der Maschine regelrecht in den Schotter gewühlt. Allerdings erscheint diese Darstellung wenig glaubhaft. Träfe sie zu, hätte das Triebwerk der Lok sicherlich erheblichen Schaden genommen. Im Betriebsbuch finden sich jedoch keine Hinweise auf entsprechende Reparaturen. Zwischen der Fahrwerksausbesserung 1946 und einer Hauptuntersuchung 1948 (Abnahme am 23.08.1948) wur-

Vom Harz nach Sachalin

Mehr als 60 Jahre lagen über den Verbleib der von der Sowjetunion beschlagnahmten Dampfloks der Gernrode-Harzgeroder Eisenbahn-Gesellschaft (GHE) kaum Informationen vor. Licht in dieses spannende Kapitel der Eisenbahn-Geschichte brachte vor mehr als 15 Jahren Michael Ziegler (†) aus Wernigerode. Bei den Recherchen zu seinem *Lieblingsthema*, der Geschichte der Kriegsloks der Baureihe 52 in der Sowjetunion, fand er auch viele Unterlagen zu den Schmalspur-Maschinen aus dem Harz, die eine Antwort auf die oft gestellte Frage »*Wo sind sie geblieben?*« ermöglicht.

Die von Michael Ziegler gesammelten Informationen lassen den Rückschluss zu, dass die Demontage der Schmalspurbahnen in der sowjetischen Besatzungszone und der Abtransport der Fahrzeuge sowie deren spätere Nutzung in der Sowjetunion detailliert geplant waren. Die Lokomotiven aus dem Harz gelangten zunächst zu den ehemaligen Putilow-Werken in Leningrad. Die Maschinen wurden so genannten Bedarfsträgern zugewiesen, die eigenständig über die weitere Verwendung der Fahrzeuge entschieden. Die Lokomotiven wurden meist unter Beibehaltung eines Teils der deutschen Betriebs-Nr. oder unter Verwendung der Fabrik-Nr. der Reihe »T« zugeordnet. Der Buchstabe »T« stand dabei für »*Trophej*« (»Beute«).

Als erste Maschinen trafen im November 1946 die beiden Luttermöller-Maschinen (GHE 21 und GHE 22) bei den ehemaligen Putilow-Werken ein. Die Anfänge des Großbetriebes reichen zurück bis in das Jahr 1789. Die einstige Gießerei für Kanonenkugeln wurde 1868 von Nikolai Iwanowitsch Putilow erworben und ab 1872 als »Putilowski Sawod« (»Putilow-Werk«) bezeichnet. Das Unternehmen entwickelte sich binnen weniger Jahre zum größten Stahl- und Waffen-Produzenten im russischen Zarenreich. Ein weiteres wichtiges Standbein war die Fertigung von Schienen und Eisenbahn-Fahrzeugen. Dem ausgebildeten Metallurgen Nikolai Iwanowitsch Putilow gelang es, Schienen zu entwickeln, die den extremen Witterungsbedingungen in Russland standhielten und nicht bei Kälte brachen. Auch die in Leningrad gefertigten Dampflokomotiven waren in Russland weithin bekannt. Berühmtheit erlangte die Lok U-127 (Baujahr 1910), die den Sonderzug mit dem Leichnam Lenins nach Moskau brachte.

Während des Ersten Weltkrieges waren die Putilow-Werke das größte Industrieunternehmen in St. Petersburg. Nach der Oktober-Revolution erhielt der einstige Konzern den Namen »Sawod Krasny Putilowez« (»Werk Roter Putilow«), der die ersten Traktoren in der Sowjetunion und ab 1933/34 auch Automobile fertigte. Zu Ehren des Ersten Sekretärs der Kommunistischen Partei in Leningrad, Sergei Mironowitsch Kirow (27.03.1886–01.12.1934), wurden die ehemaligen Putilow-Werke Ende 1934 in »Kirow-Werk Nr. 100« umbenannt. In den 1930er-Jahren gewann die Rüstungsproduktion immer weiter an Bedeutung. Ab 1938 wurden Panzer gefertigt. Die 1941 hinter den Ural verlegten ehemaligen Putilow-Werke lieferten während des Zweiten Weltkrieges große Stückzahlen des heute legendären Kampfpanzers T-34. Erst nach Kriegsende wurden die zivilen Bereiche, wie z.B. die Instandsetzung von Schienenfahrzeugen, wieder erweitert.

Die im Harz konfiszierten Maschinen wurden, wie alle in der SBZ beschlagnahmten Dampfloks mit 1.000 mm Spurweite, dem Volkskommissariat für innere Angelegenheiten übergeben, das die Fahrzeuge auf die Insel Sachalin verbringen ließ. Die über 72.000 km² große Pazifik-Insel bildet die geografische Grenze zwischen dem Ochotskischen Meer im Norden und dem Japanischen Meer im Süden. Vom russischen Festland ist die Insel durch den rund 7,3 km breiten Tatarensund getrennt. Ab dem Mittelalter zählte Sachalin zum Einflussbereich der chinesischen Kaiser. Erst im frühen 17. Jahrhundert erkundeten Russen und Japaner die Insel, die 1806 von japanischen Truppen besetzt wurde. Allerdings gab Japan 1821 seine Ansprüche auf. Das Interesse Russlands und Japans an Sachalin erwachte aber Mitte des 19. Jahrhunderts, nachdem hier große Goldvorkommen entdeckt worden waren. Nach der Unterzeichnung des Vertrages von Shimoda am 7. Februar 1855 beanspruchten Russland und Japan Sachalin als gemeinsamen Besitz. Allerdings verzichtete Japan im Tausch gegen die Kurilen 1875 auf die Insel, die 30 Jahre später – Russland hatte den Krieg gegen Japan (1904/05) verloren – entlang des 50. Breitengrades geteilt wurde. Während der Norden weiterhin zu Russland gehörte, stand der südliche Teil fortan unter japanischer Verwaltung. Während des Bürgerkrieges in der Sowjetunion annektierte Japan auch den nördlichen Teil Sachalins, dessen Infrastruktur von den neuen Machthabern zielgerichtet ausgebaut wurde. Dazu gehörte auch ein Eisenbahnnetz, das ab 1910 die in Japan übliche Spurweite von 1.067 mm (Kapspur) besaß.

Erst im Sommer 1945 änderten sich die politischen Verhältnisse auf der Insel grundlegend. Nachdem die Sowjetunion dem Kaiserreich Japan am 8. August 1945 den Krieg erklärt hatte, besetzten Einheiten der Roten Armee bis zum 5. September 1945 Sachalin. Die Insel besaß inzwischen für die Sowjetunion eine große wirtschaftliche und militärstrategische Bedeutung. Sachalin verfügt bis heute über die größten bekannten Erdöl- und Erdgasvorkommen in Russland, deren Erschließung unmittelbar nach der Besetzung begann. Dazu wurden auch tausende Gefangene eingesetzt, die in den Lagern Ocha (1948–1954) und Tymowskoje (1950–1953) interniert waren. Bis 1991/92 war die Insel außerdem militärisches Sperrgebiet, so dass kaum Informationen über die Sachalin-Eisenbahn, deren Streckennetz und die hier eingesetzten Fahrzeuge an die Öffentlichkeit gelangen konnten.

Die Sachalin-Eisenbahn gehörte zur Sowjetischen Eisenbahn und hatte ihren Sitz in Juschno-Sachalinsk. Für den weiteren Ausbau des Streckennetzes, das schließlich eine Länge von über 1.000 km erreichte, wurden Ende der 1940er-Jahre dringend Lokomotiven und Wagen benötigt. Diesen Bedarf deckte das für die Verwaltung der Insel zuständige Volkskommissariat für innere Angelegenheiten u.a. durch die in der SBZ beschlagnahmten Fahrzeuge ab, deren Alter und Zustand zunächst keine Rolle spielten. Bei der Aufarbeitung der Lokomotiven in Leningrad wurden erhebliche Mittel in die teilweise über 50 Jahren alten Maschinen investiert. Alle für die Sachalin-Eisenbahn vorgesehenen Fahrzeuge wurden auf 1.067 mm Spurweite umgebaut und erhielten eine automatische Mittelpufferkupplung. Zu den »Oldtimern« für den fernen Osten gehörten die zwischen 1887 und 1890 gefertigten Cn2t-Maschinen SELKE, HARZGERODE, GÜNTHERSBERGE, ALEXISBAD und HASSELFELDE, die alle neue Stahlfeuerbüchsen und Stehkessel erhielten. Dies galt auch für die Lok 20 und die 1928 in Dienst gestellten Lok 21 und Lok 22. Bei den beiden letztgenannten Maschinen wurden außerdem die Rahmen verstärkt sowie die Endachsen der Bauart Luttermöller entfernt. Dazu erhielten die Lokomotiven in den Putilow-Werken neue Zylinder und Achsen.

Die meisten der ehemaligen GHE-Maschinen wurde in der zweiten Hälfte der 1950er-Jahre abgestellt. Ab 1960 setzte die Sachalin-Eisenbahn nur noch die Loks T-11746 (ex GHE 21) und T-11747 (ex GHE 22) ein, die jedoch bis 1965 ausgemustert wurden.

Um 1952 entstand im Bf Harzgerode diese Aufnahme der 99 5811, die als einzige Dampflok der einstigen GHE im Harz verblieb. Erst ab 19. Juni 1956 war die Maschine mit einer elektrischen Beleuchtung ausgerüstet.
Foto: Slg. G. Zieglgänsberger (†)

den offensichtlich keine weiteren Instandsetzungen ausgeführt. Angesichts dieser Fakten liegt folgende Vermutung nahe: Da die SMAD eine Lok für den Pendelverkehr zwischen dem Herzog-Schacht und dem Bf Lindenberg (Harz) benötigte, verblieb die GERNRODE als letzte Maschine im Harz. Der Triebwagen T 1 entging dem Abtransport nur durch einen Fehler des Erfassungskommandos der SMAD. Die Soldaten hielten den im Lokschuppen des Bf Eisfelder Talmühle abgestellten Triebwagen für Eigentum der NWE. Diese setzte den Triebwagen im Winter 1946/47 zeitweise im Personenverkehr auf der Verbindung Eisfelder Talmühle–Stiege–Hasselfelde ein, die ab 15. April 1946 von der NWE betrieben wurde.
Im Spätsommer 1946 erinnerten im Selketal nur noch die alten Schwellen und das Schotterbett an die Anhaltische Harzbahn. Wenig später beauf

tragte die SMAD die GHE mit der Durchführung der Flussspat-Transporte zwischen dem Herzog-Schacht und dem Bf Lindenberg. Die GHE erhielt dafür von der Besatzungsmacht leihweise die im Bf Gernrode (Harz) verbliebenen Güterwagen und die Lok GERNRODE, die im Spätsommer 1946 mit einem Culemeyer-Fahrzeug nach Lindenberg gebracht wurde.
Ende 1946 begann der Wiederaufbau der Abschnitte Gernrode (Harz)–Alexisbad–Lindenberg (Harz) und Alexisbad–Harzgerode (siehe S. 21), der mit erheblichen Problemen verbunden war. Nicht nur Schienen, Weichen und Kleineisen fehlten. Auch Fahrzeuge und Werkzeugmaschinen für die Werkstätten waren Mangelware. Da meterspurige Lokomotiven und Wagen in der gesamten sowjetischen Besatzungszone (SBZ) nicht verfügbar waren, musste die NWE einige Fahrzeuge abgeben. Für die

Bis zum Eintreffen der Mallet-Maschinen der Baureihe 99⁶⁹ im Lokbf Gernrode (Harz) trug 99 5811 die Hauptlast des Personen- und Güterverkehrs auf der Selketalbahn. Um 1952 ergänzte 99 5811 im Bf Alexisbad ihren Wasservorrat. Links im Bild ist Lokführer Apel zu sehen.
Foto: Slg. G. Zieglgänsberger (†)

Anfang der 1950er-Jahre stand 99 5811 im Bf Alexisbad. Die Maschine besaß zu diesem Zeitpunkt noch eine Saugluftbremse der Bauart Körting. Der Schalldämpfer saß auf der rechten Seite der Lok vor dem Wasserkasten. Die Betriebs-Nr. war nur mit weißer Ölfarbe angeschrieben.   Foto: Slg. J. Krebs

Auszug aus dem Betriebsbuch der 99 5811[1]

Hersteller: Henschel   Fabrik-Nummer: 2.227
Baujahr: 1887   Beschaffungskosten: -
Anlieferung: -   Endabnahme: -

Das Betriebsbuch ist eine Zweitschrift.

Stationierungen:

Bw Wernigerode Westerntor	01.01.50–16.04.50
Raw Chemnitz	17.04.50–16.06.50 L2
Bw Wernigerode Westerntor	17.06.50–15.02.51
Raw Blankenburg (Harz)	16.02.51–14.03.51 L0
Bw Wernigerode Westerntor	15.03.51–05.10.51 / 96.910 km
Raw Blankenburg (Harz)	06.10.51–19.11.51 L3 mW
Bw Wernigerode Westerntor	20.11.51–20.02.52 / 103.328 km
Raw Blankenburg (Harz)	21.02.52–08.03.52 L0
Bw Wernigerode Westerntor	09.03.52–19.04.53 / 161.623 km
Bw Wernigerode Westerntor	20.04.53–13.05.53 L2
Bw Wernigerode Westerntor	14.05.53–21.08.53 / 172.378 km
Bw Wernigerode Westerntor	22.08.53–18.09.53 L0 (Unfall)
Bw Wernigerode Westerntor	19.09.53–01.03.56 / 215.952 km
Raw Halle (Saale)	02.03.56–29.06.56 L4
Bw Wernigerode Westerntor	30.06.56–27.03.57 / 237.089 km
Bw Wernigerode Westerntor	28.03.57–30.04.57 L0
Bw Wernigerode Westerntor	01.05.57–04.05.60 / 273.048 km
Bw Wernigerode Westerntor	05.05.60–30.10.60 L3
Bw Wernigerode Westerntor	31.10.60–
Raw Görlitz	17.10.62–28.01.63 L2
Bw Wernigerode Westerntor	29.01.63–24.02.64
z-gestellt	25.02.64[2]
ausgemustert	29.05.67[3]

Kesselverzeichnis:

Hersteller	Fabrik-Nr.	Baujahr	Einbautag	aus
Henschel	2.227	1887	?	neu
Raw Blankenb.	1	1956	29.06.56	Ersatz-Kessel

Anmerkungen:
1 ex Lok GERNRODE der GHE
2 Die Lok wurde am 01.07.1963 abgestellt.
3 Die Lok wurde vom 31.07. bis zum 29.08.1967 im Raw Görlitz zerlegt.

Arbeitszüge stellte die NWE 1948 zunächst die Lok 7 (DR: 99 6102) zur Verfügung. Doch die Maschine war für die Gleise zu schwer, so dass sie am 20. August 1948 gegen die Lok 3 (DR: 99 5803) ausgetauscht wurde. Da es zwischen der Selketalbahn und der NWE keine Schienenverbindung mehr gab, mussten die Loks in Stiege auf Tieflader gerollt und zum Bf Lindenberg (Harz) gebracht werden.

Werkzeugmaschinen konnten hingegen nicht beschafft werden, so dass die Schlosser nur mit viel Mühe die Betriebsbereitschaft der Fahrzeuge sicherstellen konnten. Nach der Fertigstellung der Strecke Gernrode (Harz)–Lindenberg (Harz) am 8. März 1949 wurde zunächst nur ein bescheidener Güterverkehr wieder aufgenommen. Ab 1. April 1949 unterstand die ehemalige GHE der Reichsbahndirektion (Rbd) Magdeburg. Bereits am 10. April 1949 verschafften sich Mitarbeiter der Rbd Magdeburg in Wernigerode und Gernrode einen Überblick über die Fahrzeuglage. Planmäßig wurden einschließlich der Reserveloks täglich zehn Maschinen benötigt, betriebsfähig waren aber nur acht Triebfahrzeuge, darunter die Lok GERNRODE und der Triebwagen T 1. Im Bf Gernrode (Harz) waren zu diesem Zeitpunkt lediglich zwei Dampfloks, ein Personen- und 16 Güterwagen vorhanden. Erst gut vier Wochen später traf der T 1 wieder in seiner alten Heimat ein.

Nur mit Mühe und Not konnten die Eisenbahner den am 16. Mai 1949 aufgenommenen Personen- und Güterverkehr auf der KBS 205n Gernrode (Harz)–Lindenberg (Harz) sicherstellen. Für den Personenverkehr wurde tagsüber die Lok GERNRODE eingesetzt. In den Nachtstunden bespannte sie die Güterzüge. Als Reserve stand zunächst die Lok 3 zur Verfügung, später dann die Lok 7.

Neuere Aktenfunde lassen den Rückschluss zu, dass der Wiederaufbau der Stichstrecke Alexisbad–Harzgerode bereits am 15. September 1949 abgeschlossen war und die Inbetriebnahme einen Tag später erfolgte. Die ersten Züge nach Harzgerode verkehrten ausweislich eines Bildfahrplans der Rbd Magdeburg bereits am 2. Oktober 1949. Auch im Kursbuch der Deutschen Reichsbahn (DR) und dem Taschenfahrplan der Rbd Magdeburg für den Winter 1949/50 sind zwei Zugpaare für das Teilstück Alexisbad–Harzgerode verzeichnet.

Zu diesem Zeitpunkt stand dem Lokbf Gernrode (Harz) für den Plandienst nur eine Maschine (Lok GERNRODE) zur Verfügung. Die Lok 7 war seit Ablauf ihrer Untersuchungsfristen am 2. September 1949 abgestellt und erhielt zum Jahreswechsel 1949/50 eine Hauptuntersuchung (L4). Um den Engpass zu überbrücken, schlug die Betriebsleitung in Gernrode die Umsetzung einer Dampflok aus Eisfeld, Gera-Pforten oder Straupitz in den Harz vor. Die Rbd Magdeburg ging aber auf diesen Vorschlag nicht weiter ein.

Einige Beschäftigte des Lokbf Gernrode (Harz) versammelten sich um 1952 vor der 99 5811. Noch besaß die Maschine keine Lokschilder. Das alte GHE-Schild war zu diesem Zeitpunkt noch vorhanden.
Foto: Slg. J. Krebs

Mit der Gründung des Bw Wernigerode Westerntor am 1. Januar 1950 verlor der Lokbf Gernrode (Harz) seine Selbstständigkeit. Das Bw Wernigerode Westerntor straffte umgehend den Betriebsablauf. Da die Ausrüstung der Werkstatt in Gernrode im Wesentlichen nur aus einer Bohr- und einer Drehmaschine aus den 1920er-Jahren bestand, wurde hier die Fahrzeugunterhaltung weitgehend eingestellt. Nur noch die wichtigsten Reparaturen, wie z.B. das Auswechseln gebrochener Federn, erledigten die Eisenbahner. Für die notwendigen Fristarbeiten reisten Schlosser aus der Werkstatt Westerntor an. Für größere Instandsetzungen mussten die Fahrzeuge auf einen Transportwagen verladen und auf der Schiene über Quedlinburg und Halberstadt nach Wernigerode gebracht werden. Allerdings verlängerten sich durch die aufwändigen Transporte die Ausfallzeiten, was die Situation im Lokbf Gernrode (Harz) nicht verbesserte.

Ab 1. Januar 1950 änderten sich die Bezeichnungen für die Fahrzeuge. Mit der Einführung des von der Generaldirektion der DR festgelegten Umzeichnungsplanes für die von den ehemaligen Klein- und Privatbahnen übernommenen Fahrzeuge erhielt die Lok GERNRODE die neue Betriebs-Nr. 99 5811 und der T 1 war fortan als VT 133 522 im Einsatz. Allerdings

war der Triebwagen nur vergleichsweise selten auf der inzwischen als »Selketalbahn« bezeichneten Strecke Gernrode (Harz)–Harzgerode/Lindenberg (Harz) zu sehen. Bis zum 31. Oktober 1950 legte der VT 133 522 ausweislich des 1950 neu angelegten Betriebsbuches 13.352 km zurück. Ab 1951 schränkte das Bw Wernigerode Westerntor den Einsatz des Triebwagens deutlich ein. Für 1951 und 1952 weist der Betriebsbogen lediglich 47 Einsatztage aus (siehe Tabelle S. 226). Dafür gab es im Wesentlichen zwei Gründe: Zum einen genügte der VT 133 522 aufgrund des geringen Platzangebotes nicht mehr den betrieblichen Erfordernissen, zum anderen gab es erhebliche Probleme bei der Beschaffung des notwendigen Dieselkraftstoffes. Erst ab dem Sommer 1953 setzte der Lokbf Gernrode (Harz) den Triebwagen wieder verstärkt im Reiseverkehr ein. Gleichwohl waren die Laufleistungen des Fahrzeugs bescheiden. Zwischen dem 31. Mai 1952 und dem 27. März 1955 legte der VT 133 522 insgesamt 16.788 km zurück. Nach 85 Einsatztagen im Jahr 1955 hatte der Triebwagen im Plandienst de facto ausgedient. Fortan stand das Fahrzeug meist konserviert im Lokbf Gernrode (Harz). Nur bei kurzfristigen Lokausfällen oder Fahrzeugengpässen wurde der VT 133 522 noch einmal eingesetzt. Dies

Mangels Lokomotiven konnte die Rbd Magdeburg im Winter 1949/50 nur einen sehr bescheidenen Personenverkehr auf der Verbindung Gernrode (Harz)–Harzgerode/Lindenberg (Harz) anbieten. Die Züge trugen noch die Nummern aus der Privatbahnzeit.
Abbildung: Archiv D. Endisch

war aber nur sehr selten der Fall. Für den Zeitraum zwischen 1956 und 1959 verzeichnet der Betriebsbogen lediglich 64 Einsatztage.

Auch mit dem Fahrplanwechsel am 14. Mai 1950 konnte das Angebot auf der Selketalbahn mangels betriebsfähiger Maschinen nicht aufgestockt werden. Es verkehrten weiterhin werktags jeweils zwei Reisezugpaare auf den Abschnitten Gernrode (Harz)–Alexisbad und Alexisbad–Harzgerode sowie drei Zugpaare zwischen Alexisbad und Lindenberg (Harz). An Sonn- und Feiertagen wurden im Lokbf Gernrode (Harz) die notwendigen Fristarbeiten und Reparaturen erledigt.

Der Lokeinsatz erfolgte zunächst von Harzgerode aus (siehe Kasten rechts). Dafür stand im Frühjahr 1950 die Malletlok 99 5906 zur Verfügung, da 99 5811 zu einer Zwischenausbesserung (L2; 17.04.–16.06.1950) im Reichsbahnausbesserungswerk (Raw) Chemnitz war. Als 99 5906 aufgrund einer notwendigen Zwischenuntersuchung (L3; 19.06.–16.08.1950) nach Wernigerode umgesetzt werden musste, erhielt der Lokbf Gernrode (Harz) im Juni 1950 leihweise 99 191 des Lokbf Eisfeld (Bw Meiningen). Außerdem wurde wieder einmal 99 5803 (ex NWE 3) nach Gernrode (Harz) verfügt. Doch diese war aufgrund ihrer geringen Leistung nur bedingt für den Streckendienst geeignet. Der kleine Zweikuppler konnte maximal einen Gepäck- und einen vierachsigen Personenzugwagen über die 1 : 25-Steigung zwischen dem Bf Mägdesprung und der Haltestelle (Hst) Sternhaus-Ramberg schleppen.

In der Zwischenzeit wuchs die Kritik am nur spärlichen Fahrplan auf der Selketalbahn. Vor allem das Kreisforstamt in Ballenstedt und die »Staatliche Aktiengesellschaft der Buntmetallindustrie Wismut« (SAG Wismut), die mit Erkundungsarbeiten im Unterharz begann, forderten zusätzliche Züge für den Berufsverkehr. Die Rbd Magdeburg und das für die Selketalbahn zuständige Reichsbahnamt (Rba) Aschersleben entwarfen daraufhin im Sommer 1950 einen neuen Fahrplan, der neben dem bereits bestehenden Umlauf ab Harzgerode außerdem für den Lokbf Gernrode (Harz) einen Triebwagenumlauf sowie einen Dampflokplan mit Personen-, Nahgüter- und Güterzügen mit Personenbeförderung vorsah. Doch nur

wenige Tage nach dem Inkrafttreten des neuen Fahrplans (am 01.09.1950) musste bereits zum 19. September 1950 der Triebwagenumlauf aufgrund eines Schadens am VT 133 522 wieder gestrichen werden. Gleichwohl hielten die Rbd Magdeburg und das Rba Aschersleben an den drei Umläufen (nur werktags) fest. Da die Arbeiten an dem neuen Fahrplan für die Selketalbahn aber erst nach dem Redaktionsschluss für das Kursbuch Winter 1950/51 beendet waren, konnte dieser erst mit dem »1. Nachtrag zum amtlichen Kursbuch« am 8. November 1950 veröffentlicht werden. Doch dem Lokbf Gernrode (Harz) fehlten die dafür notwendigen Fahrzeuge. Da der VT 133 522 noch immer nicht verfügbar war, entfiel der Gernröder Dampflokumlauf. Die Maschine wurde stattdessen im Triebwagenplan eingesetzt. Auch im Sommerfahrplan 1951 wurde jeweils eine Maschine von Gernrode (Harz) und Harzgerode aus eingesetzt. Der ab 20. Mai 1951 gültige Fahrplan sah für die Abschnitte Gernrode (Harz)–Alexisbad und Alexisbad–Lindenberg (Harz) werktags jeweils vier Zugpaare vor. Auf der Zweigstrecke Alexisbad–Harzgerode wurden fünf Zugpaare eingesetzt. An Sonn- und Feiertagen setzte die Rbd Magdeburg auf der gesamten KBS 205n lediglich den morgendlichen Gmp 9673 Harzgerode–Gernrode (Harz) sowie in der Gegenrichtung den abends verkehrenden Gmp 9688 ein. Das Zugpaar Gmp 9673/9688 wurde bei Bedarf auch zum Austausch der Lokomotiven genutzt, die weiterhin nur an Sonn- und Feiertagen instandgehalten werden konnten.

5.1.6 »Paukenfrösche« und »Methusalem«

Angesichts der prekären Lage im Lokbf Gernrode (Harz) beantragte der Vorsteher des Bw Wernigerode Westerntor im Frühjahr 1951 die Aufarbeitung der abgestellten 99 5631 (ex NWE 71) und 99 5632 (ex NWE 72). Die Société Schneider-Creusot hatte die beiden C1´n2t-Maschinen 1890 an die Tramway de la Cote d´or geliefert. Nach dem Einmarsch der deutschen Wehrmacht in Frankreich beschlagnahmten die Heeresfeldbahnen die beiden Maschinen und verbrachten sie nach Polen, wo sie aber nicht eingesetzt wurden. 1943 trafen die Maschinen in Warschau ein. Mit einem

Bis Ende der 1950er-Jahre konnte das Bw Wernigerode Westerntor nicht auf die Dienste der 99 5811 auf der Selketalbahn verzichten. Als diese Aufnahme um 1953 im Bf Harzgerode entstand, besaß die Cn2t-Maschine noch keine elektrische Beleuchtung.
Foto: Slg. G. Schütze

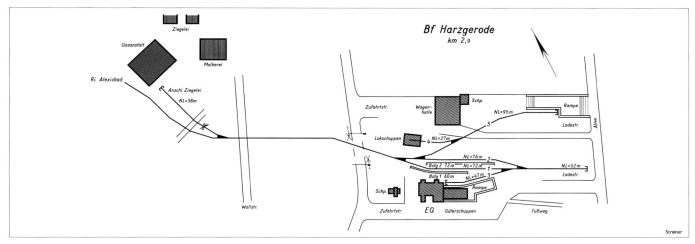

Der Gleisplan des Bf Harzgerode (Stand 1964).

Zeichnung: D. Stroner

Räumzug gelangten die Loks schließlich nach Hildburghausen. Nach der Demontage der Strecke Hildburghausen–Lindenau-Friedrichshall 1946 übernahm die NWE die Maschinen. Allerdings konnten sie aufgrund ihrer verschlissenen Kessel nicht in Betrieb genommen werden.

Erst im Sommer 1951 trafen 99 5631 und 99 5632 zur Instandsetzung im Raw Blankenburg (Harz) ein. Die Aufarbeitung der Maschinen dauerte deutlich länger als geplant. Dies war in erster Linie den Kesseln geschuldet, die in wesentlichen Teilen völlig verschlissen waren. Außerdem entsprachen die Konstruktion und die Festigkeitsberechnungen nicht den deutschen Normen und Vorschriften. Darüber hinaus lagen dem Raw Blankenburg (Harz) keine Zeichnungen oder andere technische Unterlagen vor.

Aus diesem Grund war die Konstruktionsabteilung des Raw Blankenburg (Harz) gezwungen, für die Kessel eine neue Genehmigungszeichnung anzufertigen und die dazu notwendigen Berechnungen durchzuführen. Im Ergebnis waren umfangreiche Änderungen am Stehkessel und am Dampfdom notwendig. Ersatzkessel erhielten die Maschinen, anders als in der Literatur bisher behauptet, jedoch nicht. In den Betriebsbüchern hieß es: »*Der Kessel wurde nach DR-Norm im Raw Blankenburg (...) umgebaut.*« Parallel dazu rüstete das Raw Blankenburg (Harz) die Maschinen u.a. mit zwei saugenden Strahlpumpen (80 l/min Förderleistung), einer Saugluftbremse, einer Dampfheizung für den Zug und elektrischer Beleuchtung aus. Diese Arbeiten nahmen mehrere Monate in Anspruch.

Der Lokbf Harzgerode

Über den einstigen Lokbahnhof (Lokbf) Harzgerode liegen heute nur noch wenige Informationen vor. Bereits bei der Eröffnung der Verbindung Mägdesprung–Alexisbad–Harzgerode am 1. Juli 1888 befand sich vis-á-vis des Empfangsgebäudes ein eingleisiger Lokschuppen in Fachwerkbauweise. Der Schuppen war über das Gleis 4 (27 m nutzbare Länge) mit den Gleisanlagen verbunden. An der Rückseite des Schuppens befand sich ein Anbau, der eine kleine Werkstatt und einen Aufenthaltsraum für das Personal beherbergte. Vor dem Lokschuppen gab es ein kleines Magazin, in dem die Kohle lagerte. Bei der Betriebseröffnung existierte auch eine Drehscheibe, die jedoch meist zum Wenden des Schneepfluges diente. In den Unterlagen der GHE wurde die Drehscheibe letztmalig 1905 erwähnt. Bis 1908 wurde die Drehscheibe demontiert. Auch nach dem Wiederaufbau der Selketalbahn war im Lokbf Harzgerode eine Maschine stationiert. Erst die Deutsche Reichsbahn (DR) gab am 17. August 1952 den Fahrzeugeinsatz von Harzgerode aus auf und schloss die kleine Außenstelle. Die Reichsbahndirektion (Rbd) Magdeburg übergab den Lokschuppen in der zweiten Hälfte der 1960er-Jahre an den Betriebsteil Harzgerode des VEB Kraftverkehr Ballenstedt, der das inzwischen baufällige Gebäude 1971 im Zusammenhang mit einer geplanten Erweiterung der Werkstatt abriss.

Obwohl das Bw Wernigerode Westerntor ab Sommer 1952 für den Lokschuppen in Harzgerode keine sinnvolle Nutzung mehr hatte, wurde das Gebäude erst nach 1965 an den VEB Kraftverkehr Ballenstedt abgegeben. 1971 fiel der Fachwerklokschuppen der Spitzhacke zum Opfer. Foto: G. Zieglgänsberger (†)

Auszug aus dem Betriebsbuch der 99 5631[1]

Hersteller: Umbaulok[2] Fabrik-Nummer: -
Baujahr: 1912[3] Beschaffungskosten: -
Anlieferung: - Endabnahme: 22.05.1952

Das Betriebsbuch ist eine Zweitschrift.

Stationierungen:

Raw Blankenburg (Harz)	03.03.52–21.05.52 L4
Bw Wernigerode Westerntor	22.05.52–06.07.52 / 1.916 km
Bw Wernigerode Westerntor	07.07.52–16.07.52 L0
Bw Wernigerode Westerntor	17.07.52–14.09.52 / 3.517 km
Bw Wernigerode Westerntor	15.09.52–28.09.52 L0
Bw Wernigerode Westerntor	29.09.52–04.04.53 / 16.678 km
Bw Wernigerode Westerntor	05.04.53–09.04.53 L0
Bw Wernigerode Westerntor	10.04.53–04.06.53 / 19.617 km
Bw Wernigerode Westerntor	05.06.53–13.06.53 L0
Bw Wernigerode Westerntor	14.06.53–06.09.53 / 25.882 km
Bw Wernigerode Westerntor	07.09.53–15.09.53 L0
Bw Wernigerode Westerntor	16.09.53–13.11.53 / 26.552 km
Bw Wernigerode Westerntor	14.11.53–06.01.54 L0
Bw Wernigerode Westerntor	07.01.54–14.09.55 / 55.198 km
Raw Wittenberge	19.10.55–10.02.56 L3
Bw Wernigerode Westerntor	11.02.56–30.09.57
Bw Wernigerode Westerntor	01.10.57–30.12.57 L0
Bw Barth	01.01.58–23.03.59 / 67.432 km
Raw Görlitz	24.03.59–18.06.59 L4
Bw Barth	19.06.59–07.08.59
Raw Görlitz	16.08.59–09.11.60 L2
Bw Barth	/ 110.240 km
Raw Görlitz	25.05.62–12.08.62 L3
Bw Barth	13.08.62–24.06.64
Raw Görlitz	25.06.64–05.08.64 L2
Bw Barth	06.08.64–24.11.65 / 155.761 km
z-gestellt	25.11.65[4]
ausgemustert	01.11.66[5]

Kesselverzeichnis:

Hersteller	Fabrik-Nr.	Baujahr	Einbautag	aus
Raw Blankenb.	1	1952	21.05.52	neu

Anmerkungen:
1 ex Lok 71 der NWE
2 Angabe laut Betriebsbuch; die Lok wurde von Société Schneider-Creusot, Paris, gebaut.
3 Angabe laut Betriebsbuch; die Lok wurde 1890 gebaut.
4 Die Lok wurde am 15.03.1965 abgestellt.
5 Die Lok wurde vom 10.01. bis 05.04.1967 im Raw Görlitz zerlegt.

Auszug aus dem Betriebsbuch der 99 5632[1]

Hersteller: Umbaulok[2] Fabrik-Nummer: -
Baujahr: 1912[3] Beschaffungskosten: -
Anlieferung: - Endabnahme: 16.01.1953

Das Betriebsbuch ist eine Zweitschrift.

Stationierungen:

Raw Blankenburg (Harz)	–15.01.53 L4 GR
Bw Wernigerode Westerntor	16.01.53–18.01.53 / 250 km
Bw Wernigerode Westerntor	19.01.53–23.04.53 L0
Bw Wernigerode Westerntor	24.04.53–31.05.53 / 540 km
Bw Wernigerode Westerntor	01.06.53–24.06.53 L0
Bw Wernigerode Westerntor	25.06.53–20.08.53 / 598 km
Bw Wernigerode Westerntor	21.08.53–11.09.53 L0
Bw Wernigerode Westerntor	12.09.53–24.05.54 / 9.276 km
Bw Wernigerode Westerntor	25.05.54–06.06.54 L0
Bw Wernigerode Westerntor	07.06.54–22.07.55 / 30.448 km
Bw Wernigerode Westerntor	23.07.55–22.08.55 L0
Bw Wernigerode Westerntor	23.08.55–05.01.58
z-gestellt	06.01.58[4]
ausgemustert	12.12.58[5]

Kesselverzeichnis:

Hersteller	Fabrik-Nr.	Baujahr	Einbautag	aus
Raw Blankenb.	2	1952	15.01.1953	neu

Anmerkungen:
1 ex Lok Nr. 72 der NWE
2 Angabe laut Betriebsbuch; die Lok wurde von Société Schneider-Creusot, Paris, gebaut.
3 Angabe laut Betriebsbuch; die Lok wurde 1890 gebaut.
4 Die Lok wurde am 25.01.1956 abgestellt.
5 Die Lok wurde am 09.05.1960 im Raw Görlitz zerlegt.

Erst am 21. Mai 1952 stellte das Raw Blankenburg (Harz) 99 5631 fertig. Nach einer Probefahrt zwischen Wernigerode und Drei Annen Hohne wurde die Lok umgehend zum Lokbf Gernrode umgesetzt (Harz), wo sie meist als Reserve für 99 5811 diente.

Allerdings konnte 99 5631 im Zugdienst nicht überzeugen. Rein rechnerisch war die Maschine mit einer effektiven Leistung von rund 170 PS und einer Anfahrzugkraft von 4,67 Mp der 99 5811 (rund 160 PS und 4,74 Mp) ebenbürtig. Allerdings besaß 99 5631 eine deutlich geringere Reibungsmasse, d.h. die Leistung konnte im wahrsten Sinne des Wortes nicht auf die Schiene gebracht werden. 99 5631 neigte sehr leicht zum Schleudern und war daher für den Einsatz auf der steigungs- und bogenreichen Selketalbahn kaum geeignet. Die Eisenbahner bezeichneten 99 5631 und ihre Schwesterlokomotive aufgrund ihres markanten Auspuffschlages als »Paukenfrösche«.

Während 99 5631 im Sommer 1952 den Fahrzeugpark des Lokbf Gernrode (Harz) verstärkte, stand 99 5632 noch im Raw Blankenburg (Harz). Erst am 16. Januar 1953 traf sie wieder in Wernigerode ein. Nach einer Probefahrt zum Bahnhof Steinerne Renne wurde die Maschine in Dienst gestellt. Anschließend verblieb die Lok offensichtlich in Wernigerode, denn bereits ab 19. Januar 1953 stand sie in der Werkstatt Westerntor für eine Bedarfsausbesserung (L0). Da hatte 99 5632 gerade einmal 250 km zurückgelegt. Erst nach zwei weiteren Bedarfsausbesserungen konnte die Maschine ab September 1953 im Plandienst eingesetzt werden. Doch im Lokbf Gernrode (Harz) standen die »Paukenfrösche« nur selten unter Dampf. Zwischen September 1953 und Mai 1954 legte 99 5632 nicht einmal 8.700 km zurück. Bereits im Juli 1955 musste 99 5632 – sie hatte seit ihrer Indienststellung am 16. Januar 1953 lediglich 30.448 km zurückgelegt – erneut für eine L0 abgestellt werden. Dies war ihre letzte Instandsetzung überhaupt. Im Januar 1956 war die Maschine letztmalig an fünf Tagen im Einsatz, bevor sie am 25. Januar 1956 aufgrund von Kesselrissen offiziell abgestellt wurde. Dies war auch der Grund für die schnelle Ausmusterung der Lok. Im Ausmusterungsprotokoll hieß es: »Kesselblech aus Puddelstahl. (...) Generalreparatur nicht mehr vertretbar. Kessel muß verschrottet werden.« Wenig später hatte auch 99 5631 im Harz ausgedient. Nennenswerte Einsätze erbrachte die Maschine lediglich in den Jahren 1954 und 1955 (siehe Tabelle S. 226). Als die Maschine im Frühjahr 1955 schadhaft abgestellt wurde, hatte sie eine Gesamtlaufleistung von 55.198 km erbracht. Ab 24. Mai 1955 wurde 99 5631 als »warten auf Ausbesserung« (»w«) geführt. Die Lok gehörte zwar ab 11. Februar 1956 wieder zum Betriebspark, fungierte aber im Lokbf Gernrode (Harz) meist als Reserve, bevor sie schließlich am 30. Dezember 1957 zum Bw Barth umgesetzt wurde.

Glücklicherweise wurde der T1 der GHE nicht als Reparationsleistung in die Sowjetunion abtransportiert. Ab dem Frühjahr 1949 wurde der Triebwagen wieder im Personenverkehr auf der Selketalbahn eingesetzt. Da das Fahrzeug aber mit seinen 34 Sitzplätzen kaum den betrieblichen Belangen entsprach, wurde es ab 1951 nur noch als Reserve oder für Sonderdienste (z.B. Kontrollfahrten) vorgehalten, hier um 1952 im Hp Sternhaus-Ramberg. Foto: Slg. J. Krebs

Völlig anders lagen die Dinge bei 99 5811, die in der ersten Hälfte der 1950er-Jahre für die Zugförderung auf der Selketalbahn unverzichtbar war. Allerdings bereitete die Maschine den Eisenbahnern des Bw Wernigerode Westerntor erhebliche Sorgen. 99 5811 war die älteste Schmalspur-Dampflok der DR. Die Verschleißerscheinungen an diesem »Methusalem« waren erheblich: Beim Vermessen der Zylinder stellte das Raw Chemnitz 1951 fest, dass deren jeweiliger Durchmesser nicht 300 mm, sondern 304 mm (rechts) bzw. 315 mm (links) betrug und damit das Werksgrenzmaß erreicht war. Auch der Rahmen gab Anlass zur Sorge. Das Bw Wernigerode Westerntor musste 1951 mehrere Risse ausschweißen. Fünf Jahre später war dies abermals notwendig. Doch angesichts des permanenten Fahrzeugmangels im Lokbf Gernrode (Harz) wurden erhebliche Mittel in die Erhaltung der 99 5811 investiert. Die Maschine erbrachte noch immer beachtliche Laufleistungen. Vom 1. Januar 1950 bis zum 5. Oktober 1951 legte 99 5811 insgesamt 96.910 km zurück. Dies entsprach einer durchschnittlichen monatlichen Laufleistung von mehr als 4.600 km. Als die Lok am 1. März 1956 dem Raw Halle (Saale) zu einer L4 zugeführt wurde, wies das Betriebsbuch eine Laufleistung von 215.992 km aus. Das Raw Halle (Saale) rüstete die Maschine mit einem Ersatzkessel aus und arbeitete Rahmen und Fahrwerk gründlich auf. Im

Betriebsbuch hieß es dazu: »*Radreifen nachgedreht. Achs- und Stangenlager mit WM 10 ausgegossen. Lokrahmen vermessen, aufgearbeitet + berichtigt. 72 Paßschrauben erneuert. 4 Rahmenrisse verschweißt. Pufferträger aufgearbeitet. Federn + Ausgleich, Zug- u. Stoßvorrichtung aufgearbeitet. Achs- u. Stangenlager aufgearbeitet. 12 Achslagergleitplatten erneuert. Kolben, Schieber, Gewerk, Steuerbock, Wasserkasten. Aschkasten, Bremse u. Führerhausdach aufgearbeitet. Dampfstrahlpumpen, Ölpresse u. Ölsperren aufgearbeitet.*«

5.1.7 Die Malletloks kommen

Als 99 5811 ab 30. Juni 1956 wieder für die Zugförderung im Lokbf Gernrode (Harz) zur Verfügung stand, hatte sich das Bild der eingesetzten Triebfahrzeuge erheblich geändert. Um Personal einzusparen, gab das Bw Wernigerode Westerntor mit Wirkung zum 18. August 1952 den Lokeinsatz von Harzgerode aus auf. Dazu wurden Lokleerfahrten (Lz) von Gernrode (Harz) nach Harzgerode (und in der Gegenrichtung) in die Morgen- und Abendstunden eingelegt. Damit bestand nun im Lokbf Gernrode (Harz) ein zweitägiger Umlauf, für den am 1. April 1953 neben 99 5811 die beiden »Paukenfrösche« (99 5631 und 99 5632) zur Verfügung standen. Ab Mai 1953 half auch 99 5904 vorübergehend auf der Selketalbahn aus.

Mitarbeiter der Rbd Magdeburg nutzten um 1952 den T1 der ehemaligen GHE für eine Inspektionsfahrt auf der Selketalbahn. Noch trägt der Triebwagen unter dem DR-Logo den Schriftzug »USSR Zone«. Foto: Slg. J. Krebs

Bereits in den 1950er-Jahren half 99 6102 im Lokbf Gernrode (Harz) aus. Diese Aufnahme entstand um 1955 in Alexisbad. Mit dem Fahrplanwechsel am 3. Juni 1956 schaffte die DR die 3.-Wagenklasse ab.
Foto: Archiv D. Endisch

Die Einsatztage der 99 5631

Jahr	Einsatztage	betriebsfähig abgestellt	auf »w« abgestellt	Reparaturtage
1952[1]	53	108	-	53
1953	129	143	23	70
1954	224	103	-	33
1955	95	37	148	83
1956	83	188	-	95
1957	11	118	134	102

Anmerkung:
1 Der Betriebsbogen beginnt erst am 1. Juni 1952.

Angesichts fehlender leistungsfähiger Triebfahrzeuge konnte das Vorhaben, mit dem Fahrplanwechsel am 17. Mai 1953 vom Lokbf Gernrode (Harz) eine weitere Maschine einzusetzen, nicht verwirklicht werden. Auch im Winter 1953/54 bestand nur ein Dienstplan für zwei Maschinen. Erst im Verlauf des Jahres 1954 entspannte sich die Situation, so dass die Rbd Magdeburg das Angebot auf der Selketalbahn endlich verbessern konnte. Der ab 3. Oktober 1954 gültige Fahrplan sah für die Relationen Gernrode (Harz)–Alexisbad und Alexisbad–Harzgerode werktags jeweils fünf Zugpaare vor. Zwischen Alexisbad und Straßberg (Harz) pendelten werktags vier Zugpaare. Außerdem verkehrte werktags jeweils ein Reisezug auf den Abschnitten Alexisbad–Harzgerode und Straßberg (Harz)–Alexisbad. Die meisten Züge waren Gmp. Lediglich die Züge 2019, 2020, 2021 und 2022 trugen den Buchstaben »P« vor der Zugnummer. An Sonn- und Feiertagen setzte die Rbd Magdeburg auf den Abschnitten Gernrode (Harz)–Alexisbad, Alexisbad–Harzgerode und Alexisbad–Straßberg (Harz) vier, drei bzw. zwei Zugpaare ein.

Mit der Indienststellung der ersten Neubau-Dampflokomotiven der Baureihe 99[23–24] im Frühjahr 1955 (siehe S. 126 ff.) konnte das Bw Wernigerode Westerntor schrittweise auf den Einsatz der Baureihe 99[59] auf der Harzquer- und Brockenbahn verzichten und die Mallet-Maschinen an den Lokbf Gernrode (Harz) abgeben. Die Ära der Baureihe 99[59] auf der Selketalbahn begann mit 99 5902, 99 5905 und 99 5906.

Damit konnte das Angebot auf der KBS 204n deutlich verbessert werden. Im Winterfahrplan 1956/57 verkehrten werktags auf dem Abschnitt Gernrode (Harz)–Alexisbad vier Gmp (Gegenrichtung fünf), zwischen Alexisbad und Harzgerode sechs Zugpaare sowie auf der Relation Alexisbad–Straßberg (Harz) fünf Reisezüge (Gegenrichtung sechs).

99 5811 war noch immer unverzichtbar. Vom 30. Juni 1956 bis 27. März 1957 legte der »Oldtimer« insgesamt 21.137 km zurück. Anschließend stand 99 5811 nur noch selten unter Dampf. Im Lokbf Gernrode (Harz) bildeten nun die Mallet-Maschinen das Rückgrat in der Zugförderung.

Die Einsatztage des VT 133 522[1]

Jahr	Einsatztage	betriebsfähig abgestellt	auf »w« abgestellt	Reparaturtage
1951[2]	30	188	33	116
1952	17	242	-	107
1953	120	210	4	31
1954	148	122	1	94
1955	85	109	11	94
1956	7	195	73	90
1957	17	327	-	21
1958	24	337	-	5
1959	16	204	-	145
1960	7	358	-	-
1961	7	354	-	4
1962	19	343	-	4
1963	17	348	-	-
1964	6	355	-	4
1965	7	358	-	-
1966	9	275	-	82
1967	9	337	-	19
1968	11	354	-	-
1969	19	346	-	-
1970	5	360	-	-
1971	24	341	-	-
1972	14	79	241	32
1973	30	335	-	-
1974	30	263	-	72
1975	-	250	-	115
1976	-	366	-	-
1977	-	365	-	-
1978	1	364	-	-
1979	31	334	-	-
1980	-	366	-	-

Anmerkungen:
1 ab 01.06.1970: 187 001-3
2 Der Betriebsbogen beginnt erst am 1. Januar 1951.

Trotz aller Bemühungen des Bw Wernigerode Westerntor und des für die Instandhaltung der 99 5811 zuständigen Raw Görlitz verschlechterte sich der technische Zustand der Maschine ab Ende der 1950er-Jahre zusehends. Triebwerk, Rahmen und Wasserkasten hatten nach mehr als 60 Jahren das Ende ihrer Nutzungsdauer erreicht. Dies schlug sich auch in den Laufleistungen der 99 5811 nieder. Zwischen dem 1. Mai 1957 und dem 4. Mai 1960 legte 99 5811 gerade einmal 35.959 km zurück. Gleichwohl bewilligte die Verwaltung der Maschinenwirtschaft (VdM) der Rbd Magdeburg 1960 die Mittel für ein Zwischenuntersuchung (L3), die das Bw Wernigerode Westerntor ausführte. Aufgrund der umfangreichen Arbeiten stand die Lok erst nach mehr als fünf Monaten ab 31. Oktober 1960 wieder für den Zugdienst zur Verfügung. Nach ihrer Rückkehr zum Lokbf Gernrode (Harz) war 99 5811 aber meist konserviert abgestellt.

Ähnlich sah es beim VT 133 522 aus. Auch dieser spielte zwar für die Zugförderung keine Rolle mehr, doch die VdM mochte auf den Triebwagen nicht verzichten. Sie beauftragte daher das für die Erhaltung des Triebwagens zuständige Raw Wittenberge damit, das Fahrzeug im Zuge der 1959 fälligen Hauptuntersuchung (T4; 24.08.–31.12.1959) in einen Gerätewagen umzubauen. Als der Triebwagen im Raw Wittenberge eintraf,

hatte der VT 133 522 seit 1949 insgesamt 43.027 km zurückgelegt. Hinsichtlich des Umbaus zum Gerätewagen hieß es im Betriebsbuch: *»Inneneinrichtung ausgebaut, Fußboden zusätzlich mit 20iger Brettern belegt, Sitz über Motor wieder eingebaut, Kleiderschrank und Feilbank neu eingebaut.«* Anschließend kehrte das Fahrzeug wieder zum Lokbf Gernrode (Harz) zurück, wo der VT 133 522 aber nicht nur für Hilfszugeinsätze genutzt wurde. Fallweise wurde das Fahrzeug auch für Dienstfahrten der Bahnmeisterei (Bm) Aschersleben genutzt. Der Triebwagen erfreute sich im Lokbf Gernrode (Harz) bester Pflege. Dank der wenigen Einsatztage befand sich das Fahrzeug stets in einem sehr guten Zustand.

Ab Sommer 1956 bildeten die Mallet-Maschinen der Baureihe 99[59] das Rückgrat in der Zugförderung des Lokbf Gernrode (Harz). Dessen Planbedarf lag bei täglich drei bis vier Maschinen, die teilweise auch in den Nachtstunden zum Einsatz kamen.

Der mit sieben Lokomotiven vergleichsweise große Fahrzeugbestand des Lokbf Gernrode (Harz) war der umständlichen Instandhaltung geschuldet, an der sich bis zum Sommer 1984 nichts änderte. Zu den notwendigen Fristarbeiten reisten nach wie vor Lokschlosser aus Wernigerode an. Stand eine Maschine zum Auswaschen, musste neben der Ersatzlok

Mitte der 1950er-Jahre verließ 99 5811 mit einem Reisezug nach Harzgerode den Bf Alexisbad. Die Maschine war die älteste Schmalspur-Dampflok der DR.
Foto: Archiv D. Endisch

noch eine weitere Dampflok angeheizt werden, die das heiße Wasser zum Ausspritzen des Kessels lieferte. Waren größere Reparaturen in der Werkstatt im Bf Wernigerode Westerntor oder im zuständigen Raw Görlitz notwendig, standen die Loks oft über Wochen oder sogar Monate nicht zur Verfügung.

Nur schrittweise modernisierte die Rbd Magdeburg die technischen Anlagen des Lokbf Gernrode (Harz). In der kleinen Werkstatt wurde 1956 eine neue Drehmaschine aufgestellt. Für die aus dem Jahr 1925 stammende Bohrmaschine gab es keinen Ersatz. Um das Bekohlen zu vereinfachen, wurde am Gleis 24, das sich in der Nähe der Umladeanlage befand, neben der Schüttbühne ein Einheitskohlenkran aufgestellt. Dieser wurde bis Ende der 1960er-Jahre verwendet, bevor ein elektrisch betriebener Raupendrehkran des Typs RK 3 (siehe Kasten S. 68) zur Verfügung stand. Der Raupendrehkran hatte den Vorteil, dass er auch zum Entladen der Lokkohle oder für Umschlagarbeiten an der Umladung genutzt werden konnte. Der feststehende Einheitskohlenkran war dazu nur bedingt zu gebrauchen, so dass das Entladen der Kohlewagen über Jahre hinweg schwere Handarbeit blieb. Außerdem wurde der Hochbehälter an das städtische Wassernetz angeschlossen.

In den 1960er-Jahren wandelte sich der Fahrzeugpark der Einsatzstelle (Est) Gernrode (Harz). Völlig überraschend wurde 99 5811 am 1. Juli 1963 abgestellt und anschließend als »w« geführt. Erst wenige Monate zuvor, zum Jahreswechsel 1962/63, hatte die Maschine eine L2 (17.10.1962–28.01.1963) erhalten. Einige Monate später, am 25. Februar 1964, wurde 99 5811 in den Schadpark verfügt. Seit dem Einbau des Ersatzkessels 1956 hatte 99 5811 lediglich etwa 80.000 km zurückgelegt. Ausschlaggebend für die z-Stellung der Maschine waren der völlig verschlissene Rahmen, einschließlich des Wasserkastens, und der verbrauchte rechte Zylinder, der ersetzt werden musste. Bereits am 10. September 1963 beantragte das

Raw Görlitz die Ausmusterung der Maschine, deren Anlagewert auf 75.250 Mark veranschlagt wurde. Der Restbuchwert der 99 5811 betrug aufgrund des erst wenige Jahre alten Kessels noch 34.000 Mark. Das Raw Görlitz schlug vor, den Kessel an einen volkseigenen Betrieb zu verkaufen. Erst am 29. Mai 1967 stimmte die Hauptverwaltung der Maschinenwirtschaft (HvM) der Ausmusterung der 99 5811 zu. Wenig später wurde die Maschine in das Raw Görlitz transportiert, wo Ende Juni 1967 die Zerlegung begann. Am 31. Juli 1967 meldete das Raw Görlitz die Verschrottung der 99 5811 – einschließlich des Kessels – als beendet.

Als Ersatz hatte die Est Gernrode (Harz) 99 6001 übernommen. Bereits im Sommer 1962 hatte die 1´C1´h2t-Maschine erstmals auf der Selketal ausgeholfen. Erst Im Frühjahr 1966 setzte die Abteilung Triebfahrzeug-Betrieb (Tb) des Bw Wernigerode Westerntor 99 6001 dauerhaft nach Gernrode (Harz) um.

5.1.8 Fahren auf Verschleiß

Anfang der 1960er-Jahre herrschte auf der Selketalbahn noch Hochbetrieb. Der ab 27. Mai 1962 gültige Fahrplan sah für den Abschnitt Gernrode (Harz)–Alexisbad werktags vier Gmp-Paare ein. Von Alexisbad aus verkehrten werktags vier Zugpaare nach Harzgerode und fünf Zugpaare nach Straßberg (Harz). Ein Zug Straßberg (Harz)–Alexisbad ergänzte das Angebot. An Sonn- und Feiertagen fuhren fünf Zugpaare nach Alexisbad, sechs Zugpaare nach Harzgerode und zwei Zugpaare nach Straßberg (Harz). Der Oberbau der Schmalspurbahn befand sich 1962 in einem sehr guten Zustand. Bei einer zulässigen Höchstgeschwindigkeit von 20 km/h betrug die durchschnittliche Fahrzeit zwischen Gernrode (Harz) und Alexisbad 55 Minuten. Für den Abschnitt Alexisbad–Harzgerode wurden 11 Minuten und für das Streckenstück Alexisbad–Staßberg (Harz) 26 Minuten benötigt.

Ab 1. Januar 1960 diente der spätere 187 001-3 (ex VT 133 522) nur noch als Gerätewagen für die Est Gernrode (Harz), wo am 7. September 1974 diese Aufnahme entstand. Das Fahrzeug war seit 15. Mai 1949 für eine Höchstgeschwindigkeit von 40 km/h zugelassen. Foto: R. Dill, Slg. O. Rimasch

Mit dem Eintreffen der Mallet-Maschinen der Baureihe 99⁵⁹ im Lokbf Gernrode (Harz) hatte 99 5811 ausgedient. Am 1. Juli 1963 wurde die Cn2t-Maschine abgestellt und anschließend als »w« geführt. Erst am 29. Mai 1967 wurde 99 5811 ausgemustert.
Foto: Archiv D. Endisch

Doch nur wenige Jahre später wendete sich das Blatt. Entsprechend den Beschlüssen des Ministerrates vom 14. Mai 1964 (siehe S. 36) wandelte die Rbd Magdeburg zum 1. Februar 1968 den Bf Gernrode (Harz) zu einem so genannten Wagenladungsknoten um. Damit verbunden war die Schließung der Bahnhöfe Mägdesprung, Alexisbad, Harzgerode und Straßberg (Harz) für den öffentlichen Güterverkehr. Außerdem hatte in der Zwischenzeit der VEB Kraftverkehr sein Liniennetz im Einzugsbereich der Selketalbahn verbessert, was zu einem spürbaren Rückgang der Fahrgastzahlen auf der Schiene führte.

Mitte der 1960er-Jahre besaß die Selketalbahn nur noch einen Kostendeckungsgrad von 12 %. Angesichts dieser Zahlen beschloss der Rat des Bezirkes Halle (Saale) in seinem 1966 verabschiedeten Generalverkehrsplan, die Strecke Gernrode (Harz)–Alexisbad–Harzgerode/Straßberg (Harz) bis spätestens 1974 stillzulegen sowie den Personen- und Güterverkehr fortan mit Omnibussen und Lastkraftwagen abzuwickeln. Der Rat des Kreises Quedlinburg stimmte dieser Entscheidung zu. Der Rbd Magdeburg und dem Rba Aschersleben kamen der Beschluss aus Halle (Saale) nicht ungelegen, denn die Instandhaltung der Gleise und der rund 60 Jahre alten Maschinen der Baureihe 99⁵⁹ band immer mehr Ressourcen, die andernorts dringender benötigt wurden.

Unter Hinweis auf den schlechten Zustand der Infrastruktur und des rollenden Materials trieb die Rbd Magdeburg die Vorbereitungen für den so genannten Verkehrsträgerwechsel mit Hochdruck voran. Die dafür aus Mitarbeitern der Rbd Magdeburg, des Rates des Bezirks und des Rates des Kreises gebildete »Kommission Schiene / Straße« beschloss am 29. September 1969, den Personenverkehr auf der KBS 674 am 26. September 1970 einzustellen. Das Ende des Güterverkehrs und die Stilllegung der Strecke waren für 1971 vorgesehen.

Die Einwohner des Kreises Quedlinburg erfuhren am 29. Januar 1970 aus der »Freiheit«, dem Organ der SED-Bezirksleitung Halle (Saale), von diesen Plänen. Unter der Überschrift »Abgeordnete beantworten Leserfragen«

hieß es: »Herr Heinz Henneberg (...) schrieb uns zu dem (...) festgelegten Verkehrsträgerwechsel (...), ob nur der Güterverkehr gemeint sei, denn die Einstellung des Personenverkehrs sieht er als den Raub einer Touristenattraktion.« Weiter hieß es: »Wir sprachen mit dem Ratsmitglied des Rates der Kreises, Genossen Rüdiger Härtel, Leiter des Referates Verkehr, zu diesem Problem. Bereits vorgenommene ökonomische Untersuchungen führten zu dem Ergebnis, daß die Wirtschaftlichkeit der Transportdurchführung unter den konkreten Bedingungen des Oberharzes ausschließlich bei dem Verkehrsträger Kraftverkehr liegt. (...) Solche Nebenstrecken wie die Harzbahn sind sehr reparaturbedürftig, die Erhaltung der Gleise, des Oberbaues, des Wagenparks und der Loks kosten erhebliche Mittel. (...) In der ersten Etappe wird der Personenverkehr und in der zweiten Etappe auch der Güterverkehr von KOM und Lkw des VEB Kraftverkehr Ballenstedt übernommen werden.« Mit dem Fahrplanwechsel am 31. Mai 1970 verringerte die Rbd Magdeburg das Angebot auf der Selketalbahn deutlich. Fortan verkehrten hier nahezu ausschließlich Gmp. Nahgüterzüge (N) wurden nur bei Bedarf morgens und abends gefahren. Für den Reiseverkehr fuhren werktags auf dem Abschnitt Gernrode (Harz)–Alexisbad vier Gmp-Paare. Auf der Stichstrecke Alexisbad–Harzgerode pendelten werktags vier Gmp-Paare. Zusätzlich gab es zwei von Alexisbad nach Harzgerode und zwei Gmp in der Gegenrichtung. Zwischen Alexisbad und Straßberg (Harz) genügten werktags ein Personenzug- und drei Gmp-Paare sowie ein Gmp von Straßberg (Harz) nach Alexisbad dem Verkehrsaufkommen. Am Lokbedarf der Est Gernrode (Harz) änderte sich jedoch nichts. Hier wurden nach wie vor täglich drei Maschinen für den Plandienst benötigt. Meist wurden 99 6001 und zwei Malletloks eingesetzt.

Doch nach nur wenigen Monaten waren die Planungen für den Verkehrsträgerwechsel hinfällig. Dem VEB Kraftverkehr standen nicht genügend Omnibusse und Lkw zur Verfügung. Außerdem ging der Ausbau der Straßen nur langsam voran. Daher widerrief der Rat des Bezirkes am 11. August 1970 den Terminplan. Der Personenverkehr sollte nun im Verlauf des

Jahres 1971 eingestellt und die Stilllegung der Strecke 1973 vollzogen werden.

Diese Entscheidung sorgte bei der VdM und dem Bw Wernigerode Westerntor für Verärgerung, denn die Mallet-Maschinen waren in den Jahren zuvor auf Verschleiß gefahren worden. Als erste Maschine schied 99 5905 aus dem Betriebspark aus. Bei einer L2 (15.09.–04.12.1969) hatte das Raw Görlitz einen Riss im rechten Niederdruckzylinder festgestellt. Dazu hieß es im Betriebsbuch der Lok: »*Da die Zylinder nicht mehr schweißbar sind, wurden die Dichtflächen und die Anlagefläche mit Eisenkitt versehen (...). Der rechte Niederdruckzylinder ist innen im Bereich der Ein- und Ausströmkanäle gerissen. Da, wie bereits gesagt, die Zylinder nicht mehr schweißbar sind (...) wurde die Lok 99 5905 in Übereinstimmung mit der Rbd Magdeburg mit dem gerissenen Zylinder dem Betrieb übergeben. Ein Garantieanspruch für die Zylinder ist deshalb nicht gegeben. Bei weiteren Beanstandungen an den Zylindern muß die Lok 99 5905 aus dem Betrieb gezogen werden.*« Trotz dieser Einschränkungen konnte die Est Gernrode (Harz) nicht auf die 99 5905 verzichten. Sie fungierte weiterhin als Planlok. In den Jahren 1969 und 1970 war die Maschine an 171 bzw. 189 Tagen im Einsatz. Aufgrund des sehr guten Zustands des Kessels wurde dessen Untersuchungsfrist am 31. Mai 1970 letztmalig bis zum 31. Mai 1971 verlängert. Die Est Gernrode (Harz) setzte 99 5905 bis zum letzten Tag ein und stellte sie erst am 1. Juni 1971 ab. Eine erneute Aufarbeitung der Lok lehnte die HvM unter Hinweis auf die verschlissenen Zylinder und die geplante Stilllegung der Selketalbahn ab. 99 5905 wurde am 14. November 1975 ausgemustert. Am 10. Dezember 1975 meldete das Raw Görlitz die Lok als verschrottet, wobei einige Baugruppen als Ersatzteile gewonnen wurden.

Außerdem wurden im Verlauf des Frühjahrs 1971 aufgrund abgelaufener Untersuchungsfristen 99 5901 (am 17.04.1971) und 99 5903 (am 31.05.1971) abgestellt. 99 5902 wurde bereits seit dem 6. Oktober 1970 als »w« geführt und nach Fristablauf (am 21.04.1971) in den Schadpark verfügt.

Für die VdM kam diese Entwicklung nicht überraschend. Bereits am 28. August 1970 hatte der Verwaltungsleiter in einem Schreiben an die »Kommission Schiene / Straße« gewarnt: »*Bei einem täglichen Bedarf von 3 Loks, zuzüglich einer Auswaschvertretung, läßt sich voraussehen, daß ab 1.6.1971 der Betrieb auf der Strecke schienenmäßig nicht mehr aufrechterhalten werden kann.*« Da der Est Gernrode (Harz) am 1. Juli 1971 nur noch 99 5904, 99 5906 und 99 6001 zur Verfügung standen, wurden kurzfristig 99 6101 und 99 6102 zur Selketalbahn umgesetzt. Doch die beiden Dreikuppler erfreuten sich bei den Eisenbahnern der Est Gernrode (Harz) keiner besonders großen Beliebtheit. Mit ihren drei fest im Rahmen gelagerten Kuppelachsen und den großen Überhängen neigten beide Maschinen leicht zum Entgleisen. Die meisten Entgleisungen auf der Strecke Gernrode (Harz)–Alexisbad–Harzgerode/Straßberg (Harz) gingen dabei auf das Konto der 99 6101, letztmalig am 13. Februar 1986. Bei 99 6102, die in der Est Gernrode (Harz) den Spitznamen »Fiffi« erhielt, war die Entgleisungsgefahr aufgrund der anderen Masseverteilung deutlich geringer. Problematisch für den Streckendienst waren außerdem die geringen Brennstoffvorräte der Loks. Als Nassdampflok verbrauchte »Fiffi« im Vergleich zu ihrer Schwester deutlich mehr Wasser und Kohle. Die Folge: Vor allem bei Fahrten hinauf zum Ramberg blieb mancher Zug liegen und der Heizer musste erst einmal Dampf kochen. Außerdem waren die Dreikuppler bei der für die Selketalbahn verantwortlichen Bm Aschersleben höchst unbeliebt. Mit ihrer Achsfahrmasse von 10,7 t beanspruchten die Maschinen den ohnehin verschlissenen Oberbau sehr stark.

Eine Sonderrolle unter den Maschinen der Est Gernrode (Harz) nahm 99 5901 ein. Seit 1. Dezember 1969 gehörte die Malletlok zu den offiziellen Museumsfahrzeugen der DR. Aus diesem Grund wurde hinter den Nummernschildern am Führerhaus ein »M« aufgemalt. Nach ihrem Ausscheiden aus dem Plandienst sollte 99 5901 dem Verkehrsmuseum (VM) Dresden übergeben werden. Doch dazu kam es nicht, denn die Beschlüsse zur

Am 8. Mai 1978 rollte 99 5901-6 (ex 99 5901) mit dem Gmp 69714 durch Straßberg (Harz). Die Selke markierte über Jahrhunderte die Grenze zwischen Anhalt und Preußen. Die Selketalbahn verlief auf der Gemarkung der anhaltischen Gemeinde Lindenberg, die im Sommer 1952 im einst preußischen Straßberg aufging.   Foto: Th. Rieger, Archiv D. Endisch

99 5906-5 (ex 99 5906) stand am 16. November 1970 vor dem Lokschuppen der Est Gernrode (Harz). Die einst für die Heeresfeldbahnen konstruierte Maschine war mit einer effektiven Leistung von etwa 205 PSe und einer Anfahrzugkraft von rund 8,7 Mp etwas schwächer als die so genannten Jung-Mallets (99 5901–99 5905) mit ca. 210 PSe und 10,1 Mp. Foto: J.-P. Fried

Stilllegung der Selketalbahn wurden aufgehoben. Der Rat des Bezirkes Halle (Halle) und der Rat des Kreises Quedlinburg sprachen sich stattdessen für einen langfristigen Erhalt der Strecke Gernrode (Harz)–Alexisbad–Harzgerode/Straßberg (Harz) aus. Nach langen Diskussionen gab das Ministerium für Verkehrswesen (MfV) nach und stellte am 5. September 1972 die Weichen für den Fortbestand der Selketalbahn.

5.1.9 Gesicherte Zukunft

Für diese Entscheidung gab es handfeste wirtschaftliche Gründe. Der Betriebsteil Straßberg des VEB Fluss- und Schwerspatbetrieb Rottleberode steigerte seine tägliche Fördermenge von 120 auf etwa 200 t Flussspat, die nur mit der Bahn abtransportiert werden konnten. Aber auch der VEB Vereinigte Holzwerke Silberhütte konnte für den Versand von Schnittholz, Spanplatten und Holzfässern nicht auf die Eisenbahn verzichten. Angesichts dieser Entwicklung beschloss das MfV außerdem, mittelfristig den Abschnitt Straßberg (Harz)–Stiege wieder aufzubauen. Ziel war es, perspektivisch die Güterverkehrskunden auf den Bahnhöfen Straßberg (Harz), Silberhütte (Anhalt) und Harzgerode mit Rollwagen vom Bf Nordhausen Nord aus zu bedienen. Auch dafür gab es eine Erklärung – seit Herbst 1971 war die Strecke Gernrode (Harz)–Alexisbad–Harzgerode/Straßberg (Harz) die

letzte Schmalspurbahn der DR, auf der alle Frachten ausschließlich mit schmalspurigen Güterwagen befördert wurden.

Damit war auch die geplante Ausmusterung der Baureihe 99[59] hinfällig. Bis zum Frühjahr 1973 ließ die Rbd Magdeburg 99 5901 (L4: 18.02.–15.06.1972), 99 5902 (L4: 24.10.1971–09.02.1972), 99 5903 (L7: 24.01.–23.04.1973), 99 5904 (L7: 01.11.1972–05.01.1973) und 99 5906 (L6: 14.03.–23.05.1973) instandsetzen. Allerdings verließ 99 5903 im Frühjahr 1974 die Est Gernrode (Harz). In Vorbereitung der 75-Jahr-Feier der Harzquer- und Brockenbahn entstand die Idee, eine der noch vorhandenen vier originalen NWE-Malletloks grün zu lackieren und mit historischen Reisezugwagen einzusetzen. Die Wahl fiel auf 99 5903, die im März 1974 in der Werkstatt in Wernigerode Westerntor umlackiert und dann als »NWE 13« für Sonderfahrten genutzt wurde. Ab 24. Juli 1974 bespannte 99 5903, alias »NWE 13«, planmäßig den Traditionszug als »Harzer Touristenexpress« zwischen Wernigerode und Benneckenstein (siehe S. 154). Fortan stand 99 5903 meist nur noch in den Wintermonaten für die Zugförderung in der Est Gernrode (Harz) zur Verfügung. Die Tb-Gruppe schloss diese Lücke durch 99 6102, die nun häufig auf der Selketalbahn zu sehen war.

Mit dem Fahrplanwechsel am 26. Mai 1974 stockte die Rbd Magdeburg das Angebot auf der KBS 674 deutlich auf. Auf dem Abschnitt Gernro-

Der schlechte Zustand des Oberbaus führte Anfang der 1970er-Jahre immer wieder zu Entgleisungen bei der Selketalbahn. Im Sommer 1970 war 99 5901 in der Nähe des Bf Gernrode (Harz). Nicht alle Vorfälle wurden den vorgesetzten Dienststellen (Rba Aschersleben und Rbd Magdeburg) gemeldet (siehe S. 79 ff.). Auch dieses Ereignis ist in den offiziellen Unterlagen nicht verzeichnet. Foto: J.-P. Fried

de (Harz)–Harzgerode verkehrten jetzt werktags fünf Zugpaare. Außerdem fuhr ein Zug von Harzgerode nach Alexisbad. An Sonn- und Feiertagen pendelten zwischen Gernrode (Harz) und Alexisbad drei sowie zwischen Alexisbad und Harzgerode vier Zugpaare. Lediglich zwischen Alexisbad und Straßberg (Harz) blieb die Zahl der Reisezüge unverändert. Hier kamen werktags nach Straßberg (Harz) vier und in der Gegenrichtung fünf Züge zum Einsatz. An Sonn- und Feiertagen genügten zwei Zugpaare den Erfordernissen. Noch immer waren alle Züge für die Beförderung von Güterwagen vorgesehen. Die meisten Züge verkehrten als Gmp. Als Personenzug mit Personenbeförderung (Pmg) waren lediglich die Züge 14452, 14453, 14454, 14455 und 14456 ausgewiesen. Außerdem verkehrten werktags in den Morgenstunden der N 67786 Gernrode (Harz)–Straßberg (Harz) und der N 67790 Gernrode (Harz)–Harzgerode. An Sonn- und Feiertagen sah der Fahrplan das Zugpaar N 67785/67786 Gernrode (Harz)–Straßberg (Harz) vor. Mussten die Güterzüge aufgrund ihrer Last in Gernrode (Harz) bzw. Mägdesprung getrennt und in zwei Teilen zur Hst Sternhaus-Ramberg gebracht werden, verkehrten zusätzlich ab Gernrode (Harz) bzw. Mägdesprung die Übergaben (Üb) 74754 und 74755. Obwohl der langfristige Erhalt der Selketalbahn beschlossene Sache war, ging die dringend notwendige Instandsetzung der Gleisanlagen nur langsam voran. Dies hatte schwerwiegende Folgen: Am 4. Oktober 1974 entgleiste ein Zug aufgrund einer Spurerweiterung in der Nähe des Haltepunktes (Hp) Drahtzug. Wie durch ein Wunder kam das Personal mit dem Schrecken davon. Die wenigen Reisenden erlitten ein paar Prellungen und Schürfwunden. Der Sachschaden war enorm. Der kombinierte Reisezug-Gepäckwagen 902-301 und der vierachsige Personenwagen 900-452 mussten an Ort und Stelle verschrottet werden. Die Rbd Magdeburg reagierte umgehend: Sie sperrte die Selketalbahn für den Personenverkehr. Bahnmeistereien aus dem gesamten Direktionsbereich mussten Material und Arbeitskräfte abstellen, damit der Oberbau

instandgesetzt werden konnte. Als Arbeitszuglok diente meist 99 6001. Ab 1. Juni 1975 fuhren dann wieder Reisezüge durch das Selketal.

In der zweiten Hälfte der 1970er-Jahre verschlechterte sich der technische Zustand der inzwischen fast 75 Jahre alten Malletloks. 99 5902 galt dabei als das Sorgenkind. Noch vor Ablauf der Kesselfrist am 10. Februar 1975 verweigerte die Technische Überwachung (Tü) der Rbd Magdeburg unter Hinweis auf den schlechten Allgemeinzustand eine weitere Fristverlängerung für die Lok, die seit 10. Februar 1972 insgesamt 88.441 km zurückgelegt hatte. Die Tb-Gruppe führte die Maschine ab 11. Februar 1975 als »w«, bevor sie am 23. April 1975 im Raw Görlitz eintraf. Nach der Schadaufnahme beantragte das Werk die Ausmusterung der 99 5902, was aber die HvM nach Rücksprache mit der VdM ablehnte, da das Bw Wernigerode auf die Maschine nicht verzichten konnte. Gut vier Monate später, am 15. August 1975, gehörte 99 5902 wieder zum Betriebspark. Aber ihr Einsatz währte nur wenige Wochen. Aufgrund zahlreicher Mängel musste die Maschine erneut dem Raw Görlitz zugeführt werden, wo die notwendigen Nacharbeiten (NA; 10.11.1975–26.02.1976) einige Monate in Anspruch nahmen. 99 5902 war kein Einzelfall. Nur mit viel Geschick und Improvisationsvermögen gelang es den Mitarbeitern der Abteilung Triebfahrzeug-Unterhaltung (Tu) und des Raw Görlitz, die Malletloks betriebsfähig zu erhalten.

Auch die zuständigen Stellen auf Bezirks- und Kreisebene wussten um die Probleme und drängten daher ab 1978 auf den Wiederaufbau des Abschnitts Straßberg (Harz)–Stiege. Der Vorsitzende der Plankommission des Rates des Kreises Quedlinburg erklärte auf einer Sitzung am 29. November 1978: *»Mit der Ringschließung (Selketalbahn-Harzquerbahn) besteht die Voraussetzung, den Güterverkehr im Rollbockverkehr* durchzuführen. Mit der Einführung des Rollbockverkehrs ergeben sich wesentliche Verbesse-*

---

* Angabe laut Sitzungsprotokoll. Gemeint ist der Einsatz von Rollwagen.

Am 1. Mai 1971 stand 99 5905-7 (ex 99 5905) im Bf Alexisbad. Trotz ihres Zylinderschadens (siehe S. 230) war die Maschine bei den Lokführern und Heizern der Est Gernrode (Harz) überaus beliebt. Sie galt als zugstark, zuverlässig und als guter »Dampfkocher«. Deshalb war sie bis zum letzten Tag ihrer Untersuchungsfristen im Einsatz. Foto: Archiv D. Endisch

Hinter dem Lokschuppen in Gernrode stand dieser kleine gemauerte Schuppen, der ursprünglich als Öllager diente. Foto: D. Endisch

rungen für die verladende Wirtschaft (Wegfall der Umladearbeiten in Gernrode). Die Durchführung der Ringschließung muß umso dringlicher vorangetrieben werden, da sich der derzeitige Zustand des Schmalspurwagenparkes sowie der (...) eingesetzten 5 Mallet-Lokomotiven ständig verschlechtert.« Doch die notwendigen Investitionen waren enorm. Angesichts stets knapper Material- und Arbeitskräfteressourcen sowie der geringen verkehrlichen Bedeutung, die die Selketalbahn im Vergleich zu anderen Strecken im Direktionsbereich hatte, besaß der Wiederaufbau des Abschnitts Straßberg (Harz)–Stiege für die Rbd Magdeburg noch keine Priorität.

Inzwischen besuchten Eisenbahnfreunde aus aller Welt die Selketalbahn, um hier die letzten in Deutschland planmäßig eingesetzten Mallet-Maschinen fotografieren zu können. Ein besonders beliebtes Motiv war ab dem Winterfahrplan 1977/78 die tägliche Doppelausfahrt im Bf Alexisbad gegen 11.45 Uhr. Fast zeitgleich verließen der Pmg 14454 nach Harzgerode und der Gmp 69714 nach Straßberg (Harz) den Trennungsbahnhof.

Die alltäglichen Probleme, die der Einsatz der Baureihe 99⁵⁹ mit sich brachte, und die widrigen Arbeitsbedingungen für das Lokpersonal kannten die Wenigsten. Für die Heizer war der Dienst auf den Malletloks kein Vergnügen. Die Personale sagen nicht ohne Grund: »Bei einer Mallet muss man die Kohle dreimal anfassen.« Der Kohlenkasten links vor dem Führerhaus war für den oftmals schlechten Brennstoff zu klein. War der Kasten voll,

schippten Lokführer und Heizer auch noch Kohle in den Führerstand. Eine kleine Holzwand sorgte dafür, dass der Lokführer nicht in den Kohlen stehen musste. Der Heizer thronte hingegen auf »seinem« Brennstoffberg. Das galt auch für 99 6101 und 99 6102. War die Steigung hinauf zum Ramberg bezwungen, konnte sich der Heizer keineswegs ausruhen, denn nun betätigte der Lokführer die Saugluftbremse, was den Dampf- und Wasserverbrauch bei den Mallets und »Fiffi« in die Höhe trieb. Nicht selten kamen die Maschinen lediglich mit »Restdampf« und »Schnippelwasser« in Mägdesprung an. Bei längeren Umläufen musste das Personal während des Wassernehmens im Bf Alexisbad aus einem bereitstehenden offenen Güterwagen Brennstoff nachbunkern. Am Ende der Schicht forderte die Baureihe 99⁵⁹, ebenso wie die Baureihen 99⁶⁰ und 99⁶¹, noch einmal richtig Heizerschweiß. Da diese Dampfloks keinen Kipprost besaßen, mussten die Heizer bzw. Betriebsarbeiter mit Hilfe einer eisernen Schlackeschaufel die Verbrennungsrückstände mühsam vom Rost entfernen.

Ab Sommer 1978 setzte das Bw Wernigerode häufiger 99 5901 vor dem Traditionszug nach Benneckenstein ein, so dass die Maschine immer seltener auf der Selketalbahn zu sehen war. 99 5902, 99 5904, 99 5906, 99 6001 und 99 6102 bildeten nun den Fahrzeugstamm der Est Gernrode (Harz), wo außerdem noch der zum Gerätewagen umfunktionierte ehemalige T 1 stationiert war. Nach der gründlichen Sanierung des Ober-

Bis Ende der 1990er-Jahre waren in der Est Gernrode (Harz) für die Zwischenlagerung und den Abtransport der Verbrennungsrückstände einige so genannte Schlackewagen (siehe S. 74 f.) vorhanden. Heute werden Rauchkammerlösche und Schlacke mit herkömmlichen Schuttcontainern abtransportiert. Foto: D. Endisch

Verwendung der Lokomotiven in der Est Gernrode (1970–1987)

15. Juni 1970

Einsatz	99	5901	5905	6001
Gerätewagen	187	001		
Reserve (kalt)	99	5902	5903	
»w«	99	5906		
Raw	99	5904 (L2: 04.06.–30.07.1970)		

1. Mai 1971

Einsatz	99	5901	5903	5905
Gerätewagen	187	001		
Reserve (kalt)	99	5904	5906	
»w«	99	5902		
Raw	99	6001 (L4: 25.03.–01.07.1971)		

1. Oktober 1972

Einsatz	99	5901	5902	6001
Gerätewagen	187	001		
Reserve (kalt)	99	5903	5906	
»w«	99	5904	5905	

15. April 1973

Einsatz	99	5901	5902	5904
Gerätewagen	187	001		
Reserve (kalt)	99	6001		
»w«	99	5905		
Raw	99	5903 (L7: 24.01.–23.04.1973)		
		5906 (L6: 14.03.–23.05.1973)		

15. Juli 1974

Einsatz	99	5901	5904	6001
Gerätewagen	187	001		
Reserve (kalt)	99	6102		
Raw	99	5902 (L0: 09.04.–08.08.1974)[1]		
		5906 (L5: 27.05.–08.08.1974)		

1. August 1975

Einsatz	99	5901	5906	6001
Gerätewagen	187	001		
Reserve (kalt)	99	6102		
Raw	99	5902 (L6: 23.04.–14.08.1975)		
		5904 (L0: 31.07.–05.11.1975)[1]		

15. Juli 1976

Einsatz	99	5906	6001	6101
Gerätewagen	187	001		
Reserve (kalt)	99	5901	5902	
Raw	99	5904 (L7: 12.07.1976–27.03.1979)		

15. Mai 1977

Einsatz	99	5902	6001	6101
Gerätewagen	187	001		
Reserve (kalt)	99	6102		
»w«	99	5901		
Raw	99	5904 (L7: 12.07.1976–27.03.1979)		
		5906 (L0: 09.05.–03.06.1977)[1]		

15. Juli 1978

Einsatz	99	5901	5902	6001
Gerätewagen	187	001		
Reserve (kalt)	99	6102		
Raw	99	5904 (L7: 12.07.1976–27.03.1979)		
		5906 (L0: 27.06.–20.07.1978)[1]		

30. Juli 1979

Einsatz	99	5901	5902	5904
Gerätewagen	187	001		
Reserve (kalt)	99	6102		
Raw	99	5906 (L6: 04.12.1978–22.08.1979)		
	99	6001 (L0: 23.07.–22.09.1979)[1]		

31. Oktober 1980

Einsatz	99	5901	5906	6001
Reserve (kalt)	99	5903	6102	
»w«	99	5904[2]		
	187	001		
Raw	99	5902 (L0: 24.09.–05.12.1980)[1]		

1. Mai 1981

Einsatz	99	5902	5904	6001
Reserve (kalt)	99	5906	6102	
Raw	99	5901 (L6: 08.04.–01.07.1981)		
		5903 (L0: 03.03.–08.05.1981)		

1. November 1982

Einsatz	99	5901	5902	5904
Reserve (kalt)	99	6001		
»w«	99	5903		
Raw	99	5906 (L7: 04.08.–17.11.1982)		
		6101 (L7: 14.09.–01.12.1982)		

1. Juli 1983

Einsatz	99	5901	5904	5906	6001
Reserve (kalt)	99	6102		
Raw	99	5902 (L5: 25.04.–09.08.1983)		

15. Juni 1984

Einsatz	99	5904	5906	6001
Reserve (kalt)	99	5901	6102	
	199	006[3]		
Raw	99	5902 (L0: 13.06.–21.06.1984)[1]		

1. Juli 1985

Einsatz	99	5902	5906	6001
	199	006[3]		
Reserve (kalt)	99	6102		
»w«	99	5903		
Raw	99	5904 (L7: 15.05.–14.11.1985)		

31. Oktober 1986

Einsatz	99	5902	5906	6102
	199	006[3]		
Reserve	99	5904		
Reserve (kalt)	99	5901		
Raw	99	6001 (L5: 19.09.–03.11.1986)		

15. Juni 1987

Einsatz	99	5902	6001	7222
	199	006[3]		
Reserve (kalt)	99	5904	5906	

Anmerkungen:
1 Instandsetzung im Bw Wernigerode
2 verladen zum Transport in das Raw Görlitz
3 Rangierlok für den Bf Gernrode (Harz)

baus in den Jahren 1974/75 musste der seit 1. Juni 1970 als 187 001-3 bezeichnete Triebwagen kaum noch Ausrücken. Für das Jahr 1979 sind die letzten 31 Einsatztage nachgewiesen. Wenig später hatte das Einzelstück ausgedient. Ab 1. Januar 1981 zählte der Triebwagen zum Schadpark. Bis zu diesem Zeitpunkt hatte das Fahrzeug seit 1949 eine Gesamtlaufleistung von 164.439 km erbracht.

Doch der langfristige Erhalt des letzten Triebfahrzeugs der ehemaligen GHE war gesichert. Traditionsbewusste Eisenbahner in der VdM kannten den technikgeschichtlichen Wert des 187 001. Ihren Bemühungen ist es zu verdanken, dass die HvM auf eine Ausmusterung des Einzelstücks verzichtete und 187 001 stattdessen am 1. Januar 1983 den Status eines »Historischen Fahrzeugs« verlieh. Damit gehörte der Triebwagen zu den offiziellen Museumsfahrzeugen der DR, die für die Nachwelt erhalten bleiben sollten.

Im Sommer 1979 hatte die Rbd Magdeburg mit den Vorarbeiten für den Wiederaufbau des Abschnitts Straßberg (Harz)–Stiege begonnen. Doch erst ab 1981 wurde das Vorhaben mit Hochdruck vorangetrieben. Auslöser dafür war die Energiekrise in der DDR (siehe S. 165). Auf Anweisung des Ministerrates der DDR mussten in allen Bereichen der Volkswirtschaft flüssige Brennstoffe gespart werden. Im Verkehrswesen galt nun das Motto: »Von der Straße auf die Schiene!« Dadurch stiegen die Beförderungsleistungen auf der Selketalbahn deutlich an. Doch das allein rechtfertigte den Aufwand für den Neubau der 15,3 km langen Verbindung noch nicht. Der entscheidende Grund war der geplante Bau eines neuen Heizkraftwerkes auf dem Gelände des VEB Pyrotechnik Silberhütte, das auch die Wärmversorgung des VEB Vereinigte Holzwerke Silberhütte und einiger Betriebsferienheime in Alexisbad sicherstellen sollte. Die dafür benötigte Braunkohle – rund 30.000 t im Jahr – konnte nicht auf der Strecke Gernrode (Harz)–Silberhütte (Anhalt) transportiert werden. Eine sichere und rationale Versorgung des Heizkraftwerkes war nur mit Rollwagen aus Richtung Nordhausen Nord möglich. Nun ging alles ganz schnell: Ende 1981 begannen Mitarbeiter des Staatlichen Forstwirt-

Umlauf der Est Gernrode (Harz)

Dienstplan 5 (3 x BR 99⁹⁹); gültig ab 28. Mai 1978

Tag					
Pmg 14452	Gernrode	ab 9.59	Harzgerode	an 11.08	
Pmg 14445	Harzgerode	ab 11.27	Alexisbad	an 11.36	
Pmg 14454	Alexisbad	ab 11.46	Harzgerode	an 11.55	
Pmg 14457	Harzgerode	ab 12.05	Gernrode	an 13.14	
Gmp 69716	Gernrode	ab 14.24	Harzgerode	an 15.35	
Gmp 69717	Harzgerode	ab 15.45	Gernrode	an 17.35	Mo–Sa
Tag 2					
Gmp 69710	Gernrode	ab 6.25	Straßberg	an 7.51	
Pmg 14451	Straßberg	ab 8.09	Gernrode	an 9.39	
Gmp 69714	Gernrode	ab 10.40	Straßberg	an 12.16	
Gmp 69725	Straßberg	ab 12.41	Harzgerode	an 13.46	
Gmp 67713	Harzgerode	ab 14.06	Gernrode	an 15.33	
Tag 3					
Gmp 69712	Gernrode	ab 7.40	Harzgerode	an 8.54	
Gmp 69722	Harzgerode	ab 9.22	Straßberg	an 10.41	
Pmg 14453	Straßberg	ab 11.03	Gernrode	an 12.36	
Pmg 14456	Gernrode	ab 13.30	Straßberg	an 15.03	
Gmp 69726	Straßberg	ab 15.30	Harzgerode	an 16.34	
Gmp 69728	Harzgerode	ab 16.50	Straßberg	an 17.44	Mo–Fr
Gmp 69719	Straßberg	ab 18.11	Gernrode	an 19.50	Mo–Fr
Abweichungen:					
Tag 1					
Gmp 69717	Harzgerode	ab 15.45	Gernrode	an 16.59	So
Tag 3					
Pmg 14459	Harzgerode	ab 17.44	Gernrode	an 18.52	Sa + So

schaftsbetriebs damit, den alten Bahndamm zwischen Straßberg und Stiege zu roden. Ab September 1982 wurde dann vom Bf Straßberg (Harz) aus das Planum vorbereitet. Im Juni 1983 begannen Mitarbeiter des DR-

Ab 22. Mai 1977 bot die Selketalbahn den Eisenbahnfreunden mit der täglichen Doppelausfahrt in Alexisbad eine besondere Attraktion (bis 02.06.1984). Am 6. Februar 1982 verließen 99 6001-2 mit dem Gmp 69714 nach Straßberg (Harz) und 99 5901-6 mit dem Pmg 14454 nach Harzgerode den Bahnhof. Foto: D. Riehemann

Der Unfall bei Alexisbad

Am 10. März 1977 ereignete sich der bis heute schwerste Unfall in der Geschichte der Selketalbahn. Am frühen Morgen erreichte 99 5901 mit dem Gütezug mit Personenbeförerung (Gmp) 69721 um 4.50 Uhr den Bahnhof (Bf) Harzgerode. Am Schluss des Zuges, der an diesem Tag aus einem zweiachsigen Gepäck- und zwei vierachsigen Personenwagen bestand, befanden sich jeweils zwei vier- und zweiachsige offene Güterwagen, die mit Aluminium-Masseln für den VEB Druckguß- und Kolbenwerke Harzgerode beladen waren.

Vor der Rückfahrt mussten diese vier Wagen auf dem Ladegleis zum Entladen abgestellt werden. Dort standen bereits leere Güterwagen, die für die Rückfahrt nach Gernrode (Harz) vorgesehen waren. Die notwendigen Rangierarbeiten nahmen einige Zeit in Anspruch. Dabei unterlief dem Zugführer und dem Lokpersonal ein verhängnisvoller Fehler: Beim Umsetzen zweier leerer Wagen vergaßen sie, die beladene Wagengruppe an die Luftleitung anzuschließen. Damit die Rangierabteilung mit ihren drei Wagen wieder in das Hauptgleis einfahren konnte, fuhr der Lokführer bis in den Gefälleabschnitt (Neigung 1 : 30) vor der Bahnhofseinfahrt. Allerdings konnte er die Rangierabteilung nicht mehr anhalten, so dass

die Wagengruppe (12 Achsen) die 99 5901 talwärts schob. Trotz aller Bremsversuche und Gegendampfgebens gewannen die Wagen und die Lok immer mehr an Fahrt. Im Gleisbogen vor dem Bahnübergang der heutigen Bundesstraße 242 am km 1,62 entgleiste die Maschine und fiel die Böschung herunter. Lokführer und Heizer konnten sich zuvor durch einen Sprung in die Wiese retten. Der Sachschaden war beträchtlich: 99 5901 wurde schwer beschädigt. Zwei Güterwagen wurden am 15. April 1977 ausgemustert sowie an Ort und Stelle zerlegt.

Die Bergung der 99 5901 war aufgrund der sumpfigen Wiese schwierig. Da Kräne nicht eingesetzt werden konnten, musste die Bahnmeisterei Aschersleben vom Bahnübergang aus ein Hilfsgleis in die Wiese legen. Erst am 29. April 1977 konnte die Maschine aufgerichtet und aufgegleist werden. Anschließend schleppte eine Tatra-Zugmaschine die Lok über das Hilfsgleis bis zum Bahnübergang, wo 99 5901 auf das Streckengleis gesetzt und von 99 6102 zum Bf Alexisbad geschleppt wurde. Anschließend gelangte die Lok in das Reichsbahnausbesserungswerk Görlitz, wo sie im Zuge einer Hauptuntersuchung (L7; 01.06.–29.11.1977) instandgesetzt wurde.

Am Morgen des 10. März 1977 ereignete sich der bisher schwerste Unfall in der Geschichte der Selketalbahn. Mit Hilfe der 99 6001-4 (ex 99 6001) wurden zunächst die entgleisten Güterwagen geborgen.
Foto: Nachlass W. Steinke (†)

Die mit Aluminium-Masseln beladenen Güterwagen, die nicht an die Bremsleitung angeschlossen waren, schoben 99 5901-6 (ex 99 5901) talwärts in Richtung Alexisbad. Nach etwa 1 km entgleisten die Lok und die Wagen in einem Gleisbogen vor dem Bahnübrgang am km 1,62.
Foto: Nachlass W. Steinke (†)

Gleisbaubetriebes Magdeburg von Stiege aus mit dem Verlegen der Schienen. Etwas später nahm auch in Straßberg eine Gleisbaukolonne ihre Arbeit auf. Für die benötigten Bauzüge griff die Est Gernrode (Harz) meist auf 99 6102 zurück. »Fiffi« befuhr schließlich auch als erste Dampflok die wiederaufgebaute Teilstrecke Straßberg (Harz)–Stiege. Allerdings verlief die Fahrt am 31. Oktober 1983 nicht ohne Probleme. Als Vorspannlok kam 99 6102 nach Straßberg (Harz). Von hieraus ging es als Lz-Fahrt weiter in Richtung Stiege. Unterwegs sollte »Fiffi« einen Bauzugwagen aufnehmen und diesen in Schrittgeschwindigkeit bis zum Bf Stiege schieben. Allerdings verhinderte ein auf der Strecke abgestellter Gleiskraftwagen (SKL) die Weiterfahrt. Also fuhr die Maschine zurück zum Bf Straßberg (Harz). Von dort wurde das Personal für den SKL herbeigerufen. Einige Stunden später konnte »Fiffi« nach Stiege fahren.

Einen Monat später, am 30. November 1983, eröffnete die Rbd Magdeburg offiziell die Strecke Straßberg (Harz)–Stiege. 99 5903, die als Reserve für die Est Gernrode (Harz) vorgesehen war, stand jedoch im Herbst 1983 in Wernigerode. Nach der Überführung ins Selketal stand die Maschine am 29. November 1983 »verkehrt herum« vor dem Lokschuppen in Gernrode, da der Eröffnungszug Esse voran von Stiege in Richtung Straßberg (Harz) fahren sollte. Am Morgen des 30. November 1983 fuhr 99 5903 als Vorspannlok vor dem Gmp 69710 (Zuglok 99 5906) bis zum Bf Straßberg (Harz). Als Lzz 27678 ging es dann weiter nach Stiege, wo die Lok aufgrund des einsetzenden dichten Schnellfalls mit etwa 30 Minuten Verspätung gegen 9 Uhr eintraf. Nach einer kurzen Ansprache zerschnitt der Vizepräsident für Anlagen der Rbd Magdeburg, Werner Müller, symbolisch das weiße Band. Anschließend stiegen Müller und die anderen geladenen Gäste in den Sonderzug ein, der aus vier Wagen des so genannten Traditionszuges bestand. Gegen 10.30 Uhr setzte sich der Dienstpersonenzug (Dstp) 27678 nach Güntersberge in Bewegung. Nachdem die Fahrgäste in Güntersberge

nach rund 25 Minuten Fahrzeit den Zug für die offizielle Feierstunde in der Gaststätte »Goldener Löwen« verlassen hatten, brachten Lokführer Manuel Berger (Tb-Gruppenleiter) und Heizer Dieter Hellmund den Zug als Lrv 27678 nach Straßberg (Harz). Dort spannte 99 5903 ab und fuhr als Lzv 27678 nach Alexisbad, wo die Vorräte ergänzt wurden. Anschließend ging es nach Nordhausen Nord zum Drehen. Erst gegen 20 Uhr stand 99 5903 wieder in der Est Gernrode (Harz). Der im Bf Straßberg (Harz) abgestellte Traditionszug wurde von 99 234 nach Wernigerode zurückgebracht.

5.1.10 Abschied von den Malletloks

Mit der Aufnahme des planmäßigen Personenverkehrs auf dem Abschnitt Straßberg–Stiege (Harz) am 3. Juni 1984 kam es zu gravierenden Änderungen im Betriebsablauf der Est Gernrode (Harz). Deren Maschinen erreichten nun planmäßig mit Personenzügen die Bahnhöfe Hasselfelde und Eisfelder Talmühle. Das erste Zugpaar P 14461/14462 bespannte 99 6001. Zwischen Straßberg (Harz)und Stiege mussten die Mallet-Maschinen auf längeren Abschnitten voll ausgefahren werden, was den Verschleiß erhöhte.

Nach der Aufnahme des Planbetriebs zwischen Straßberg (Harz) und Stiege gab die Tu-Gruppe die zeit- und personalaufwändigen Fristarbeiten in der Est Gernrode (Harz) auf. Die zum Plantag vorgesehene Maschine wurde fortan als Vorspannlok mit dem morgendlichen P 14461 oder als Lz-Fahrt nach Eisfelder Talmühle überführt. Dort übernahm meist Personal der Est Wernigerode die Lok und brachte sie zur Werkstatt im Bf Wernigerode Westerntor. Nach dem Abschluss der Arbeiten erfolgte die Überführung der Lok als Lz-Fahrt oder als Vorspann vor dem P 14401 nach Eisfelder Talmühle, wo sie von ihrem Stammpersonal in Empfang genommen wurde.

Nach dem Wiederaufbau der Selketalbahn war der Bf Lindenberg (Harz), ab 17. Mai 1953 als »Straßberg (Harz)« bezeichnet, Endstation. Am 29. April 1984 stand 99 5902-4 (ex 99 5902) abfahrtbereit im Bf Straßberg (Harz). Ab 3. Juni 1984 verkehrten wieder Personenzüge auf dem Abschnitt Straßberg (Harz)–Stiege. Foto: D. Riehemann

Höchstlastentafel für die Dampflokomotiven auf der Selketalbahn (gültig ab 31.05.1981)				
Höchstgeschwindigkeit 20 km/h				
Streckenabschnitt	**BR 99[59]**	**99 5906**	**BR 99[60]**	**BR 99[61]**
Gernrode–Sternhaus Ramberg	65 t	60 t	76 t	48 t
Sternhaus Ramberg–Mägdesprung	130 t	120 t	150 t	95 t
Mägdesprung–Alexisbad	100 t	90 t	120 t	72 t
Alexisbad–Harzgerode	65 t	60 t	76 t	48 t
Alexisbad–Silberhütte	100 t	90 t	120 t	72 t
Silberhütte–Straßberg	120 t	110 t	140 t	90 t
Straßberg–Silberhütte	120 t	150 t	180 t	120 t
Silberhütte–Alexisbad	72 t	90 t	120 t	72 t
Harzgerode–Alexisbad	135 t	125 t	150 t	100 t
Alexisbad–Mägdesprung	120 t	150 t	180 t	120 t
Mägdesprung–Sternhaus Ramberg	48 t	60 t	70 t	48 t
Sternhaus Ramberg–Gernrode	120 t	150 t	180 t	120 t

Parallel dazu konnte die Tb-Gruppe die Betriebsreserve in der Est Gernrode (Harz) deutlich verringern. Neben den drei für den Plandienst benötigten Maschinen waren hier meist nur noch zwei Reserveloks stationiert. Neu im Bestand der Est Gernrode (Harz) war ab Sommer 1984 die Kleindiesellok 199 006 (siehe S. 171). Diese erledigte den Rangierdienst an der Umladung sowie im Bahnhof und wurde für Verschubarbeiten in der Wagenwerkstatt genutzt. Als Ersatz war zeitweise 199 005 in Gernrode (Harz) stationiert.

Zu diesem Zeitpunkt bereitete die VdM die Ablösung der Baureihe 99[59] vor. Dazu erstellte die »Arbeitsgruppe Schmalspurbahnen« der Rbd Magdeburg im Dezember 1983 einen »Aufgaben- und Kontrollplan zur Herstel-

lung und Sicherung der Leistungsfähigkeit des Harzer Schmalspurnetzes« (siehe S. 168 ff.). Darin war u.a. die »oberbau- und streckentechnische Zulassung (...) der BR 99[72] auf den Strecken Straßberg–Alexisbad–Harzgerode und Alexisbad–Gernrode« vorgesehen. Dazu musste jedoch erst die notwendige Profilfreiheit geschaffen werden. Außerdem war die Beschaffung von Dieselloks sowie die Ablösung der Saugluft- durch die Druckluftbremse (siehe S. 166) geplant. Dies war notwendig, da die Bremsanlagen weitgehend verschlissen waren und wichtige Ersatzteile nur gegen Devisen im westlichen Ausland beschafft werden konnten. Daher musterte die Rbd Magdeburg zunächst die nicht mehr benötigten Schmalspurgüterwagen aus. Einige offene Güterwagen gehörten aber weiterhin zum Betriebspark, da sie für den Transport von Aluminiummasseln für den VEB Druckguss- und Kolbenwerk Harzgerode auf dem Abschnitt Gernrode (Harz)–Harzgerode benötigt wurden.

Im Sommer 1986 rüstete das Raw Görlitz 99 6001 (L0: 03.07.–28.07.1986) mit einer Druckluftbremse aus. Gemeinsam mit den ersten druckluftgebremsten Reisezugwagen traf die Maschine am 29. Juli 1986 im Bf Gernrode (Harz) ein. Als Reserve diente ab Spätsommer 99 6102, die in der Werkstatt Westerntor zuvor einen neuen Rohrsatz (13.08.–02.09.1986) und eine Druckluftbremse (Umbau am 31.01.1986) erhalten hatte. Bei den Einsätzen der 99 6102 auf der Verbindung Gernrode (Harz)–Eisfelder Talmühle/Hasselfelde zeigte sich, dass nach dem Einbau der Druckluftbremse der Wasser- und Kohleverbrauch deutlich gesunken waren.

In der Zwischenzeit waren die Pläne der DR bezüglich des Dampfbetriebs auf den Schmalspurbahnen im Harz kein Geheimnis mehr. Hans-Joachim Krauß, Hauptingenieur der HvM, schrieb im Heft 2/1986 der Zeitschrift »Schienenfahrzeuge«: »Mit dem Aufbau des Streckenabschnittes Straßberg–Stiege wurde die Verbindung der `Selketalbahn´ mit der `Harzquerbahn´ hergestellt. Auf diesem (...) Schmalspurnetz ist zur Abdeckung des höheren

Im Frühjahr 1986 stand 99 5902-4 (ex 99 5904) als Reserve im Lokschuppen der Est Gernrode (Harz). Rechts im Hintergrund hängt an der Schuppenwand eine kleine schwarze Blechtafel. Auf ihr waren mit Kreide die gerade im Plandienst verwendeten Maschinen und deren Einsätze für die nächsten vier Tage verzeichnet. Foto: J.-P. Fried

Als »NWE 11« beschildert ergänzte 99 5901-6 am 6. Februar 1982 am östlichen Wasserkran des Bf Alexisbad ihren Wasservorrat. Zu diesem Zeitpunkt besuchten zahllose Eisenbahnfreunde aus aller Welt die Selketalbahn, um hier die Baureihe 99[59], die letzten in Deutschland planmäßig eingesetzten Malletloks, zu fotografieren.   Foto: D. Riehemann

Beförderungsbedarfs (...) der z. Z. vorhandene Dampflokpark nicht mehr ausreichend. Verschärfend kommt hinzu, daß die auf der Selketalbahn eingesetzten Dampflokomotiven, insbesondere die Mallet-Lokomotiven BR 99[59], in ihren wesentlichsten Bauteilen die Verschleißgrenzen erreicht haben und nur noch mit sehr hohem Aufwand eine begrenzte Zeit einsatzfähig erhalten werden können. Die geführten Untersuchungen (...) haben zu dem Ergebnis geführt, (...) freiwerdende BR 110 zu Schmalspurtriebfahrzeugen für das 1.000 mm-Netz umzubauen. (...) Ab 1986 erfolgt der serienmäßige Umbau, wobei in der Perspektive die Ablösungen aller Dampfloks (...) vorgesehen ist.«
Die Vorbereitungen dazu hatten bereits begonnen. 1985 war die Verstärkung des Oberbaus auf der Verbindung Gernrode (Harz)–Harzgerode abgeschlossen. Bis zum Juli 1986 wurde im Selketal die notwendige Profilfreiheit für die Baureihe 99[23–24] geschaffen. Die Tb-Gruppe plante für den 10. Dezember 1986 den Einsatz einer 1′E 1′h2t-Maschine von Gernrode (Harz) aus. Die Wahl fiel auf 99 236. Doch kaum war die Lok im Bf Harzgerode eingetroffen, wo sie den N 67044 nach Gernrode (Harz) übernehmen sollte, musste die Neubaulok nach Nordhausen Nord gebracht werden. Doch das Ende der Baureihe 99[59] im Plandienst war nur noch eine Frage der Zeit, denn ab Januar 1987 stand der Est Gernrode (Harz) 99 222 zur Verfügung. Mit der Einheitslok begann die Ära der 1′E1′h2t-Maschinen auf der Selketalbahn.
Bei den Lokführern und Heizern der Est Gernrode (Harz) erfreute sich die Maschine sofort großer Beliebtheit. Mit ihrem vergleichsweise geräumigen Führerhaus bot 99 222 deutlich bessere Arbeitsbedingungen als die Malletloks. Die Vorräte waren mit 3 t Kohle und 8 m³ Wasser für den Einsatz nach Hasselfelde und Eisfelder Talmühle ausreichend bemessen. Die Leistung der Einheitslok reichte trotz der Haarrisse im Zylinder (siehe S. 175) völlig aus, um die aus maximal vier vierachsigen Personen- und einem zweiachsigen Gepäckwagen gebildeten Züge durch das Selketal zu ziehen. Meist bespannte die Maschine die Zugläufe P 14461/P 14462/P 14454 nach Eisfelder Talmühle und das Zugpaar P 14465/14466 nach Hasselfelde.

Dabei legte die Lok täglich rund 173 km im Streckendienst zurück. Da 99 222 mit einer Saugluft- und einer Druckluftbremse ausgerüstet war, übernahm sie fallweise auch die Gmp nach Harzgerode sowie das montags bis freitags in den Abendstunden verkehrende Zugpaar N 67735/67736 Gernrode (Harz)–Harzgerode.
Einige Wochen zuvor, im Herbst 1986, endete völlig überraschend der Einsatz der Baureihe 99[61] im Streckendienst. Ein Mitarbeiter der Rbd Magdeburg stellte nach einem Hinweis der Bm Wernigerode Westerntor und einem Blick in die gültige *»Übersicht über die Verwendbarkeit der Triebfahrzeuge auf den Strecken der Reichsbahndirektion Magdeburg«* (ÜVT) fest, dass 99 6101 und 99 6102 mit einer Achsfahrmasse von 11 t für die Schmalspurbahnen im Harz zu schwer waren. Hier waren nur 10 t erlaubt. Obwohl die beiden Dreikuppler seit mehr als 65 Jahren im Harz eingesetzt wurden und die Bestimmungen der ÜVT seit Jahren bekannt waren, verfügte die Rbd Magdeburg erst jetzt die umgehende Außerbetriebsetzung der Dreikuppler. Die Baureihe 99[61] durfte nur noch im Rangierdienst in Wernigerode verwendet werden. Daraufhin wurde 99 6102 am 3. November 1986 mit einer Sondergenehmigung mit 10 km/h von Gernrode (Harz) nach Wernigerode überführt. Nach Abschluss der Fristarbeiten wurde die Maschine wieder angeheizt und am 5. November 1986 nach Gernrode (Harz) gebracht. Dort staunten die Eisenbahner: Was sollten sie mit einer Maschine, die sie nicht im Streckendienst einsetzen durften? Daher stand »Fiffi« einige Wochen kalt im Lokschuppen der Est Gernrode (Harz), bevor sie sich am 7. Januar 1987 zum (vorerst) letzten Mal mit eigener Kraft bewegte. Als Lz 97747 gelangte 99 6102 wieder nach Wernigerode, wo sie bis zum Ablauf ihrer Kesselfrist am 27. Januar 1987 kalt abgestellt wurde. Als Ersatz übernahm die Est Gernrode (Harz) am 13. Januar 1987 kurzzeitig die Neubaulok 99 246.
Zu diesem Zeitpunkt verlor die Baureihe 99[59] zusehends an Bedeutung. Die Tb-Gruppe bemühte sich intensiv um eine Ablösung der Malletloks, deren Instandhaltungskosten und Ausfallzeiten immer weiter anstiegen.

Umlauf der Est Gernrode (Harz)

Dienstplan 5 (2 x BR 99⁵⁹ + 1 x BR 99⁶⁰); gültig ab 2. Juni 1985

Tag

Gmp 69731	Gernrode	ab 10.05	Straßberg	an 11.39
Gmp 69732	Straßberg	ab 11.57	Gernrode	an 13.26
Gmp 69717	Gernrode	ab 14.25	Harzgerode	an 15.32
Gmp 69726	Harzgerode	ab 15.49	Alexisbad	an 15.59
P 14459	Alexisbad	ab 16.23	Harzgerode	an 16.33
Gmp 69716	Harzgerode	ab 16.47	Gernrode	an 17.55

Tag 2

P 14461	Gernrode	ab 6.13	Eis. Talmühle	an 8.37
P 14462	Eis. Talmühle	ab 9.18	Hasselfelde	an 10.02
P 14464	Hasselfelde	ab 10.22	Gernrode	an 12.44
P 14465	Gernrode	ab 13.49	Hasselfelde	an 16.05
P 14466	Hasselfelde	ab 17.10	Gernrode	an 20.09

Tag 3

Gmp 69711	Gernrode	ab 7.40	Harzgerode	an 8.41
Gmp 69712	Harzgerode	ab 8.50	Gernrode	an 9.57
P 14451	Gernrode	ab 10.40	Harzgerode	an 11.50
P 14452	Harzgerode	ab 11.59	Alexisbad	an 12.09
P 14457	Alexisbad	ab 12.25	Harzgerode	an 12.35
Gmp 69723	Harzgerode	ab 12.45	Straßberg	an 13.28
Gmp 69724	Straßberg	ab 13.38	Alexisbad	an 14.20
P 14448	Alexisbad	ab 14.33	Gernrode	an 15.34
P 14453	Gernrode	ab 16.35	Straßberg	an 18.02
P 14454	Straßberg	ab 18.12	Gernrode	an 19.28

Umlauf der Est Gernrode (Harz)

Dienstplan 5 (2 x BR 99⁵⁹ + 1 x BR 99⁶⁰); gültig ab 1. Juni 1986

Tag

P 14461	Gernrode	ab 6.16	Eis. Talmühle	an 8.45	
P 14462	Eis. Talmühle	ab 9.07	Gernrode	an 12.14	
P 14465	Gernrode	ab 13.46	Hasselfelde	an 16.08	
P 14466	Hasselfelde	ab 16.40	Gernrode	an 19.56	

Tag 2

Pmg 14451	Gernrode	ab 7.38	Harzgerode	an 8.42	
Pmg 14452	Harzgerode	ab 8.52	Gernrode	an 10.00	
Gmp 69711	Gernrode	ab 11.00	Harzgerode	an 12.04	
Gmp 69712	Harzgerode	ab 12.14	Gernrode	an 13.24	
Gmp 69717	Gernrode	ab 14.23	Harzgerode	an 15.28	
Gmp 69715	Harzgerode	ab 15.37	Alexisbad	an 15.48	
Pmg 14459	Alexisbad	ab 16.07	Harzgerode	an 16.18	
Gmp 69716	Harzgerode	ab 16.35	Gernrode	an 17.43	

Tag 3

P 14463	Gernrode	ab 10.07	Stiege	an 12.09	
P 14464	Stiege	ab 12.40	Harzgerode	an 14.10	
Pmg 14454	Harzgerode	ab 14.24	Gernrode	an 15.36	
P 14457	Gernrode	ab 16.23	Straßberg	an 17.55	
Lrv 14457	Straßberg	ab 18.05	Gernrode	an 19.23	Mo–Fr

Abweichung:

Tag 3

Pmg 14458	Straßberg	ab 18.05	Gernrode	an 19.23	Sa + So

Beispielsweise mussten 99 5902 und 99 5904 im Jahr 1984 zwei- bzw. viermal im Rahmen einer L0 instandgesetzt werden. Ab Herbst 1984 erhielt 99 5904 im Raw Görlitz eine L7 (20.11.1984–08.02.1985). In den folgenden Wochen und Monaten spitzte sich die Lage weiter zu.

Im Januar und Februar 1987 – 99 5903 war im Raw Görlitz (L5: 16.12.1986–13.03.1987) und 99 5902 und 99 5904 wurden als »w« geführt – setzte die Est Gernrode (Harz) neben 99 222 und 99 6001 mindestens eine Maschine der Baureihe 99²³⁻²⁴ ein. Erst im Frühjahr 1987 lief wieder eine Mal-

99 5904-0 (ex 99 5904) stand am 27. September 1986 als kalte Reservelok vor dem Lokschuppen der Est Gernrode (Harz). Ein Riss in der Feuerbüchse beendete im Sommer 1988 den Einsatz der Maschine, die bei den Eisenbahnern keinen guten Ruf besaß. Die Lok wurde aufgrund ihres hohen Verbrauchs als »Wasserwagen« bezeichnet. Foto: D. Riehemann

Im Sommer 1989 rangierte 199 005-0 mit einem Schlackewagen im Bf Gernrode (Harz). Die Kleindiesellok des LKM-Typs V 10 V hatte erst wenige Wochen zuvor im Raw Halle (Saale) eine Hauptuntersuchung (V 7; 07.11.1988–03.05.1989) erhalten.
Foto: Th. Rieger, Archiv D. Endisch

letlok im Plan 5 mit. Dafür standen zunächst 99 5902 und 99 5906 sowie nach einer L0 (13.04.–11.05.1988) auch 99 5904 zur Verfügung.

Während der Festwoche (07.–16.08.1987) anlässlich des 100-jährigen Jubiläums der Selketalbahn waren letztmalig alle fünf Maschinen der Baureihe 99[59] in der Est Gernrode (Harz) versammelt. 99 5901 und 99 5903 bespannten gemeinsam den Traditionszug, mit dem sie täglich einmal von Gernrode nach Harzgerode und zurück fuhren. Am 7., 8., 9., 14., 15. und 16. August 1987 verkehrte am Nachmittag zusätzlich ein Sonderzug auf der Relation Gernrode (Harz)–Straßberg (Harz). 99 5902 und 99 5904 wurden hingegen im Plandienst eingesetzt. 99 5906 wurde auf der kleinen Lokausstellung im Bf Gernrode (Harz) gezeigt.

Nach der Festwoche übernahmen wieder 99 222 und 99 6001 den Plandienst. Außerdem kam 99 5906 zum Einsatz. Die Malletlok bespannte in erster Linie die Züge nach Harzgerode, die in einem eigenen Umlauf, von den Eisenbahnern der Est Gernrode (Harz) als »Kirchturm-Renner« bezeichnet, zusammengefasst waren. 99 5902 und 99 5904 dienten als Betriebsreserve in der Est Gernrode (Harz).

Völlig überraschend schied 99 222 am 9. November 1987 aus dem Plandienst aus. Der Haarriss im linken Zylinder hatte sich derart vergrößert, so dass nun ständig Dampf aus dem Schieberkasten austrat. Der dadurch verursachte Leistungsverlust machte einen weiteren Einsatz der Maschine unmöglich. Als Ersatz verfügte die Tb-Gruppe 99 244 zur Est Gernrode (Harz), die außerdem 99 5904 (im Wechsel mit 99 5906) und 99 6001 einsetzte. Zwischen Weihnachten 1987 und Januar 1988 half zeitweilig 99 5901 im Plandienst aus. Engpässe bei der Baureihe 99[23–24] und ein längerer Aufenthalt der 99 6001 im Raw Görlitz (L5+L0: 11.01.–20.05.1988) führten am 1. Februar 1988 zu einer Rückkehr von 99 5902, 99 5904 und 99 5906 in den Plandienst. Als Reserve stand in der Est Gernrode (Harz) nur noch 99 5901 zur Verfügung. Doch der Einsatz der Mallet-Maschinen führte zu Problemen bei der Zugbildung. Mit der Umstellung des Fahrzeugparks von der Saugluft- auf die Druckluftbremse waren im Frühjahr 1988

im Bf Gernrode (Harz) nur noch fünf saugluftgebremste Personenwagen (KB 900-519–KB 900-523) stationiert. Die Züge nach Eisfelder Talmühle, Hasselfelde und Straßberg (Harz) bestanden daher lediglich aus zwei Reisezugwagen, die Züge nach Harzgerode oft nur aus einem Wagen. Vor allem an Wochenenden waren die Züge immer wieder überfüllt, was zu Beschwerden der Fahrgäste führte. Aufgrund der bevorstehenden Frühjahrsferien setzte die Tb-Gruppe Ende April 1988 zwei Neubauloks zur Est Gernrode (Harz) um. Im Gegenzug kamen 99 5901 und 99 5902 nach Wernigerode, wo sie für die Bespannung des »Harzer Touristenexpress« benötigt wurden. 99 5903 stand dafür nicht mehr zur Verfügung. Sie wurde noch vor Ablauf ihrer Kesselfrist am 1. Januar 1988 abgestellt und ab 20. November 1988 als Schadlok geführt.

Nach der Rückkehr der 99 6001 aus dem Raw Görlitz standen der Est Gernrode (Harz) neben einer Neubau-Maschine noch 99 5904 und 99 5906 zur Verfügung. Ein Riss in der Feuerbüchs-Rohrwand beendete im Sommer 1988 den Einsatz der 99 5904 (ab 06.11.1988 »w«), die am 15. Dezember 1988 in den z-Park verfügt wurde. Als Ersatz kehrte 99 5902 in das Selketal zurück, wo sie im September und Oktober 1988 die Zugpaare Gmp 69709/Pmg 14452, Gmp 69711/69712 und Gmp 69716/69717 auf der Strecke Gernrode (Harz)–Harzgerode bespannte*, bevor sie Anfang 1989 dem Raw Görlitz (L6: 30.01.–26.05.1989) zugeführt wurde.

Damit war 99 5906 die (vorerst) letzte Mallet-Maschine in der Est Gernrode (Harz). Ihr oblagen im Wechsel mit der 99 5901 weiterhin die Leistungen nach Harzgerode. Die Tb-Gruppe bemühte sich nach Kräften, 99 5906 durch eine Neubaulok zu ersetzen. Doch durch die ständigen Engpässe bei der Baureihe 99[23–24] verzögerte sich dieses Vorhaben immer wieder. Erst im April 1989 wurde 99 5906 nach Wernigerode überführt, wo sie nun als Reserve für 99 5901 (Planlok für den »Harzer Touristenexpress«) diente.

*ab 25. September 1988: Pmg 14451/14452, Gmp 69711/69712, Gmp 69716/69725 und Pmg 14459/Gmp 69716

Im Juli 1964 stand 99 5811 kalt in Gernrode (Harz). Der rostige Schornstein zeigt, dass die Tage der einstigen Lok GERNRODE gezählt waren. Gleichwohl besaß die Maschine noch immer ihre Lokschilder und die beiden Fabrikschilder. Foto: K. Kieper, Nachlass W. Zeunert (†)

99 5902 stellte im Juli 1967 an der so genannten Umladung des Bf Gernrode (Harz) ihren Zug zusammen. Rechts ist die ehemalige Schüttbühne zum Bekohlen zu sehen. Das Bw Wernigerode Westerntor stellte in den 1950er-Jahren einen Kohlekran auf, der später durch einen Raupendrehkrah ersetzt wurde. Foto: K. Kieper, Nachlass W. Zeunert (†)

99 5901 wurde im Juli 1963 vor dem Lokschuppen der Est Gernrode (Harz) abgeölt. Links unter dem Lokschild ist ein roter Kreis mit der Aufschrift »Cu« zu erkennen. Die Maschine besaß zu diesem Zeitpunkt noch eine Kupferfeuerbüchse. Erst ab 12. Januar 1964 war 99 5901 mit einer Stahlfeuerbüchse im Einsatz. Foto: K. Kieper, Nachlass W. Zeunert (†)

Die Tage der 99 5811 sind gezählt (Aufnahme vom Juli 1967). Ihrer Laternen beraubt und mit abgedecktem Schornstein wartete die Maschine im Bf Gernrode (Harz) auf ihre Verschrottung. Heute erinnern nur noch Fotos und mindestens zwei erhalten gebliebene Lokschilder an 99 5811. Foto: K. Kieper, Nachlass W. Zeunert (†)

Im Mai 1972 näherte sich 99 6001-4 (ex 99 6001) mit einem Gmp dem Bahnübergang am km 5,8 (bei Sternhaus-Haferfeld). Die beiden offenen Güterwagen hinter der Lok waren mit Flussspat aus dem ehemaligen Herzog-Schacht in Straßberg beladen.   Foto: R. Greinke

Im Mai 1972 pausierte 99 5902-4 (ex 99 5902-4) in Gernrode (Harz). Bei der letzten L7 (24.10.1971–09.02.1972) hatte das Raw Görlitz die Maschine mit zwei Kesselsicherheitsventilen der Bauart Ackermann ausgerüstet und den Flachschieberregler durch einen Nassdampf-Ventilregler der Bauart Schmidt & Wagner ersetzt. Foto: R. Lüderitz, Slg. J. Volkhardt

Mit einem sehenswerten Gmp war 99 5901-6 am 24. Juni 1972 bei Straßberg (Harz) unterwegs. Typisch für die Selketalbahn waren in den 1970er- und 1980er-Jahren die zwei-achsigen Gepäckwagen, die von der NWE stammten. Die 7,5 m langen Wagen besaßen ein 9,5 m² großes Packabteil und ein Dienstabteil für den Zugführer.   Foto: R. Greinke

Am 22. Februar 1972 wartete 99 5903-2 in Straßberg (Harz) mit dem Gmp 69725 auf die Rückfahrt nach Gernrode (Harz). Bis zur Einführung des Vereinfachten Neben-bahndienstes (am 01.10.1959) war die Station mit einem Fahrdienstleiter besetzt. Anschließend war hier bis 1984 noch ein Verkehrseisenbahner tätig. Foto: R. Greinke

m Herbst 1978 hatten 99 5902-4 (ex 99 5904) und 99 5906-5 (ex 99 5906-5) den Pmg 14452 Gernrode (Harz)–Harzgerode gemeinsam nach Alexisbad gebracht. Während 99 5906-4 nach dem Wassernehmen den Pmg 14452 allein weiter nach Harzgerode brachte, fuhr 99 5902-4 als Lokleerfahrt (Lz) zurück nach Gernrode (Harz).   Foto: R. Post

Am 30. Dezember 1976 legte 99 5902-4 (ex 99 5902) mit dem Pmg 14452 nach Harzgerode an der Hst Sternhaus-Ramberg einen kurzen Zwischenstopp ein. Die Haltestelle war mit 413 m über NN die höchstgelegene Station zwischen Gernrode (Harz) und Alexisbad.
Foto: J. Volkhardt

Gemächlich rollte 99 5904-0 (ex 99 5904) im Frühjahr 1984 durch Straßberg (Harz). Wenige Wochen später, am 3. Juni 1984, nahm die DR den planmäßigen Personenverkehr auf dem wieder aufgebauten Abschnitt Straßberg (Harz)–Stiege auf. Die Malletloks kamen damit bis nach Hasselfelde und Eisfelder Talmühle. Foto: J. Volkhardt

99 5904-0 (ex 99 5904) erreichte im Mai 1975 mit dem Gmp 69725 den Bf Alexisbad. Die Selketalbahn war ab Herbst 1971 die letzte Schmalspurbahn der DR, auf der alle Güter mit Schmalspurfahrzeugen befördert wurden. Dafür standen in den 1970er-Jahren etwa 40 zwei- und vierachsige Güterwagen zur Verfügung. Foto: R. Lüderitz, Slg. J. Volkhardt

99 5902-4 war am 29. April 1984 mit dem Gmp 69727 bei Alexisbad unterwegs. Am Zugschluss ist der kombinierte Personen-Gepäckwagen KBDwi 902-302 zu sehen. Der 1926 von der Waggonfabrik Wismar gebaute Wagen wurde 1973 in der WA Perleberg modernisiert. Dabei behielt das Fahrzeug aber sein altes Dach.   Foto: G. Kuschy, Slg. G. Ferrée

Nach einer L6 im Raw Görlitz wartete 99 6101-2 am 8. Mai 1978 auf einem Schmalspurtransportwagen im Bf Gernrode (Harz) auf ihre Entladung. Bei der Farbgebung der Maschine wurden das Lokschild an der Rauchkammer sowie die Rbd- und Bw Schilder am Führerhaus einfach überlackiert.   Foto: Th. Rieger, Archiv D. Endisch

Pünktlich um 11. 13 Uhr hatte 99 5901-6, alias »NWE 11«, am 6. Februar 1982 mit dem Pmg 14452 den Bf Mägdesprung erreicht. Am Zugschluss ist der kombinierte Personen-Gepäckwagen KBDwi 902-302 eingestellt. Seit 1995 gehört der Wagen zum so genannten Traditionszug der HSB. *Foto: G. Kuschy, Slg. G. Ferrée*

Gut aufgelegt hatte der Heizer, als 99 5902-4 am 29. April 1984 mit dem Gmp 69716 Alexisbad verließ. Die dunkle Rauchwolke war nicht der mangelhaften Feuerführung geschuldet, sondern der Qualität der Kohle. Auf den Schmalspurbahnen im Harz durfte seit Ende der 1960er-Jahre nur Steinkohle verfeuert werden. *Foto: G. Kuschy, Slg. G. Ferrée*

Im Sommer 1984 stand 99 6001-4 mit einem Reisezug in Alexisbad, dem ersten Stahlbad in Deutschland. Der Ort kann auf eine über 1.000-jährige Geschichte zurückblicken. Die Ursprünge reichen zurück bis ins Jahr 970, als nordöstlich von Mägdesprung die Benediktiner-Abtei Thankmarsfelde gegründet wurde.   Foto: Th. Rieger, Archiv D. Endisch

Vor der Weiterfahrt mit dem Gmp 69714 nach Straßberg (Harz) ergänzte das Lokpersonal der 99 6102-0 am 8. Oktober 1978 im Bf Alexisbad den Wasservorrat. Um sich ein wenig Arbeit zu sparen, haben die Eisenbahner die Lok nicht vom Zug abgekuppelt, sondern die Wagen mit zum Wasserkran vorgezogen.   Foto: Th. Rieger, Archiv D. Endisch

Bevor 99 5906-5 im Sommer 1988 Harzgerode verließ, blieb noch Zeit für einen kurzen Plausch. Bis zum 1. Oktober 1959 war die Station mit einem Fahrdienstleiter besetzt. Danach verblieb hier ein Eisenbahner, der die Schrankenanlage bediente, Fahrkarten verkaufte sowie Gepäck, Expressgut und Güter abfertigte. Foto: Th. Rieger, Archiv D. Endisch

99 6001-4 verließ im Sommer 1984 mit einem Zug nach Straßberg (Harz) den Bf Alexisbad und folgte weiter dem Lauf der Selke. Diese ist ein Nebenfluss der Bode und entspringt in einer Senke zwischen Stiege und Albrechtshaus auf einer Höhe von etwa 520 m über NN. Foto: Th. Rieger, Archiv D. Endisch

Mit der 99 7222-5, hier am 5. Juli 1987 zwischen Mägdesprung und Drahtzug, begann im Januar 1987 der planmäßige Einsatz der 1´E1´h2t-Maschinen auf der Selketalbahn. Um die Baureihen 99^{22} und 99$^{23-24}$ hier einsetzen zu können, musste vorher der Oberbau verstärkt und die notwendige Profilfreiheit geschaffen werden. Foto: G. Gattermann

Dank ihrer doppelten Bremsausrüstung konnte 99 7222-5 auf der Selketalbahn vor saug- und druckluftgebremsten Wagen eingesetzt werden. Am 5. Juli 1987 bestand der P 14465 Gernrode (Harz)–Hasselfelde, hier beim Überqueren der Brücke über den Uhlenbach bei Silberhütte, aus einer der so genannten Saugluft-Garnituren. Foto: G. Gattermann

Trotz eines Haarrisses im Zylinder waren die drei vierachsigen Personenwagen für die rund 700 PSi starke 1É1´m h2t-Maschine keine Herausforderung. Im Sommer 1987 schleppte 99 7222-5 den P 14461 Gernrode (Harz)–Eisfelder Talmühle durch das Selketal bei Straßberg (Harz).

Foto: G. Gattermann

Die Est Gernrode (Harz) bespannte mit der Einheitslok bevorzugt die Personenzüge nach Eisfelder Talmühle und Stiege/Hasselfelde. Am 5. Juli 1987 war 99 7222-5 mit dem P 14465 nach Hasselfelde bei Straßberg (Harz) unterwegs.

Foto: G. Gattermann

99 7242-3 hatte im Frühjahr 1990 mit ihrem Zug gerade den Bahnübergang hinter dem Hp Sternhaus-Haferfeld passiert und holte nun Schwung für die bevorstehende Steigung hinauf zum Bf Sternhaus-Ramberg. Zwischen den beiden Stationen musste die Maschine einen Höhenunterschied von 32 m überwinden.   Foto: Th. Rieger, Archiv D. Endisch

Zwischen 1985 und 1988 fuhren einige Dampfloks der Est Gernrode (Harz) »verkehrt herum« auf der Selketalbahn. Dies galt auch für 99 7238-1, hier im Sommer in Alexisbad. Die Maschine fuhr nicht, wie üblich, Esse voran nach Harzgerode bzw. Hasselfelde, sondern Tender voran. Das Drehen der Lok erfolgte auf der Wendeschleife im Bf Stiege. Von dieser Richtungsänderung versprach sich das Bw Wernigerode eine gleichmäßigere Abnutzung der Radreifen.   Foto: Th. Rieger, Archiv D. Endisch

Im Spätsommer 1987 passierte 99 7239-9 mit dem Gmp 69717 nach Harzgerode den Hp Sternhaus-Haferfeld. Die am Zugschluss eingestellten offenen Güterwagen waren mit Aluminium-Masseln für den VEB Druckguss- und Kolbenwerk (DKWH) Harzgerode beladen. *Foto: Th. Rieger, Archiv D. Endisch*

Im Sommer 1987 stand 99 7240-7 mit dem P 14462 nach Harzgerode abfahrbereit im Bf Alexisbad. Besondere Beachtung verdient der weiße Anstrich an den oberen Kanten des Mischvorwärmerkastens. Dieser war kein Zierrat, den das Personal angebracht hatte, sondern aufgrund der Lademaßüberschreitung als Warnanstrich bei den Überführungen der Maschinen in das Raw Görlitz bzw. zurück vorgeschrieben. *Foto: Th. Rieger, Archiv D. Endisch*

An einem lauen Sommerabend 1988 hatte 99 7241-5 mit dem P 14457 den Bf Straßberg (Harz) erreicht. Werktags fuhr die Maschine mit dem Wagenpark als Lrv 14457 zurück nach Gernrode (Harz). Nur an Wochenenden und Feiertagen verkehrte der P 14458 als Rückleistung.   *Foto: Th. Rieger, Archiv D. Endisch*

Umlauf der Est Gernrode (Harz)

Dienstplan 5a (1 x BR 99[59]); gültig ab 31. Mai 1987

Tag				
Pmg 14451	Gernrode	ab 7.40	Harzgerode	an 8.42
Pmg 14452	Harzgerode	ab 8.52	Gernrode	an 10.00
Gmp 69711	Gernrode	ab 10.55	Harzgerode	an 12.10
Gmp 69712	Harzgerode	ab 12.20	Gernrode	an 13.30
Gmp 69713	Gernrode	ab 14.21	Harzgerode	an 15.25
Gmp 69725	Harzgerode	ab 15.37	Alexisbad	an 15.48
Pmg 14459	Alexisbad	ab 16.07	Harzgerode	an 16.18
Gmp 69716	Harzgerode	ab 16.35	Gernrode	an 17.43

Kurze Zeit später kehrte 99 5902 aus dem Rw Görlitz zurück. Die Est Gernrode (Harz) setzte die Maschine ab 31. Mai 1989 für den »Kirchturm-Renner« ein. Doch die Freude an der Maschine währte nur kurz. Am 3. Juni 1989 brach kurz vor dem Bf Mägdesprung der rechte hintere Kurbelzapfen. Der Schaden wurde zwar in der Werkstatt in Wernigerode Westerntor behoben, in den Plandienst kehrte 99 5902 aber nicht zurück. Fortan bestritt die Est Gernrode (Harz) ihre Aufgaben mit 99 6001 und zwei Exemplaren der Baureihe 99[23–24]. Damit hatten die Malletloks nach über 30 Jahren auf der Selketalbahn ausgedient. Zwar kehrten 99 5902 und 99 5906 im Oktober 1989 noch einmal zur Est Gernrode (Harz) zurück, doch eine sinnvolle Verwendung gab es hier für die Maschinen nicht mehr, da nur noch zwei saugluftgebremste Reisezugwagen vorhanden waren. 99 5906 bespannte schließlich am 16. November 1989 den letzten planmäßigen saugluftgebremsten Reisezug auf der Selketalbahn. Am 12. Januar 1990 wurden 99 5902 und 99 5906 nach Wernigerode gebracht und dort konserviert abgestellt. 99 5906 wurde ab 6. April 1990 als »w« geführt und am 7. August 1990 z-gestellt. Gut zwei Jahre teilten sich nun 99 6001 und zwei Maschinen der Baureihe 99[23–24] die Leistungen auf der Selketalbahn.

5.1.11 Von der DR zur HSB

In der Zwischenzeit stand der Est Gernrode (Harz) wieder ein Triebwagen zur Verfügung. Im Zusammenhang mit den Vorbereitungen für die Feierlichkeiten zum 100-jährigen Jubiläum der Selketalbahn (siehe S. 241) hatte die VdM beschlossen, den ehemaligen T 1 der GHE (DR: 187 001) für Sonderfahrten auf den Schmalspurbahnen im Harz betriebsfähig aufarbeiten zu lassen. Doch dieses Vorhaben erwies sich als kompliziert, da kein Ausbesserungswerk die Instandsetzung des Einzelstücks übernehmen wollte. Daher beauftragte die VdM die Tu-Gruppe des Bw Haldensleben mit der Hauptuntersuchung des VT 133 522 und dem Umbau für den Sonderreiseverkehr. Die Meister und Schlosser der Triebwagen-Gruppe des Bw Haldensleben besaßen Erfahrungen hinsichtlich der Instandsetzung von Einzelgängern. Am 1. April 1987 begannen offiziell die Arbeiten. Das ehrgeizige Vorhaben der Rbd Magdeburg, den Triebwagen während der Feierlichkeiten im August 1987 der Öffentlichkeit vorzustellen, scheiterte aber am erforderlichen Arbeitsumfangs. Vor allem die neue Inneneinrichtung bereitete den Eisenbahnern in Haldensleben erhebliches Kopfzerbrechen. Da historische Sitzbänke nicht verfügbar waren, erhielt der VT 133 522 Sitzbänke aus Doppelstockwagen, die mit rotem Leder bezogen wurden. Damit besaß das Fahrzeug nun 22 feste und 6 Klappsitze. Die Fenster erhielten beigefarbene Vorhänge. Nach einer neuen Lackierung erhielt der Triebwagen die Anschrift »GHE T 1« und verließ am 28. August 1989 das Bw Haldensleben. Nach einigen Nacharbeiten im Bw Wernigerode traf der T 1 am 22. September 1989 in der Est Gernrode (Harz) ein. Die erste Probefahrt endete mit einem Fiasko – in der Nähe des Hp Sternhaus-Haferfeld (km 4,5) riss ein Motorpleuel ab. Die für den 4. Oktober 1989 geplante Abnahme des T 1 war damit hinfällig. Der Triebwagen wurde zurück nach Haldensleben gebracht. Dort bauten die Schlosser den Motor aus und ersetzten ihn durch ein anderes Aggregat. Am 15. Dezember 1989 kehrte der T 1 wieder nach Wernigerode zurück. Nach einer erfolgreichen Probefahrt wurde das Fahrzeug am 23. Dezember 1989 mit eigener Kraft nach Gernrode (Harz) überführt. Für die abschließende Abnahmefahrt und die erneute Inbetriebnahme für den Reiseverkehr musste die VdM jedoch noch einige Formalitäten erledigen. Am 10. Januar 1990 absolvierte der T 1 schließlich seine Abnahmefahrt von Gernrode (Harz) nach Alexisbad und zurück. Damit stand der Triebwagen nun für Sonderfahrten zur Verfügung.

Das Ausscheiden der Baureihe 99^{59} aus dem Plandienst machte Änderungen im Umlauf der Est Gernrode (Harz) notwendig. Für den Personenverkehr standen jetzt nur noch druckluftgebremste Reisezugwagen zur Verfügung. Für den Transport der Aluminiummasseln nach Harzgerode wurden hingegen weiterhin saugluftgebremste Güterwagen verwendet, die aber nicht mehr mit einem Gmp befördert werden konnten. Aus diesem Grund wurde mit dem Fahrplanwechsel am 28. Mai 1989 auf dem Abschnitt Gernrode (Harz)–Harzgerode das bei Bedarf in den frühen Morgenstunden verkehrende Zugpaar N 67043/67044 eingelegt. Doch die politische Wende in der DDR und die damit verbundenen wirtschaftlichen Umbrüche machten diese Leistung nach nur wenigen Monaten überflüssig. 99 242 bespannte am 2. April 1990 den letzten Schmalspur-Güterzug auf der Selketalbahn. Damit hatte auch 199 006 als Rangierlok im Bf Gernrode (Harz) ausgedient und wurde nach Wernigerode umgesetzt. Die Tage der 99 6001 in der Est Gernrode (Harz) waren ebenfalls gezählt. Nach der Sommersaison 1990 sollten die Wagen des Traditionszuges mit Druckluftbremsen ausgerüstet werden. Einen entsprechenden Umbau der 99 5902, der inzwischen letzten betriebsfähige Malletlok, verwarf die VdM aus Kostengründen. Stattdessen sollte 99 6001 den Traditionszug bespannen. Die Tb-Gruppe zog 99 6001 am 14. Januar 1990 aus dem Selketal ab, wo fortan drei Neubau-Maschinen die Zugförderung übernahmen. 99 233, 99 235 und 99 240 waren 1990 längere Zeit in der Est Gernrode (Harz) stationiert. Lediglich bei Lokmangel kehrte 99 6001 kurzzeitig

zur Selketalbahn zurück. Diese kurzen Gastspiele endeten im Sommer 1990.

Damit bestimmte nun die Baureihe 99$^{23-24}$ das Bild in der Est Gernrode (Harz). Im Laufe der Zeit waren alle 17 Exemplare auf der Selketalbahn im Einsatz. Zu den Planloks, die längere Zeit in Diensten der Est Gernrode (Harz) standen, gehörten 99 235, 99 237, 99 239, 99 240, 99 241, 99 242, 99 243 und 99 244.

Im Frühjahr 1991 rationalisierte die Tb-Gruppe den Triebfahrzeugeinsatz auf der Selketalbahn. Zuerst entfielen die personal- und kostenintensiven Überführungsfahrten für die Fristarbeiten zwischen der Est Gernrode (Harz) und der Werkstatt in Wernigerode Westerntor. Die zum Auswaschen vorgesehene Lok wurde fortan mit dem morgendlichen P 14461 nach Eisfelder Talmühle gebracht, wo sie gegen die Zuglok des P 14401 Wernigerode–Nordhausen Nord ausgetauscht wurde. Außerdem entfiel die (Dampflok-) Reserve in der Est Gernrode (Harz). Diese Aufgabe übernahm eine Diesellok der Baureihe 199^8.

Die Harzer Schmalspurbahnen GmbH (HSB), die am 1. Februar 1993 die Betriebsführung auf der Selketalbahn übernahm, war von Beginn an gezwungen, die Betriebskosten deutlich zu senken. Angesichts der geringen Auslastung der Personenzüge auf der Verbindung Gernrode (Harz)–Alexisbad–Harzgerode/Hasselfelde war es nur eine Frage der Zeit, wann die Zahl der Dampflokomotiven in der Est Gernrode (Harz) reduziert wird. Zunächst blieb der Dienstplan mit drei Maschinen unverändert. Lediglich 99 6001 – seit dem Frühjahr 1991 grün-rot lackiert und als »NWE 21« bezeichnet (siehe S. 185) – kehrte in den Plandienst zurück. Erst nach einer Hauptuntersuchung (08.08.–11.11.1994) im Werk Meiningen (ex Raw Meiningen) trug die Maschine wieder den bei der Reichsbahn typischen rot-schwarzen Anstrich.

Ein gutes Jahr später präsentierte die HSB ihr neues Unternehmens- und Betriebskonzept (siehe S. 188 f.), das erhebliche Folgen für den Fahrzeug-

Im Mai 1988 wurde in Gernrode mit Hilfe eines Raupendrehkrans des Typs RK 3 der Brennstoffvorrat der 99 7239-9 ergänzt. Zu diesem Zeitpunkt spielten die Mallet-Maschinen der Baureihe 99^{59} nur noch eine untergeordnete Rolle in der Zugförderung der Est Gernrode (Harz).   Foto: D. Endisch

einsatz hatte. Der Fahrplanwechsel am 2. Juni 1996 sah noch keine Einschränkungen für die Est Gernrode (Harz) vor, die noch immer neben der Stammlok 99 6001 zwei weitere Maschinen benötigte.

Der ab 4. November 1996 gültige Winterfahrplan brachte eine Ausweitung der Triebwagen-Einsätze. In der Est Gernrode (Harz) war fortan nur noch eine Dampflok stationiert, die täglich jeweils ein Zugpaar auf den Abschnitten Gernrode (Harz)–Alexisbad, Gernrode (Harz)–Harzgerode und Gernrode (Harz)–Hasselfelde bespannte. Auf dem Abschnitt Alexisbad–Stiege–Eisfelder Talmühle/Hasselfelde bestimmten fortan Triebwagen das Bild. Ab 1. Januar 1997 galt ein neuer Fahrplan. Dieser sah jeweils zwei Dampfzug-Paare auf den Relationen Gernrode (Harz)–Alexisbad und Alexisbad–Stiege sowie drei Zugpaare zwischen Alexisbad und Harzgerode vor. Mit Triebwagen, nun auch von der Est Gernrode (Harz) aus, wurden drei Zugpaare zwischen Gernrode (Harz) und Alexisbad gefahren.

Als Reserve für die Est Gernrode (Harz) diente zunächst eine Neubaulok der Baureihe 99[23–24]. Die 1´E1´h2t-Maschine war jedoch für die kurzen Züge auf der Selketalbahn überdimensioniert. Die HSB strebte daher eine Wiederaufarbeitung der 99 5906 und deren Stationierung in der Est Gernrode (Harz) an. Doch diese Idee war mit erheblichen Schwierigkeiten verbunden.

Die Reichsbahn hatte die Maschine am 16. Januar 1991 zum Preis von 21.000 D-Mark an den Deutschen Eisenbahn-Verein e.V. (DEV) in Bruchhausen-Vilsen verkauft. Der Verein, der die 7,8 km lange Museumsbahn Bruchhausen-Vilsen–Asendorf betreibt, bemühte sich schon seit Jahren um den Erwerb einer Malletlok. Der wenig später geplante Abtransport der Maschine stieß jedoch auf massiven Widerstand bei einigen Eisenbahnern des Bw Wernigerode und den Mitgliedern der gerade gegründeten Interessengemeinschaft Harzer Schmalspurbahnen e.V. (IG HSB),

die die untere Denkmalschutzbehörde des Kreises Wernigerode einschalteten. Diese teilte der DR am 1. Februar 1991 mit, dass der Verkauf der 99 5906 gegen geltendes Recht verstoße, da die Mallet-Maschine Bestandteil des Gesamtdenkmals Harzquer- und Brockenbahn sei und daher nicht veräußert werden dürfe. Die Kreisverwaltung Wernigerode erwirkte wenig später eine einstweilige Verfügung, mit der der Abtransport der 99 5906 unterbunden wurde. Gegen diesen Bescheid legte der DEV Rechtsmittel ein. Daraufhin pfändete das Gericht die Maschine und verbot beiden Seiten die Nutzung des Fahrzeugs.

Noch komplizierter wurde die Angelegenheit, nachdem die HSB am 1. Februar 1993 die Harzquer-, Brocken- und Selketalbahn übernommen hatte. Auf der Übergabeliste der DR an die HSB war auch 99 5906 verzeichnet, so dass die Maschine nun de facto zweimal verkauft worden war. Erst 1995 kam erkennbar Bewegung in die scheinbar völlig verfahrene Situation. Die Deutsche Bahn AG (DB AG) als Rechtsnachfolgerin der DR bot dem DEV einen adäquaten Ersatz für 99 5906 an. Der DB AG war es gelungen, die seit 1966 auf einem Spielplatz im Strandbad Rappenwört bei Karlsruhe aufgestellte Mallet-Maschine Nr. 7[5] der ehemaligen Albtal-Verkehrsgesellschaft mbH zu übernehmen. Der DEV stimmte diesem Tausch zu und übernahm am 28. März 1995 die Lok[5]. Damit war der Weg für eine Nutzung der 99 5906 durch die HSB frei.

Nur wenige Wochen später, am 15. Mai 1995, traf 99 5906 im Dampflokwerk (DLW) Meiningen ein, wo am 6. Juni 1995 mit der notwendigen Instandsetzung begonnen wurde. Dabei musste die Maschine mit einer Druckluftbremse ausgerüstet werden. Am 1. Dezember 1995 kehrte 99 5906 in den Harz zurück und absolvierte am 6. Dezember 1995 ihre Probefahrt. Nach kleineren Nacharbeiten, die bis zum 7. Dezember 1995 in der Werkstatt in Wernigerode Westerntor ausgeführt wurden, fungierte

Während der Heizer den Wasserkasten der 99 6001-4 auf Hochglanz brachte, ölte der Lokführer die Stangen ab (Aufnahme vom 13.07.1978). Bis heute setzt die Harzer Schmalspurbahnen GmbH 99 6001-4 planmäßig auf der Selketalbahn ein.
Foto: R. Heym

199 872-3 und 199 874-9 waren ursprünglich für den Güterverkehr vorgesehen (siehe S. 194). Bei Bedarf setzte die HSB die beiden Diesellokomotiven auch für Sonderdienste oder als Triebwagen-Ersatz ein. Letzteres war am 11. Juni 2011 der Fall, als sich beide »Harzkamele« im Bf Friedrichshöhe begegneten. Foto: D. Endisch

99 5906 am 9. Dezember 1995 als Vorspannlok vor einem Nikolauszug von Wernigerode nach Drei Annen Hohne. Wenige Tage später, am 14. Dezember 1995, erfolgte die Überführung der Lok nach Gernrode (Harz). Die offizielle Wiederinbetriebnahme der 99 5906 erfolgte am 17. Dezember 1995 mit einer Sonderfahrt. In den folgenden Wochen und Monaten bestritt die Malletlok im Wechsel mit 99 6001 von der Est Gernrode (Harz) aus den Plandienst auf der Selketalbahn. Fallweise bespannte die Maschine auch Sonderzüge. Bis zum 19. September 1996 legte 99 5906 insgesamt 26.866 km zurück. Allerdings musste die Maschine ein gutes Jahr später, am 27. Oktober 1997, aufgrund eines Kesselschadens abgestellt werden. Erst Anfang 1998 wurde die Malletlok im DLW Meiningen repariert (K6/L0: 30.01.–13.05.1998). Nach Abschluss der Arbeiten absolvierte die Maschine am 24. Mai 1998 ihre Lastprobefahrt. Anschließend wurde sie wieder der Est Gernrode (Harz) zugeteilt, wo sie fortan mit der 99 6001 den Dampflok-Stammbestand bildete.

Für den Triebwagenumlauf wurden bevorzugt die als »Fischstäbchen« bezeichneten Triebwagen 187 011 und 187 013 auf der Selketalbahn eingesetzt. Zeitweise war in der Est Gernrode (Harz) der Triebwagen 187 012 (siehe S. 191) stationiert. Ab dem Jahr 2009 stand längere Zeit der im Werk Wittenberge gebaute Triebwagen 187 015 (siehe S. 191 f.) in Diensten der Est Gernrode (Harz). Kam es bei den Triebwagen zu Engpässen, setzte die HSB fallweise auch kurze Ersatzzüge mit der Baureihe 199[8]. ein. Dies war beispielsweise im Juni 2011 der Fall.

In der Zwischenzeit hatte die HSB auch beträchtliche Mittel in die Infrastruktur der Est Gernrode (Harz) investiert. Im Oktober 1998 wurde am ehemaligen Bahnübergang »Alter Töpferstieg« ein neuer Kohlebansen errichtet. Der seit einigen Jahren genutzte Kohlebansen an der Flussspathalle im Bf Gernrode (Harz) musste aufgegeben werden, da die Kohle aus Kostengründen nicht mehr auf der Schiene, sondern mit Lastkraftwagen angeliefert wurde. Die begrenzten Platzverhältnisse an der Flussspathalle erschwerten das Wenden der Sattelschlepper. Bis zum 26. April 1999 wurde der neue Kohlebansen fertiggestellt. Neue Arbeitsschutz-

bestimmungen zwangen die HSB dazu, die Toreinfahrten des Lokschuppens zu erweitern. Dies machte auch den Einbau neuer Rolltore notwendig. Die notwendigen Bauarbeiten begannen im Herbst 2000 und waren nach nur wenigen Wochen am 18. November 2000 abgeschlossen.

5.1.12 Mehr Dampf im Selketal

Das eingeschränkte Angebot und der Triebwageneinsatz auf der Selketalbahn brachten der HSB immer wieder Kritik von Seiten der Eisenbahnfreunde sowie der Gastronomen und Hoteliers ein. Allerdings vergaßen die Kritiker dabei, dass die Auslastung der Züge auf der Selketalbahn vergleichsweise gering war und die HSB angesichts ihrer wirtschaftlichen Lage die Ausgaben reduzieren musste.

Gleichwohl reagierte das Unternehmen auf die Kritik und passte in den folgenden Jahren das Angebot im Sommer- und Winterhalbjahr schrittweise an. Die HSB war bestrebt, die Fahrgastzahlen und damit die Einnahmen auf der Selketalbahn weiter zu steigern. Dazu gehörte u.a. eine schrittweise Ausweitung des Dampflok-Einsatzes in den Sommermonaten und eine Anpassung des Fahrplans. Mit dem ab 25. April 1998 gültigen Fahrplan bot die HSB mit den Nahverkehrszügen (N) 8962, 8963, 8965 und 8967 weitere Dampfzüge auf der Selketalbahn an, die nun auch wieder Hasselfelde und Eisfelder Talmühle erreichten.

Da das neue Angebot von den Reisenden sehr gut angenommen wurde, beschloss die HSB, den Dampflokeinsatz weiter auszubauen. Ab 30. Mai 1999 setzte die HSB freitags und samstags von der Est Gernrode (Harz) aus anstelle des Triebwagens eine zweite Dampflok ein. Die auf den ersten Blick ungewöhnlichen Einsatztage waren auf das Reiseverhalten der Feriengäste, auf die das Angebot in erster Linie abzielte, zurückzuführen. Untersuchungen hatten ergeben, dass zahlreiche Touristen den Harz im Rahmen eines Kurzurlaubes (verlängertes Wochenende) besuchten. Sie reisten meist donnerstags an und fuhren sonntags wieder zurück. Daher wurde die zweite Dampflok in der Sommersaison freitags und samstags eingesetzt. Außerdem modifizierte die HSB das Angebot auf der Selke-

Höchstlastentafel für die Dampflokomotiven auf der Selketalbahn (gültig ab 02.06.1991)

Höchstgeschwindigkeit 25 km/h

Streckenabschnitt	99 5906	BR 99[59] 99[60], 99[61]	BR 99[72]	BR 199[8]
Stiege–Eisfelder Talmühle	80 t	75 t	240 t	350 t
Gernrode–Silberhütte	80 t	75 t	160 t	260 t
Silberhütte–Stiege	80 t	75 t	160 t	300 t
Stiege–Hasselfelde	80 t	75 t	220 t	380 t
Stiege–Eisfelder Talmühle	80 t	75 t	240 t	350 t
Alexisbad–Harzgerode	80 t	75 t	160 t	250 t
Hasselfelde–Stiege	80 t	75 t	220 t	340 t
Stiege–Silberhütte	80 t	75 t	280 t	400 t
Silberhütte–Gernrode	80 t	75 t	120 t	200 t
Harzgerode–Alexisbad	160 t	150 t	320 t	400 t
Eisfelder Talmühle–Stiege	80 t	75 t	140 t	240 t

talbahn. Auf dem Abschnitt Gernrode (Harz)–Alexisbad verkehrten jetzt täglich sechs Zugpaare. Auf den Teilstrecken Alexisbad–Harzgerode, Alexisbad–Stiege und Stiege–Hasselfelde setzte die HSB täglich jeweils vier Zugpaare ein. Zwischen Eisfelder Talmühle und Stiege verkehrten hingegen drei Zugpaare täglich. Freitags und samstags pendelten ausschließlich Dampfzüge zwischen Gernrode (Harz), Alexisbad und Harzgerode. Dafür entfiel der Dampfzug nach Eisfelder Talmühle. Der Abschnitt Alexisbad–Hasselfelde wurde fortan nachmittags durch das mit einer Dampflok bespannte Zugpaar N 8964/8967 bedient. Für diese Leistungen griff die Est Gernrode (Harz) planmäßig auf 99 6001 und 99 5906 (freitags und samstags) zurück. Stand eine der beiden Maschinen nicht zur Verfügung, half die Baureihe 99[23–24] aus. Ab 1997 waren zeitweise auch einzelne

Dieselloks der Baureihe 199[8] als Reserve in der Est Gernrode (Harz) stationiert, zuletzt 199 871.

Das neue Angebot erfüllte die Erwartungen der HSB. Die Fahrgastzahlen auf der Selketalbahn stiegen an. Aufgrund dieser Entwicklung blieben das Fahrplangefüge und das Betriebskonzept (Einsatz zweier Dampfloks freitags und samstags) in den nächsten Jahren unverändert. Im Winter verringerte die HSB das Angebot geringfügig und setzte planmäßig nur eine Dampflok von der Est Gernrode (Harz) aus ein.

Mit der Aufnahme des Verkehrs auf der auf Meterspur umgebauten Strecke Gernrode (Harz)–Quedlinburg am 26. Juni 2006 (siehe S. 38) erweiterte sich auch der Aktionsradius der in der Est Gernrode (Harz) stationierten Triebfahrzeuge. Diese waren nun täglich in Quedlinburg zu sehen.

Mit dem Fahrplanwechsel am 24. April 2010 kam es zu erheblichen Veränderungen in den Dampflok- und Triebwagenumläufen der Est Gernrode (Harz). Das bisherige Fahrplankonzept wurde aufgegeben, da es für den auf der Selketalbahn vorherrschenden touristischen Ausflugsverkehr keine Rolle spielte. Damit war es möglich, das Angebot stärker der tatsächlichen Nachfrage anzupassen. Die HSB strich auf dem Abschnitt Quedlinburg–Gernrode (Harz) ein Zugpaar, zwischen Gernrode (Harz) und Alexisbad blieb es bei sechs Zugpaaren täglich. Auf den Abschnitten Alexisbad–Stiege und Stiege–Eisfelder Talmühle wurde das Angebot von vier auf fünf Zugpaare angehoben. Demgegenüber wurde aber die Anzahl der Zugpaare auf den Abschnitten Alexisbad–Harzgerode und Stiege–Hasselfelde auf jeweils vier Zugpaare (von ehemals sechs bzw. fünf) verringert. Neu waren auch die Einsatztage der zweiten Dampflok. Diese übernahm fortan donnerstags, freitags und samstags den Triebwagenumlauf. Damit bot die HSB auf dem Abschnitt Alexisbad–Stiege wieder zwei Dampfzug-Umläufe an. Der täglich am Nachmittag bzw. frühen Abend verkehrende Umlauf N 8965/N 8967/N 8964 wurde mit Beginn des Winterfahrplans 2010/11 bis zum Bf Eisfelder Talmühle verlängert.

99 7238-1 (ex 99 238) erklomm im Frühjahr 1989 mit einem Gmp nach Harzgerode die Steigung bei Drahtzug. Ein gutes Jahr später, am 2. April 1990, endete der planmäßige Güterverkehr auf der Relation Gernrode (Harz)–Harzgerode.
Foto: R. Dill, Slg. O. Rimasch

Nach ihrer betriebsfähigen Wiederaufarbeitung wurde 99 5906-5 (ex 99 5906) wieder der Est Gernrode (Harz) zugewiesen, die die Lok zunächst im Wechsel mit 99 6001-4 (ex 99 6001) einsetzte. Am 10. Juli 1999 war die Mallet-Maschine zwischen Sternhaus-Ramberg und Mägdesprung unterwegs.   *Foto: D. Riehemann*

Damit wurde der Abschnitt Stiege–Eisfelder Talmühle erstmals seit 1996 täglich wieder planmäßig von einer Dampflok befahren. Donnerstags, freitags und samstags kam im Sommer noch das Zugpaar N 8951/8952 Quedlinburg–Eisfelder Talmühle hinzu, das planmäßig durch die Wendeschleife im Bf Stiege fuhr.

Der zweite Dampflokumlauf oblag weiterhin 99 5906, die damit die letzte in Europa planmäßig eingesetzte Mallet-Maschine war. Das Pensum für die Lok war anspruchsvoll: Mit 204 km erbrachte sie eine der höchsten täglichen Laufleistungen aller Dampfloks der HSB. Entsprechend beachtlich waren die Jahreslaufleistungen (siehe Tabelle S. 200) des inzwischen über 90 Jahre alten Triebfahrzeugs, dessen Einsatz auf der Selketalbahn abrupt am 8. April 2016 endete (siehe S. 195).

Aber auch 99 6001, von den Eisenbahnern der Est Gernrode (Harz) als »Ballerina« oder »Püppi« bezeichnet, bewies Tag für Tag, dass sie noch nicht zum alten Eisen gehörte. Mit einer täglichen Laufleistung von 196 km gehörte die Stammlok der Selketalbahn zu einem der wichtigsten Triebfahrzeuge der HSB. Dies fand auch international Anerkennung. Laut der britischen Eisenbahn-Zeitschrift »Steam-Railway« stellte 99 6001 im Jahr 2019 einen Weltrekord auf – sie war mit einer Laufleistung von 46.813 km die Dampflok, die die meisten Kilometer im Streckendienst zurückgelegt hatte. Zu diesem Zeitpunkt gab es bei der HSB erhebliche Personal- und Fahrzeugengpässe (siehe S. 197 f.), die auch zu Einschränkungen in der Est Gernrode (Harz) führten. Mit dem Fahrplanwechsel am 29. April 2017 entfiel der zweite Dampflok-Umlauf auf der Selketalbahn. Auch während der Sommerfahrpläne 2018 (28.04.–27.10.2019) und 2019 (27.04.–26.10.2019) besetzten die Eisenbahner der Est Gernrode (Harz) nur eine Dampflok. Mit dem Beginn der Corona-Pandemie war die HSB sogar gezwungen, den gesamten Reiseverkehr auf den Verbindungen Quedlinburg–Gernrode (Harz)–Harzgerode/Hasselfelde und Stiege–Eisfelder Talmühle gänzlich einzustellen. Während die Zwangspause im Frühjahr 2020 zwei Monate (17.03.–17.05.2020) dauerte, ruhte ab Herbst 2020 der Betrieb auf der Selketal für mehr als ein halbes Jahr (02.11.2020–30.06.2021). Erst ab 1. Juli 2021 fuhr 99 6001 wieder durch das Selketal. Allerdings

musste die Maschine am 3. März 2022 schadhaft abgestellt werden. Die Instandsetzung des Einzelstücks dauerte mehr als 15 Monate. In dieser Zeit waren meist 99 239 und 99 243 im Einsatz. Auch nach den Probefahrten am 16. Mai und 6. Juni 2023 konnte 99 6001 noch nicht wieder dem Betriebsdienst übergeben werden. Dies war erst nach weiteren Arbeiten und einer erneuten Probefahrt am 20. Juli 2023 möglich. Anschließend kehrte 99 6001 zur Est Gernrode (Harz) zurück.

Hier bestand seit dem 1. April 2023 (gültig bis 31.10.2033) wieder donnerstags, freitags und samstags anstelle des Triebwagen-Dienstplans ein zweiter Dampflok-Umlauf. Dieser unterschied sich deutlich von dem bis zum Jahr 2017 bestehenden Dienstplan. Er umfasste die Züge N 8980 Gernrode–Quedlinburg, N 8981 Quedlinburg–Hasselfelde, N 8982 Hasselfelde–Harzgerode, N 8983 Harzgerode–Quedlinburg und N 8984 Quedlinburg–Gernrode (Harz). Zu Beginn des Sommerfahrplans 2023 hielt die Est Gernrode (Harz) planmäßig 99 237 vor. Zeitweilig waren hier auch 99 240 und 99 247 im Einsatz. Für den zweiten Dampflok-Umlauf erhielt die Außenstelle dann eine weitere Maschine, die mittwochs von Wernigerode nach Gernrode (Harz) überführt wurde. Vom 18. bis zum 20. Mai 2023 bespannte die von den Personalen als »Mama« bezeichnete Einheitslok 99 222 den zweiten Dampfzug. Aufgrund fehlender Fahrzeuge und Personale entfiel der zweite Umlauf tageweise (z.B. 13.–15.07. und 20.–22.07.2023) und wurde im Sommerfahrplan 2024 gänzlich gestrichen. Der seit dem 26. April 2024 gültige Umlauf für 99 6001 weist im Vergleich zu den Vorjahren einige Änderungen auf. Die am späten Nachmittag verkehrenden Züge N 8967 Hasselfelde–Eisfelder Talmühle und N 8968 Eisfelder Talmühle–Stiege wurden gestrichen. Damit verkehrt erstmals seit Herbst 2010 (vorerst) kein Dampfzug mehr auf dem Abschnitt Stiege–Eisfelder Talmühle. Dafür wurde das Zugpaar N 8966/8967 Gernrode (Harz)–Quedlinburg neu eingelegt. Damit verschob sich die Abfahrzeit des N 8967 nach Hasselfelde im Bf Gernrode (Harz) um rund 45 Minuten auf 14.59 Uhr. Die tägliche Laufleistung der von der Est Gernrode (Harz) aus eingesetzten Dampflok stieg auf rund 210 km an. Bleibt zu hoffen, dass 99 6001 – die Stammlok der Selketalbahn – noch viele Jahre im Einsatz ist.

5.2 Der Lokbahnhof Nordhausen Nord

Der Lokbf Nordhausen war die wichtigste und älteste Außenstelle im Bereich der Harzquer- und Brockenbahn. Die Anfänge des Lokbahnhofs reichen zurück bis in das Jahr 1896. Im März 1896 begannen in Nordhausen die Bauarbeiten für die Harzquerbahn. In jener Zeit entstanden auch die ersten Anlagen des Lokbahnhofs. Da Nordhausen zunächst betrieblicher Mittelpunkt und Sitz der NWE-Verwaltung war, entstand hier ein großzügiger, zweigleisiger Lokschuppen mit einer Werkstatt, in der auch größere Reparaturen ausgeführt werden konnten. Vor dem Lokschuppen wurden ein Kohlebansen mit Sturzbühne und eine Schlackegrube angelegt. Ein Wasserkran ergänzte die Ausstattung.

Bevor aber die erste Dampflokomotive in den Schuppen einrückte, verging noch einige Zeit. Am 5. Dezember 1896 traf in Ilfeld mit Hilfe eines Pferdefuhrwerks die erste Bn2t-Maschine der NWE ein. Zahllose Schaulustige waren zugegen, als der als »Luise« bezeichnete Zweikuppler entladen und angeheizt wurde. Anschließend bespannte »Luise« die Arbeitszüge zwischen Nordhausen und Ilfeld. Am 12. Juli 1897 nahm die NWE den Personenverkehr auf dem Abschnitt Nordhausen–Ilfeld auf. Dazu war in Nordhausen eine Mallet-Maschine stationiert. »Luise« war weiterhin im Bauzugdienst oder als Rangierlok im Bf Nordhausen tätig. Ab 1. Mai 1898 endeten die Züge aus Nordhausen im Bf Netzkater. Mit der Inbetriebnahme des Abschnitts Netzkater–Benneckenstein am 15. September 1898 wurden fortan täglich zwei Malleloks für den Betriebsdienst benötigt. Eine dritte Maschine erledigte den Rangierdienst und die Bedienung der Gleisanschlüsse im Stadtgebiet von Nordhausen.

Mit der Aufnahme des durchgehenden Verkehrs auf der Harzquerbahn am 27. März 1899 verlor der Lokbf Nordhausen erheblich an Bedeutung, denn die Hauptwerkstatt der NWE im Bf Wernigerode Westerntor übernahm nun die Instandhaltung der Fahrzeuge. Die Werkstatt in Nordhausen

* ab 8. Oktober 1950: Nordhausen Nord

führte nur noch an den hier eingesetzten Fahrzeugen die Fristarbeiten und kleinere Reparaturen aus. Größere Arbeiten übernahm die Hauptwerkstatt.

Für die Zugförderung wurden weiterhin täglich drei Maschinen benötigt. Die beiden im Streckendienst eingesetzten Malleloks bespannten Personen- und Güterzüge nach Ilfeld, Benneckenstein und Wernigerode. Nach nur wenigen Jahren entsprachen die Bahnanlagen in Nordhausen nicht mehr den betrieblichen Belangen. Im Geschäftsbericht für das Jahr 1908/09 stellte der Vorstand fest: »*In nicht allzuferner Zeit wird die Erweiterung der Bahnanlagen, namentlich (...) in Nordhausen (...) stattfinden müssen.*« Nach Abschluss der notwendigen Planungen begannen 1911 die Arbeiten für den Umbau des Bf Nordhausen. Die NWE verlegte ihren Personenbahnhof und konnte anschließend den Güterbahnhof erweitern. Auch der Lokbahnhof wurde umgebaut. Vor dem zweigleisigen Rechteckschuppen wurde 1911 eine handbetriebene Drehscheibe (Durchmesser 9,5 m) in Betrieb genommen. Der Kohlebansen wurde erweitert und mit einem mechanischen Kohlekran (Tragfähigkeit 1 t; Spannweite 3 m) und Hunten ausgerüstet. Ein Wasserkran und eine Schlackegrube an der Zufahrt zum Lokschuppen (Gleis 18) ergänzten die Anlage. In den Kohlebansen führte ein Regelspurgleis (Gleis 17), über das die Kohle direkt angeliefert werden konnte. Die Umbauten im Bf Nordhausen endeten mit der Inbetriebnahme des neuen Personenbahnhofs am 1. Juli 1913.

Der Beginn des Ersten Weltkrieges war eine Zäsur für die NWE. Nachdem die Heeresfeldbahnen im August und September 1914 insgesamt sechs Malleloks beschlagnahmt hatten (siehe S. 97), waren in Nordhausen nur noch eine Strecken- und eine Rangierlok stationiert. Die Mallet-Maschine fuhr weiterhin mit Personenzügen planmäßig bis nach Wernigerode.

Auch nach dem Ersten Weltkrieg konnte die NWE das Angebot aufgrund der wirtschaftlichen Lage und fehlender Fahrzeuge nicht verbessern. Anfang der 1920er-Jahre erhöhte die Deutsche Reichsbahn-Gesellschaft (DRG) die Gebühren für die Rangierarbeiten auf dem regelspurigen Teil des NWE-Güterbahnhofs. Die NWE musste darauf reagieren, denn sie hatte

Am 8. Mai 1978 pausierte 99 7238-1 (ex 99 238) in der Est Nordhausen Nord. Im Hintergrund sind die 1937 eingebaute 11 m lange Drehscheibe und der ursprünglich dreigleisige Lokschuppen zu erkennen. Im Schuppen war 99 7234-0 (ex 99 234) abgestellt..
Foto: R. Greinke

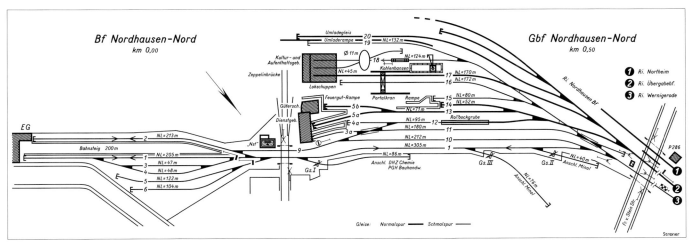

Der Gleisplan des Bf Nordhausen Nord (Stand) 1975. Die Anlagen der Est Nordhausen Nord waren dem Personenbahnhof vorgelagert.

Zeichnung: D. Stroner

1922/23 parallel zum rund 2,3 km langen Abschnitt Nordhausen–Nordhausen Altentor im Hinblick auf eine wirtschaftlichere Bedienung der Anschlüsse ein Regelspurgleis errichten lassen. Dadurch konnte das bisherige Umladen der Regelspurwagen auf Rollböcke erheblich eingeschränkt werden. Da die Gebühren der DRG ständig stiegen, erwarb die NWE von der Eisenbahn-Gesellschaft Stralsund-Tribsees 1924 eine gebrauchte regelspurige Bn2t-Maschine (Hohenzollern 1899/1.209), die die Betriebs-Nr. 61 erhielt. Sie übernahm die Rangierarbeiten im Güterbahnhof Nordhausen und die Übergaben im Stadtgebiet.

Damit verbunden waren auch einige Umbauten im Lokbf Nordhausen. Der Lokschuppen wurde durch einen Anbau an der linken Seite vergrößert. Das Gleis 17 (Regelspur) führte nun durch den Kohlebansen bis in den Anbau hinein. Das Gleis hatte eine nutzbare Länge von 170 m. Der neue Schuppenstand war ausschließlich der Lok 61 vorbehalten, die hier auch unterhalten wurde.

Der Lokbf Nordhausen besetzte damit wieder drei Maschinen. Die NWE 61 und eine Schmalspurlok waren aber ausschließlich im Rangier- und Übergabedienst tätig. Mit Rollbock-Zügen kam die Schmalspurmaschine täglich bis zur Papierfabrik in Ilfeld.

In der zweiten Hälfte der 1920er- und in den 1930er-Jahren änderte sich nur wenig in der Zugförderung des Lokbf Nordhausen. Zu den langjährigen Stammmaschinen gehörten Lok 1 (DR: 99 5803) und Lok 15^{II} (DR: 99 5904). Im Zusammenhang mit der Aufnahme des Schotterverkehrs zwischen dem Steinbruch Unterberg und Nordhausen ließ die NWE auf dem Gelände

des Lokbahnhofs 1930 einen fahrbaren Portalkran (Ladegewicht 5 t; Hubhöhe 5 m) errichten. Die Kranbahn (13 m Breite) überspannte die parallel verlaufenden Gleise 16 und 17 zwischen der Drehscheibe und dem Kohlebansen. 1937 wurde die Drehscheibe erneuert. Anstelle der starren Scheibe wurde nun eine Federgelenkdrehscheibe (Durchmesser 11 m; Tragfähigkeit 60 t) eingebaut. Die Drehscheibe besaß einen elektrischen Antrieb.

Mit der Aufnahme des Busverkehrs von Nordhausen aus erweiterte die NWE ihre Anlagen. An der Rückseite des Lokschuppens (Länge 35 m, Breite 8 m) entstand der so genannte Kraftwagenschuppen, in dem die Busse abgestellt und gewartet wurden. Der Kraftwagenschuppen war mit einer Grundfläche von 200 m² (25 m Länge, 8 m Breite) großzügig bemessen. 1934 musterte die NWE die regelspurige Lok 61 aus. Für die notwendigen Rangierarbeiten auf ihren Regelspurgleisen mietete die NWE zunächst eine Maschine von der DRG an. Erst 1939 beschaffte die NWE wieder eine gebrauchte Bn2-Tenderlok, die als Lok 61^{II} in Dienst gestellt wurde. Die Maschine (Borsig 1908/6.947) stammte von der Buxtehude-Harsefelder Eisenbahn.

Während des Zweiten Weltkriegs nahm das Transportvolumen auf dem Abschnitt Nordhausen–Ilfeld aufgrund der Rüstungsindustrie im Raum Nordhausen/Niedersachswerfen deutlich zu. Die in Nordhausen stationierten Maschinen genügten kaum noch den betrieblichen Belangen. Aus diesem Grund setzte die Betriebsleitung zum 30. September 1944 die Lok 21^{II} (siehe S. 111 ff.) von Wernigerode nach Nordhausen um. Außer-

Der Lokbf Nordhausen Nord war nach Gernrode die wichtigste Außenstelle des Bw Wernigerode Westerntor. Das linke Schuppengleis war ursprünglich für die regelspurige Rangierlok der NWE vorgesehen.
Foto: D. Endisch

Seit 1911 gibt es in der heutigen Est Nordhausen Nord eine Drehscheibe. Die NWE ließ die starre Drehscheibe 1937 durch eine Gelenkdrehscheibe ersetzen. Die HSB tauschte diese gegen eine moderne Drehscheibe, die die in Rheine ansässige Windhoff Bahn- und Anlagentechnik GmbH gefertigt hatte. *Foto: D. Endisch*

dem übernahm die GHE einige Leistungen auf dem Abschnitt Eisfelder Talmühle–Nordhausen (siehe S. 216).

Bei den schweren Bombenangriffen auf Nordhausen am 3. und 4. April 1945 blieben die Anlagen des Lokbahnhofs der NWE nahezu unzerstört. Erst in den Jahren 1940/41 hatte die NWE einen neuen Lokschuppen »als Ersatz für den alten, baufälligen«, wie es im Geschäftsbericht für das Jahr 1940 hieß, errichten lassen. Nachdem der Zug 5 nach Benneckenstein am 4. April 1945 gegen 13.15 Uhr den Bf Nordhausen verlassen hatte, stellte die NWE den Betrieb im Raum Nordhausen ein. Als die US-Armee am 11. April 1945 in Nordhausen einmarschierte, ruhte der Verkehr bereits seit einigen Tagen. Daran änderte sich auch nach dem Einmarsch der Roten Armee am 1. Juli 1945 nichts.

Erst am 1. August 1945 durfte die NWE mit Zustimmung der SMAD wieder Züge zwischen Nordhausen und Ilfeld einsetzen. Dazu standen Lok 15^{II} und Lok 21^{II} zur Verfügung, die für längere Zeit in Nordhausen verblieben. Ab 1. Oktober 1945 konnte die gesamte Harzquerbahn wieder befahren werden. Mit der Übernahme der Betriebsführung auf der Strecke Eisfelder Talmühle–Hasselfelde durch die NWE am 15. April 1946 vergrößerte sich das Aufgabengebiet des Lokbf Nordhausen. Allerdings konnte die NWE

aufgrund des ständigen Fahrzeugmangels nur einen stark eingeschränkten Personen- und Güterverkehr abwickeln. Die Maschinen des Lokbf Nordhausen bespannten in erster Linie Güterzüge bis Eisfelder Talmühle und Personenzüge bis Ilfeld.

Nachdem ein Hochwasser in der Nacht vom 13. zum 14. Januar 1948 die Behre-Brücke bei Ilfeld zerstört hatte, war die Harzquerbahn für mehrere Monate zwischen km 12,85 und km 13,5 unterbrochen. Im Winter 1947/48 lag ungewöhnlich viel Schnee im Harz. Durch einen plötzlichen Wetterumschwung, der mit ergiebigen Regenfällen verbunden war, kam es zu einer Schneeschmelze, die die Pegel der Bäche und Flüsse im Harz rasant ansteigen ließ. Auch die Behre konnte die Wassermassen nicht mehr aufnehmen, so dass am Abend des 13. Januar 1948 eine Flutwelle durch das Ilfelder Tal rollte, die alles mitriss, was sich ihr in den Weg stellte. Zwischen dem Bf Netzkater und dem Hp Tiefenbachmühle wurde der Bahndamm auf einigen hundert Metern Länge zerstört. Außerdem brachten die Wassermassen die 42 m lange, aus Porphyrit-Steinen gemauerte Brücke über das Ilfelder Tal zum Einsturz.

Die NWE richtete anschließend einen Inselbetrieb zwischen Nordhausen und dem in den öffentlichen Fahrplänen als »Baustelle« bezeichneten Hp

Der im Jahr 1930 errichtete fahrbare Portalkran war ursprünglich zum Entladen der Schotterkübel gedacht. Die Anlage hatte ein Ladegewicht von 5 t und eine Hubhöhe von 5 m. Später nutzte die Est Nordhausen Nord den Portalkran auch zum Entladen der Lokkohle. Im Frühjahr 2015 wurde die Anlage verschrottet. *Foto: D. Endisch*

Talbrauerei ein. Außerdem entstand oberhalb der zerstörten Brücke ein provisorischer Bahnsteig, an dem die Züge aus Richtung Eisfelder Talmühle endeten. Für den Fußweg zwischen den beiden Stationen waren 20 Minuten vorgesehen.

Für die Zugförderung standen dem Lokbf Nordhausen Lok 1, Lok 15^{II} und Lok 21^{II} zur Verfügung. Lok 21^{II} war zu diesem Zeitpunkt nicht planmäßig in Nordhausen stationiert. Sie hatte den Nachmittags-Personenzug von Wernigerode gebracht und konnte nicht mehr zurückfahren. Lok 21^{II} bespannte nun in erster Linie Personenzüge, während Lok 15^{II} den Güterzugverkehr übernahm. Als Reserve diente Lok 1. Der Rangierdienst im regelspurigen NWE-Güterbahnhof und die Übergaben im Stadtgebiet von Nordhausen oblagen Lok 61^{II}.

Im Herbst 1948 hatte der Lokbf Nordhausen massive Probleme in der Zugförderung, da im Frühjahr 1948 bei dichtem Nebel Lok 15^{II} und Lok 21^{II} auf dem Bahnübergang an der Wertherstraße in Nordhausen zusammengestoßen waren. Lok 15^{II} wurde dabei schwer beschädigt und musste abge-

stellt werden. Lok 21^{II} konnte in Nordhausen repariert werden. Doch die hohe Beanspruchung der 1´C1´h2t-Maschine hatte Folgen: Bereits im Sommer 1948 fiel Lok 21^{II} immer häufiger aus. Daher musste häufig Lok 1 einspringen. Aber die Bn2-Tenderlok war im Streckendienst hoffnungslos überlastet. Aus diesem Grund setzte die NWE Lok 41^{II} nach Nordhausen um. Die Maschine gelangte per Bahn auf einem Flachwagen von Wernigerode über Halberstadt und Sangerhausen nach Nordhausen. Die beschädigte Lok 15^{II} wurde anschließend nach Wernigerode abtransportiert, wo sie 1949 im Rahmen einer Zwischenuntersuchung (06.01.–15.01.1949) instandgesetzt wurde.

Mit der Übernahme der NWE durch die DR zum 1. April 1949 wurde der Lokbf Nordhausen in eine Außenstelle des Bw Wernigerode Westerntor umgewandelt. Zu diesem Zeitpunkt waren hier die späteren 99 5803 (ex Lok 1), 99 5906 (ex Lok 41^{II}) und 99 6001 (ex Lok 21^{II}) stationiert.

Die von der NWE übernommene regelspurige 98 6213 wurde zunächst dem Bw Halberstadt zugeordnet (siehe Tabelle S. 266). Allerdings hat die

Eine Mallet-Maschine der Baureihe 99^{59} erreichte Anfang der 1950er-Jahre mit einem Personenzug das 42 m lange Behre-Viadukt bei Ilfeld. Das Bauwerk wurde bei einem Hochwasser am Abend des 13. Januar 1948 zerstört. Damit war die Harzquerbahn für längere Zeit zwischen km 12,85 und km 13,5 unterbrochen. Die NWE richtete daraufhin einen Inselbetrieb zwischen Nordhausen und dem in den öffentlichen Fahrplänen als »Baustelle« bezeichneten Hp Talbrauerei ein. Außerdem entstand oberhalb der zerstörten Brücke ein zweiter provisorischer Bahnsteig, an dem die Züge aus Richtung Eisfelder Talmühle endeten. Für den Fußweg zwischen den beiden Stationen waren 20 Minuten vorgesehen. Foto: Archiv D. Endisch

Für den Rangierdienst im Bf Nordhausen Nord wurde ab Frühjahr 1958 die von der Spremberger Stadtbahn übernommene 99 5201 genutzt. Im Sommer 1960 wurde die Maschine während einer Pause abgelichtet.
Foto: Slg. R. Heym

98 6213 nie ihre Heimatdienststelle gesehen. Die Unterhaltung der Maschine übernahm das Bw Nordhausen. Das Personal stellte der Lokbf Nordhausen Nord. Anfang 1951 schufen die Direktionen Erfurt und Magdeburg klare Verhältnisse. 98 6213 gehörte ab 25. Januar 1951 zum Bestand des Bw Nordhausen, das fortan für den Rangierdienst auf den Regelspurgleisen der ehemaligen NWE verantwortlich war. Das Personal des Lokbf Nordhausen Nord war seither nur noch auf der Harzquerbahn im Einsatz.

Nach dem Wiederaufbau der Behre-Brücke beil Ilfeld konnte am 31. Dezember 1949 wieder der durchgehende Personen- und Güterverkehr auf der Harzquerbahn aufgenommen werden. Das Bw Wernigerode Westerntor zog umgehend 99 6001 aus Nordhausen Nord ab. Dies galt auch für 99 5906. Neue Stamm-Maschine im Lokbf Nordhausen Nord wurde 99 5905. Als Rangierlok verblieb 99 5803. Die durchgehenden Leistungen auf der Harzquerbahn waren fortan Aufgabe des Stammwerks.

Zwar reichten die beiden im Lokbf Nordhausen Nord beheimateten Maschinen für die Zugförderung aus, doch der Fahrzeugpark des Bw Wernigerode Westerntor war insgesamt zu knapp bemessen. Fahrzeugengpässe und häufige Lokwechsel waren die Folge. Dies änderte sich erst mit der Indienststellung der Neubau-Maschinen der Baureihe 99[23–24], deren erstes Exemplar im Sommer 1956 dem Lokbf Nordhausen Nord zugewiesen wurde. Bei Ausfall einer Neubau-Maschine half bis 1958 häufig eine Malletlok aus.

Für den Rangierdienst hielt der Lokbf Nordhausen Nord ab Frühjahr 1958 planmäßig 99 5201 vor. Die Reichsbahn hatte die kleine Bn2t-Maschine von der am 31. Dezember 1956 stillgelegten Spremberger Stadtbahn (ex Lok 12) erworben. Im Zuge einer L4 im Raw Görlitz (07.06.1957–18.03.1958) wurde die Maschine für den Einsatz im Harz vorbereitet. Dabei wurde der Zweikuppler u.a. mit einer Saugluft- und einer Druckluftbremse sowie einer elektrischen Beleuchtung ausgerüstet. Außerdem wurde der rechte Kohlekasten zu einem Wasserkasten umgebaut, so dass die Vorräte nun 3,0 m³ Wasser und 0,9 t Kohle betrugen. Das Bw Wernigerode Westerntor übernahm den kleinen Zweikuppler am 19. März 1958. In Nordhausen

Auszug aus dem Betriebsbuch der 98 6213[1]

Hersteller: Borsig	Fabrik-Nr.: 6.947
Baujahr: 1908	Beschaffungskosten: -
Anlieferung: 08.10.1908	Endabnahme: 16.02.1909

Das Betriebsbuch ist eine Zweitschrift.

Stationierungen:

Bw Halberstadt	27.01.50–19.03.50
Raw Chemnitz	20.03.50–01.07.50 L3mW
Bw Halberstadt	02.07.50–24.01.51
Bw Nordhausen	25.01.51–17.12.51 / 47.034 km²
Bw Nordhausen	18.12.51–31.12.51 L0
Bw Nordhausen	01.01.52–21.05.53 / 102.942 km²
Raw Blankenburg (Harz)	22.05.53–14.07.53 L4
Bw Nordhausen	15.07.53–16.06.55 / 185.210 km²
Bw Nordhausen	17.06.55–06.10.55 L2
Bw Nordhausen	07.10.55–12.10.56 / 238.462 km²
Raw Blankenburg (Harz)	13.10.56–29.12.56 L3 mW
Bw Nordhausen	30.12.56–22.08.60 / 280.005 km
z-gestellt	23.08.60[3]
ausgemustert	11.04.62[4]

Kesselverzeichnis:

Hersteller	Fabrik-Nr.	Baujahr	Einbautag	aus
Borsig	6.947	1908	15.02.1909	neu

Anmerkungen:
1 ex Lok 61[II] der NWE
2 Laufleistung seit dem 01.07.1950
3 Die Lok wurde am 08.02.1960 abgestellt.
4 Die Lok wurde am 15.01.1963 im Raw Karl-Marx-Stadt zerlegt.

Nord bestritt die rund 150 PSe starke 99 5201 den Rangier- und Übergabedienst im Stadtgebiet. Hier gab es für die Maschine viel zu tun. Bis zum Frühjahr 1961 legte 99 5201 insgesamt 52.643 km zurück. Für Streckeneinsätze war die Lokomotive ungeeignet. Die Nahgüterzüge bzw. Übergaben nach Ilfeld oblagen daher der Baureihe 99$^{23-24}$.

Um den Güterverkehr auf der Harzquer- und Brockenbahn zu rationalisieren, führte die Rbd Magdeburg ab 1963 schrittweise den Rollwagenbetrieb ein. Der erste Rollwagenzug nach Ilfeld verließ am 18. Oktober 1964 die neue Umsetzanlage im Bf Nordhausen Nord. Der Abschnitt Ilfeld–Stiege–Hasselfelde wurde ab 16. November 1964 mit Rollwagenzügen bedient. Mit dem Fahrplanwechsel am 16. September 1965 verteilte das Bw Wernigerode Westerntor die Leistungen zwischen den Einsatzstellen Hasselfelde und Nordhausen Nord neu. Die in der Est Nordhausen Nord stationierte Neubaulok übernahm nun in erster Linie die Güterzüge in Richtung Hasselfelde sowie einzelne Personenzüge auf dem Abschnitt Nordhausen Nord–Ilfeld. Die Est Hasselfelde bespannte hingegen nahezu ausschließlich Personenzüge auf der Verbindung Nordhausen Nord–Hasselfelde. Sowohl die Neubau-Maschine der Est Nordhausen Nord als auch die Stammlok der Est Hasselfelde wurden dabei im Gegensatz zu den Fahrzeugen der Einsatzstellen Wernigerode und Benneckenstein Esse voran in Richtung Eisfelder Talmühle/Hasselfelde eingesetzt.

In der Zwischenzeit hatten sich die Anlagen der Est Nordhausen Nord verändert. Das Schuppengleis für die Regelspurlok wurde entfernt und das Tor zugemauert. Der seit Ende der 1940er-Jahre nicht mehr genutzte Kraftwagenschuppen wurde zu einem Aufenthalts- und Kulturgebäude für den Dienstort Nordhausen Nord umfunktioniert. Auch die kleine Werkstatt sowie die Aufenthalts- und Waschräume wurden verbessert. Dabei entstand eine kleine Übernachtung für auswärtige Personale. Mit der Aufnahme des Rollwagenbetriebs hatte der Portalkran für den Güterumschlag ausgedient. Die Krananlage wurde nur noch bei Bedarf

zum Ausladen der Lokkohle und zum Verladen der Verbrennungsrückstände genutzt. Der Kohlekran besaß inzwischen einen Elektromotor. Ab Mitte der 1960er-Jahre übernahm ein elektrischer Raupendrehkran des Typs RK 3 (siehe Kasten S. 68) das Bekohlen der Dampfloks. Der alte Drehkran diente fortan als so genannte Notbekohlung. Die Wasserversorgung der Est Nordhausen Nord wurde an das städtische Wassernetz angeschlossen. Die beiden Wasserkräne in Nordhausen Nord hatten eine Förderleistung von jeweils 0,6 m³/min.

Mit der Einführung des Rollwagenverkehrs im Herbst 1964 erwies sich die im Rangierdienst eingesetzte 99 5201 als zu schwach. Da sie im Übergabeverkehr nach Ilfeld nicht eingesetzt werden konnte, ersetzte das Bw Wernigerode Westerntor den Zweikuppler im Frühjahr 1965 durch eine Maschine der Baureihe 99^{61}. Doch der Einsatz der Dreikuppler in der Est Nordhausen Nord währte nur kurze Zeit. Die Tb-Gruppe des Bw Wernigerode Westerntor löste den Dienstplan alsbald auf. Fortan wurden die Rangierarbeiten im Bf Nordhausen Nord während der Zugpausen von den Neubauloks der Est Nordhausen Nord (Plan 4) und der Est Hasselfelde (Plan 6) erledigt.

Die im Plan 4 der Est Nordhausen Nord eingesetzte Maschine der Baureihe 99$^{23-24}$ wechselte immer wieder. Gleichwohl kümmerten sich die Eisenbahner um ihre Stammlok (meist 99 232 oder 99 237), die sich stets in einem hervorragenden Zustand befand. Im Winterfahrplan 1973/74 bespannte die Est Nordhausen Nord auf der Strecke nach Hasselfelde werktags die Zugpaare P 14440/14441 (nur bis Ilfeld), N 67774/67775 und N 67778 67779. Mit dem Umbau der Baureihe 99$^{23-24}$ auf Ölhauptfeuerung (siehe S. 161 ff.) brauchten die Heizer der Est Nordhausen Nord nicht mehr zu schippen. Ab dem Frühjahr 1978 war hier eine ölgefeuerte Neubaulok stationiert. An deren Aufgabengebiet änderte sich jedoch nichts.

Der Einsatz der Öllloks machte Umbauten an der Infrastruktur der Est Nordhausen Nord notwendig. Auf den Bau einer festen Öltankanlage wie in

Hinter der 98 6213 verbarg sich die regelspurige Lok 61^{II} der NWE. Die Bn2t-Maschine kam 1939 nach Nordhausen, wo sie im Rangier- und Übergabedienst verwendet wurde. Der kleine Zweikuppler wurde 1960 abgestellt. Als diese Aufnahme 1962 im Bw Nordhausen entstand, war die Lok bereits zur Zerlegung vorgesehen. Foto: Slg. U. Oswald

Nach dem Fahrplanwechsel am 28. Mai 1989 setzte die Est Nordhausen Nord 199 863-2 und 199 871-5 im Güterzugdienst nach Stiege/Hasselfelde und Silberhütte (Anhalt) ein. Am 2. September 1989 hatte 199 871-5 mit einem Güterzug nach Nordhausen Nord den Bf Stiege erreicht.   *Foto: D. Riehemann*

Mit weithin hörbaren Auspuffschlägen hatte 99 7232-4 der Est Nordhausen Nord am 13. Juli 1978 mit dem N 67774 Nordhausen–Hasselfelde den Bf Eisfelder Talmühle verlassen. Erst knapp zwei Jahre später wurde die Maschine im Raw Görlitz mit einer Ölhauptfeuerung (22.01.–08.05.1980) ausgerüstet.   *Foto: R. Heym*

Neben der 199 301-3 setzte die Est Nordhausen Nord im Rangierdienst zeitweilig auch eine der auf Meterspur umgerüsteten Einheitskleinlokomotiven (Kö) ein. Am 17. März 1991 wurde 199 010-0 (!) im Verschub verwendet. Bei der Umzeichnung der Lok von »100 325-0« zu »199 010-8« wurde die falsche Kontrollziffer angemalt.   Foto: D. Riehemann

Am 24. Juni 1989 bespannten 99 7233-2 (Vorspannlok) und 99 7234-0 (Zuglok) den N 67092 Nordhausen Nord–Silberhütte (Anhalt). Im Bf Stiege wurde der Zug geteilt. Die Vorspannlok übernahm die hintere Wagengruppe, die sie als Üb 75722 nach Hasselfelde brachte.   Foto: R. Heym

Das Bahnbetriebswerk Wernigerode Westerntor

der Est Wernigerode verzichtete die Rbd Magdeburg jedoch. In Nordhausen Nord entstand zwischen dem Gleis 17 (Regelspur) und der Drehscheibe nur eine so genannte Behelfstankanlage, die im Wesentlichen aus einem Kesselwagen und einer kleinen Pumpstation bestand. Im Regelfall ergänzten hier lediglich die Maschinen der Est Nordhausen Nord und der Est Hasselfelde ihren Brennstoffvorrat. Dies erfolgte meist in den Morgenstunden. Dazu wurde über Nacht mit Hilfe der Dampflok das schwere Heizöl vorgewärmt. Anschließend fuhr die Maschine auf die Drehscheibe, die dann quergestellt werden musste, damit das Personal Brennstoff bunkern konnte. Die Wendeloks aus Wernigerode brauchten in der Est Nordhausen Nord planmäßig kein Heizöl zu fassen. Die Lokbekohlung in Nordhausen Nord blieb erhalten, da bis 1980 immer wieder kohlegefeuerte Neubauloks in den Einsatzstellen Nordhausen Nord und Hasselfelde aushalfen.

Im Sommer 1983 kündigten sich gravierende Veränderungen für die Est Nordhausen Nord an. Aufgrund der im Frühjahr 1981 einsetzenden Energiekrise musste die Reichsbahn die Maschinen der Baureihe 99[23–24] wieder auf Kohlefeuerung umrüsten (siehe S. 165 f.). Im Sommer 1983 endete der planmäßige Einsatz der Ölloks in der Est Nordhausen.

Durch die Energiekrise erhielt auch der Wiederaufbau der 1946 demontierten Strecke Straßberg (Harz)–Stiege oberste Priorität. In Silberhütte war der Bau eines neuen Heizkraftwerks geplant. Die dafür benötigte Braunkohle konnte nur mit Rollwagenzügen von Nordhausen Nord zum Bf Silberhütte (Anhalt) gebracht werden. Mit dem Fahrplanwechsel am 29. Mai 1983 wies die Tb-Gruppe der Est Nordhausen Nord die als »Indonesienlok« bezeichnete 199 301 (siehe S. 157 ff.) zu. Die Maschine bespannte zunächst vom Bf Stiege aus den so genannten Jochverlegezug. Dieser

bestand aus einem Rollwagen, auf dem die 15 m langen Gleisjoche zur Baustelle transportiert wurden. Bei Ausfall der »Indonesienlok« kam die mit einem Hilfstender (Ow 99-01-95) gekuppelte 99 6101 zum Einsatz. Am 15. Oktober 1983 waren diese Arbeiten beendet und die Diesellok kehrte nach Nordhausen Nord zurück. Für die nun notwendigen Schotterzüge hielt die Est Nordhausen Nord die ölgefeuerte 99 246 und 99 6101 vor. 99 246 bespannte ab 20. Juli 1983 den so genannten Schotterpendel zwischen dem Steinbruch Unterberg und dem Schotterlagerplatz auf dem Bf Stiege. Der Zug bestand aus drei auf Rollwagen verladenen Selbstentladewagen der Gattung Fcs und dem zweiachsigen gedeckten Güterwagen 99-01-76 als Steuerwagen. Dazu erhielt der 99-01-76 an einer Stirnseite elektrische Lampen für das Spitzen- und Zugschlusssignal und ein Fenster für den Zugführer. Vom Steinbruch Unterberg zum Schotterlagerplatz in Stiege zog die ölgefeuerte 99 246 den beladenen Zug. In der Gegenrichtung wurde der Zug geschoben. Der Zug verkehrte meist viermal am Tag. 99 6101 oblag ab 20. Juli 1983 die Beförderung des so genannten Schottereinbauzuges. Dieser bestand aus zwei vierachsigen Selbstentladewagen der Gattung Fac, die auf jeweils zwei Rollwagen gesetzt waren. Ein mit Betonteilen beladener Tiefladewagen der Gattung Rlmmp sowie Betonteile an beiden Enden des Zuges dienten als Masseausgleich.

Obwohl die Rbd Magdeburg die Strecke Straßberg (Harz)–Stiege bereits am 30. November 1983 feierlich eröffnete, konnte der Güterverkehr auf der Relation Nordhausen Nord–Silberhütte (Anhalt) noch nicht aufgenommen werden. Erst nach der Abnahme des Anschlussgleises zum Heizkraftwerk am 6. Februar 1984 wurden Güterzüge eingesetzt. Am 12. Februar 1984 verließ 99 234 mit dem ersten Güterzug nach Silberhütte (Anhalt) den Bf Nordhausen Nord. Zu diesem Zeitpunkt hatte die

Ab 1911 gab es im späteren Lokbf Nordhausen Nord einen stationären Kohlekran, der eine Tragfähigkeit von 1 t und eine Spannweite von 3 m hatte.   Foto: D. Endisch

Ende der 1950er-Jahre erhielt der Lokbf Nordhausen Nord einen Raupendrehkran des Typs RK 3 für die Lokbekohlung, der bis heute im Einsatz ist.   Foto: D. Endisch

Im Frühjahr 1993 wurde 99 7243-1 (ex 99 243) in der Est Nordhausen Nord mit neuem Brennstoff versorgt. Wenige Wochen zuvor, am 1. Februar 1993, hatte die Harzer Schmalspurbahnen GmbH die Harzquer-, Brocken- und Selketalbahn übernommen. Foto: Archiv D. Endisch

Rbd Magdeburg in den bestehenden Winterfahrplan 1983/84 drei Güterzugpaare nach Silberhütte eingearbeitet, die alle von der Est Nordhausen Nord bespannt wurden. Ab 26. März 1984 musste der Güterverkehr vorübergehend eingestellt werden, da die Brücken auf dem Abschnitt Eisfelder Talmühle–Stiege erneuert wurden. Zeitgleich wurden die Bahnhöfe Eisfelder Talmühle und Stiege umgebaut.

Mit Inkrafttreten des neuen Fahrplans am 3. Juni 1984 erhöhte die Tb-Gruppe den Fahrzeugbestand der Est Nordhausen Nord deutlich. Hier waren fortan planmäßig drei Exemplare der Baureihe 99$^{23-24}$ stationiert. Zu den Stammloks zählten 99 231, 99 232, 99 233 und 99 234. Diese bespannten im Plan 3 ausschließlich Güterzüge auf der Relation Nordhausen Nord–Stiege–Hasselfelde/Silberhütte (Anhalt). Bei den Eisenbahnfreunden stand dabei der N 67092 besonders hoch im Kurs, der ab Herbst 1986 bis Stiege planmäßig mit zwei Neubau-Maschinen befördert wurde.

Für den Rangierdienst in Nordhausen Nord und die Übergaben zur Papierfabrik in Ilfeld wurde im Dienstplan 3a die Diesellok 199 301 eingesetzt, die zum Jahreswechsel 1983/84 einige Zeit von 99 6102 vertreten wurde. Während einer Hauptuntersuchung (V7; 26.02.1986–08.01.1987) griff die Est Nordhausen Nord für Plan 3a meist auf 99 234 oder 99 6102 zurück. Doch die Glanzzeit der Baureihe 99$^{23-24}$ in der Est Nordhausen währte nur wenige Jahre. Durch den Einsatz im schweren Güterzugdienst nahm der Verschleiß an den inzwischen über 30 Jahre alten Neubau-Dampfloks erheblich zu. Dies war einer der Gründe, warum sich die Reichsbahn für den Traktionswechsel auf den Schmalspurbahnen im Harz (siehe S. 168 ff.) entschieden hatte. Der Güterzugverkehr der Est Nordhausen Nord sollte dabei so schnell wie möglich von den Maschinen der Baureihe 199^8 übernommen werden. Ende 1988 trafen mit 199 863 und 199 871 die ersten beiden Streckendieselloks im Bw Wernigerode ein (siehe S. 177 f.). Nach einigen Probe- und Einweisungsfahrten bespannte 199 863 am 1. Januar 1989 den ersten Güterzug von Nordhausen Nord aus. Ab Februar 1989 wurde die Baureihe 199^8 schrittweise in den Plandienst eingebunden. Da die als »Harzkamele« bezeichneten Dieselloks nicht in der Est Nordhausen

Nord unterhalten werden konnten, wurden sie meist als Vorspann- oder Zuglok vor dem P 14401 von Wernigerode aus zugeführt. Die Maschine übernahm dann Mittag oft die Leistungen des Tages 1 beginnend mit dem N 67094 nach Silberhütte (Anhalt). Verblieb die Diesellok nicht in der Est Nordhausen Nord, wurde sie als Lz-Fahrt nach Wernigerode gebracht. Ab 28. Mai 1989 setzte die Est Nordhausen Nord täglich mindestens eine Maschine der Baureihe 199^8 im Plan 5 ein (siehe S. 180). Für die Betankung der Dieselloks wurde ein so genannter Tankcontainer des Typs TC 10 in Nordhausen Nord aufgestellt.

Mit der politischen Wende in der DDR und den tiefgreifenden wirtschaftlichen Folgen der deutschen Wiedervereinigung brach der Güterverkehr auf den Schmalspurbahnen des Harzes innerhalb weniger Monate zusammen. Bereits im Sommer 1990 entfiel ein beträchtlicher Teil der Leistungen auf der Verbindung Nordhausen Nord–Stiege–Hasselfelde/Silberhütte (Anhalt). Mit dem Fahrplanwechsel am 30. September 1990 schränkte die Rbd Magdeburg den Güterverkehr erheblich ein. Die Est Nordhausen Nord besetzte fortan nur noch planmäßig zwei Triebfahrzeuge – eine Dampflok der Baureihe 99$^{23-24}$ und ein »Harzkamel« der Baureihe 199^8. Die Neubau-Maschine, meist 99 231, kam täglich bis nach Schierke und Wernigerode. Die Diesellok bespannte die noch verbliebenen Güterzüge in Richtung Hasselfelde und Silberhütte (Anhalt). Außerdem waren in der Est Nordhausen noch die Kleindiesellok 199 012 und ein zweites »Harzkamel« stationiert. Während 199 012 den verbliebenen Rangierdienst bestritt, oblagen der Maschine der Baureihe 199^8 bei Bedarf die nach Benneckenstein verkehrenden Güterzüge. Für beide Leistungen wurden aber keine eigenen Umläufe bzw. Dienstpläne mehr aufgestellt.

Damit hatte auch 199 301 in der Est Nordhausen ausgedient. Seit die Maschine anstelle eines Turbo-Motors mit einem Saugmotor des Typs 6 VD 18/15-1 SRW ausgerüstet war (Umbau am 02.06.1989), hatte sie über ein Drittel ihrer Leistung verloren. Außerdem musste die zulässige Höchstgeschwindigkeit von 30 auf 24 km/h verringert werden. Dennoch konnte die Tb-Gruppe noch nicht auf die »Indonesienlok« verzichten. Daher bewilligte die VdM für 199 301 abermals eine Zwischenuntersuchung (V6; 10.09.1990–27.02.1991) im Raw Halle (Saale). Nach ihrer Rückkehr in den Harz verblieb die Maschine aber in Wernigerode.

Als Ersatz für die Diesellok half im August und September 1990 kurzzeitig 99 6001 im Plan 3a der Est Nordhausen aus. Fallweise wurde mit der Maschine auch das nachmittags verkehrende Zugpaar P 14442/14443 nach Eisfelder Talmühle bespannt. Zum 30. September 1990 wurde der Plan 3a aufgelöst.

Mit der Aufnahme des planmäßigen Personenverkehrs zum Brocken am 1. Juli 1992 änderte sich der Dampflok-Umlauf der Est Nordhausen Nord. 99 231 fuhr nun auch planmäßig auf den höchsten Berg des Harzes.

Mit dem Fahrplanwechsel am 31. Mai 1992 wurde die Est Hasselfelde aufgelöst. Deren Leistungen übernahm die Est Nordhausen Nord, die nun eine weitere Dampflok der Baureihe 99$^{23–24}$ besetzte. Ein Jahr später, am 22. Mai 1993, gab die HSB den planmäßigen Güterverkehr auf dem Abschnitt Stiege–Silberhütte (Anhalt)–Harzgerode auf, was zu Kürzungen im Dienstplan der Baureihe 199^8 in der Est Nordhausen Nord führte. Gleichwohl blieb der Bedarf von zwei Maschinen der Baureihe 99$^{23–24}$ (täglich) und einer Diesellok der Baureihe 199^8 (montags–freitags) unverändert. Außerdem waren nach wie vor ein »Harzkamel« als Reserve und für Sonderdienste sowie eine Kleindiesellok (199 012 oder 199 301) in der Est Nordhausen Nord stationiert.

Erst mit dem Fahrplanwechsel am 2. Juni 1996 kam es zu gravierenden Änderungen in der Zugförderung der Est Nordhausen Nord. Um den Personenverkehr auf schwach frequentierten Abschnitten der Harzquer- und Selketalbahn zu rationalisieren, erwarb die HSB von der Inselbahn Langeoog drei gebrauchte Dieseltriebwagen (siehe S. 191 ff.). Nach deren Instand-

setzung im Werk Halberstadt traf als erstes Fahrzeug 187 012 am 24. Januar 1996 im Harz ein. Ihm folgten einige Zeit später die Triebwagen 187 011 und 187 013. Die Est Nordhausen setzte ab 2. Juni 1996 die Triebwagen auf der Verbindung Nordhausen Nord–Ilfeld/Hasselfelde ein.

Als Reserve diente eine Diesellok der Baureihe 199^8 mit einem kurzen Reisezug (zwei Wagen). Fallweise half auch 199 301 im Reisezugdienst aus. Dies war beispielsweise am 30. und 31. Juli 1996 der Fall. Doch zu diesem Zeitpunkt waren die Tage der »Indonesienlok« bereits gezählt. Nach Ablauf ihrer Untersuchungsfrist wurde die Maschine am 27. Februar 1997 abgestellt und am 27. März 1997 in den z-Park verfügt.

Für den Güterverkehr auf der Relation Nordhausen Nord–Steinbruch Unterberg hielt die Est Nordhausen Nord im Sommer 1996 noch ein »Harzkamel« vor. 199 870, die zum Jahreswechsel 1996/97 durch 199 861 und 199 891 ersetzt wurde, übernahm auch den verbliebenen Rangierdienst im Bf Nordhausen Nord.

Außerdem war in der Est Nordhausen seit Sommer 1996 der Neubau-Triebwagen 187 015 stationiert. Das von Eisenbahnern und Fahrgästen aufgrund seiner markanten roten Lackierung als »Himbeereis« oder »Himbeerbonbon« bezeichnete Fahrzeuge wurde im gleichen Dienstplan wie die Triebwagen 187 011, 187 012 und 187 013 eingesetzt. Für den täglichen Dampfzug vom Bf Nordhausen Nord hinauf zum Brocken (und zurück) verblieb eine Maschine der Baureihe 99$^{23–24}$ in der Est Nordhausen Nord. Als Stammlok fungierte 99 231, die ab 1997 zeitweise durch 99 233 ersetzt wurde.

Mit der geplanten Verbesserung des Angebots im klassischen Öffentlichen Personennahverkehr (ÖPNV) auf dem Abschnitt Nordhausen Nord–Ilfeld (–Ilfeld Neanderklinik) reichten die vorhandenen vier Triebwagen nicht

Am 22. Mai 1994 hinterließ die ihrer Lokschilder beraubte »Indonesienlok«, alias 199 301-3, in der Est Nordhausen Nord einen desolaten Eindruck. Die Tage der »Indonesienlok« waren gezählt. Sie wurde am 27. Februar 1997 abgestellt und ist heute im Lokschuppen in Ilfeld hinterstellt. Foto: R. Heym

Am Ende des Kohlebansens in der Est Nordhausen Nord ließ die HSB eine moderne Tankanlage errichten. Hier werden die Dieselloks und die Triebwagen mit Kraftstoff versorgt. Foto: D. Endisch

aus. Aus diesem Grund stellte die HSB zwischen März und August 1999 vier Neubau-Triebwagen in Dienst (187 016–187 019), die der Fahrzeugbau (FBH) Halberstadt gefertigt hatte (siehe S. 193). Die Triebfahrzeugführer der Est Nordhausen Nord besetzten fortan werktags (außer samstags) drei sowie an Wochenenden und Feiertagen zwei Triebwagen. Die als »Fischstäbchen« bezeichneten 187 011, 187 012 und 187 013 fungierten als Reserve.

Auch bei den Dieselloks der Baureihe 199[8] hatte sich in der Zwischenzeit das Bild gewandelt. Mit dem Einsatz der Rollböcke des Systems »Vevey« (siehe S. 194) für die Schottertransporte auf der Relation Nordhausen Nord–Steinbruch Unterberg ließ die HSB 1998 bei der ABB Daimler Benz Transportation (Adtranz) in Kassel die Dieselloks 199 872 und 199 874 modernisieren. Die beiden Maschinen erhielten eine Funkfernsteuerung sowie regelspurige Zug- und Stoßvorrichtungen für den Rollbockverkehr. Nach ihrer Abnahme wurden beide Maschinen der Est Nordhausen Nord zugewiesen, wo jedoch nur eine Lok planmäßig benötigt wurde.

Die Beheimatung einer Rangierlok in Nordhausen Nord war bereits im Frühjahr 1997 mit der Abstellung der 199 301 entfallen. Der auf ein Minimum verringerte Rangierdienst wurde seither von den im Streckendienst eingesetzten Maschinen erledigt.

Zum Jahreswechsel 1999/2000 absolvierte 99 233 ihre letzten Dienste im Umlauf der Est Nordhausen Nord. Die Maschine wurde am 31. März 2000 abgestellt. Dieses Schicksal ereilte ein gutes Jahr später auch die langjährige Nordhäuser Planlok 99 231. Sie hatte nach Ablauf ihrer Untersuchungsfristen am 9. August 2001 ausgedient und wurde ab 7. November 2001 als Schadlok in den Unterlagen der HSB geführt. Bereits im Jahr 2000 halfen mehrfach 99 239 und 99 240 in der Est Nordhausen Nord aus. Neue Planlok wurde aber 99 232, die im Jahr 2002 zeitweise von 99 238 sowie im Jahr 2003 von 99 235 und 99 245 vertreten wurde. In der zweiten Jahreshälfte 2003 übernahm die Est Nordhausen Nord schließlich 99 236 als neue Stammlok, die in den folgenden Jahren bei Bedarf durch 99 235, 99 242 und 99 245 ersetzt wurde. Letztere wurde schließlich zur neuen Planmaschine der Est Nordhausen Nord.

Aber nicht nur der Fahrzeugbestand der Est Nordhausen Nord hat sich seit der Übernahme der Schmalspurbahnen im Harz durch die HSB verändert. In den vergangenen Jahren wurden auch erhebliche Mittel in die Infrastruktur der Est Nordhausen Nord investiert. Hier entstanden u.a. eine neue Drehscheibe und am Ende des alten Kohlebansens wurde eine moderne Tankanlage errichtet. Die alte, inzwischen baufällige Portalkrananlage musste jedoch vom 4. bis 7. Mai 2015 abgebrochen werden.

Fallweise wurden in den 1980er- und 1990er-Jahren auch regelspurige Dampfloks in der Est Nordhausen Nord mit Kohle versorgt. Am Abend des 6. August 1995 ergänzte 24 009 hier ihren Brennstoffvorrat. Foto: D. Endisch

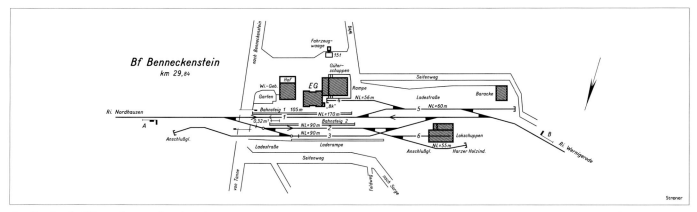

Der Gleisplan des Bf Benneckenstein (Stand 1963).

Zeichnung: D. Stroner

5.3 Der Lokbahnhof Benneckenstein

Die Kleinstadt auf der Harzhochfläche erhielt mit der Eröffnung des Teilstücks Netzkater–Benneckenstein am 15. September 1898 Anschluss an die Harzquerbahn. Zeitgleich nahm die NWE den kleinen Lokbahnhof in Benneckenstein in Betrieb. Die Anlagen waren bescheiden. Auf der Westseite des Bf Benneckenstein hatte die NWE einen einständigen Lokschuppen errichten lassen. Das Schuppengleis (Gleis 6; 55 m nutzbare Länge) zweigte vom Ladegleis (Gleis 3) ab. Der einfache Fachwerkbau verfügte über eine Untersuchungsgrube, einen Aufenthaltsraum und ein kleines Magazin. Da der Schuppen keine Werkstatt besaß, konnten die Eisenbahner hier nur die wichtigsten Reparaturen vornehmen. Der Lokschuppen verfügte über eine genietete Zisterne, die den zwischen den Gleisen 1 und 2 aufgestellten Wasserkran speiste. Der Wasserkran hatte eine Förderleistung von 320 l/min. Vor dem Lokschuppen befand sich ein kleiner Kohlebansen. Die Maschinen wurden mit Hilfe von Weidenkörben und einer kleinen Sturzbühne bekohlt.

Zunächst bediente der Lokbf Benneckenstein nur die Strecke nach Nordhausen. Erst nach der Aufnahme des durchgehenden Personen- und Güterverkehrs auf der Harzquerbahn am 27. März 1899 kamen die Maschine und das Personal aus Benneckenstein bis nach Wernigerode. Dieser Abschnitt entwickelte sich sehr schnell zum Haupteinsatzgebiet des Lokbf Benneckenstein, wo von Beginn an eine Malletlok der Bauart B´Bn4vt stationiert war. Daran änderte sich auch in den folgenden drei Jahrzehnten nichts.

Mit Inkrafttreten des Sommerfahrplans 1936 setzte der Lokbf Benneckenstein den Triebwagen T 1 (siehe S. 107 ff.) ein. Erst mit der Einstellung des Triebwagenverkehrs am 16. Mai 1943 aufgrund fehlenden Dieselkraftstoffs war in Benneckenstein wieder eine Mallet-Maschine stationiert.

Nach dem Zweiten Weltkrieg vergrößerte sich der Aktionsradius des Lokbf Benneckenstein. Die NWE übernahm auf Anweisung der Provinzialverwaltung am 15. April 1946 die Betriebsführung auf dem Abschnitt (Zonengrenze–) Sorge–Tanne der Südharz-Eisenbahn AG (SHE). Die hier eingesetzten Übergaben waren Aufgabe des Lokbf Benneckenstein, der ab 1. Januar 1950 zum Bw Wernigerode Westerntor gehörte. Für den Betriebsdienst in Benneckenstein genügten planmäßig drei Lokführer und drei Heizer. Fehlte Personal, halfen meist Eisenbahner aus Wernigerode aus. Da es im Lokbf Benneckenstein keine Betriebsarbeiter gab, oblagen das Restaurieren der Maschine und deren Betreuung in den Nachtstunden dem Lokpersonal. Langjährige Stammlok war 99 5902.

Im Sommer 1956 ersetzte das Bw Wernigerode Westerntor die Mallet-Maschine durch eine fabrikneue Maschine der Baureihe 99[23–24]. Dank des großzügig ausgelegten Brennstoffvorrats von 4 t konnte das Kohleladen in Benneckenstein entfallen. Die Neubauloks ergänzten fortan im Lokbf Wernigerode vor der Rückfahrt nach Benneckenstein ihren Kohlevorrat, der bis zum nächsten Tag reichte. Allerdings blieb der Kohlebansen noch

Der alte Lokschuppen der Est Benneckenstein brannte in der Nacht vom 27. zum 28. Juni 1982 nieder und musste abgerissen werden. Der heute noch vorhandene Lokschuppen wurde Ende 1983 seiner Bestimmung übergeben. Die HSB stellt hier nicht mehr benötigte Fahrzeuge ab.
Foto: D. Endisch

einige Zeit erhalten, da bis 1958 vereinzelt Mallet-Maschinen in Benneckenstein aushalfen.

Nachdem die Neubauloks aufgrund ihrer Achsfahrmasse von 10 t nicht auf der Stichstrecke Sorge–Tanne eingesetzt werden konnten, wickelte der Lokbf Wernigerode den verbliebenen Güterverkehr bis zur Stilllegung der Verbindung im Jahr 1958 mit einer Maschine der Baureihe 99[59] ab. Erst ab dem Sommer 1958 bestimmte die Baureihe 99[23–24] das Bild auf der Harzquerbahn.

Mit dem Anstieg des Personen- und Güterverkehrs auf der Harzquerbahn Ende der 1960er-Jahre stockte das Bw Wernigerode Westerntor die Belegschaft der Est Benneckenstein auf. Hier waren nun planmäßig vier Personale eingesetzt. Der Brigadelokführer war gleichzeitig Leiter der Außenstelle und damit für die Personalplanung zuständig. Sämtliche Verwaltungsarbeiten erledigten hingegen die entsprechenden Abteilungen in Wernigerode. Der Umlauf der Est Benneckenstein sah in erster Linie Personen- und Güterzüge von und nach Wernigerode vor. Zeitweise kam die Maschine aber auch planmäßig nach Nordhausen Nord.

Erheblichen Einfluss auf den Personaleinsatz in der Est Benneckenstein hatte die Nähe zur deutsch-deutschen Grenze. Nach dem Inkrafttreten der am 26. Mai 1952 von der DDR-Regierung beschlossenen »Verordnung über Maßnahmen an der Demarkationslinie zwischen der Deutschen Demokratischen Republik und den Westlichen Besatzungszonen Deutschlands« lag Benneckenstein im so genannten Sperrgebiet, das der Grenze vorgelagert war. Alle in Benneckenstein tätigen Eisenbahner mussten fortan einen vom Volkspolizei-Kreisamt (VPKA) Wernigerode ausgestellten Passierschein besitzen. Wer dieses Dokument nicht vorweisen konnte, durfte sich nicht in Benneckenstein aufhalten. Ein freizügiger Personalaustausch zwischen der Außenstelle und dem Heimat-Bw Wernigerode Westerntor war damit nicht mehr möglich. Nach dem Mauerbau am 13. August 1961 schränkten Volkspolizei und Staatssicherheit die Ausgabe

von Passierscheinen erheblich ein. Erst mit Inkrafttreten neuer »Festlegungen zur Grenzsicherung« am 14. Juni 1972 wurde die Kleinstadt aus dem Sperrgebiet herausgelöst. Für die Fahrt durch das Sperrgebiet um Elend und bzw. durch den Schutzstreifen um Sorge benötigten die Eisenbahner aber weiterhin einen Passierschein.

Die Aufgaben der Est Benneckenstein blieben bis 1972 nahezu unverändert. Durch die Streichung einiger Personen- und Güterzüge auf der Harzquerbahn waren jedoch die Leistungen spürbar zurückgegangen. Die Est Benneckenstein bespannte im Winterfahrplan 1972/73 werktags auf dem Abschnitt Wernigerode–Benneckenstein die Züge Gmp 69751, Gmp 69754, Gmp 69762, N 67770 und N 67771 sowie das Zugpaar P 1308/1309 Wernigerode–Steinerne Renne. An Wochenenden und Feiertagen waren lediglich der N 67771 Wernigerode–Benneckenstein und der Gmp 69762 Benneckenstein–Wernigerode zu bespannen. Daher hatten die Lokführer und Heizer der Est Benneckenstein ausreichend Zeit für eine intensive Fahrzeugpflege. Die Maschinen präsentierten sich daher immer in einem ausgezeichneten Zustand.

Erst mit dem Fahrplanwechsel am 29. September 1974 wies die Tb-Gruppe der Est Benneckenstein weitere Leistungen zu. Die hier längere Zeit stationierte 99 247 bespannte nun die Zugpaare P 14401/14404 Nordhausen–Wernigerode, Gmp 69750/69755 Benneckenstein–Wernigerode und P 14437/14438 Wernigerode–Drei Annen Hohne (montags–freitags).

Im Herbst 1978 konnten die Heizer der Est Benneckenstein (zeitweilig) die Schippe aus der Hand legen, da für den Umlauf (Plan 3) eine ölgefeuerte Maschine der Baureihe 99[23–24] zur Verfügung stand. Wenn diese aber zu Fristarbeiten in die Werkstatt nach Wernigerode Westerntor oder zur Ausbesserung in das Raw Görlitz musste, verfügten die Lokleiter häufig eine kohlegefeuerte Neubaulok nach Benneckenstein. Auch 1980 half bei Bedarf noch immer eine der letzten vier noch nicht auf Ölhauptfeuerung umgebauten 1´E1´h2t-Maschinen in Benneckenstein aus. Ab dem Sommer

Die Kleinstadt Benneckenstein besaß ab 15. September 1898 einen Bahnanschluss (Abschnitt Netzkater–Benneckenstein). Rund 92 Jahre später, am 24. März 1990, stellte 99 7246-4 (ex 99 246) im Bf Benneckenstein den N 67096 zusammen. Bis zur Abfahrt um 10.35 Uhr war noch mehr als eine Stunde Zeit. Foto: D. Riehemann

1980 war die ölgefeuerte 99 232 Planlok in der Est Benneckenstein. Deren Dienstplan (Plan 3) umfasste auf der Strecke nach Wernigerode lediglich die Zugpaare N 67771/67772 und Gmp 69750/69755. Die tägliche Laufleistung der 99 232 betrug nur 123 km.

Der 28. Juni 1982 ging als »Schwarzer Tag« in die Geschichte der Est Benneckenstein ein. Wie an jedem Abend rückte 99 232 auch am 27. Juni 1982 in den heimatlichen Lokschuppen ein. Die Ölhauptfeuerung brachte für das Personal erhebliche Vorteile. Der Heizer brauchte beispielsweise während der Nachtruhe nur alle drei bis vier Stunden den Kessel auf Spitzendruck hochzuheizen. Doch in jener Nacht trank der Heizer verbotenerweise Alkohol. Als er am frühen Morgen plötzlich erwachte, versuchte er, die Ölhauptfeuerung der 99 232 zu zünden. Doch ohne Erfolg. Während der mehrmaligen Zündversuche lief das schwere Heizöl in den Luftzuführungskasten der Maschine und die Untersuchungsgrube. Entgegen aller geltenden Vorschriften nahm der Heizer nun ein Knäuel brennender Putzwolle. Das ausgelaufene Heizöl fing an zu brennen. Alle Versuche, das Feuer zu löschen, scheiterten. Nach wenigen Minuten standen die Maschine und der Lokschuppen lichterloh in Flammen. Die Freiwillige Feuerwehr aus Benneckenstein konnte nur noch ein Übergreifen des Feuers auf die benachbarten Gebäude des VEB Harzer Holzindustrie verhindern. Die große Hitze des Feuers verursachte erhebliche Schäden an der 99 232. Da sämtliche Lager ausgeschmolzen waren, konnte die Maschine nicht nach Wernigerode geschleppt werden. Am Vormittag des 28. Juni 1982 wurde 99 232 vorsichtig aus den Resten des Lokschuppens gezogen. Schlosser des Bw Wernigerode zerlegten die Maschine mehrere Tage lang unter freiem Himmel in verschiedene Baugruppen und verluden diese für den Transport in das Raw Görlitz auf Flachwagen, die auf Rollwagen standen. In Görlitz begann am 27. Oktober 1982 die Instandsetzung der 99 232. Am 20. Dezember 1982 kehrte die Maschine als erste ihrer Baureihe wieder mit einer Kohlefeuerung in den Harz zurück.

Die zuständige Hochbaumeisterei (Hbm) Bernburg lehnte nach einer Besichtigung eine Sanierung des schwer beschädigten Lokschuppens ab. Die Hitze hatte das Fachwerk und die Ausmauerung irreparabel beschädigt. Kurze Zeit später wurde die Ruine abgerissen. Da das Bw Wernigerode weiterhin den Lokschuppen in Benneckenstein benötigte, begann 1983 der Neubau auf dem alten Grundriss (Länge 40 m; Breite 8 m). Bis jedoch der neue Schuppen fertiggestellt war, übernachtete die in der Est Benneckenstein stationierte Dampflok unter freiem Himmel. Ende 1983 wurde der neue Schuppen (25 m Standlänge) seiner Bestimmung übergeben.

Inzwischen war die Mehrzahl der 1´E 1´h2t-Maschinen wieder kohlegefeuert, so dass auch die Heizer der Est Benneckenstein wieder die Schippe schwingen mussten. Seit dem 29. Mai 1983 kam die Lok der Est Benneckenstein nicht nur nach Wernigerode (Gmp 69750), sondern auch nach Schierke (Gmp 69751/69752) und Nordhausen Nord (P 14407/14410). Mit dem Fahrplanwechsel am 3. Juni 1984 kam es zu erheblichen Änderungen im Plan 3. Der morgendliche Gmp 69750 trug nun die Zug-Nr. P 14430. Anschließend übernahm die Lok den N 67071 nach Benneckenstein. Dort wechselte das Personal, das nun den P 14403 übernahm und diesen nach Nordhausen Nord brachte. Von hieraus ging es mit dem P 14416 (später: P 14410) nach Hasselfelde. Mit dem P 14417 Hasselfelde–Benneckenstein erreichte die Lok wieder ihren heimatlichen Schuppen, in den sie nach dem Restaurieren gegen 20.30 Uhr einrückte. Die Nachtschicht nutzte die Zeit bis zum nächsten Morgen zum Putzen und für kleinere Reparaturen. Dieser Umlauf blieb bis zum Frühjahr 1990 weitgehend unverändert. Zu diesem Zeitpunkt war 99 232 wieder Planlok der Est Benneckenstein. Im Sommer 1990 wurde sie durch 99 244 abgelöst, deren Aufgaben 99 246 im September 1990 übernahm.

Im Frühjahr 1990 verbesserte die Rbd Magdeburg das Angebot im Reiseverkehr auf den Abschnitten Drei Annen Hohne–Schierke und Wernige-

Nur selten war die Einheitslok 99 722-5 (ex 99 222) in der Est Hasselfelde stationiert. Im Mai 1974 bespannte die Maschine einige Zeit die Züge auf der Relation Nordhausen Nord–Eisfelder Talmühle–Hasselfelde. Gerade hatte 99 7222-5 mit dem P 14421 den Bf Hasselfelde erreicht.
Foto: G. Schütze

Im Sommer 1989 wurde 99 7242-3 (ex 99 242) vor dem Lokschuppen der Est Hasselfelde für den nächsten Einsatz vorbereitet. Der Heizer hatte gerade das Abschlammventil geöffnet, um den Kesselschlamm, der sich am Kesselboden abgesetzt hat, abzulassen.
Foto: Th. Rieger, Archiv D. Endisch

rode–Benneckenstein. Da der Güterverkehr ab dem Sommer 1990 erheblich schrumpfte, wurden bis zum Fahrplanwechsel am 2. Juni 1991 zahlreiche Nahgüterzüge gestrichen. Die Est Benneckenstein bespannte nun in erster Linie Personenzüge auf der Strecke nach Wernigerode.

Auch wenn die Deutsche Reichsbahn am 2. Juni 1991 das so genannte Titular-System, also die feste Besetzung der Lokomotiven mit Stammpersonalen endgültig aufgab, hielt die Tb-Gruppe des Bw Wernigerode daran fest. Die Eisenbahner der Est Benneckenstein besetzten im Jahresfahrplan 1990/91 planmäßig 99 247. Aber die Maschine, die seit dem 1. Januar 1986 als »Historisches Fahrzeug« für einen langfristigen Erhalt als Museumslok vorgesehen war (siehe S. 175), erfreute sich bei den Personalen keiner großen Beliebtheit. Sie galt als schlechter »Dampfmacher« und war sehr schadanfällig, was sie u.a. am 27. Februar 1991 bewies. Bei der morgendlichen Fahrt von Benneckenstein nach Wernigerode brach zwischen Sorge und Elend die Kuppelstange zwischen der ersten und zweiten Kuppelachse. Dem Personal blieb nichts anderes übrig, als bei klirrender Kälte die gebrochene Stange abzubauen und mit einer 1´1 D 1´-Maschine die Fahrt fortzusetzen. Zwar wies die Lokleitung Wernigerode der Est Benneckenstein zunächst eine andere Maschine zu, doch ab 3. März 1991 war 99 247 wieder im Einsatz, die erst im Sommer 1991 durch 99 241 ersetzt wurde.

Zu diesem Zeitpunkt begann die Rbd Halle damit, kleinere Außenstellen aufzulösen. Nur bei den Schmalspurbahnen im Harz war dies kaum der Fall. Wie eh und je rückte jeden Abend eine Maschine in den Lokschuppen der Est Benneckenstein ein. Dies änderte sich auch nach der Übernahme der Harzquerbahn durch die HSB am 1. Februar 1993 zunächst nicht. Bereits kurze Zeit später begann die HSB damit, den Betrieb zu straffen. Mit dem Fahrplanwechsel am 23. Mai 1993 wurde die Est Benneckenstein aufgelöst. Deren Aufgaben übernahm die Est Wernigerode. Der Lokschuppen dient seither als Abstellplatz für nicht benötigte Fahrzeuge. Bei Redaktionsschluss für dieses Buch (30.06.2024) waren hier 99 242 (abgestellt am 01.04.2009) und 99 246 (abgestellt im August 1997) hinterstellt.

5.4 Der Lokbahnhof Hasselfelde

Der Lokbf Hasselfelde gehörte ursprünglich zur GHE. Mit der Eröffnung des Teilstücks Stiege–Hasselfelde am 1. Mai 1892 nahm die GHE auch den Lokschuppen (Länge 25 m, Breite 8 m) in Betrieb. Das eingleisige Bauwerk (Standlänge 8 m) befand sich auf der Westseite des Bahnhofs zwischen den Anschlussgleisen der späteren Bäuerlichen Handelsgenossenschaft (BHG) und dem Sägewerk der Firma Schröder & Schwarzkopf (später: VEB Vereinige Holzindustrie »Nordharz«, Betriebsteil IV Hasselfelde). Der verputzte Ziegelbau verfügte über eine Untersuchungsgrube, eine kleine Werkstatt und einen Aufenthaltsraum für das Personal. Vor dem Lokschuppen gab es eine kleine Ausschlackstelle und einen Kohlebansen. Mit Hilfe eines Hydranten im Lokschuppen wurde der Wasservorrat der Lokomotive ergänzt. Das als Gleis 3 bezeichnete Schuppengleis hatte eine nutzbare Länge von insgesamt 27 m.

Der Abschnitt Eisfelder Talmühle–Hasselfelde blieb Dank der Bemühungen des Hasselfelder Bürgermeisters erhalten und wurde nicht im Frühjahr 1946 demontiert (siehe S. 20). Als die NWE am 16. April 1945 auf diesem Streckenstück die Betriebsführung übernahm, waren keine Fahrzeuge mehr vorhanden, da die SMAD nahezu alle Lokomotiven und Wagen der GHE als Reparationsleistung beschlagnahmt hatte. Die NWE musste daraufhin aus ihrem ohnehin knappen Fahrzeugpark eine Mallet-Maschine nach Hasselfelde umsetzen. Zeitweise halfen auch der Triebwagen T 1 der ehemaligen GHE (Winter 1946/47) sowie Lok 1 (DR: 99 5804) und Lok 3 (DR: 99 5803) der NWE aus. Das Angebot auf der 13,5 km langen Verbindung Eisfelder Talmühle–Hasselfelde im Personenverkehr war äußerst gering. Im Winterfahrplan 1948/49 bespannte der Lokbf Hasselfelde werktags nur zwei Gmp-Paare. An Sonn- und Feiertagen ruhte der Personenverkehr. Ab 2. Oktober 1949 verkehrten hier täglich zwei Zugpaare.

Nach der Übernahme der NWE durch die DR wurde der Lokbf Hasselfelde zu einer Außenstelle des Bw Wernigerode Westerntor. Der Verkehr auf der Strecke Hasselfelde–Eisfelder Talmühle blieb jedoch bescheiden. Ab

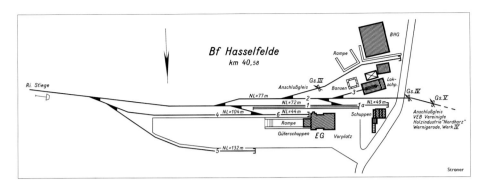

Der Gleisplan des Bf Hasselfelde (Stand 1980).
Zeichnung: D. Stroner

14. Mai 1950 hatten die Hasselfelder Personale mit ihrer Maschine täglich ein Gmp- und zwei Personenzugpaare nach Eisfelder Talmühle bzw. Nordhausen zu bespannen. Die beiden Personenzugpaare wurden mit dem Fahrplanwechsel am 7. Oktober 1951 ebenfalls in Gmp umgewandelt. Als Planlok stand seit 1950 die 99 5906 zur Verfügung. Bereits wenig später nahm das Verkehrsaufkommen auf der Strecke deutlich zu. Maßgeblichen Anteil daran hatten der Steinbruch Unterberg und das Sägewerk Hasselfelde, die ihre Produktion schrittweise vergrößerten. Damit erreichte 99 5906 sehr schnell ihre Leistungsgrenze. Die Höchstlast für die Maschine betrug bergwärts von Eisfelder Talmühle nach Hasselfelde 65 t. In der Praxis bedeutete dies, dass an einen Gmp nur noch ein beladener Güterwagen angehängt werden konnte. Bis Ende 1956 spitzte sich die Lage auf der Hasselfelder Strecke weiter zu. Im Bf Nordhausen Nord entstand ein Rückstau an Güterwagen. Zugleich erhielten die Anschließer nicht genügend Wagen. Mit dem Einsatz der Baureihe 99²³⁻²⁴ von Nordhausen aus wurde das Problem nur verlagert, denn nun stauten sich die Wagen im Bf Eisfelder Talmühle.

Die 1´E1´h2t-Maschinen konnten noch nicht zwischen Eisfelder Talmühle und Hasselfelde eingesetzt werden, da der Oberbau für die Loks zu schwach war. Eine Probefahrt mit einer Neubaublok Anfang 1957 musste 500 m hinter dem Bf Eisfelder Talmühle abgebrochen werden. Auf einer Krisensitzung am 7. März 1957 beschlossen Vertreter des Bw Wernigerode Westerntor, der Rbd Magdeburg, des Rba Aschersleben und des Bf Nordhausen Nord, den Umlauf des Lokbf Hasselfelde, der seit 3. Juni 1956 zwei Gmp-Paare nach Eisfelder Talmühle und das abendliche Zugpaar Gmp 9710/9715 nach Nordhausen Nord vorsah, um ein Nahgüterzugpaar zu erweitern. Außerdem wurde die Verstärkung des Oberbaus zwischen Eisfelder Talmühle und dem Steinbruch Unterberg beschlossen. Die Arbeiten dazu begannen Ende März 1957.

Mit dem Fahrplanwechsel am 2. Juni 1957 entspannte sich die Lage auf der Stichstrecke Eisfelder Talmühle–Hasselfelde, denn der Steinbruch Unterberg wurde fortan von einer Neubaulok aus Nordhausen Nord bedient. Bereits einige Monate zuvor hatte 99 6001 kurzzeitig 99 5906 im Lokbf Hasselfelde abgelöst. Das Aufgabegebiet der kleinen Außenstelle blieb

Kurzzeitig setzte der Lokbf Hasselfelde 99 6001 ein, hier im Frühjahr 1960 mit einem Personenzug im Bf Eisfelder Talmühle. Vom einstigen Lokschuppen (siehe Bild S. 215) ist nichts mehr zu erkennen. Im Vordergrund ist eine so genannte Saugstelle zu sehen, die später durch einen Wasserkran ersetzt wurde.
Foto: Archiv D. Endisch

An der Rückseite des Lokschuppens in Hasselfelde gab es einen kleinen Anbau, in dem der Aufenthalts-, Wasch- und Umnkleideraum für das Personal untergebracht waren. Seit dem 20. Juni 1998 wird der Lokschuppen von einer Arbeitsgruppe desn Vereins »Interessengemeinschaft Harzer Schmalspurbahnen e.V.« (IG HSB) genutzt. *Foto: D. Endisch*

mit den beiden gemischten Zugpaaren nach Eisfelder Talmühle (Gmp 9702/9703 und Gmp 9706/9707) sowie dem Pendel Gmp 9710/9715 nach Nordhausen Nord unverändert.

99 5906 war mit kurzen Unterbrechungen bis 1960 im Lokbf Hasselfelde stationiert. Zeitweilig war hier auch 99 5904 stationiert. Erst nach der Verstärkung des Oberbaus zwischen dem Steinbruch Unterberg und Hasselfelde wies das Bw Wernigerode Westerntor der kleinen Außenstelle im Frühjahr 1960 ein Exemplar der Baureihe 99$^{23-24}$ zu. Mit dem Einsatz der 1´E 1´h2t-Maschine veränderte sich auch der Umlauf. Ab 28. Mai 1961 bespannte der Lokbf Hasselfelde täglich zwei Zugpaare nach Nordhausen Nord (Gmp 9706/9707 und Gmp 9710/9715) sowie ein Zugpaar nach Eisfelder Talmühle (Gmp 9702/9703). Dies blieb so bis zur Einführung des Rollwagenverkehr auf dem Abschnitt Ilfeld–Hasselfelde am 16. November 1964. Die Nahgüterzüge nach Hasselfelde übernahm schrittweise die Est Nordhausen Nord. Ab 30. Mai 1965 beförderte die in Hasselfelde stationierte Neubau-Maschine nahezu ausschließlich Reisezüge (einschließlich Gmp 9710/9715). Mit dem Fahrplanwechsel am 26. Mai 1968 ersetzte die Rbd Magdeburg das abendliche Zugpaar Gmp 9710/9715 durch das Zugpaar P 1306/1307. Damit verblieben der Est Hasselfelde im Reisezugdienst auch weiterhin drei Zugpaare.

Diese waren nun für längere Zeit die Stammleistungen der Est Hasselfelde. Im Winterfahrplan 1972/73 oblag der kleinen Außenstelle, wie auch schon in den Jahren zuvor, täglich die Bespannung der Zugpaare P 1300/1301, P 1302/1303 und P 1306/1307. Die Laufleistung der in Hasselfelde stationierten Neubaulok betrug rund 150 km pro Tag. Dabei stand die Maschine fast neun Stunden täglich im heimatlichen Lokschuppen. Diese Zeit nutzten die drei planmäßig in der Est Hasselfelde stationierten Personale für eine gründliche Fahrzeugpflege.

Mit dem Fahrplanwechsel am 26. Mai 1974 stockte die Rbd Magdeburg das Angebot auf der Verbindung Eisfelder Talmühle–Hasselfelde um ein weiteres Personenzugpaar auf. Die Est Hasselfelde bespannte nun werktags die Zugpaare P 14411/Pmg 14414 (an Wochenenden und Feiertagen als Pmg 14412), P 14415/Pmg 14416, Pmg 14421/14422 und P 14423/14424. Allerdings entfiel der Pendel P 14423/14424 Hasselfelde–Eisfelder Talmühle in den Wintermonaten. Dieser Umlauf blieb in den folgenden Jahren unverändert. Langjährige Stammlok der Est Hasselfelde war seit Ende der 1960er-Jahre 99 242. Aber auch die Einheitslok 99 222 (Frühjahr 1974) sowie 99 232 und 99 236 wurden zeitweilig in Plan 6 eingesetzt.

Zum Jahreswechsel 1978/79 wies die Tb-Gruppe des Bw Wernigerode der Est Hasselfelde eine ölgefeuerte Maschine der Baureihe 99$^{23-24}$ zu.

Die Anlagen der späteren Est Hasselfelde waren bescheiden. Links neben dem Lokschuppen befand sich einst ein kleiner Kohlebansen, der mit dem Einsatz der Baureihe 99$^{23-24}$ (ab 1960/61) nicht mehr benötigt und daher abgebrochen wurde. *Foto: D. Endisch*

Planmäßig besetzten die Hasselfelder Eisenbahner meist 99 234 oder 99 244. Allerdings verlernten die Heizer den Umgang mit der Kohlenschaufel nicht, da bis Ende 1979 bei Bedarf immer wieder eine Kohlelok, meist 99 243, zum Einsatz kam. Der Einsatz der Öllok brachte für das Personal deutliche Verbesserungen. Der Brennstoffvorrat (2,8 m³ Heizöl) war für den Umlauf der Est Hasselfelde ausreichend dimensioniert, so dass nur einmal täglich in der Est Nordhausen Nord Heizöl gebunkert werden musste, zumal die Rbd Magdeburg mit dem Fahrplanwechsel am 29. Mai 1983 das Zugpaar P 14423/14424 Hasselfelde–Eisfelder Talmühle aufgrund zu geringer Auslastung gänzlich gestrichen hatte und aufgrund des Wiederaufbaus der Strecke Straßberg (Harz)–Stiege zeitweilig das Zugpaar P 14421/14422 nach Eisfelder Talmühle entfiel. Damit verblieben der Est Hasselfelde lediglich zwei Zugpaare nach Nordhausen Nord (P 14411/Pmg 14414, P 14415/Pmg 14416). Morgens vor 5 Uhr verließ 99 244 den Lokschuppen, in den sie gegen 20.30 Uhr wieder einrückte. Ab 1983 besetzte die Est Hasselfelde wieder eine kohlegefeuerte Dampflok.

Mit der Aufnahme des Personenverkehrs auf dem Abschnitt Straßberg (Harz)–Stiege am 3. Juni 1984 stellte die Tb-Gruppe für die Est Hasselfelde einen neuen Umlauf (Plan 4) auf. Fortan oblag der Außenstelle die Bespannung von drei Personenzugpaaren nach Nordhausen Nord und des nächtlichen Zugpaares N 67070/67085 nach Silberhütte (Anhalt). Dadurch verkürzte sich die Nachtruhe erheblich. Die Lok stand fortan nur noch zwischen 1.45 Uhr und 4 Uhr im Lokschuppen. Dieser Umlauf blieb bis zum Herbst 1990 bestehen, auch wenn die Leistung nach Silberhütte (Anhalt) im Sommer 1990 aufgrund fehlenden Frachtaufkommens häufig entfiel. Die zu dieser Zeit in der Est Hasselfelde stationierte 99 232 stand dafür länger im heimatlichen Lokschuppen.

Ab 30. September 1990 bespannte die Est Hasselfelde nur noch die Zugpaare P 14411/14414 und P 14415/14416 nach Nordhausen Nord. An Wochenenden und Feiertagen stand außerdem der P 14400 Nordhausen Nord–Eisfelder Talmühle auf dem Programm, der als Leerreisezug zurückfuhr.

Im Frühjahr 1991 besetzte die Est Hasselfelde für einige Tage eine Diesellok der Baureihe 199[8]. Zur Personalschulung war hier ab 16. März 1991 die 199 877 im Einsatz. Nach nur fünf Tagen wurde das »Harzkamel« wieder durch eine Dampflok ersetzt. Die Est Hasselfelde übernahm als Planlok 99 238, die im Oktober 1991 durch 99 242 abgelöst wurde.

Zu diesem Zeitpunkt hatte sich der Umlauf der Einsatzstelle erneut geändert. Seit dem 2. Juni 1991 bespannte 99 242 auf der Strecke nach Nordhausen die Personenzugpaare P 14411/14414 und P 14415/14416. Dazu kam noch das Zugpaar P 14418/14419 zwischen Nordhausen Nord und Ilfeld. Die Nachtruhe der Maschine dauerte nun von 21.30 Uhr bis 6 Uhr. Zu diesem Zeitpunkt waren die Tage der Est Hasselfelde gezählt. Mit dem Fahrplanwechsel am 31. Mai 1992 löste das Bw Wernigerode die Außenstelle auf und versetzte das Personal nach Nordhausen Nord.

Der Lokschuppen in Hasselfelde diente fortan zum Abstellen nicht benötigter Maschinen, u.a. für 99 5902 (1993–1995). Mit der Umwandlung des Bf Hasselfelde in ein kleines Freilichtmuseum wurde der Lokschuppen am 20. Juni 1998 von einer Arbeitsgruppe des Vereins »Interessengemeinschaft Harzer Schmalspurbahnen e.V.« (IG HSB) übernommen und in der Folgezeit saniert. Als Schaustück beherbergte der Schuppen zunächst 99 232, die nach ihrer Instandsetzung im DLW Meiningen (HU 29.12.2003–23.08.2004) durch 99 241 ersetzt wurde. Als auch diese mit einem neuen Rahmen ausgerüstet werden sollte, übernahm die Arbeitsgruppe »Historischer Lokschuppen Hasselfelde« im Jahr 2006 die 99 244. Die HSB hatte die Maschine, die als Öllok längere Zeit in der Est Hasselfelde stationiert war, nach Ablauf ihrer Untersuchungsfristen im April 2000 abgestellt. Anschließend wurde die Maschine vorübergehend im Lokschuppen in Ilfeld hinterstellt, bevor sie als Schaustück nach Hasselfelde gelangte. Nachdem die HSB beschlossen hatte, 99 244 wieder betriebsfähig aufzuarbeiten, wurde die Maschine am 31. März 2022 im Schlepp der 199 872 sowie des Hilfszuges und eines vierachsigen Reisezugwagens als Bremsfahrzeuge nach Wernigerode gebracht. Seit 15. Mai 2022 wird in Hasselfelde die Malletlok 99 5906 als Ausstellungsstück betreut (siehe S. 196).

Am 18. August 1990 gaben sich vor dem Lokschuppen in Hasselfelde 99 7235-7 (ex 99 235) und der T 1 der ehemaligen GHE ein Stelldichein. Als erste Außenstelle des Bw Wernigerode wurde die Est Hasselfelde mit dem Fahrplanwechsel am 31. Mai 1992 geschlossen. Foto: D. Riehemann

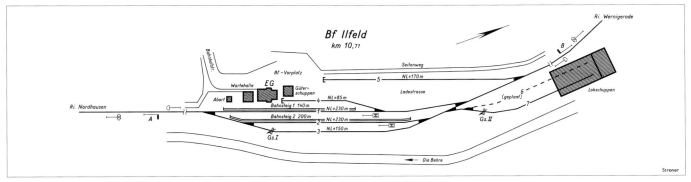

Der Gleisplan des Bf Ilfeld (Stand 1976).

Zeichnung: D. Stroner

5.5 Der Lokbahnhof Ilfeld

Der Lokbf Ilfeld war nur kurze Zeit in Betrieb. Bei der Eröffnung des Abschnitts Nordhausen–Ilfeld am 12. Juli 1897 existierte an der vorübergehenden Endstation, die bis zum 25. Februar 1905 als »Ilfeld-Wiegersdorf« bezeichnet wurde, nur ein Wasserkran. Auf den Bau eines Lokschuppens verzichtete die NWE, da Ilfeld nur eine Durchgangsstation war. Den Betriebsdienst wickelte der Lokbf Nordhausen ab. Daran änderte sich auch in den folgenden Jahrzehnten nichts.

Erst im Herbst 1943 gewann der Bf Ilfeld erheblich an Bedeutung. Mit dem Aufbau der unterirdischen Rüstungsfabriken der am 24. September 1943 gegründeten Mittelwerk GmbH im Kohnstein zwischen Niedersachswerfen und Woffleben geriet die NWE in das Blickfeld der nationalsozialistischen Machthaber und der SS. Die Strecke Nordhausen–Ilfeld wurde nun zu einem festen Bestandteil für die Versorgung der geplanten Rüstungsfabriken. Für das seitens der Mittelwerk GmbH und der Wirtschaftlichen Forschungsgesellschaft mbH (Wifo), die seit Sommer 1936 im Kohnstein ein unterirdisches Großtanklager betrieb, geforderte Transportvolumen waren die Anlagen der Bahnhöfe Niedersachswerfen* und Ilfeld jedoch zu klein. Bereits im Herbst 1943 begann die NWE mit den notwendigen Vorarbeiten. Da die Wifo der NWE am 15. November 1943 »höchste Kriegswichtigkeit« bestätigte, konnte das Unternehmen das notwendige Baumaterial beschaffen und Arbeitskräfte anfordern.

Am 4. Mai 1944 legte das bautechnische Büro der NWE die fertigen Unterlagen für den geplanten Lokschuppen auf der Nordwestseite des

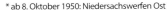

* ab 8. Oktober 1950: Niedersachswerfen Ost

Bf Ilfeld vor. Das 34,28 m lange und 12,28 m breite Bauwerk sollte zwei Gleise mit insgesamt drei Lokständen erhalten. Beide Schuppengleise (Gleis 6 und 7) verfügten über jeweils eine Untersuchungsgrube, wobei die Grube des östlichen Standes (Gleis 7) nur 16,5 m lang war. Das Verbindungsgleis zum Lokschuppen war an das Kreuzungsgleis (Gleis 2) angeschlossen. Die beiden Schuppengleise hatten nutzbare Längen von 95 m (Gleis 6) und 80 m (Gleis 7). Hinter dem Gleis 7 waren eine kleine Werkstatt, ein kleines Lager und ein Aufenthaltsraum für das Personal vorgesehen. Nachdem die Aufsichtsbehörden die Unterlagen für den Lokschuppen in Ilfeld abgenommen hatten, begannen im Frühsommer 1944 die Bauarbeiten. Dabei wurden Häftlinge des am 28. August 1943 errichteten Konzentrationslagers (KZ) Mittelbau-Dora eingesetzt. Im Zuge der Arbeiten im Kohnstein entstanden zwischen Nordhausen und Ilfeld in den Jahren 1943/44 mehrere Außenlager des KZ Mittelbau-Dora sowie Lager für Zwangsarbeiter. Das Außenlager in Harzungen war über ein rund 2,8 km langes Gleis mit dem Bf Niedersachswerfen verbunden. Diese so genannte Werkbahn wurde am 14. August 1944 in Betrieb genommen. Vom Anschluss der Firma A. & F. Probst (km 8,08) zwischen den Bahnhöfen Niedersachswerfen und Ilfeld zweigte eine Anschlussbahn zu einem Stollen der Mittelwerk GmbH ab, die aber bis Kriegsende nicht mehr fertiggestellt wurde.

Bereits im Frühjahr 1944 erbrachte die NWE die ersten Transporte für die Mittelwerk GmbH und das KZ Mittelbau-Dora. Für die Häftlingstransporte erwarb die Bahn von der Steinhuder Meer-Bahn drei vierachsige Reise- und einen Gepäckwagen, aus denen alle Sitzbänke, Gepäcknetze und Trennwände entfernt werden mussten. Außerdem wurden auch ältere Fahrzeuge der NWE verwendet. Auf Befehl der SS wurden später die Fenster mit Brettern vernagelt und mit Stacheldraht versehen. Jeden Morgen

Der Lokschuppen in Ilfeld spielte nur kurze Zeit eine Rolle für den Betriebsmaschinendienst der NWE. Die DR nutzte den rechten Schuppenstand (Gleis 7) ab dem Frühjahr 1974 als Abstellplatz für die Museumslok 99 162. Die ehemaligen Dienst- und Sozialräume im hinteren Teil wurden Mitte der 1950er-Jahre zu einer Dienstwohnung umgebaut. Foto: D. Endisch

Nach der Übernahme der Harzquer-, Brocken- und Selketalbahn am 1. Februar 1993 durch die HSB wurde die im Lokschuppen Ilfeld eingerichtete Dienstwohnung alsbald geräumt. Die HSB rüstete den Lokschuppen wieder mit einem zweiten Gleis aus und nutzt das Bauwerk heute als gesicherten Abstellplatz für nicht benötigte Lokomotiven und Wagen. Foto: D. Endisch

brachte dieser Zug zweimal 500 bis 600 Häftlinge von Harzungen nach Niedersachswerfen bzw. bis zur Appenröder Straße und nachts wieder zurück. Bewaffnete Posten auf den Plattformen der Wagen bewachten die Häftlingszüge.

Der so genannte Train und die dafür eingesetzte Mallet-Maschine waren zunächst im Bf Ilfeld stationiert. Ab Mitte August 1944 begannen und endeten die Häftlingszüge im Lager Harzungen, wo auch der Train über Nacht stehen blieb. Die Maschine kehrte aber weiterhin nach Ilfeld zurück. Dort betreute ein Betriebsarbeiter die Lok bis zum nächsten Morgen. Der Brennstoffvorrat musste in Nordhausen ergänzt werden, da es in Ilfeld keinen Kohlebansen gab.

Neben den Häftlingszügen bespannte der Lokbf Ilfeld mit seiner Maschine auch Güterzüge für das Außenlager Harzungen und für den Anschluss der Mittelwerke in Niedersachswerfen. Außerdem sah der Dienstplan Schichtarbeiterzüge auf dem Abschnitt Nordhausen–Benneckenstein vor. Die Mittelwerk GmbH hatte in Benneckenstein viele ihrer zivilen Fachkräfte einquartiert. Mit dem Einmarsch der US-Armee im Frühjahr 1945 endete dieses dunkle Kapitel in der Geschichte der NWE. Am Nachmittag des 4. April 1945 wurde der Betrieb eingestellt. Am 13. April 1945 erreichten amerikanische Truppen die Kleinstadt Ilfeld.

An eine schnelle Wiederaufnahme des Verkehrs auf der Harzquerbahn war nach der deutschen Kapitulation am 8. Mai 1945 nicht zu denken. Die Strecke wurde auf dem Abschnitt Eisfelder Talmühle–Benneckenstein durch die Demarkationslinie zwischen der britischen und der sowjetischen Besatzungszone unterbrochen. Am 23. Juli 1945 räumten die britischen Einheiten das Gebiet um Sorge, das nun ebenfalls zur SBZ gehörte. Am 1. August 1945 nahm die NWE wieder den Betrieb zwischen Nordhausen und Ilfeld auf. Der Lokbf Ilfeld spielte jedoch zu diesem Zeitpunkt keine Rolle mehr. Die NWE räumte die Anlage und nutzte den Schuppen als Abstellplatz für nicht benötigte Lokomotiven und Wagen.

Daran ändert sich auch nach der Übernahme der NWE durch die DR nichts. Bereits 1951 war das linke westliche Gleis 6 demontiert. Etwa zeitgleich wurde die Arbeitsgrube verfüllt und der Lokschuppen als Lager an einen Kohlehändler vermietet. Erst ab 1958 nutzte das Bw Wernigerode Westerntor das noch vorhandene Gleis 7 als Abstellplatz. Etwa zeitgleich wurden die Werkstatt sowie die Dienst- und Sozialräume zu einer Wohnung umgebaut, die meist an den Vorsteher des Bf Ilfeld vermietet war. Im Laufe der Jahre wurde die Wohnung durch Teile der Fahrzeugstände vergrößert. Außerdem diente ein Teil der beiden westlichen Schuppenstände später als Lager- und Abstellfläche für die Mieter der Dienstwohnung.

Erst Anfang der 1970er-Jahre rückte der Lokschuppen im Bf Ilfeld in das Blickfeld der Eisenbahnfreunde. Anlässlich des 75-jährigen Jubiläums der Harzquerbahn präsentierte die Rbd Magdeburg auf der Fahrzeugausstellung im Bf Wernigerode Westerntor im Frühjahr 1974 die Fairlie-Lok 99 162, für deren Unterhaltung fortan das Bw Wernigerode verantwortlich war. Bei der Suche nach einem geeigneten Abstellplatz fiel die Wahl auf den Ilfelder Lokschuppen, wo 99 162 nach der Ausstellung hingeschleppt wurde. In den folgenden Jahren wurde die Maschine nur selten präsentiert.

99 7240-7 (ex 99 240) hatte im Mai 1987 den P 14461 nach Eisfelder Talmühle gebracht. Vor ihrer Rückfahrt mit dem P 14462 nach Harzgerode wurde der Wasservorrat ergänzt. Der Wasserkran hatte eine Förderleistung von 1 m³/min. Foto: D. Endisch

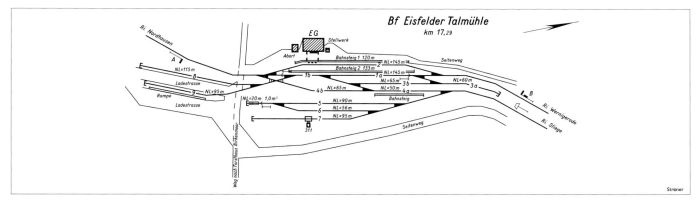

Der Gleisplan des Bf Eisfelder Talmühle (Stand 1963).

Zeichnung D. Stroner

Gut zehn Jahre später erweckte der Lokschuppen auf dem Bf Ilfeld das Interesse der Rbd Magdeburg. Auslöser dafür war der im Zusammenhang mit dem Wiederaufbau der Strecke Straßberg (Harz)–Stiege ab 1984 deutlich gestiegene Güterverkehr auf der Relation Nordhausen–Nord–Stiege–Hasselfelde/Silberhütte (Anhalt). Die Verwaltung der Wagenwirtschaft rechnete bis Ende der 1980er-Jahre mit einem Anstieg des Rollwagen-Bestandes von 80 Fahrzeugen (Stand 01.07.1985) auf rund 110, von denen bis zu 80 Stück von Nordhausen Nord aus eingesetzt werden sollten. Mit den neu zu beschaffenden Rollwagen sollten auch die noch vorhandenen Rollböcke in Nordhausen Nord und Wernigerode ersetzt werden. Allerdings war mit dem Ausbau des Rollwagen-Verkehrs die bisherige Instandhaltung der Rollfahrzeuge in der Wagenausbesserungsstelle (WAS) in Wernigerode Westerntor kaum noch möglich. Zum einen waren die hier vorhandenen Werkstattkapazitäten nahezu erschöpft, zum anderen waren die notwendigen Überführungsfahrten unwirtschaftlich.

In dieser Situation erinnerten sich leitende Mitarbeiter der Rbd Magdeburg an den Lokschuppen in Ilfeld, der am 16. August 1985 besichtigt wurde. Nur wenige Tage später, am 23. August 1985, erteilte der Vizepräsident Transportorganisation und Fahrzeuge der Abteilung Rationalisierung und Neurerbewegung (Abteilung RN) den Auftrag, ein Konzept für eine WAS im Bf Ilfeld auszuarbeiten. Das gewünschte Papier lag schließlich am 24. Februar 1986 vor. Prinzipiell war der Umbau des Lokschuppens in eine Rollwagen-Werkstatt möglich. Der Personalbedarf wurde auf insgesamt fünf Schlosser und einen so genannten Werkhelfer veranschlagt, die täglich bis zu acht Rollwagen reparieren sollten. Hinsichtlich der notwendigen Technik hieß es: »*Für die Erfüllung der Instandhaltungsaufgaben (...) sind folgende Ausrüstungen notwendig:*
- *1 fahrbarer Kompressor, Enddruck 8 kp/cm², *
- *je 1 E- und A-Scheißgerät, *
- *2 Winden, 5 t Tragf., *
- *1 Schleifbock, *
- *5 Werkbänke nebst Handwerkszeug, *
- *1 Handbohrmaschine, *
- *1 Handschleifmaschine. *
Böcke zum Abfangen von Rollwagenrahmen bei ausgefahrenem Drehgestell. Von den vorzuhaltenden Werkstatt- und Sozialräumen muß ein verschließbarer Raum für die Aufbewahrung der Medien (Azetylen, Sauerstoff und CO₂) sowie Ausbesserungsmaterialien, Bremsausrüstungen usw. verfügbar sein.
Für Arbeiten an den Drehgestellen, bei denen diese ausgefahren werden müssen, oder bei Radsatzwechseln, ist die Vorhaltung eines Portalkranes zweckmäßig. Falls die Montage des Portalkranes in der Werkstatthalle nicht möglich ist, sollte er unmittelbar vor der Werkstatthalle über den beiden Gleisen errichtet werden.«

Für den Umbau des Lokschuppens in eine Rollwagen-Werkstatt, einschließlich der Änderungen an den Gleisanlagen des Bf Ilfeld, erarbeitete die Abteilung RN fünf Varianten, deren Kosten zwischen 420.000 Mark und 597.000 Mark schwankten. Die Abteilung RN empfahl die Umsetzung der

Variante III, die mit rund 425.000 Mark zu Buche schlug. Obgleich die Verwaltung der Wagenwirtschaft das Vorhaben ab 1988/89 umsetzen wollte, kam das Vorhaben »*Wagenausbesserungsstelle für Rollwagen auf dem Bf Ilfeld*« nicht über das Planungsstadium hinaus. Erst fehlten die notwendigen Baukapazitäten. Als diese dann im Sommer 1990 zur Verfügung standen, brach der Güterverkehr auf den Schmalspurbahnen im Harz zusammen und das Projekt wurde zu den Akten gelegt.

Damit blieb der Lokschuppen in Ilfeld Heimat der Fairlie-Lok 99 162, die Eigentum des Verkehrsmuseums (VM) Dresden war. Daran änderte sich auch nach der Übernahme der Harzquer-, Brocken- und Selketalbahn durch die HSB am 1. Februar 1993 nichts. Das Schaustück blieb weiterhin im Harz. Erst nach den Feierlichkeiten zum 100-jährigen Bestehen der Harzquer- und Brockenbahn wurde die Maschine auf Wunsch des VM Dresden am 15. Oktober 1999 auf einem Tieflader in ihre alte Heimat, nach Oberheinsdorf im Vogtland, gebracht.

In der Zwischenzeit hatte die HSB das zweite Schuppengleis (Gleis 6) wieder aufgebaut. Der Lokschuppen in Ilfeld dient nach wie vor als gesicherter Standort für nicht benötigte Triebfahrzeuge und Wagen. Bei Redaktionsschluss für dieses Buch (30.06.2024) waren hier neben den Dampfloks 99 231 und 99 233 auch die Diesellok 199 301 abgestellt.

5.6 Der Lokschuppen Eisfelder Talmühle

Der Lokschuppen im Bf Eisfelder Talmühle spielte betrieblich keine Rolle für das Bw Wernigerode Westerntor. Der Lokschuppen gehörte ursprünglich der GHE. Mit der Eröffnung der Verbindungsstrecke Eisfelder Talmühle–Stiege am 15. Juli 1905 nahm die GHE den einständigen Lokschuppen in Betrieb. Der kleine Fachwerkbau stand am Ende des Gleises 7 und besaß lediglich eine Untersuchungsgrube und einen Aufenthaltsraum. Vor dem Lokschuppen hatte die GHE einen kleinen Kohlebansen und einen Wasserkran anlegen lassen. Der Wasserkran wurde aus einem von der NWE im Wald angelegten Vorratsbehälter gespeist. Im Bf Eisfelder Talmühle hatte die GHE keine Dampflok stationiert. Hier übernachtete bis Mitte der 1920er-Jahre lediglich eine Maschine. Danach diente der Lokschuppen nur noch als Abstellplatz für nicht benötigte Fahrzeuge. Zum Jahreswechsel 1943/44 wurde hier der Triebwagen T 1 (siehe S. 216 f.) der GHE abgestellt. Nur durch diesen Umstand blieb der Triebwagen, der glücklicherweise auch nicht auf der 1946 angelegten Inventarliste der GHE stand, im Harz und wurde 1946 nicht von der SMAD beschlagnahmt.

Nach der Übernahme der GHE durch die Reichsbahn am 1. April 1949 unterstanden die Anlagen des Lokbf Eisfelder Talmühle dem Bw Wernigerode Westerntor. Zu diesem Zeitpunkt war der kleine Lokschuppen bereits baufällig. Bis 1955 wurde das Gebäude abgebrochen. Bereits Mitte der 1930er-Jahre hatte die GHE am Ende des Gleises 5 (20 m nutzbare Länge) eine neue Untersuchungsgrube bauen lassen. Hierher wurde auch der Wasserkran versetzt. Diese kleine Lokbehandlungsanlage ist bis heute vorhanden und wird noch immer genutzt.

6. Anhang

Abkürzungsverzeichnis

Eisenbahngesellschaften und Kraftverkehrsunternehmen

ADEG	Allgemeine Deutschen Eisenbahn-Betriebesgesellschaft
ALE	Anhaltische Landes-Eisenbahngemeinschaft
ČSD	Tschechoslowakische Staatsbahnen
CV	Centralverwaltung für Secundairbahnen Herrmann Bachstein; ab 1933: Centralverwaltung für Secundairbahnen Herrmann Bachstein GmbH; ab 01.01.1965: Verkehrsbetriebe Herrmann Bachstein GmbH
DB	Deutsche Bundesbahn
DB AG	Deutsche Bahn AG
DEBG	Deutsche Eisenbahn-Betriebs-Gesellschaft
DR	Deutsche Reichsbahn
DRG	Deutsche Reichsbahn-Gesellschaft (1924–1937)
DRKB	Dessau-Radegast-Köthener Eisenbahn AG
DWE	Dessau-Wörlitzer Eisenbahn AG
FKB	Franzburger Kreisbahnen
GHE	Gernrode-Harzgeroder Eisenbahn-Gesellschaft
HBE	Halberstadt-Blankenburger Eisenbahn-Gesellschaft
HKO	Harz-Kraftfahrzeuglinien der Ostharzbahnen GmbH
HSB	Harzer Schmalspurbahnen GmbH
K.Sächs.Sts.E.	Königlich Sächsische Staatseisenbahnen
KVG	Kraftverkehrsgesellschaft Braunschweig mbH
LBE	Lübeck-Büchener Eisenbahn-Gesellschaft
MBB	Mecklenburgische Bäderbahn Molli GmbH
MHE	Magdeburg-Halberstädter Eisenbahn-Gesellschaft
NK	Nassauische Kleinbahn AG
NWE	Nordhausen-Wernigeroder Eisenbahn-Gesellschaft
PNKA	Indonesische Staatsbahn
RLK	Ruhr-Lippe-Kleinbahnen AG
SHE	Südharz-Eisenbahn AG
ThEG	Thüringische Eisenbahn-Gesellschaft
ZKB	Zschornewitzer Eisenbahn AG

Lokomotiv- und Waggonfabriken

Adtranz	ABB Daimler Benz Transportation
ALS	ALSTOM Lokomotiven Service GmbH, Stendal (ex Raw Stendal)
BBC	Brown, Boveri & Cie. AG, Mannheim
BMAG	Berliner Maschinenbau-AG, vormals Louis Schwartzkopff, Berlin-Wildau
Borsig	August Borsig, Berlin-Tegel; ab 1926: August Borsig GmbH; ab 1931: Borsig Lokomotiv-Werke GmbH, Hennigsdorf-Osthavelland
Dessau	Dessauer Waggonfabrik AG, Dessau
FBH	Fahrzeugbau Halberstadt (ex Raw Halberstadt)
Fuchs	H. Fuchs, Waggonfabrik AG, Heidelberg
Hanomag	Hannoversche Maschinenbau-AG, vormals Georg Eggestorff, Hannover-Linden
Henschel	Henschel & Sohn AG, Kassel; ab 1920: Henschel & Sohn GmbH
Jung	Lokomotivfabrik Krauss & Co, München-Sendling
Güstrow	Mecklenburgische Waggonfabrik Güstrow
Krupp	Friedrich Krupp AG, Abteilung Lokomotivbau, Essen
LEW	VEB Lokomotivbau-Elektrotechnische Werke »Hans Beimler« Hennigsdorf
LKM	VEB Lokomotivbau »Karl Marx« Babelsberg

MAN	Maschinenfabrik Augsburg-Nürnberg AG
MBG	Maschinenbau-Gesellschaft Karlsruhe
O & K	Orenstein & Koppel AG, Drewitz und Nowawes (bei Potsdam); ab 01.04.1940: Maschinenbau- und Bahnbedarfs-AG
Schneider	Société Schneider-Creusot, Paris
SKL	VEB Schwermaschinenbau-Kombinat »Karl Liebknecht« Magdeburg
Talbot	Gustav Talbot & Cie. GmbH, Waggonfabrik, Aachen
VIS	Verkehrs-Industrie-Systeme GmbH, Halberstadt (ex Raw Halberstadt)
Wismar	Triebwagen- und Waggonfabrik Wismar AG
Wittenberge	Werk Wittenberge (ex Raw Wittenberge)

Sonstige Abkürzungen

ADK	Autodrehkran
Bema	Blankenburger Eisenbahnbedarfs- und Maschinenfabrik GmbH
Bf	Bahnhof
BGL	Betriebsgewerkschaftsleitung
BHG	Bäuerliche Handelsgenossenschaft
Bm	Bahnmeisterei
BPO	Betriebsparteiorganisation
BuV	Verwaltung Betrieb und Verkehr
Bw	Bahnbetriebswerk
Bwst	Betriebswerkstätte
DEV	Deutscher Eisenbahn-Verein e.V.
DLW	Dampflokwerk Meiningen (ex Raw Meiningen)
DMV	Deutscher Modelleisenbahn-Verband der DDR
DSF	Deutsch-Sowjetische Freundschaft
Dstp	Dienstpersonenzug
DWK	Deutsche Wirtschaftskommission
EBL	Eisenbahnbetriebsleiter
ESBO	Eisenbahn-Bau- und Betriebsordnung für Schmalspurbahnen
Est	Einsatzstelle
FDGB	Freier Deutscher Gewerkschaftsbund
FKS	Verein »Freundeskreis Selketalbahn e.V.«
GbR	Gesellschaft bürgerlichen Rechts
GD	Generaldirektion
Gmp	Güterzug mit Personenbeförderung
GR	Generalreparatur
GSSD	Gruppe der sowjetischen Streitkräfte in Deutschland
Hbf	Hauptbahnhof
Hbm	Hochbaumeisterei
Hdz	Hauptdienstzweig
HK	Abteilung Heeresprüfungskommission
Hp	Haltepunkt
Hst	Haltestelle
HU	Hauptuntersuchung; heute: Untersuchung nach § 32 der ESBO
HV	Hauptverwaltung
HvM	Hauptverwaltung der Maschinenwirtschaft
IFA	Industrieverband Fahrzeugbau
IG HSB	Verein »Interessengemeinschaft Harzer Schmalspurbahnen e.V.«
K4	Kesselhauptuntersuchung
KBS	Kursbuchstrecke
KBw	Kraftwagenbetriebswerk
KdF	Kraft durch Freude

KED	Königliche Eisenbahn-Direktion
KL2	Bedarfsausbesserung für Kleindiesellokomotiven
KL3	Zwischenausbesserung für Kleindiesellokomotiven
KL4	Zwischenuntersuchung für Kleindiesellokomotiven
Kö	Einheitskleinlokomotive
KZ	Konzentrationslager
L0	Bedarfsausbesserung
L2 / L5	Zwischenausbesserung
L3 / L6	Zwischenuntersuchung
L3 mW	Zwischenuntersuchung mit Wasserdruckprobe für den Kessel
L4 / L7	Hauptuntersuchung
Lkw	Lastkraftwagen
Lokbf	Lokbahnhof; ab 11.12.1964: Einsatzstelle
Lrv	Leerreisezug vom Vollzug
Lrz	Leerreisezug zum Vollzug
Lst	Ladestelle
Lz	Lokleerfahrt
MA	Maschinenamt
MdöA	Ministerium der öffentlichen Arbeiten
MfNV	Ministerium für Nationale Verteidigung
MfV	Ministerium für Verkehrswesen
N	Nahgüterzug; ab 02.06.1991: Nahverkehrszug
NA	Nacharbeiten
NVA	Nationale Volksarmee
OBL	Oberster Betriebsleiter
OKW	Oberkommando der Wehrmacht
ÖPNV	Öffentlicher Personennahverkehr
P	Personenzug; ab 02.06.1991: Nahverkehrszug
Pmg	Personenzug mit Güterbeförderung
RAW / Raw*	Reichsbahnausbesserungswerk
Rba	Reichsbahnamt
RBD / Rbd*	Reichsbahndirektion
RbdAw	Reichsbahndirektion der Ausbesserungswerke
RK	Raupendrehkran
RM	Reichsmark
RVM	Reichsverkehrsministerium
RN	Abteilung Rationalisierung und Neuererbewegung
SA	Sonderarbeit
SAG	Sowjetische Aktiengesellschaft
SBZ	sowjetische Besatzungszone
SED	Sozialistische Einheitspartei Deutschlands
SEV	Schienenersatzverkehr
SKL	Gleiskraftwagen
SMAD	Sowjetischen Militäradministration in Deutschland
SO	Schienenoberkante
Soab	Sonderarbeit
SPNV	Schienenpersonennahverkehr
T0	Bedarfsausbesserung für Triebwagen
T2	Zwischenausbesserung für Triebwagen
T3	Zwischenuntersuchung für Triebwagen
T4 / T7	Hauptuntersuchung für Triebwagen
T5 / GR	Generalreparatur für Triebwagen
Ta	Abteilung Technische Anlagen
Tb	Abteilung Triebfahrzeug-Betrieb
Tu	Abteilung Triebfahrzeug-Unterhaltung
Tü	Technische Überwachung
TZA	Technisches Zentralamt
Üa	Übergabezug (nach und von Anschlüssen auf der freien Strecke)

Üb	Übergabezug (zwischen benachbarten Bahnhöfen)
Üg	Übergabezug
ÜVT	Übersicht über die Verwendbarkeit der Triebfahrzeuge
V0	Bedarfsausbesserung für Diesellokomotiven
V5	Zwischenausbesserung für Diesellokomotiven
V6 / V6a	Zwischenuntersuchung für Diesellokomotiven
V7	Hauptuntersuchung für Diesellokomotiven
Vbf	Verschiebebahnhof
VdM	Verwaltung der Maschinenwirtschaft
VEB	Volkseigener Betrieb
VES-M	Versuchs- und Entwicklungsstelle der Maschinenwirtschaft Halle (Saale)
Vl	Vorspannlok
VM	Verkehrsmuseum
VPK	Verkehrstechnische Prüfungskommission
VPKA	Volkspolizei-Kreisamt
VT	Verbrennungstriebwagen
VTA	VEB Schwermaschinenbau Verlade- und Transportanlagen
VVB	Vereinigung Volkseigener Betrieb
»w«	warten auf Ausbesserung
WA	Werkabteilung
WAS	Wagenausbesserungsstelle
Wifo	Wirtschaftliche Forschungsgesellschaft mbH
Wm	Wagenmeisterei
Wp	Wagenmeisterposten
WTZ-DR	Wissenschaftlich-Technisches Zentrum der DR
»z« / z-Park	Schadpark (von der Ausbesserung zurückgestellt)
ZM	Zentralstelle Maschinenwirtschaft
ZU	Zwischenuntersuchung
+	ausgemustert
++	zerlegt

Quellen- und Literaturverzeichnis

Bücher

- Arndt, Gerhard; Bäzold, Dieter: Museumslokomotiven und -triebwagen in der DDR; Berlin 1986.
- Autorenkollektiv unter der Leitung von Hans Röper: Die Harzquer- und Brockenbahn nebst einem Anhang zur Südharzeisenbahn; Berlin 1986.
- Bauer, Jörg: 100 Jahre Harzquer- und Brockenbahn; Freiburg 1999.
- Bauer, Jörg; Kaim, Andreas: Quedlinburg–Gernrode (Harz), Eine neue Schmalspurbahn in Deutschland; Wernigerode, Hamburg 2006.
- Bethke, Matthias, Finke, Wolfgang, Schweers, Hans: Die Fahrzeuge der Harzer Schmalspurbahnen; Aachen 2003.
- Bornemann, Manfred: Die Anhaltische Harzbahn, Die Geschichte der Gernrode-Harzgeroder Eisenbahn; Clausthal-Zellerfeld 1981.
- Bornemann, Manfred: Die Südharz-Eisenbahn Walkenried–Braunlage–Tanne; Clausthal-Zellerfeld 1991.
- Bornemann, Manfred: Mit der Brockenbahn in den Harz; Clausthal-Zellerfeld 1985.
- Bornemann, Manfred; Dorner, Hans: 75 Jahre Harzquerbahn und Brockenbahn; Clausthal-Zellerfeld 1975.
- Deutsche Reichsbahn, Rbd Magdeburg (Hrsg.): Information über die Selketalbahn 07.08.1887–07.08.1987; Magdeburg 1987.
- Ebel, Jürgen U.; Knipping, Andreas; Quill, Klaus-Peter; Stange, Andreas: Die »6000er« der Deutschen Reichsbahn, Strecken und Fahrzeuge der enteigneten Privat- und Kleinbahnen in der DDR; Freiburg 2001.
- Ebel, Jürgen U.; Seiler, Bernd: Die Harzbahnloks – Baureihe 99^{22}; Dampf-Romantik im Harz (EK-Themen 18); Freiburg 1995.
- Endisch, Dirk: Das Bahnbetriebswerk Wernigerode Westerntor; Stendal 2009.

---

* Die Generaldirektion der Deutschen Reichsbahn verfügte mit Wirkung zum 1. Juli 1951 die Kleinschreibung der Abkürzungen »RBA« und «RBD«

- Endisch, Dirk: Einheitsloks für Schmalspurbahnen, Die Baureihen 99[22], 99[32] und 99[73–76]; Stendal 2018.
- Endisch, Dirk: Harzgiganten, Baureihe 99[23]; Gifhorn 2003.
- Endisch, Dirk: Mallet-Lokomotiven des Harzes, Die Geschichte der Gelenk-Maschinen der NWE, GHE und SHE; Korntal-Münchingen 2005.
- Endisch, Dirk: Von der GHE zur HSB, Tradition und Innovation auf Meterspurgleisen im Harz; Band 1: Die Selketalbahn; Band 2: Die Harzer Schmalspurbahnen GmbH; Stendal 2011.
- Gattermann, Gernot: Fischstäbchen, Himbeereis und Harzkamel (Edition Bahn-Bilder, Band 7); Stendal 2019.
- IG Harzer Schmalspurbahnen (Hrsg.): 100 Jahre 99 5901, 100 Jahre Malletloks im Harz; Wernigerode 1997.
- Kieper, Klaus; Preuß, Reiner; Rehbein, Elfriede: Schmalspurbahn-Archiv; Berlin 1980.
- Kindelberger, Kilian: Schmalspurige Diesel- und Kleinlokomotiven der Deutschen Reichsbahn; Brandenburg 1997.
- Knop, Thomas: Auf Schmalspurgleisen durch den Harz, DR Harzquerbahn und Selketalbahn; 3., erweiterte Auflage; Gifhorn 1995.
- Krebs, Jürgen: Eisenbahndirektion Magdeburg 1880–1931 und 1945–1990; Barby (Elbe) 2018.
- List, Wolfgang; Röper, Hans; Zieglgänsberger, Gerhard; Archiv deutscher Klein- und Privatbahnen Sachsen-Anhalt; Herausgegeben von Dirk Endisch; Stuttgart 1998.
- Nitschke, Ulrich: Die Harzquer- und Brockenbahn; Berlin 1978.
- o.A.: 25 Jahre Harzquer- und Brockenbahn (Sonderausgabe der Zeitschrift »Unser Harz«); Magdeburg 1924
- o.A.: Der Harz (Meyers Reisebücher), Leipzig und Wien 1905.
- o.A.: Führer auf der Harzquer- und Brockenbahn Nordhausen–Wernigerode; Wernigerode 1910.
- Presia, Dr. Edgar: Geschichte und Geschichten zur Zweigbahn Güntersberge–Hasselfelde (Harzgeroder Hefte 1); Harzgerode 1992.
- Pörner, Hans: Wernigerode, die bunte Stadt am Harz (Unser kleines Wanderheft, Nr. 45); Leipzig 1960.
- Rassy, Gustav Christian: Aus der Geschichte der Stadt Wernigerode; Magdeburg 1932.
- Raw »Deutsch-Sowjetische Freundschaft« Görlitz (Hrsg.): 40 Jahre Reichsbahnausbesserungswerk 1950–1990; Görlitz 1989.
- Rbd Magdeburg, Politische Abteilung (Hrsg.): Mit guter Bilanz, 40 Jahre DDR; Magdeburg 1989.
- Schafranek, Erich: Quer durch den Harz mit der Harzquerbahn (Unser kleines Wanderheft, Nr. 32); Leipzig 1957.
- Schochardt, Alfred: Der Harz und seine Eisenbahnen, Folge 1. Die Selketalbahn (Böttchers Kleine Eisenbahnschriften, Heft 41); Dortmund 1968.
- Steimecke, Jürgen: Strecken und Bahnhöfe der Schmalspurbahnen im Harz; Gifhorn 2009.
- Vorbereitungskomitee »75 Jahre Harzquerbahn« (Hrsg.): 75 Jahre Harzquerbahn 1899–1974; Wernigerode 1974.
- Wendt, Thomas: Links und rechts der kleinen Bahnen, Schmalspurbahnen zwischen Ostsee und Erzgebirge; Berlin 1983.
- Weisbrod, Manfred; Wiegard, Hans; Müller, Hans; Petznick, Wolfgang: Deutsches Lok-Archiv Dampflokomotiven 4, Baureihe 99; Berlin 1995.
- Zezula, Friedrich: Die Frühzeit der Schmalspurbahn; Sarajevo 1893.
- Zieglgänsberger, Gerhard; Röper, Hans: Die Selketalbahn; 4. Auflage; Berlin 1991.

Zeitschriftenartikel und andere Veröffentlichungen
- Bauer, Jörg: 33 Jahre im Harz: 99 222; in Eisenbahn-Kurier, Heft 2/2000, S. 38–39.
- Bauer, Jörg: 60 Jahre 99 6001, 40 Jahre Einsatz im Selketal, in: Eisenbahn-Kurier, Heft 10/1999, S. 65–67.
- Bauer, Jörg: 99 5906 ist wieder im Einsatz, in: Eisenbahn-Kurier, Heft 7/2000, S. 42–43.
- Bauer, Jörg: 99 5906, Seit 40 Jahren im Selketal, in: Eisenbahn-Kurier, Heft 12/1996, S. 65–67.
- Bauer, Jörg: Die Zukunft der HSB-Dampfloks, in: Eisenbahn-Kurier, Heft 4/1998, S. 24–26.
- Bauer, Jörg: Vor 20 Jahren: Das Ende der ölgefeuerten DR-Schmalspurloks, in: Eisenbahn-Kurier, Heft 1/2003, S. 54–57.
- Berkemeier, Fritz: Die NWE-Dampflokomotiven 31 und 32, in: Zeunert´s Schmalspurbahnen, Band 7, S. 38–42.
- Berkemeier, Fritz: Meterspurige Dampfloks für die Heeresfeldbahnen 1914–1918, in: Zeunert´s Schmalspurbahnen, Band 6, S. 13–31.
- Dorner, Hans: 1´C1´-Heißdampf-Tenderlokomotive für 1000 mm Spurweite, in: Glasers Annalen 1950.
- Dill, Werner; Becker, Helmut: Die Harzquerbahn, in: Eisenbahnpraxis, Heft 12/1970, S. 420–423.
- Ebel, Jürgen U.: 40 Jahre Brockenloks, in: Eisenbahn-Kurier, Heft 5/1995, S. 50–53.
- Endisch, Dirk: Das Harzer »Himbeereis«, in: Zeunert´s Schmalspurbahnen, Band 48, 82–88.
- Endisch, Dirk: Das »Harzkamel«, in: Edition Fahrzeug-Chronik, Band 16, S. 46–67.
- Endisch, Dirk: Die »Indonesienlok«, in: Zeunert´s Schmalspurbahnen, Band 47, S. 40–49.
- Endisch, Dirk: Die »Rollbockloks« 99 6101 und 99 6102, in: Zeunert´s Schmalspurbahnen, Band 29, S. 50–65.
- Endisch, Dirk: Die Schlepptriebwagen der Nordhausen-Wernigeroder Eisenbahn (NWE), in: Zeunert´s Schmalspurbahnen, Band 37, S. 56–67.
- Endisch, Dirk: Ein »Dessauer« für den Harz, in: Zeunert´s Schmalspurbahnen, Band 45, S. 66–77.
- Endisch, Dirk: Schmalspur-Methusalem, in: Edition Fahrzeug-Chronik, Band 15, S. 66–75.
- Endisch, Dirk: Sie fuhr nur einen Sommer, in: Zeunert´s Schmalspurbahnen, Band 44, S. 66–71.
- Endisch, Dirk: Tschüß 99 5906!, in: Zeunert´s Schmalspurbahnen, Band 50, S. 2–21.
- Endisch, Dirk; Ristau, Martin: Feine Sache für den Heizer, in: Zeunert´s Schmalspurbahnen, Band 49, S. 46–56.
- Granowske, Klaus; Meinecke, Günther: Sie dampft noch immer: Die älteste in Dienst befindliche Dampflok fährt auf der Selketalbahn, in: Eisenbahnpraxis, Heft 6/1985, S. 240–241.
- Kienast, Peter-Götz: Was wird aus den Schmalspurbahnen?, in: Modelleisenbahner, Heft 2/1982, S. 54.
- Köhler, Gottfried: Die Baureihe 199[8] der Deutschen Reichsbahn, in: Modelleisenbahner, Heft 4/1989, S. 11–12.
- Krauß, Hans-Joachim: Die Perspektive des Diesellokparks in den Jahren 1986–1990 bei der DR, in: Schienenfahrzeuge, Heft 2/1986, S. 59–63.
- Krauß; Hans-Joachim: Was wird aus den Diesellokomotiven?, in: Modelleisenbahner, Heft 8/1986, S. 5–8.
- Löttgers, Dr. Rolf: Die schmalspurigen Verbrennungstriebwagen der Waggonfabrik Dessau, in: Die Museums-Eisenbahn, Heft 3/2019, S. 20–36.
- Presia, Dr. Edgar: Ein Eldorado der Dampflokomotiven, in: Modelleisenbahner, Heft 8/1987, S. 18–19.
- Presia, Dr. Edgar: Hundert Jahre Selketalbahn, in: Der Harz, Heft 17/18, S. 3–9.
- Prochnau, Holger: Die BR 199[8] für das 1000-mm-Schmalspurnetz des Harzes, in: Eisenbahnpraxis, Heft 3/1990. S. 110–113.
- Pilkenrodt, Werner: Prima-Ballerina (Die 99 6001), in: Edition Fahrzeug-Chronik, Band 2, S. 50–65.
- Röper, Hans: Wiederaufbau der Schmalspurbahn Straßberg–Stiege, in: Modelleisenbahner, Heft 8/1984, S. 16–18.
- Schad, Andreas: Die meterspurigen Talbot-Dieseltriebwagen der Typen »Eifel« und »Schleswig«, in: Die Museums-Eisenbahn, Heft 4/1982, S. 6–10.
- Schmidt, Marcus: 99 222 und mehr, in: Lok-Magazin, Heft 3/2007, S. 74–83.

- Scholz; Sigmar: Schmalspurbahnbetrieb ohne Romantik, in: Der Modelleisenbahner, Heft 6/1981, S. 179–181.
- Seidewitz, Siegmar: Die neue Triebfahrzeugbaureihe 199 der DR für die Harzquer- und Selketalbahn, in: Schienenfahrzeuge, Heft 3/1989, S. 111–115.
- Spranger, Friedrich: Die Schmalspurbahnen im Harz; in Eisenbahn-Jahrbuch 1974, S. 158–167.
- Vockrodt, Dr. Stefan: Kraftpakete für Meterspur, in: Lok-Magazin, Heft 12/2001, S. 68–79.
- Wagner, Gerd; Dörger, Siegbert: Umbau von Fahrzeugen BR 100 für den Einsatz auf Schmalspurstrecken, in: Schienenfahrzeuge, Heft 6/1983, S. 286–288.
- Wolter, Kurt: Zur Entstehung und Geschichte der Harzquer- und Brocken-bahn, in: Unter dem Brocken, Heimatzeitschrift des Kreises Wernigerode/Harz, Heft 6/1960, S. 172–176.
- Zieglgänsberger, Gerhard: In alten Unterlagen geblättert – Ein Beitrag zum 100jährigen Bestehen der Selketalbahn, in Modelleisenbahner, Heft 8/1987, S. 20–23.

- verschiedene Ausgaben der Zeitschrift »Drehscheibe«, Köln, 1990–2023.
- verschiedene Ausgaben der Zeitschrift »Eisenbahn-Kurier«, Freiburg, 1978–2023.
- verschiedene Ausgaben der Zeitschrift »Harzbahn-Post«, Wernigerode, 1995–2010.
- verschiedene Ausgaben der Zeitschrift »Harz-Züge«, Braunschweig, 1992–1995.
- verschiedene Ausgaben der Zeitschrift »Lok-Report«, Münster, 1976–2010.
- verschiedene Ausgaben der Zeitschrift »Lokrundschau«, Hamburg, 1975–1997.
- verschiedene Ausgaben der Zeitschrift »Modelleisenbahner«, Berlin, 1970–1988.
- verschiedene Ausgaben der Zeitschrift »Zeunert´s Schmalspurbahnen« 1989–2023 (Bände 8–51).

Dienstliche Unterlagen und sonstige Quellen

- Betriebsbücher der Dampflokomotiven der Baureihen 99^{22}, 99^{23-24}, 99^{50}, 99^{52}, 99^{58}, 99^{59}, 99^{60} und 99^{61}.
- Betriebsbücher der Diesellokomotiven der Baureihen 199^{0}, 199^{3} und 199^{8}.
- Betriebsbücher der Triebwagen VT 137 565, VT 137 566 (185 025/187 025), 187 011–187 013, 187 015, 187 016–187 019.
- Deutsche Reichsbahn: Merkbuch für Triebfahrzeuge, DV 939 Tr, Berlin 1962.

- Deutsche Reichsbahn: Umzeichnungsplan für die von den nichtreichs-bahneigenen Eisenbahnen des öffentlichen Verkehrs in der sowjetischen Besatzungszone übernommenen Lokomotiven; Berlin, 12. Dezember 1949.
- Deutsche Reichsbahn, Rbd Magdeburg: Vorläufige Übersicht über die zulässigen Achs- und Meterlasten für die Strecken des Reichsbahndirektionsbezirkes Magdeburg (Vorl. ÜAM Mg), verschiedene Ausgaben.
- Deutsche Reichsbahn, Rbd Magdeburg: Anhang zu den Fahrdienstvorschriften und zum Signalbuch (AfFV), Teil II, Ausgabe 1961; Magdeburg 1961.
- Deutsche Reichsbahn, Rbd Magdeburg: Anhang zu den Fahrdienstvorschriften und zum Signalbuch (AfFV), Teil II, Ausgabe 1968; Magdeburg 1968.
- NWE: Sammlung betrieblicher Vorschriften (SbV), gültig ab 15. Mai 1936.
- NWE: Technische Dokumentation der Lokomotiven und Triebwagen, Ausgabe 1948.

- verschiedene Ausgaben der »Betrieblichen Mitteilungen« der Rbd Magdeburg.
- verschiedene Ausgaben der »Verfügungen und Mitteilungen« des Ministeriums für Verkehrswesen.

- verschiedene Bespannungsübersichten der Rbd Magdeburg.
- verschiedene Kursbücher und Taschenfahrpläne (Rbd Magdeburg).
- verschiedene Bild- und Buchfahrpläne (Heft 21 und Heft 721-33).
- verschiedene Lokomotivverwendungsnachweise sowie Dienst- und Umlaufpläne des Bw Wernigerode Westerntor.

- verschiedene Ausgaben des »Handbuchs der deutschen Aktiengesellschaften«; Verlag für Börsen- und Finanzliteratur Berlin und Leipzig; später: Verlag Hoppenstedt & Co. Berlin.
- verschiedene Ausgaben des »Handbuchs der deutschen Straßenbahnen, Kleinbahnen und Privatbahnen«; Verlag der Verkehrstechnik Berlin.
- verschiedene Ausgaben des »Jahrbuchs der Deutschen Straßen- und Kleinbahn-Zeitung«; Verlag Gustav Ziemsen Berlin.
- verschiedene Ausgaben der »Statistik der Eisenbahnen im Deutschen Reich«.

- Unterlagen aus der Sammlung Jörg Bauer.
- Unterlagen aus der Sammlung Dirk Endisch.
- Unterlagen aus der Sammlung Jürgen Krebs.
- Unterlagen aus der Sammlung Hans Röper (†).
- Unterlagen aus der Sammlung Werner Steinke (†).
- Unterlagen aus der Sammlung Michael Ziegler (†).
- Unterlagen aus der Sammlung Gerhard Zieglgänsberger (†).